Simon Winchester, preisgekrönter britischer Journalist und erfolgreicher Sachbuchautor (auf Deutsch im Knaus Verlag), hat als Auslandskorrespondent aus fast allen Ländern der Welt berichtet. Mit seinem Erfolgstitel »Der Mann, der die Wörter liebte« eroberte er erstmals die Bestsellerlisten. Sein Buch »Krakatau« bekam durch die Tsunamis im Dezember 2004 dramatische Aktualität. 2006 erschien das Buch »Ein Riss durch die Welt«, in dem Winchester eine detaillierte Beschreibung der Katastrophe des Erdbebens von San Francisco vor 100 Jahren abgibt. Er lebte in Asien und Afrika; heute ist er auf einer kleinen Farm in Nebraska zu Hause.

www.simonwinchester.com
www.frederking-thaler.de

Der Verlag dankt Walter Unger und seiner Frau Ann Helen für ihre Jangtse-Fotografien, die mit freundlichem Einverständnis des Autors in diese Ausgabe aufgenommen wurden. Sie entstammen größtenteils ihrem Fotobildband »Der Yangtze – Chinas Lebensader« (Hirmer, 2004).

Bibliografische Information Der Deutschen Bibliothek
Die Deutsche Bibliothek verzeichnet diese Publikation in der Deutschen Nationalbibliografie; detaillierte bibliografische Daten sind im Internet über http://dnb.ddb.de abrufbar.

NATIONAL GEOGRAPHIC ADVENTURE PRESS
Reisen · Menschen · Abenteuer
Die Taschenbuch-Reihe von
National Geographic und Frederking & Thaler

1. Auflage Januar 2008
Um ein Vorwort aktualisierte und bebilderte Neuausgabe

Titel der Originalausgabe: *The River at the Center of the World*
erschienen bei Henry Holt, New York

Aus dem Englischen von Harald Stadler
Übersetzung des Prologs: Dr. Philip Laubach-Kiani

Text: Simon Winchester
Innenteilbilder und Umschlagfoto unten: Ann Helen Unger, Walter Unger
Umschlagfoto oben: Liu Liqun/Corbis
Umschlaggestaltung: Dorkenwald Grafik-Design, München
Herstellung: Büro Sieveking, München
Druck und Bindung: Clausen & Bosse, Leck
Printed in Germany

ISBN 978-3-89405-839-5
www.frederking-thaler.de

Das Papier wurde aus chlorfrei gebleichtem Zellstoff hergestellt.

SIMON WINCHESTER

DER WILDE STROM

Eine Reise auf dem Jangtse

Aus dem Englischen von
Harald Stadler

NATIONAL GEOGRAPHIC
FREDERKING & THALER

Dieses Buch widme ich Lucy und David Tang
als kleines Zeichen großer Dankbarkeit

Inhalt

Der Jangtse

Es bedarf kaum der besonderen Erwähnung, dass sich das Gesicht Chinas seit dem ersten Erscheinen dieses Buchs vor zwölf Jahren fast bis zur Unkenntlichkeit verändert hat. In den neunziger Jahren prägten noch uniforme Armeen von Genossen in blauen Anzügen, Millionen in Staus verknäulte Fahrräder und endlose Reihen verrußter Mietskasernen das Bild des Landes. Doch trotz des eher düsteren und grimmigen Eindrucks war China zweifelsohne faszinierend. Wie jeder weiß sind heute auch dort die schillernden Verlockungen der restlichen Welt längst angekommen: chinesische Astronauten und Topmodels, Starköche und -violinisten, Modejünger und Maybachs gehören genauso zum Alltag wie verrückte Großstadtbars und Szenerestaurants. Die zeitgenössische chinesische Kunst gilt als die angesagteste der Welt, Hochglanzmagazine sind gepflastert mit Fotos von frischgebackenen chinesischen Millionären, und ganz China ist offenbar beseelt von dem Wunsch, ihren Erfolg zu teilen.

Die Infrastruktur des Landes besticht heute durch Effizienz: die Seidenstraße, vor Jahrzehnten noch eine zerfurchte Route, auf der Kamele trotteten und kaputte Lastwagen den Weg versperrten, begegnet dem Reisenden nun größtenteils als vierspuriger, computerüberwachter Highway. Die Architektur ist außer Rand und Band: das Olympiastadium überragt, einem überdimensionalen stählernen Vogelnest gleich, den Norden Pekings, Dutzende Gebäude schießen aus dem Schwemmland Zentral- und Ostchinas empor, jedes für sich beansprucht, das höchste der Welt zu sein. Die größte Stadt der Welt liegt heute in China und landesweit gibt es gut einhundert Städte, die mehr als eine Million Einwohner zählen, ohne über ihre eigenen Grenzen hinaus bekannt zu sein. »Koloss«, »Boomland«, »furchteinflößend«, so oder ähnlich lauten die Etiketten, mit denen die restliche Welt das gegenwärtige China regelmäßig versieht, in dem Bemühen einen Wandel zu bewältigen, der ganz offensichtlich unseren gesamten Planeten grundlegend verändern wird. Die dreihundertjährige Vorherrschaft des Westens, so zeichnet es sich immer deutlicher ab, geht dem Ende entgegen. Denn China entwickelt sich nicht nur rasant zur größten Wirtschaftsmacht der Welt. Es ist darüber hinaus auf dem besten Weg, unsere Denk- und Handlungsweisen zu definieren. Und so wird womöglich eines Tages nicht mehr Jesus, sondern Konfuzius als Gründer der bevorzugten Glaubenslehre der Welt gelten.

Doch ungeachtet der hektischen Betriebsamkeit der Menschen geht die Natur – die dauerhafte, dingliche Realität unserer Umwelt – ihren gleichförmig ruhigen Gang, in China ebenso wie andernorts. Die Jahreszeiten kommen und gehen, Menschen werden geboren und sterben, Winde ziehen auf und flauen ab, die Temperatur steigt und fällt, das Meer tost und Flüsse fließen.

In China sind es die großen ungezähmten Ströme wie der Huang He, der Min-Fluss, der Jialing, der Mekong und der Perlfluss, die dahinziehen, wie sie es immer getan haben. Einzig der größte von allen, der Jangtse, strömt nicht mehr ungehindert ins Meer. Vor Jahren war dies noch der Fall: 6730 km von seiner blau glitzernden Quelle am Fuße eines Gletschers im Hochland Tibets bis in das Ostchinesische Meer nahe Schanghai. Damals war es noch möglich, auf dem zweitlängsten Fluss der Welt mit einem robusten Boot stromabwärts durch das gesamte, riesengroße Zentralchina zu fahren. Nicht wenige tollkühne Abenteurer suchten ebendiese Herausforderung, einige von ihnen fanden dabei den Tod. Heute ist diese Reise unmöglich: Eine riesige Stahlbetonmauer blockiert auf halber Strecke das Fortkommen, der mächtigste Damm, der je gebaut wurde, stemmt sich hier gegen den größten Strom Asiens. Ein Eingriff in den Lauf der Natur, wie er folgenschwerer kaum sein könnte.

Trotz seiner Lage an einem Ort namens Sandouping, einige Dutzend Kilometer von der Stadt Wuhan entfernt, hat die Welt den Damm nach der spektakulären Landschaft benannt, die das Bauwerk umschließt: den Drei Schluchten. Eingezwängt zwischen zerklüfteten Gebirgsketten, durch Schluchten und Stromschnellen rauschend hatte der Jangtse hier Generationen von Dichtern und Schriftstellern inspiriert und über Jahrhunderte hinweg zahllose neugierige Besucher angelockt.

Doch so beeindruckend die Schluchten auch sein mochten, ihre Existenz verursachte lange Zeit erhebliche Unannehmlichkeiten. Sie erschwerten das Navigieren der Handelsschiffe und Boote, besonders wenn Fracht flussaufwärts durch die Stromschnellen geschleppt werden musste. Flussabwärts sorgten sie mit grimmiger Regelmäßigkeit für saisonale Überschwemmungen. Jahrelang rätselten daher chinesische Ingenieure, ob sie einen Damm würden errichten können, der die Schiffbarkeit des Flusses verbessern, das Hochwasser verhindern und zudem noch Strom im Überfluss erzeugen würde.

Als dieses Buch im Original erschien, wurde nach Jahrzehnten hitziger Debatten die Entscheidung zum Bau gefällt: Die Kommunistische Partei Chinas beschloss, sich bei Sandouping selbst ein Denkmal zu errichten. Es sollte ein Meisterwerk der Ingenieurskunst werden und dort ansetzen, wo andere gescheitert waren – als ein Zeichen der legitimen Herrschaft über die Natur. Mochte der Jangtse jahrtausendelang ungestört durch ganz China geflossen sein, die Partei, unter der Führung ihres damaligen Vorsitzenden Li Peng würde ihn schon aufhalten.

Zahlreiche Skeptiker – von einigen wird später noch die Rede sein – sprachen düstere Warnungen aus, sollte das Projekt je realisiert werden. Wie es aussieht, haben sie Recht behalten. Die Kosten des Damms lagen weit über den Schätzungen der Regierung, während die Zahl der Menschen, die dem über 600 km langen Stausee weichen mussten, grob unterschätzt wurde. Die negativen Auswirkungen des Bauwerks auf die Umwelt waren erheblich größer als angenommen. Da seine Generatoren permanent mit Schutt und Schlick verstopft sind, bewegt sich die Stromgewinnung auf geringem Niveau und ist zudem teurer als im Vorfeld kalkuliert wurde. Erst jetzt ist man sich der Bedrohung der Anlage durch Erdbeben, Anschläge oder schlichtes menschliches Versagen voll und ganz bewusst.

Die Entstehungsgeschichte des Drei-Schluchten-Damms steht somit gleichermaßen für die guten und schlechten Seiten des modernen Chinas. Augenscheinlich besitzt das Land das Selbstvertrauen und die technischen Fertigkeiten zu agieren, wie es ihm beliebt. Zugleich sind die Machthaber aber noch immer ignorant genug, dem Volkswillen nach eigenem Gutdünken zuwiderzuhandeln. Arroganz und Überheblichkeit charakterisieren ihr Handeln, und das Stauen des Jangtse illustriert allzu beeindruckend, wozu das heutige China imstande ist, wenn diese Eigenschaften mit einem unerschöpflichen Budget und der Arbeitskraft von Millionen Menschen Hand in Hand gehen. Fehler unterlaufen unter diesen Vorzeichen nicht einfach, sie werden in einem ungeheuren Ausmaß begangen.

Dabei ist der Damm nicht das einzige Bauwerk, das neuerdings die Ufer des Jangtse verbindet. Als Sinnbild der neuen Realität im heutigen China steht er nicht mehr allein. Dreitausend Kilometer oberhalb der Drei Schluchten verläuft in der Nähe des Orts Tuotuoheyan eine schlanke Stahlkonstruktion über den Strom. Kein

Staudamm, sondern eine robuste Eisenbahnbrücke, erbaut für den neuen Schnellzug von Peking nach Lhasa, die Hauptstadt Tibets.

Die Bahnstrecke ist ein weiteres technisches Meisterwerk, genau wie der Damm. Sie bricht alle Rekorde, setzt neue Maßstäbe. Der Drei-Schluchten-Damm mag der größte der Welt sein, die Eisenbahnlinie ist die höchste der Welt, die teuerste und die kompliziertestе. Unterhalten wird sie auf dem neuesten Stand der Technik. Auf der Fahrt über das tibetische Hochplateau werden ihre Passagiere mit künstlichem Sauerstoff versorgt (dennoch gab es bereits Todesfälle aufgrund von Höhenkrankheit). Auch bei diesem Vorhaben wurden die Verantwortlichen bis zum Abschluss der Arbeiten 2007 mit denselben kritischen Fragen konfrontiert – nach den Kosten, der Notwendigkeit, den Auswirkungen auf die Natur –, die bereits beim Bau des Staudamms beiseitegefegt wurden.

Viele Tibeter sahen in dem Projekt einen ausgeklügelten Plan, mit dem die Han-Chinesen ihren Bevölkerungsanteil erhöhen und so einen nachhaltigen demografischen Wandel in dem letzten Landstrich herbeiführen wollten, der noch nicht gänzlich von Peking vereinnahmt worden ist. Andere kritisierten, die Bahnstrecke könnte die Migrationsbewegungen von Wildtieren stören. Zudem würden Schadstoffe die makellose Atmosphäre am Fuße des Himalajas verpesten. Auch wären die Unterhaltskosten letztlich untragbar.

Eröffnet wurde die Bahnlinie schließlich trotz aller Kritik, offiziell preist man sie als eine weitere Errungenschaft des modernen Chinas (und sieht dabei großzügig davon ab, dass die Lokomotiven der Tibet-Bahn von General Electric in Amerika gebaut wurden, da sie vor Ort nicht mit der nötigen Antriebskraft konstruiert werden konnten). Zahlreiche Außenstehende und eine kleine Gruppe von Kritikern innerhalb Chinas, die mit den Erniedrigungen leben können, denen sich Regimekritiker zwangsläufig aussetzen, werten die Eisenbahn sowohl als ein Symbol für Chinas technologische

Überlegenheit als auch für die grenzenlose Selbstherrlichkeit seiner Regierung.

Ganz am anderen Ende des Jangtse, stromabwärts, liegt Schanghai. Keine andere Stadt der Welt ist in den vergangenen Jahrzehnten vergleichsweise schnell gewachsen. Vor einem Jahrhundert war Schanghai kaum mehr als ein kleines Fischerdorf an der Mündung des großen Stroms. Als ich dieses Buch schrieb, zeichnete sich bereits der Aufbruch einer bedeutenden Stadt ab. Sie hatte den Kitsch ihrer kolonialen Vergangenheit hinter sich gelassen und erholte sich langsam von den tristen Jahren, in denen Schanghai lediglich als eine weitere Einnahmequelle der Oligarchen in Peking fungierte (jahrzehntelang durften die Steuereinnahmen Schanghais nicht in die Kassen der Stadt selbst fließen, was die Menschen dort verbitterte und die Stadt verfallen ließ).

Ich brachte damals den ehemaligen Gouverneur von Hongkong zur Weißglut mit meiner These, dass zu Beginn des 21. Jahrhunderts auf einer politischen Karte Chinas Peking die Stelle Washingtons einnehmen würde, Schanghai die New Yorks und Hongkong die von New Orleans, als Tor zu den südlichen Provinzen Chinas. Ich war mir sicher, dass Schanghai als wichtigstes kommerzielles Zentrum Ostasiens, ja, als Über-Stadt unseres Planeten Hongkong weit hinter sich lassen würde. Der Gouverneur protestierte seinerzeit auf das Entschiedenste. Heute stimmt er mir zu. Obschon Schanghai noch nicht so weit ist, gibt es kaum Zweifel, dass es zielstrebig einen Spitzenplatz unter den Weltstädten ansteuert. Jeder fünfte Großkran weltweit ist derzeit in der Stadt im Einsatz, um weitere Wolkenkratzer hochzuziehen und Autobahnüberführungen, Brücken, Flughafen-Terminals und Bahnhöfe zu bauen.

Anfang der neunziger Jahre gab es in Schanghai noch keine U-Bahn, mittlerweile sind es sieben Linien. Es führte lediglich eine

Brücke über den Fluss, inzwischen kommt man mit dem Zählen kaum nach, scheinbar monatlich werden neue Verbindungen zwischen den Ufern geschaffen. Der Verkehr ist unerträglich, Wohlstand und Wachstum sind atemberaubend und die Luftverschmutzung unvorstellbar. Schanghai ist das neue China in Reinform, mit seiner erschreckenden Größe und seinen fürchterlichen Problemen.

Und Schanghai führt uns auch zurück zum Jangtse. Vor Jahren, als ich mich auf die Reise von seiner Mündung zur Quelle machte, stand dieser großartige Strom für mich noch für das alte China. Mit jedem weiteren Kilometer tauchte ich tiefer ein in seine Geschichte. Heute verhält es sich vollkommen anders. Eine Fahrt auf dem Fluss eröffnet dem Reisenden weniger den Blick in die Vergangenheit, sondern vielmehr in die Gegenwart einer ganzen Nation.

Schanghai, der Drei-Schluchten-Damm, die Tibet-Bahn – zusammen stehen sie weithin sichtbar für das neue China, und allesamt sind sie aufs Engste mit dem längsten Fluss des Landes verbunden. Sie bestärken seine enorme Bedeutung als Strom, der nicht nur durch die Mitte Chinas fließt, sondern ein Land durchmisst, das sich rasant zum Zentrum der Welt entwickelt.

Simon Winchester
New York, 23. November 2007

Vorbemerkung

In der Regel habe ich für die Umschrift der chinesischen Orts- und Personennamen, die in diesem Buch vorkommen, die derzeit gebräuchliche Pinyin-Lautschrift verwendet. Doch da diese Reportage nicht nur die Gegenwart, sondern auch die Vergangenheit beleuchtet – zumal die Reise entlang des Jangtse absichtlich sowohl geografisch-topografisch als auch historisch-chronologisch verläuft –, tauchten gelegentlich Fälle auf, in denen es mir weitaus angemessener erschien, die alte und offiziell nicht mehr gebräuchliche Wade-Giles-Methode anzuwenden.

So erwähne ich etwa die Stadt Nanjing unter ihrem derzeit geläufigen Namen, doch spreche ich auch vom «Massaker von Nanking» und vom »Vertrag von Nanking«. Auf der Flussfahrt gelangt man auch in die schmutzige Stadt, die heute als Wanxian bezeichnet wird. Dort fand vor 70 Jahren der berühmt-berüchtigte Zwischenfall von Wanschien statt; auf jenes denkwürdige Ereignis mit dem moderneren Namen zu verweisen, würde meiner Meinung nach jedoch größere Verwirrung stiften als meine kleine lexikalische Inkonsequenz. Abgesehen davon klingen die Namen, um die es in diesen und anderen Fällen geht, für uns im Westen ohnehin mehr oder weniger ähnlich; nur wenn die unterschiedlichen Schreibweisen sehr stark voneinander abweichen (Tibet und Xizang, beispielsweise, oder Chang'an und Xi'an), unterbreche ich den Erzählfluss und erläutere den Sachverhalt.

Schon die Frage des Flussnamens selbst ist so kompliziert und historisch gesehen so faszinierend, dass man allein darüber fast ein eigenes Kapitel schreiben könnte. Dies möchte ich dem Leser jedoch ersparen. Erwähnt sei nur so viel, dass die korrekte Pinyin-Transkription für »Jangtse« eigentlich »Jangzi« lautet, wobei sich die Aussprache allerdings eher der Form »Jangtse« als »Jangzi« nähert. Doch da die Chinesen selten, wenn überhaupt je eine dieser beiden Varianten verwenden, bin ich bei der gebräuchlicheren, wenngleich «barbarischen», das heißt fremdländischen Form geblieben.

In der Frage, weshalb dem Fluss überhaupt der nicht-chinesische Name »Jangtse« gegeben wurde, herrscht mehr Unklarheit als Übereinstimmung. Einigen Quellen des 19. Jahrhunderts zufolge soll das Wort »Sohn des Meeres« bedeuten, für andere leitet es sich von der Bezeichnung für »der Blaue Fluss« ab. Beide Deutungen klingen relativ überzeugend, zumal sich das Chinesische in seinen westlichen Transkriptionen einer schier grenzenlosen Dehnbarkeit erfreut. Die plausibelste Erklärung ist indes die, dass die Namengebung wahrscheinlich auf einem Missverständnis, einem *Missverstehen,* beruht. Mit Sicherheit fragten die ersten westlichen Seeleute, die den Strom befuhren, die einheimischen Schiffsführer nach dem Namen ihres Flusses; und da diese heimischen Schiffer entweder aus der Stadt Yangzhou gestammt haben oder zumindest von der großen regionalen Bedeutung dieser Stadt gewusst haben dürften, zumal diese damals die einflussreichste Metropole im Mündungsgebiet war (in deren Verwaltung übrigens auch Marco Polo tätig war), könnten sie sich in dem Sinne geäußert haben, dass es sich um den »Fluss des Yang-Königreiches« handelte. Da »Jiang« eindeutig die Bezeichnung für »Fluss« ist, könnte die halb gemurmelte und halb verschluckte Wortverbindung aus »Yang« und »Jiang« in den Ohren eines unkundigen englischen Seemannes durchaus wie »Jangtsekiang« geklungen haben. Dieser Name dürfte dann dem Kapitän des Schiffes gemeldet worden und schließlich in einem Bericht festgehalten worden sein; die Admiralität verwendete dann in ihren Ordern in Bezug auf besagten Strom diese Bezeichnung, die sich auch in Geografie, Kartografie und Historiografie durchsetzte.

Es ist allgemein üblich, bei einer Fahrt flussabwärts jenes Ufer als das linke beziehungsweise rechte zu bezeichnen, das man in Flussrichtung links beziehungsweise rechts sieht. Ich habe versucht, mich stets an diese Konvention der Gewässerkunde zu halten. Da meine Reise jedoch absichtlich und ausschließlich stromaufwärts erfolgte, gab es Augenblicke, in denen selbst ich heillos verwirrt war: Sah ich an Deck des stromauf fahrenden Schiffes beispielsweise eine Pagode an dem Ufer, das zu meiner Rechten lag, so musste ich in meinen Aufzeichnungen vermerken, dass sie in Wirklichkeit auf jener Seite stand, die als linkes Flussufer bezeichnet wird. Gelegentlich habe ich versucht, die Verwirrung in Grenzen zu halten, indem ich die Himmelsrichtung nannte, falls dies die Situation eindeutiger machte, doch ich muss gestehen, dass das nicht immer funktionierte.

Für jeden, der ein Buch über die traurige Situation des heutigen China schreibt, besteht das größte Dilemma darin, wegen der Brutalität des derzeitigen Regimes viele Mitwirkende nicht mit wahrem Namen nennen zu können. Viele der Männer und Frauen, denen ich auf dieser monatelangen, 6500 Kilometer umfassenden Reise begegnete, vertrauten mir Dinge an, die unbedingt in diese Schilderung aufgenommen werden mussten; viele halfen mir bei meiner Expedition, die von den staatlichen Stellen selbstverständlich nicht abgesegnet war – ja, von der die Behörden nicht einmal offiziell unterrichtet waren. Beim Schreiben wurde mir bewusst – auch wenn dies den Betroffenen selbst gar nicht unbedingt klar war –, dass ich sie durch die Wiedergabe ihrer Kommentare und durch die Würdigung ihrer Mitwirkung an der Reise und dem Buch den denkbar unangenehmsten Formen behördlicher Repressalien auszusetzen drohte. Daher habe ich, wenn auch ungern, mehrere Namen geändert und einige wenige – allerdings wirklich nur einige wenige – Örtlichkeiten absichtlich vage umschrieben.

Am meisten bedauere ich, dass ich meine getreue Führerin und Ratgeberin mit dem erfundenen englischen Namen »Lily« tarnen muss und nicht mit ihrem eigentlichen chinesischen Namen nennen kann, der nicht nur den großen Vorzug hat, ihr wirklicher Name zu sein, sondern auch viel hübscher klingt.

Ohne »Lily« wäre dieses Buch nie zustande gekommen, zumindest nicht in der vorliegenden Form. Doch wenn ich so ausführlich auf sie einginge, wie ich es gerne täte, würde dies viel zu viel Aufmerksamkeit auf sie lenken und möglicherweise eine Welle staatlicher Schikanen nach sich ziehen, die sie niemals abwenden könnte und auch überhaupt nicht verdient. Lily ist eine bemerkenswerte, couragierte junge Frau, und China sollte eigentlich stolz sein, auf Menschen wie sie zählen zu können. Ich stehe sicherlich nicht alleine mit der Hoffnung, dass es jungen Menschen wie Lily gelingen wird, die Geschicke ihres riesigen Landes in die Hand zu nehmen, so dass China seinen wunderbaren und unglaublich vielfältigen Volksgruppen eines Tages vielleicht eine wahrhaft menschenwürdige Zukunft zu bieten vermag.

Den Blick auf den alten Strom
Vom gegenüberliegenden Saum
Eines gelben Bandes
Wie beim Lesen einer alten Schriftrolle –
Bildzeichen vom wilden Ankämpfen
Des Menschen gegen die Strudel
Schon oft erzählter Geschichten ...

LI BAI, TANG DYNASTIE, 8. JAHRHUNDERT

Vorspann

Ungefähr 1500 Kilometer stromab von der Quelle des Jangtse – dort wo das Wasser fast ein Viertel seines Weges von den Bergen zum Meer zurückgelegt hat – bildet der Fluss eine höchst bemerkenswerte Haarnadelkurve. Das Wasser, das über Hunderte von Kilometern unentwegt und unbeirrbar in südöstliche Richtung geströmt ist, knallt auf einmal frontal auf ein Kalksteinmassiv, von dem es donnernd zurückprallt, um dann geradewegs nach Norden weiterzutosen.

Mir fällt kein anderer Fluss von Weltklasse ein, der sich so verhält. Gewiß, der Nil schlängelt sich beinahe kokett durch den Norden des Sudan. Auch die Lena zieht bei Jakutsk eine lang gedehnte Kurve. Und niemand würde behaupten, die Wolga verlaufe pfeilgerade. Auch vom Oberlauf des Ganges lässt sich das nicht sagen, und auch nicht vom Rhein. Selbst der Rio Grande zieht eine »große« Schleife, doch die Biegungen all dieser anderen großen Flüsse ist für chinesische Maßstäbe lächerlich klein. Nichts gleicht dem Lauf des Jangtse im nördlichen Yunnan.

Das eigentümlich Dramatische an dieser Kurve ist ihre Schärfe – dieses plötzliche Herumwirbeln auf der Stelle, dieser schlagartige Richtungswechsel, diese jähe Kehrtwendung, dieser gigantische Salto rückwärts. Die Biegung ist so auffällig, dass sie selbst auf Karten mit sehr großem Maßstab, ja sogar auf Weltkarten zu erkennen ist, und zwar als eigenartiger Einschnitt, als Knick, als sonderbare Auszackung in dem ansonsten geraden Verlauf des großen Stroms. Sie wirkt beinahe künstlich – fast so, als hätte einst eine Gottheit diesem Wasserlauf befohlen: Fließe in dieser Richtung bis hierher, aber nicht weiter.

Man spricht von der Großen Biegung von Shigu, von der seit Urzeiten das Geschick ganz Chinas abhängt.

Für das Mittlere Königreich, wie die Chinesen es nennen, war es mehr als günstig, dass der Fluss diesen Verlauf nahm. Ohne diese Biegung würde er ungehindert nach Süden fließen können – was er wahrscheinlich gerne täte, wie ein Blick in den Atlas lehrt –, und so etwas wie den heutigen Jangtse gäbe es gar nicht. Es wäre niemals ein Fluss entstanden, der jenen Namen verdient, den die Chinesen ihm geben: Chang Jiang, der Lange Fluss, oder einfach nur Jiang, *der* Fluss.

Gäbe es nicht jene einzigartige geologische Absonderlichkeit in Shigu, würde der Jangtse in das Tal des heutigen Roten Flusses weiterfließen. Anstatt 5000 Kilometer weiter östlich bei Schanghai ins Meer zu strömen, würde der Fluss dort vor sich hinplätschern, wo sich heute die träge Masse des Roten Flusses dahinwälzt. Es wäre ein Fluss, dessen deutlich verkürztes Bett – als Schwester des Mekong – größtenteils im heutigen Vietnam verlaufen würde.

China müsste dann ohne den Jangtse auskommen. Die Nebenflüsse, die den Jangtse heute speisen, würden andere Richtungen nehmen und sich wahrscheinlich nicht mit einem Mutterstrom zu einem so mächtigen Gewässer vereinen. Gleichwohl gäbe es einige große Flüsse im Herzen Chinas – der Gelbe Fluss nähme im wahrsten Sinne »unbeeinflusst« seinen Lauf, ebenso der Perlfluss. Doch würde bei Shigu nicht das Kalksteinmassiv dazwischentreten, gäbe es nichts auch nur annähernd so unvorstellbar Großes und Gewaltiges wie diesen Strom, der sich heute durch das Herz der Nation bahnt.

Ohne diesen einen kleinen Zufall, jenes Kuriosum von Shigu, sähe alles ganz anders aus. Die Landkarte macht dies deutlich. Es ist unbestreitbar: Der Jangtse würde sich ziemlich unauffällig verlaufen. Und anstelle von Containerhäfen träfe man auf dichte Palmwälder, statt Pagoden und Palästen begegnete man schmutzigen Dörfern, statt riesigen Industriestädten kleinen Marktflecken.

Ein China, das ohne diesen Strom auskommen müsste, würde sich also ganz massiv von jenem uralten, schwierigen, empörenden und schamlos mächtigen China unterscheiden, mit dem es die übrige Welt heute zu tun hat. Aus diesem Grund fand ich es immer sonderbar, dass die Kleinstadt Shigu in Yunnan weitgehend unbekannt geblieben ist und kaum besucht wird; und wenn sie doch einmal erwähnt wird, dann nicht wegen ihrer eigenartigen Geologie, sondern aufgrund einer längst vergessenen Schlacht, bei der ein einfallendes tibetisches Heer einem einheimischen Volksstamm unterlag, dessen Männer Falken trugen, Papageien als Haustiere hielten und alle größeren Entscheidungen den Frauen überließen.

Diese Episode der Volksgeschichte mag faszinierend klingen, doch von Rechts wegen sollte Shigu für das Wunder der Geografie gerühmt werden, das sich vor seinen Toren zuträgt und dafür verantwortlich ist, dass China vom wichtigsten Strom der Welt bewässert, geteilt und geeint wird.

Es gibt natürlich eine nüchterne Erklärung für die Große Biegung. Die plötzliche Umleitung des Flusses bei Shigu ist schlicht und einfach ein Werk der Tektonik, die Folge eines geomorphologischen Prozesses, einer gigantischen, zehn Millionen Jahre währenden Verformung der Erdkruste. In China beugt sich die rationale Erklärung jedoch oft der Legende, vor allem in Shigu. In der Schule lernen die Kinder, hinter den geologischen Verhältnissen in Shigu stehe nicht so sehr die Tektonik, als vielmehr ein Kaiser namens Yu der Große, der vor 4000 Jahren lebte und so sehr fürchtete, der mächtige Strom könne China verlassen und die fruchtbare chinesische Erde in das barbarische Annam wegschwemmen, dass er kurzerhand einen großen Berg in Shigu auftürmte und dem Strom sozusagen den Ausgang versperrte.

Der Berg, den Kaiser Yu zu diesem Zweck auserkor, heißt Yun Ling, »Wolkenberg«. Er überragt noch heute die kleine Stadt. Als ich einmal in einem Frühsommer auf einer Fahrt stromauf nach Shigu kam, nahm ich mir einen Nachmittag lang Zeit und erklomm den steilen Berghang, um mir von oben die Biegung anzuschauen, die er verursacht. Ich war ganz allein. Kaum jemand macht sich die Mühe, den Berg zu besteigen. Er ist nicht sehr hoch, bietet kein spektakuläres Abenteuer, wirkt in jeder Hinsicht recht gewöhnlich und unterscheidet sich kaum von den zahllosen anderen wild durcheinander gewürfelten Bergen, die diesen Teil des Reiches bilden.

Seine Existenz allein – egal ob sie nun auf die Tektonik oder einen alten Kaiser zurückzuführen ist – schuf die Voraussetzung, so ließe sich argumentieren, dass es sowohl den Jangtse als auch China überhaupt gibt. Dem Wolkenberg ist es zu verdanken, dass es den Jangtse gibt; und angesichts der entscheidenden Rolle, die der Jangtse seit Urzeiten für die Entwicklung Chinas gespielt hat, lässt sich ohne allzu große Übertreibung behaupten, dass ihm auch die Existenz Chinas zu verdanken ist.

Der Berg täuscht eine gewisse Sanftheit vor und wirkt fast lieblich. Als ich ihn bestieg, blühten an den unteren Hängen zwischen Kamelien und verkümmerten Kampferbäumen üppige Rhododendren. Er hat etwas harmlos Durchschnittliches an sich. Doch wie so oft in China handelt es sich dabei um eine Täuschung, denn in der eindrucksvollen Geschichte des Langen Flusses und auch in der kaum weniger eindrucksvollen Geschichte des Reiches der Mitte spielt der weitgehend unbesungene und so bescheiden wirkende Wolkenberg in Yunnan eine höchst ungewöhnliche Rolle.

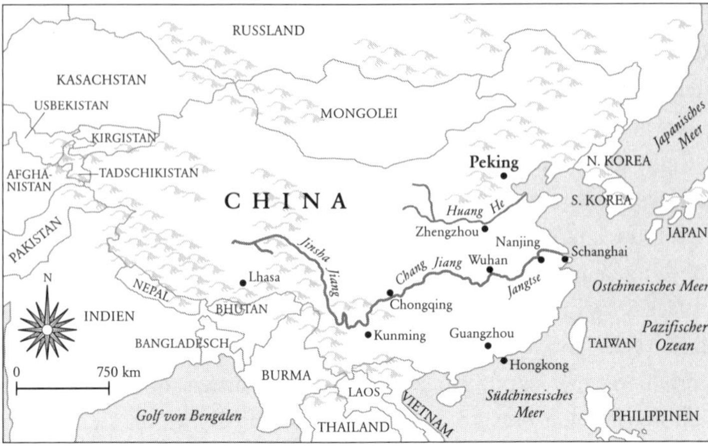

Der Plan

»Willkommen!«, tönte der Computer mit einer blechernen Liebenswürdigkeit, die der kühlen Morgenstunde eine gewisse Wärme verlieh. »Sie haben Post!«

Folgsam und roboterhaft führte ich mit der Maus die wenigen Schritte durch, die heutzutage erforderlich sind, um eingegangene elektronische Briefe zu öffnen, und in kürzester Zeit hatte ich einen ganzen Berg von Morgenpost vor mir. Das meiste war unwichtig – das übliche Einerlei, das man zunächst einmal auf sich beruhen lässt. Doch ein Brief kam mir auf den ersten Blick interessanter vor. Es waren ein paar Zeilen von jemandem, den ich überhaupt nicht kannte und der mit dem recht unattraktiven Benutzernamen »Limabohne« unterzeichnet hatte. Jemand aus Peru? Sicherlich nicht. Ich nahm an, dass ein Amerikaner, wahrscheinlich jemand aus dem Mittleren Westen, dahintersteckte.

Alles Folgende fing mit diesem Brief an, der zu einer ganzen Reihe sonderbarer Zufälle führte. Die Reise, die mich schließlich in weite Ferne, über Tausende von Kilometern bis in die hintersten Winkel Chinas führen sollte, kam durch ein Phänomen zustande, das die Anhänger der modernen Telekommunikation nachdrücklich begrüßen würden.

An jenem kühlen frühwinterlichen Morgen war ich mit der ersten Tasse Kaffee in der Hand noch halb verschlafen in mein Arbeitszimmer geschlurft. Ich hatte den Computer angeschaltet, um nachzusehen, ob irgendetwas Interessantes für mich eingetroffen war. Ich hoffte es jedenfalls. Selbst in der digitalen Welt hofft man noch auf Post. Das blecherne »Willkommen« beschleunigte den Puls, das beschwingte »Sie haben Post« ließ wie immer das Herz höher schlagen. »Jeder sehnt sich nach Post«, schrieb Auden, »denn wer kann es ertragen, sich vergessen zu fühlen?« Und so forderte ich den Computer mit ein paar Anschlägen auf der Tastatur auf, mir die Notiz von Herrn oder Frau oder Fräulein Limabohne zu zeigen, und innerhalb von Sekunden tauchten die Worte dieses ungeladenen Fremden vor mir auf dem Bildschirm auf.

Man schien mich über Hongkong befragen zu wollen. Ich konnte mir denken weshalb. Ein paar Monate zuvor war ich gebeten worden, in einer Art elektronischer Befragung und Selbstauskunft jene Dinge aufzuzählen, die mich zu jener Zeit interessierten. Damals hielt ich meine Antwort für wahnsinnig schlagfertig; heute kommt sie mir furchtbar prätentiös vor. Ich entlehnte eine Phrase von Jorge Luis Borges und bekundete mein Interesse für »Sanduhren, Landkarten, den Buchdruck des 18. Jahrhunderts, Wortstämme, den Geschmack von Kaffee, die Prosa von Robert Louis Stevenson – und Hongkong«. Diesen letzten Punkt hatte ich der Aufzählung des blinden Weisen hinzugefügt, und er war nun Grund und Anlass für den kurzen Brief der Limabohne.

»Sehr geehrter Herr«, oder so ähnlich hieß es in dem Schreiben, »ich werde demnächst mit meinem Mann zum allerersten Mal nach Hongkong reisen. Da Sie Ihr Interesse für diesen Ort bekundet haben, könnten Sie uns vielleicht ein paar Tipps geben, wo wir hingehen, was wir tun und was wir anschauen sollten. ... Wir sind im mittleren bis höheren Alter, halten uns für intelligent und recht abenteuerlustig. ... Wir reisen nächste Woche.« Die Absenderin wohnte im nördlichen Illinois. Sie gab zu, sich selten weiter als bis Boston gewagt zu haben.

Ich antwortete sofort – und fast ohne nachzudenken, wozu E-Mail regelrecht verleitet –, machte rasch ein paar Vorschläge, nannte den Namen eines Tempels bei Sai Kung, meine Mitgliedsnummer im China Club, die Telefonnummer meines Sohnes auf Lamma Island, die Titel einiger brauchbarer Bücher, tippte auf das Feld »Antwort senden«, und der Fall war erledigt.

Zwei Monate später kam ein sperriges Päckchen bei mir an, abgeschickt in Chicago. Die Adresse des Absenders sagte mir nichts. Ich öffnete behutsam das Paket, und ans Licht kam ein Exemplar der fünften Auflage von Sherman Lees Klassiker *History of Far Eastern Art* in einer teuren Ausgabe eines noblen New Yorker Kunstbuchverlags. Der Einband war hübsch neutral gehalten: Die japanische und die chinesische Kunst waren in einem ausgewogenen Verhältnis dargestellt. Ein Gemälde der Momoyama-Zeit und ein Rollbild der Sung-Dynastie waren direkt nebeneinander abgebildet. Es war ein äußerst elegantes Buch, zweifellos die ideale Versuchung für den impulsiven Käufer solch teurer Druckwerke.

Ich blätterte es kurz durch und verweilte nur hier und da bei Farbabbildungen von Orten, die ich kannte – bei Tempelgärten in Kioto, einem Fresko im Borobudur oder einem riesigen Sandstein-Buddha in der chinesischen Provinz Shanxi. Plötzlich fiel eine handschriftliche Notiz heraus. Sie stammte von einer gewissen Andrea, die mir für die Tipps dankte, die ich ihr und ihrem Mann vor Wochen gegeben hatte.

Sie hätten eine unvergessliche Reise hinter sich. Der China Club sei phantastisch, das Buch von Austin Coates* beeindruckend und die Telefonnummer meines Sohnes ständig besetzt gewesen. Mir dieses Buch beizulegen sei das Mindeste, was sie tun könnten, um ihre Dankbarkeit zu bekunden.

Ich war erstaunt. So viel Dank für etwas, was mich höchstens drei Minuten Zeit gekostet hatte? Ich blätterte noch ein wenig weiter und freute mich über die Großzügigkeit von Fremden. Plötzlich hielt ich inne. Vor mir hatte ich eine zweiseitige Schwarzweißreproduktion eines ungewöhnlichen Werkes der chinesischen Kunst. Mehr noch: Ich wusste sofort, als ich dieses Bild sah, dass dieses Werk in der einen oder anderen Weise mein Leben verändern würde.

Es war ein Ausschnitt aus dem Bild eines Hofmalers der Qing-Dynastie namens Wang Hui – nur ein Ausschnitt, weil das ganze Gemälde in ausgerolltem Zustand nicht weniger als 16 Meter maß. Es trug den Titel *Wen Li Chang Jiang* – der Zehntausend *Li* Jangtse.* Das Bild wurde um 1680 in kunstvoller Tusch- und Pastellmalerei

---

* *Myself a Mandarin* ist Pflichtlektüre für jeden, der nach Hongkong reist.

* In China ist der Ausdruck »zehntausend *Li*« eine gängige Bezeichnung für etwas extrem Langes, wie etwa die Chinesische Mauer. Der Begriff ist nicht wörtlich zu verstehen, zumal die Maßeinheit »*Li*« selbst bekanntlich sehr flexibel gehandhabt wird: Ein *Li* bergauf ist länger als ein *Li* bergab, ein *Li* in Schanghai ist kürzer als ein *Li* in Chengdu. Doch dem Jangtse kommt ein glücklicher arithmetischer Zufall zugute: Die ersten westlichen Eisenbahnbauer in China legten die Länge dieser Maßeinheit präzise fest; ein *Li* entsprach genau 25/58stel einer englischen Meile. Da der Jangtse von der Quelle bis zur Mündung 3964 Meilen (6378 Kilometer) misst, darf Wang Huis Phantasietitel als durchaus gerechtfertigt gelten, denn sein »zehntausend *Li* Jangtse« misst immerhin 9200 *Li*, also nur geringfügig weniger.

ausgeführt. Es stellt den gesamten Verlauf des Jangtse dar, der für die Chinesen normalerweise »Chang Jiang«, der »Lange Fluss«, oder einfach »Jiang«, *der* Fluss, war.

Jeder Kilometer des Stroms, jede Stadt an seinen Ufern, jeder Nebenfluss, jede Stromschnelle, jedes Strudelbecken, jede Einzelheit von der Mündung bis zur Quelle, so hieß es, war in mehr oder weniger erkennbarer Form auf dem Gemälde abgebildet. Die Reproduktion war wunderschön, selbst als Ausschnitt. Die 300 Jahre alten zarten Pinselstriche ließen Pagoden, Dschunken, Berge, mit Bäumen bewachsene Felssäulen, Schilfrohre, Fischer und alte Stadtmauern sichtbar werden. Ich war dankbar für das Buch, vor allem aber beglückt darüber, dieses Bild zu sehen. Denn der Fluss auf dem Gemälde – und hierin besteht ein entscheidender Zusammenhang in der Verkettung der Zufälle – stand in jenem Augenblick ganz im Mittelpunkt *meiner* Welt.

Just an jenem Tag nämlich, an dem das Buch so unerwartet und so angenehm überraschend bei mir ankam, war ich aus China zuzurückgekehrt, genauer gesagt, von einer Reise zu eben jenem Fluss. Und die Reise entlang des großen Stroms hatte ich allein deswegen unternommen, um dahinterzukommen, wie man wohl am besten ein Buch über ihn schreiben könnte.

Der Jangtse hatte mich schon seit vielen Jahren fasziniert, mindestens seit Mitte der achtziger Jahre, als ich nach Hongkong gezogen war. Ich erinnere mich noch lebhaft daran, wie ich ihn zum ersten Mal erblickte. Ich war mit dem Zug in die damalige Kolonie gereist, die ganze Strecke von London bis Kaulun. Und obwohl die verschiedenen Expresszüge unterwegs über einige beachtliche Flüsse hinweggebraust waren (die Wolga, den Ob, den Jenissei) und obwohl ich auch den Huang He, den Gelben Fluss, überquert hatte, der meines Wissens nach als »Sorge Chinas« bezeichnet wird, weil er jedes Jahr Unmengen fruchtbaren Bodens ins Meer schwemmt, war ich auf die Überquerung der Brücke überhaupt nicht vorbereitet gewesen, die zwischen Hanyang und Wuchang liegt und das gewaltige braune Leichentuch überspannt, das für mich ungebildeten Engländer damals der »Jangtsekiang« war.

Eben noch waren die Lichter einer Stadt zu erkennen gewesen, dann folgte ein endloses Rattern, Dröhnen und Donnern. Unter den Brückenträgern und Schwellen war nichts zu sehen, nur endloses Schwarz. Es kam mir vor, als würde ich mit der Eisenbahn durch den Weltraum jagen. Hin und wieder tauchten unter uns kleine Lichtfunken auf, einige rot, andere grün. Als meine Augen sich an die Dunkelheit gewöhnt hatten, konnte ich im matten Schein der rußgetrübten Mondsichel die Wogen glitzern sehen. Der dunkle, wie mit Nadeln besteckte Fluss zog sich minutenlang unter uns hin, bis plötzlich eine beruhigende Stille hereinbrach. Die Brückenträger waren verschwunden, die Schwellen wieder nahtlos glatt, und die Lichter der Stahlwerke von Wuchang verwandelten das nächtliche Sepia in ein morgendliches Orange. Wir hatten den Jangtse hinter uns. Und auch wenn es im Dunkel der Nacht nicht unbedingt offenkundig war, befanden wir uns in einem anderen geografischen Raum, fast in einem anderen Land, gewiß aber innerhalb einer anderen Volksgemeinschaft.

Einige Geografen und Reiseschriftsteller sehen den Fluss gerne als so etwas wie eine Art Taille, ein seidenes Band, das China in zwei Teile trennt. Über der Taille liegen Gehirn, Herz und Seele Chinas. Dies ist die Heimat jener großwüchsigen, hellhäutigen Volksgruppen, die sich von Weizen ernähren, Mandarin (Hochchinesisch) sprechen und sich als wahre Erben des 5000 Jahre lang ununterbrochen existierenden Reiches der Mitte betrachten. Unterhalb der Taille dagegen liegen die Muskeln und Sehnen des Landes; hier leben die untersetzten, dunkleren und aufgeschlosseneren Menschen, die Reis essen, viele verschiedene unglaublich komplizierte

Küstendialekte sprechen und mit ihrer Tatkraft, ihrem Scharfsinn und ihrer Gerissenheit – und mit ihrer Küche – die Erzeugnisse und Vokabeln Chinas in die Welt hinausgetragen haben.

Von meinem Platz im Expresszug von Schanghai nach Hongkong konnte ich davon natürlich nichts sehen, doch ich war schon in Hongkong und auch in vielen nordchinesischen Städten gewesen und war mir durchaus bewusst, dass die These der Geografen einer gewissen Wahrheit nicht entbehrte. Ganz allgemein und oberflächlich gesehen lässt sich tatsächlich beobachten, dass die Nordchinesen keinen Reis – und auch keine Südchinesen – mögen, und dass der Jangtse eine durchaus praktische Trennlinie zwischen den beiden Teilen bildet.

Zugleich besteht ein gewisses Paradoxon darin, dass der Fluss, der die Nation teilt, diese auch vereint. Der Jangtse zerteilt das Land allein durch seine schier unüberbrückbare Breite, doch gleichzeitig bringt er es fertig, das riesige Land auf einer anderen Ebene zusammenzuschweißen, zumindest teilweise aufgrund seiner gewaltigen und fast unvorstellbaren Länge. Alle Chinesen – ob auf der Insel Hainan im tiefen Süden oder in Mohe im mandschurischen Norden, ob in Kaschgar im fernen Turkestan oder am Fuß des Berges Paektu an der Grenze zu Korea –, alle Chinesen fühlen sich mit ihrem Langen Fluss aufs Engste verbunden. Der Fluss gehört ganz China. Er ist ein heiliges Symbol, das alle Chinesen achten und ehren.

Die Chinesen wissen, dass der Jangtse sie ernährt. Sie wissen, dass der Strom die Hauptverkehrsader ihres Landes ist. Sie besingen ihn in Liedern und Gedichten. Sie liefern sich Schlachten und unterzeichnen Pakte an seinen Ufern. Sie entnehmen ihm Wasser zum Waschen, zur Fischzucht und zur Stromgewinnung. Sie laden ihren Müll in ihm ab, ertränken Säuglinge darin, streuen Asche in seine Fluten und verschmutzen ihn mit Kohle und Schwefel und Schwerbenzin und den Resten und Ausscheidungen von Mensch und Tier. Sie schätzen ihn und sie fürchten ihn; sie begrüßen ihn und sie fliehen vor ihm; sie lieben und sie hassen ihn. Der Jangtse ist ein Mutterstrom, mehr als jeder andere Strom der Welt – mehr noch als der Nil, der ebenfalls ein ganzes Land ernährt und eine ganze Zivilisation trägt. Er ist das symbolische Herz Chinas und bildet sowohl die geografische als auch die geistige Mitte des Landes, das er so mächtig und gemessen durchzieht.

Wäre das Jangtse-Tal ein eigenständiges Land, so wäre es, nach Indien, dasjenige mit der zweitgrößten Bevölkerung. Jeder zwölfte Erdenbürger lebt im Einzugsgebiet dieses Stromes. An den felsigen und sumpfigen Ufern des Flusses zwischen dem Tibetischen Hochland und dem Ostchinesischen Meer liegen die Heime und Arbeitsstätten von ungefähr 500 Millionen Menschen. Zwei andere Flüsse, nämlich der Nil und der Amazonas, sind zwar geringfügig länger, doch ihre Bedeutung – in gesellschaftlicher, wirtschaftlicher und sogar in kultureller Hinsicht – lässt sich kaum mit der des Jangtse vergleichen.

Was Länge, Größe und industrielles Potenzial betrifft, so könnten Mississippi und Missouri als echte Konkurrenten gelten, doch ein entscheidender Unterschied besteht darin, dass der Old Man River in Amerika keine annähernd so menschenverbindende Kraft ausübt wie der Jangtse in China. Ein Einwohner San Franciscos empfindet herzlich wenig für den Fluss, den er oder seine Vorfahren auf dem Weg in die neue Heimat einst passierten; ein Bürger Kantons dagegen weiß nur allzu gut um die Macht und die Magie des Flusses, den er oder seine Ahnen in ihrem Sampan oder Wupan überquerten, um aus dem Kernland an die Küste zu gelangen.

Selbst ganz unten an der Südküste, 1000 Meilen weit entfernt, kann man sich der Präsenz des Jangtse, der Bedeutung dieses schlummernden Drachen von einem Fluss, weder entziehen noch verschließen. Der Fluss stellt eine gebieterische, ja bedrohende geografische Realität dar.

Es brauchte nicht viel, um sich von diesem gewaltigen und strengen Anblick in Bann ziehen zu lassen. Schon Jahre bevor ich Wang Huis Meisterwerk zu sehen bekam, war ich vollkommen gefesselt und verzaubert gewesen, denn seit dem Augenblick, als ich den Jangtse zum ersten Mal erblickte, hatte ich über ihn schreiben wollen.

Auch wenn der Wunsch, ein Buch über diesen großartigen Strom zu schreiben, bereits gekeimt war, so war noch völlig unklar, wie dieses Buch genau aussehen sollte. Als ich jedoch an jenem Tag das Bild immer genauer studierte, kam mir eine Idee. Irgendetwas an dem Bild, an seinem Aufbau, seiner Komposition, schien ungewöhnlich. Vielleicht verbarg sich darin ein Hinweis darauf, wie man den Fluss erforschen, wie man das Buch schreiben könnte. Wenn ich dieses Bild, das in Sherman Lees prächtigem Band so verlockend als Ausschnitt abgebildet war, irgendwie auftreiben und in seinem urtümlichen, vollständigen Originalzustand sehen könnte, dachte ich, würde ich vielleicht die Lösung finden. Doch wie sollte ich an das Original kommen? Wo befand es sich?

Die Bildlegende lieferte einen Hinweis: Sammlung H. C. Weng, New Hampshire. Nach einigen Telefongesprächen, unter anderem mit dem Verleger und der Abteilung für Asiatische Kunst am Metropolitan Museum in New York, hatte ich immerhin einen Namen, Wan-go Weng, und die vage Vermutung eines Mitarbeiters des Museums, dass der Betreffende tatsächlich in New Hampshire wohnte, sehr wahrscheinlich in der Nähe einer Universitätsstadt. Aber wo genau? Unendliches Bedauern – keine Ahnung.

Ich war einmal im Dartmouth College in der Nähe des Städtchens Hanover gewesen und hatte das Gefühl, dort könnte ich fündig werden. Ich rief die Telefonauskunft an und hatte Glück: Es gab tatsächlich einen »Weng, W. G.« Es dauerte nicht lange, und ich war mit Mr. Weng verbunden. Er sprach mit kaum hörbarem chinesischem Akzent, mit leiser, klarer Stimme. Er klang kultiviert und freundlich. Ich stellte mich vor, zunächst in mangelhaftem Chinesisch, um mir eine gewisse Legitimation zu verschaffen, und dann auf Englisch.

Ja, sagte er, er habe das Bild. Es sei eines seiner wertvollsten Besitztümer. Es sei in einem Banktresor weggeschlossen. Er nehme es alle paar Jahre heraus, um es anzuschauen, so wie man Rollbilder nun einmal anschaut. Ob ich es sehen möchte? Er könne es gerne an einem Freitagnachmittag aus dem Tresor holen, wenn ich einmal ein Wochenende frei hätte. Er schlug einen Sonntag nach Weihnachten vor. Ob ich am Nachmittag kommen könne? »Sie sind Engländer, ja?« Er ließ ein vergnügtes, beifälliges Glucksen hören. »Zur Teestunde, ja? Wir erwarten Sie zum Tee. Sicher haben wir bis dahin eine Menge Schnee. Ich schicke Ihnen eine Landkarte. Sie müssen vorsichtig fahren, bei dem Wetter.«

Wan-go Weng und seine Frau wohnten am Ende eines ausgefahrenen Sträßchens auf den Hügeln oberhalb des Connecticut River. Das Haus war neu; es bestand aus hellem Kiefern- und Walnußholz und war gut gegen die bittere Kälte isoliert, die in jener Gegend bis lang in den Frühling anhält. Mr. Weng kam an die Tür. Er war klein und schlank, blickte freundlich drein und lächelte viel und gern. Er führte mich ins Haus, zunächst in ein luftiges Wohnzimmer, an dessen Wänden einige kleine Tuschzeichnungen hingen. Das Haus strahlte eine schlichte Eleganz aus; alles war hell und klar und sauber, jedes Objekt diente einem Zweck, nichts lag unaufgeräumt herum.

»Ich habe die Rolle geholt«, sagte Mr. Weng und deutete auf den Küchentisch, auf dem eine hübsche Kirschholztruhe stand, die vielleicht 60 Zentimeter lang und jeweils 20 Zentimeter breit und hoch war. »Wir schauen sie uns gleich an. Aber zuerst sollten Sie erfahren, wie sie überhaupt in meinen Besitz gelangt ist. Der besondere Zauber eines Rollbildes hat auch etwas mit seiner Geschichte zu tun – durch wie viele Hände es rollte, wenn Sie so wollen. Am besten betrachtet man ein Bild erst, wenn man seine Geschichte kennt.«

Wang Hui war einer – und vielleicht sogar der bedeutendste – der berühmten Vier Wangs, jener Maler, die an den Höfen der späten Ming- und der frühen Qing-Dynastie großzügige Gönner fanden. Er wurde 1632 geboren – im selben Jahr wie Vermeer und Christopher Wren – und starb 1717. Er war ein Zeitgenosse von Rembrandt, Velázquez und Frans Hals. Seine Kunstwerke gelangten zwar erst lange nach seinem Tod in den Westen, doch bereits zu seinen Lebzeiten kamen die ersten Exportartikel, vor allem Tee, aus China nach Europa. Im Westen wurden Chinoiserien bald zu einer regelrechten Manie, und der klassische konfuzianische Stil, den Wang vertrat, war in schicken Salons in London und Paris schon zu seinen Lebzeiten groß in Mode, auch wenn Wang Hui selbst nichts davon wusste.

Seinen bekanntesten Auftrag erhielt er 1691, als der zweite Herrscher der Qing-Dynastie, Kaiser Kangxi, ihn aufforderte, den kaiserlichen Hof auf einer zehnwöchigen Rundreise durch die südlichen und östlichen Provinzen des Reiches zu begleiten. Wang malte wie ein Besessener und schuf nicht weniger als zwölf Rollbilder, auf denen er sämtliche Details des Hoflebens und der Landessitten wirklichkeitsgetreu wiedergab, denn er war ein streng traditioneller Maler der schnörkellosen konfuzianischen Schule. Mit derselben sorgfältigen Methode, die manchen Betrachter eher trocken und pedantisch anmutete, malte er seine prächtige Darstellung des Langen Flusses.

Er vollendete das Bild irgendwann gegen Ende des 17. Jahrhunderts, und es ist zu vermuten, wenn auch nicht zu belegen, dass er es einem Hofbeamten zur Verwahrung anvertraute. Als Wang und später auch der Mandarin gestorben waren, ging das eng zusammengerollte Bild mit der seidenen Hülle und der hölzernen Kiste im Laufe der Zeit in den Besitz verschiedener Weiser über. Einer war der Urgroßvater Wan-go Wengs, der zu Beginn des 20. Jahrhunderts in den Besitz des Bildes gelangte.

Dieser Mann war als Beamter am mandschurischen Hof einst Lehrer zweier Kinder der kaiserlichen Familie gewesen. Für seine Bemühungen wurde er zum Mandarin des ersten Ranges ernannt, was bedeutete, dass er eine violette Robe,* einen Hut mit einem scharlachroten Knopf obenauf und eine Pfauenfeder tragen durfte. Sein Urenkel weiß, dass er ein strenger, konfuzianisch geprägter, konservativer Mensch war; und er war einer der wenigen am Hofe, die sich entschieden den Beschwichtigungspolitikern entgegenstellten, die mit den Japanern zu verhandeln bereit waren. Er verkörperte die Unnachgiebigkeit der Großmacht China und wollte sich von den Invasoren nichts gefallen lassen.

Es dauerte indes nicht lange, bis die Einmischung Japans und anderer ausländischer Mächte – ganz zu schweigen vom Kommunismus und dem Bürgerkrieg – solch stolzen Gestalten jeden Einfluss raubte. Das Chinesische Reich ging seinem Untergang entgegen, und mit ihm die Beamtenschaft. In jener turbulenten Zeit wurde das Gemälde dem damals jungen Mr. Weng anvertraut. Im Schreckensjahr 1949, als die Kommunisten und die Nationalisten um die Herrschaft kämpften, bildete das Gemälde in den Augen des jungen Weng eine der wenigen Verbindungen zur höfischen Tradition des alten China. Er lebte damals in Schanghai und trug sich mit dem Gedanken, in die Vereinigten Staaten zu fliehen. Seine Familie bestand darauf, dass er Wang Huis Bild mitnahm.

* Gelb, die klassische Farbe des chinesischen Kaiserhofs, durften nur der Kaiser und die Prinzen von königlichem Geblüt tragen.

Die Geschichte hätte um einiges verwegener geklungen, wäre der junge Mr. Weng mit nichts als der Kirschholztruhe unter dem Mantel vor den kommunistischen Armeen geflohen. Doch der Kasten wurde zusammen mit Wengs übriger Habe in einer Kiste verstaut und landete im Laderaum eines Frachters, der am Huang-pu die Anker lichtete, die Mündung des Jangtse passierte und den Pazifik überquerte.

Mr. Weng hatte es ein bisschen eiliger als sein Gepäck. Nur knapp entkam er Maos Truppen, und zwar mit dem letzten Propellerflugzeug der North West Airlines, das im November 1949 China verließ. Nach Zwischenlandungen in Tokio, auf einer Aleuteninsel, in Anchorage, Edmonton und Minneapolis erreichte er New York. Das Frachtschiff legte nach seiner Überfahrt schließlich an den Docks der New Yorker West Side an, wo Mr. Weng seine Kisten in Empfang nehmen konnte. Seither befindet sich Wang Huis *Wen Li Chang Jiang* in den Vereinigten Staaten.

Nachdem diese Geschichte ausführlich gewürdigt worden war, begaben wir uns an den Esszimmertisch, über den sich inzwischen das Licht der Spätnachmittagssonne ergoss. Mr. Weng öffnete mit ruhiger und behutsamer Hand die zwei winzigen Elfenbeinhaken, die den Deckel der Kiste verschlossen hielten. Im Inneren befand sich ein Paket, das wie ein Ballen grauer Seide aussah. Auch diese Hülle war mittels weißer Baumwollbänder mit Elfenbeinhäkchen verschnürt, die Mr. Weng aufknotete, wobei seine Hände ein wenig zitterten.

Nur sehr selten kommt man in den Genuss, ein 300 Jahre altes Kunstwerk anfassen zu können. Gemälde von hohem Alter und Wert werden permanent gesichert und bewacht – in öffentlichen Ausstellungen im Allgemeinen wohlwollend, in privaten Sammlungen zumeist misstrauisch. Sie hängen außerhalb unserer Reichweite, fern jeden Zugriffs, sicher vor jeder Zudringlichkeit. Ganz anders bei chinesischen Rollbildern.

Chinesische Rollbilder sollten berührt, sollten in die Hand genommen werden. Sie waren nicht dazu da, öffentlich aufgehängt und bloß betrachtet zu werden; vielmehr sollten sie ihren Besitzer in der häuslichen Privatsphäre sowohl über das Auge als auch über den Tastsinn erfreuen. Sie waren ein wesentlicher Bestandteil des konfuzianischen Lebensstils. Mit seinen Büchern, seinen Pfeifen und seinem Wein – und seinen Bildern – konnte ein Chinese in früheren Zeiten des Abends sinnliche Erfahrungen der höchsten Form genießen. Desgleichen taten wir jetzt. Ich sah zu, wie Mr. Weng den Anfang des Bildes entrollte, und ich spürte dabei dasselbe spannende Prickeln, das die alten Chinesen in all den Jahrzehnten und Jahrhunderten empfunden haben müssen.

Das Papier war weich, leicht porös, wie Pergament, und blieb flach auf dem Tisch liegen, obwohl es die letzten fünf Jahre eng zusammengerollt gewesen war. Mr. Weng zog den kleinen Bambusstab, der am rechten Bildrand zur Verstärkung diente, heraus und legte ihn am Tischrand auf das Ende der Rolle, um zu verhindern, dass sich das Papier zusammenrollte. So enthüllte er den Bildstreifen Stück für Stück, und wir verfolgten langsam und aufmerksam, wie auf dem Papier nach und nach winzig kleine Gegenstände – Dschunken und Fischerboote konnte ich als Erstes erkennen – wie aus einem strahlend weißen Nebelstreifen auftauchten.

Die schwarzen Schiffchen waren teils dreieckig, teils länglich. In einigen waren winzige Figuren auszumachen, Männer mit breiten konischen Hüten und mit gesenktem Blick. Wir befanden uns auf dem Meer, in der Nähe der Küste. Mr. Weng rollte das Bild ein Stück weiter auf, sodass der linke Teil der Rolle immer dünner und das rechte Ende immer dicker wurde.

Bald rückten flache Felsenklippen in den Blick. Auf einer stand eine neunstöckige Pagode, vielleicht ein Denkmal für einen großtuerischen chinesischen Fürsten. Es folgten weitere Felsen, eine

Stadtmauer und schließlich, als Ränder eines inzwischen deutlich erkennbaren Flusses, zwei flache, baumgesäumte Ufer, die scheinbar aus dem Nichts zusammentraten und sich fast parallel nach links fortsetzten. Auf einem kleinen geschwungenen Dach in einem Dorf im Vordergrund leuchtete ein Farbtupfen, ein Klecks gelblich brauner Pastellfarbe. »Schanghai!«, bemerkte Mr. Weng. »Kleiner Ort, damals.«

Und so folgten wir dem Langen Fluss, Zentimeter für Zentimeter, Kilometer für Kilometer, so wie er vor 300 Jahren ausgesehen hatte. Es war fast so, als sähe man einen Film, als blicke man durch ein Teleobjektiv, mit dem der Kameramann einen weiten, langsamen Schwenk flussaufwärts macht. Gelegentlich entdeckte Mr. Weng etwas, das er zu erkennen glaubte. »Das muss Nanking sein«, sagte er an einer Stelle. »Da ist das Dreieck von Tschungking, die Stelle, die die Japaner damals bombardierten. Haben Sie Han Suyin gelesen? Schrecklich, damals in Tschungking.« (Mr. Weng hatte die Angewohnheit, die alten Ortsnamen zu verwenden, die in der Zeit gebräuchlich waren, bevor er aus China floh. Vielleicht, dachte ich, hält er damit an seiner Heimat fest, so wie er sie kannte. Hätte er von »Nanjing« oder »Chongqing« gesprochen, hätte er ein ganz anderes Land gemeint – was Maos China in gewissem Sinne tatsächlich war.)

Wir stießen auf die Abbildung einer Ortschaft, bei der es sich um das heutige Yichang gehandelt haben könnte. Zu sehen war allerdings nur ein Dörfchen mit ein paar Hütten hinter einer niedrigen Umfriedung. Dies, dachte ich, ist wahrscheinlich die Stelle, an der der große neue Staudamm gebaut werden soll, der gegenwärtig für so viele Auseinandersetzungen sorgt. Mr. Weng hatte, wie er mir erzählte, Hydrologie studiert, und ich dachte, er hätte, wie die meisten Leute, eine Meinung zu dem Damm, aber nein, er zeigte die vorsichtige Zurückhaltung des verantwortungsbewussten Wissenschaftlers und äußerte sich nicht dediziert. »Ich habe mich eingehend damit befasst«, bekannte er, während wir die Stelle passierten. »Es ist ein sehr schwieriges Thema.«

Manche chinesischen Künstler haben ihre Rollbilder mit Anmerkungen versehen, damit die einzelnen Örtlichkeiten besser zu erkennen sind. Wang Hui hatte nichts dergleichen getan, und so mussten wir bei einigen Details, die vor unserem Auge vorbeizogen, mehr oder weniger raten. Handelte es sich bei jenem Einschnitt tief in den Drei Schluchten um jene Formation, die heute in China als »Schlucht des Schwertes und des Buchs der Waffenkunst« bezeichnet wird? War jener wellenförmige Kalksteinfelsen, der hier zu sehen war, möglicherweise die so genannte »Schlucht der Ochsenleber und Pferdelunge«? Zumindest nach dieser Darstellung war es schwer zu sagen, wieso die alten chinesischen Schiffer glaubten, in diesen Gesteinsschichten einen Stapel Bücher beziehungsweise einen Teller Eingeweide sehen zu können.

Langsam bewegten wir uns flussaufwärts, und allmählich verengte sich der Strom. Die Zeichnung wurde immer phantasievoller, je weniger Wang Hui mit dem Gelände vertraut war. Statt auf ein detailgetreues Studium der Örtlichkeit stützte sich der alternde Künstler – wie wir annehmen müssen – mehr und mehr auf die Legenden und Anekdoten, die er im Kopf hatte. Wie weit er tatsächlich gereist war, wissen wir nicht. Wir wissen, dass er an der großen kaiserlichen Rundreise teilnahm und dabei in einige Orte an den Ufern des Langen Flusses gekommen sein muss. Kein Kaiser kam darum herum, den Strom zu besuchen – so wichtig war dieser in der Topografie der chinesischen Dynastien. Doch ob der Maler den Fluss so weit bereiste, wie sein Rollbild vorzugeben scheint, ist nicht bekannt.

Auf jeden Fall waren einige Orte sichtbar, oder schienen zumindest erkennbar, die er wohl nicht besucht haben dürfte. Die Große

Biegung von Shigu schien zum Beispiel abgebildet zu sein. Mr. Weng und ich drehten die Köpfe in alle Richtungen, um uns zu vergewissern, ob es sich bei einem Detail des zarten Zierwerks tatsächlich um die Haarnadelkurve handelte, obwohl diese auf dem Gemälde zwischen wild phantasierten Felsenklippen, Wasserfällen und nebelumwallten Tempeln mit ihren allgegenwärtigen Mönchen verborgen lag. Wir konnten es nicht genau sagen. Schließlich lag Shigu an die 3000 Kilometer von dem Ort entfernt, an dem der Maler lebte. Wenige Chinesen wagten sich damals weiter nach Westen als bis zum Roten Becken von Sichuan. Sie stellten sich die Wildnis bestenfalls vor und malten sich die schrecklichen Ungeheuer und die gottlose Barbarei fern der Hauptstadt in ihrer Phantasie aus.

Und dann kamen der Oberlauf und die Quelle – ebenfalls unbekannt, nie gesehen und bloß vorgestellt. 16 Meter nach jenen ersten Fischerbooten, die auf den Wellen des Ostchinesischen Meeres getanzt hatten, endete das Flussgemälde mit einem Wirbel von Sprühregen, Nebelschwaden und Wolkenschleiern. Letzte vereinzelte Bergspitzen ragten als kleine schwarze Dreiecke vor dem leeren Raum durch schneeweiße Wolkenkissen auf.

Es herrschte eine beabsichtigte Symmetrie: Die Berggipfel sollten den dreieckigen Segeln der Dschunken auf dem Mündungsgewässer entsprechen. So wie sich die Boote immer mehr verloren, je weiter man sich vom Land entfernte, so verblassten die Berge, je mehr sich die Szene in den Wolken auflöste. Und bald blieb gar nichts mehr, nur ein Stück weißer Leere – der reine Himmel, der eigentliche Ursprung des Flusses.

Das Gemälde war damit zu Ende, nicht aber die Rolle. Ich schob meinen Stuhl vom Tisch weg und lehnte mich zurück. »Nein, warten Sie«, warf Mr. Weng ein, »es kommt noch etwas. Das muss ich Ihnen unbedingt zeigen. Schauen Sie. Es kommt gleich.«

Was Mr. Weng mir zeigen wollte, war der Kolofon des Künstlers und all die Inschriften, die im Laufe der Jahrhunderte hinzugefügt worden waren. Bei chinesischen Rollbildern ist es oft so, dass die letzten paar Zentimeter, die im zusammengerollten Zustand ganz innen sind, freigelassen werden. Dieser leere Raum dient dem Künstler dazu, ein paar kurze, elegante Zeilen der Erklärung anzufügen. Vor 300 Jahren hatte Wang Hui eben dies getan; sein orthodoxer Stil hatte dies erfordert. In zahlreichen untereinander stehenden Schriftzeichen erläuterte er, wie lange er für das Werk gebraucht, welche Städte er besucht und wo es ihm am besten gefallen habe. Zum Schluss hatte er das Werk datiert, signiert und mit seinem roten Tintensiegel versehen.

Neben seinen Schriftzeichen fanden sich Zeilen der nachfolgenden Besitzer. Vermutlich gehörte das Bild bis etwa 1720 einem hohen Hofbeamten und ging 1760 und 1790 und dann wieder zu Beginn des 19. Jahrhunderts in andere Hände über. Und so stand ein Aufsatz neben dem anderen, ein Gedicht neben dem anderen. Alle Beiträge enthielten unterschiedliche Deutungen, unterschiedliche Äußerungen der Freude, unterschiedliche Würdigungen aus unterschiedlichen Zeiten.

Die letzte Inschrift stammte aus dem letzten Jahrhundert, und zwar von Wan-go Wengs Urgroßvater. Gestempelt war sie, glaube ich, mit dem amtlichen Siegel aus dem Regierungsjahr von Aisin-Gioro Pu-Yi, dem unglücklichen letzten Kaiser von China.

Und was würde nun folgen? Was würde Weng schreiben, wenn er an die Reihe kam? Und wer würde nach ihm etwas auf die Rolle schreiben? Seine Kinder leben in Kalifornien und beherrschen, gelinde gesagt, nur rudimentär jene Art von Kalligrafie, die ein so ehrwürdiges Dokument erfordert. Über seinen Tod hinaus blieb Wang Huis Präsenz für alle spürbar, die sein Werk besaßen. Doch ist es durchaus denkbar, dass dieses Gemälde, das sich so lange im Besitz von Chinesen und im Kreise des Hofes befand, fortan im Ausland, jenseits der Grenzen Chinas, wird bleiben müssen, ja eines Tages sogar einem »Barbaren« in die Hände fallen könnte. Keine erfreuliche Aussicht.

Ich stellte mir vor, wie Wan-go Weng versuchte, die Situation zu retten. Ich malte mir aus, wie er das Gemälde hin und wieder aus dem Tresor holte und den Mut zu fassen sich bemühte, selbst eine Inschrift zu verfassen. Wie würde er vorgehen? Würde er seinen Tintenstein herausnehmen und die feinste, schwärzeste Tinte anrühren und den weichsten und spitzesten Dachshaarpinsel heraussuchen? Würde er den Pinsel mit einem dicken Tropfen des schwarzen Saftes senkrecht über den nächsten freien Platz auf dem Papier aus dem Holz des Maulbeerbaumes halten? Würde er mit sicherer, ruhiger Hand ans Werk gehen?

Was soll ich schreiben?, würde er sich fragen. Und wenn der Inhalt feststand, *wie* sollte er am besten schreiben? Sollte er lange, ausladende Zeichen schreiben oder kleine, präzise, saubere? Es war nicht nur die Frage, *wie* er schreiben sollte, sondern auch *was*. Konnte er eine Inschrift verfassen, die in Stil und Ausdruck so elegant war wie die seines Urgroßvaters oder all jener Mandarine, die ihm vorausgegangen waren? Besäße das, was er schreiben könnte, die Knappheit, rhythmische Klarheit und Poesie, die einem solch alten Gemälde angemessen wären und die ein so großer Strom wie der Jangtse verlangte und verdiente?

Ich glaube, dass Mr. Weng in solchen Augenblicken immer wieder der Mut verließ – ich habe ihn allerdings nicht dazu befragt. Wahrscheinlich schwebte sein Pinsel zögernd über dem leeren Papier, das förmlich darauf wartete, von der Tinte des Besitzers unauslöschlich benetzt zu werden. Doch eben diese Unauslöschlichkeit wirkte ja gerade so einschüchternd. Und so vermute ich, dass Mr. Weng seinen Pinsel jedes Mal wieder weglegte, den Tintenstein säuberte, das Bild zusammenrollte, in die seidene Hülle steckte und wieder in den Kasten einschloss. Vielleicht später, wird er sich vermutlich gesagt haben, wenn ich 80 bin, oder 90, oder wenn ich wieder für immer und endgültig in China bin. Diese prekäre Situation, so schien mir, kam fast einer mentalen Folter gleich, und nur China in seiner wunderlich widersinnigen Art konnte solch ein Dilemma heraufbeschwören.

Nachdem ich mich an jenem Abend verabschiedet hatte und durch Dunkelheit und Schnee nach Hause fuhr, wurde mir klar, dass Mr. Weng zwar sein eigenes Problem mit dem Fluss noch nicht gelöst hatte, dass er jedoch unwissentlich dazu beigetragen hatte, das meine zu lösen. Plötzlich wusste ich genau, wie ich meine Geschichte über den Jangtse angehen konnte, ja musste. Beim Gedanken an die nachträglichen Inschriften, die ich aus reiner Ungeduld beinahe übersehen hätte, kam mir die entscheidende Idee.

Das Gemälde, das wir auf dem Esstisch langsam ausgerollt hatten, offenbarte uns – wie all jenen, die es vor uns betrachtet hatten – eine stetige und stattliche Darstellung vom Verlauf des Flusses, also einen Schnitt durch den geografischen Raum. Die nachfolgenden Texte, die Verse und Zeilen der zahlreichen Besitzer und Verwahrer, dokumentierten dagegen eine fortschreitende Abfolge geschichtlicher Erfahrung, also einen Schnitt durch die historische Zeit. Diese beiden Achsen, so wurde mir auf einmal klar, konnte und musste ich miteinander verbinden; meine Erkundung des Flusses sollte nicht nur eine Reise durch die chinesische Geografie werden, sondern auch ein Ausflug in die chinesische Geschichte.

Wenn ich dem Strom flussaufwärts folgte, wie an jenem verschneiten Nachmittag auf dem Rollbild, würde ich nicht nur weit ins Innere des Landes, sondern zugleich auch tief in die Geschichte Chinas vorstoßen. Denn erst bei der Fahrt nach Hause wurde mir etwas über den Jangtse klar, nämlich dass seine *Geschichte*, zumindest in weiten Teilen, eine Parallele zu seinem *Verlauf* bildete. So wie der Fluss seinen Lauf genommen hatte, so hatte die Geschichte Chinas ihren Lauf genommen.

So waren beispielsweise die meernahen Großstädte an den Ufern des Jangtse in der Regel stärker von der jüngeren Geschichte geprägt. Die alten Städte und Dörfer in den Bergen am Oberlauf dagegen waren seit Jahrhunderten weitgehend unberührt geblieben. Stromauf lag das Gestern, stromabwärts das Heute.

Ich überlegte weiter. Diese Besonderheit des Jangtse – wenn es denn tatsächlich eine Besonderheit des Jangtse war und nicht ein allgemeines Merkmal aller großen Ströme – hing eng mit dem starken Fremdeinfluss in der jüngeren Geschichte Chinas zusammen. Diese Eigenart rührte zumindest teilweise daher, dass der Jangtse in jenem entscheidenden Kapitel in der Geschichte Chinas, dem Eindringen des Westens im 18. und 19. Jahrhundert, eine entscheidende Rolle gespielt hatte. Die Städte, die von den ausländischen Kaufleuten, Missionaren und Kanonenbooten am leichtesten zu erreichen waren, erlebten natürlich einen stärkeren Fremdeinfluss. Die weniger leicht zu erreichenden Orte dagegen blieben relativ unberührt – sowohl vom Einfluss der Ausländer als auch in geringerem Maße von dem der Chinesen.

Diese Überlegung war in dieser Form natürlich nicht ganz richtig. Auch bei anderen Flüssen lag stromaufwärts die Vergangenheit, stromabwärts die Gegenwart. Kairo ist eine weit modernere Stadt als Khartoum, und in Belém stehen mehr Hochhäuser als in Iquitos. Solchen Beobachtungen nach zu urteilen, könnte man annehmen, dass man stets in die Vergangenheit zurückgelangt, egal welchem großen Fluss man stromaufwärts folgt. Doch beim Jangtse schien dies um einiges auffallender zu sein. Und je mehr ich über die besondere Rolle des Jangtse in der Geschichte Chinas nachdachte –

eine Rolle, die in nicht geringem Maße vom Einfluss der Ausländer, aber auch von der eigenen wechselvollen Entwicklung Chinas geprägt wurde –, desto verlockender erschien mir dieser Ansatz.

Ich konnte meine Reise in der Welt des 20. Jahrhunderts mit ihren Fahrrinnen und radarkontrollierten Zufahrten in der aufregend modernen Stadt Schanghai beginnen; enden konnte ich in den Gebirgen und abgeschiedenen Dörfern eines China, das sich wahrscheinlich seit 5000 Jahren nicht verändert hatte. Erst unlängst war eine unglaublich wichtige Entdeckung gemacht worden, die diese Überlegung sogar noch stichhaltiger machte. An Universitäten sowohl in Amerika als auch in China waren neue Forschungsarbeiten abgeschlossen geworden, deren neue Erkenntnisse zu belegen schienen, dass die ersten Menschen in China, sozusagen die Urchinesen, im Tal des Jangtse lebten.

Bislang hatte man immer angenommen, die Zivilisation Chinas sei vom Tal des Gelben Flusses ausgegangen. In Bezug auf die menschliche Entwicklung vor ein paar hunderttausend Jahren mag dies nach wie vor zutreffen, doch die neueren Arbeiten beziehen sich auf Zeiträume, die weit mehr als eine Million Jahre zurückliegen. Diese Entdeckungen, welche die Anthropologie angeblich in ihren Grundfesten erschütterten, belegen so gut wie zweifelsfrei, dass die ersten prähumanen Hominiden, die aus Afrika – wo nach übereinstimmender Meinung die Wiege der gesamten Menschheit liegt – nach Asien kamen, zunächst nicht in Höhlen entlang des Gelben Flusses lebten, sondern am Südufer des Jangtse. Vor kurzem ist unweit der Drei Schluchten eine Höhle entdeckt worden, die von allen bislang bekannten Orten der älteste Ausgangspunkt der langen Geschichte Chinas zu sein scheint. Der Jangtse ist diesen Berechnungen zufolge also die wahre anthropologische Wiege nicht nur für das heutige China, sondern für ganz Asien. Dies war ein letztes überzeugendes Argument, wenn es denn noch eines weiteren bedurft hätte – ein Argument dafür, meine Reise genau in dieser Weise durchzuführen.

Eine Reise stromab wäre eine Reise in die Gegenwart. Eine Fahrt stromauf dagegen bedeutete einen Streifzug durch das gesamte Spektrum der Geschichte – der jüngsten, mittleren und entlegensten Vergangenheit. Anhand der Geschichte des Flusses konnte ich gewissermaßen die gesamte Geschichte Chinas erzählen. Das war die einzig überzeugende Vorgehensweise – die gewaltigen räumlichen und zeitlichen Dimensionen Chinas im wahrsten Sinne des Wortes *in einem durchgehenden Fluss aufzurollen*, selbst wenn dieser »Fluss« so widerspenstig und wild war wie der Jangtse selbst.

Dieser Ansatz erschien mir ideal. Auf der Heimfahrt hielt ich irgendwo in Vermont bei einer Telefonzelle an. Ich rief Wan-go Weng an und erzählte ihm, was ich mir eben überlegt hatte, und dankte ihm für die Anregung. Er meinte, als praktische Vorgehensweise würde sich der Ansatz wahrscheinlich bewähren, selbst wenn er als theoretische Hypothese zerpflückt werden könne. Aber auch er habe nachgedacht, sagte er, und wolle mir noch etwas sagen. Drei Dinge wolle er mir für meine Reise ans Herz legen. Wenn Sie auf dem Jangtse unterwegs sind, sagte er, *denken Sie an das Gemälde, verurteilen Sie nichts, staunen Sie nur.*

Seine Worte klangen ein wenig unheilvoll, fast wie eine Warnung. Ich bat ihn um eine Erklärung, doch er meinte nur, ich solle ihn anrufen, wenn ich aus China zurück sei, und ihm von dem Fluss berichten.

Nun ging es darum, einen richtigen Plan auszuarbeiten. Drei Monate bevor ich Mr. Weng kennen gelernt und darüber nachgedacht hatte, wie ich den Fluss am besten »aufrollen« sollte, war ich nach China geflogen, um mich umzusehen. Ich hatte eine Erkundungsfahrt, stromab, von Chongqing nach Wuhan unternommen, und zwar auf einem Passagierschiff, das relativ erfolglos versuchte, die Drei Schluchten zu passieren.* An Bord des Schiffes hatte ich ein Besatzungsmitglied kennen gelernt, eine junge Chinesin, die mir die ideale Begleiterin auf einer längeren Expedition zu sein schien. Ich werde sie Li Xiaodi nennen, aber wie so manche jüngeren Chinesen und Chinesinnen hörte sie auch auf einen englischen Namen – Lily.

Lily war nie über die Grenzen Chinas hinausgelangt, doch sie sprach das perfekte, akzentfreie Englisch, das an den großen Universitäten des Landes gelehrt wird (in ihrem Fall war es die International Studies University in Schanghai). Ihre Muttersprache war das klassische *putonghua* – die so genannte Allgemeinsprache – oder Mandarin, das sicherlich im größten Teil des unteren Jangtsebeckens verstanden wird. Das war wichtig für mich, denn trotz der größten Bemühungen eines kleinen Heeres von Lehrern sprach ich nach wie vor ein Chinesisch, das selbst der nachsichtigste Kritiker als holperig bezeichnet hätte. (Es war nicht lange her, da hatte ich in einem chinesischen Restaurant eine Kellnerin gerufen und versucht, sie um Salz und Pfeffer zu bitten. Das Ergebnis war, dass sie sich hinsetzte und mich auf Englisch fragte, ob ich mich tatsächlich bei ihr erkundigt hätte, wie man an einen Pass kommt.)

Als ich Lily kennen lernte, beeindruckte mich nicht nur ihr Sprachtalent, es war vor allem ihre äußere Erscheinung und die Art ihres Auftretens. Sie war ungewöhnlich groß, hatte eine kerzengerade Haltung, ein resolutes Kinn und einen Blick, der zugleich freundlich, durchdringend und fordernd war. Sie war der totale

* Alle möglichen Probleme waren aufgetreten. Die Schiffe, die zum Einsatz kamen, waren in Ostdeutschland für die Wolgaschifffahrt gebaut worden und hatten einen Meter zu viel Tiefgang für den ungewöhnlich niedrigen Wasserstand in jenem Herbst. So brauchten wir für eine Reise, die normalerweise drei Tage dauert, fünf Tage, mussten auf ein zweites Schiff umsteigen und eine Tagesstrecke mit dem Bus zurücklegen.

Gegensatz zu der gezierten und bisweilen koketten Kindfrau, die viele Westler fälschlicherweise in jungen Chinesinnen sehen. Diese Frau sah *tough* aus – gutmütig, aber unnachgiebig.

Eine gewisse Robustheit, das wusste ich, war unabdingbar auf einer Reise, wie ich sie vorhatte. Gefragt war allerdings nicht so sehr eine körperliche Zähigkeit, obwohl es nichts schaden konnte, einiges auszuhalten, zumal die Quellflüsse des Jangtse auf einem kalten, trostlosen Plateau in ungefähr 5500 Metern Höhe liegen. Ich ging vielmehr davon aus, dass man auf einer solchen Reise zwangsläufig, und wahrscheinlich häufig, gegen eine Wand unverständlicher und unüberwindlicher Widerstände seitens der Behörden stieß. Dann wäre jemand nötig, der all diese Hindernisse rasch und wirksam zu überwinden half.

Keine leichte Aufgabe. Kaum jemand – nicht einmal ein bengalischer Babu, wie er seit Kipling in ganz Asien als Inbegriff des einfallsreichen Vereitelungstaktikers gilt – ist so stur wie ein chinesischer Funktionär mittleren Dienstranges, der einem Ausländer zu verstehen gibt, was er alles nicht tun kann, darf oder wird. Eine Reise in eine so exotische Gegend wie das Quellgebiet des Jangtse führt durch Gebiete, in denen Ausländer bestenfalls ein zweifelhaftes Transitrecht genießen, und so wusste ich, dass wir sicherlich einigen, wenn nicht sogar vielen jungen Männern begegnen würden, die mittels Amtsgewalt oder mit Tricks versuchen würden, sich uns in den Weg zu stellen. Eine Verbündete, die mit solchen Typen unerschrocken umzugehen wusste, die sich nicht so leicht mit einem Nein zufrieden gab und dem Blick eines chinesischen Babu standhielt, ohne verlegen zu werden, war für solch ein Abenteuer absolut unabdingbar.

Lily würde sich zweifellos als heroische Verbündete erweisen. Allein ihr großer Wuchs und ihr markantes Kinn würden selbst den strengsten Despoten vom Amt für Öffentliche Sicherheit in seinen

Stiefeln erzittern lassen. Sie entstammte einer Offiziersfamilie aus der Stadt Dalian in der südlichen Mandschurei, die als brutalstes Pflaster in ganz China gilt. Der Vater wollte sich nicht von seiner Tochter trennen und erwirkte die Erlaubnis, sie an all seine diversen Standorte mitzunehmen, und so lebte sie bis zum Alter von 15 Jahren in einer Reihe von Kasernen zwischen Heilongjiang und Hainan, wo sie eine Mischung aus gnadenloser Disziplin und unerschütterlichem Stolz mitbekam. Die Jahre in den Kasernen und die strenge mandschurische Erziehung hatten sicherlich ihre Spuren hinterlassen. Lily war inzwischen 32 – verheiratet, geschieden, mit einem Sohn, der in Dalian bei ihrer Mutter lebte. Sie zeigte eine eiskalte Entschlossenheit, ja eine Skrupellosigkeit, die ich in Hinsicht auf das geplante Unternehmen bewunderte. Und nachdem ich mich auf jener zweiwöchigen Flussfahrt lange mit ihr unterhalten hatte, war ich mir vollkommen sicher, dass sie die ideale Begleiterin wäre, falls ich diese Reise je machen sollte. Sollte die Lage einmal kritisch werden, würde sie sich nichts gefallen lassen, kein Pardon kennen und notfalls über Leichen gehen.

Ich schrieb ihr, über die Zentrale der Reederei in Schanghai, und fragte an, ob sie interessiert sei. Zuerst zögerte sie: »Es dürfte sehr schwierig sein, und ich glaube nicht, dass ich dafür qualifiziert bin.« Weitere Briefe folgten, und als ich im Laufe des Winters meine Pläne erläuterte, fing sie an, der Sache doch eine Chance zu geben. »Ich bin ganz fasziniert ... Ich glaube, solch eine Gelegenheit wird sich mir kein zweites Mal bieten.« Dann stieg ein kleiner, praktisch begründeter Zweifel in ihr auf. »Mir steht nur ein Monat Urlaub zu – und ich habe mir die Karte angeschaut: Bis ins Quellgebiet dürfte man mit Sicherheit viel länger brauchen ... Ich würde unter Umständen meinen Job aufs Spiel setzen.« Als der Winter dem Frühling wich, wurde sie schließlich weich. »Ich habe beschlossen mitzukommen«, schrieb sie. »Es ist sehr schwer, hier in China eine gute

Ausrüstung zu bekommen, also bringen Sie mir bitte robuste Stiefel, Größe 39, und eine Kaltwetterjacke in einer hübschen kräftigen Farbe mit. Ich bin innerlich bereit für das Abenteuer ... Ich hoffe nur, dass ich etwaige Probleme werde meistern können.«

Ich schrieb ihr ein letztes Mal, um mich zu vergewissern, dass sie auch wirklich mitkommen würde. »Keine Sorge,« antwortete sie. »Ich bin eine sehr selbstbewusste Frau. Ich mache mich nicht von anderen Menschen abhängig. Ich habe meine eigene Linie. Wenn etwas beschlossen ist, kann mich niemand mehr umstimmen.« Sie war, mehr als jeder andere, der beste Garant für das Gelingen dieser Reise.

Nun ging es nur noch darum, die entsprechende Ausrüstung zu besorgen und ein paar brauchbare Karten und Pläne aufzutreiben.

Zunächst hatte ich gehofft, einige der klassischen Karten der britischen Admiralität beschaffen zu können, die einst als die genauesten Karten überhaupt galten. Die aufmerksamen Kartografen der Royal Navy hatten die ersten Karten des Jangtse erstellt, nachdem Lord Macartney 1793 widerwillig erlaubt worden war, ein paar Meilen weit den Fluss hinaufzusegeln. Bei einer zweiten britischen Chinaexpedition unter Lord Amherst im Jahre 1816 waren weitere Karten entstanden, und als 30 Jahre später der Erste Opiumkrieg wütete, war die Mündung des Flusses kartografisch fast genauso gut erfasst wie Themse, Hugli oder Hudson. Die britische Tradition der erstklassigen Flusskartografie währte bis weit in das 20. Jahrhundert. Vielleicht, dachte ich, werden die Karten ja immer noch gedruckt und sind immer noch brauchbar.

In New York fand ich eine Seekartenagentur, die sie im Sortiment hatte; sie führte alle Royal-Navy-Karten des Jangtse bis hinauf nach Yichang, der Großstadt unterhalb der Drei Schluchten, 1500 Kilometer von der Küste entfernt. Der Inhaber des Geschäftes warnte mich jedoch: Für die Genauigkeit und Zuverlässigkeit der Karten werde nicht mehr garantiert. Die Kommunisten hätten den freien

Reiseverkehr auf dem Fluss seit 1949 unterbunden; die einzigen größeren Vermessungen seither hätten die Chinesen durchgeführt, die ihre Daten weitgehend geheim hielten. Die Vermessungsboote der Royal Navy konnten nicht mehr wie einst an den tiefen und flachen Stellen des Flusses herumkreuzen und abwechselnd peilen und loten. Ich kaufte die Karten trotzdem, aus sentimentalen Gründen – sie waren sehr hübsch, und ich machte mir nicht allzu viel daraus, wenn die Tiefen um ein oder zwei Faden abwichen oder die Entfernungen um ein paar Kabellängen differierten.

In einem Buchantiquariat fand ich ferner *The Admiralty Pilot for the Yangtze* in einer Ausgabe von 1954. Dies war ein Band aus einer großartigen Reihe, in der die Küsten der ganzen Welt bis ins letzte Detail beschrieben sind. Diese Bücher entfalten zur Freude jeder Landratte eine höchst dramatische Knappheit im Stil, wenn Phänomene wie Strudel oder Kabbeln oder die Gefahren vor Kap Hoorn geschildert werden. Der *Yangtze Pilot* wird seit 1954 nicht mehr aufgelegt. Die Kommunisten hatten jeden Versuch unterbunden, dieses Werk auf dem neuesten Stand zu halten, und so ließ die Admiralität es ausrangieren. Auf eine der inneren Umschlagseiten der antiquarischen Ausgabe war ein ziemlich pathetischer Spontanaufruf gekritzelt worden: Zivile Seeleute, die den Fluss befuhren, könnten vielleicht mithelfen, baten die Vermesser, indem sie jede neue Erkenntnis über neu entstandene Sandbänke oder andere Gefahren für die Schifffahrt registrierten. »Ein Formular (H. 120), auf dem diese Informationen weitergegeben werden können, ist gratis zu beziehen bei Creechbarrow House, Taunton, Somerset …«

Um nautische Karten zu erstellen, braucht man Schiffe mit Echolot und Lotleinen. Topografische Karten sind dagegen leichter zu beschaffen. Die wichtigsten Daten über Berge, Flüsse und Straßen lassen sich mit Hilfe von Satelliten und hoch fliegenden Flugzeugen erheben. Es gab also genügend Karten über die chinesischen Provinzen auf beiden Seiten des Stromes. Von den Touristenkarten lohnte sich keine. Elf der großen Blätter aus der Reihe der *Tactical Pilotage Charts (TPC)* der U. S. Defense Mapping Agency dagegen deckten das gesamte Flussgebiet in einem Maßstab von 1:500 000 ab und erwiesen sich als insgesamt brauchbar, wenn auch gelegentlich enttäuschend. Die Karten der Joint Operations Graphics (JOG) mit einem Maßstab von 1:250 000, welche die amerikanischen Streitkräfte bei Kriegsplanungen verwenden, bilden dasselbe Terrain – wie übrigens die Landoberfläche der gesamten Welt – mit einem ungewöhnlichen Maß an Genauigkeit ab.

Die TPC-Karten waren leicht zu bekommen, nämlich für vier Dollar pro Blatt. Der Zugang zu den JOG-Karten wurde strikter gehandhabt, zumindest theoretisch. Um überhaupt eine Chance zu haben, an diese Karten heranzukommen, musste ich sechs Monate vor meiner geplanten Abreise die bedeutungsleere Prozedur durchlaufen, ein Verfahren nach dem Gesetz der Informationsfreiheit anzustrengen. Dies war die einzige Möglichkeit, um die unterschiedlichsten Regierungsdokumente einschließlich dieser Karten dem Zugriff der Zensur zu entreißen.

Eine junge Rechtsreferentin wurde vom Verteidigungsministerium damit betraut, mein Ersuchen durch die Mühlen der Bürokratie zu schleusen. Das Leitprinzip bei ihrer Arbeit, erläuterte sie mir später, war Präsident Clintons erklärte Doktrin, wonach *eine Karte der Öffentlichkeit zugänglich gemacht werden kann und soll, solange keine spezifische gesetzliche Verordnung existiert, welche die Herausgabe einer bestimmten Karte verbietet.* Karten von abgelegenen Gebieten Westchinas gelten als streng geheim. Doch gab es konkrete Gesetze, wonach ihre Herausgabe unzulässig war? Dies herauszufinden war die Aufgabe der jungen Frau.

Das amerikanische Verteidigungsministerium, das die Karten erstellt hatte, ließ sich von dem anhängenden Verfahren wenig beeindrucken und gab die Sache weiter an das Außenministerium, das energische Einwendungen erhob. Was wäre, wenn die Karten den Taiwanern in die Hände fielen, wollte ein Beamter wissen. Das stünde nicht zur Debatte, erwiderte meine junge Rechtsberaterin. Sie wollte wissen, ob es eine konkrete schriftliche Verordnung gebe, welche die Herausgabe der Karten verbiete. Die Vertreter des Außenministeriums mussten zugeben, dass es ihres Wissens keine solche Verordnung gebe. Die letzte Entscheidung liege beim CIA und dann beim Weißen Haus und dem Nationalen Sicherheitsrat. Die Beamten dieser beiden Instanzen versuchten ebenso beharrlich, die Herausgabe zu verweigern. Die Chinesen, hieß es, sollten nicht wissen, wie gründlich die Amerikaner ihr Land erfasst hätten. Das spiele keine Rolle, erwiderte mein Rechtsbeistand abermals. Gibt es ein konkretes schriftliches Verbot? Nein, erklärte der Nationale Sicherheitsrat, es gibt keines. Nein, erklärte die CIA, es gibt keines.

So viel dazu. Am Tag darauf traf ein amtlicher Brief ein, in dem es hieß, »die Frage der Freigabe der Karten wurde positiv entschieden«. Die junge Frau rief mich an und teilte mir mit, dies sei der schwierigste und aufregendste Fall im Bereich *Freedom of Information Act* gewesen, für den sie zuständig gewesen sei. »Ich habe einiges dazugelernt«, sagte sie. Zur Feier ihres Sieges verzichtete sie auf jegliches Honorar. Eine Woche später lag ein brauner Umschlag in der Post, der zwei Dutzend erstaunlich detailgetreue Karten des oberen Jangtse enthielt – Karten von erstaunlicher Genauigkeit, die es den amerikanischen und alliierten Luft- und Bodenstreitkräften erlauben würden, dort Krieg zu führen. Ich kam mir seltsam privilegiert vor, als ich sie in der Hand hielt. Wenige Menschen dürften sie je zu Gesicht bekommen haben. Und in den meisten anderen Ländern, einschließlich Großbritannien, wäre man mit solch einem Anliegen wohl kaum durchgekommen. Das Weiße Haus unter Präsident Clinton, dachte ich, zeigte einige bewundernswerte Seiten.

Der Besitz der Karten bereitete mir nur eine einzige Sorge, nämlich dass die Chinesen (die ihre Karten selbst mit verständlicher Restriktion handhaben) die Blätter, falls sie sie bei mir entdeckten, entweder für den eigenen Gebrauch konfiszieren oder mir mit dem größten Misstrauen begegnen würden. »Keine Sorge. Man wird Sie auf jeden Fall für einen Spion halten, ob Sie nun Karten dabeihaben oder nicht«, beruhigte mich Lily, als ich das Thema in einem Brief erwähnte. »Wo wir hinkommen, gilt jedes Rundauge als Unheilstifter.«

Danach war alles ganz einfach. Tagelang hatte ich das Vergnügen, in Sportgeschäften nach Campingausrüstung herumzustöbern. Ganz besonders beliebt machte ich mich bei den Inhabern eines neuen und damals noch nicht sehr erfolgreichen Geschäfts in Kent, Connecticut; dort kaufte ich einen neuen Rucksack, einen strapazierfähigen Schlafsack, in dem man sich garantiert auch bei minus 20 Grad wohl fühlte, ein aufblasbares Liegepolster, eine Daunenjacke (in der »hübschen kräftigen Farbe« Hellrot für Lily), zwei Paar Vasquez-Stiefel, unzählige Paare Socken, zwei winzige Taschenlampen, einen Reservekompass, fingerlose Handschuhe, zwei Paar schnell trocknende Hemden und Hosen, zwei Gletschersonnenbrillen und ein paar schicke ineinanderschiebbare Wanderstöcke (die sich später als völlig unnütz erwiesen, außer um in Tibet wilde Hunde zu vertreiben).

In mein Reisegepäck wanderten außerdem meine gute alte Leica M6, ein Mikrokassettenrecorder mit Fernbedienung, ein kleines Kurzwellenradio und meine persönliche Reiseapotheke mit diversen Spritzen, Morphium, Schmerzmitteln und Breitband-Antibiotika – alles aus der Hand wohlwollender Ärzte, die etwas für Expeditionsmedizin übrig haben und sich nicht um solche Spitzfindigkeiten wie Rezepte scheren. Hinzu kamen zwei Flaschen Sonnenschutzmittel mit Lichtschutzfaktor 45, ein paar genauso starke Lippencremes (die Sommersonne in der Provinz Qinghai, hatte man mich gewarnt, kann selbst einem Kamel die Lippen aufbrennen), Insektenabwehrmittel und meine treue alte, leicht verbeulte Feldflasche. Der ganze dicht gestopfte Pack wog »tragbare« 25 Kilo.

Ich schnallte mir den Rucksack auf und schnappte mir ein Taxi zum John F. Kennedy Airport. 20 Stunden später ging ich auf dem Kai Tak Airport in Hongkong durch den Zoll. Wiederum zwei Tage später, nachdem ich etliche komplizierte Telefongespräche geführt und einige dubiose Zusicherungen erhalten hatte, stieg ich mit einem neuen sechs Monate gültigen chinesischen Visum der Kategorie »F«, das mehrfaches Einreisen ermöglichte, und einigen Bündeln amerikanischer Dollars, die ich über den ganzen Körper verteilt in wasserdichten Taschen verstaut hatte, auf ein Schiff.

Ich hatte an einem ganz bestimmten Punkt im Ostchinesischen Meer ein Rendezvous vereinbart, nämlich bei 31° 03,5′ N und 122° 23,2′ O. Den Karten zufolge befand sich dort, wie jeder chinesische Seemann und inzwischen auch ich wusste, die so genannte Chang Jiang Kou Boje – die große automatische Navigationsboje an der Jangtse-Mündung. Bei gutem Wind und ruhiger See hoffte ich, diesen Punkt innerhalb von drei Tagen anzusteuern.

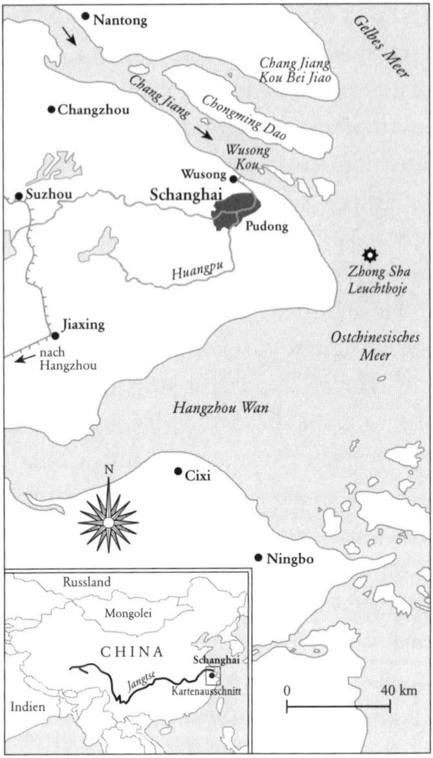

Der Schlund, weit offen

Die Befehlsanzeige auf der Kommandobrücke ratterte zurück auf »Alle Maschinen stopp«, das dumpfe Dröhnen der Dieselmotoren verstummte, das rostige weiße Schiff verlor an Fahrt und kam zischend zum Stehen. Dann wurde es still, und wir dümpelten auf einer unsichtbaren Dünung. Die Luft war schwer und regungslos. Ohne Fahrtwind wurde es sehr schnell heiß und schwül. Als kein

Luftzug mehr durch die Belüftungsklappen wehte, wurde es in den Kabinen unerträglich. An Deck war es, außer an einigen wenigen Stellen, ebenfalls brütend heiß. Der Vormittagshimmel war hell, doch das grelle Licht schien völlig diffus. Es gab weder richtig Sonne noch richtig Schatten. Wir trieben leicht schaukelnd in der Strömung und warteten darauf, dass etwas passierte.

Ich stand am Bug und hielt nach China Ausschau. Doch es schien, als wären wir in einer Wolke aus kochender Baumwolle gelandet. Alles verschwand in einem konturlosen gleißenden Grau. Es war kein Horizont auszumachen, kein Bezugspunkt, nirgendwo eine Landmarke oder ein Seezeichen. Es war sogar schwer, die Wellen zu sehen, die ich gegen den sengenden Metallrumpf des Schiffes klatschen hörte.

Wir hatten die Jangtse-Einfahrtsboje bereits passiert, eine Art Miniaturleuchtschiff. Bis vor kurzem lag dort ein richtiges Schiff vor Anker, ein hellrot leuchtender Kasten mit der weißen Aufschrift *Chang Jiang Light Ship* am Rumpf. An Bord befanden sich damals zahlreiche Matrosen und Leuchtturmwärter, die vorbeifahrenden Schiffen zur Begrüßung oder zum Abschied zuwinkten. Doch inzwischen macht man sich in China wie fast überall die Automatisierung zunutze, und so werden die weit draußen liegenden Sichtzeichen an Chinas meistbefahrener Wasserstraße heute alle über große Entfernungen per Computer überwacht und gesteuert.

Diese riesige Boje, die etwa fünf Meter aus dem Wasser ragte und vielleicht mehr als 1000 Tonnen wog, hatte trotz ihrer schäbigen Erscheinung etwas Romantisches, zumal sie die Stelle markierte, an der die einlaufenden Schiffe den eigentlichen Ozean hinter sich lassen und in die chinesischen Hoheitsgewässer einfahren. So nahm ich denn beim Vorüberfahren gebührend Notiz von ihrem hellroten Rumpf, der weißen Leuchtanlage und dem dumpfen Klang der bronzenen Glocke. Im selben Augenblick erhielt der Kapitän über

Funk neue Anweisungen: Wir sollten fünf Meilen weiter nach Westen fahren, beidrehen und weitere Order abwarten.

Ein Blick auf die Karte zeigte, dass es sich bei dieser neuen Position um die Stelle zu handeln schien, an der man einen Jangtse-Flusslotsen aufnehmen sollte. In früheren Zeiten waren die Flusslotsen stolze, verwegene Burschen, die am Erkerfenster des Shanghai Club einen eigenen Stammtisch hatten. Nur sie konnten ein Schiff durch die gefährlichen Gewässer zu den Docks an den Wasserstraßen in der Stadt lotsen; sie genossen ein hohes Ansehen und wurden gut bezahlt. In der heutigen Zeit geben sie sich weniger forsch. Die entsprechenden Handbücher – die blauen Bände des *China Sea Pilot*, dunkelblau in der Ausgabe der britischen Admiralität, hellblau in der des Pentagon – drücken sich ein wenig vage über den Standort der Lotsen von heute aus. Die Briten nannten den richtigen Längen- und Breitengrad und vermerkten, ein Boot, »von dem zwei oder drei Lotsen an Bord genommen werden können«, sei in der Regel im Umkreis von etwa einer Meile zu finden. Bei den Amerikanern hieß es, die Lotsen dürften sich an zwei Stellen aufhalten; die eine etwa vier Meilen nördlich des nächstgelegenen Leuchtturmes, die andere drei Meilen südlich davon. Doch wo wir gerade herumschaukelten, war kein Lotsenschiff, keine Boje, kein Leuchtturm, nichts. Also warteten wir, während der Bordfunk wie bratendes Fett zischte.

Plötzlich wurde das knisternde Rauschen unterbrochen. Eine Chinesisch sprechende Stimme grüßte unser Schiff mit Namen. Dann fuhr sie auf Englisch fort. »Unser Inspektionsschiff Nummer Zwei nähert sich Ihnen steuerbords achtern. Lassen Sie Ihren Passagier bitte am Bug backbord zusteigen. Wir sind in drei Minuten da. Bitte fertigmachen. Bitte bereithalten.«

Es war Zeit, sich zu verabschieden. Ich bedankte mich bei dem Kapitän, der mich bis hierher mitgenommen hatte, und begab mich zum Heck, wo einige Matrosen ein Fallreep ausrollten. Am Horizont erschien ein kleines schwarzweißes Schiff, dessen Bug wegen der hohen Fahrtgeschwindigkeit weit emporragte. Es kam immer näher. Der Bug senkte sich, als es die Fahrt verlangsamte; es drehte bei und legte neben der herabhängenden Strickleiter an. An seinem Fockmast wehte der blauweiße Doppelstander der Jangtse-Wasserpolizei und am Heck die rote Flagge der Volksrepublik. Zwei junge chinesische Matrosen standen auf dem Vorderdeck, und neben ihnen Lily, die mir zuwinkte.

»Man hält Sie garantiert für einen Spion!«, rief sie als Erstes. »Es verstößt gegen jede Regel, dass wir uns hier draußen treffen.« Sie grinste schalkhaft, als sie mir über die schwankende Leiter half und zusah, wie ich meinen Rucksack auf die Kommandobrücke schleppte. »Sie werden nicht glauben, was ich alles in Bewegung setzen musste, damit man Sie hier an Bord nimmt.« Sie sagte nichts weiter, sondern verstaute mein Gepäck unter einem Tisch. Im Nu war alles schiffsmäßig in bester Ordnung, die Matrosen machten auf beiden Seiten los, und die Schiffe trennten sich.

Unsere Sirene heulte auf. Der rostige weiße Frachter, der mich bis hierher gebracht hatte, antwortete mit drei Signaltönen. Seine Schrauben begannen das grüne Wasser aufzuwühlen, und mit dem Ruder hart Steuerbord setzte er sich gemächlich in nordöstliche Richtung in Bewegung. Das Küstenwachschiff Nummer Zwei – die *Shu-in Lo* – nahm Kurs nach Westen, direkt in den Schlund des Langen Flusses. Es steuerte auf jenen Punkt zu, der normalerweise als Ende des Jangtse gilt und somit der eigentliche Ausgangspunkt für meine lange Reise stromaufwärts war.

Noch immer war kein Land auszumachen. Das Radar auf der Brücke zeigte auf beiden Seiten eine verschwommene Kontur an, doch so sehr ich auch die Augen zusammenkniff, erblickte ich nichts außer einem graubraunen Schleier am Übergang zwischen Meer und Himmel. Wir tuckerten dahin und drehten in verschiedene Richtungen, um Untiefen auszuweichen. Nach einer Weile verlangsamten wir die Fahrt. Vor uns tauchte aus der unendlichen Leere eine weitere riesige Boje auf.

Die Boje war etwas kleiner als die erste, doch wenn die Computeranzeige der Satellitennavigation stimmte, so war diese nicht minder bedeutsam. Der Kapitän deutete mit dem Finger darauf und rief: »*Zhong Sha! Zhong Sha!*« Es war so, wie ich dachte. Das Leuchtfeuerzeichen auf der Karte bestätigte, dass dies genau die Stelle war, die unter den Seefahrern der Welt als Mündung des Jangtse gilt. Hier ging die Flussmündung in das Meer über. Markiert wurde die Stelle von 20 Tonnen schwimmenden, muschelbewachsenen Metalls, einem weißen Blinklicht, einer Glocke und einem etwas prosaischen Namen – Zhong Sha, Mittleres Sandlicht.

Es zeigte sich rasch, dass diese Konstruktion eher in einem Fluss lag als in einem Meer. Die Tidengewässer waren ruhig gewesen; wir hatten unser Rendezvous mit dem Schiff der Küstenwache sicherheitshalber auf einen Zeitpunkt gelegt, an dem die See so ruhig wie möglich war. Doch hier, nur ein wenig weiter westlich, war das Wasser alles andere als ruhig. Die Wassermassen trieben mit einer solchen Kraft gegen die riesige Boje, dass diese sich um gute fünf Grad neigte. Unterhalb der Boje kräuselte sich ein fast 20 Meter langer kaffeebrauner Nachstrom, der um einiges trüber war als der übrige Ozean. Als wir uns der Boje näherten, hörte ich es sprudeln und blubbern. Das Wasser strömte mit mindestens zwei Knoten. Einen Moment lang dachte ich, die Boje selbst bewege sich mit zwei Knoten, so als würde sie von irgendetwas unter Wasser, vielleicht einem Hai, gezogen. Doch dann wurde mir bewusst: Selbst hier draußen, wo kein Land in Sicht war und nichts darauf hindeutete, dass Land in der Nähe war, floss der Strom – *der* Strom.

Hier floss Wasser, das einen sehr langen Weg hinter sich hatte. Die Länge des Stroms wird allgemein mit 6378 Kilometern, fast

10 000 chinesischen *Li*, angegeben. Das Wasser ist von Tibet bis hierher gesickert und getröpfelt und gegluckert und geschäumt und gebraust und geströmt und gekrochen. Dieser energische braune Strom voller Schlammpartikel, die selbst hier noch mitgeführt und unter uns abgelagert wurden, transportierte Erde vom Himalaja bis auf den Grund des Ostchinesischen Meeres.

Ewiges Eis hat das Granitgestein des Hochgebirges zersprengt, milchweiße Eisbäche sind aus unerreichbaren Gletschern gesickert, Kristalle von Glimmer haben in den lachsreichen Quellflüssen geglitzert, das Nass hat sich mit Sand und Schlamm und Kies vermischt und ist über Hunderte und Aberhunderte von Kilometern von den Hochebenen herabgeströmt, bevor es sich hier, in den oberen Subtropen, in 30 Metern Tiefe zu Füßen einer rostigen Leuchtboje auf den dunklen Grund des Meeres ergoss.

Nun war aber überhaupt nichts Lässiges, nichts Beiläufiges an der Art und Weise, in der dieses Wasser flutete und floss und seinen von weither mitgeführten Ballast abwarf. Wie China selbst schien der Fluss hier vorwärtszudrängen und sich mächtig in den Ozean vorzukämpfen und absichtlich neues Land zu schaffen, selbst so weit noch vor der Küste. Den Hydrologen zufolge verläuft die Reise des Jangtse in ungeheuren Dimensionen: Pro Sekunde durchfließen 34 000 Kubikmeter Wasser die Mündung des Jangtse; sogar mehr als doppelt so viel ist es im August und September, wenn die Schneefelder geschmolzen sind und der Sommerregen die etwa 700 wilden Nebenflüsse noch zusätzlich anschwellen lässt. Jedes Jahr strömen durch die Flussmündung insgesamt 244 Kubikmeilen Wasser – ein wahrhaft gigantischer Kubus von Wasser.

Der Jangtse macht eine lange Reise, und mit wahrlich schwerem Gepäck. Dieselben Berechnungen, welche die Zahlen für das Flussvolumen ergeben, gehen davon aus, dass der Strom jedes Jahr 500 Millionen Tonnen Schwemmland aufwirbelt und mitführt und

300 Millionen Tonnen davon auf dem Meeresboden ablagert. (Der Rest bleibt im Landesinneren zurück – in einem Sumpf hier, auf einer Sandbank da oder in einem Überlaufbecken dort.) Das führt dazu, dass der Jangtse ein gewaltiges Delta bildet, das sich mit der beachtlichen Geschwindigkeit von fast 23 Metern pro Jahr ins Meer hinausschiebt. Dieses neu geschaffene Land wird natürlich von den glücklichen Reisbauern der ostchinesischen Provinz Jiangsu genutzt und bestellt. Durch die allmähliche Abtragung weit entfernter Berge gewinnen sie unentwegt neues Land – jeden Tag einen Streifen von mehr als sechs Zentimetern Breite.

Diese langsame Ausdehnung nach Osten hat dem östlichen China im Laufe der Jahrhunderte ein korpulentes Profil verliehen; auf der Landkarte wirkt dieser Landesteil aufgebläht wie eine Kropftaube. Das Bild der Landschaft, in der sich der Jangtse so mächtig vorschiebt, trügt jedoch. Der große Einschnitt, der so aussieht, als müsste er die Mündung des Jangtse sein, wurde einst von vier riesigen Flussarmen gespeist, von denen heute nur noch einer Wasser führt. Schlamm und Sand haben die drei südlichen Flussläufe verstopft, während der nördlichste Arm durch den beschleunigten Durchfluss verbreitert und vertieft wurde. Der letzte der südlichen Deltaströme ist im 7. Jahrhundert endgültig versandet; seit 1300 Jahren fließt der Jangtse nun also als ein einziger, gigantisch breiter Strom in seinem heutigen Bett. Der breite Sund weiter südlich bietet den alten Hafenstädten Ningbo und Hangzhou Zugang zum Meer, doch er ist, verglichen mit dem Jangtse, eher wasserarm.

Während wir uns langsam durch den Dunst bewegten, tauchten allmählich erste Anzeichen auf, dass Land in der Nähe sein musste: zuerst zwei weiße Schmetterlinge und eine Libelle, dann Treibgut – Styropor und Plastikcontainer aus einer fernen Stadt –, schließlich ein Kadaver, vermutlich ein Schwein. Zu guter Letzt tauchten die Flussufer auf. Endlich war die chinesische Küste zu sehen, wenn auch nur in großer Ferne und verschwommen, zuerst querab an Steuerbord und bald auch an Backbord.

Vor 100 Jahren hatte hier fast jedes Fleckchen einen verständlichen englischen Namen, denn die Royal Navy hatte diese Küstenstriche gründlich vermessen. Früher hätte ich also Saddle Island, Parker Island und House Island, Drinkwater Point und am nördlichen Ende der Flussmündung Cape Nelson ausmachen können.* Doch all diese Namen sind längst von den Karten verschwunden. Heute heißen die Inseln so, wie sie bereits seit Tausenden von Jahren hießen – Chenqian, Shengsi und Heng Sha. Drinkwater Point heißt inzwischen einfach Dong Jiao, Östlicher Punkt. Die einst nach dem Helden von Trafalgar benannte Landzunge (die von unserer Position aus allerdings nicht zu sehen war, weil die Mündung 80 Kilometer breit ist) trägt längst wieder ihren angestammten Namen: Chang Jiang Kou Bei Jiao, was so viel heißt wie »Langer-Fluss-Mündung-Nordkap«.

Allmählich rückten nicht nur Inseln näher, sondern auch Schiffe. Täglich passieren 1000 Schiffe die Mündung des Jangtse. Auf jedem Fluss wird solch ein Aufkommen an Wasserfahrzeugen aus Gründen der Verkehrssicherheit sorgfältig überwacht. In chinesischen Gewässern werden die Schiffe zudem aus Gründen der Staatssi-

* An die Tätigkeit ausländischer Hydrografen erinnerten einst Namen entlang der gesamten chinesischen Küste; dazu zählten Charlotte Point (unweit der Grenze zum heutigen Nordkorea), Shovel-Nosed Shark Island sowie Bear and Cubs (außerhalb des damaligen Ningpo), Crocodile Island und Three Chimneys (unweit des ehemaligen Futschou und heutigen Fuzhou), Cape of Good Hope und Asses Ears (in der Nähe des früheren Amoy), Cape Bastion (der südlichste Punkt Chinas) sowie Nightingale beziehungsweise Merryman's Island im Golf von Tonkin. Doch seit der Zeit um 1950 sind diese Namen verschwunden. Sie verschwanden nicht nur aufgrund des ideologischen Eifers der chinesischen Kommunisten, sondern auch weil die Admiralitäten in London und Washington sehr rasch einsahen, dass die Chinesen für all diese Orte bereits Namen hatten – Namen, die auf chinesischen Karten auftauchten, und zwar Jahrhunderte bevor irgendeine andere Nation überhaupt begonnen hatte, Schiffe zu bauen.

cherheit kontrolliert und überwacht. Kapitän Zhu, der Kommandant des Küstenwachschiffes Nummer Zwei, suchte den Horizont mit dem Fernglas ab. »Jeden, der ungewöhnlich aussieht, nehmen wir unter die Lupe«, erklärte er. »Und wenn jemand sehr ungewöhnlich aussieht, wenden wir uns an die dort…«, und er deutete mit der Hand nach Backbord, auf eine dunkelgraue Korvette mit zwei deutlich sichtbaren Bordkanonen und einem Wald von Funkantennen um den Mast. »… an die chinesische Kriegsmarine. Die bewacht unseren Fluss. Man weiß ja nie.«

Kapitän Zhu sah wie um die Fünfzig aus, war leicht übergewichtig und schwitzte sehr stark. Sein Gesicht wurde, zumindest für meine Begriffe, durch ein einzelnes langes, gekräuseltes Haar entstellt, das aus einer Warze an seinem Kinn spross. Es sah aus wie ein Draht, der zum Anschluss an einen Stecker freigelegt worden war. Ich wünschte mir, es wäre mit rotem Plastik ummantelt gewesen. Es würde Unglück bringen, es abzuschneiden, erklärte mir Lily vertraulich. Der Kapitän trug keine Uniform, lediglich ein vergilbtes Baumwollunterhemd, eine zerlumpte blaue Hose und Turnschuhe. Mit einem Lachen ging er auf sein Lieblingsthema ein, die Bewachung der Nation.

»Sind Sie Spion? Wir finden, alle *lao wai* wollen viel zu viel über China wissen. Wieso sind Sie so neugierig? Wir stecken unsere Nase ja auch nicht in Ihre Angelegenheiten.« Der Protokollschreiber, den diese Äußerungen alarmiert hatten, vermerkte eiligst meinen Namen im Logbuch, einem simplen Heft mit einer aufgeklebten roten Flagge.

Der Kapitän suchte mit seinem Fernglas eine Fahrrinne ab, die inzwischen ziemlich stark befahren war. Manche Schiffe fuhren so nahe an uns vorbei, dass ich ihre Namen lesen konnte. Wir sahen einen Erzfrachter aus Australien, der Eisen von Mount Newman zu den Stahlwerken von Baoshan transportierte. Wir sahen ein paar schwerfällige Öltanker, die unter panamaischer Flagge fuhren und so tief im Wasser hingen, dass ihre Ankerklüsen nur knapp aus dem Wasser ragten. Drei rostige indische Frachter, deren alte Namen mit neuen übermalt worden waren, schoben sich träge Richtung Meer.

Ein russisches Kühlschiff, das in Wladiwostok registriert war, fuhr flott in die Mündung ein. Vielleicht, dachte ich, holte es eine Ladung Schweinefleisch ab. Gewiss, das war eine reine Vermutung, allerdings stützte sie sich auf ein sonderbares Erlebnis, das mir während einer Erkundungsreise ein paar Wochen zuvor widerfahren war. Ich hatte einen Flug von Kanton nach Turkestan gebucht und war einigermaßen überrascht, als ich nicht ein chinesisches Flugzeug bestieg, sondern eine alte Iljuschin mit einer Crew der Aeroflot. Ich fragte den Kapitän nach dem Grund: Wieso flog ein russisches Flugzeug auf einer chinesischen Inlandsroute?

Der Grund, erklärte er mir, sei ein simpler Tauschhandel. Russland habe zu viele Flugzeuge und China zu wenige, und China habe zu viele Schweine und Russland nicht genug. Deshalb verlangte Moskau für jeden Hin- und Rückflug zwischen Kanton und Urumtschi – bei dem die Russen das Flugzeug und die Besatzung stellten und die Chinesen den Treibstoff und die Verpflegung – von der chinesischen Regierung 20 Eisenbahnwaggons Schweinefleisch. Einige der Tiere gelangten mit der Transsibirischen Eisenbahn nach Moskau, andere per Schiff, erklärte mir der Flugkapitän. »Den Jangtse entlang«, ergänzte er, »in dem Tal dort gibt es viele Schweine.«

Zahlreiche kleinere Boote schlängelten sich gefährlich dicht zwischen den schwerfälligen Frachtschiffen hindurch. Viele waren Fischerboote, und den riesigen silbernen Bogenlampen nach zu urteilen, die an Bambuspfählen von den Brückennocken hingen, waren sie unterwegs, um nachts Tintenfische zu fangen. Astronauten berichteten, ein Funkeln wie Diamantenstaub auf dem nachtschwarzen Meer gesehen zu haben – zahllose Fischereifahrzeuge, die bei Nacht zwischen China und Korea auf See waren. Die Boote, die hier an uns vorbeifuhren, dürften zu jener kleinen Flotte gehört haben – allerdings ohne zu wissen, dass sie vom Weltraum aus zu sehen waren (im Gegensatz zu der weit häufiger zitierten Chinesischen Mauer, die aus dem All nicht zu erkennen ist).

Der Strom wurde allmählich immer schmaler. Zur Rechten lag nun ein flaches Sumpfland, eine baumlose Einöde, die als Chongming Dao, als »Zunge des Jangtse«, bezeichnet wird, weil sie auf der Landkarte tatsächlich wie eine Zunge aussieht, die aus dem weiten Schlund des Flusses heraushängt. Diese Insel war einst ein Verbannungsort, und die Menschen, die dort hingeschickt wurden, bauten Dämme, um die Insel und ihr Gefängnis vor Überschwemmungen zu schützen. Während der Kulturrevolution wurde ein Dichter aus Schanghai, dessen Tochter ich gut kenne, auf die Insel verbannt und damit betraut, dort die Schweinezucht einzuführen.* Inzwischen ist das Eiland dank der Bemühungen von Männern wie ihm und seinen Vorgängern recht fruchtbar. Eine Million Menschen leben auf Chongming Dao, und zwar hauptsächlich vom Reisbau, der Entenzucht und dem Baumwollanbau.

Bald betrug die gesamte Breite des Stromes nur noch etwa 15 Kilometer. Zur Linken konnte ich jetzt die ersten Gebäude, die ersten Hinweise auf eine Besiedelung erkennen. Es waren die üblichen Bauten, wie sie an jeder Küste zu sehen sind: ein paar Schornsteine, ein Wasserturm, ein Wald von Sendemasten und Kasernen. Fast zwei Kilometer weiter tauchte ein höheres Gebäude auf, vielleicht ein Block mit Arbeiterwohnungen.

* Er wurde 1975 freigelassen, durfte jedoch nie wieder seine Gedichte veröffentlichen. 1980 starb er, an gebrochenem Herzen, wie seine Tochter beteuert.

Allerdings keine Pagode. Ich hatte auch nie angenommen, an dieser Küste eine Pagode zu erblicken. Die Menschen, die auf den trockengelegten Schlammbänken des Mündungsflusses leben, waren lange von den Festlandchinesen und ihren Bräuchen abgeschottet. Sie sind dunkler, sehen fast malaiisch aus und erinnern ein wenig an die Ureinwohner in Zentraltaiwan. Dies war nie ein Volk der Pagodenbauer. Falls ich je gehofft hatte, einen anmutigen Bau mit neun leicht kannelierten Stockwerken, mit aufwärts gewölbtem Dachgesims, einer zierlichen Spitze und gebogenen Fenstern zu erblicken, durch die ein Tang-Fürst, zumindest in meiner Vorstellung, im Mondschein auf das Meer schaute – hier waren solche Hoffnungen vergebens.

Diese Menschen lebten auf Sumpf. Sie paddelten mit ihren Sampans durch ein Labyrinth kleiner Kanäle und begnügten sich mit dem Reisanbau und dem Tintenfischfang. In einem alten Reiseführer werden Europäer gewarnt; diese Sumpfbewohner, heißt es, »sind nicht gänzlich frei von seeräuberischen Neigungen«. Doch dann setzte eine gewisse Form von Zivilisation ein. Jemand baute eine Fabrik und knallte einen modernen Klotz aus Beton und Stahl hin. Das war ungefähr das Einzige, was ich erblickte – Sumpfland und grauen Stahlbeton. Diese spezielle Annäherung an China hatte aber auch gar nichts Dramatisches. Dies war kein Vergleich mit den Verrazano Narrows vor New York oder dem Pool von London. Kapitän Zhu sah, wie ich zur Küste blickte. »Da drüben gibt es demnächst einen Golfplatz«, fauchte er. »Einen Country Club für die reichen Leute aus Schanghai.« Er klang nicht besonders begeistert.

Inzwischen befanden wir uns in einer Fahrrinne. Die Markierungsbojen tauchten regelmäßiger auf, und die meisten Schiffe der immer größer werdenden Armada schienen sich in den ausgebaggerten Kanälen an bestimmte Verkehrsregeln zu halten; die stromauf fahrenden Schiffe hielten sich auf der rechten Seite, die stromab Fahrenden auf der linken. Aus dem leuchtenden Gelb eines Rapsfeldes ragte ein Radarturm auf, dessen daumennagelförmiger Abtaster träge rotierte und dabei sämtliche vorbeifahrenden Schiffe registrierte. Die Wasserstraße kam mir inzwischen gefährlich überfüllt vor. Ich sprach den Kapitän darauf an.

»Man sagt, dies sei die gefährlichste Zufahrt der Welt«, erwiderte er munter. »Ich habe einige ausländische Kapitäne gesehen, die regelrecht erstarrt sind, einfach ihre Maschinen gestoppt haben und nicht mehr weiter wussten. Wenn man zum ersten Mal hier einfährt, kann man ganz schön Panik kriegen. Selbst mit einem Lotsen an Bord. Es gibt Sandbänke, die aus dem Nichts auftauchen. Und Strudel. Und die Gezeiten sind total unregelmäßig. Wenn aus 1000 Meilen Entfernung Hochwasser anrollt, rast eine Sturzwelle den Jangtse herab und wirft die Flut sofort wieder aufs Meer zurück. Überall liegen Wracks. Man sieht einen Masten im Wasser und nirgendwo eine Boje zur Markierung und denkt sich, mein Gott!, wenn ich den jetzt nicht gesehen hätte, wenn nichts aus dem Wasser geragt hätte, wenn ich einfach darauf zugefahren wäre ...«

Lily nickte. Sie erzählte, sie habe einmal ein paar Kilometer weiter stromaufwärts für einen Schiffsverschrotter gearbeitet. Sie interessierte sich immer noch dafür und war bemüht, alles über die Wracks in der Jangtse-Mündung in Erfahrung zu bringen. Eines der Wracks, ein 30 Jahre altes Frachtschiff, das ihr Boss in Manila gekauft hatte und zur Verschrottung in seine Anlage schleppen ließ, war erst eine Woche zuvor mitten im Fluss gekentert. Der Kapitän auf einem der Schlepper soll betrunken gewesen sein.

»Ich kenne das Schiff! Ich kenne es!«, rief Zhu eifrig. »Es ist ein riesiger Pott, 12000 Tonnen. Es rammte eine Sandbank und schlug einfach um. Gleich dort drüben.« Er deutete auf einen Punkt in dem schlammfarbigen Strom etwa eine Meile querab an Steuerbord. »Und – sehen Sie irgendwo eine grüne Wrackboje? Nein – nichts.

Niemand hat es fertig gebracht, es zu markieren. Nichts weist darauf hin, dass da etwas ist. Nur ein paar Leute wissen es. Dabei liegt ein riesengroßes Schiff da unten, in knapp drei Faden Tiefe. Es ist ganz leicht, es zu rammen. Es würde jedem Tanker den Rumpf aufschlitzen, wie ein Sushimesser! Das ist sehr gefährlich!«

»Und das ist noch nicht alles. Es sind nicht nur die Wracks und die Sandbänke. Wracks gibt es auch in Kalkutta, im Hugli. Und Sandbänke auch jede Menge. Wie heißt die große Barre dort – St. James Bank? Die ist ziemlich übel. Aber so gut wie kein Verkehr.

Und hier – wie heißt es offiziell – 1000 Schiffe pro Tag? Das sind nur die mit Funk und Radarschirmen. Dazu kommen Tausende weitere, die überhaupt keine Markierungen haben, keine Lichter, nichts. Man versucht, ihnen aus dem Weg zu gehen, und bums – landet man auf einer Sandbank. Da – sehen Sie an dem Pfahl dort eine rote Flagge? Normalerweise ist um diese Tageszeit eine gehisst. Das ist die Signalstation, an der man den Verkehr überwacht. Sie zeigt an, wie schlimm der Verkehr ist.«

Und siehe da, zwei Meilen voraus flatterte eine riesige Flagge in der schwülen Brise. Im *Admiralty Pilot* hieß es dazu: »Wenn die Zahl der Dschunken in der Fahrrinne bei Wusong Kou die Navigation erschwert, wird eine rote Flagge gehisst.« Und wie um die Warnung der roten Flagge zu bestätigen, wimmelte es auf dem Wasser vor uns nur so von schwarzen Punkten. Einige dieser Punkte waren große Schiffe, die langsam mein Blickfeld durchquerten; andere, kleinere, sausten fast verstohlen hin und her.

Die einstmals anmutig dahingleitenden Dschunken flitzen heute wie wild durch die Gegend. Heutzutage verfügen fast alle Dschunken auf dem unteren Jangtse über Motoren statt Segel. Es ist ein seltenes Vergnügen, die charakteristische Form einer klassischen chinesischen Dschunke zu Gesicht zu bekommen – das spitze Luggersegel mit seinem typischen Vorliek und Achterliek und den schweren Bambuslatten, die über das Segel hinausragen. Doch die verwirrende Vielfalt von Wasserfahrzeugen, die heutzutage zwischen den Flussufern hin und her rasen, dient weitgehend denselben Zwecken wie die Segeldschunken vor einem halben Jahrhundert; und es gibt fast ebenso viele verschiedene Typen motorisierter Dschunken wie es einst Segeldschunken gab. Kapitän Zhu hatte auf der Kommandobrücke ein Buch, in dem die Umrisse der unterschiedlichen Schiffstypen abgebildet waren. Auf den hinteren, weniger abgegriffenen Seiten waren auch die diversen Segeldschunken zu sehen.

Das Buch enthielt Dutzende leicht abgewandelter Bauformen, Dutzende von Größen, Schiffe für unzählige Aufgaben – ein nautisches Bestiarium. Wenn man das Buch flüchtig durchblätterte, hatte man den Eindruck, ein javanisches Schattenspiel zu erleben, bei dem die ausgeschnittenen Figuren aus Booten und Schiffen bestanden. Da waren die Umrisse der langen, niedrigen Baumwollschiffe von Chongming, die Rohbaumwolle nach Schanghai transportierten und auf der Rückfahrt die euphemistisch als *night soil* bezeichnete Jauche mitnahmen, auf der großen sumpfigen Zunge nach wie vor das wichtigste Düngemittel. Da waren die Umrisse der Schweineschiffe ebenfalls von Chongming, die jedoch größer und breiter waren; sie mussten einiges aushalten, denn mit ihnen wurden Schweine auf den Markt befördert* und auf der Rückfahrt Menschen mitgebracht. Da waren Abbildungen von Schiffen für den Transport von Eisblöcken, die man im Winter auf den Feldern gefrieren ließ und bis in das Frühjahr hinein mit Stroh und

* Die Schweine waren darüber hinaus auch noch übermäßig voluminös. Die Schweinezüchter von Chongming Dao waren einst in ganz China dafür bekannt, ihrem Schlachtvieh vor dem Transport zur Verkaufstelle Wasser einzuspritzen, um das Gewicht und damit den Marktpreis zu erhöhen.

Erde isolierte. Da waren breite Fischschlepper, die aus kräftigem Kiefernholz gebaut wurden, um den Stürmen, der hochgehenden See und der Gezeitenkabbelung in der Flussmündung zu trotzen. Angeblich war das Mah-Jongg-Spiel die Erfindung der Matrosen einer Fischtransportdschunke aus Ningbo, die hofften, sich durch ein geistig forderndes Spiel von einer Unpässlichkeit abzulenken, die sie nicht begreifen konnten und die wir heute als Seekrankheit bezeichnen.

Heute sieht man jedoch nicht mehr allzu viele dieser unterschiedlichen Schiffs- und Bootstypen. Bei den kleineren Wasserfahrzeugen in diesem Abschnitt der Flussmündung handelt es sich in der Regel um die winzigen, meist segellosen Sampans, die vom Heck gestakt werden. »Sampan« – chinesisch für »drei Bohlen« – heißen sie, weil sie aus drei Holzstämmen bestehen, im Gegensatz zu den Wupans mit ihren fünf Planken. An dem Tag, als ich ankam, schien es nur so von Sampans zu wimmeln. Ich wusste, dass man hin und wieder auch ein größeres Schiff zu sehen bekam, beispielsweise eine Dschunke, die im Fernhandel die Küste auf und ab segelte, oder eine jener Dschunken, die aus besonders leichtem Holz gebaut wurden, damit sie die gefährliche Springflut überstanden, die in die trichterförmige Bucht von Hangzhou südlich des Jangtse-Deltas strömt. An diesem Vormittag erblickte ich jedoch kein einziges größeres Holzschiff. Doch bei all der Betriebsamkeit, die ich vom Deck des Küstenwachschiffes aus mitbekam, war es kein Wunder, dass die rote Warnflagge gehisst war. Es war auch kein Wunder, dass Küstenwachschiffe wie dieses pausenlos den Strom patrouillierten.

Zur Linken – eigentlich am rechten Ufer, in Flussrichtung gesehen – tauchte plötzlich ein Industriegebiet auf. Von Kühltürmen stiegen weiße Dampfwolken auf; Ladekrane hievten riesige Container von geankerten Schiffen; mit schwarzen, gummiartigen Nabelschnüren wurde aus geduldig wartenden Tankern Öl gepumpt. Auf einer Art Förderturm rotierten zwei Räder wie Förderwellen. Etliche riesige Schornsteine mit Signallichtern an der Spitze wurden an den Seiten von hohen Turmgerüsten gestützt, damit sie den im Sommer wütenden Taifunen standhielten. In der Ferne marschierten ganze Reihen von Hochhäusern vor dem Horizont auf. Die Sonne funkelte in Hunderten von Windschutzscheiben von Lastwagen und Autos, die an einem Bahnübergang warteten, bis die Dampfeisenbahn vorbeigeschnauft war. Das Land hatte festen Boden unter den Füßen gewonnen. Hier begann die Großstadt.

Bei Wusong Kou, dort wo die Flagge wehte, fing das Ganze eigentlich erst richtig an. Gewiss, die Boje draußen vor der Einfahrt markierte den geografischen Beginn beziehungsweise das geografische Ende des Flusses, doch für jeden halbwegs romantischen und einigermaßen geschichtsbewussten Menschen gilt Wusong Kou als der wahre Endpunkt des Stromes. Die Chinesen kennen die Stelle unter diesem Namen. Die Seefahrer aus aller Welt bezeichnen sie jedoch ein wenig anders.

Hier, wo die rote Flagge weht, wo der Leuchtturm steht und das sieben Meter hohe Zifferblatt aufragt, das wie eine Uhr aussieht, in Wirklichkeit aber der Gezeitenpegel des Huangpu ist – hier biegen alle Schiffe, die nach Schanghai unterwegs sind, das heißt, die meisten, die in die Jangtse-Mündung einfahren, nach links ab. Dieser Punkt markiert, je nachdem wie man es sieht, das Ende einer langen Reise über das Meer beziehungsweise den eigentlichen Beginn des Jangtse. Diese Stelle, die offiziell nur durch eine einzige rote Blechboje gekennzeichnet ist, kennt der Seefahrer unter dem Namen *Wusong-Barre*.

Vor 100 Jahren beschrieb Tennyson die Barre als einen Ort der Gefahr und der Melancholie, an dem die Seeleute zum Abschied winkten und die Lotsen bereitstanden, um die Seefahrer nach Hause zu geleiten. Die Fahrt durch diese Untiefe ist ein Ereignis: Bei der Fahrt hinaus gelangt man aus ruhigen Gewässern in eine turbulente Dünung; bei der Fahrt hinein droht eine letzte Gefahr, denn in dieser Untiefe hat die See eine letzte Möglichkeit, mit dem Schiff zu spielen und es in der schäumenden Gischt umzuwerfen. An einem stürmischen Tag mit hohem Seegang oder bei dichtem Nebel kann die Flussbarre selbst den unerschrockensten Seefahrer in Panik versetzen. Doch wer es schafft und die Barre passiert, hat sein Ziel sicher und heil erreicht.

Die Wusong-Barre ist allerdings harmloser als das, was Tennyson vor Augen hatte. Sie markiert jene Stelle, an welcher der Huangpu und der Jangtse zusammenfließen.* Die Vereinigung ist so ruhig wie der Zusammenfluss der meisten Ströme, ohne jegliche Sturzwellen und ohne Gischtnebel. Die Barre ist keine lebensgefährliche Stelle, aber sie war und ist ein lästiges Ärgernis. Einst sorgte sie für große Spannungen zwischen Ost und West. Jahrelang beschäftigte sie die Diplomaten. Und alles nur, weil sich ein langer Streifen Schlick und Sand vom Huangpu in das Bett des Jangtse vorschiebt und sich kaum von der Stelle rührt, weil das Wasser des Jangtse von den Gezeiten unentwegt hin und herbewegt wird. Der Mündungsfluss ist im Allgemeinen etwa 15 Meter tief; bei der

* Eine so genannte »Barre« oder Untiefe entsteht immer dort, wo ein fließendes Gewässer auf ein anderes trifft – also wo ein Fluss in das Meer oder in einen See mündet oder sich mit einem anderen Fluss vereinigt. Erwähnt werden sollte, dass es eigentlich noch eine zweite Barre im Jangtse gibt, nämlich dort, wo der Strom in das Meer fließt. Die viktorianischen Hydrografen tauften diese auf den Namen *Fairy Flats*, »Das Feen-Flach«. Sie ist drei Kilometer breit und war einst nur für Schiffe mit weniger als fünfeinhalb Meter Tiefgang passierbar. An stürmischen Tagen kann es dort ziemlich heftig zugehen. Tennyson hätte seine Freude gehabt. Heutzutage existiert sie im Grunde gar nicht mehr; jedenfalls gefährdet sie die Schifffahrt nicht mehr. Seit 1935 werden auf Betreiben des Huangpu Conservancy Board jährlich fünf Millionen Tonnen Schlick ausgebaggert. Eine mindestens acht Meter tiefe Fahrrinne zur Durchfahrt durch die *Fairy Flats* wird inzwischen jederzeit garantiert.

Wusong-Barre beträgt die Tiefe stellenweise jedoch nicht mehr als dreieinhalb Meter. Im 19. Jahrhundert entbrannte über diese Untiefe ein berühmter Rechtsstreit.

Für die Chinesen vor 100 Jahren war diese Untiefe überhaupt kein Problem. Sie glitten damals unbeschwert über den Strom, denn ihre Segeldschunken hatten einen Tiefgang von ganzen drei oder sogar nur eineinhalb Metern. Unangenehme Überraschungen gab es erst, als die ausländischen Kaufleute mit Eisenschiffen aufkreuzten, die in der Regel mindestens sechs Meter Tiefgang hatten. Manchmal wurden sie von ihren Peilern, die die Tiefe ausloteten, rechtzeitig gewarnt, häufig jedoch nicht. Der Fluss, auf dem bis etwa 1850 reger Verkehr geherrscht hatte, war 20 Jahre später plötzlich übersät von den Wracks ausländischer Schiffe, die in der Barre hoffnungslos aufgelaufen waren.

Einige waren beim Einlaufen gestrandet. Andere schienen mehr Glück zu haben und gelangten ans Ziel und wurden an den Kais mit Ballen von Seide, Säcken voll Reis und Bergen von Tee beladen, bis sie so tief lagen, dass sie beim Auslaufen stecken blieben. In diesem Fall telegrafierte der Lloyd-Vertreter nach London und meldete die Überschreitung der Liegezeit. »Die *Travancore* lief mit der Paketpost aus, konnte jedoch die Barre nicht passieren, sodass ein ganzer Tag darauf verwandt wurde, ihre Fracht in Leichter umzuladen, um ihre Last zu verringern …« »Ich melde, dass die *Australia* fünf Tage in Wusong festlag …« »Der französische Postdampfer *Provence* konnte Schanghai überhaupt nicht anlaufen …« Damit war der Fluss als Handelsroute nicht mehr zu gebrauchen. Der Jangtse war lange Zeit als die große Hauptverkehrsader Chinas angepriesen worden, doch plötzlich war die wichtige Arterie von einer ernsthaften Thrombose verstopft.

Mitte der siebziger Jahre des 19. Jahrhunderts hatten es die Kaufleute allmählich satt, dass ihre Schiffe im Sand stecken blieben. Sie schrieben empörte Briefe, und der »Stand der Wusong-Barre« wurde zum hitzigen Diskussionsthema.

Ein Verband mit dem erlaucht klingenden Namen »Vereinigung zum Schutz kommerzieller Interessen bezüglich Wracks und Sachschäden« schrieb an Lord Granville im britischen Außenministerium und klagte, die Barre sei »eine Behinderung der Schiffahrt, ... ein Grund zu großer Sorge«. Sie könne ohne übergroße Schwierigkeiten und übermäßige Kosten beseitigt werden, meinten die technischen Berater der Vereinigung. Dies bestätigte der Vizeadmiral Charles Shadwell in einem Schreiben, das er in seiner Kabine an Bord der *HMS Iron Duke* im Hafen von Hongkong verfasste. Chinesische Kulis könnten den Schlick von Hand wegschaffen, meinte er; ihre Arbeitskraft sei sehr billig. Es gab also keinen Grund, weshalb die Barre nicht beseitigt und der Schifffahrt freie Bahn geschaffen werden sollte. Nur eines war erforderlich, die Zustimmung der »obersten Behörden in Peking«.

Und genau da hatte die Sache ihren Haken. Peking schien sich für die Barre überhaupt nicht zu interessieren. Die Mandschus in der Verbotenen Stadt waren hochnäsig und reserviert und gleichgültig gegenüber allem, was sie für unter ihrer Würde hielten, und so schenkten sie den Klagen der rothaarigen, langnasigen *Uitlander* keinerlei Aufmerksamkeit. Was für Narren diese Ausländer doch sind, müssen sie sich gedacht haben.

Kaum etwas schien sich seit 1793 geändert zu haben, als Lord Macartney vergeblich versucht hatte, den damaligen Kaiser zu hofieren, und mehr oder weniger abgekanzelt worden war. Der Diplomat hatte dem Himmlischen Thron das Beste dargeboten, was Großbritannien zu bieten hatte, um so die diplomatische Anerkennung und die Einwilligung in den Handel zu erwirken. Doch der Kaiser zeigte sich nicht im Entferntesten interessiert. Die Geschenke wurden als Tribut eines ehrerbietigen Vasallen betrachtet.

Einige Kisten wurden nicht einmal geöffnet. Macartney wurde nahegelegt, nach Hause zu gehen.

Der Kaiser, der acht Jahrzehnte später regierte, hatte genauso wenig für die Nöte und Wünsche der ausländischen Kaufleute übrig. Die Würde des Langen Flusses, schien der Thron mit seinem Schweigen anzudeuten, solle nicht durch so etwas Vulgäres wie Ausbaggern angetastet werden, nur weil die »Barbaren« es so wollten. Trotz einer Flut von Briefen, die zwischen Botschaftern, Ministern und hohen Würdenträgern des chinesischen Hofes hin und her schwappte, wurde nichts unternommen. »Sie sollten nichts unversucht lassen«, schrieb Lord Granville an seinen Mann vor Ort, »um die chinesische Regierung zu veranlassen, Maßnahmen zur Verbesserung der Lage an der Barre zu ergreifen.« »Ich habe drei identische Briefe an den Fürsten geschickt«, schrieb der Earl of Derby zurück. Doch es fruchtete nichts. Fürst Kung, der für das Tsungli Yamen, das Amt für Auslandsangelegenheiten, zuständig war, geruhte nicht einmal zu antworten.

Erst am Vorabend der Revolution, die der Herrschaft der Kaiser und Fürsten ein Ende setzen sollte, geriet man aus der Sackgasse. Man schrieb das Jahr 1905. Die Mandschus waren am Ende, und sie wussten es auch. Teils aufgrund ihrer geschwächten Position, teils als versöhnliche Geste, die möglicherweise ihr Überleben sichern sollte, erteilten sie den Ausländern die Genehmigung, mit der Arbeit zu beginnen. Ein Holländer namens de Rijke, der in seiner Heimat als Polderexperte galt, brachte die ersten Baggergeräte ins Land. Bereits 1910 hatte er die erste Fahrrinne durch die Barre ausgebaggert. Als der erste chinesische Präsident Sun Yat-sen, der im Ausland studiert hatte, 1912 in die Heimat zurückkehrte, fuhr er in einem symbolischen Akt durch den Wasserweg der ausländischen Ingenieure auf dem Jangtse nach Schanghai. Im Jahre 1937 – zufälligerweise gerade rechtzeitig für den Krieg gegen Japan – war der

Huangpu schließlich auf seiner gesamten Länge ausgebaggert, sodass Schiffe mit einem Tiefgang von bis zu achteinhalb Metern problemlos vom Pazifik durch die Jangtse-Mündung und den Huangpu direkt bis zu den Kais von Schanghai fahren konnten.

Die Gefahren der Sandbänke waren allmählich völlig gebannt. Schanghai entwickelte sich rasch zu einer der größten Handelsstädte der Welt, und der Jangtse wurde bald zu einer riesigen Hauptverkehrsader mitten ins Herz Chinas. Wären die Mandschus in Peking an der Macht geblieben, wäre es vielleicht nie so weit gekommen. Es gibt kaum ein sprechenderes Symbol für den Konflikt zwischen der stolzen Unnachgiebigkeit des alten kaiserlichen China und dem gierigen Realitätssinn des westlichen Merkantilismus als die 60-jährige Saga vom Stand der Wusong-Barre.

Die Ausländer wurden jedoch nicht allein von der Habsucht getrieben. Wer den Jangtse kannte, wusste, dass der Fluss der wichtigste Zugang zum geheimnisvollen Herz des Reichs der Mitte und damit entscheidend für die westliche Präsenz in China war. Als Sir George Balfour von der Madras Artillerie im Jahre 1843 als erster britischer Konsul nach Schanghai kam, erkannte er sofort die strategische Bedeutung des Ortes, der damals nichts als ein schmutziges, stinkendes Dorf war, und erklärte: »Dort kann unsere Kriegsmarine einsatzbereit sein, und mit unseren Schiffen wird unsere Macht zu sehen und nötigenfalls umgehend zu spüren sein. Unser taktisches Ziel ist die absolute Herrschaft über diesen großen Strom.«

Diese Herrschaft ließ sich nur dann vollständig ausüben, wenn die Wusong-Barre beseitigt war. Es dauerte fast ein Jahrhundert, bis dieses Ziel erreicht war. Doch knapp ein Jahrzehnt später wurden die britischen und alle anderen ausländischen Marineverbände ein für allemal von dem Fluss verbannt.

Als wir über die einstige Untiefe hinwegfuhren, beobachtete ich das Echolot. Ich bemerkte kaum eine Veränderung; die Fahrrinne, die die Holländer vor fast 100 Jahren ausgebaggert hatten, war fast so tief wie das Flussbett ober- und unterhalb der Barre. Was über so viele Jahre so viele Gemüter erhitzt hatte, war inzwischen gänzlich unsichtbar und völlig unbedeutend. Und auch die rote Blechboje, die querab an Backbord schaukelte, war trotz ihrer Signalfunktion eher bedeutungslos. Für die Seeleute, die in den eigentlichen Jangtse einfuhren, markierte die Boje die Meile Null. Bei der Leuchtboje von Zhong Sha, nicht einmal 30 Kilometer hinter uns, endete das Meer und begann die Flussmündung; und bei der roten Boje an der Wusong-Barre hörte die Mündung auf und begann der eigentliche Fluss. Kapitän Zhu ließ die Sirene ertönen und drehte mit seinem kleinen Schiff geschickt nach Backbord. Wir verließen die Mündung des eigentlichen Jangtse und gelangten in das schwarze und zweifellos giftige, sauerstoffarme Fahrwasser des Huangpu.

Am linken Ufer lag ein Geschwader chinesischer Kriegsschiffe. Die Zerstörer, Fregatten und Korvetten wirkten überhaupt nicht einsatzbereit, weder für den Schutz der chinesischen Küste noch für einen Krieg. Das war jedenfalls mein Eindruck. Auf den Achterdecks hing Wäsche zum Trocknen, an einigen Heckgeschützen baumelten Strohhüte, und die Matrosen lungerten in der warmen Sonne herum und rauchten. Hätte es sich um britische oder amerikanische Schiffe gehandelt, so wären die Männer eifrig dabei gewesen, abblätternde Farbe abzukratzen, Lagerungen zu schmieren, Beschläge zu polieren oder das Deck zu scheuern. Hier sah es so aus, als seien die Männer auf Urlaub oder langweilten sich zu Tode.

Diese Begegnung stand zufälligerweise vor einem aktuellen Hintergrund, und so sah ich mir die Schiffe interessiert durch mein Fernglas an. In den Schlagzeilen, die ich nur wenige Tage zuvor in den Hongkonger Zeitungen gelesen hatte, ging es um eben diese chinesische Kriegsmarine und um die neue Aggressivität, die ihre Admiräle angeblich demonstrierten. Es herrschte große Besorgnis über Chinas angeblich selbstherrliche und willkürliche Einstellung gegenüber einigen kleinen Atollen wie den Spratly-Inseln, die tief unten im Südchinesischen Meer vor der vietnamesischen Küste liegen, oder den Paracel-Inseln, die sogar noch näher beim Festland sind.

Seit Jahren hatte die Souveränität dieser Inseln sowie eines flachen Riffs namens Macclesfield Bank im Brennpunkt eines schwelenden Konfliktes gestanden. Nicht nur Vietnam hatte seit langem Anspruch auf die Inseln erhoben, sondern auch die Philippinen, Malaysia und Taiwan, was die Sache noch um einiges komplizierter machte. Ansprüche auf die Spratly Islands erhob auch der Zwergstaat Brunei, der wohl kaum als besonders imperialistisch eingestellter Staat bezeichnet werden kann, auch wenn sein Herrscher als reichster Mann der Erde gilt. Doch Peking hatte all diese Ansprüche unbekümmert ignoriert. Diverse chinesische Regierungen hatten kategorisch erklärt, dass diese Inseln historisch gesehen und von der geografischen Logik her zu China gehörten. Und auf jeder offiziellen Landkarte Chinas, die es in China zu kaufen gibt, verläuft denn auch eine gestrichelte Linie in einem riesengroßen Bogen von Schanghai weit nach Süden und dann hinauf bis Hainan und schließt damit jedes Atoll, jedes Riff und selbst die kleinste Felseninsel im Südchinesischen Meer ein. Sie alle, heißt es in China, seien chinesisch.

In den letzten Jahren hat Peking diesen Anspruch sogar noch nachdrücklicher geltend gemacht, und kurz vor meiner Fahrt durch die Wusong-Barre hatte die chinesische Marine eine Einheit der chinesischen Armee auf einer der Felseninseln abgesetzt, um dort einen kleinen Stützpunkt einzurichten. Dies hatte dazu geführt, dass einige Nachbarstaaten sich über die chinesische Hegemonie beklagten. Das Wort »Hegemonie« wurde und wird im Osten häufig gebraucht, bislang vor allem von Ländern wie Nepal und Sikkim in Zusammenhang mit Indien. Nun war China an der Reihe; auf allen Seiten empörte man sich über das Wiederaufleben des uralten chinesischen Imperialismus. Die Rolle der chinesischen Kriegsmarine in diesem Konflikt war plötzlich zu einem brandheißen Thema geworden.

Bestärkt wurden die Unkenrufe durch Andeutungen in den Hongkonger Zeitungen und Magazinen, wonach diese kampflustige Marine möglicherweise vor Hainan, in der Nähe der umstrittenen Inseln, einen Flugzeugträger stationieren könnte.* Solch ein Schiff, hieß es, würde China in die Lage versetzen, seine Macht über Tausende von Seemeilen geltend zu machen. Viele Nachbarn Chinas sowie strategische Beobachter in Washington fingen an, laut ihre Sorge über diese Möglichkeit zu äußern.

Vor dem Hintergrund dieses überhitzten Disputs sah ich jene kleine Armada hochmoderner chinesischer Kriegsschiffe. Sie wirkten durchweg harmlos und verschlafen. Als wir langsam an ihnen vorbeifuhren, schien es sehr unwahrscheinlich, dass zumindest diese Marinesoldaten sich anschickten, ihre maritimen Muskeln spielen zu lassen, beziehungsweise dass sie oder ihre Offiziere jene Art von Absicht hegten, die anderenorts für so viel Beunruhigung sorgte. Sie hatten überhaupt nichts Eifriges an sich, wie sie sich so in der Vormittagssonne aalten. Mir fiel ein, dass die Chinesen das Pulver ursprünglich für Feuerwerke erfunden und nie daran gedacht hatten, es für Kriegszwecke zu verwenden. Bei diesen paar Schiffen sah es ganz ähnlich aus: Sie dienten allein der Show, nicht der Abschreckung und vielleicht nicht einmal dem kriegerischen Kampf.

Es dauerte nicht mehr lange, bis wir anlegten. Am Kai standen ein paar schmuddelige Chinesen bereit, die unsere Trossen an den

* Die Chinesen besaßen bereits das Deck eines alten australischen Flugzeugträgers, das sie ohne Rumpf in der Nähe von Peking auf einer Rollbahn installiert hatten – zum Üben.

Pollern festmachten. Am Anlegesteg warteten vier Männer in Uniform, die mir zuwinkten und erleichtert schienen, endlich den Ausländer zu sehen, den sie hier in Empfang nehmen sollten. Ich verabschiedete mich von dem Kapitän. »Die sind gekommen, um Sie abzuführen«, sagte er, ohne zu lächeln. Als ich die metallene Gangway hinunterging, musste ich über einen Haufen fauliger Fische steigen. Lily kam mit mir. »Keine Sorge. Das ist reine Routine.«

Einer der Männer war von der Einwanderungsbehörde. Er nahm meinen Pass und stempelte fein säuberlich einen hellroten Amtsstempel hinein – meine Aufenthaltserlaubnis für sechs Monate. Ein anderer war von der Gesundheitsbehörde. Ihm musste ich versichern, an keiner nennenswerten Krankheit zu leiden. Auf dem Formular, das ich für ihn ausfüllen musste, stand über einer Spalte: »Beschreiben Sie das Land, das Sie zuletzt besuchten.« Bei früheren Einreisen nach China vermerkte ich hier oft alberne Dinge wie »hügelig, grün, verregnet« oder »tolle Strände, starke Frauen«. Doch weil mich der Beamte höchst kritisch musterte, schrieb ich diesmal einfach nur »Vereinigte Staaten«.

Die Zollbehörde wollte auf dem üblichen Formular Angaben darüber, wie viele Fahrräder und Nähmaschinen und welchen Kameratyp ich besaß. Doch als der Zollbeamte das Blatt entgegennahm, knüllte er es zusammen und warf es in hohem Bogen ins Wasser. »Inzwischen überflüssig«, erklärte er. »Reine Zeitverschwendung.«

Der vierte, so stellte sich heraus, war jener Mann, mit dem Lily diese Exkursion arrangiert hatte, ein Herr Zhang Zu Long. Ich dankte ihm ausgiebig. »Die wollten Sie nicht gewähren lassen, die Behörden in Schanghai«, erklärte er. »Die sind sehr konservativ. Ich sagte, sie müssten neue Denkweisen tolerieren. Jeder, der sich für meine Station interessiert, ist willkommen.« Er deutete auf ein zehnstöckiges Gebäude hinter dem Fischmarkt, das mit einem Wald von Radarschirmen, Satellitenschüsseln und Funkantennen bestückt war. »Ich bin sehr stolz darauf. Sie müssen sie sich anschauen kommen.«

Er führte eine unmöglich lange Amtsbezeichnung: »Leiter der Wusong-Kontrollstation der Schanghaier Hafenaufsichtsbehörde beim Amt für Küstensicherung im Ministerium für Nachrichtenwesen der Volksrepublik China«. Er bot mir Tee an, zeigte mir die chinesischen Jangtse-Karten, die auf jeder Seite den Stempel »geheim« trugen, und führte mich dann in einen verdunkelten Raum im obersten Stockwerk des Gebäudes. Wir traten durch eine doppelte Tür, eine Luftschleuse, in den Raum, in dem drei Männer intensiv auf eine Wand von Farbmonitoren starrten und hin und wieder in Mikrofone flüsterten.

»Das ist unsere ›Flugsicherung‹ für die See«, erklärte Herr Zhang mit einem Glucksen. »Es ist das modernste maritime Leitsystem der Welt. Ich bin sehr stolz darauf.«

Die Deutschen hatten die Computer bereitgestellt, alles andere stammte von den Chinesen. Jedes einzelne Schiff, das den unteren Jangtse passierte, und jedes Wasserfahrzeug, das den Huangpu befuhr, egal in welche Richtung, wurde vom Radar erfasst. Die Computer ermittelten Kurs und Geschwindigkeit eines jeden Schiffes, errechneten mögliche Kollisionen und bestimmten nötige Kursänderungen zur Vermeidung von Havarien. Die Leute in dem Kontrollraum hatten die Aufgabe, den Schiffskapitänen die Kurse durchzugeben, die der Computer wünschte. Sämtliche Operatoren waren Chinesen. Einer sprach Englisch, einer Griechisch, ein dritter Russisch, doch meist sprachen sie Chinesisch, wenn sie sich mit den Wachoffizieren an Bord der vorbeifahrenden Schiffe verständigten. Mr. Chen, der etwa 25 Jahre alt war und perfekt Englisch sprach, hatte gerade Kontakt mit einem indischen Frachter, der dabei war, in Baoshan vor Anker zu gehen. »Der bringt Kohle von Kalkutta herauf«, erläuterte er. »Dann nimmt er von hier – was war es noch gleich? – Wolfram und Antimon mit nach Indien zurück. Typisch. Ich muss ihn bei der Ein- und Ausfahrt überwachen, damit er ja nichts rammt. Die Computer machen es uns sehr einfach. Es ist im Grunde wie bei der Flugsicherung. Zwölf Stunden Dienst, zwölf Stunden frei. Sehr anstrengend. Aber ein toller Job, finden Sie nicht auch? Damit macht Schanghai den Schritt ins nächste Jahrhundert, denke ich. Bald – es wird sicher nicht mehr lange dauern – wird dies der modernste Hafen der Welt sein. Dann wird Schanghai Hongkong und Singapur übertrumpfen. Dieses System trägt dazu bei. Wir werden gewinnen! Das garantiere ich.«

Mr. Zhang klopfte ihm auf die Schulter und geleitete mich hinaus. Kurz darauf stieg ich im Hafen abermals über die verfaulten Fischköpfe, diesmal auf dem Weg zum Bahnhof von Wusong. Ich wollte weiter nach Schanghai, und aus rein historischen Erwägungen erschien mir die Eisenbahn als das geeignetste Transportmittel.

Die Eisenbahn war nämlich der dritte Grund, weshalb Wusong so berühmt war. Heute mag sich hier der erste computerüberwachte Hafen Chinas befinden, doch vor 125 Jahren war Wusong der Standort der ersten, wenn auch nur sehr kurzlebigen Dampfeisenbahn des Landes – was zweifellos Mr. Zhangs Ansicht bestätigte, dass seine Heimatstadt seit langem an der Spitze der Modernisierung in China stand.

Erbaut worden war die erste chinesische Eisenbahn – und das dürfte kaum verwundern – von Jardine, Matheson & Co. Diese Firma, die auch heute noch über ein mächtiges Wirtschaftsimperium im Fernen Osten verfügt, spielte mit Hilfe des Eisenbahn- und Schiffsbaus eine entscheidende Rolle bei der Öffnung Chinas für den Außenhandel. (Ihre Kontakte in London sicherten den Einfluss auf Regierungsebene. Auch heute noch behauptet man, sicherlich nicht ganz zu Unrecht, der britische Außenminister Lord Palmerston habe für den Ersten Opiumkrieg plädiert, um vor allem den Opiumhandel der Firma Jardine aufrechtzuerhalten, wobei sich der militärische Erfolg für das British Empire hauptsächlich in der Abtretung Hongkongs niederschlug.) Doch der Bau dieses ersten bescheidenen Bahnkörpers entlang der knappen 20 Kilometer zwischen Wusong und Schanghai erwies sich für die Firma als schwieriges Unterfangen: Es zeigte, wie abgrundtief misstrauisch China damals gegenüber allem war, was von ausländischer Hand stammte, egal wie vorteilhaft und nützlich es sein mochte.

Seit etwa 1850 hatten sich Jardine und andere ausländische Firmen, die in China Geschäfte machten, für den Bau einer Eisenbahn eingesetzt. Das entsprach ganz der damaligen Stimmung. In England war 1825 der erste kommerzielle Eisenbahnbetrieb aufgenommen worden, und schon bald liefen die Eisenbahnen kreuz und quer durchs Land. Auch in Nordamerika wurden die Schienen so schnell verlegt, wie sie in den Stahlwerken von Pennsylvania gewalzt werden konnten. Doch als im Jahre 1869 Tausende von Arbeitern, vor allem Chinesen, die Gleise der Central Pacific Railway bis Utah vorschoben und an die Strecke der Union Pacific anschlossen und somit das Land endgültig vereinten, war in China noch kein einziger Gleiskilometer verlegt worden. China war noch immer ein Land der Kurierstraßen und Kanäle und der idyllischen Ineffizienz.

Jardine wollte schnell das große Geld machen und fand die gegebene Situation grotesk. Nach Ansicht der Firmenvertreter war China jämmerlich hinter der restlichen Welt zurückgeblieben. In einer endlosen Flut von Briefen flehten sie die Mandschus an, der Modernisierung den Weg zu ebnen. Doch der Hof wahrte einen unnachgiebigen Hochmut und lehnte ein Ersuchen nach dem anderen ab, wie einst bei den Kaufleuten, die sich um Fortschritte an der Wusong-Barre bemüht hatten. In einem der Briefe, den ich im Jardine-Archiv einsah, hatten die Chinesen ausgeführt: »Eisenbahnen wären für China nur dann von Nutzen, würden sie von den Chinesen selbst betrieben und unter ihrer eigenen Leitung gebaut werden.«

Da blieb nur noch eine Möglichkeit, dachten sich die westlichen Unternehmer. Mit jener Mischung aus Geschäftssinn und Unverfrorenheit, die Peking noch heute erzürnt (vielleicht weil sie so typisch chinesisch ist), beschloss die Firma, trotzdem zur Tat zu schreiten, und zwar heimlich.* Nach kurzem Zögern erfolgten 1865 die ersten Baumaßnahmen, die zwei Jahre später jedoch eingestellt und erst 1872 wieder aufgenommen wurden. Der Gesellschaft war es schließlich gelungen, den Taotai der Stadt Schanghai ins Vertrauen zu ziehen, den von den Mandarinen ernannten Beamten, der im Grunde als Bürgermeister fungierte. Diese Strategie musste nach Meinung der Ausländer zum Erfolg führen.

Die Intriganten bedienten sich so mancher List. Zunächst ließ die Gesellschaft durch ihren Grundstücksmakler in Schanghai nördlich der Stadt Liegenschaften erwerben und behauptete, sie wolle nichts Bedrohlicheres als eine Pferdestraße bauen. Gleichzeitig gründete sie in London die Woosung Road Co. Ltd. und kaufte ein paar winzige Dampflokomotiven der englischen Firma Ransomes and Rapier. Dann verlegte die Gesellschaft still und heimlich ein paar Gleiskilometer, in der Hoffnung, der Taotai – der inzwischen so sehr ins Vertrauen gezogen worden war, dass er überredet werden konnte, Aktien der Woosung Road Co. zu erwerben – werde nicht eingreifen.

* Eine ähnliche Geheimnistuerei umgab den Bau der ersten Telegrafenleitung Chinas, die ebenfalls über Wusong ins Land kam. Der dänischen Firma, die die Leitung verlegte, wurde klargemacht, dass das teuflische Kabel keinen Teil des Himmlischen Reiches berühren dürfe, sondern auf einer Hulk angebracht werden müsse, die auf dem Fluss draußen festlag. Die Dänen ignorierten diese Anweisung und rollten das Kabel heimlich im Huangpu aus und holten es nachts an Land. Es dauerte eine Weile, bis der kaiserliche Hof dahinterkam, doch inzwischen war der Wert des Telegrafen klar erwiesen.

Die Schienen, die dann enthüllt wurden, waren mit einer Spurbreite von lediglich 75 Zentimetern nur knapp halb so breit wie jene, die damals überall in England und Amerika verlegt wurden. Auch die Züge von Ransome waren klein; sie sahen wie die Modelleisenbahnen in Vergnügungsparks aus. Dahinter stand die Absicht, eine Eisenbahn zu bauen, die einerseits relativ billig war und die andererseits das chinesische Volk nicht einschüchterte, zumal dieses die Vorstellung eines feuerspuckenden ausländischen Stahlrosses, das auf Eisenschienen dahinfegte, gelinde gesagt bedrohlich fand. Man konnte Jardine wirklich keine Protzerei vorwerfen. Nichts von dem, was die Firma auf der Wusong-Linie unternahm, konnte oder durfte die hoheitliche Würde in Frage stellen, die der Kaiser beziehungsweise seine Repräsentanten verkörperten. Der Eisenbahnbetrieb wurde dann mit nur geringem Tamtam am 30. Juni 1876 aufgenommen. Die Züge mit den Ransome-Lokomotiven, die den passenden Namen »Pionier« trugen, wurden von den Einheimischen als »Teufelskutschen« bezeichnet und wochenlang boykottiert. Doch im Laufe der Zeit erkannten die Chinesen, wie bequem und wirtschaftlich die Eisenbahn war, und so wurden im ersten Jahr immerhin 187000 Fahrgäste gezählt. Das Geschäft hätte zweifellos weiter geblüht, wenn sich nicht eine Katastrophe ereignet hätte. Im Oktober 1877 wurde ein Chinese von einem Zug überrollt. Ob es sich dabei um Selbstmord, Mord oder einfach nur um einen Unfall handelte, konnte nie eindeutig geklärt werden. Die Firma Jardine zahlte den Angehörigen sofort eine Entschädigung. Als der Kaiserhof im fernen Peking von der Eisenbahnlinie erfuhr – der Taotai hatte ja leichtsinnigerweise »vergessen«, den Hof davon zu unterrichten –, wurde moniert, dass die Bahn ohne Genehmigung gebaut worden war, und verlangt, sie dem Staat zu übereignen. Außerdem, argumentierten die Beamten, sei die Eisenbahn eindeutig eine gefährliche Erfindung; die Öffentlichkeit stehe wegen dieses Ungeheuers Todesängste aus.

Und so wurde die Linie ein paar Monate später für eine Viertelmillion Tael verkauft. Ein Seidenhändler fungierte dabei als Vermittler zwischen dem Hof und den ausländischen Unternehmern. Eine vom Hof ernannte Gesellschaft übernahm für ein paar Tage den Betrieb der kleinen Bahnlinie, bis die Beamten sie, wahrscheinlich wie geplant, dichtmachten, binnen weniger Tage den Abriss verfügten und schließlich alles – Schienen, Waggons, Signale und die Spielzeuglokomotiven – nach Formosa verschifften.

Das chinesische Volk, so behaupteten die Hofbeamten, sei der Meinung, flammende Eisendrachen, egal von welch bescheidener Größe, störten die elementare Harmonie des Reiches. Auf dem Gelände des Bahnhofs solle ein Tempel zu Ehren der Himmelskönigin erbaut werden – als Besänftigung für die Göttin, hieß es, deren Frieden von den Ausländern gestört worden sei. Es sollte weitere 20 Jahre dauern, bis Wusong und Schanghai wieder durch eine Eisenbahn verbunden waren. Dies geschah erst, als China sich anschickte, eines der größten Eisenbahnnetze der Welt zu bauen – allerdings nicht mit eigenen Mitteln, sondern mit Hilfe der Engländer, Amerikaner, Russen, Deutschen und Franzosen. In der Zwischenzeit hatte sich die Stimmung nämlich grundlegend gewandelt. Und zurzeit rattern die Stahlmonster durch jede Provinz der Volksrepublik, außer Tibet. Sie stören die himmlische Harmonie überhaupt nicht, sondern sind ebenso unverzichtbar für das Wohl des Volkes wie Reis und Luft.

Wie sich herausstellte, war es auch 125 Jahre später nichts mit der Eisenbahn – zumindest für mich. Bei dem Versuch, durch die Seitenstraßen bei den Hafenanlagen zum Bahnhof zu finden, verirrte ich mich hoffnungslos. Es war ein langer Tag gewesen – ich war vor dem Morgengrauen aufgestanden, von einem Schiff auf ein anderes umgestiegen und die gesamte Flussmündung hinaufgefahren –, und als dann ein rotes Toyota-Taxi anhielt und der Fahrer fragte, ob ich mitfahren wolle, und ich mir überlegte, wie schwierig und umständlich es wohl werden würde, den Bahnhof zu finden und eine Fahrkarte zu lösen, obsiegte die Bequemlichkeit.

Ich lud meinen Rucksack in den Kofferraum und zwängte mich mit Lily auf den Rücksitz, hinter eine massive Schutzscheibe aus Plexiglas. Und während aus dem Radio ein lärmender Fuzhou-Popsong plärrte, fuhren wir an den Stahlwerken von Baoshan vorbei Richtung Stadt. Ich sagte dem Fahrer, er solle uns zu einer Einfahrt neben dem alten russischen Konsulat an der Huangpu-Straße bringen. Hinter dem Tor, das wusste ich, lag ein Schiff, auf dem man mir eine Kabine zum Übernachten angeboten hatte.

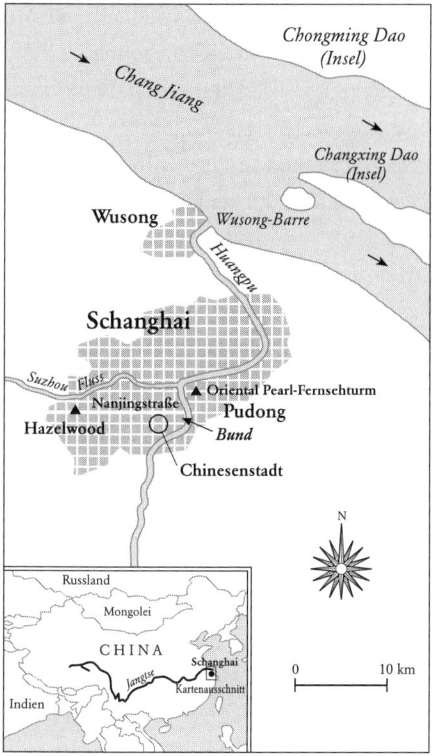

Stadt ohne Vergangenheit

Das winzige Fleckchen leuchtendes Grün – vor fünf Jahren, als ich es zum letzten Mal gesehen hatte, sah es kleiner aus – lag halb versteckt hinter einem Platanenwäldchen. Zwischen halb hohen Sträuchern erblickte ich einen Krocketrasen, die zerrissenen Überreste eines Tennisnetzes und einen rostigen Roller mit einem verlotterten Holzlenker. Über allem hing der intensive Duft von Buchsbaum, feuchtem Moos und alten Kiefernzapfen. In der Mitte des Gartens lag ein flaches Landhaus mit Kupferdach, Gaubenfenstern und zehn dorischen Säulen im zweiten Stock. Vereinzelte Relikte – etwa eine verwitterte alte Messingtafel oder verrostete Eisenlettern am Gartentor – erinnerten daran, wie der Landsitz noch vor einem halben Jahrhundert geheißen hatte: Hazelwood.

Das Haus hatte mir schon immer gefallen. Es war Mitte der dreißiger Jahre im typischen Landhausstil gestaltet worden, doch der Erbauer wollte es unbedingt nach Art déco aussehen lassen und hatte es kanariengelb streichen lassen. Erbaut worden war es als Residenz des *Taipan*, des Chefs von Butterfield & Swire, dem großen englischen Unternehmen, das neben seinem Konkurrenten, Jardine, Matheson & Co., einst den Handel in und um China beherrschte. Swire besaß eine der größten Schifffahrtslinien, die auf dem Jangtse verkehrten – die China Navigation Co., kurz C.N.Co. Die vornehmen Herren, die für jeweils vier bis fünf Jahre die Geschäftsleitung in Schanghai übernahmen, wurden ungeheuer großzügig versorgt und fast wie Diplomaten behandelt. In diesem Treibhaus von einer Stadt galten sie stets als eine Art Suzerän. Dieses Haus war ein Teil der Pfründen.

Ich schätzte das Haus zum Teil für das, was es repräsentierte – kaufmännisches Selbstbewusstsein, kolonialen Stolz und eine eher strenge Eleganz –, und zum Teil wegen seines Gestalters Clough Williams-Ellis, eines besonders exzentrischen Architekten Englands. In dem abgelegenen Winkel von Nordwales, in dem er lebte, war er eine auffallende Erscheinung, nicht zuletzt weil er Knickerbocker mit kanariengelben Strümpfen und stets Krawatten trug.

Die Architektur war seine große Leidenschaft. Der ewige Kampf gegen die »Banausen«, wie er sie nannte, war seine selbstgewählte Mission. In der Absicht, Schönheit zu schaffen, wo er nur konnte, entwarf er Gebäude in fast allen Winkeln der Erde. Das Grubenarbeiterhaus, das er erbte, verwandelte er in ein Heim der Phantasie und des Frohsinns. In der Nähe seines Wohnhauses schuf er ein komplettes Dorf. Er entwarf eine »barocke« Kapelle in Hertfordshire und ein Tudorschloss am Wye. Er restaurierte das Zentrum einer der schönsten Städte Irlands und gestaltete das Grab von Lloyd George. Und er entwarf zwei Gebäude für Swire in China, wobei er selbst nie dorthin kam: Das Taipan-Haus in der Hafenstadt Tientsin und das Haus »Hazelwood« in Schanghai. Es ist nicht schwer zu erraten, was er wohl heute zu diesem altehrwürdigen Gebäude sagen würde, das inzwischen von so viel modernem Banausentum umgeben ist – denn das moderne Schanghai ist nichts anderes als eine Metropole des Spießbürgertums.

Immer wenn ich in dieser Gegend weilte, kam ich hierher, um dem Haus und damit auch dem alten Clough meine Reverenz zu erweisen. Für mich war dieser Ort fast so etwas wie ein Freund, bei dem man sich einfach wohl fühlt. Hier konnte ich inmitten dieser quirligen, brodelnden Stadt zu mir kommen.

Früher war dies einmal ein behagliches, bequemes Wohnhaus mit vier Tennisplätzen und einer gepflegten Kieseinfahrt gewesen. Es war ein Haus, das man in vornehmen Vororten finden kann, wo man sich an Samstagnachmittagen zu einem Glas Gin auf der Terrasse zusammensetzt – doch dies war Schanghai, das sündigste Pflaster der Welt, eine brutale, käufliche Stadt glühend heißer Begierden und eiskalter Herzen.

Den Bewohnern von Hazelwood schien natürlich jede offenkundige Lasterhaftigkeit, Brutalität oder Begierde völlig fremd zu sein. Man konnte sich gut vorstellen, wie sie ausgesehen haben müssen: Der typische Swire-Vertreter war groß, hatte ein kantiges Kinn und einen adretten Schnurrbart und trug eine gelbe Strickjacke oder Reiterkluft. Die Dame des Hauses war hübsch, tüchtig und ehrwürdig und sprach mit der tiefen Stimme einer Hockeyspielerin. Der erste

Bewohner von Hazelwood war ein Mensch mit einem furchtbar kantigen Kinn, nämlich ein gewisser N.S. Brown, den seine Angestellten höchst uncharmant als »Night Soil Brown« – »Jauchen-Brown« – titulierten. Man konnte sich auch die dazugehörigen idyllischen Laute vorstellen: das Knirschen des Kieswegs, wenn unter dem Vordach ein Wagen vorfuhr, ein herzhaftes Lachen auf dem Rasen, das Knipsen der Rosenschere, wenn die Hausherrin mit dem Korb am Arm die Hecken beschnitt, die Melodien aus dem Radioapparat im Salon oder das chinesische *amah*, wenn die Kinder zum Tee hereingerufen wurden.

Das einstige Hazelwood ist heute lediglich ein kleines Hotel – das Xing Guo Bingguan, das Gästehaus zum »Glücklichen Königreich«. Es wurde in den fünfziger Jahren wie fast sämtliches Eigentum der Ausländer in der Stadt konfisziert. Heutzutage wirbt das Hotel mit einer Hochglanzbroschüre: »Im Hotel Xing Guo herrscht eine ansprechende und friedliche Atmosphäre. Im üppigen Laub prächtiger Bäume erklingt das melodiöse Zwitschern von Vögeln. Überall betört der Duft von Blüten. Mehrere Villen im europäischen Stil sind von Grün umgeben ...«

Das ehemalige Schlafzimmer des Hausherrn mit Blick auf die Terrasse und den Südrasen wurde inzwischen in eine so genannte Suite umgemodelt. Der Besitzer – also die Stadtverwaltung – verlangt für eine Übernachtung 65 US-Dollar. Dem Gast wird eine Atmosphäre der Ruhe und Abgeschiedenheit garantiert, wie sie auch die einstigen Herren von Hazelwood genossen. Das Haus liegt fast unsichtbar hinter den hohen Backsteinmauern und ist weitgehend abgeschirmt vom Verkehr auf der Avenue Haig, der Avenue Joffre, der Rue Cardinal Mercier und der Bubbling Well Road, wie die umliegenden Straßen einst hießen.

Das Grundstück sollte damals bewusst von der Stadt abgeschirmt sein. Erbaut worden war es als Domizil für einen der mächtigsten ausländischen Geschäftsleute in Schanghai, der fern allen Treibens und aller Sünde in Ruhe und Frieden leben konnte, ohne ständig an die 668 Bordelle in der Stadt, die längste Bar der Welt und die diversen Greueltaten in der Blood Alley erinnert zu werden. Und all die Jahre, in denen er hier wohnte, und auch noch Jahrzehnte danach war Hazelwood wirklich idyllisch.

Doch in jüngster Zeit hat sich in Schanghai einiges geändert, und so gehört auch die herrliche Abgeschiedenheit von Hazelwood der Vergangenheit an. Die Ligusterhecken und die Platanen stehen zwar noch, doch seit kurzem ist das Haus von einer ganz neuen Seite her komplett einsehbar geworden. In der Nähe ist unlängst ein riesiges neues Gebäude hochgezogen worden, das die Skyline der Stadt beherrscht und dieses und diverse andere Gebäude aus Schanghais ungewöhnlicher Vergangenheit mächtig überragt.

Man konnte das Gebäude unmöglich übersehen. Es fiel mir sofort auf, als ich in dem Schiff, auf dem ich mich einquartiert hatte, die Vorhänge der Kabinenfenster aufzog. Der Anblick versetzte mich in größtes Staunen. Das Schiff lag am Nordrand der Stadt, unweit des alten russischen Konsulats, dort wo der Huangpu den letzten Bogen der S-förmigen Schleife zieht, die einst dafür ausschlaggebend war, dass Schanghai gerade hier gegründet wurde. Meine Kabine lag auf der Südseite, und so genoss ich einen einzigartigen Blick auf den ganzen Fluss. Zur Rechten zogen sich die riesigen Fassaden des alten Schanghai der Kaiserzeit den *Bund* entlang. In der Ferne glänzten über dem Wasser die Hängekabel der neuen Yangpu-Brücke, einer von zwei neuen Brücken. Und zur Linken ragte der ungewöhnliche, unerwartete, knallrot gestrichene und atemberaubend scheußliche Oriental Pearl Television Tower auf, das höchste und derzeit zweifellos hässlichste Bauwerk Asiens, eingetaucht in den grellen Strahl weißer Scheinwerfer und gespickt mit unzähligen Warnblinklichtern.

Der Oriental Pearl Tower ist ein Bastard von einem Bauwerk – die Hightech-Phantasie eines Architekten, der einfach etwas bauen sollte, was als trotziges Symbol des 20. Jahrhunderts gelten konnte –, das, vielleicht mit absichtlich revisionistischer Unverfrorenheit, genau an jener Stelle thront, an der einst die großen Werften und Lagerhallen von Jardine standen. Er ist 468 Meter hoch, besteht nur aus Füßen, Kugeln, Schüsseln und Nadeln und sieht aus wie ein Insekt. Der Turm ist durchaus beeindruckend. Wenn man ihn zum ersten Mal sieht, verschlägt es einem den Atem, denn mit seiner Größe und Aufdringlichkeit lässt er alle anderen Gebäude in Schanghai winzig erscheinen.

Nachts sieht es so aus, als würde der Fernsehturm gleich abheben. (»Wenn er es doch nur täte«, brummte Lily, die den Turm zunächst als äußerst abstoßenden Zuwachs zur Skyline der Stadt empfand.) Bei Tag schwebt er fast über dem hektischen Treiben, halb Leuchtturm und halb Galgen, düster und beinahe bedrohlich. Natürlich weist er in die Zukunft, doch zugleich scheint er vor dieser Zukunft zu warnen. Manche Menschen schaudern, wenn sie ihn sehen. Er ist absolut gigantisch, wurde irrsinnig schnell hochgezogen* und sieht bei näherer Prüfung äußerst primitiv und billig aus. Und gerade weil der Turm so flott und schludrig hochgezogen wurde, symbolisiert er – vielleicht mehr als den Erbauern bewusst ist – die Realität der rasant expandierenden Stadt, die sich um und unter ihm ausbreitet. Doch das war nicht der Grund, weshalb ich den Bau als so bedrohlich empfand. Ich glaube, am meisten störte mich die Tatsache, wie unsäglich hässlich und unübersehbar er war.

* Als die Gelder knapp wurden, gründete die Stadtverwaltung eine private Gesellschaft für den Bau und den Betrieb des Turms und platzierte Aktien an der Schanghaier Börse. Hotelzimmer in den größeren »Perlen« sollen, so hoffen die Betreiber, genügend Gewinn erbringen, damit die Investoren – die Einwohner von Schanghai – zumindest so weit zufrieden sind, dass sie den Turm nicht stürmen und niederreißen.

Ich fragte mich immer wieder, wie Stadtväter mit einer Spur von Bürgerstolz so etwas hatten genehmigen können.

Ein wahnsinnig stolzer Bürger, ein gewisser Herr Su, führte mich auf die Spitze des Monsters. Seiner dick laminierten Visitenkarte zufolge war er dessen »Vice General Manager«, und seinem unablässigen Geplapper entnahm ich, dass er ganz in seiner Arbeit aufging. Er bewunderte nicht nur den neuen Bau, sondern das ganze neue Schanghai. Als wir aus dem Lift stiegen, breitete er die Arme aus und deutete auf weitere große, neue und noch glitzerndere Bauten, die in einem Wald von Baukränen auf allen Seiten in die Höhe schossen. Für einen Moment ignorierte ich Herrn Su einfach. Ich begnügte mich damit, durch den grau-blauen Dunst des Fabrikqualms und der Autoabgase hinunterzublicken, bis ich ganz weit im Westen den winzigen grünen Flecken entdeckte. Eine Weile schaute ich fast liebevoll nach Hazelwood hinüber und hatte dabei ein heimeliges Gefühl. Es war unendlich wohltuend, Herrn Sus endlosen Trommelwirbel bemerkenswerter Einzelheiten auszublenden und nach Hazelwood zu blicken und ganz bewusst den dissonanten Kontrast zwischen Cloughs altem Haus dort unten und diesem modernen Koloss hier wahrzunehmen. Doch mit der Zeit konnte ich Herrn Su immer weniger ignorieren. Er wandte sich von den Fenstern ab, dirigierte mich in einen weiteren Lift, führte mich ein paar Etagen hinauf und einige hinunter, dann durch einen Korridor und schließlich zu einer Rolltreppe, sodass ich verständlicherweise völlig dic Orientierung verlor. Inzwischen schwärmte er nicht mehr von den Veränderungen, die sich unten in der Stadt abzeichneten, sondern sprudelte über mit Erklärungen zu den baulichen Details seines eigenen Gebäudes. Dabei redete er nicht nur furchtbar schnell, sondern auch wahnsinnig laut, wie ein Marktschreier.

»Das Symbol dieser Stadt ist – was? *Die Perle*. Die ›Perle des Orients‹, ja? Also, schauen Sie: Wie viele Perlen sehen Sie?«

Wir schienen uns inzwischen bei einem der drei plumpen Beine des Turms zu befinden. Herr Su wedelte mit Bildern herum und deutete mit dem Finger auf eines.

»Sehen Sie hier – Seattle. Nur *eine* Perle an der Spitze. Sehen Sie da – Moskau. Und sehen Sie da – Toronto, ist zwar größer als wir, ja – aber wie viele Perlen? Eine, nur eine. Und nun sehen Sie da hinauf, sehen Sie sich unseren Turm an!«

Ich stierte hinauf und erblickte auf halber Höhe des nächstgelegenen Beins eine zehn Meter große Kugel aus rotem Glas, die aussah wie eine Thrombose.

»Äh – eine Perle?«, wagte ich zögernd zu fragen.

»Ja – genau.« Er reagierte erstaunt auf meine Einsicht. »Und sehen Sie da – da ist noch eine, und noch eine.«

An jedem der drei Beine hing eine so genannte Perle. Eine riesige Kugel – eine weitere »Perle«, sollte ich sagen – befand sich dort, wo die drei Beine aufeinander trafen. Fünf weitere, etwas kleinere Perlen, jede mit einem Durchmesser von knapp 20 Metern, saßen auf der Hauptsäule. Eine wahrlich gigantische Kugel thronte auf der Spitze dieser Säule; noch ein Stück weiter oben, an einer schmaleren Säule, befand sich eine kleinere Kugel, gekrönt von einer Spitze, von der die Fernsehantenne aufragte.

»Elf Perlen. Elf! Ist das nicht ein phantastisches Symbol?! Wir wollten etwas anderes machen und wollten zeigen, wer wir sind. Und so sind wir nun wahrlich die ›Perle des Orients‹, meinen Sie nicht?«

Lily konnte nur mit Mühe ihr Kichern unterdrücken. Allerdings hatte ich das Gefühl, dass sie aufgrund der Führung ihre Meinung über den Fernsehturm geändert hatte. Zwischendurch hatte sie mich nämlich gestupst und mir zu verstehen gegeben, dass sie »recht stolz« auf das Bauwerk sei. Doch Herr Su war nicht zu bremsen. »Steigen Sie ein. Wir fahren in die oberste Perle, den abgeschiedensten Raum in ganz Schanghai. Dort sind Sie fern von allem Trubel. Wenn Sie ein Geheimtreffen abhalten wollen, dann tun Sie es hier, vor aller Augen, aber abgeschirmt von allen. Verstehen Sie, was ich meine?«

Männer in roter Uniform standen an den Lifttüren, junge Frauen in roter Uniform waren in den Liftkabinen auf roten Teppichen platziert, und durch das rote Glas flutete rotes Licht herein. (»Aus Kanada, extra importiert. Wahnsinnig teuer. In den alten Gebäuden hier gab es immer nur blaues Glas oder klares Glas, da ist doch das hier viel besser, nicht?«) Im Inneren des Turms herrschte eine Hochofenatmosphäre, die auch dann nicht merklich nachließ, als wir schließlich in der Perle hoch über der Stadt anlangten. Dieser Teil befand sich noch im Bau; überall flitzten Arbeiter herum, hämmerten, bohrten und schraubten. Auf dem roten Teppich lagen Sägespäne. Das Licht, das hereindrang, war leicht rosa.

»Genau 396 Meter über der Erde«, verkündete Herr Su vergnügt. »Immer noch nicht ganz an der Spitze, aber bis hier herauf kommen die Gäste. Das ist genau das Richtige für Konferenzen, Flitterwochen.« Er kicherte verschmitzt. »Sehr abgeschieden!«

So abgeschieden, wie Hazelwood es einst gewesen war, dachte ich. Dort lag es, knapp acht Kilometer entfernt am anderen Ende des im Dunst verschwimmenden Sumpflandes, auf dem das alte Schanghai einst gegründet worden war. Acht Kilometer lagen dazwischen, beziehungsweise 60 oder 70 Jahre – eine längere Geschichte hatte Schanghai gar nicht vorzuweisen.

In gewisser Hinsicht ist die Stadt schon sehr alt. Es gibt Hinweise darauf, dass hier bereits um 200 v.Chr. ein Fischerdorf existierte. Seinen heutigen Namen – der einfach »über dem Meer« bedeutet – erhielt der Ort im Jahre 900 n.Chr. Doch die Siedlung erlangte nie eine größere Bedeutung und blieb stets im Schatten ihrer Nachbarstädte, wie etwa Suzhou und Hangzhou oder Ningbo. Sie verfügte über eine bescheidene Stadtmauer mit einem Umfang von fünf Kilometern, die die Einwohner vor japanischen Piraten schützen sollte. Die Stadtmauer war ungewöhnlich, nämlich rund; die meisten ummauerten chinesischen Städte sind rechteckig. Auf Stadtplänen ist der Verlauf dieser Mauer um die einstige so genannte Chinesenstadt herum noch klar auszumachen.

Wenn man durch die Straßen geht, ist der Verlauf der Mauer weniger leicht zu erkennen. Man nimmt bestenfalls die leicht gekrümmte Straße wahr, hinter der die Gassen enger und schmuddeliger werden. Die Wäsche, die zum Trocknen vor dem Haus aufgehängt wird, berührt die Wäschemasten des gegenüberliegenden Hauses. Es wimmelt vor Ratten, obwohl auf Plakaten mit allen möglichen Anreizen – Bargeld, Reis, Billigradios – dazu aufgerufen wird, Rattenkadaver beim Vorsitzenden des örtlichen Straßenkomitees abzugeben. An winzigen Ständen werden Räucherstäbchen, Gewürze und Plastikschuhe verkauft. Nirgendwo in der Stadt gibt es so viele »Straßenrestaurants« – wenn man diesen ehrwürdigen Begriff auf jeden üblen Burschen mit einem Wok voll dunklem, ominös brodelndem Fett anwenden will. Im Allgemeinen sind die Überreste des alten Viertels von Schanghai eher langweilig und reizlos und strahlen eine ungesunde Atmosphäre aus. Als ich Lily vorschlug, dort ein wenig zu bummeln und vielleicht zu Abend zu essen, verzog sie das Gesicht und lehnte rundweg ab.

Die geschichtliche Entwicklung, der die Stadt ihren schlechten Ruf verdankt, setzte am Ende des 18. Jahrhunderts ein. Zu jener Zeit begann die East India Company aufgrund von Berichten ausländischer Missionare, die dort gewesen waren, ernsthafte Handelsinteressen vor Ort zu verfolgen. Den Company-Vertretern in Kalkutta gefiel besonders die günstige Lage Schanghais, die damals wie heute den entscheidenden Vorteil der Stadt bildete.

Schanghai war keiner jener isolierten Handelshäfen, wie etwa Kanton oder Macau, die ganz am Rande des riesigen Reiches lagen, durch Gebirgsketten vom Inland abgeschnitten und lediglich durch unstete und irritierend kurze Flüsse mit dem Rest des Landes verbunden. Schanghai lag vielmehr am unteren Ende des Jangtse, den die Ausländer damals zwar noch wenig erforscht hatten, von dem jedoch bekannt war, dass er tief ins Herz des Reiches vordrang.

Dieser Umstand war und ist entscheidend und wirkt sich selbst heute noch auf das Geschick Hongkongs und anderer Städte aus. Alle im Süden liegenden Handelsstädte, von denen Hongkong die bekannteste ist, sind im Grunde kaum mehr als Pforten zum Süden Chinas. Allein aufgrund der Umstände waren sie gezwungen, Pforten für ganz China zu werden.

Doch ein Blick auf die Landkarte zeigt, dass sie eigentlich keine Verbindung zu Gesamtchina darstellen, sondern lediglich zu Südchina. Für die Kaufleute des 18. und 19. Jahrhunderts, die ganz versessen darauf waren, in dem riesigen chinesischen Reich Handel treiben zu dürfen, war indes jeder Einstieg gut genug, selbst wenn er so beschränkten Zugang gewährte wie die Hafenstädte des Südens.

Schanghai dagegen war und ist aufs Engste mit dem gesamten Reich verbunden. Kein Gebirge, keine wie auch immer geartete Barriere trennt den Hafen vom Landesinneren. Eine Reise von Tibet nach Schanghai ist lediglich lang, aber nicht – wie der Jangtse so eindrücklich deutlich macht – unmöglich. Damals wie heute und auch in Zukunft war, ist und bleibt diese Stadt am Jangtse das Tor zu China. (Dieser Umstand, so könnte man behaupten, wurde beim planlosen Aufbau der britischen Kolonien in Asien zu spät erkannt. Wie hätte sich die Geschichte wohl entwickelt, wenn nicht Hongkong, sondern Schanghai zur Kronkolonie geworden wäre?)

Die Vertreter der East India Company, die das Schanghai des beginnenden 19. Jahrhunderts besuchten, mussten sich nur die Ladungen der Jangtse-Dschunken auf der Reede ansehen, um zu wissen, dass diese bescheidene Stadt eines Tages der wichtigste Hafen ganz Chinas sein würde. In den Frachtbriefen, die aus jener Zeit erhalten sind, ist die Rede von Seidenballen, grünem und schwarzem Tee, Tabak, Kamelwolle, Porzellan, Nudeln, flüssigem Indigo, Moschus, Rhabarber, Lilienblüten, Galläpfeln, Fächern, Ginseng, Maulbeerpapier, Bambussprossen, Büchern, exotischen Tierhäuten, Tintenfisch, Strohgeflechten, Reis, Lack, Trockenfisch, Tungöl und Färberdistel – ganz China im Laderaum der Dschunken. Und so fasste die Company 1830 den Mut, die *Lord Amherst* nach Schanghai vorzuschicken und beim dortigen Taotai um eine Handelserlaubnis zu ersuchen. Man schickte sie wieder weg und verbat sich jede weitere derartige Impertinenz.

Ein Jahrzehnt später sah jedoch alles ganz anders aus. Unter der vereinten Offensive des indischen Opiums und der englischen Artillerie (diese Geschichte gehört allerdings in ein späteres Kapitel, zumal sie in feierlichen Zeremonien gipfelte, die weiter stromauf stattfanden) beugte sich China den Forderungen des Westens und erteilte den ausländischen Teufeln die Erlaubnis, Handel zu treiben – nicht nur in Schanghai, sondern auch in den vier anderen so genannten Freihäfen, nämlich Kanton, Amoy, Futschou und Ningbo. Von 1843 an konnten westliche Gesellschaften in China Geschäfte machen. Vor allem aber konnten die ausländischen Kaufleute in diesen fünf Städten leben und das ungewöhnliche Privileg der so genannten Exterritorialität genießen, das heißt, sie hatten denselben Status wie Diplomaten in einer Botschaft oder die Besatzung an Bord eines Schiffes auf hoher See.

Und so kam es, dass innerhalb der Siedlung, die unter britischer Hoheit entlang des Suzhou-Flusses entstand, britische Polizisten (eigentlich Sikhs, die im Pandschab rekrutiert und nach China importiert worden waren) britische Gesetze hüteten.* Innerhalb des französischen Bereichs, der sich weiter südlich breit machte, übten Polizisten aus Vietnam dieselbe Funktion aus. Was im übrigen Schanghai, beispielsweise in der Chinesenstadt, noch an chinesischer Obrigkeit zu spüren war, empfanden die europäischen Kaufleute bestenfalls als exotische Belanglosigkeit. Die Fremden unterstanden hier weder den einheimischen Gesetzen noch dem strengen Sittenkodex ihrer Heimat. Somit hatte jedes unsittliche Gebaren freie Bahn.

Und für jenes unsittliche Gebaren blieb Schanghai, ob nun zu Recht oder zu Unrecht, bis heute bekannt. In dem Sumpfland, das sich einst dort erstreckte, wo heute der Oriental Pearl Tower aufragt, wurden die schlimmsten Phantasien des Abendlandes ausgelebt. Diese geballte Zügellosigkeit machte Schanghai zu einem der verruchtesten Pflaster der Welt, das sich – sowohl der verblassten Überlieferung als auch der neuzeitlichen Geschichtsschreibung zufolge – zwar auf Handelsgeschäften gründete, das aber unwiderruflich im Geiste Gomorrhas wurzelte.

Für ein paar Dutzend Kupfermünzen konnte man ein neunjähriges Kind egal welchen Geschlechts dazu bringen, jeden erwünschten Akt zu vollführen. Bordelle von der Größe einer Fabrik betrieben völlig straflos ihr Geschäft. Opiumhöllen waren so alltäglich wie Teehäuser. Sie haben sich mit Absinth betrunken und auf der Straße einen chinesischen Kuli überfahren? Zahlen Sie seiner Freundin oder seiner Mutter 400 Dollar, und der Fall ist erledigt. Sie haben Ärger mit einem Einheimischen? Mit ein paar lächerlichen mexika-

* Eigentlich wehte in Schanghai zuerst das Sternenbanner des Amerikaners Henry Wolcott, weil die Engländer nicht gleich einen Flaggenmast parat hatten.

nischen Golddollars finden Sie jemanden, der dem Schuft mit einem Schlachtmesser die Schultersehnen durchtrennt, sodass er nie wieder eine Kiste oder einen Sack heben kann, ja nicht einmal den Arm.

Schanghai war, zumindest seinem Ruf nach, ein übler Ort. Die meisten Einwohner ließen es sich jedoch gut gehen, oder glaubten es jedenfalls, zumindest die Ausländer und die reichen Chinesen, die als *compradores** fungierten. In dieser Stadt konnte man die ganze Nacht durchtanzen, bei Morgengrauen reiten gehen (und zwar auf besonders kleinen mongolischen Ponies, die wie wild über die Rennbahn jagten), den Tag über arbeiten und sich am Abend in einen neuen Reigen von Parties stürzen, ohne je müde zu werden. »Ich habe früher gespielt, gespielt, gespielt, ach, bis fünf Uhr früh«, erinnerte sich eine nicht mehr ganz so junge Dame, die es aus dem unschuldigen Sussex nach Schanghai verschlagen hatte. »Dann ging ich nach Hause, nahm ein Bad, zog die Reithosen an, ging auf die Rennbahn, ritt meine Ponies …«

In den zwanziger und dreißiger Jahren, in Schanghais unbekümmerter Zeit, boten ganze Karawanen weißrussischer Mädchen ihre Gunst feil; sie waren von den Bolschewisten aus ihrer Heimat vertrieben worden und gaben, als Artistin, Animierdame oder Taxigirl getarnt, die besten und gefälligsten Huren ab, die sämtliche Wünsche sowohl der ausländischen Teufel als auch der Bürger des Himmlischen Reiches erfüllten. (Die weniger attraktiven oder nicht mehr ganz so jungen Damen pflegten hoffnungsvoll unter den Platanen der Avenue Joffre zu flanieren.) Knaben verführten die chinesischen Dienstmädchen ihrer Eltern und wussten genau, dass

* Chinesische Kaufleute, die als Vermittler und Agenten für ausländische Firmen tätig waren, wurden mit dem portugiesischen Wort *compradores* bezeichnet (chinesisch *maiban*); Anm. d. Übers.

eine Beschwerde weder vorgebracht noch beachtet worden wäre. W. H. Auden und Christopher Isherwood nahmen das homosexuelle Schanghai unter die Lupe und entdeckten einiges nach ihrem Geschmack, und das inmitten einer Gesellschaft, für die – wie Lily immer wieder betonte, wenn wir auf solche Themen kamen – die Homosexualität eine Krankheit war (und für viele auch heute noch ist), die geheilt werden kann und die, wie man fest und steif glaubte, fast ausschließlich unter den Männern des dekadenten Westens grassierte.

Auch alltäglichere Wünsche wurden erfüllt. Waren die Krallen Ihres Papageis zu lang oder das Fell Ihres Foxterriers zu buschig? Der Shanghai Pet Store an der Ecke Dixwell Road und Bubbling Well Road stand zu Diensten. Maßgeschneiderte französische Seidenschlüpfer gefällig? Konsultieren Sie Messrs. Ying Tai an der Yates Road oder eines der anderen Wäschegeschäfte an der »Petticoat Lane«, wie die Einheimischen sie nannten. Im Kiddy Shop fand man Latzhosen für die Kleinen und bei Godfrey & Company anständiges Rindfleisch; Miss Maisie bei La Donna Bella wusste wahrlich Zauberhaftes aus Ihrem Haar zu machen, und Madame Solohas hellseherische Fähigkeiten erwiesen sich oft als verlässlich, wenn auch selten bei Wetten auf der Pferderennbahn.

In den ausländischen Konzessionsgebieten gab es vier Molkereien, zwei Hundekliniken, drei professionelle Masseusen, zwei Kürschner und einen Sattler. Das große Kaufhaus Whiteway & Laidlaw war weitaus angesehener als die Sincere Company oder Wing On. Kelly and Walsh lieferten Bücher und die neuesten englischen und amerikanischen Zeitschriften. Und dann gab es natürlich noch Ramsey & Company an der Nanking Road, ein Spirituosengeschäft, das genug Gin auf Lager hatte, um ein ganzes Schlachtschiff schwimmen zu lassen, und einen recht guten Bordeaux, für den Fall, dass eine Tennispartnerin aus Frenchtown mit ihrem Gatten zum Abendessen kam. Vor allem wurde alles frei Haus geliefert, und zwar auf Kredit.

In Schanghai konnte man es zu nichts bringen, wenn man nicht einem Club angehörte. Clubs waren wichtige Einrichtungen in der Welt der Ausländer. Wie bei den meisten Clubs in Asien sorgte man auch in Schanghai mit einer strengen Auswahlpraxis dafür, dass die Clubs vornehmer erschienen, als sie tatsächlich waren – kein gewöhnlicher Verkäufer, kein kleiner Ladenbesitzer wurde aufgenommen, nur der feine Herr mit Verbindungen in der Geschäftswelt, und schon gar niemand mit dem geringsten asiatischen Einschlag. Hinter dieser vornehmen Fassade verbarg sich jedoch meist fade Alltäglichkeit; den *taipans* (den Firmenchefs) und den *griffins* (den Neuankömmlingen im Osten) genügte es meist, wenn sie trinken, Karten oder Billard spielen, dösen, plaudern oder lesen konnten. Der Shanghai Club mit seiner berühmten 42 Meter langen Bar lag am *Bund* und existiert auch heute noch; gleich daneben lagen der Concordia Club für die Deutschen und die Loge der Freimaurer. Und es gab die feudalen, angenehm geselligen Sportclubs – den Ruderclub, den Segelclub, den Kricketclub. Kaum hatte der erste englische Konsul, George Balfour, im Jahre 1843 offiziell seine Mission eröffnet, kümmerte er sich gleich um die Gründung der allerwichtigsten Sporteinrichtung, des Race Club. Dieser Club legte eine Pferderennbahn an – auf einem Gelände, das so riesig war, dass die Kommunisten es 1949 für groß genug erachteten, um daraus den Volkspark von Schanghai zu machen. Erst vor wenigen Jahren wurde auf dem Gelände der monumentale neue Platz des Volkes angelegt.

In jener Zeit – der einzigen Zeit, über die man bis vor kurzem überhaupt redete – spielte sich in Schanghai alles in einem rasanten Tempo ab. Man hatte keine Zeit für beschauliche Besinnlichkeit. In dieser Stadt musste jeder Unmengen von Geld scheffeln; hier traute keiner dem anderen über den Weg, und jeder fürchtete, ein anderer würde ihm zuvorkommen. Reiche Leute hatten stets zwei Leibwächter, einen Chinesen und einen Russen, die sich gegenseitig bewachten und auf das geringste Zeichen der Treulosigkeit achteten. Auch in den zwischenmenschlichen Ressentiments herrschte eine strenge Hierarchie: Die englischen Kaufleute blickten auf jeden herab; die Inder und Eurasier wurden von den Engländern und den Chinesen verachtet; die Sikhs wurden von den Parsen diskriminiert und die Kulis wiederum von den Sikhs. »Chop, chop!« – hopphopp – trieb man den Rikschajungen in Pidgin-Englisch an, und wenn er nicht schnell genug lief, bekam er ein paar hinter die Ohren.

Doch hinter all dem Glanz und Prunk der Stadt schwelte die Fäulnis. Wenn die Armen zum Betteln auf die Nanking Road kamen, wurden sie von den Wachen verjagt. Die Rikschajungen mit ihren schmalen Schultern waren ein Bild des Jammers; sie litten Hunger und wurden höchstens 30 Jahre alt. An kalten Wintermorgen rollten Karren durch die Internationale Siedlung, mit denen die Leichen derjenigen eingesammelt wurden, die in der Nacht verhungert oder erfroren waren. Einige Reiche waren gütig, doch die meisten in dieser eiskalten Metropole waren alles andere als freundlich.

Dabei zeichneten sich die Einheimischen durch eine Eigenschaft aus, die Schanghai in den Augen der ersten ausländischen Siedler durchaus attraktiv erscheinen ließ und die eigentlich eine viel freundlichere Haltung nahegelegt hätte. Im Gegensatz zum übrigen China, wo dic Einheimischen den Fremden mit einer tiefen, unerbittlichen Geringschätzung begegneten – das Gefühl der Überlegenheit war und ist schließlich ein zentrales Element der chinesischen Volksseele –, hatten die ersten Siedler in Schanghai den deutlichen Eindruck, dass man sie fast mochte.

Wenige Ausländer wären so weit gegangen zu behaupten, die Chinesen in Schanghai hätten sie bewundert oder geachtet. Man ging allgemein davon aus, dass ein Volk mit einer 5000 Jahre alten Zivilisation einen gewissen Anspruch auf einen gewissen Hochmut besaß. Man mochte sich vielleicht darüber hinwegsetzen oder sich hinter dem eigenen Schein der Überlegenheit verschanzen, etwa indem man den Zugang zu den Clubs beschränkte oder immer wieder daran erinnerte, wer den Opiumkrieg gewonnen oder den Sommerpalast in Peking geplündert hatte. Doch der Arroganz der Chinesen begegnete man unentwegt, und jeder Ausländer war gut beraten, nicht dagegen anzugehen.

In Schanghai schien es indes viel weniger nötig, dagegen anzukämpfen. Man hatte stets den Eindruck, dass sich die unterschwellige Feindseligkeit hier etwas gelegt hatte, dass die Schanghaier, wie ein Zeitzeuge schrieb, »kaum von jenem besonders heftigen Hass gegen die helläugigen und hellhaarigen Wesen erfüllt waren, der unter den Kantonern so verbreitet war«. Hier schien man offener zu sein, toleranter gegenüber den Teufeln aus Übersee und eher bereit, sich fremden Sitten und Bräuchen anzupassen. Die Schanghaier verbargen ihren Hochmut und lernten bereitwillig von den Ausländern. Und in dieser Eigenschaft wurzelt zweifellos der zukünftige Erfolg der Stadt. Ihre Lage am Jangtse ist ihr größter Segen; und ihr größtes Plus sind ihre Einwohner, die einzigartig in ganz China sind (auch wenn sie eine hässliche Sprache sprechen, nämlich eine misstönende Mischung aus Mandarin und Kantonesisch, die man nur im Jangtse-Delta hört).

Schanghai verdankt seinen Ruf zwar in erster Linie den sündhaften Ausschweifungen, doch die nüchternere Realität, der die Stadt ihren Aufschwung und ihr Überleben verdankte, war geprägt von einem schamlosen und skrupellosen Merkantilismus. In dieser Stadt war der Händler der absolute König. Diese Stadt wurde (vielleicht als letzte auf der Welt) allein durch und für die Interessen der Kaufleute groß und war von diesen Interessen beherrscht. Schanghai war so sehr dem Handel verschrieben, dass Hongkong im Vergleich wie eine verträumte Stadt der Dichter und Denker erschien. Schanghai war in der Tradition von Städten wie Genua und Venedig gegründet worden. Hier verfolgten Engländer, Franzosen und Amerikaner im 19. Jahrhundert dieselben energischen Interessen wie im 14. Jahrhundert die Hanse in Nordeuropa. Gewiss war der Kaufmann von Schanghai ein Spieler. Er spielte flott und locker – und knallhart, ohne jegliche moralische Prinzipien, würden manche sagen. Das ist die eine Seite der Geschichte Schanghais, und sicherlich die prickelndere für unseren heutigen Geschmack. Doch dieser Händler war auch ein Arbeiter. Er arbeitete fleißig und unermüdlich. Das Erbe dieser Seite ist bis heute sichtbar geblieben. Für dieses Vermächtnis stand und steht ein Ort wie Hazelwood. An der Oberfläche betört die Erinnerung an das Verruchte, doch dahinter verbirgt sich die Realität eines unerschütterlich respektablen – oder zumindest unerschütterlich profitablen – Geschäftssinnes.

Eines Abends ging ich die einstige Avenue Joffre auf und ab, um etwas von diesem Erbe mitzubekommen. Ich war in der Gartenanlage von Hazelwood, oder was davon übrig war, spazieren gegangen und schlenderte dann nach Osten in jenen Teil der Stadt, wo am Huangpu die Hochhäuser aufragen. Die ehemalige Avenue heißt heute Huaihai Lu. Obwohl der Straßenname an das düstere Erbe der Revolution* erinnert und das Straßenbild jahrelang unsäglich grau und öde wirkte, zählt die einstige Avenue heute zu den belebtesten Straßen der Welt.

* Der Straßenname dient dem Gedenken an den zweiten großen Feldzug der Revolution von 1949, bei dem Maos Soldaten vom Fluss Huai bis zum Meer vorrückten und dabei Schanghai einnahmen.

Bunte Lichterketten baumelten in schwungvollen Bögen der Länge nach über der Straße. Kleine Boutiquen wechselten sich mit winzigen japanischen Restaurants ab. Vor den Nachtclubs mit ihren typischen Neonlichtern und den flackernden Kara-OK-Schildern standen schicke Sportwagen. Elegante Cafés lockten mit Namen wie »Los Angeles« und dem falsch buchstabierten »Cordon Blue«. Auf der Straße wimmelte es von Menschen, meist jungen Leuten, fast ausschließlich Chinesen. Die Europäer bleiben auf der fast zehn Kilometer langen Nanjing Lu ein paar Blocks weiter nördlich, wo alles etwas teurer ist, die Geschäfte länger geöffnet sind und auch McDonald's vertreten ist. Auf der Huaihai Lu dagegen sind die Chinesen fast unter sich. Die Geschäfte, Bars und Diskotheken sind allesamt im Besitz von Chinesen, und die Kundschaft stammt durchweg aus den Vororten, den kleinen Sträßchen in der Innenstadt und den hohen Wohnblocks in der näheren Umgebung.

Als wir an einer besonders schick aufgemachten Bar vorbeigingen, zwinkerte mir Lily plötzlich zu. An einem Fenstertisch saßen drei Mädchen, jede mit einer Dose Coca-Cola. Ein Mädchen telefonierte mit einem Mobiltelefon; auf dem Tisch lagen drei Schachteln Marlboro und daneben drei Piepser.

»Prostituierte!«, sagte Lily. »Erkenne ich auf drei Kilometer.«

Wir setzten uns zu ihnen. Keine der drei sprach Englisch, und keine hatte jemals einen westlichen Freier gehabt. Von dem Mädchen, das telefoniert hatte, erfuhren wir, dass sie Xiao-an – Kleine Heiterkeit – hieß und 400 Renminbi für die Stunde verlangte. Ob die Polizei ihr Ärger mache? »Die sind oft unsere besten Kunden«, sagte sie, und die drei brachen in ein Lachen aus. Sie stamme nicht aus Schanghai; sie sei aus dem hohen Norden gekommen, als sie erfuhr, wie gut man hier verdiente. Sie hatte vor, ein Jahr in Schanghai zu bleiben und dann wieder nach Harbin in die Mandschurei zurückzukehren und dort einen eigenen Karaoke-Club aufzumachen. »Dieses Leben ist angenehm«, sagte sie. »Schanghai muss so ähnlich sein wie New York, stelle ich mir vor.«

Draußen vor dem Fenster bemerkte ich zwei Polizisten, die sicherlich nur zu genau wussten, was hier vor sich ging. In Schanghai gab es überhaupt sehr viele Polizisten; an jeder Kreuzung stand einer auf einem Podest und regelte den Verkehr.

Ich unterhielt mich mit einem von ihnen. Er war unbewaffnet (Lily beteuerte jedoch immer wieder, dass alle chinesischen Polizisten Waffen unter dem Hemd trugen); er hatte aber ein Funkgerät bei sich, mit dem er innerhalb von 30 Sekunden Kollegen herbeirufen konnte, falls sich ein Autofahrer verkehrswidrig verhielt. In kaum einer chinesischen Stadt bemerkte ich eine so aggressive Polizeipräsenz wie in Schanghai. Vielleicht hatte das seinen Grund. Vielleicht waren die alten Gewohnheiten der Gesetzlosigkeit längst nicht abgelegt. Schanghai war schließlich eine Stadt der Unterwelt. Das Laster war keineswegs ausgestorben.

Auch ältere Bürger wurden herangezogen, um das öffentliche Leben zu regeln. An jeder Kreuzung standen alte Männer mit zerfetzten roten und grünen Fähnchen und achteten darauf, dass kein Fußgänger oder Radfahrer bei Rot die Straße überquerte. Ehrwürdige ältere Frauen und Männer wurden auch in Kaufhäusern eingesetzt, um unkundigen Käufern auf die Rolltreppen und durch das Labyrinth von Gängen zu helfen. »Unter den Kommunisten von früher gab es in Schanghai keine Arbeitslosigkeit«, erklärte mir ein älterer Herr. »Und auch heute, unter den neuen, gibt es keine. Hier hat jeder Arbeit. Hier verdient jeder Geld, jeder trägt dazu bei, dass es mit der Stadt weitergeht.«*

* Der Alte machte sich etwas vor. Amtlichen, wenn auch unveröffentlichten Statistiken zufolge zählte man 1996 300000 Arbeitslose in der Stadt.

Der alte Mann führte mich in die »Joyful Undertaking Street«, zu dem alten rosa Gebäude, in dem sich im Juli 1921 die Kommunisten erstmals versammelt hatten. Früher war dies eine Mädchenschule, heute ist es ein Museum, ein Heiligtum für die getreuen Anhänger der Partei. An der Wand hingen Bilder eines jugendlichen Mao, flankiert von den Porträts der anderen zwölf Delegierten bei jener ersten Zusammenkunft. Mir fiel auf, dass in der Broschüre, die man in der Eingangshalle für ein paar Renminbi kaufen konnte, acht dieser Vertreter mit ganzseitigen Porträts gewürdigt wurden. Von den anderen gab es nur kleine, unscharfe Schnappschüsse, die nichts Gutes verhießen. Und in der Tat fanden sich in den Texten Erklärungen, wonach sie entweder aus der Partei ausgetreten oder ausgeschlossen worden waren oder – wie furchtbar, es aussprechen zu müssen! – zu den Japanern übergelaufen waren.

Wir schlenderten gemächlich durch die Schulräume und sahen uns einige Beispiele für die Grausamkeit des kaiserlichen China an. Ein Berechtigungsschein, mit dem ein Arbeiter in einer kapitalistischen Straßenbahnfabrik ganze zwei Minuten auf der Toilette verbringen durfte, regte Lily ganz besonders auf, und zwar so sehr, dass sie mit einem Aufsehen erregenden Nasenbluten reagierte und von der alten Frau, die das Museum beaufsichtigte, verarztet werden musste. Die Alte versuchte Lily mit dem Hinweis zu beruhigen, ihr rotes Blut sei ein Symbol ihrer eigenen reinen sozialistischen Gesinnung – sie blickte vernichtend zu mir auf, während sie diese Predigt hielt –, und forderte Lily auf, sich mit ihrem Blut in das Besucherbuch einzutragen. »Es ist ein Symbol«, beteuerte sie immer wieder. »Ein Zeichen. Ich bin sehr stolz, Sie kennen gelernt zu haben.« Lily konnte mit dieser marxistisch-leninistischen Denkungsart genauso wenig anfangen wie die meisten jungen Chinesen, machte alle möglichen Ausflüchte, trug sich mit Tinte in das Buch ein und zog mich eilig auf die Huaihai Lu hinaus.

Draußen auf der Straße hatten einige ältere Frauen unter einem ausladenden Baum Stände aufgebaut, an denen sie Passanten die Ohren säuberten. Daneben boten sich jüngere Masseusen an und versprachen, durch das Bearbeiten einer Fingerspitze dafür zu sorgen, dass man sich jünger und nachts aktiver fühle. Ein Stück weiter verkaufte ein Mann Grillenkäfige, ein anderer gedämpfte Brötchen für zehn Jiao das Stück. Dies war nach wie vor China – trotz der Neonreklame, Mobiltelefone und Piepser und trotz des charakteristischen Rumpelns im Untergrund, das mich an Manhattan erinnerte und das von der brandneuen Schanghaier Untergrundbahn herrührte.

Die Untergrundbahn, von der eine Linie bereits in Betrieb war und bis zum Jahr 2000 sechs weitere dem Verkehr übergeben werden sollen, trug ganz entscheidend dazu bei, dass sich das Leben in der Millionenstadt veränderte. An einem Beispiel wurde dies auf besonders anschauliche Weise deutlich. Ein paar Jahre zuvor hatte ich einen Film gedreht, in dem ich die Lebensverhältnisse eines jungen Bankangestellten in Hongkong mit denen eines Kollegen in Schanghai verglichen hatte. Der Vergleich war damals, im Jahre 1988, beinahe brutal ausgefallen.

Der Mann in Hongkong sprach Englisch, besaß eine große Wohnung, fuhr einen zwei Jahre alten Toyota, arbeitete in einem riesigen Wolkenkratzer mit Klimaanlage und machte jedes Jahr Urlaub in Thailand und Kalifornien. Sein Schanghaier Kollege, ein gewisser Ge Guo-hong, war ein gescheiter, eifriger junger Mann, der bei genau derselben Bank genau dieselbe Tätigkeit ausübte, allerdings in einem alten, beengten Bürogebäude, nicht weit von dort, wo ich jetzt spazieren ging. Er gestand mir voller Verdruss, er müsse jeden Tag auf dem Weg zur und von der Arbeit bei drückender Schwüle drei Stunden in einem schmuddeligen Bus zubringen – stehend, niemals sitzend, weil es nie einen freien Platz gab. Er wohnte in einer winzigen Einzimmerwohnung im fünften Stock, natürlich ohne Lift. Seine Frau arbeitete in einer Fabrik. Trotz doppelten Verdienstes hatten sie noch nie Urlaub machen können. Seine Lebensumstände, meinte er, seien nicht gerade rosig.

Auf dieser späteren Reise hielt ich nach ihm Ausschau, allerdings vergeblich. Ich fand den Ort, wo er früher gewohnt hatte, doch das Haus war abgerissen worden; ein südkoreanisches Unternehmen baute dort gerade ein Hotel. Ein Ladenbesitzer, der ebenfalls in dem Film aufgetreten war, erinnerte sich an ihn, wenn auch nur sehr vage. Das Letzte, was er von Ge gehört hatte, lag zwei Jahre zurück; damals hatte er mitbekommen, dass Ges Frau auf der anderen Seite des Flusses in Pudong bei Verwandten wohnte und eine Zeit lang in dem französischen Sofitel an der Nanjing Lu als Kellnerin gearbeitet und nebenbei versucht hatte, ein wenig Französisch zu lernen. Hätte Herr Ge noch bei derselben Bank gearbeitet und noch in demselben Viertel gewohnt, dachte ich mir, dann könnte er heute mit der neuen vollklimatisierten U-Bahn zur Arbeit fahren und benötigte dabei für eine Fahrtstrecke, die ihn früher 90 abscheuliche Minuten gekostet hatte, ganze neun Minuten, und zwar zum selben Preis.

Sein altes Bürogebäude war sechs Monate zuvor abgerissen worden. Die Bank befand sich inzwischen im zehnten und elften Stock eines Hochhauses mit Blick auf den Huangpu, das dem Firmensitz in Hongkong in nichts nachstand. Als ich mich in den neuen Bankräumen nach Herrn Ge erkundigen wollte, traf ich auf einen seiner Freunde, der in der Computerabteilung der Bank arbeitete. Es stellte sich heraus, dass Herr Ge gar nicht mehr in Schanghai war, und zwar bereits »seit Jahren«. Er war beurlaubt, studierte in Philadelphia und wollte promovieren. Aber das war noch nicht alles. Der Freund holte weiter aus.

»Das hatte alles mit dem Film zu tun. *Sie* haben ihn gedreht? Es ist Ihnen vielleicht gar nicht bewusst, aber mit dem Film haben Sie sein Leben verändert. Herr Ge war beschämt über das, was er sah, als sie ihn mit diesem Mr. Wong, oder wie er hieß, verglichen. Er fasste den Entschluss, weiter zu kommen als dieser Mann in Hongkong. Wir alle haben den Film gesehen. Die Kollegen in Hongkong haben uns das Video geschickt; wir haben es uns immer wieder angesehen. Wir hatten alle denselben Eindruck; wir konnten einfach nicht verstehen, wieso die Leute in Hongkong, die überhaupt nicht so intelligent sind wie wir, besser dastehen sollten als wir. Und so ging er dann, sozusagen als unser Botschafter. Er wird zurückkommen und Karriere machen. Wir werden es denen im Süden schon zeigen, wie arm sie in Wirklichkeit dran sind!«

Ich fragte den jungen Mann, was er von dem neuen Schanghai hielt, für das der Pearl Tower stand, den er von seinem Bürofenster aus sehen konnte.

»Mir gefällt das moderne Schanghai«, erwiderte er. »Aber *das* da? Ich versuche, gar nicht hinzuschauen. Als Symbol würde ich mir etwas ganz anderes vorstellen. Ich bin sehr stolz auf diese Stadt. Aber *das*, das sieht – wie sagt man auf Englisch? – irgendwie ordinär aus.«

»*Tacky* – geschmacklos!«, warf einer seiner Kollegen ein, der die amerikanische Umgangssprache beherrschte, weil er einmal in San Francisco gewesen war, wie er sagte. »Ja, genau – geschmacklos.«

Die Filiale der Bank befand sich am südlichen Ende einer fast einen Kilometer langen Straße mit prächtigen Bauten aus der Kaiserzeit, die wohl die bekannteste Ansicht des alten Schanghai bieten. Die Existenz dieser Bauwerke verdanken wir jedoch in erster Linie einem vorausblickenden *Taotai* und nicht so sehr den Ausländern, die sie erbauten. Als die ersten Siedlungen angelegt wurden – die der Amerikaner nördlich des Suzhou He, die der Engländer auf neun Hektar Sumpfland südlich davon –, erließen die Chinesen eine Bestimmung: Zum Schutz der Rechte der Kulis, die auf einem Treidelpfad ihre Boote den Huangpu entlang in Richtung Jangtse zogen, durfte auf einem zehn Meter breiten Streifen entlang des Ufers kein Gebäude errichtet werden. Am Ufer wurde eine Reihe von Pfählen in den Boden getrieben, und zwischen dem Fluss und der neuen Stadt wurde eine breite Straße angelegt. Dieser Uferpromenade gaben die Engländer den anglo-indischen Namen *Bund*.

Das Ausmaß dieser Promenade war gigantisch. Es war eher eine Seepromenade als eine Flusspromenade. Die freie Fläche verlangte regelrecht danach, von einer Flucht grandioser Bauten flankiert zu werden. Die großen Konsulate, Clubs und Handelshäuser wetteiferten alle darum, dieser Vorstellung zu entsprechen – die Hongkong & Shanghai Bank, die Yokohama Specie Bank, Jardine, der Shanghai Club, das britische Konsulat, die Chartered Bank, Butterfield & Swire, Victor Sassoon's Cathay Hotel und das riesige Zollgebäude mit seiner Turmuhr, die das Glockenspiel des fernen Big Ben – oder wie manche behaupteten, die Glocken der Westminster Abbey – treffend nachahmte und bei den *Shanghailanders*, wie sich die hier lebenden Engländer gerne nannten, als *Big Ching* bezeichnet wurde.

Hier und da mag es ein paar anmutige Details gegeben haben – die chinesischen Passanten streichelten vor der Hongkong Bank gern die Pranken der Bronzelöwen, wodurch diese mit der Zeit golden und damit finanzkräftiger aussahen –, doch im Grunde wirkt diese Häuserflucht ziemlich düster. Manche der Bauten haben etwas von einem Mausoleum. Sie sollten imposant und erhaben aussehen, doch mit ihren Fassaden aus grauem Ningbo-Stein wirken sie ernst und schwer und überladen. Es hat fast den Anschein, als habe man das Woolworth Building vom unteren Ende des New Yorker Broadway mehrfach geklont und völlig deplaziert in Cannes an die Stelle des Carlton Hotel gesetzt. Wenn man heute den *Bund* betrachtet, ist man entsetzt über diese öden Denkmäler, die an die Zeit der Engländer erinnern.

Die Chinesen scheinen diese einst prächtigen Bauten mit Verachtung zu sehen, allerdings aus Gründen, die mehr mit Nationalstolz als mit Ästhetik und Geschmack zu tun haben. Und so befindet sich heute unpassenderweise ein Imbisslokal von Kentucky Fried Chicken im Untergeschoss des alten Shanghai Club, und vor dem Cathay Hotel steht ein Bargeldautomat der Citibank, der einwandfrei funktionierte und mir in weniger als einer halben Minute die deprimierendsten Neuigkeiten über meinen Kontostand in New York lieferte. So werden die großen Denkmäler des Empire vom Sockel gehoben.

Doch da Touristen gerne kommen und sich die Gebäude ansehen, vor allem nachts, wenn der Verkehr auf dem normalerweise verstopften *Bund* etwas nachlässt, hat die Stadtverwaltung die Eigentümer der Häuserzeile aufgefordert, die Fassaden anzustrahlen und im besten Licht erscheinen zu lassen. Weil der Strom sehr teuer ist, reichen zwei Stunden Beleuchtung aus; wenn am Abend gegen neun die Lichter angehen, erstrahlen die imposanten Bauten durch den grellen Schein unzähliger goldener, grüner und roter Bogenlampen wenigstens für kurze Zeit in ihrem alten Glanz.

Eines Abends machte ich eine Bootsfahrt auf dem Huangpu und sah fasziniert zu, wie die Lichterwände eine nach der anderen angingen – zuerst das alte Konsulat, dann die Bank und schließlich der Club. Einige Gebäude blieben bis zum letzten Moment dunkel. Die derzeitigen Pächter des ehemaligen Jardine-Building beispielsweise (sehr wahrscheinlich die Jiangsu Corporation, die Tierprodukte ein- und ausführt und deren schäbiges Blechschild neben dem Eingang hängt) versuchen offensichtlich, ihre Stromrechnung so niedrig wie möglich zu halten. Eine Weile klaffte in der Fassadenreihe eine dunkle Lücke, wie ein ausgebrochener Zahn. Doch schließlich gingen auch dort die Lampen an, und eine Zeit lang schien die ganze gezackte Wand aus Stein zu lodern, wie ein letztes Hurra zur Erinnerung an den westlichen Kolonialismus.

Lily begleitete mich; auch sie studierte die Gebäude, die an uns vorüberzogen. Auf dem *Bund* leuchteten zahllose Kamerablitze auf; viele Leute fotografierten nicht die Bauwerke, die sie sich ansehen sollten, sondern unser vorbeifahrendes Schiff. Zahllose Besucher flanierten im so genannten Huangpu-Park, auf den Lily verächtlich hinwies. »Dort habt ihr Briten das Schild ›Für Hunde und Chinesen verboten‹ aufgestellt. Erinnern Sie sich? Doch jetzt seid ihr verschwunden, und hier wimmelt es vor Chinesen – wahrscheinlich auch vor Hunden, schätze ich.«

Ich widersprach ihr. So ein Schild habe es nie gegeben, erwiderte ich.* Die Engländer hätten nur zu genau gewusst, welche nachteiligen Folgen solch eine Impertinenz gezeitigt hätte. Die Geschichte mit dem Schild sei reine Legende, teils nostalgische Einbildung, teils kommunistische Propaganda – ein Beispiel für die revisionistische Darstellung der Geschichte Schanghais, in der alle Ausländer als Ausbeuter und Chinesenhasser hingestellt wurden. Nichts könne weiter von der Wahrheit entfernt sein, erklärte ich – obwohl ich, ehrlich gesagt, von dem letzten Punkt selber nicht so ganz überzeugt war.

Lily hörte gar nicht zu, sondern fuhr gereizt fort: »Schauen Sie sich Ihre lächerlichen Bauwerke an. Die sind doch alles andere als schön und überhaupt nicht beeindruckend. Und zu nichts zu gebrauchen. Wir donnern sie mit bunten Lichtern auf, damit sie so richtig lächerlich wirken. Das sind Karikaturen. Das sind doch Zir-

---

* Die Wissenschaftler brüten noch immer über dieser Geschichte. In einem Artikel im *China Quarterly* hieß es, die Vorschrift Nummer 1 auf der Parkordnungstafel von 1903 habe gelautet: »Es sind keine Hunde und keine Fahrräder zugelassen«, und die Vorschrift Nummer 5 etliche Zentimeter weiter unten habe besagt: »Kein Zutritt für Chinesen, es sei denn, sie stehen im Dienste von Ausländern.« Näher waren sich »Hunde« und »Chinesen« nie gestanden – allerdings nah genug für die Legendenerzähler (von denen der erste ein amerikanischer Journalist namens Putnam Weale war, der 1914 einen Roman schrieb, in dem das angebliche Schild auftauchte).

kusclowns. So sehen wir euch heute. Wir schmücken eure großartigen Bauten mit buntem Licht, damit jeder sieht, wie lächerlich ihr wart.«

Das Boot hielt mitten auf dem Fluss an. Wir befanden uns auf der Höhe des Zollgebäudes, dessen Glockenuhr tatsächlich vertraute Klänge vernehmen ließ und nicht mehr »Der Osten ist rot« klimperte, wie während der Kulturrevolution und in den Jahren danach. Dann bogen wir nach Backbord. Als wir den *Bund* allmählich hinter uns ließen, tauchten vor uns wieder die neuen Bauten von Pudong auf. Als Erstes sahen wir natürlich den scheußlichen Koloss des Pearl Tower und ein halbes Dutzend Hochhäuser, auf deren Spitzen die derzeit modischen Nadeln aufragen, die für geringe Mehrkosten für zusätzliche Höhe sorgen. Riesige Neonschilder warben für Hitachi und Samsung. Das letzte Schild am *Bund* machte Reklame für Nescafé. Auch die beiden großen neuen Brücken waren angestrahlt. In der Ferne sah ich die Scheinwerfer der Fahrzeuge, die sich auf der neuen erhöhten, vierspurigen Umgehungsstraße dahinwälzten, die erst zwei Monate zuvor fertiggestellt worden und bereits heillos überfüllt war, weil die Planer den Verkehr maßlos unterschätzt hatten. Vor uns lag das neue Schanghai. Das alte, das kurz in seinem Glitzerschmuck erstrahlt war, verschwand hinter uns.

Vielleicht hatte Lily recht. Vielleicht wollten die Chinesen uns genau so in Erinnerung bewahren – als gierige Narren, als vulgäre und unmoralische Eindringlinge, die ihrer Stadt den Stempel der Dekadenz und der Lasterhaftigkeit aufgedrückt hatten. Vielleicht hatten sie deswegen die Häuser in der Innenstadt so mutwillig und rücksichtslos niedergerissen. Vielleicht hatten sie deswegen die einstigen Bordelle in Frenchtown und die alten weißrussischen Villen an der Avenue Joffre abgebrochen und aus Clubs Schulen und aus Herrenhäusern Hotels und Schnellimbisse gemacht. Der *Bund*, der das

Ganze heil überstanden hatte und so übertrieben illuminiert wurde, war bloß eine Karikatur jenes Schanghai, das längst der Vergangenheit angehörte.

Die modernen Wolkenkratzer, die Kaufhäuser aus Glas und Stahl sowie die imposanten neuen öffentlichen Bauten, vor allem am Platz des Volkes, verleihen Schanghai inzwischen das erwünschte und ersehnte Aussehen. Die Stadt soll so aussehen, wie sie sich selbst gerne sieht, nämlich entschieden progressiv und von einer geschichtslosen Modernität geprägt. Großstädte wie Tokio und Seoul, die längst solch ein Gepräge aufweisen, verdanken dieses Erscheinungsbild hauptsächlich dem Krieg und den ausländischen Bombern, welche die meisten älteren Gebäude mit Kordit, Dynamit und Schrapnell dem Erdboden gleichmachten. Die Bausubstanz Schanghais dagegen wurde durch den Krieg kaum in Mitleidenschaft gezogen, auch nicht, als die Japaner einmarschierten und das Land besetzten, und schon gar nicht, als die Kommunisten die Stadt einnahmen.*

Daher musste sich die Stadt ihrer Vergangenheit selbst entledigen. Man geht allgemein davon aus, dass dies im Jahr 1990 begann. Davor wurde das Schicksal der Stadt im Wesentlichen von den kommunistischen Machthabern in Peking bestimmt. Über 40 Jahre lang lag die Stadt im Staub, wie ein Gerippe, und war übersät von den Spuren der verhassten Eindringlinge, doch 1990 wurden die Bremsen gelockert. Die kommunistische Führung ließ die Stadt wissen, dass sie ihren Wiederaufbau selbst in die Hand nehmen, etwas aus sich machen und sich als Aushängeschild des neuen China präsentieren solle. Schanghai stürzte sich auf diese Chance zu einem Neu-

* Maos Revolutionstruppen marschierten am 25. Mai 1949 ein, ohne dass sich im Leben der Stadt irgendetwas geändert hätte, außer dass die ganze Nacht lang immer wieder Beethovens Fünfte gespielt wurde, wie ein schlafloser Radiohörer bemerkte. Als der Morgen anbrach, hatten die Kommunisten alles in ihrer Gewalt.

anfang. Ab dieser Zeit stieg auch die Einwohnerzahl, die jahrelang konstant bei 13 Millionen gelegen hatte; viele Menschen wurden von dem alten Magnetismus angezogen, der diesmal jedoch nicht von den Ausländern, sondern vom Patriotismus der Chinesen ausging.

Es besteht kaum ein Zweifel, dass Schanghai eine führende Rolle im China des 21. Jahrhunderts spielen wird. Ich kann mir sogar vorstellen, dass Schanghai für China weitaus bedeutender sein wird, als es das heutige Hongkong oder dessen rasch expandierende Nachbarstadt Kanton derzeit bereits sind. Die Schanghaier zeichnen sich durch eine fast freimaurerische Solidarität, eine beinahe verbissene Zielstrebigkeit und eine brutale Skrupellosigkeit aus – Eigenschaften, die in ganz China geschätzt und gefürchtet werden. Seit sie freie Hand haben, verfügen sie über ein viel größeres Potenzial und auch über viel mehr Freunde und Verbündete als ihre Landsleute im Süden.

Erwähne ich in Chengdu, Xi'an oder Harbin auch nur beiläufig Schanghai, reagieren die Leute mit gespieltem Entsetzen. Fange ich dagegen von Kanton an, reagieren sie mit Verachtung. Die Kantoner, die auch als »reisfressende Affen« tituliert werden, sind bei fast all ihren Landsleuten nicht besonders beliebt. Die Kantoner, so wird allgemein angenommen, verdanken ihr wirtschaftliches Florieren lediglich und ausschließlich der wohlwollenden Aufsicht der Engländer, die sie eineinhalb Jahrhunderte lang wie eine Kolonie beherrschten, verteidigten und verhätschelten.

»Wer sind denn die wirklich cleveren Chinesen in Hongkong überhaupt?«, fragte Lily, die die Kantoner nicht ausstehen konnte. »Das sind die Schanghaier Geschäftsleute, die nach der Revolution dort hingingen. Alle wirklich großen Köpfe in Hongkong stammen aus Schanghai. Jeder in China weiß das. Und sie werden wieder hierher zurückkommen – einige sind bereits zurückgekehrt. Inzwischen kann man am Jangtse Geld verdienen, das einem auch bleibt. Verstehen Sie?«

»Der Perlfluss«, fuhr sie fort, »hat überhaupt keine Zukunft, zumindest nicht im Vergleich mit diesem Strom. Die Engländer sind ja ohnehin schon weg. Der Jangtse ist das A und O. Er bedeutet sehr viel für China. Was bedeutet der Perlfluss schon? Nichts! Und wissen Sie was? – Alles, was die Leute hier auf die Beine stellen, schaffen sie aus eigener Kraft. Sie haben den Ausländern auf die Finger geschaut. Die Schanghaier sind sich nicht zu gut, immer etwas dazuzulernen. Das war schon immer so. Aber was sie heute leisten, leisten sie ohne fremde Hilfe. Hat irgendjemand mitgeholfen, diesen Turm zu bauen?«, fragte sie und deutete auf das angestrahlte Monstrum. »Überall hieß es, das sei unmöglich und wir bräuchten ausländische Experten. Von wegen! Wir haben es allein geschafft.«

Ich erinnerte sie daran, dass sie bei unserem Besuch in der Spitze des Turms den lächerlich überzogenen Herrn Su noch ausgelacht und sich über seine offenkundige Begeisterung für den insektenartigen Bau lustig gemacht hatte. Sie ließ meinen Einwand nicht gelten.

»Na gut, na gut. Er gefällt mir zwar nicht. Ich gebe es ja zu, er ist furchtbar hässlich. Aber auch wenn Sie es vielleicht nicht verstehen – irgendwie bin ich stolz auf ihn. Ich bin stolz, denn wir verdanken den Turm – und den ganzen heutigen Erfolg Schanghais – allein uns selbst.«

Ich nickte verständnisvoll. Doch sie war richtig in Fahrt und längst nicht fertig.

»Und wissen Sie was?«, fragte sie mich mit glühenden Wangen. »Dieser Turm sagt mir, dass wir Chinesen *in* sind. Wir haben die Zügel in der Hand. Wir treffen die Entscheidungen. Ihr Ausländer, ihr seid *out*. Endlich. So muss es auch sein.«

An jenem Abend aßen wir in einem kleinen Insiderlokal namens »Judy's Place«. Es war eines jener lauten und hektischen Lokale, in dem die Ausländer, die ständig hier leben, gerne verkehren und sich für kurze Zeit ein wenig wie zu Hause fühlen. Die Kellnerinnen waren allesamt junge chinesische Studentinnen, die so nebenbei Englisch lernten und sich ein paar Renminbi dazuverdienten.

Das Lokal quoll über von Ausländern, die Schanghai zu ihrer zweiten Heimat gemacht hatten; sie tranken Biersorten wie Bass, Corona oder San Miguel, spendierten ihren chinesischen Freundinnen seltsame Cocktails mit erotischen Namen und verschlangen Unmengen von Hamburgern oder Chili con carne. Am schwarzen Brett hingen die üblichen Anzeigen: Der Stammtisch traf sich am Tag darauf, jemand suchte ein gebrauchtes Mountainbike, ein anderer suchte eine Begleitung zur Schnepfenjagd in der mandschurischen Provinz Liaoning, und wegen einer Haushaltsauflösung standen weiß furnierte Möbel von Ikea zum Verkauf.

An dem Abend, an dem wir dort waren, scharte sich der lauteste Tisch – und es gab etliche laute Tische – um einen attraktiven jungen Engländer. Er war, wie sich herausstellte, der Sohn eines Direktors der Bank von England und der derzeitige Auslandsvertreter von Butterfield & Swire. Er war somit ein direkter Nachfolger des alten »Night Soil Brown«, des ersten Bewohners von Hazelwood.

Verglichen mit seinen Vorgängern vor einem halben Jahrhundert hatte dieser junge Mann allerdings sehr wenig zu vertreten. Vielleicht verbrachte er deswegen so viele Abende so ausgelassen in den Kreisen der hiesigen »Berufsausländer« und verschrieb sich nicht, wie einst seine Vorgänger, der hehren Aufgabe, in Schanghai erfolgreich zu wirken. Sein Unternehmen war nach wie vor groß, wichtig und reich, doch es war nicht mehr im Jangtse-Handel tätig, denn es besaß keine Schiffe mehr. Und es hatte auch keinen Zugang mehr zu Hazelwood – es sei denn, ein Angestellter der Firma war bereit, 65 Dollar pro Nacht zu zahlen, um im Schlafzimmer des alten *Taipan* zu nächtigen. Die Firma hatte auch keine Räume am *Bund*.

Ihre Umsätze erzielte sie als Vertretung für den Autohersteller Volvo, in der Farbenproduktion und im Versicherungsgeschäft. Die meisten Volvos wurden von neureichen Chinesen gekauft. Und auch der Leiter der Geschäftsstelle von Swire war inzwischen ein Chinese. Früher, in der Zeit von Hazelwood, dienten chinesische Angestellte lediglich als Mittelsmänner. Heute, in den Zeiten des Oriental Pearl Tower, sind die Chinesen die Bosse.

Im überwiegenden Teil des 20. Jahrhunderts mögen in Schanghai vor allem Engländer wie dieser junge Mann und ausländische Firmen wie jene, für die er tätig war, das Sagen gehabt haben. Im Allgemeinen haben sie dabei eine sehr schlechte Figur gemacht. Die Einheimischen schauten sich bei ihnen ab, was sie konnten, und entledigten sich dann all dessen, was ihnen nichts bedeutete – einschließlich der Vergangenheit, die jene Ausländer als so bunt und fröhlich empfanden, und schließlich sogar jener Ausländer selbst. Das Schanghai des 21. Jahrhunderts, das sich heute so vehement von dieser Vergangenheit distanziert und sie wie lästiges Gepäck abwirft, gehört unbestritten und unwiderruflich den Chinesen, wie dereinst, bevor die »Barbaren« mit ihren großen Segelschiffen anrückten. Das Blatt hat sich wieder gewendet, wie es in China stets der Fall zu sein scheint. Die Ausländer, so zeigt sich jetzt, waren bestenfalls vorübergehend Könige.

Als ich an jenem Abend zu dem Schiff zurückkehrte, auf dem ich schlafen sollte, goss es in Strömen. Der Wachposten vor dem Flottenstützpunkt stand stocksteif und kerzengerade unter einem Blechschirm und verzog keine Miene, wenn ihm der Wind den Regen ins Gesicht peitschte. Auf einem Schild stand die Warnung »Zutritt für Ausländer verboten«, doch Lily packte mich am Arm und schob mich durch. Sie hatte einen Berechtigungsschein. Der Wachposten starrte stur geradeaus.

Das Schiff, auf dem ich mich einquartiert hatte, war ein Motorkreuzer, der für die Zwischensaison von seinem üblichen Einsatz auf dem oberen Jangtse abkommandiert und hierher verlegt worden war. Es gehörte einem Chinesen, der in New York lebte und mir großzügigerweise angeboten hatte, in einer der Kajüten zu schlafen, solange ich in der Stadt zu tun hatte. In dieser Nacht war das Schiff fast leer; es lag ruhig da und war prächtig beleuchtet. Diese Liegeplätze wurden streng bewacht. Ein Chinese, der sein Land verlassen will, könnte ja über den Stacheldraht steigen und wäre sofort auf einem Boot mit Kurs ins Ausland. Wie früher die Russen, hielten die chinesischen Behörden ihre Grenzen dicht, und theoretisch war dies eine Grenze. Ich war früher schon einmal auf diesem Kai gewesen, als Königin Elizabeth II. nach einer Rundreise durch China sich hier verabschiedete, bevor sie an Bord der königlichen Yacht *Britannia* die Heimreise antrat.* Die Yacht lag damals dort vor Anker, wo jetzt mein Schiff, die *Princess Jeannie*, lag. Als das Musikkorps der königlichen Marine Seemannslieder und Hymnen anstimmte, wurden entlang des *Bund* die Lichter angeschaltet. Der damalige chinesische Präsident war ein alter Kriegsheld namens Yang Shangkun, und ich erinnere mich, dass er mir sehr freundlich die Hand schüttelte. An jenem großartigen Abend zuckte das alte, dem Untergang geweihte Schanghai noch einmal kurz auf.

Heute zuckt das moderne Schanghai vor Lebendigkeit – Tag und Nacht. Die ganze Nacht über waren Lichter, Menschen und Autos zu

---

* Dieser erste Staatsbesuch eines regierenden britischen Monarchen in China war alles andere als ein Triumph, eher ein gefundenes Fressen für die Boulevardpresse. Prinz Philip, der taktlose Gemahl der Königin, hatte einen schottischen Studenten in Xi'an gewarnt, er würde, sollte er noch länger bleiben, Gefahr laufen, »Schlitzaugen« zu bekommen. Nach dieser Unhöflichkeit wurde der Prinz in einer Zeitung als »The Great Wally of China« tituliert. [Dieses Wortspiel verknüpft *The Great Wall of China*, die große Chinesische Mauer, und *wally*, eine verächtliche Bezeichnung für einen Trottel; Anm. d. Übers.]

sehen, waren Musik, Geschrei und die Sirenen ein- und auslaufender Schiffe zu hören. Die grellen Lichter unseres Schiffes spiegelten sich im Wasser. Bis zu einer Tiefe von ungefähr einem Faden wirkte der Huangpu auf einmal gar nicht mehr schwarz, sondern fast durchsichtig. Lily und ich starrten auf die Wellen und hielten halbherzig nach Fischen Ausschau. Plötzlich trieb eine menschliche Leiche vorbei.

Es war ein Mann so um die Dreißig. Er schwamm mit dem Gesicht nach oben, vollständig bekleidet und mit offenen Augen auf dem Wasser. Dies war weder die erste Leiche, die ich auf dieser Reise zu sehen bekam, noch die beunruhigendste, doch dieses Gesicht, das mich aus dem Wasser heraus anstarrte, konnte ich tagelang nicht vergessen. Wie war er ums Leben gekommen, wieso trieb er im Wasser, wen hatte er zurückgelassen? Auf diese Fragen sollte ich keine Antwort finden. Auf die Frage, ob wir die Polizei verständigen oder die Leiche bergen sollten, winkte Lily nur ab.

»Man sieht ständig welche«, erwiderte sie. »Sogar noch schlimmere. Der Fluss ist ein Friedhof für alle, die sich keine richtige Beerdigung leisten können. Lassen Sie ihn ziehen. Er treibt aufs Meer hinaus, und damit hat sich's.«

Die erste Etappe

Schanghai verschwand allmählich hinter dem Achterdeck des alten, in Russland gebauten Tragflächenbootes, das zu einer ganzen Flotte rostiger Fähren gehörte, die im Expressreiseverkehr auf dem unteren Jangtse eingesetzt wurden. Nachdem der Klapperkasten knirschend und ächzend Fahrt aufgenommen hatte, schlingerten wir eine Weile im Kielwasser eines vorbeifahrenden Tankers, eines rostigen und ramponierten Pottes aus Chittagong in Bangladesch. Unser Heck tauchte tiefer in die schwarzen Wogen des Huangpu ein, als die Maschinen zulegten und unter lautem Dröhnen ölige Rauchwolken ausstießen. Bald tuckerten wir durch einen feinen, kühlen Regenschauer. Als wir endlich draußen im breiten Flussbett des eigentlichen Jangtse waren und scharf nach links bogen, begann die vierstündige Fahrt stromauf nach Zhenjiang. Nun war es soweit. Die Stewardess – eine dralle junge Frau mit grauem Rock, Schuhen mit halbhohen Absätzen und Kniestrümpfen, die so eng saßen, dass sich dunkelrote Ringe um ihre Waden abzeichneten – sammelte Wünsche ein. Es war Zeit für Karaoke.

Lily wünschte sich einen Song, der ihrer Meinung nach ganz gut zum Anlass passte, nämlich eine eher ruhige Nummer mit dem Titel »Zhu ni ping an«, frei übersetzt »Gute Wünsche für eine gesunde und sichere Ankunft«. Die anderen Passagiere, die alle zu wissen schienen, wohin wir beide unterwegs waren, hielten dies für eine passende Wahl und applaudierten laut. Doch so treffend war sie letztlich vielleicht doch nicht. Die Frau, die den Song auf dem Fernsehmonitor des Schiffes darbot, versuchte aus einem unerklärlichen Grund, das Lied einigen gehörlosen Kindern beizubringen, und so erfolgte die Darbietung in Zeichensprache. Die Szene war so ergreifend, dass eine junge Mitreisende kurzerhand in Tränen ausbrach und jammerte, wie schlimm das sein müsse – ein Kind ohne Gehör. In dem Moment war es unmöglich, die Sängerin zu hören – ein Beweis dafür, wie recht sie hatte, sich auf die Zeichensprache zu verlegen. Nach diesem zugegebenermaßen kurzen Versuch in Sachen Karaoke gab ich auf. Ich wandte mich von dem Monitor ab und versuchte, so gut ich konnte durch die schmutzigen kleinen Bullaugen des Schiffes hinauszuschauen.

Plover Point, Dove's Nest, die Centaur Buoy – den Seehandbüchern zufolge hatte dieser Stromabschnitt so viel Englisches an sich, dass wir genauso gut von Portsmouth aus den Hamble hätten hinauffahren können. Aber nein: In Fushan, etwa eine halbe Stunde stromaufwärts, stand angeblich eine verfallene Pagode, die ich in dem Regen allerdings nicht sehen konnte. Dem *Admiralty Pilot* zufolge gab es dort »eine kleine Festung, die wie ein Martelloturm aussieht«. Und in Jiangyin, wo die Ufer des Flusses dichter zusammenrückten und ich erstmals das Gefühl hatte, überhaupt auf einem Fluss zu sein, befand sich zur Linken angeblich »eine befestigte, viereckig angelegte Stadt, deren Seiten jeweils etwa eineinhalb Kilometer lang sind. In der Stadt steht eine große und weithin sichtbare Pagode. Umgeben ist die Stadt von einem Graben, der mit Fahrrinnen verbunden ist, die nach Südwesten zum Großen Kanal führen.«

In diesem nüchternen Satz im Handbuch eines Navigators verbarg sich ein erster Hinweis auf die Freuden und Schrecken des kaiserlichen China. Wenn ich die Augen schloss und den Lärm aus dem Fernsehmonitor ausblendete, konnte ich mir ausmalen, wie Chiang-yin – so hieß die Stadt vor einem halben Jahrhundert bei den Ausländern – vor der kommunistischen Revolution ausgesehen haben musste: Der Mandarin sitzt auf seinem Sessel, die Bürger kriechen vor ihm, die Gelehrten hocken in ihren zugeknöpften Seidenmänteln, weißen Pantoffeln und makellosen Gamaschen herum, die Frauen trippeln mit gebundenen Füßen umher, die Gefangenen kauern mit hölzernen Nackenzwingen, den so genannten *cangues*, und die Schweine rennen wild über den Markt mit Gewürzen aus Indien und Arabien. Marco Polo, der den Strom ein paar Kilometer weiter aufwärts überquerte (falls er überhaupt in China war, was einige Gelehrte bezweifeln), hätte sicher ein Dutzend Städte erkannt, die genau mit der alten Beschreibung des heutigen Jiangyin übereinstimmten.

Bis vor einem halben Jahrhundert hatten noch die meisten Städte Mauern mit Bollwerk und Toren, die nachts geschlossen wurden, sowie ein Wassertor mit einem abschließbaren Eisengitter. Überall im »eigentlichen« China – dem »China der achtzehn Provinzen«, so die amtliche Bezeichnung für das Gebiet der Qing-Dynastie östlich des Oberlaufes des Jangtse und südlich der Wüste Gobi, ohne die Mandschurei, die Mongolei, die »Neuen Territorien« Xinjiang und Tibet – gab es ruhige, friedliche Städte, wie jene, die Gladys Aylward entdeckte, als sie sich nach Wang-ching und in *Die Herberge zur sechsten Glückseligkeit* verirrte, beziehungsweise wie sie Ingrid Bergman in ihrer Rolle als englische Missionarin in dem gleichnamigen Film nach einem zehntägigen Ritt auf dem Rücken eines Esels erblickte.

Doch wie viele dieser beglückenden Anblicke bieten sich heute noch? Wie viele dieser herrlichen Beispiele des Städtebaus blieben vor den japanischen Bombern und der zentralistischen Planung der Kommunisten verschont? Was ist aus ihnen geworden? Während ich so durch den Nieselregen in Richtung Jiangyin spähte, entdeckte ich auf dem Schlamm des Ufersaumes immerhin eine niedrige und ziemlich plumpe Pagode, die aber so zugewachsen war, dass selbst auf den obersten Etagen büschelweise das Gras wucherte. Von einer Mauer oder einem Graben oder einem Wachturm war jedoch nichts zu sehen – das war alles verschwunden oder lag vergraben unter den schäbigen Arbeiterwohnblocks und den Fabriken, die dicken Rauch ausspuckten, so zäh wie Lava. Die schwarzen Wolken, die in der feuchten Luft hingen, waren zu dick und zu schwer, um weggeweht zu werden.

Mag sein, dass irgendwo noch eine Mauer stand, falls die Japaner sie nicht zerbombt hatten. Wenn ja, war sie sicherlich unter knöchelhohen Schichten von öligem Staub vergraben. Niemand schenkte ihr Beachtung, niemand interessierte sich dafür, was sie einst für die Stadt bedeutet hatte und wie sie jenes typisch chinesische Zentrum der Ordnung bestimmt und begrenzt hatte. Inzwischen wurden die

Grenzen einer Stadt wie Jiangyin allein durch die Amtsbefugnis der örtlichen Polizei und den Einsatzradius der städtischen Rattenjäger bestimmt. Das Karaoke machte mich ganz verrückt. Ich ging hinaus auf das Achterdeck und genoss die frische Luft. Wir fuhren mit etwa 20 Knoten, und der Regen strich an meinem Gesicht vorbei. Von hier oben sah es um einiges netter aus. Die Ufer waren teilweise von Cunningham-Fichten gesäumt, aus denen die Dschunkenbauer von Fuzhou einst ihre Masten gefertigt hatten. Dazwischen erblickte ich Haine mit Zimt- und Kampferbäumen sowie Bambusbestände, welche die abgelegeneren Bauernhäuser vor den Winterwinden schützten; und auf den flachen Hügeln, die Grabstätten markierten, sah ich japanische Zedern und Ginkgos. Der Kommunismus und die Industrie mochten das Antlitz Chinas verändert haben, doch es gab noch immer etwas Unwandelbares, selbst hier.

Mit mir an Deck befand sich eine junge Frau, die sich trotz des prickelnden Regens auch lieber an der frischen Luft aufhielt.

»Bald wird man unser Reiseziel riechen können«, bemerkte sie unvermittelt. »Die übel riechendste Stadt in ganz China.« Sie stand an der Backbordreling und atmete tief durch die Nase ein. »Da!«, rief sie erfreut. »Merken Sie es nicht?«

Ich gestand, dass ich nichts roch. Dabei war mir das Phänomen olfaktorischer Sensibilität alles andere als fremd. Ich hatte einmal auf einer kleinen Yacht den Indischen Ozean westwärts überquert; nach zwei Monaten auf See fing die Bordkatze an, mit erhobenem Kopf – genau wie diese Frau – in der Luft zu schnuppern. Nellie, so hieß die Katze, versuchte selbst den leisesten Luftzug aufzuschnappen, sog wie ein Weinkenner die Luft ein und kostete sie intensiv aus. Eines Morgens gebärdete sie sich plötzlich wie wild und wedelte wie verrückt mit dem Schwanz. Ich roch nicht das Geringste, nur das Meer. Doch der Skipper erklärte mir, die Katze rieche Madagaskar, das noch mindestens 300 Kilometer entfernt war.

Wir waren noch über 100 Kilometer von unserem Ziel, Zhenjiang, entfernt, und diese Frau behauptete, sie könne den Ort bereits riechen. »Zhenjiang ist berühmt für seinen Essig«, sagte sie und gab mir ihre Karte, die ich als Entree benutzen konnte, falls ich mich dort umsehen wollte. Die Frau war als Anwältin offensichtlich recht bekannt in der Stadt.

Am rechten Ufer ragte eine kleine Erhebung auf, eher ein Hügel als ein Berg. Der erste Hügel in China, schrieb ich in mein Tagebuch, der östlichste Ausläufer der Berge, die sich schließlich bis zu den Drei Schluchten erstreckten. Und als wir um den Hügel bogen, wehte uns durch den Regen der unverwechselbar stechende und saure Geruch von braunem Reisessig entgegen. »Er dringt selbst in die Steine ein«, bemerkte Lily. »Die Leute aus Zhenjiang, heißt es, kann man immer sofort erkennen, egal wo sie sind. Kaum sind sie zur Tür herein, tönt es ihnen wie aus einem Munde entgegen: ›He, ihr da aus Zhenjiang!‹ Sie können es nicht ausstehen.«

Nachdem wir angelegt hatten, eilte ich zu der Fabrik. Es war Samstag, deswegen war früher Feierabend, doch die Karte der Anwältin wirkte. Das Tor wurde aufgeschoben und die bereits eingeholten Firmenflaggen (eine chinesische und eine amerikanische – es war ein Jointventure) wurden wieder gehisst. Nachdem ich mich durch dicke Schwaden gekämpft hatte, in denen ich mir vorkam wie in einer Vinaigrette, führte man mich in das Büro des Essigdirektors Dr. Yu Kehua, dessen Gesicht so lang und verrunzelt und dessen Lippen so dünn und zusammengekniffen waren, dass man meinen konnte, er habe das Zeug von Kindesbeinen an geschlürft.

Dr. Yu erwies sich als überaus höflich. Er ließ sofort Tee servieren, verschob ein Treffen mit seiner Frau, rief einen Sekretär herein, der sich bereits auf das Wochenende gefreut hatte, trug einige gelehrte Bücher für mich zusammen, rollte aus einem anderen Raum eine Tafel herein und hielt mir – und das an einem verregneten

Samstagnachmittag – einen kurzen, aber bündigen Vortrag über die Rolle des Essigs in der chinesischen Gesellschaft.

Über seinem Schreibtisch hatte er eine gerahmte Kalligrafie hängen, sozusagen zur Erinnerung. Im Leben eines Chinesen seien sieben Dinge vonnöten, stand da geschrieben: Brennholz, Reis, Öl, Salz, Sojasauce, Essig und Tee. Ohne diese Dinge könne der Mensch nicht leben.

Dr. Yu bemerkte meinen erstaunten Blick. »Wir erzeugen diese spezielle Lebensnotwendigkeit hier seit 1840«, erklärte er. »Essig ist unentbehrlich – er sorgt für den Kontrast, der in der chinesischen Küche so wichtig ist. Er sorgt für das Gleichgewicht. Das mit dem Yin und dem Yang, Sie wissen schon. Wir glauben, unser Essig ist der beste in ganz China. Er ist mit Sicherheit der berühmteste. Wir genießen hier einen gewissen Ruf.« Dann senkte er die Stimme. »Es heißt sogar, wir würden danach riechen.«

Dann stand er auf, trat an die Tafel und klärte mich im Schnelldurchgang auf. Es war wie eine Stunde Chemieunterricht in der Schule. Er erläuterte mir, wie der polierte klebrige Reis mit Wasser gemischt wurde und fermentierte, wie ein Bakterium namens Acetobacter den Alkohol mit Luftsauerstoff reagieren ließ, wie sich Essigsäure bildete, wie die Flüssigkeit dann mit geheimen Kräutern und Gewürzen verfeinert wurde, wie das Ganze dann in Fässern reifte, in Flaschen abgefüllt und schließlich verkauft wurde. Er zitierte aus einer Broschüre: »Säuerlich, ohne sauer zu schmecken – duftendes Aroma mit süßem Geschmack – kräftige Farbe und pikant – verstärktes Aroma durch lange Lagerung.«

Lily hatte sich alles mit angehört und zwischendurch immer wieder den Kopf geschüttelt. Schließlich platzte sie heraus: »Aber Dr. Yu, bei allem Respekt, Ihr Essig wurde auch schon kritisiert. Ich habe gehört, dass die Gourmets ihn nicht so gut finden und den Essig aus Panpu viel mehr schätzen.«

Dr. Yu schnaubte verächtlich. »Der alte Yuan Mei, dieser Narr! Ich kenne sein Buch. Ein sehr berühmtes Kochbuch aus der Qing-Dynastie. Er behauptete, Zhenjiang-Essig sei nicht scharf genug, habe nicht das richtige *penzhi*, das richtige Verhältnis zwischen Aroma und Säure. Aber schauen Sie sich unsere Auszeichnungen an! Goldmedaillen, Jahr für Jahr, seit 80 Jahren. Seit 80 Jahren! Die Goldene Pflaume. Den Preis von Paris. Den Hongkong-Award. Viele andere Kenner halten unseren Essig für den besten und nicht den aus Panpu. Der ist viel zu schwach, viel zu hell. Der taugt gar nichts. Und wissen Sie was?«, fuhr er fort. »Inzwischen sind wir kein staatliches Unternehmen mehr, inzwischen sind wir ein Jointventure. Wir müssen uns dem Wettbewerb stellen. Wenn Sie früher gesagt hätten, der Essig aus Panpu sei besser, da hätte ich mit den Schultern gezuckt und gesagt, na und. Heute trifft mich das, was Sie sagen. Wir müssen besser sein. Unser amerikanischer Partner verlangt, dass wir Profit machen. Wir müssen die ganze Welt dazu bringen, unseren Essig zu kaufen, und keinen anderen.«

An Dr. Yus rechter Schläfe pochte eine dick angeschwollene Ader. Ich dachte, ich sollte versuchen, ihn zu beruhigen. Ich fragte ihn, wer der amerikanische Partner sei.

»Eine chinesische Geschäftsfrau. Sie lebt in New York, glaube ich. Oder in San Francisco. Irgendwo da. Sie ist sehr energisch, sehr streng. Inzwischen ist alles ganz anders. Wenn ich mich nicht für unseren Essig stark mache, macht sie Ärger. Ich muss die üble Nachrede dieses Yuan Mei unterbinden. Ein alter Trottel war das. Unsere Erzeugnisse sind die besten. Kommen Sie. Überzeugen Sie sich.«

Es folgte eine Besichtigung im Sauseschritt. Starke junge Männer mit nacktem Oberkörper (die ebenfalls verspätet ins Wochenende gehen durften) strichen klebrigen braunen Reis auf großen flachen Blechen glatt. In Porzellanbottichen brodelte gärendes Essigwasser. Ich wurde durch geheizte Hallen geführt, wo der Essig in riesigen Türmen aus Stahl, Bambus oder auch Keramik reifte. In langen Abfüllanlagen standen auf endlosen Ständern Batterien von Flaschen. In kleineren Räumen wurden die kostbareren Flaschen von Hand verpackt. In einer Lagerhalle türmten sich in langen Reihen Kisten mit den Produkten der Firma auf; auf vielen stand der alte Name der berühmten Essigstadt – Chinkiang. Da gab es einfachen Chinkiang-Essig, Ingweressig, Sojasauce, Essigrettich, in Essig eingelegte Koriandersamen, pagodenförmig eingemachtes Gemüse und in süßen Essig eingelegten Kürbis. »15 000 Tonnen Essig jedes Jahr«, prahlte Dr. Yu beim Gehen. Er hatte sich inzwischen etwas beruhigt. »3000 Tonnen Sojasauce. 7000 Tonnen Essigbrühe. Hier, nehmen Sie ein paar Sachen mit.« Er drückte uns ein paar Flaschen Essig in die Hand und gab mir ein großes Glas »pagodenförmiges« Gemüse. »Probieren Sie. Sie werden sehen, wir sind nicht zu übertreffen!«

Als das Eisentor hinter uns zugefallen war und die Flaggen wieder eingeholt waren, gestand ich Lily, dass sie brillant, wenn auch ein wenig forsch gewesen war. »Ich konnte ihm das doch nicht abnehmen«, erklärte sie. »Ich wollte das neue China aus ihm herauskitzeln. Er *musste* einfach anbeißen. Und er *hat* angebissen. Und zwar gar nicht schlecht. Er ist der neue Typ von Geschäftsmann. Da ist nichts mehr von den alten Kadern von früher. Er hat sich voll auf den Wettbewerb eingestellt. Jetzt läuft alles ein wenig wie bei Ihnen im Westen, stelle ich mir vor.« Sie schnupperte am Ärmel ihrer Bluse und verzog das Gesicht. Sie beugte sich zu mir und roch auch an meinem Hemd. »Jetzt riechen wir beide. Jetzt weiß jeder, woher wir kommen.«

Zhenjiang ist – beziehungsweise war in seinen glorreicheren Tagen während der Sung-Dynastie, zwischen dem 10. und dem 13. Jahrhundert – einer der bedeutenden Verkehrsknotenpunkte der östlichen Welt, denn hier kreuzten sich der größte Strom Asiens und der größte Kanal der Erde. Der Große Kanal, der immer noch den Anspruch erhebt, die längste von Menschenhand erbaute Wasserstraße zu sein, wurde vorwiegend im 7. Jahrhundert, während der Sui- und der Tang-Dynastie, angelegt. Während der Jangtse von West nach Ost fließt, verläuft der Kanal direkt nach Norden und Süden. Die beiden Gewässer kreuzen sich also im rechten Winkel. Nach Süden zweigt der Kanal ein paar Kilometer unterhalb von Zhenjiang vom Jangtse ab, nach Norden etwas außerhalb der Stadt.

Vor 500 Jahren war fast nirgendwo auf dem Jangtse so viel Verkehr wie in den Gewässern um Zhenjiang. Der Name der Stadt bedeutet »Wache über den Fluss«, denn einst befand sich hier eine große Garnison. Hier begegneten sich die großen Handelsschiffe, vor allem die großen hölzernen Dschunken, die stromauf und stromab verkehrten, und die kleineren und leichteren Kähne und Boote, die auf dem Kanal unterwegs waren, der eben zum Zwecke der Versorgung und der militärischen Überwachung angelegt worden war. Im 13. Jahrhundert fiel die hektische Betriebsamkeit auf diesen Wasserstraßen auch Marco Polo auf; diese Stadt, schrieb er, »lebt für den Handel«. Lily und ich gingen in der Hafenanlage die so genannte »Straße des kleinen Stegs« hinunter und suchten die Stelle auf, an der Marco Polo an Land gegangen sein soll. Schon die Straße bot viele Reize des alten China; sie war gepflastert, und hier und da entdeckten wir uralte, ausgetretene Steinstufen und alte steinerne Bogengänge. Hinter einem Torbogen stand ein großer buddhistischer Stupa, der nach Auskunft der Einheimischen 800 Jahre alt war. Dabei sah er gar nicht so alt aus. Ich vermutete, dass dieses Relikt, wie so viele andere in China, viel zu oft und viel zu übertrieben restauriert worden war, denn er wirkte beinahe neuzeitlich.

Der Fluss war hier eine trübe graubraune Masse, in der Klumpen unansehnlicher Abfälle schwammen. Als Lord Macartney im November 1793 hier landete – er war der erste ausländische Botschafter, der versuchte, China für den Außenhandel zu öffnen, allerdings vergeblich –, wurde dieser Abschnitt des Stroms als »Blauer Fluss« bezeichnet. Macartneys Chronist vermerkte (was kaum verwundern dürfte), dass der Name ziemlich unpassend schien, zumal der Fluss eine ähnliche Färbung aufwies wie der ocker- und umbrafarbene Schlammstrom des »Gelben Flusses«, den sie nur wenige Tage zuvor gesehen hatten. Macartneys Expedition stieß auf dem Großen Kanal nach Süden vor und kreuzte bei Zhenjiang den Jangtse. »Die Wellen bewegten sich wie auf See«, vermerkte der Chronist bei der Kreuzung des Stroms, »und manchmal sollen sich darin Delphine tummeln.«

Am Kai saß ein Fischer in seinem klapprigen Kahn. Er paffte gemütlich seine Bambuspfeife, in deren kleinem Messingkopf ein Klümpchen Tabak glimmte. Ich sprach Lily auf die herrlichen kleinen weißen Delphine, die *Baiji*, an, die im Jangtse einst so verbreitet waren und inzwischen angeblich fast ausgestorben sind. Mich interessierte, was dieser Mann über sie wusste. Sie rief zu ihm hinunter und fragte ihn.

Zunächst sagte er gar nichts, doch dann stand er langsam auf, öffnete am Bug seines Bootes eine Kiste und zog ein riesiges, völlig verheddertes Fischernetz hervor, an dem pfundweise rostige Metalle baumelten. Er schüttelte das klirrende Knäuel und hielt es mir fast wütend hin. Ich wusste sofort, was es war. Es handelte sich um jenes Werkzeug, das den kleinen Jangtse-Delphin so massiv bedroht hatte, ein so genanntes Rollhakenschleppnetz, das so gemein war, wie es aussah. Damit wurden die Fische nicht einfach nur gefangen, sondern auch gleich getötet.

Einst verehrten die Chinesen den Jangtse-Delphin, jenes bis zu eineinhalb Meter lange, silberne Tier mit der Flaschennase, das der Evolution angeblich 20 Millionen Jahre widerstanden hat. In früheren Zeiten haben Dichter davon gesungen, wie zahm die Tiere waren, wie sie zu pfeifen und zu lächeln pflegten, wie sie auf dem Wasser tanzten, ihre Jungen säugten und einen fast anthropomorphen Charme ausstrahlten. Die Delphine regten die alten Chinesen zu allen möglichen Mythen und Legenden an. Die Dichter der Sung-Dynastie nannten sie »Jangtse-Göttinnen« und rankten einen Mythos um ihre Erschaffung: Einst ließ sich ein Sklavenmädchen von einem liebeshungrigen Fährmann über den Fluss setzen. Er versuchte, sie zu vergewaltigen, doch sie sprang in die Fluten, um ihre Ehre zu retten. Da hatte Gott Mitleid mit ihr und verwandelte sie in eine weiße Delphingöttin, während der Fährmann in den Strom gerissen und in einen schwarzen flossenlosen Tümmler verwandelt wurde, der auch heute noch in dem Fluss anzutreffen ist und im Chinesischen als »Jangtse-Schwein« bezeichnet wird. Doch ob Göttin oder Schwein – die beiden Walfischarten sind heute massiv vom Aussterben bedroht. Ein Grund ist die Verschmutzung des Flusses durch die Industrie, ein anderer die Erfindung des grausamen Schleppnetzes.

Bis zum Ende der 1950er Jahre hielten die Fischer diese Tiere für schlicht zu gottähnlich, um sie zu fangen. Wenn ihnen zufällig eins ins Netz gegangen war, ließen sie es frei. Das war die Regel, an die sich alle hielten. Doch im Jahre 1958 initiierte Mao Zedong den »Großen Sprung nach vorn« und erklärte, es gebe keine Himmlischen Kaiser und Drachenkönige mehr; nichts war zu heilig, um nicht vom großen Magen der kommunistischen Maschinerie verschlungen zu werden. Jedweder Schutz, den der Jangtse-Delphin durch Geschichte und Legende genossen hatte, war über Nacht ein für allemal aufgehoben. Ein Journalist aus Hongkong formulierte es einmal so: »Die Göttin des Jangtse landete plötzlich auf dem Teller.«

Es stellte sich heraus, dass es lächerlich einfach war, die Tiere zu fangen; und das Rollhakenschleppnetz wurde erfunden, um es noch leichter zu machen. An jeder Leine hingen im Abstand von fünf bis zehn Zentimetern zahllose, etwa 20 Zentimeter lange Metallhaken. Diese Leine wurde hinter den Booten hergezogen. Wenn ein Delphin an einem Haken hängen blieb, geriet er in Panik und fing wie wild an zu zappeln; und anstatt sich zu befreien (was bei nur einem Haken wahrscheinlich gelungen wäre), verfing er sich prompt an weiteren Haken, bis er von oben bis unten aufgeschlitzt war und schließlich verblutend aus den Fluten gezogen wurde. Bald gab es auf den Märkten entlang des Flusses überall *Baiji*-Fleisch, für ein paar Pfennige das Pfund. Lederfabriken entstanden, in denen die wenigen Reste unversehrter *Baiji*-Haut verwertet wurden. *Baiji*-Öl, so stellte man fest, hatte eine magische Heilwirkung bei Menschen mit Hautproblemen. Und je stärker der neue Handel florierte, desto dramatischer verringerte sich die Zahl der Delphine im Fluss. Verglichen mit dieser Tragödie erscheint die traurige Geschichte des Riesenpanda beinahe harmlos.

Den Biologen zufolge gab es im Strom inzwischen nur noch 100, vielleicht 150 Delphine. Ob sich der Fischer mit dafür verantwortlich fühle, fragte ich. Er nickte und blickte tatsächlich zerknirscht drein. Ich ließ ihn erklären. »Damals, in den sechziger Jahren, brauchten wir etwas zu essen. Ich holte jede Menge Delphine heraus, verkaufte sie oder nahm das Fleisch mit nach Hause. Es spielte keine Rolle, dass wir sie einst als Göttinnen bezeichnet hatten. Das war uns egal. Aber im Laufe der Zeit wurde es immer schwieriger, welche zu finden. Wir alle« – und er deutete auf die anderen Fischer, die sich mit ihren Booten um seines geschart hatten und nickend zuhörten – »wir alle merkten allmählich, was Sache war. Wir wussten, dass wir sie ausrotteten. Wir schlachteten sie ab und zerstörten damit gleichzeitig den Fluss. Und ab da sahen wir die Sache anders. Jedesmal wenn wir einen völlig zerstückelten *Baiji* aus dem Fluss holten, hatten wir das Gefühl, wieder etwas verloren zu haben. Deswegen hörten wir auf, die Rollhaken zu verwenden. Wir haben wieder angefangen, mit Netzen zu fischen. Und falls wir einen *Baiji* fangen, werfen wir ihn wieder zurück. Aber ich habe seit sechs oder sieben Jahren keinen mehr gesehen. Die Jangtse-Fischer haben ein gutes Herz, müssen Sie wissen. Wir hängen an diesem Fluss. Und wir hängen an den Fischen. Wir hängen an den Delphinen und schätzen sie. Aber damals, damals war alles ganz anders. Das waren schlimme Zeiten. Mao hat viel falsch gemacht. Wir mussten ja essen. Wir dachten, wir haben keine andere Wahl. Es ging ums Überleben. Entweder unsere Kinder oder die Delphine. Wie hätten Sie sich entschieden?«

Lily und ich stiegen die ausgetretenen alten Stufen hinauf und gingen schweigend zur Straße zurück. Ich spürte, dass sie mir böse war. Ein paar Tage zuvor hatten wir uns über die Fischarmut in Chinas größtem Strom unterhalten, die längst kein Geheimnis mehr war; und in dem Zusammenhang hatte ich gemeint, schuld seien die Gier und das absolut mangelnde Umweltbewusstsein der Chinesen. Vielleicht stimmte das zum Teil. Doch was dieser alte Fischer gesagt hatte, klang ebenfalls überzeugend. Es war eine plausible Erklärung, wenn auch eine sehr traurige. Lily sah mich immer wieder zornig an. Als wir die Treppe hinaufmarschierten, gelobte ich mir insgeheim, keine leichtfertigen Urteile über China mehr zu fällen. Und so brummelte ich eine Entschuldigung, und Lily lächelte.

Am Ende der Straße des kleinen Stegs stand eine verwitterte Ziegelmauer. Dahinter, auf einem kleinen Hügel, befand sich das Museum von Zhenjiang, ein Komplex aus ziemlich hässlichen viktorianischen Ziegelbauten, die einst als britisches Konsulat gedient hatten. Seit 1861 war Chinkiang Freihafen gewesen; hier hatten die Ausländer eine Konzession zum Handeln. Die Fremdlinge waren recht tatkräftig; sie bauten ein Wasserkraftwerk und hatten – genau wie in Schanghai, im damaligen Nanking und den 45 weiteren Städten, die schließlich als Freihäfen anerkannt wurden – eigene Clubs und Gerichte sowie eine eigene Zeitung. Doch selbst diese westliche Infrastruktur genügte nicht ganz, um denjenigen, die hier lebten und arbeiteten, die Langeweile zu vertreiben. »Ich ging auf die stille Straße hinaus, um Luft zu schnappen«, schrieb ein Skandinavier namens Rasmussen, der jahrelang in Chinkiang lebte, »und ging am Kai entlang, 300 Schritte hinauf und wieder 300 Schritte hinunter. Um ein wenig Abwechslung zu haben, ging ich auf der einzigen Querstraße vor dem Südtor der Konzession auf und ab, 200 Schritte vor und 200 Schritte zurück.«

Großbritannien, Deutschland, Frankreich und Österreich-Ungarn richteten in Chinkiang Konsulate ein. Jardine and Swire hatten in der Mitte des Flusses einige Hulke als Ladestationen für ihre Dampfer liegen. Und Standard Oil of New York, die spätere Mobil Oil, die bereits im alten China über ausgesprochen starke Kontakte verfügte, besaß dort ein Lager mit Öltanks. Die Japaner bereiteten der Geschäftigkeit und dem relativen Wohlstand ein Ende, als sie die Stadt 1937 besetzten. Den Rest besorgten die chinesischen Kommunisten. Seither lebten nur noch wenige Ausländer in Zhenjiang; die einzigen, von denen ich während meines Aufenthaltes in der Stadt etwas erfuhr, waren ein paar Algerier, die, wie es hieß, in einem Talkumwerk arbeiteten.

Hinter den Mauern des Konsulats, hatte man mir erzählt, lag ein Relikt, welches das Herz eines jeden englischen Schuljungen meiner Generation würde höher schlagen lassen. Schon seit Jahren hatte ich es einmal betrachten wollen, falls es wirklich existierte. Es handelte sich um den Anker des berühmten und (wie man damals alle Engländer glauben machte) »heroischen« Kriegsschiffes der Königlichen Marine, der *HMS Amethyst*.

Ich offenbarte Lily meinen Wunsch und schlug vor, ins Museum zu gehen und zu fragen, wo der Anker zu finden sei. Sie übersetzte den Namen des Schiffes erst einmal für sich – »Amethyst, wie heißt das noch gleich?« – und schnaubte plötzlich verächtlich.

»Ich kenne das Schiff. Natürlich! Wir nennen es den ›Imperialen Unruhestifter‹. Wie heißt es? ›Held des violetten Steins‹? Ja, das ist es. Wir haben es besiegt! Alle Chinesen kennen die Geschichte. Ihr seid als Piraten gekommen, und wir haben euch verjagt! Und ein Stück von eurem kostbaren Schiff habt ihr zurücklassen müssen, hier in Zhenjiang. Auf der Flucht habt ihr ein Passagierschiff zerstört und dabei viele Menschen getötet. Ja, ich hatte es fast schon vergessen. Wir werden das Teil, das ihr hier gelassen habt, finden – als Beweis. Es war der Anker, Sie haben recht. Das war eine elende Erniedrigung für euer edles Britisches Empire.«

Ich fühlte mich unbehaglich bei dieser unerwarteten Attacke. Im Übrigen hatte Lily nicht ganz recht, allerdings auch nicht ganz unrecht. Die historischen Fakten – oder zumindest das, was uns Schulkindern damals als Fakten vorgesetzt wurde – ließen die Geschichte in einem völlig anderen Licht erscheinen.

Die *Amethyst* war eine 1500 Tonnen schwere Sloop-Fregatte. Im Jahre 1949 – einem ungewöhnlich gefährlichen Jahr, angesichts des brutalen Bürgerkriegs, der damals zwischen der Guomindang und den Kommunisten wütete – wurde das Schiff zum Einsatz auf dem Jangtse abkommandiert. Das war nichts Neues für ein ausländisches Kriegsschiff, denn seit nahezu 100 Jahren genossen einige Nationen – unter anderem Großbritannien, Amerika, Frankreich und Italien – aufgrund der zahlreichen Verträge, die dem kriegsgebeutelten China auferlegt worden waren, auf dem Fluss gewisse Rechte. Sie durften mit ihren Kanonenbooten, Korvetten, Zerstörern und Fregatten jede schiffbare Meile des Stroms befahren – die gesamten 2500 Kilometer von der roten Boje bei Wusong bis zu den

Stromschnellen von Pingshan in der Provinz Sichuan – und zwar mit geladenen Geschützen, um ihre Handelsinteressen und die Interessen ihrer Staatsbürger zu wahren und zu sichern.

Nach heutigen Maßstäben war das eine höchst sonderbare Situation – ungefähr so seltsam und unvorstellbar, wie wenn etwa japanische Kriegsschiffe heute den Mississippi patrouillierten, um ein Honda-Werk in Hannibal zu beschützen, oder wenn sich chinesische Kanonenboote auf dem Flüsschen Isis zwischen den Stakkähnen hindurchschlängelten, um die Interessen chinesischer Studenten an der Universität Oxford zu wahren. Doch Ende des 19. Jahrhunderts waren die Chinesen zu schwach und machtlos, um solche Eigenmächtigkeiten zu unterbinden. Diese Praxis ging Hand in Hand mit dem nicht minder absonderlichen Prinzip der Exterritorialität, wonach ausländische Bürger in den Konzessionen der chinesischen Freihäfen nur von ihren eigenen Gerichten verurteilt werden konnten und nicht dem chinesischen Gesetz unterstanden. Dieses Rechtsprinzip, das mit dem Wort »Extralität« abgekürzt wurde, führte unter anderem zur Aufstellung der Jangtse-Patrouille der United States Navy und der gleichermaßen berühmten Jangtse-Flottille der Royal Navy, der im Frühjahr 1949 die *HMS Amethyst* zugeteilt wurde.

In jenem Jahr war Nanjing, das damals noch Nanking hieß, die Hauptstadt Chinas. Die Stadt, die übrigens unser nächstes Reiseziel sein sollte, liegt an der Südseite des Jangtse, wenige Kilometer oberhalb von Zhenjiang. Alle größeren Staaten, die nach dem Zweiten Weltkrieg diplomatische Beziehungen zu China unterhielten, waren in Nanking durch Botschaften vertreten, so auch die Vereinigten Staaten und Großbritannien. Als Hauptstadt Chinas war Nanking natürlich ein wichtiges Ziel im Eroberungsfeldzug der Kommunisten. Im März 1949 fürchtete das Londoner Außenministerium, dass sich die Lage aufgrund der phänomenalen Erfolge der Volksbefreiungsarmee unter General Tschu Teh rapide verschlechtern würde. Um die Moral der Engländer – und aller anderen Ausländer in der Stadt – zu heben und eine eventuell notwendige Evakuierung zu ermöglichen, brauchte man ein Kriegsschiff. Deswegen schickte man einen dringenden Funkspruch nach Hongkong, und als Antwort sandte der Oberbefehlshaber der Marine in Fernost die *Amethyst*.

Das kleine Schiff passierte die rote Boje bei Wusong am 19. April 1949 und näherte sich am nächsten Tag jenem Abschnitt des Stroms, an dem sich, wie man wusste, die Kommunisten konzentrierten. Der Kapitän ordnete verschiedene Sicherheitsmaßnahmen an: Die Geschütze sollten geladen und gerichtet, die Fahrtgeschwindigkeit auf 16 Knoten erhöht und die Seiten des Schiffs mit großen Union Jacks behängt werden. Das Schiff war offiziell neutral, also eigentlich vor feindlichem Feuer sicher, doch man war in China, und China war damals völlig unberechenbar. Als die *Amethyst* am Ende eines längeren Nord-Süd-Abschnitts des Flusses die so genannte »Untere Insel« passierte, knatterte am Ufer plötzlich eine Gewehrsalve los. Der Kapitän gab seinen Bordschützen Befehl zum Richten und Zielen. Auf das Gewehrfeuer folgte völlig unerwarteter Granatenbeschuss. Am Ufer hatte eine Geschützgruppe das Feuer eröffnet; querab an Steuerbord spritzte das Wasser meterhoch auf. 15 Runden wurden gefeuert, doch keine traf das englische Schiff. Auf der Brücke machten die Offiziere sarkastische Bemerkungen über die erbärmliche Treffsicherheit der Kommunisten. Als die *Amethyst* nach der nächsten Biegung wieder Richtung Westen fuhr und den sumpfigen, entenreichen Abschnitt kurz vor Zhenjiang erreichte, ertönte der Befehl »Gefechtsbereitschaft einstellen!« Die Gefahr, dachte man, war vorüber.

Als das Schiff auf der Höhe der »Roseninsel« war, ging am wolkenlosen Himmel die Sonne auf. Die *Amethyst* fuhr inzwischen mit gedrosseltem Tempo; die Geschütze waren nach vorn und nach achtern gerichtet. Plötzlich sauste ohne Warnung, ohne Anruf, ohne Flaggen- oder Hornsignal eine Granate über das Schiff hinweg. Der Kapitän gab erneut den Befehl »Schiff klar zum Gefecht« und ließ Tempo zulegen. Die Telegrafen klimperten wie wild, und die Motoren heulten auf. Doch auf einmal hatten sich die Kommunisten eingeschossen. Drei Granaten schlugen in das Schiff ein und explodierten. Eine traf das Ruderhaus. Stahl- und Holzsplitter flogen durch die Luft. Der Bootsführer wurde gegen das Steuer geschleudert, sodass das Ruder – und damit das Schiff – hart nach Backbord herumgerissen wurde.

Das lädierte Schiff raste nun direkt auf den dicken Schlamm der »Roseninsel« zu. Der Kapitän versuchte verzweifelt, den Kurs zu korrigieren und rief: »Hart nach Steuerbord.« Er wollte verhindern, dass sein Schiff auf Grund lief. Gleichzeitig befahl er seinen Schützen, das Feuer zu eröffnen. Doch fast im selben Augenblick schlugen zwei weitere Geschosse ein. Die Brücke explodierte in einem riesigen Feuerball; alle, die sich auf oder in der Nähe der Brücke befanden, wurden getötet oder schwer verwundet. Der Kapitän wurde schwer verletzt und lebte noch zwei Tage unter größten Schmerzen. Der chinesische Lotse, dem der hintere Teil des Kopfes abgerissen wurde, war auf der Stelle tot. Einem anderen Matrosen riss ein Granatsplitter ein Auge heraus. Den ersten Offizier traf ein Schrapnell von der Größe einer Streichholzschachtel; es durchbohrte seine Lunge und blieb in der Leber stecken. Dieser Mann, ein gewisser Weston, übernahm das Kommando, obwohl er stark blutete und kaum noch sprechen konnte. Er musste mit hilflosem Schrecken zusehen, wie sich das Schiff langsam in die Schlammbank bohrte und direkt in der Schusslinie der kommunistischen Batterien stehen und stecken blieb. Es gelang ihm noch, einen dringenden Funkspruch an den Oberbefehlshaber in Hongkong zu krächzen. »Unter heftigem Beschuss. Liege auf Grund, bei ungefähr 31 Grad 10 Minuten Nord, 119 Grad 50 Minuten Ost. Große Zahl an Verwundeten.«*

General Tschus Männer zeigten kein Erbarmen. Eine Granate nach der anderen schlug in dem Schiff ein. Innerhalb weniger Minuten glich das Deck einem Inferno. Es wimmelte von Toten und Verwundeten. Der Antrieb des Schiffs war blockiert, die Funkverbindung gestört, das Schiffslazarett hatte einen Volltreffer abbekommen, der Gefechtsturm auf dem Achterschiff war zerstört. In den Stauraum für die Wasserbomben drang eine Panzergranate ein und ließ das TNT an Bord der *Amethyst* in einem Donner hochgehen. Verletzte lagen unversorgt in den Flammen, und wenn sie nicht verbrannten, wurden sie von den Splittern weiterer Geschosse durchbohrt. Über eine Stunde wankte und bebte das Schiff im Sperrfeuer der Kommunisten. Weston gab den Befehl, das Schiff größtenteils zu evakuieren. An Bord blieb nur ein kleines Kommando und ein Trupp Freiwilliger, der die Verwundeten versorgte. Der Rest schwamm oder paddelte auf Rettungsflößen an Land – unter einem vernichtenden Maschinengewehrfeuer, dem weitere Seeleute zum Opfer fielen. Die wenigen, die durchkamen, verbargen sich im Unterholz und warteten. Es war geplant, bei Einbruch der Nacht wieder an Bord zu gehen, das Schiff flottzumachen und einen Ausfall zu wagen. Kurz vor Mittag stellten die Kommunisten das Feuer ein. Auf dem Fluss kehrte Ruhe ein.

Die *Amethyst* blieb 101 Tage liegen, wo sie war – stark lädiert, manövrierunfähig und hilflos. Ein neutrales Schiff, das von revolutionären Kräften einer anderen Nation als Geisel festgehalten wurde,

* Die Positionsangabe war falsch; sie wich um ungefähr 120 Kilometer ab, was man dem armen Mr. Weston jedoch nicht unbedingt vorwerfen kann, denn seine Karten waren zerfetzt und vom Blut der Offiziere getränkt.

war ein Symbol der neuen politischen Situation, des so genannten Kalten Krieges.* Jeder in Großbritannien kannte die Geschichte. Es war ein Drama, das die ganze Nation in Atem hielt. Kein Tag verging, an dem nicht eine Nachricht über das wehrlose Schiff durch den Äther ging. Es gab keinen einzigen Engländer, der nicht besorgt war über das festsitzende Schiff und dessen Besatzung.

Es stellte sich jedoch heraus, dass weder Schiff noch Besatzung so hilflos waren, wie es schien. Nach und nach wurden die Maschinen und die Steueranlage repariert. Und als allen Betroffenen klar war, dass die Verhandlungen mit den Chinesen zu nichts führten, fasste man in der unerträglichen Hitze der letzten Julitage den Entschluss, einen Ausfall zu machen. Im Schutz der Dunkelheit wollte man aus dem Visier der kommunistischen Batterien ausbrechen und stromab fahren.

Für die Flucht wurden alle möglichen Vorsichtsmaßnahmen getroffen. Das Schiff wurde an den Seiten mit Matratzen, Hängematten und Sonnensegeln behängt, damit es möglichst nicht sofort zu erkennen war. Man veränderte die Lichter und gab sich als ziviles Handelsschiff aus. Die Besatzung durfte nur flüstern; das Rauchen war verboten, niemand durfte sich über die Bordsprechanlage verständigen und schon gar nicht über die Funkanlage. Damit der Ausbruchsversuch möglichst geräuschlos vonstatten ging, konnte der Anker nicht normal gelichtet werden, denn das Rasseln der Ankerkette in der Klüse hätte solchen Lärm verursacht, dass sicher jede kommunistische Batterie zwischen Zhenjiang und Schanghai aufgeschreckt worden wäre. Man beschloss, stattdessen einen Schäkelbolzen aus der Ankerkette herauszudrücken und diese einfach ins Wasser sinken zu lassen. Und das sei der Anker, der hinter der Ziegelmauer des ehemaligen Konsulats zu sehen sei.

---

* Diesen Begriff hatte George Orwell erst vier Jahre zuvor geprägt.

Um zehn Uhr in jener schwülen Nacht des 30. Juli drückte der Bootsmann den Bolzen aus der Ankerkette. Dann brachte man die Maschinen auf volle Touren und dampfte in die Nacht hinaus. 30 Kilometer stromabwärts wurde das Schiff gesichtet, unter Beschuss genommen und getroffen, allerdings nicht schwer. Man schickte dem Oberbefehlshaber in Hongkong ein Funksignal. Der Admiral, der gerade ein Diner gab, brachte einen Toast aus: »Auf die *Amethyst* und alle, die an Bord sind.«

In jener Nacht gingen noch weitere Funksprüche im Hauptquartier ein. »Halbzeit«, hieß es in einem. Ein anderer lautete: »Hundert Läufe« – ein Begriff aus dem Kricket –, worauf der Admiral im selben Jargon antwortete: »Phantastische Punktzahl!« Plötzlich geriet unerwartet eine Dschunke in die Fahrbahn des unbeleuchteten Flüchtlings; die Offiziere registrierten tatenlos, wenn auch bleich vor Schreck, wie das Holzschiff nach einem dumpfen Schlag knirschend zermalmt wurde und die schreienden Fischer ertranken. Doch den Offizieren war gar nichts anderes übrig geblieben. Bei dem Zusammenstoß mussten viele Menschen umgekommen sein, aber die *Amethyst* konnte es sich nicht leisten anzuhalten. Sie raste weiter, inzwischen mit unerhörten 22 Knoten.

Im Morgengrauen passierte sie Fort Wusong an der Mündung des Huangpu, wo am rechten Ufer eine weitere kommunistische Batterie postiert war. Die Suchscheinwerfer strichen kurz über den Rumpf der *Amethyst* – an Bord hielten alle den Atem an – und wanderten dann weiter. Das flüchtige Schiff preschte voran. »Gebt, was ihr könnt!«, wurde von der Brücke in den Maschinenraum telegrafiert. »Maschinenschaden nehmen wir in Kauf.«

Und dann war es endlich so weit: Im fahlen Licht des Morgens erspähten die Beobachter am Bug der *Amethyst* draußen auf dem weiten grauen Gewässer des äußeren Mündungsflusses unter einer dicken Rauchfahne die vertraute Silhouette ihres Schwesterschiffs, des Zerstörers *HMS Concord*. Mit der Handmorselampe wurde gemeldet: »Schön, euch wiederzusehen.« Nun bestand kein Zweifel mehr: Nach 101 Tagen unter feindlicher Belagerung war die *HMS Amethyst* endlich wieder frei, auch wenn 23 Mitglieder ihrer Besatzung gefallen waren und 31 vermisst wurden.

Niemand kennt die Reaktion der Chinesen in Zhenjiang auf diese Flucht. Später erfuhr man, dass sie Taucher auf den Grund des Flusses geschickt hatten, die den Anker – an einer tonnenschweren Kette – entdeckten und bargen. Die Chinesen marschierten mit ihrer Kriegsbeute durch die ganze Stadt und zeigten voller Stolz die Trophäe, die ihre tapferen Kämpfer dem flüchtenden imperialistischen Feigling kühn »entrissen« hatten. Wie viele Einheimische diese Geschichte tatsächlich glaubten, bleibt fraglich, doch es sollte nicht mehr lange dauern, bis die Stadt Zhenjiang von allen Ausländern gesäubert war und aus dem alten britischen Konsulat ein Revolutionsmuseum wurde. Es hieß, die Kommunisten hätten den Anker dort irgendwo im Garten deponiert. Er war auch in einigen Reiseführern erwähnt, aber als ich mich danach erkundigte, und auch als Lily danach fragte, wusste niemand genau, was wir meinten.

Die meisten Chinesen haben die höchst irritierende Angewohnheit, stur und verschlossen zu beteuern, nichts zu wissen, wenn man sie um Auskunft bittet. Fragt man, wie ich, einen alten Mann, der sein ganzes langes Leben in Zhenjiang verbracht hat, wo das einstige britische Konsulat zu finden sei, schüttelt er nur den Kopf, tut völlig ahnungslos und wimmelt einen ab. Bei der Frage nach dem Anker selbst stieß ich auf eine noch rätselhaftere Verschlossenheit. Nein, noch nie davon gehört. »Held des violetten Steins«? Nein, hier nicht. Kommt mir nicht bekannt vor, junger Mann.

Ich schob einer Frau an der Museumspforte einen Yuan hin und fragte sie, ob sich der Anker vielleicht im Museum befinde. Nein, erwiderte sie, ganz bestimmt nicht. Einen Anker gebe es hier nirgendwo. Der Wächter, der neben dem Tor stand, sagte genau dasselbe: Es gebe jede Menge Krüge und Schalen aus der Sung-Dynastie, aber keinen Anker eines barbarischen Kriegsschiffes. »Sie sind umsonst gekommen«, sagte er und lachte bitter.

In diesem Augenblick kam eine junge Chinesin die Treppe herunter. »Ich habe auch gehört, dass hier irgendwo ein Anker liegen soll«, meinte sie. »Aber ich glaube, er ist von Gras überwuchert. Außerdem wird hier gerade einiges abgerissen. Aber kommen Sie mit.«

Wir folgten ihr durch einen der Bogengänge und passierten eine steinerne Treppe, über die einst Heere von Diplomaten, Konsuln und Sekretären gewandelt sein müssen, um Nachrichten aus der ganzen Welt zu übermitteln. Wir traten auf ein frisch planiertes Gelände hinaus, auf dem gerade erst eines der sieben Backsteingebäude abgerissen worden war. Dahinter lag eine kleine von Dickicht überwucherte Erhebung. Die junge Frau deutete auf den kleinen Hügel.

»Dort, glaube ich, ist es. Nehmen Sie ein Messer, falls Sie eins haben«, rief sie uns noch nach und verschwand.

Der kleine Hügel war mit üppigen Lorbeerbüschen zugewachsen, und es war gar nicht leicht, sich durch das Gestrüpp durchzukämpfen. Und dort, am Fuß der Erhebung, halb vergraben unter dem Geäst, aber eindeutig erkennbar, lag der etwa einen Meter große Anker – ein verkrusteter Schaft, ein unversehrter Ring und ein Schäkel mit einem gelösten Stift. Das Ankerkreuz war fest in den Boden zementiert, die Flügel ragten scharf und spitz durch das Buschwerk auf. Man sah, dass er ein halbes Jahrhundert alt war, doch er war solide gefertigt und weder verrostet noch zerbrochen.

Vor dem Anker befand sich ein kleines Schild, zugewachsen und stark verschmutzt. Ich wischte den Dreck weg und las: Dies sei der Anker des ausländischen Kriegsschiffes *Held des violetten Steins*,

»der im siebten Monat des Jahres 1949 von tapferen Angehörigen der Volksbefreiungsarmee erbeutet wurde, nachdem das Schiff feige den Langen Fluss hinab zum Meer geflohen war«.

Doch war dies wirklich der Anker der *Amethyst*? Seit ich von meiner Reise zurückgekehrt bin und mir die Fotos immer wieder genau angeschaut habe, sind mir gewisse Zweifel gekommen.

Der Anker in Zhenjiang war viel kleiner als der eines normalen Kriegsschiffes. Von der Form her war es der Anker eines kleinen Fischkutters, mit Sicherheit keiner, wie er bei der britischen Marine Standard war und wie ihn die *Amethyst*, alten Fotos zufolge, mitführte. Ich vermute, dass die Chinesen uns – und sich – etwas vormachten, und das nicht zum ersten Mal. Das Ding im Dickicht in Zhenjiang war höchstwahrscheinlich ein ganz anderer Anker. Vielleicht stammte er von einem der Rettungsboote der *Amethyst*, vielleicht handelte es sich tatsächlich um einen englischen Anker und somit um ein Symbol des Verrats. Ich vermute jedoch, dass jene halbe Tonne Eisen zusammen mit all den Kettengliedern, die man in der Fluchtnacht so geräuschlos ins Wasser hatte gleiten lassen, noch immer auf dem schlammigen Grund des Jangtse ruht. Es wäre vielleicht vorteilhaft gewesen, den Anker zu bergen, doch sehr wahrscheinlich war er viel zu schwer und viel zu tief eingesunken, als dass selbst der verbissenste Chinese ihn hätte heraufholen und zur Schau stellen können. Ein kleinerer Ersatz musste genügen.

Ich dachte mir, es würde sich lohnen, den Fluss zu überqueren und nach Yangzhou zu pilgern, wo es Tempel und Gärten und angeblich die schönsten Frauen Chinas zu sehen gibt. Also fuhr ich mit der Autofähre hinüber. Wie ich erwartet hatte, wimmelte es in der Stadt von Touristen und Reisebussen. Als ich dann auch noch zwei edle mongolische Kamele sah, die auf einer kleinen Koppel als Touristenattraktion eingepfercht und so verwahrlost und verhungert waren, dass ihre Höcker wie leere Einkaufstaschen zur Seite fielen, stürmte ich davon und suchte stattdessen den Großen Kanal auf.

Doch auch der erwies sich als unglaublich enttäuschend. Er mag zwar lang und uralt sein (fast 2500 Kilometer lang und 2500 Jahre alt, wenn man davon ausgeht, dass die ersten Verbindungen im 5. Jahrhundert v. Chr. angelegt wurden). Er mag zwar ein Triumph der Technik und der Beharrlichkeit der Tang-Dynastie sein.* Heute ist er jedoch so verschmutzt und verdreckt und verstopft, so voller Müll und Exkremente, so von der Industrie verhunzt und so unsäglich hässlich, dass selbst der letzte Anflug von Romantik zerstört ist. Was heute davon übrig ist, wirkt selbst in einem angeblich so idyllischen Ort wie Yangzhou so lädiert, dass es kaum mehr wie ein Kanal aussieht. Und trotz seiner Länge ist er alles andere als »groß«. Kanäle sind im Allgemeinen faszinierende Monumente der Baukunst, der Technik und des Handels. Es ist ein Jammer, dass dieser – der größte – so in Ungnade gefallen und verkommen ist.

Sowohl die Kamele als auch der Kanal stimmten mich so betrübt, dass ich beschloss, Yangzhou seinen Touristenströmen zu überlassen. Am schlammigen Flussufer fand ich eine Dschunke, deren Eigner bereit war, uns für ein paar Jiao über den Fluss zu bringen, und nachdem wir eine halbe Stunde lang über die grauen Wogen geschaukelt waren, standen Lily und ich wieder glücklich auf den nassen Steinstufen im Hafen von Zhenjiang. Plötzlich rief uns jemand einen Gruß zu – es war der Fischer, der uns am Vormittag seine Rollhaken gezeigt hatte. Den ganzen Tag hatte er damit verbracht, ein Netz zu flicken, und weil er erfroren und müde aussah, lud ich ihn auf ein Bier in eine Bar ein. So schlossen wir eine flüchtige

* Einer der Bauleiter war ein besonders grausamer Mensch namens Ma Shumou, besser bekannt als Mahu, der Barbar. Er soll, solange er an dem Kanal arbeitete, jeden Tag ein gedünstetes zweijähriges Kind gegessen haben. Noch heute kriegen ungezogene Kinder von ihren Müttern zu hören: »Sei artig, sonst holt dich Mahu!«

Freundschaft, und er nannte mir den Namen eines Bekannten, den ich in Nanjing aufsuchen sollte – auch er war Fischer, für den Fall dass ich noch mehr über Delphine wissen wollte.

Einen kurzen Besuch musste ich noch absolvieren, bevor es weiterging. Um die Jahrhundertwende hatten in Zhenjiang presbyterianische Missionare aus West Virginia gelebt – ein gewisser Absalom Sydenstricker und seine Frau, die hier ein Kind aufzogen, das dann in Schanghai und Virginia studierte und später unter dem Namen John Hedges Romane veröffentlichte.

John war aber in Wirklichkeit ein Mädchen namens Pearl. Diese Pearl heiratete später einen Missionar namens John Buck, und erst unter dem Namen Pearl S. Buck wurde sie als Schriftstellerin berühmt und 1938 mit dem Literaturnobelpreis geehrt. Die Autorin von *Die gute Erde*, die Schöpferin des Wang Lung und seiner Frau, einer ehemaligen Sklavin, die Erzählerin tief bewegender Lebensläufe voller Schicksalsschläge wie Krieg, Hungersnot und Heuschreckenplagen – diese Frau verbrachte 15 prägende Jahre in Zhenjiang. Ihr einstiges Haus gehört heute zu einer Radiofabrik, aber seit Pearl S. Buck bei den chinesischen Machthabern wieder einigermaßen in Gnade steht – noch im Jahre 1972 wurde ihr offiziell die Einreise nach China verwehrt –, ist das Haus der Öffentlichkeit zugänglich, zumindest gelegentlich.

Natürlich wusste wieder einmal niemand, wo es zu finden war. Ich fragte ein Dutzend Leute, nannte ihnen Pearl Bucks Namen auf Chinesisch und den chinesischen Titel ihres bekanntesten Buches, und erntete überall nur verlegene Blicke – was zweifellos an meiner schlechten Aussprache lag. Als sich Lily dann nach der berühmten Radiofabrik von Zhenjiang erkundigte, bekam sie sofort Antwort. Wir gingen auf einer gepflasterten Straße einen Hügel hinauf, und es dauerte nicht lange, bis wir auf die Fabrik stießen. Neben der eigentlichen Fabrik stand hinter einem hohen Stacheldrahtzaun ein kleines zweistöckiges Haus. Hier wohnte Pearl S. Buck, stand auf einer Holztafel zu lesen, Trägerin des Nobelpreises für Literatur.

Das Haus war natürlich verschlossen. Eine Frau, die dort wohnte, tauchte auf, und ich konnte sie durch den Drahtzaun überreden, das Gitter und die Haustür aufzuschließen. »Aber«, fing sie an zu stottern – und ich wusste genau, was als nächstes kommen würde – »ihre privaten Räume sind abgeschlossen, und ...« Lily und ich fielen wie in einem Mantra gemeinsam in den Spruch ein, der unvermeidlich folgte – »der Mann mit dem Schlüssel ist nicht da.«

Also nahm ich meine Scheckkarte, die sich in Schanghai zum Abfragen des Kontostandes als so nützlich erwiesen hatte. Ich schob sie in den Türspalt, drehte sie ein wenig hin und her und befand mich innerhalb von 20 Sekunden im Schlafzimmer der Dame. Pearl S. Buck schlief in einem schlichten Mahagonibett, und zwar ziemlich hart, und verwahrte ihre Kleidung in einem einfachen Mahagonischrank. In dem Teil des Hauses, den sie bewohnt hatte, war alles schlicht, schmucklos und streng. Doch es gab auch einen Raum, der ausgerechnet der Stadt Tempe in Arizona gewidmet war, mit der Zhenjiang vor kurzem eine Städtepartnerschaft geschlossen hatte. Hier verwahrte man eine Indianerpuppe, einen Basketball mit Autogrammen der Lokalmatadore und zahllose Fotos von Würdenträgern aus Tempe, die grinsenden Funktionären aus Zhenjiang die Hände schüttelten, als sie wie ich der berühmtesten Tochter der Stadt die Ehre erwiesen. Dabei bestand zwischen Pearl Buck und der Stadt Tempe überhaupt keine Verbindung, doch die Chinesen, die offiziell noch immer über den unerbittlichen Antikommunismus der Schriftstellerin verärgert sind, hielten es anscheinend für ganz vernünftig, alle westlichen Pilger, ob aus Arizona oder anderen Gegenden, in ein- und denselben Raum zu führen. Manche Leute behaupten, dass dies überhaupt nicht das Haus der Familie Sydenstricker war und die Behörden sich mit Pearl S. Buck, den Bürgern aus Tempe und auch mit uns einen Scherz erlaubten. Wir dürfen schließlich nicht vergessen, dass wir für die Chinesen alle gleich sind und uns daher alle gleich gut als Zielscheibe ihres Spotts eignen.

Ich zog die Schlafzimmertür hinter mir ins Schloss, gab der alten Frau fünf Yuan als Entschädigung dafür, dass ich sie erst so überrumpelt und dann auch noch zur Komplizin eines Einbruchs gemacht hatte, und verließ den Bau – egal ob es nun Pearl Bucks Haus war oder nicht. Ich winkte ein Taxi her, stopfte unser Gepäck hinein und bat den Fahrer, uns nach Nanjing zu bringen.

Die Fahrt entwickelte sich zu einer etwas absonderlichen Episode, war aber sicherlich nichts Ungewöhnliches in der abenteuerlichen Welt der chinesischen Taxiunternehmen. In diesem Fall bot uns der Fahrer den Trip nach Nanjing zum halben Preis an, falls wir einverstanden wären, dass er noch einmal an das andere Jangtse-Ufer hinüberfuhr und einen seiner Verwandten abholte, einen älteren Herrn, der außerhalb von Yangzhou wohnte. Dies bedeutete, dass wir noch einmal auf die Autofähre mussten und dann nicht am Südufer des Jangtse, sondern am Nordufer nach Nanjing fahren würden. Der Fahrer war sehr zufrieden. Die kleine Autofähre gefiel mir überhaupt ganz gut, und so stellte ich mich in dem leichten Nieselregen auf das Deck und sah zu, wie im fahlen Nachmittagslicht Zhenjiang an uns vorbeizog.

Als wir uns von der Stadt verabschiedeten, hatte ich den Eindruck, auch ein kleines Rätsel hinter mir zu lassen – das Geheimnis um das lang vergessene Relikt der Royal Navy hinter den Büschen im Garten des Konsulats. Später, nach einer langen heißen Dusche im Hotel in Nanjing, hatte ich das dankbare Gefühl, mich auch von etwas anderem zu verabschieden, nämlich vom scharf-sauren, durchdringenden Geruch des erstklassigen, prämierten, weltberühmten und reichlich produzierten Reisessigs von Zhenjiang.

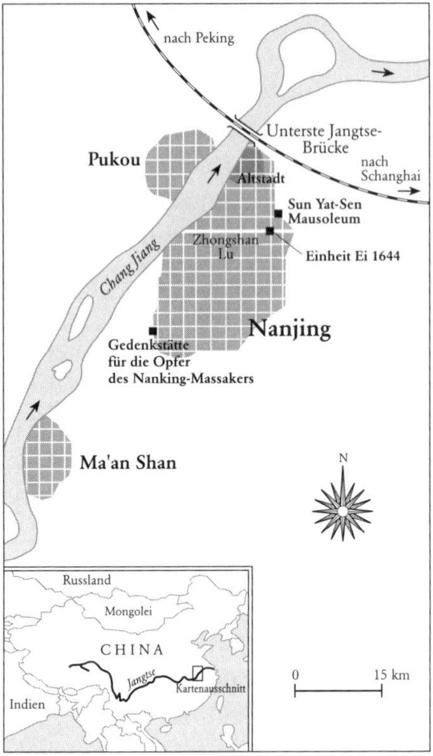

Die Stadt der Opfer

Am Stadtrand von Nanjing stieß ich eine junge Frau vom Fahrrad. Sie trug einen langen weißen Leinenrock und fiel mit der bedächtigen Anmut einer Ballerina und schaffte es dabei, vollkommen ihre Würde zu bewahren. Und es war alles eindeutig meine Schuld.

Kurz zuvor war unser Fahrer von der Polizei angehalten worden. Die Prozedur, die dann folgte, erlebte ich später noch öfter und gehörte anscheinend zum Alltag: Ein Polizist mit einer Flagge springt hinter einem Busch hervor, winkt den Wagen auf die Seite und faselt etwas von einer angeblichen Übertretung. Der Fahrer wird gebeten, auszusteigen und die Angelegenheit mit einer Gruppe wohlgenährter Polizisten zu regeln; eine nicht unbeträchtliche Menge von Scheinen wechselt den Besitzer, der erste Polizist wird angewiesen, den Führerschein wieder herauszurücken, die rote Flagge wegzustecken und das Fahrzeug weiterfahren zu lassen, woraufhin er sich wieder hinter den Busch verdrückt. Und so fließt der Verkehr in China zäh vor sich hin, und so zahlt das kleine Heer von Autobesitzern eine stattliche Zusatzsteuer für dieses Privileg, und so betten sich die Polizisten jeden Abend zufrieden zur Ruhe.

Zu Beginn meiner Reise war ich noch so naiv und so arrogant zu glauben, ich könnte in solch einer Situation helfend – oder protestierend – eingreifen. Lily warnte mich, es gar nicht erst zu versuchen, und versicherte mir, mein Auftreten würde die Sache nur noch komplizierter machen. Sie ermahnte mich, im Wagen sitzen zu bleiben. Doch ich ignorierte ihren Rat, machte die rechte hintere Tür auf, um auszusteigen – und hätte um ein Haar die junge Frau umgebracht.

Es ertönte ein jäher Schrei, ein Kratzen wie von Fingernägeln auf einer Schiefertafel und ein dumpfes Knirschen. Die Tür wurde mir mit Wucht wieder entgegengeschleudert. Dann sah ich stumm vor Schreck, wie die junge Frau in Zeitlupe mit ihrem rutschenden Fahrrad zu Boden ging, wie ein sterbender Schwan in seinen letzten Zügen. Ihr Vorderrad rollte über den unbefestigten Randstreifen, auf dem wir hielten; das Hinterrad schlingerte auf der Fahrbahn. Die Frau sank langsam auf den steinigen Boden. Sie warf jäh den Kopf herum, sodass ihr langes schwarzes Haar um ihr Gesicht peitschte, und starrte mich an – völlig verblüfft darüber, dass jemand nicht zu wissen schien, dass chinesische Radfahrer direkt neben den Autos fuhren und dies schon immer so war, und dass jemand so dumm sein konnte, eine Autotür aufzumachen, ohne sich umzusehen; und sie schien auch wütend darüber zu sein, dass ich sie so in Gefahr gebracht hatte, vor allem aber, dass sie Gefahr lief, vor einem Auto voller Fremder zu stürzen, ihre Beine und vielleicht noch mehr zu zeigen und ihre Würde, ihre Anmut und ihr Gesicht zu verlieren.

Die Schwerkraft ließ ihre Gesetze walten, und ich dachte, die junge Frau würde sich ihnen langsam und unweigerlich beugen. Doch stattdessen kämpfte sie mit aller Macht dagegen an, und während sich im Fallen ihre Beine und Arme in alle möglichen Richtungen drehten, blickte sie vor und zur Seite und zurück und schaffte es wie durch ein Wunder, das wohl nur ein Chinese fertigbringt, das große schwarze Ungetüm aus Eisen und Gummi, in dem ich ein Fahrrad der Marke »Fliegende Taube« erkannte, schließlich daran zu hindern, weiterzurutschen und zu kippen. Und irgendwie fing auch sie sich mitten im Fall. Sie gewann ihr Gleichgewicht und ihre Würde wieder und sackte mehr oder weniger sanft in einem zerknüllten Berg von weißem Leinen nieder und blieb zwischen zwei umgekippten Reifen in einer Staubwolke sitzen.

Mit einem kaum wahrnehmbaren Schulterzucken stieg sie wieder auf, wandte sich noch einmal in stummem Zorn zu mir um, drehte den Lenker gerade, schüttelte verächtlich und trotzig den Kopf über das brutale Schwanken und Taumeln und den unheilvollen Ausländer, der das alles heraufbeschworen hatte, und nahm zuerst nervös und zitternd, dann aber immer zuversichtlicher die Fahrt wieder auf, reihte sich in die gleichmütige Schlange von Radfahrern ein und war sich bald ihrer Anonymität und Würde wieder sicher. Sie sah mich ein letztes Mal an. Das hübsche Gesicht war von einer wahren Haarpracht eingerahmt; ihre weiße Bluse war leicht von der Schulter gerutscht, aber noch völlig rein und unzerknittert; nur der lange weiße Rock war etwas zerknüllt und wies an einer Seite einen kleinen Schmutzfleck auf. Sie sah wunderbar aus, dachte ich, als sie nach dem Unglück wieder unbeschwert der Abendsonne entgegenfuhr.

Sich nach diversen Tragödien immer wieder aufzuraffen, war seit eh und je das Los der Stadt Nanjing. Nur wenige Orte in China haben mit solch phantastischer und zugleich tragischer Leichtigkeit Höhen und Tiefen überstanden. Die Stadt diente einigen Dynastien als ruhmreiche Metropole und dämmerte unter anderem als schäbiges Provinznest vor sich hin. Wie in vielen alten chinesischen Städten ereigneten sich hier etliche jener Katastrophen, die spätere Historiker als »Zwischenfälle« bezeichnen. Eine dieser Tragödien brach im Jahre 1927 herein, als nationalistische Verbände sieben Ausländer töteten, und ein ausländisches Kommando mit Kanonenbooten erschien und zur Vergeltung doppelt so viele Chinesen umbrachte. Es kam aber auch zu weitaus ernsthafteren »Zwischenfällen«. Gegen Ende der Qing-Ära, in den elf Jahren zwischen März 1853 und Juli 1864, diente die Stadt beispielsweise als Hauptquartier einer berüchtigten Sekte machthungriger Fanatiker, der so genannten Taiping, die schließlich unter Mitwirkung ausländischer Söldnertruppen zerschlagen und deren Anführer (angeblich) gezwungen wurde, sich selbst zu liquidieren, indem er Gold schluckte.* Im Laufe dieser Bestürmung wurde die Stadt zum großen Teil zerstört. Dieses traumatische Ereignis wurde von zwei weiteren Schicksals-

* Der Taiping-Aufstand wurde von einem Mann namens Hong Xiuquan angeführt, der sich zum Messias berufen fühlte, und gilt heute als der zerstörerischste Feldzug aller Zeiten. In den 14 Jahren, in denen dieser Krieg wütete, sollen 20 Millionen Menschen ums Leben gekommen sein. Der Amerikaner Frederick Townsend Ward und der Engländer Charles »Chinese« Gordon, der später in Khartoum den Heldentod fand, führten die stets siegreiche chinesische Armee bei der erfolgreichen Verteidigung Schanghais gegen die Angriffe der Taiping.

schlägen eingerahmt: Zehn Jahre vor dem Einmarsch der Taiping-Rebellen musste sich die Stadt einer Horde von Barbaren, nämlich den Briten, beugen, und 70 Jahre nach dem Taiping-Terror wurde Nanjing zum Mittelpunkt der Gewaltherrschaft einer anderen Horde von Barbaren, der Japaner.

In chinesischen Geschichtsbüchern stößt man immer wieder auf jene traurige Formulierung, die den Horror in den Städten zu jener Zeit in der einen oder anderen Weise umschreibt: »Ihre Einwohnerzahl wurde drastisch dezimiert, ihr Gewerbe zunichte gemacht und viele ihrer schönen historischen Gebäude und ein Großteil ihrer Stadtmauern zerstört.« Doch auf keine andere chinesische Stadt trifft diese Formulierung so zu wie auf Nanjing. Mit anderen Worten, Nanjing blickt auf eine schreckliche, wechselvolle Vergangenheit zurück.

Auf den ersten Blick kann man dies jedoch kaum erkennen. Zur Zeit erfreut sich die Stadt eines unaufhaltsamen Aufstiegs und einer erneuten Blüte. Es hat den Anschein, als sei die Stadt Nanjing unter den Kommunisten dazu gebracht, ja gedrängt worden, ihre Vergangenheit hinter sich zu lassen. Vielleicht hat die Zentralregierung die Stadt wegen ihres früheren Glanzes verstärkt mit Aufmerksamkeit und Geld bedacht und dazu angehalten, sich der unheilvollen Seite ihrer Geschichte zu entledigen. Inzwischen entspricht die Stadt dem Wunschbild der Nation; sie hat den Staub und den Schmutz der Vergangenheit abgeschüttelt, und auch wenn sie von all ihren Heimsuchungen noch immer leicht mitgenommen wirkt, so stellt sie sich inzwischen einigermaßen fit und präsentabel dar. Und genau das scheint sich das Land für seine am schäbigsten behandelte Stadt zu wünschen.

Wann immer ich Chinesen gegenüber erwähnte, ich wolle den Jangtse hinauffahren und ein paar Tage in Nanjing verweilen, kamen Reaktionen, die nie gekommen wären, hätte ich ein prosaischeres

Bauer im Feld am Jangtse-Ufer bei Shigu, Provinz Yunnan

Großer Jangtse-Bogen vor dem »Yun Ling«, dem »Wolkenberg« bei Shigu

Über Felsen tosende Wassermassen in der »Tigersprung«-Schlucht bei Qiatou, Yunnan

Blick in die »Tigersprung«-Schlucht, die auf zwölf Kilometer Länge von hohen Felswänden gesäumt ist

Denkmal des legendären Tigers, der hier durch einen kühnen Sprung seinen Jägern entkam

Altstadt-Wohnblock vor der wachsenden Hochhaus-Kulisse Schanghais

Die 1968 von Mao Tse Tung eingeweihte Jangtse-Brücke in Nanjing

Zwei Rentner in ihrem Gärtchen am Jangtse-Ufer gegenüber der Hafenstadt Nanjing

Die »Huanghe Lu«, die Hauptstraße der Gastronomie im Zentrum von Schanghai

Die Zhenfeng-Pagode in Anqing, einst wichtiger Wegweiser für die Jangtse-Kapitäne

Von Sedimenten graugrün gefärbt – der Jangtse als Grenzfluss zwischen Tibet und Sichuan

Wäscherinnen am Geröll-Ufer des Jangtse-Oberlaufs in der Provinz Sichuan

Orangenbäume auf den Uferhängen am Jangtse-Mittellauf in der Provinz Sichuan

Pferdekarawane mit Getreidesäcken am Jangtse-Ufer bei Dege

Ziel wie Harbin oder Changsha oder Kanton angegeben. »Ach, wirklich? Nanjing! Wie schön! Da beneide ich Sie!«, sagte ein Mann. »Eine wunderschöne Stadt!«, schwärmte ein anderer. Ein älterer Herr in New York fing an zu schwelgen und murmelte verträumt: »Die Blumenboote! Eine kurze Rast im Schatten einer Trauerweide, in der Ferne der hübsche Gesang eines Mädchens ... ach, war *das* ein Leben! Was für eine wunderschöne Stadt!« Dieser alte Mann wusste genau, was der Stadt im Lauf der Jahre widerfahren war, doch er schien mit derselben ernsten Beharrlichkeit wie ganz China bestrebt zu sein, Nanjing in einem angenehmeren Licht erscheinen zu lassen. »Eine der interessantesten Städte in unserem Land – wahrhaftig«, bemerkte Lily. »Wir sind alle sehr stolz auf Nanjing und darauf, wie seine Einwohner all ihr Leid überstanden haben.«

Als wir an jenem Abend von Yangzhou kommend in die Stadt fuhren, bot bereits der erste Anblick einen äußerst treffenden Eindruck von der Stadt und ihrem krampfhaften Bestreben, modern zu wirken. Hier überquerten wir den Strom nicht mit der Fähre, wie wir es in Zhenjiang hatten tun müssen, sondern über eine riesige Brücke, der allerersten oberhalb der Flussmündung. Fast nirgendwo auf der Welt wird ein Strom von einem so langen, wuchtigen, plumpen und hässlichen Triumph des Brückenbaus überspannt wie hier. Das Bauwerk hat allerdings auch etwas Beeindruckendes. Es wirkt massiv und unerschütterlich und wird von jenen Lampen mit fünf eiförmigen Leuchten gesäumt, die seit 1949 überall das chinesische Straßenbild prägen. Auf der Brücke ragen vier Betontürme auf, zwei auf jeder Seite, die von dreifach flammenden Leuchtfeuern gekrönt und zu den Uferseiten hin von heroischen Statuen flankiert werden – jeweils eine zum Gedenken an die Erbauer und eine zu Ehren der sozialistischen Genossen in aller Welt.

Bevor ich die Inschrift las, war ich relativ verwirrt über diese zweite Statue. Es schien etwas sonderbar, vor den Toren Nanjings eine ausgesprochen weiße Betonskulptur mit einer Gruppe von Figuren zu sehen, die von einem offensichtlich schwarzen Mann angeführt wurde. Er sah fröhlich und zugleich trotzig aus, wirkte aber angesichts der massiven (wenn auch massiv geleugneten) Abneigung der Chinesen gegenüber ihren schwarzen Brüdern irgendwie fehl am Platz. Am Straßenrand hatte eine Frau einen Stand mit Lebensmitteln aufgebaut; ich fragte sie, was sie davon hielt.

»Von was?«, brummte sie. »Von dem Standbild? Ich finde es fabelhaft.« Aber was, insistierte ich, sagt sie dazu, dass die Gruppe von einem Schwarzen angeführt werde? Sie schielte mit ungläubigem Blick zu der Statue empor.

»Einem Schwarzen? Einem Schwarzen?! Du meine Güte – ja! Sie haben Recht. Stellen Sie sich vor, das ist mir noch nie aufgefallen. Seit acht Jahren arbeite ich Tag und Nacht an diesem Fleck. Seit acht Jahren! Ich kenne diese Statuen wie mein eigenes Bett. Und mir ist noch nie aufgefallen, dass dieser Mann schwarz sein könnte. Natürlich, jetzt sehe ich es. Es ist ja ganz eindeutig.«

Und sie rümpfte die Nase, als würde ein unangenehmer Geruch in der Luft liegen. Das war wohl auch der Fall, denn in Nanjing wurden schließlich Blei, Zink, Dolomit, Eisen, Fernsehgeräte, Automobile und Uhren erzeugt – und unzählige petrochemische Produkte, wie ich aus den riesigen Flammen schließen konnte, die ringsumher aus den Schloten der Raffinerien loderten. Einst war Nanjing ein Produktionszentrum für Pongé, die feine Japanseide, doch diese weniger geruchsintensive Industrie ist inzwischen fast ausgestorben.

Der Bau der Brücke war außergewöhnlich schwierig gewesen. Der Jangtse bietet dem Brückenbauer fast auf seiner gesamten Länge beinahe unlösbare Probleme; er fließt sehr schnell, ist sehr tief, weist höchst unberechenbare Wirbel und Gegenwirbel auf und steigt mitunter mit einer Wucht, der die meisten Brückenfundamente gar nicht standhalten würden. In Nanjing variieren die Wasserstände besonders stark, denn zum einen ist der Strom hier noch so schmal, dass sich die jahreszeitlich schwankenden Wassermassen stark auswirken, und zum anderen liegt die Stadt noch nahe genug am Meer, sodass sich auch die Auswirkungen der Gezeiten noch bemerkbar machen. (Es heißt, diese Auswirkungen seien selbst in Datong, ganze 560 Kilometer stromaufwärts, noch zu spüren; allerdings sind die Auswirkungen des Meeres oberhalb von Wuhu, 460 Kilometer von der Küste entfernt, für die Schifffahrt ohne praktische Bedeutung. Die Gezeiten wirken sich nur bis Nanjing, 80 Kilometer unterhalb von Wuhu, merklich auf den Pegelstand des Jangtse aus.)

In Nanjing ist der Jangtse im Juli durchschnittlich um fünfeinhalb Meter höher als im Januar; und bei Flut ist er noch einmal um über einen Meter höher. Deshalb müssen die Pfeiler und Stützen, welche die über sechs Kilometer lange, zweistöckige Brücke mit vier Fahrspuren für den Autoverkehr oben und zwei Gleisen für den Schienenverkehr unten* tragen, der Strömung des Flusses, den Gezeiten des Meeres und den Springfluten des Mündungsgewässers standhalten und eine Schwankungsbreite der Pegelstände aushalten, wie man sie von keinem anderen Strom der Erde kennt.

Das Problem wurde im Jahre 1958 angepackt. Damals erkannten die Chinesen, dass endlich Schluss sein musste mit den irrsinnigen Verzögerungen, die dadurch entstanden, dass sie ihre Passagier- und Güterzüge mit Fährschiffen über den großen Strom beförder-

* Unter fachkundigem Einsatz von Nachschlüsseln beziehungsweise Kreditkarten ist es möglich, die verschlossene Stahltür zu öffnen, die vom Treppenhaus in einem der Brückentürme auf das normalerweise unzugängliche Schienendeck führt. Selten erlebt man ein so majestätisches Beispiel der Bautechnik in so unvergesslicher Weise wie hier: Durch eine endlose Flucht von Eisengittern donnern über einem die Lastwagen hinweg, die Expresszüge rasen mit grellen Scheinwerfern auf einen zu, und ganz unten tost der wirbelnde Strom.

ten. Man bat die Russen, die damals als Meister des Brückenbaus galten, um Rat und Unterstützung. Die Russen erklärten sich schließlich bereit, den Plan wie auch die technische Beratung und den richtigen Stahl zur Verfügung zu stellen. Doch bald darauf wurden die russischen Ingenieure, da die politischen Beziehungen zu Moskau abgebrochen wurden, nach Hause geschickt. Diese hatten ohnehin beteuert, man könne bestenfalls 500 Kilometer weiter stromaufwärts eine Brücke über einen solch breiten und widerspenstigen Strom bauen.

Die Russen wussten wohl nicht, mit wem sie es zu tun hatten. Ende der fünfziger Jahre war China berauscht vom Wahn des Großen Sprungs nach vorn; das Volk war erfüllt von einem beinahe irrationalen Stolz und einer irrsinnigen Zielstrebigkeit. In den technischen Instituten des Landes wimmelte es von Ingenieuren, die beteuerten, sie könnten den Bau dieser zugegebenermaßen schwierigen Brücke ganz alleine meistern. Sie brauchten acht Jahre. Die gesamte chinesische Stahlindustrie musste umgestellt werden, um die nötigen Träger und Streben herzustellen. Doch sie schaffte es. Ende 1968, als auf der ganzen Welt der Geist der Revolution gärte und auch in China eine Revolution entbrannte, wurde die Unterste Jangtse-Brücke stolz und feierlich eingeweiht. Damals musste der Eindruck geherrscht haben, mit der chinesischen Methode sei beinahe alles machbar. Die Brücke mochte plump und hässlich scheinen, doch sie funktionierte, und bisher deutet wenig darauf hin, dass sie demnächst zusammenbricht.

In der Tasche hatte ich die Adresse eines Mannes in Nanjing, genauer gesagt eines Italieners, der für ein Jointventure in der Lkw-Montage arbeitete und seit acht Jahren im selben Hotel – und sogar im selben Zimmer – lebte. Ich rief ihn an. Kommen Sie gleich, *prontissimo!*, meinte er und bestellte mich in das Jinling Hotel, ein von Chinesen geführtes Haus mit fünf Sternen und 36 Etagen. Es befand sich im Zentrum der Stadt, an der Kreuzung von vier großen Straßen, die zu Ehren von Sun Yat-sen allesamt Zhong Shan (mit dem Zusatz Nord, Süd und so weiter) hießen.

In jeder chinesischen Stadt ist irgendetwas nach Sun Yat-sen benannt, sei es eine Hauptstraße, ein Boulevard, ein großer Platz, ein großes Gebäude oder eine Uferpromenade. »Zhong Shan« ist die Mandarinform des ursprünglich latinisierten kantonesischen Namens, denn der christliche und im Westen ausgebildete Vater des modernen China war eigentlich ein Südchinese – eine Ironie, welche die meisten Chinesen lieber verdrängen. Es überrascht nicht, dass in Nanjing gleich vier Straßen nach dem großen Staatsmann benannt sind, denn hier gründete er seine erste Hauptstadt, und hier wurde er nach seinem Tode im Alter von nur 59 Jahren 1925 beigesetzt. Sein Mausoleum in einem der Vororte gilt wohl als wichtigste Pilgerstätte der ganzen Stadt. Für die Festlandchinesen ist es ein Ort stiller Ehrerbietung, doch für die derberen Taiwaner, die ihn ebenfalls verehren und an sein Grab pilgern, ist es seit kurzem eine Art asiatisches Graceland, eine Kultstätte für einen früh verstorbenen *King*, die mit ihren Souvenirständen und Straßenhändlern genauso ordinär wirkt wie jene in Tennessee.

Als wir im Jinling Hotel eintrafen, stand Giancarlo ganz allein in der riesigen marmorgetäfelten Empfangshalle. Giancarlo war ein hoch gewachsener grauhaariger Turiner Anfang 60 mit breiten Zähnen, die sich vom jahrelangen Zigarettenrauchen verfärbt hatten, und einer riesengroßen Nase. Er trug ein auffällig kariertes Sportsakko und eine gelbe Krawatte. Er sprach mit der lebhaften und dröhnenden Stimme, die wohl für einen ständig in China lebenden Ausländer typisch ist, und freute sich, einen nicht ganz so öden Abend wie gewöhnlich verbringen zu müssen, sondern einen Globetrotter zu treffen, der vielleicht sogar den Namen des derzeitigen Ministerpräsidenten seines Heimatlandes kannte oder etwas über den FIFA-Pokal oder die Tour de France zu berichten wusste und später vielleicht einen Espresso mit ihm trank – oder ein Glas Grappa, wovon er, wie er betonte, auf seinem Zimmer einen reichen Vorrat hortete.

»Wie geht es Ihnen, Mister Simon?«, dröhnte er mir über 20 Schritte entgegen. »Ich habe ein billiges Zimmer für Sie. Und ein Abendessen werde ich, Giancarlo, für Sie kochen. Kommen Sie bitte, gleich, gleich. Ihr Gepäck können Sie hier abstellen. Giancarlo wird sich um alles kümmern. Sie werden sich prächtig amüsieren.«

Acht Jahre in ein und demselben Hotelzimmer in China können merkwürdige Dinge bewirken. Giancarlo war eindeutig ein bisschen verrückt geworden. Nachdem seine natürliche Piemonteser Überschwenglichkeit jahrelang als reine Verschrobenheit abgetan worden war und weder im Hotel noch im Büro den Funken überspringen ließ, beschloss er, aufs Ganze zu gehen und seine Rolle als Karikatur zu spielen. Und so pflegte er inzwischen Kellnerinnen zu bestürmen und mit Küssen auf die Wangen zu bedrängen, in Küchen zu stürmen und verdutzte chinesische Küchenchefs von ihren Woks zu vertreiben und das Kommando selbst zu übernehmen, sich laut über Weine zu beklagen und seinen eigenen zu verlangen, sich mit einsamen ausländischen Geschäftsleuten für kurze Stunden der Geselligkeit anzufreunden, endlose Telefongespräche mit fast vergessenen, entfernten Bekannten auf der ganzen Welt zu führen und sich jeden Abend – und so auch an diesem – um neun Uhr auf sein Zimmer zurückzuziehen, das mit ein paar Bildern und Teppichen ausgestattet war, und dort Verdi und Rossini zu hören und zu versuchen zu vergessen.

Bevor ich mich auf dieser Reise mit ihm traf, war mir nie so richtig klar gewesen, weshalb er so lange in China geblieben war. Weder sprach er Chinesisch, noch war er ein großer Freund Chinas. Er fühlte sich weder mit dem Lkw-Hersteller, für den er arbeitete, besonders verbunden, noch hatte er viel für die Fabrik übrig, die er in den acht Jahren hier aufzubauen half. Er hasste Bankette, Reden und einheimische Speisen. Er war einmal verheiratet und zweimal unglücklich verliebt gewesen und bezweifelte, sich noch einmal auf eine Beziehung einlassen zu können.

Jeden Abend sahen wir zu, wie er seine Nummer abzog, wie er Kellnerinnen verschreckte, Küchenchefs verjagte, Geschäftsführer herbeizitierte, beim Probieren einheimischer Weine würgte – außer bei einem speziellen chinesischen Rotwein, einem Merlot, der seiner Meinung nach genauso gut war wie jeder jüngere Antinori. Meist waren wir spätestens um neun Uhr so erschöpft von seiner Show, dass wir ihm eine gute Nacht wünschten und uns verabschiedeten. Hinter all dem Aufschneiden und Tönespucken verbarg sich natürlich eine tiefe Einsamkeit. Welches Geheimnis zu Hause in der Heimat hatte diesen Menschen dazu gebracht, sich in der Wildnis Zentralchinas zu vergraben? Wer kennt schon die Gründe, weshalb ein berühmter Mann aus dem Westen wie der Erfinder und Gelehrte Edmund Backhouse als Einsiedler in Peking lebte, weshalb der Botaniker Joseph Rock endlose Erkundungsreisen durch Yunnan unternahm oder weshalb Albert Schweitzer so lange in Afrika blieb und sich einem Leben in Einsamkeit und Gefahr aussetzte? Giancarlo bot ein Bild der Traurigkeit, eingehüllt in ein Rätsel, und lebte dennoch in der Tarnung eines Originals, eines geselligen Burschen, eines Szenekenners. Man lachte über ihn, und das wusste er auch, doch er war trotz seines Humors nicht imstande, das Lachen zu erwidern.

Allerdings verfügte er über ein reiches Wissen und kannte sich in Nanjing aus; deshalb hatte ich ihn überhaupt aufgesucht. Das Aufschneiden irritierte mich. Ich wünschte mir, er möge wenigstens für einen Augenblick ernst bleiben. Eines Abends vor dem Essen, als wir unter uns waren, entsprach er meinem Wunsch. Wir unterhielten uns über Schanghai, das er abgrundtief verabscheute. Dabei sagte ich, es sei einzigartig an Schanghai, dass es überhaupt keine nennenswerten Wurzeln, keinerlei Vergangenheit habe, abgesehen von jenen wenigen Jahren, in denen es ein kleines Fischerdorf war, und der kurzen Ära, in der es von lärmenden und gehässigen Ausländern bevölkert war.

»Hier ist alles ganz anders«, erwiderte er. »Hier gibt es nichts als Geschichte. Nanjing ist ein bisschen wie diese irische Stadt, Belfast heißt sie doch, oder? Sieht auf den ersten Blick ganz neu aus – alles glitzert, wie dieses Hotel, die Geschäfte, die hübschen Mädchen. Es sieht aus wie Hongkong, oder nicht? Doch hinter der Fassade ist alles ganz anders, man spürt es, wenn man länger hier lebt. Die Menschen hier sind alle in der Vergangenheit der Stadt gefangen – einer ganz schlimmen Vergangenheit, schlimmer als an anderen Orten. Die Leute hier sehen so aus, als hätten sie das Vergangene vergessen, doch in Wahrheit können sie es nicht vergessen. Sie sind sehr altmodisch. Sehr konservativ. Ganz anders als in Schanghai. Sie sagten, Sie wollen den Jangtse hinauffahren und versuchen, in die Vergangenheit vorzudringen? Nun ja, hier sind Sie bereits 100 Jahre weiter zurück. Mindestens. Vielleicht sogar 400 Jahre, am Ende der Ming-Ära. Es sieht vielleicht nicht so aus, doch es ist so. Nanjing ist so etwas wie ein lebendes Museum. Deswegen mag ich es nicht und zugleich mag ich es doch auch wieder. Italien ist in gewisser Weise ganz ähnlich. Bedeutende Städte sind oft in ihrer Vergangenheit verhaftet, besonders wenn es eine Vergangenheit voller Tragik ist. Das stört mich, andererseits reizt es mich. Da bleiben die Menschen wenigstens mit den Füßen auf dem Boden. Schanghai kann mir gestohlen bleiben! Eine grässliche Stadt! Nanjing hat etwas, das mir zusagt, wenigstens ein bisschen.«

Weiter kam er nicht in seiner Erklärung. Lily trat ein, und der Moment war vorbei. Giancarlo zwinkerte mir zu, stand auf, drückte ihr einen lauten Schmatz auf die Wange und zog seine Nummer ab. Er brüllte den Kellner an: »Diesen Müll wollen Sie mir als Huhn andrehen? Jetzt wird Giancarlo etwas Anständiges für seine Freunde kochen. Diesen Dreck werden sie nicht essen. Wären Sie also so gütig, mir aus dem Weg zu gehen, *prontissimo*!«

Ich war mit einem alten japanischen Reiseführer im Gepäck nach Nanjing gekommen, und zwar aus gutem Grund.

Bald nachdem Karl Baedeker und John Murray die Reize Europas entdeckt und in Leipzig und London ihre Kompendien im Taschenformat veröffentlicht hatten, begann ein japanischer Adeliger, ein gewisser Baron Gotō, dasselbe für Asien zu leisten, allerdings aus weit weniger gutgemeinten Gründen. Nach heutigen Maßstäben war Gotō nicht gerade von untadeligem Charakter. Er pochte auf das Recht Japans, sich auszubreiten und die unbedeutenderen Völker Asiens zu unterjochen. In den ersten Jahren der japanischen Kolonialherrschaft auf Formosa hatte er sich als brutaler Verwaltungsbeamter hervorgetan; später kam er nach China, um die Südmandschurische Eisenbahn zu leiten. Doch unbeschadet seiner kolonialistischen Haltung regte er viele Autoren dazu an, exzellente Reiseführer zu verfassen. Die kleinen roten Bände, die zwischen 1908 und 1920 unter der Regie der Kaiserlich Japanischen Staatseisenbahnen herausgegeben wurden, beeindrucken noch heute.

Sie bestechen allerdings nicht nur als Reiseführer. Gewiss, zum einen bieten die Bücher unglaublich detaillierte, ausgesprochen präzise, hübsch illustrierte und knapp gefasste Überblicke und sind somit auch heute, fast ein Jahrhundert nach ihrem Erscheinen, noch absolut brauchbar. Zum anderen geben sie einen unerwarteten, wenn auch ungewollten Einblick in die japanische Mentalität und offenbaren, wie Japan seine Nachbarn jenseits des Meeres damals sah. Aus diesem Grund hatte ich beschlossen, die Bücher überhaupt mitzunehmen. Jeder der Bände befasst sich eingehend mit einem der Völker (wie etwa den Koreanern, den Mandschuren, den Taiwanern und allen voran den Chinesen), die für die Japaner irgendwie komisch, exotisch und interessant, auf jeden Fall aber höchst minderwertig waren – und vielleicht auch noch sind. Früher oder später, so müssen sich die japanischen Leser dieser Bändchen damals gedacht haben, dürfte jedes dieser Völker reif sein zum Pflücken.

Ich hatte Band IV. dabei. Das Kapitel über Nanking, wie es damals hieß, bot, zumindest im Rückblick, einen höchst appetitanregenden Bericht über die Stadt, über die sich die Japaner bald wie über keine zweite hermachten. Baron Gotōs schmuckes Büchlein muss den strengeren Gemütern in der japanischen Armee wie die Speisekarte eines feinen Roppongi-Restaurants vorgekommen sein. O kommt, ihr Söhne Nippons, haben vielleicht einige die Sirenen rufen hören, und ergötzt euch an all dem! In der verführerischen Einladung klang ein leicht spöttischer Unterton durch:

> Die Stadt, die von diesen zyklopischen Mauern eingefasst ist, wurde in großartigem Maßstab angelegt, keine unwürdige Hauptstadt für ein großes Reich … Vor dem Einmarsch der Taiping-Rebellen gab es einigermaßen gute Straßen und Kanäle … Die Taiping-Rebellen richteten überall schreckliche Verwüstungen an, und kaum irgendetwas ist wieder instandgesetzt worden, bis vor kurzem das neue Regime antrat …, das inzwischen Straßen baut, die Kanalisation herrichtet und all den Müll und Dreck verbrennt. Im Jangtsekiang werden Karpfen und Mandarinfische gefangen, die äußerst fein im Geschmack sind. Die Blumenboote auf dem Chin-huai-ho bieten Stühle, Tische und gesteppte Decken, Nahrungsmittel und Getränke sowie singende Mädchen … Es gibt einen Club, den Hwa-Ying, der gemeinsam von Japanern und Chinesen gegründet wurde.

Im Herbst und Frühwinter des Jahres 1937 bot Nanking dieses betörende Bild – Bassins voller saftiger Karpfen, Boote voller hübscher Blumenmädchen, eine von Mauern umgebene Hauptstadt von größter Schönheit. Dies war ein Schatz, den solch unwürdige Kreaturen wie die Chinesen nicht für sich behalten durften. Japans Ansprüche auf China, die selbst nach der Annektierung der Mandschurei und der Einsetzung von Pu-Yi als Marionettenkaiser beharrlich geleugnet wurden, waren nun offenkundig. Im Juli hatten die Japaner den Zwischenfall an der Marco-Polo-Brücke inszeniert, den viele als den eigentlichen Anstoß zum Pazifischen Krieg betrachten. Im August besetzten die Japaner Peking und Tianjin. Im November landeten japanische Truppen in der Bucht von Hangzhou und nahmen mit ungewöhnlicher Brutalität Schanghai ein, ohne dass der Völkerbund auch nur leise offiziellen Protest erhoben hätte. Und im Dezember drangen die japanischen Verbände auf Nanking vor, das in den vergangenen zehn Jahren Hauptstadt der Chinesischen Republik gewesen war.

Tschiang Kai-schek war klug genug zu wissen, was passieren würde. Er floh den Jangtse hinauf, zunächst nach Wuhan und später nach Chongqing, und erklärte erst die eine und dann die andere Stadt zur neuen Hauptstadt. Die ausländischen Botschafter folgten ihm, denn sie hielten es für notwendig, dort zu sein, wo das Staatsoberhaupt und die Regierung des Landes residierten. In Nanking wurden die kümmerlichen Reste einer Garnison, ein paar hundert Ausländer und eine halbe Million unglückseliger Zivilisten zurückgelassen, die das Ganze ausbaden mussten. Die Stadt Nanking, die Baron Gotōs Autoren in ihrer salbungsvollen Art als »eine der interessantesten in China« bezeichnet hatten, überließ Tschiang Kaischek einem inkompetenten Halunken von einem General. Auch dieser floh, als sechs Divisionen mit 120 000 gut ausgebildeten japanischen Soldaten auf die Stadtmauern einstürmten.

Es entbrannte eine heiße Schlacht um die Region südlich des Jangtse. In Jiangyin und Zhenjiang kämpften die Chinesen tapfer, aber vergeblich. Die Panzer, Feldgeschütze und Kampfflugzeuge der Japaner drangen am rechten Ufer des Flusses jeden Tag ein Stück weiter vor. Am 6. Dezember 1937 hatten die japanischen Streitkräfte Nanking von drei Seiten eingekreist; und an der vierten, der Westseite, drohten General Matsui Iwanes Verbände, die auch auf dem linken Ufer vorrückten, den Fluss unterhalb der Stadtmauer zu überqueren.

Mitsubishi-Bomber nahmen die Stadt Nacht für Nacht unter Beschuss. Die Zahl der Opfer war erschreckend hoch, doch die Chinesen kämpften auch ohne Führung tapfer weiter. Auch auf Seiten der Japaner stiegen die Verluste. In den Vororten – dort, wo ich die junge Frau vom Fahrrad gestoßen hatte – kam es zum Nahkampf zwischen Soldaten der verfeindeten Staaten. Es wurde mit Bajonetten und bloßen Händen gekämpft; die Opfer starben inmitten der Trümmer und auf den Feldern hinter den Häusern. Eine Einheit der chinesischen Armee brach aus den Stadtmauern aus – die aus der Ming-Dynastie stammte, einst 30 Kilometer lang und zwölf Meter hoch und damals eine der großartigsten Stadtbefestigungen in ganz China war – und stellte sich dem einfallenden Heer entgegen. Doch auch das war zwangsläufig vergeblich.

Am Abend des 13. Dezember 1937 marschierte General Matsui durch das große Osttor in Nanking ein und begann mit einer der schrecklichsten militaristischen Gewaltorgien der Neuzeit, die als »Massaker von Nanking« in die Geschichte einging. Bei diesem Blutbad von geradezu epischen Ausmaßen brach jahrzehntelanger blinder Hass hervor, und es wurden uralte Rechnungen beglichen.

Zunächst versuchten Tausende, den Fluss zu durchschwimmen und sich in Sicherheit zu bringen, doch im Dezember ist das Wasser eiskalt und voller gefährlicher Strudel. Die Flüchtenden kamen nicht schnell genug davon. Sie wurden mit Maschinengewehrfeuer bestrichen; Hunderte, wenn nicht Tausende, kamen in den Fluten um. Ein Japaner, Masuda Rokusuke, rechnete später nach, er hätte mindestens 500 Chinesen erschossen. Doch nach dieser Schreckenstat, die allein schon eine Ungeheuerlichkeit war, wandten sich die Japaner den Hunderttausenden zu, die in der Stadt verblieben waren.

Sie feierten eine offizielle Torstürmungszeremonie. Dann setzten sie ihr Gemetzel fort. *Katazukeru*, »Säuberung«, war eines der Worte, die sie dafür benutzten; ein anderes war *Shori*, »Behandlung«. Missionare, Ärzte und ausländische Geschäftsleute mussten sechs entsetzliche Wochen lang den schrecklichen Greueltaten zusehen. Die japanischen Besatzer behandelten die chinesischen Soldaten und Zivilisten in Nanking wie Tiere und verübten an ihnen jeden nur vorstellbaren Akt der Barbarei. Wie das Kriegsverbrechertribunal von Tokio später feststellte, wurden damals 200000 Chinesen massakriert und 20000 Frauen vergewaltigt.

Kinder wurden für Bajonettübungen benutzt. Frauen wurden von Dutzenden von Soldaten, die Schlange standen, unzählige Male vergewaltigt. Alte Menschen wurden lebendig begraben. Wetten wurden darüber abgeschlossen, wie viele Köpfe mit einer einzigen Schwertklinge abgeschlagen werden konnten. Der Gewinner mit 106 Köpfen machte in der Tokioter Presse Schlagzeilen. Frauen wurden zugespitzte Bambuspfähle in die Scheide gerammt. Männer wurden vor Ochsenkarren gespannt und mussten die Kriegsbeute aus geplünderten Läden abtransportieren; anschließend wurden sie erschossen oder verbrannt. Die Japaner schlugen und schlachteten, zerschlitzten und zerhackten und verbrannten die wehrlose Zivilbevölkerung. Sie mähten die Chinesen reihenweise mit Maschinengewehrsalven nieder. Sie trieben sie in zerbombte Gebäude, bespritzten sie mit Paraffin und zündeten sie an. Sie vergingen sich auf jede vorstellbare und unvorstellbare Weise an ihnen.

Japanische Soldaten banden ihre Opfer an Pfähle, vergewaltigten und massakrierten sie, fotografierten sich dabei gegenseitig, ließen die Filme in Schanghai entwickeln und schickten die Bilder nach Hause, als Beweis dafür, dass sie »den Chinesen ein paar Lektionen erteilt« hatten. Sie gingen mit Stolz und Hochmut vor. Sie hatten das mächtige »Volk des Himmels«, dessen Schoß sie einst entsprungen waren, endlich vom Sockel gestoßen; sie hatten den Chinesen einen Dämpfer aufgesetzt und ihnen gezeigt, wer jetzt die Herren waren.

Lily und ich wanderten staunend einen ganzen Nachmittag lang durch die Gedenkstätte, die an diesen Horror erinnert. Die Stätte liegt weit draußen in einem Vorort; die Bauten des Museums sind unansehnlich, aber weit besser gepflegt als die meisten staatlichen Einrichtungen. Über dem Eingang eines großen Betongebäudes verrät eine Inschrift »Opfer: 300 000«, und in einem Felsgarten sind die Namen von Opfern zu lesen. Ganze Sandkästen sind gefüllt mit Schädeln und Knochen, die von gefolterten und ermordeten Chinesen stammen sollen.

Das Massaker-Museum wurde nicht nur erbaut, um an Greuel zu erinnern, die nie wieder geschehen dürfen, sondern – wie eine Wandtafel verrät – »um des Sieges des chinesischen Volkes im Krieg gegen Japan zu gedenken, ... um das Volk aufzuklären ... um die Freundschaft zwischen dem japanischen und dem chinesischen Volk zu fördern. ...« Lily und ich waren genauso stumm und benommen wie all die anderen Besucher. Beim Anblick der Reisebusse, aus denen sich ganze Ströme ergossen, hatten wir befürchtet, die Besucher würden sich wie typische Touristen benehmen – laut, glotzend und unsensibel. Doch alle, die hierher kamen, waren darauf eingestellt, zutiefst schockiert zu sein, und sobald sie sich umsahen, waren sie es auch. In langen Fluchten von Räumen waren die Wände voll gehängt mit Schwarzweißbildern, nicht etwa grobkörnige, unscharfe Schnappschüsse heimlicher Beobachter, sondern bewusst gestellte und kunstvoll komponierte Aufnahmen – für die Frau und die Kinder zu Hause in Sapporo, Kagoshima oder Tokio – mit Darstellungen von Männern, die sich auf brutalste und schändlichste Weise an ihren Mitmenschen vergingen.

Eine der Vitrinen enthielt eine Liste mit Namen – den Mitgliedern des International Relief Committee, einer Körperschaft, die damals als Reaktion auf die schrecklichen Vorkommnisse gegründet worden war. Genannt waren John Rabe von Siemens, J. M. Hanson von der Texas Oil Company, J.V. Pickering von Standard Vacuum, Ivor Mackay von Swire, Reverend W. P. Mills von der Presbyterianischen Mission, E. Sperling von der Shanghai Insurance Company – alles unschuldige und unbescholtene Menschen, die diesen Horror damals miterleben mussten. Das Komitee errichtete einige Lager, so genannte »Sicherheitszonen«,* in die sich die entsetzten Zivilisten flüchten konnten, doch die Japaner drangen trotzdem immer wieder in die Lager ein und führten junge Männer ab, um sie zu töten. Später verfassten die Mitglieder des Komitees einen Bericht und legten neun Jahre nach dem Massaker vor dem Kriegsverbrechertribunal Zeugnis ab. Es war offenkundig, dass sie sich tatkräftig eingesetzt hatten, doch gegen die brutale Macht der japanischen Armee konnten sie wenig ausrichten.

Und auch gegen die massive Macht der Uneinsichtigkeit in Japan konnten sie wenig ausrichten. Die Vorkommnisse sind dort bis heute nicht richtig zur Kenntnis genommen worden. Jahrelang

* Im Gegensatz zu den meisten Freihäfen gab es in Nanking kein offizielles Ausländerquartier, in dem die Opfer hätten Zuflucht suchen können. Das Abkommen von 1858, das Nanking in die wachsende Zahl von Vertragshäfen einreihte, wurde wegen der furchtbaren Verwüstung der Stadt aufgrund des Taiping-Aufstandes erst 1899 umgesetzt. Das Territorium, das als Konzession vorgesehen war, lag außerhalb der Stadtmauer direkt am Ufer des Jangtse und war sumpfig, malariaverseucht und sogar noch um einiges unwirtlicher als das Hafengebiet von Schanghai. Deswegen schlugen die Ausländer das Angebot aus.

wurde das Massaker überhaupt nicht erwähnt. In den Geschichtsbüchern kamen die Greueltaten mit keinem Wort zur Sprache; vielmehr wurde Japan dafür gelobt, dass es die asiatischen Länder von der ausländischen, das heißt westlichen Vorherrschaft befreit habe. In den Geschichtsbüchern der Schulen war von einem »Vorrücken« anstatt von einer »Invasion« der japanischen Armee in China die Rede. Die schrecklichen Ereignisse von Nanking wurden knapp und messerscharf zusammengefasst. »Im Dezember besetzten japanische Einheiten Nanking.« In einer Fußnote wird erläutert: »Japanische Soldaten sollen damals viele Chinesen, einschließlich Zivilisten, getötet haben, und Japan wurde zur Zielscheibe weltweiter Kritik.«

Noch 1991 beteuerten hohe japanische Funktionäre, die Geschichte vom Massaker von Nanking sei reine Erfindung; gehässige Chinesen erzählten Lügen, um die Ehre ihres unschuldigen Nachbarn zu besudeln. Erst 1995 äußerte ein japanischer Ministerpräsident eine erste offizielle Entschuldigung, allerdings unter dem starken Protest zahlreicher Japaner, die nach wie vor ernsthaft bestritten, dass Japaner zu so etwas überhaupt imstande seien.

Das Museum – in dem die Exponate auch mit japanischen Inschriften versehen sind und in dem es einen speziellen Raum gibt, wo sich die japanischen Besucher in einem Kondolenzbuch entschuldigen können – wurde damals gerade erweitert. Überall standen Baukräne und Bagger herum, überall lagen Berge von Kies und Säcke mit Zement. Es war geplant, in den Gärten weitere Skulpturen aufzustellen und weitere über- und unterirdische Räume einzurichten, um die Welt noch eindringlicher daran zu erinnern, was geschieht, wenn ein Volk blutrünstig wird.

In dem Museumskomplex befand sich auch ein kleines Kino, in dem alle paar Minuten ein kurzer Filmstreifen gezeigt wurde. Man könnte meinen, dass Filmaufnahmen von einem Massaker lediglich einen voyeuristischen Zug in der menschlichen Natur ansprechen, doch als ich zusah, wie Chinesen, und erstaunlicherweise auch ein paar Japaner, gebannt auf den harten Metallstühlen hockten und sich aufmerksam und betrübt ansahen, wie so viele Opfer erdrosselt und erstochen und erschlagen wurden, hatte ich den Eindruck, dass es etwas ganz anderes als purer Voyeurismus war, was all diese Menschen hierher geführt hatte. Es herrschte ein Gefühl von Scham, von beschämter Ungläubigkeit darüber, dass der Mensch zu so etwas fähig ist.

Es schien auch ganz offensichtlich, dass die Japaner gegenüber den Chinesen eine ganz eigene Haltung einnahmen. Gewiss begegneten sie mit unsäglicher Grausamkeit auch den anderen fremden Völkern, mit denen sie sich im Pazifischen Krieg anlegten – den Birmanen, den Filipinos, den Malaien und auch den Amerikanern und Engländern. Doch den Chinesen begegneten sie immer weitaus brutaler. Gegenüber den Koreanern verhielten sie sich schon schlimm genug, doch die Chinesen behandelten sie krankhaft unmenschlich, und die Chinesen haben und werden dies nie vergessen.

Das Massaker war beileibe nicht die letzte Greueltat in Nanking. In den folgenden sechs Jahren verübten die Japaner noch viel schrecklichere, grauenvollere Taten, und zwar in einem Lager, das nur knapp einen Kilometer von unserem Hotel entfernt gestanden hatte.

Seit einigen Jahren ist bekannt, dass die japanischen Besatzungstruppen in China in einem Ort namens Pingshan unweit des mandschurischen Harbin ein riesiges Lager für biologische Experimente errichtet hatten, das als Einheit 731 bezeichnet worden war. Ich war einmal dort gewesen. Die Überreste des Lagers in den schmutzigen Vororten dieser kalten und zugigen Industriestadt muteten mich unsäglich bedrückend an. Zwischen den Kohlehalden befand sich ein kleines Museum, unter anderem mit Fotos einiger Opfer, an denen man Experimente vorgenommen hatte, denen man grässliche

Krankheiten zugefügt und die man in ihrem qualvollen Todeskampf beobachtet hatte. Zu sehen waren die Plätze, auf denen man Frauen nackt gekreuzigt und im Winter hatte erfrieren lassen und dann ihre erstarrten Glieder in kochendes Wasser getaucht hatte. Zu sehen waren auch die Pfähle, an die man Männer gefesselt und mit Geschossen bombardiert hatte, die Typhuserreger enthielten. Daneben standen Tische, auf denen man Männern Gasolin, Blausäure oder Pferdeurin eingespritzt hatte und auf denen Kinder bei lebendigem Leib seziert worden waren. Die Japaner, die dem Befehl eines Mannes namens Ishii unterstanden, sahen ihre Gefangenen überhaupt nicht als Menschen an; sie bezeichneten sie als *maruta* – »Holzklötze«. Mit einem Holzklotz kann man schließlich machen, was man will.

Kurz vor dem Start meiner Reise an den Jangtse war ein neues Buch erschienen, in dem sehr detailliert die Geschichte eines anderen Lagers, und zwar in Nanking, beschrieben wurde. Diese so genannte Einheit Ei 1644 stand unter dem Kommando eines Generals namens Masuda Tomosada und war genauso grausam wie die in Pingshan. Das Lager befand sich an der heutigen Zhong Shan Donglu, neben einem alten Krankenhaus unweit des historischen Palastes der Ming-Kaiser, der bereits damals ein Museum beherbergte. Heute ist von dem Lager der Japaner – den drei Meter hohen Mauern, den elektrischen Zäunen, dem vierstöckigen Laborkomplex – nichts übrig geblieben. Lily und ich suchten die entsprechende Adresse auf, doch wir entdeckten lediglich eine Ladenpassage und den Ausstellungsraum eines Automobilhändlers. In dem Vorführraum stand ein schwarzer Rolls-Royce, ein 1993er Silver Spur. Der Verkäufer sagte, der Wagen koste drei Millionen Yuan, gab aber zu bedenken, dass sich die Steuern auf eine weitere Million belaufen würden, mindestens. »Seit einem Jahr versuche ich, ihn zu verkaufen. Das Geschäft läuft nicht so toll. Ich weiß nicht, warum.«

In China werde der Rolls-Royce – nach der engsten phonetischen Entsprechung – als »Lao-si Lai-si« bezeichnet. Es gebe zwei weitere Rolls-Royce in der Stadt, meinte der Autohändler; der eine gehöre dem Chef der Nanjing Petrochemical Corporation, der andere stehe in der Tiefgarage unseres Hotels. Aber wenn ich nichts für den Rolls-Royce übrig hätte, würde ich mich vielleicht für einen Ferrari interessieren. Als ich ihn fragte, ob er wisse, dass er seine Autos auf dem Gelände eines ehemaligen japanischen Todeslagers verkaufte, erwiderte er bloß: »In Japan haben sie viele solche Autos. Ziemlich reich, die Japaner.«

Nebenan traf Lily zufällig einen Mann, den sie aus ihrer Zeit in Nanjing kannte. Er hatte einen eigenen Friseursalon und verdiente damit ganz gut. Er hatte keine Ahnung, dass er an derselben Stelle Haare fönte und toupierte, an der japanische Techniker einst zahllose Menschen umgebracht hatten, und zwar im so genannten Interesse der Wissenschaft. Recht theatralisch schüttelte er sich. »Die haben ganz anderes Haar als wir. Man kann eine Japanerin immer sofort an ihrem Haarschnitt erkennen. Der ist viel adretter, viel ordentlicher.«

Auch in der Organisation ihres Lagers waren die Japaner sehr ordentlich gewesen. Sie bezeichneten die gefangenen Bürger der chinesischen Hauptstadt als *zaimoku*, »Bauholz«, und scheuten vor keiner Grausamkeit zurück. Die »Holzlager-Einheit« befand sich im obersten Stockwerk des Laborgebäudes. Die Gefangenen wähnten sich in einem Gefängniskrankenhaus. In einem Speisesaal im zweitobersten Stock, wo sie auf die bevorstehenden Experimente vorbereitet wurden, bekamen sie reichlich und gut zu essen. Dann brachte man sie hinauf in die Räume, die von den Wärtern als »Abteilung ohne Ausgang« bezeichnet wurden. Techniker in weißen Mänteln, die den Gefangenen als Ärzte vorgestellt wurden, gaben den Probanden Injektionen, die angeblich ihre Krankheiten heilten.

Die Spritzen enthielten jedoch schreckliche Substanzen, die so unheilvoll wirkten wie sie klangen: Nitriloprussiat, Blausäure, Arsenik, Azeton, kristallisiertes Kugelfischgift sowie das reine Gift der Kobra und anderer Giftschlangen und eines ekligen Reptils namens Amagasu. Die Wissenschaftler sahen ungerührt zu, wie die Opfer schrien, würgten und erstickten oder paralysiert zuckten und in vielen Fällen unter Krämpfen verendeten. Wenn sie nicht an den Chemikalien starben, dann durch eine Kugel in den Kopf, denn so hoffnungslos kontaminiert waren sie für jedes weitere Experiment wertlos. Die Leichen wurden in den Öfen des Lagers eingeäschert.

Die Japaner züchteten in Nanking auch Flöhe, die sie mit diversen Bazillen infizierten und in abgelegeneren Regionen Chinas aussetzten, um somit mögliche Wirkungen der biologischen Kriegsführung zu erproben. Sie stellten ferner Ampullen mit Milzbrand, Pest und Paratyphus her, die dazu dienten, Quellen und Flüsse zu vergiften. Die Pesterreger wurden stolz als eine »Nanking-Spezialität« bezeichnet.

Die Experimente währten sechs Jahre lang. Das Lager in der Zhong Shan Donglu wurde am 18. April 1939 als so genannte »Seuchenbekämpfungs- und Wasserversorgungseinheit für Zentralchina« in Betrieb genommen. In den ersten Augusttagen des Jahres 1945 wurde es in panischer Eile geschlossen. Das übrig gebliebene »Bauholz« wurde ermordet und verbrannt. Sämtliche Akten wurden vernichtet, alle Gebäude wurden dem Erdboden gleichgemacht. General Masuda floh nach Japan. Er wurde von den Amerikanern in Haft genommen, doch packte er, wie später bekannt wurde, im Austausch gegen die Zusicherung der Straffreiheit alles aus, was er über die biologischen Experimente wusste. Keinem, der an diesem grauenhaften Geschäft beteiligt war, wurde der Prozess gemacht. Die Weltöffentlichkeit mag die schrecklichen Versuche verabscheut haben, von den Ergebnissen machte sie jedoch bereitwillig Gebrauch.

Es war eines der schlimmsten Beispiele dafür, wie der Zweck nachträglich die Mittel heiligt, vor allem weil sich in diesem Fall die Asiaten und nicht die angeblich so zivilisierten Menschen im Westen jener Mittel bedient hatten.

Auf die Frage, wieso all dies möglich war, wusste weder damals noch heute irgendjemand eine befriedigende Antwort.

Als Lily in der Gedenkstätte für die Opfer des Massakers aus der Filmvorführung kam, sagte sie, es hätte ihr vor Entsetzen schier den Atem verschlagen. Es hätte ihr die Brust zugeschnürt, wie sie es noch nie erlebt hatte.

»Wieso haben sie all die Zivilisten, all diese unschuldigen Menschen umgebracht? Wieso haben sie nicht einfach nur die chinesischen Soldaten getötet? Ich sehe darin überhaupt keinen Sinn. Ich kann mich wirklich nicht dazu durchringen, die Japaner zu mögen, das können Sie mir glauben.« Die Geschenke, die in einer Glasvitrine ausgestellt waren – Plastikblumen, eine Kinderzeichnung, Flaschen mit Sake –, kamen ihr kitschig, billig und überhaupt nicht ernst gemeint vor. Doch eines der Exponate erheiterte sie – der Kapitulationstisch, der in einem eigenen Raum untergebracht war und an dem Tschiang Kai-schek die Japaner damals gezwungen hatte, auf Kinderstühlen Platz zu nehmen, damit sie das kleine Format einnahmen, das sie verdienten.

Ich befragte sie zu den widerwilligen, halbherzigen Entschuldigungen, die man den Japanern gelegentlich abgerungen hatte, seit man einigermaßen Abstand zu den Kriegsgräueln gewonnen hat. Sie dachte kurz nach.

»Ich glaube nicht, dass wir uns nicht eines Tages wieder gegenüberstehen werden. Ich glaube, eines Tages werden sie einstehen müssen für das, was sie getan haben. Damals waren sie stark. Aber wir werden derzeit noch stärker. Wir werden uns eines Tages rächen, denke ich. Hoffe ich.« Oft habe ich von Chinesen gehört, sie seien überzeugt, falls sie jemals wieder richtig Krieg führen würden, wäre es ein Krieg gegen die Japaner, dieses verhasste »kleine Volk«. Und nach den starken Emotionen in Nanjing zu urteilen, kann ich mir das durchaus vorstellen. Eines Tages, so scheint diese Stadt unentwegt zu raunen, werden wir diesen Wichten eine Lektion erteilen.

Vor den Resten der westlichen Stadtmauer zieht sich ein kleiner Fluss hin, der inzwischen ziemlich verschmutzt ist, aber immer noch idyllisch von Platanen überschattet wird, die aus Frankreich eingeführt wurden. Er mündet in den Jangtse, etwa im Bereich des Hafens, aus dem die Jangtse-Dampfer auslaufen. Ich kaufte Karten für eine abendliche Bootsfahrt auf dem kleinen Fluss, der den Namen Qinhuai (Chin-huai) trägt. Unterwegs versuchten wir uns vorzustellen, dass dies einst eines der großen Mekkas erotischer Genüsse in China gewesen sein soll.

Am Qinhuai lagen früher nämlich die berühmten Blumenboote mit so entzückenden Namen wie *Lady echtes Gefühl*, *Lachende Pfirsichblüte*, *Singender Duft* oder *Lilienpavillon*. Manche waren bis zu zehn Meter lang, groß genug für ganze Parties. Die meisten waren jedoch klein und boten gerade genug Platz für ein singendes Mädchen und ihren Kunden.

Einst pflegte man an Sommerabenden unter den Bäumen am Fluss entlang Richtung Norden zu spazieren, so wie wir es später taten. Zur Rechten erhoben sich die Stadtmauern, auf denen die Wachposten still auf und ab gingen; vom großen Strom tönten traurig die Sirenen der Schiffe herüber. Auf den Wellen schaukelten die kleinen Boote, an deren Heck eine Papierlaterne leuchtete, in deren Schein das in heller Seide gekleidete Mädchen saß. Jede Sängerin hatte einen Fächer, auf dem die Titel der Lieder standen, die sie beherrschte. Für 100 Kupfermünzen trug sie drei davon vor. Den

Gesang ihrer hohen Stimme begleiteten zwei alte Männer mit Fidel und Trommel. Auf dem Boot befand sich ein niedriges Bett, ein *kang*, und bei gegenseitiger Sympathie konnte man das Boot für vier mexikanische Silberdollars – der damaligen Währung – für den ganzen Abend mieten. Die alten Männer wurden an Land abgesetzt, und das Boot trieb langsam flussabwärts. Das Mädchen sang noch ein paar Lieder und löschte dann mit einem leisen Hauch von ihren zarten Lippen sachte die Laterne ...

Plötzlich riss mich ein Soldat aus diesem angenehmen Traum. Er trug eine Maschinenpistole über der Schulter und verlangte meinen Pass. Wir waren am Ende des Qinhuai angekommen, und das Gebiet vor uns wurde militärisch bewacht. Allerdings nicht sehr streng. Nachdem ich meine Papiere gezeigt hatte, wurde ich durchgewunken. Am Flussufer war eine Gruppe von Matrosen damit beschäftigt, Sandsäcke zu füllen – man erwartete Hochwasser auf dem Jangtse, nachdem im Rundfunk eine ungewöhnlich rasche Schneeschmelze im tibetischen Quellgebiet des Jangtse gemeldet worden war. Die Matrosen unterbrachen ihre Arbeit und boten mir Tee an. Ihr offizieller Auftrag bestand darin, wie sie mir erklärten, ein Schiff zu bewachen, das von Parteiführern benutzt wurde, wenn sie nach Nanjing kamen. Der Vorsitzende Mao habe mit diesem Schiff oft den Strom bereist. Ob ich es mir ansehen wolle?

Ich musste über eine Reihe gefährlich wackelnder Planken steigen, die man über Ziegelsteine gelegt hatte, denn alle normalen Zugänge zum Dock waren überflutet. Der Fluss schwoll inzwischen rasant an, und aus Häfen stromaufwärts wurden bereits Schäden und drohende Dammbrüche gemeldet. Maos Vergnügungsdampfer trug den Namen *Jiang Han* 56 – »Han-Fluss Nr. 56«. Zu Maos Zeiten hieß das Schiff allerdings »Der Osten ist Rot Nr. 1«. Fast 20 Jahre lang war dies seine Privatyacht gewesen. Er benutzte sie, als er 1956 erstmals im Jangtse schwamm, und auch beim zweiten Mal, zehn

Jahre später; er signalisierte damit seinen Widerstand gegen die Wünsche der älteren Parteifunktionäre und gleichzeitig den Beginn der Kulturrevolution.

Das Schiff war nicht besonders schön und ziemlich ärmlich ausgestattet. Die fleckigen Sofas sahen allerdings breit und bequem aus. Es gab einiges aus Chrom und Plastik. Die Holzmöbel erinnerten mich an die Einrichtungen, die man in den billigen amerikanischen Fernsehserien der sechziger Jahre sieht. In einer Kajüte hing eine kaputte Uhr mit einer Sonne als Zifferblatt. Im großen Salon war eine ganze Wand mit einer billigen Tapete verkleidet – einem großformatigen Foto hoch gewachsener Birken, das die Illusion erzeugte, man stünde in einem Wald. An einer anderen Wand hing ein Bild von Bora Bora.

In etlichen Kammern dösten Soldaten in Unterwäsche, doch sie erhoben sich und salutierten schlaftrunken, als ich hineinschaute. Ein Offizier zeigte mir die Kabine, in der einst Fidel Castro gewohnt hatte, und erzählte mir, auch Kim Il Sung sei viele Male an Bord gewesen. Dann führte er mich in eine größere Suite, die einmal eine Woche lang vom Ehepaar Ceauşescu belegt war. Ich glaube kaum, dass sich die beiden hier richtig wohl fühlten. In Maos Einzelkabine auf der anderen Seite des Gangs standen ein paar riesige Lehnsessel und ein großes Bett und weiter nichts. In der schmuddeligen Kombüse standen Bambuskörbe voller Reis und Thermosflaschen für heißen Tee. Vielleicht hatte alles viel luxuriöser ausgesehen, als Mao noch der Große Steuermann war. Heute schien das Schiff seiner Rolle als Chinas Staatsyacht kaum gerecht zu werden.

Ich hatte noch eine letzte Mission in Nanjing zu erfüllen. Ich hatte sie bis ganz zum Schluss aufgeschoben, und zwar aus Rücksicht auf Lilys spürbar wachsende nationalistische Neigung. In der Nähe der Dampferanlegestelle befand sich, wie ich erfahren hatte, eine Gedenkstätte zur Erinnerung an die wohl größte politische Demütigung, welche die Stadt, wenn nicht das ganze Land, je erfahren hatte. Jenes Ereignis hatte sich im August 1842 zugetragen. Der Sprung zurück in jene Zeit beschleunigte zwar das Tempo meiner Reise in die Vergangenheit um einiges (bisher, auf der Fahrt von Schanghai hierher, war ich um 60 Jahre, bis 1937, zurückgegangen), doch ich war mir stets darüber im Klaren gewesen, dass der historische Aspekt dieser Reise dem geografischen bestenfalls annähernd entsprach. Es fiel mir zwar relativ leicht, den »Zwischenfall« von 1927 und den Taiping-Aufstand der 1860er Jahre nur beiläufig zu erwähnen, doch es war unmöglich, den Einmarsch der Japaner im Jahre 1937 und eben diese letzte Episode, die Unterzeichnung des Vertrags von Nanking im Jahre 1842, zu übergehen. Ich sagte Lily, dass ich mir die Stätte ansehen wolle. »Mein Gott«, stöhnte sie, »Sie mit Ihrem verdammten britischen Empire!«

Die Gedenkstätte lag versteckt in einer Seitenstraße, unweit der ehemaligen britischen Botschaft (inzwischen ein schäbiges Zweisternehotel, in dem ein einheimischer Geschäftsmann versuchte, Anteilscheine an einem neuen Golfclub zum Nennwert von 20000 Dollar an den Mann zu bringen), in einem kleinen Tempel namens Jing Hui Shi, der schon vor 500 Jahren berühmt wurde, weil Zheng He, der bedeutendste Entdecker des Landes, vor seiner berühmten Reise nach Mogadischu dort weilte.* Inzwischen hieß der Bau schlicht und einfach »Nanjing Treaty Museum«. Eine ältere Dame, Frau Chen, schaute dort nach dem Rechten.

»Wie schön, einen Ausländer hier zu sehen«, flötete sie, als ich eintrat und mir an dem niedrigen Türrahmen den Kopf anstieß.

* An seinem Reiseziel fing er eine Giraffe ein, die er dem damaligen Kaiser mitbrachte. Zheng He wird nach wie vor als der Kolumbus oder Magellan Chinas verehrt, doch eigentlich war er gar kein richtiger Chinese, sondern Angehöriger einer islamischen Minderheit und außerdem Eunuch.

»Heute sind hier sogar die Engländer willkommen. Inzwischen ist alles Geschichte.« Sie nahm mir zwei Yuan ab und meinte, sie wolle mir gleich noch etwas sagen, doch zunächst nahm sie den Telefonhörer auf und flüsterte etwas hinein.

Unterzeichnet wurde der Vertrag am 29. August 1842 in der Kapitänskajüte des Kriegsschiffes *HMS Cornwallis*, das etwa einen halben Kilometer vom Ufer entfernt vor Anker lag. Zustande gekommen war er, weil britische Soldaten nach einem militärischen Erfolg in Zhenjiang – wo wir zuletzt gewesen waren – eine strategische Position vor den Stadtmauern von Nanking eingenommen hatten. Das war am 5. August gewesen. Die örtlichen Vertreter der Qing-Dynastie, die uneingeschränkte Vollmachten des Pekinger Kaisers Daoguang besaßen, erklärten sich zu Verhandlungen bereit. Ein erfahrener Diplomat namens Sir Henry Pottinger war von Lord Palmerston dazu berufen worden, für die Engländer zu verhandeln und die zwei Jahre währenden lästigen Geplänkel zu beenden, die seither hochtrabend als Erster Opiumkrieg bezeichnet wurden. (Dem Vorgänger Pottingers, einem gewissen Charles Elliot, hatte Palmerston wegen einer Reihe angeblicher Verfehlungen kurzerhand den Laufpass gegeben; eines dieser Vergehen soll darin bestanden haben, dass er sich in Hongkong niedergelassen hatte – einem Ort, den der britische Premierminister zynisch und mit einem phänomenalen Mangel an Weitsicht als »öde Insel mit kaum einem Haus darauf« abtat.)

Zu Beginn der zweiten Augustwoche betrat Sir Henry Pottinger den kleinen Jing-Hui-Tempel und nahm an einem eilends aufgestellten Konferenztisch Platz. Ihm gegenüber saß ein Mandschumandarin namens Qiyang in seiner prächtigen scharlachroten Robe und der Mütze mit dem roten Knopf. Zwei Wochen lang arbeiteten die beiden Männer mit Hilfe von Beratern und Dolmetschern ein Abkommen aus, das die Geschichte Chinas nachhaltig verändern sollte. Der daraus resultierende Vertrag verpflichtete die Chinesen, ihr Land dem Handel mit den »Barbaren« zu öffnen (der Begriff »Barbaren« wurde in dem Vertrag sogar offiziell verwendet und war auch noch in den folgenden zehn Jahren gebräuchlich). Er leitete gleichzeitig die Spaltung der chinesischen Nation ein und weckte die Begierde des noch schlummernden Inselvolkes östlich von China.

Der in eleganter Kalligrafie verfasste vollständige Wortlaut des Vertrages hängt an einer Wand des kleinen Museums. Jeder Chinese kann die zwölf Absätze lesen und einen Eindruck davon gewinnen, wie demütigend der Vertrag damals gewesen sein muss. Verständlich wird dabei auch, warum die Chinesen heute so darum bemüht sind, die einstige Demütigung zu tilgen. Allerdings verirren sich nur wenige Besucher in das kleine, versteckte Museum. Ich fand es seltsam, dass man es nicht längst dichtgemacht hat.

Der zweite Absatz des Vertrages war der unangenehmste von allen. »Die Insel Hongkong soll für alle Zeiten in den Besitz Ihrer Majestät, Königin Victoria, und ihrer Nachfolger übergehen und nach deren Ermessen regiert werden.« Das war aber noch nicht alles. China musste fünf Freihäfen öffnen, 21 Millionen Silberdollar als Entschädigung für verbranntes Opium und andere Ehrenkränkungen bezahlen* und faire Warenzölle einführen; ferner sollte in allen weiteren Kommuniqués zwischen den beiden Staaten auf Formulierungen wie »Petition« und »bitten« offiziell verzichtet werden. Doch all das war nichts verglichen mit der Preisgabe dieser einen Insel, die ein Teil des ältesten Reiches der Erde war. Das war eine bittere Pille, die Daoguang schlucken musste. In späteren Jahren fielen weitere Landesteile an andere Nationen – die Mandschurei, Liaoning, Shandong und selbst der Sommerpalast in Peking. China

* Die Entschädigung wurde in Silber geleistet; 65 Tonnen trafen schon 1842 per Schiff in Portsmouth ein und wurden sofort in die Königliche Münze Englands geschafft.

versank nur noch mehr in Verbitterung und Isolation, trauerte der edlen alten Zeit nach und hoffte auf bessere Zeiten.

Frau Chen kam auf uns zu und meinte, Lily solle aufhören, so entrüstet zu tun. »Es ist doch nicht seine Schuld«, sagte sie mit einem freundlichen Blick auf mich. »Außerdem ...«, hob sie an, doch sie wurde von einem gütig dreinblickenden älteren Herrn mit Brille unterbrochen, der sich als Professor Wang, Leiter des Amtes für historische Relikte in Nanjing, vorstellte.

»Außerdem, Frau Chen«, sagte er und plusterte sich zu einem Volksprediger auf, »ist jetzt bald Schluss mit all dieser Demütigung. Inzwischen gehört fast alles wieder uns. Die Mandschurei gehört wieder uns. Shandong haben wir den Deutschen wieder abgenommen. Wir haben die Russen rausgeworfen, und die Japaner – die verhassten Japaner. Die Portugiesen verschwinden aus Macau. Und bald werdet auch ihr Briten ganz verschwunden sein. Eure Mrs. Thatcher hat genau gewusst, dass sie den Pottinger-Vertrag nicht aufrechterhalten kann. Sie wusste, dass Hongkong nicht ewig zu halten ist. Es gab nur eines – aufgeben und heimgehen. Nun gehört fast ganz China wieder uns. Eines Tages vielleicht auch Taiwan. Das wird ein glorreicher Tag für uns werden. Dann ist der Vertrag, der hier unterzeichnet wurde, nichts als ein Relikt – ohne jede Bedeutung. Die Chinesen werden ihn nie vergessen, aber sie werden es nie wieder so weit kommen lassen.« Professor Wang schwieg und ließ seine Worte wirken; dann lächelte er Lily an, seufzte erleichtert und schlug Frau Chen vor, uns allen Tee einzuschenken. »Wir müssen ab jetzt Freunde sein. Und zwar gleichberechtigte Freunde. Nicht so wie früher. Wir Chinesen sind Ihnen inzwischen zumindest gleichgestellt, meinen Sie nicht auch? Zuallermindest gleichgestellt.«

Bei Einbruch der Dunkelheit warteten wir auf unser Neun-Uhr-Schiff nach Jiujiang, weiter stromaufwärts. Kathleen, eine Amerikanerin, die an einer der Universitäten von Nanjing lehrte und die ich flüchtig kannte, begleitete uns zum Hafen. Sie stammte aus Connecticut und war so begeistert von China, dass sie gar nicht mehr nach Hause zurückkehren wollte. Sie unterrichtete englische Sprache und Literatur. An jenem Tag hatte sie mit ihrem Kurs von etwa 40 Studenten gerade *Tess von D'Urbervilles* durchgenommen.

Ich hatte ihr von der Unterhaltung mit Professor Wang erzählt und gemeint, dass er mir – wie so viele andere Chinesen heutzutage – viel offener und direkter erschien, als es die Chinesen früher waren. Vielleicht, mutmaßte ich, offenbarte er etwas von dem neuen Selbstbewusstsein, dem neuen Selbstvertrauen der Chinesen.

»Ich bin mir nicht so sicher«, erwiderte Kathleen. Über manche Dinge spreche man nach wie vor nur hinter vorgehaltener Hand, meinte sie, und nur mit der größten Verlegenheit. Über Sex, beispielsweise.

»Erst heute habe ich es wieder erlebt. Ich habe eine Studentin namens Nancy; sie ist 21, sehr hübsch, spricht perfekt Englisch. Ich hatte sie gebeten, den Inhalt des Buches kurz zusammenzufassen. Sie fing an und kam bis zu der Stelle, an der Alec D'Urberville Tess vergewaltigt, als sie im Wald schläft. Es ist die Vergewaltigung, die zu der Schwangerschaft führt, gleich zu Beginn der Geschichte. Na ja, Nancy erzählt vor der Klasse, wie Alec mit Tess ausreitet, wie sie sich verirren, wie sie im Wald Unterschlupf suchen müssen. Und dann kam Nancy ins Stocken. ›Und dann?‹, fragte ich. Sie wurde rot. Sie wollte es nicht aussprechen. Schließlich rückte sie damit heraus. ›Und dann war Alec sehr grob zu ihr‹, sagte sie. Ich war einen Moment lang richtig platt. Dann fragte ich sie, was sie damit meinte – ›grob‹? Doch sie konnte oder wollte es nicht sagen und blickte bloß zu Boden. ›Das war nicht *grob*, das war eine Vergewaltigung!‹, schrie ich. Ich glaube, ich habe das Ganze ein bisschen zu sehr aus amerikanischer Sicht gesehen und bin zu sehr darauf herumgeritten. Aber sie wollte einfach nicht darüber reden, und auch sonst niemand in der Klasse.«

»So ist Nanjing nun einmal«, warf Lily ein. »Eine sehr konservative Stadt. Das sind sehr konservative Leute.«

»Das kann man wohl sagen«, erwiderte Kathleen. »Es war sogar noch schlimmer, als ich auf das Thema Homosexualität zu sprechen kam. Ich dachte, ich riskiere es einfach einmal. Ich sagte, Homosexualität gebe es überall – in China genauso wie in allen anderen Ländern. Ich sagte, auf der Fußgängerbrücke beim Shin-Jie-Tor, nicht weit von Ihrem Hotel, gebe es homosexuelle Prostituierte. Die Studenten wollten es nicht glauben. Sie sagten, in China gebe es so gut wie keine Homosexuellen, und ich solle das Ganze bitte schön für mich behalten.«

Lily stand auf. »Wir müssen jetzt an Bord«, sagte sie. Ihre Stimmung, die schon in günstigen Momenten sehr wechselhaft sein konnte, hatte sich plötzlich verdüstert. Ich glaubte zu wissen, was als Nächstes kam.

»Die Studenten haben Recht«, sagte sie. «Hier gibt es tatsächlich keine Homosexualität, außer bei ein paar Kranken. Es ist eine Krankheit, eine Geisteskrankheit – und die kann geheilt werden. Die Amerikaner lassen es zu. Wir nicht. Ich kann verstehen, dass die Studenten nicht darüber reden wollten. Das mit Tess und der Vergewaltigung, das ist etwas ganz anderes. So sind die Leute in Nanjing nun einmal. Nancy ist ganz typisch dafür. Die Leute in Schanghai sehen das ganz anders. Hier ist Vergewaltigung ein sehr heikles Thema. Das wissen Sie beide sicher.«

Die Schiffssirene heulte. Gott sei Dank, murmelte ich. Ein Streit zwischen einer aufgeschlossenen Amerikanerin, die kein Blatt vor den Mund nahm, und meiner nicht gerade zimperlichen Reisebegleiterin war das Letzte, was ich jetzt brauchte. *The Clash of Two Civilizations* wäre nichts gegen ein richtiges Wortgefecht zwischen den beiden. Ich verabschiedete mich von Kathleen, die die Augen nach oben verdrehte. Lily und ich reihten uns in die dichte Menschenmenge vor der Gangway ein, die wie ein Berg Rindfleisch in einen Fleischwolf gedreht wurde.

»Soldaten zuerst!«, ermahnte eine Wärterin barsch. Das war immer so: »Soldaten Haben Vortritt«, hieß es auf Hinweistafeln. »Sie Bringen Unserer Nation Große Opfer.«

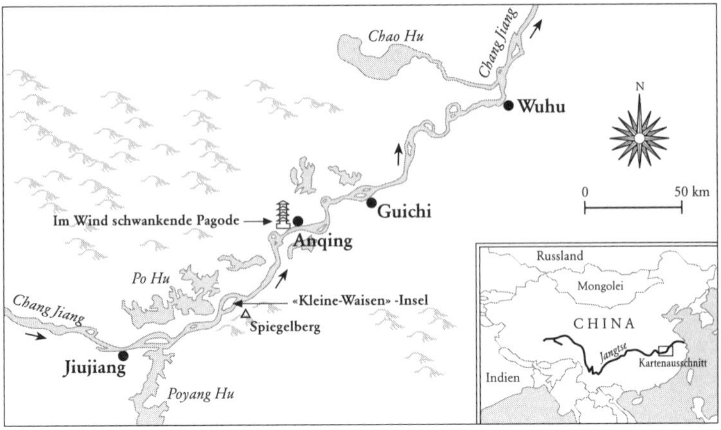

Steigende Fluten

Die letzten Sonnenstrahlen schimmerten durch die violetten Rauchwolken über den Fabrikschloten, als die *Jiang Han 18* behutsam auf den anschwellenden Strom hinausfuhr. Über die Brücke weiter hinten ratterte ein langer Güterzug; die Waggons waren mit Kohle für die Fabriken und Schmelzhütten am Nordufer beladen. Die Fähre von Pukou, deren untere Decks mit Passagieren und Fahrrädern vollgestopft waren, bog langsam um die Hafenboje. Ein alter Mann in einer Kordelweste, der auf dem zweiten Deck der *Jiang Han* neben mir stand, pinkelte munter über die Reling; als er sich die Khakihose wieder zuknöpfte, spuckte er auch noch in hohem Bogen in den Fluss. Von der Uhr des Hafengebäudes erklangen neun scheppernde Schläge: Wir legten pünktlich ab. Unten im stickigen Rumpf des Schiffes waren über 600 Passagiere zusammengepfercht.

Wir hatten es geschafft, uns eine Kabine direkt unter der Kommandobrücke zu sichern. Es hatte uns einiges gekostet: Den üblichen doppelten Preis, den Ausländer stets berappen müssen, sowie 20 Yuan Bestechungsgeld. Doch die Alternativen waren alles andere als verlockend gewesen – entweder ein riesiger Schlafsaal, vollgepackt mit einer drängelnden Menge schreiender Menschen und einem glühend heißen Boden, auf dem alle möglichen dubiosen Flüssigkeiten herumschwappten, oder eine Kabine mit zwölf Kojen in der dritten Klasse. Doch für nur 20 Dollar konnte man in der zweiten Klasse reisen (die Bezeichnung »erste Klasse« war offiziell immer noch verboten) und hatte damit immerhin eine verschließbare Tür, Betten mit Vorhängen und einen funktionierenden Ventilator. Der Preis schien dem gebotenen Komfort angemessen, schließlich sollte die Fahrt 25 Stunden dauern.

»Heute wohl eher 30 Stunden«, meinte Kapitän Wu De Yin, als ich ihn auf der Brücke besuchte. »Dieses Jahr scheint das Hochwasser sehr schlimm zu sein. Die Strömung ist sehr stark. Stromab kamen wir wie eine Rakete geschossen. Doch flussaufwärts müssen wir uns jeden Meter erkämpfen.«

Kapitän Wu befuhr den Jangtse seit seinem elften Lebensjahr, seit über 40 Jahren. Einst arbeitete er auf der *Kunlun*, die inzwischen als Ausflugsdampfer für Touristen diente und von ihrem amerikanischen Betreiber fälschlich als Maos Schiff ausgegeben wurde. »Tschou En-lai war an Bord«, erklärte er, »aber Mao nie.« Er deutete respektvoll auf ein kleines Foto von Mao, das an einer Schnur von einem Rohr baumelte – als Talisman. Auf allen Langstreckenschiffen in China befanden sich Bildnisse von Mao oder Tschou und manchmal auch von beiden sowie ein Stück rotes Tuch, das im Wind flatterte. Sie dienten sozusagen als heiliger Christophorus und als sichtbares Zeichen des Glaubens an die Partei.

Kapitän Wu hatte vor zehn Jahren von der *Kunlun* abgemustert und war seither auf den regelmäßig zwischen Nanjing und Wuhan verkehrenden Passagierschiffen im Einsatz. Die Fahrten auf diesem Stromabschnitt, den man als den oberen Teil des unteren Jangtse bezeichnen könnte, empfand er stets als absolut nervenaufreibend.

»Jeder meint, der Jangtse mache nur bei den Schluchten Schwierigkeiten«, sagte er, während er sich eine Zigarette anzündete. »Aber dieser Strom – ha! – der ist immer schwierig. Immer. Er ändert sich jeden Tag, jede Stunde. Eben war noch klares, ruhiges Wasser, und plötzlich – pah! – ist man in einem Strudel, der einen hinunterzieht und herumwirft, und bevor man sich versieht, treibt man auf einen Felsen oder eine Klippe zu. Man muss dem Strom wie einem Feind begegnen. Es ist ein echter Kampf, diesen Strom hinaufzufahren. Morgen früh werde ich es Ihnen zeigen. Aber auch jetzt können Sie es hören – lauschen Sie nur!«

Ich spitzte meine Ohren, um bei dem dumpfen Dröhnen der Maschinen und dem Krakeelen in einer der Mannschaftskabinen hinter uns etwas zu vernehmen. Nach einigen Sekunden hörte ich ein kurzes Stocken und Stottern im Rhythmus der Dieselmotoren und ein leises metallenes Quietschen und spürte einen leichten Ruck nach Backbord. Ich torkelte. Der Kapitän blieb gefasst stehen. Kurze Zeit fuhr das Schiff wieder ruhig weiter, doch dann erfolgte abermals ein Schlag, diesmal von Steuerbord. Wieder kreischte der metallene Leib des Schiffes gequält unter uns auf, und wieder gab es einen Ruck.

»Verstehen Sie, was ich meine? Draußen sehen Sie nur die dunkle Nacht. Alles sieht ganz ruhig aus. Doch der Fluss unter uns verhält sich ganz sonderbar. Ich könnte nie behaupten, ich würde ihn kennen. Ich kenne die Häfen, die Anlaufstellen. Ich kenne die Brücken und sämtliche Leuchtfeuer. Aber das Wasser – pah! – das ist ein seltsames, wildes Tier. Für all das sollte ich viel mehr verdienen!« Er sagte, er verdiene etwa 6000 Yuan im Monat, das entspricht etwa 1300 Mark.

Bevor ich schlafen ging, blieb ich noch kurz auf der Brücke stehen und starrte in die tintenschwarze Nacht. Es war warm und klamm, und an den Stahlplatten lief in dicken Tropfen das Kondenswasser runter. In der Ferne leuchteten die Hochöfen und kündeten stumm von Chinas Stärke, doch von tief unten ertönte ein gurgelndes Brodeln, das daran erinnerte, dass der Strom noch um vieles stärker war und, wie die Anrainer nur allzu gut wussten, mit einem einzigen saisonalen Zucken seiner gewaltigen Schultern all die fernen Feuer und noch vieles mehr auszulöschen vermochte.

Dieser Stromabschnitt hatte schrecklich unter den jährlichen Überschwemmungen zu leiden. Später sollte ich erfahren, dass das, was in jener Nacht unter dem Rumpf unseres Schiffes herumwirbelte, eine denkwürdig schlimme Hochwasserflut war. Es hieß, 1500 Menschen seien dabei ums Leben gekommen und Hunderte Millionen »in Mitleidenschaft gezogen« worden. In patriotischen Fernsehsendungen wurde gezeigt, wie sich tapfere Soldaten heroisch darum bemühten, an Tausenden von Kilometern gefährdeter Ufer Dämme und Deiche zu sichern. Doch so zerstörerisch das Hochwasser von 1995 auch gewesen sein mochte – es war lediglich ein harmloses Bad verglichen mit der zentralchinesischen Überschwemmung von 1931, die die Chinesen als eine der schlimmsten Naturkatastrophen aller Zeiten in Erinnerung behielten. Wie immer hatte der wilde und unberechenbare Jangtse Schuld.

Allerdings war nicht der Jangtse alleine schuld. China ist auf einzigartige und doppelte Weise mit seinem Klima *und* seiner Topografie gestraft. Der topografische Querschnitt Chinas unterscheidet sich drastisch von dem eines jeden anderen Landes der Erde. Chinas Westen liegt insgesamt sehr hoch und besteht aus einer gewaltigen Ansammlung riesiger Faltenformationen, zu denen der Himalaja, das Tibet-Qinghai-Plateau und die großen Gebirge von Sichuan, Yunnan und Gansu gehören. Chinas Osten dagegen ist flach und ausgeschwemmt und senkt sich sumpfig zum Meer hin ab. Der Teil dazwischen ist natürlich alles andere als eine sanft abfallende Ebene. Der Höhenunterschied zwischen den westlichen Provinzen und dem Meer ist vielmehr so gewaltig – er beträgt über 7000 Meter – und die Richtung des Gefälles so einseitig, dass alles, was im Westen niedergeht, sei es Schnee, Hagel, sintflutartiger Regen oder der für Wuhan so typische graue Nieselregen, unwillkürlich und unaufhaltsam nach Osten abfließt.

Die beiden größten Ströme Chinas, der Gelbe Fluss und der Jangtse, fließen beide in genau dieselbe Richtung, von West nach Ost. Sie beginnen ihren Wettlauf hoch oben im Himalaja und den anderen Gebirgen, sammeln unterwegs sämtliche Flüsse ein, die auf ihrem Weg liegen, und spülen die gesamte Niederschlagsmenge aus einem Gebiet von Zehntausenden von Quadratkilometern in die erdfarbenen Fluten des Ostchinesischen Meeres.

Die Oberflächengestalt Chinas ist indes nicht der einzige Faktor. Gewiss, das Land hat eine eigenwillige Form; es sieht aus wie die Hälfte eines Tempeldaches. Trotzdem würden kontrollierbare hydrografische Verhältnisse herrschen, wenn nicht vier weitere kritische Faktoren hinzukämen.

Unübersehbar ist erstens die Tatsache, dass in China jedes Jahr Unmengen von Niederschlägen fallen, weit mehr als in Europa und Amerika, mancherorts sogar genauso viel wie in Assam mit seinen Niederschlagsrekorden. Zweitens fallen fast all diese Niederschläge im topografisch chaotischen Westen und im Süden des Landes – was übrigens auch der Hauptgrund dafür ist, dass im feuchtwarmen Süden in erster Linie Reis und im kühlen, trockenen Norden Weizen angebaut wird. Die Scheidelinie, die so genannte Weizen-Reis-Grenze, verläuft fast parallel zum Flussbett des Jangtse.

Drittens sind diese großen und geografisch konzentrierten Niederschläge auf eine ganz bestimmte Jahreszeit beschränkt; der sommerliche Monsun beherrscht die Wetterverhältnisse im südwestlichen China ebenso wie im nördlichen Teil des angrenzenden Indien. Dadurch entsteht eine äußerst seltene Konstellation. Fast nirgendwo auf der Erde sind die Niederschläge sowohl örtlich als auch zeitlich so konzentriert. Weder in Indien noch am Amazonas noch in Europa ist dies der Fall. In China fallen dagegen sämtliche Niederschläge mehr oder weniger in einer einzigen Region und in einer einzigen Jahreszeit, nämlich zwischen Juni und September.

Und als ob diese drei Umstände noch nicht genügten, fällt der Regen viertens genau dann, wenn die Sommersonne die Erdoberfläche erwärmt und den Schnee und die Gletscher in den Gebirgen Westchinas zum Schmelzen bringt. Die Schneeschmelze allein verursacht reißende Ströme, die nach Osten drängen, und zwar genau dann, wenn die Regenzeit einsetzt.

Das Zusammentreffen dieser vier Faktoren – die so bedrohlich sind wie die vier apokalyptischen Reiter – hat oft unheilvolle Folgen. Jeden Sommer führt jeder Nebenfluss der zwei großen Flusssysteme Chinas plötzlich gigantische Wassermengen. Ein Teil entstammt der Schneeschmelze, ein Teil dem Monsunregen, doch alles sammelt sich schließlich in zwei Adern.

Im Norden des Landes ergießen sich die Ströme in den Huanghe, den Gelben Fluss, der Jahr für Jahr Millionen Tonnen Löss aus dem Herzland Chinas wegschwemmt und an seinem Delta ins Meer spült.* Nicht grundlos wird dieser Strom in der Umgangssprache »Chinas Sorge« oder »Der Unbezwingbare« genannt.

Die immer wieder auftretenden Hochwasser des Gelben Flusses sind zwar oft dramatisch, aber selten so katastrophal wie die des

* Stellenweise gleicht er eher einem Strom von Sirup als einem Fluss. In einigen Nebenflüssen bestehen 30 Prozent des Flussvolumens aus Schlick; beim Jangtse sind es dagegen nur 0,2 Prozent.

Jangtse. Der Jangtse ist fast um ein Sechstel länger als der Gelbe Fluss. Er durchströmt nicht nur weitere Hunderte Kilometer wasserreicher Bergregionen, sondern verfügt auch über weit mehr Nebenflüsse, insgesamt etwa 700, darunter solch bedeutende Ströme wie Yalong, Minjiang, Jialing, Han Shui, Wu und Yuan. Jeder dieser Nebenflüsse darf zu den größten Strömen der Erde gezählt werden, doch letztlich sind sie alle nur Zuleitungen zum Jangtse und seinem gewaltigen Schlund. Außerdem fließt der Jangtse im Gegensatz zum Gelben Fluss durch einen Teil Chinas, der während der Monsunzeit selbst mit Niederschlägen versorgt wird.

Die Folgen sind stets beachtlich, gelegentlich bedenklich und unverhältnismäßig oft katastrophal. Im Jahre 1871 stieg der Pegel an einer Stelle in kürzester Zeit um nicht weniger als 83 Meter. Ein Stück weiter stromaufwärts von dort, wo ich gerade unterwegs war, steigt der Pegel an manchen Stellen im Sommer um durchschnittlich 20 Meter, Jahr für Jahr. Überall entlang der Ufer waren an Felswänden, Mauern und Pfählen verwaschene weiße Zahlen zu lesen, die – einst in Fuß, inzwischen in Metern – angaben, wie weit die Wasserstände schwankten. In Jiujiang, das wir nach einem Tag anstrengender Fahrt erreichen sollten, wies eine Tafel auf den angeblichen Pegelstand jenes fatalen 19. August des Jahres 1931 hin; damals war der Fluss auf fast 17 Meter über Normal gestiegen und hatte alles im Umkreis von Kilometern überschwemmt.

In jenem Sommer fielen – zusätzlich zu dem normalen Wasseraufkommen durch den Monsunregen und die Schneeschmelze im Gebirge – entlang des gesamten mittleren und unteren Jangtse katastrophale Niederschlagsmengen. Unwetter wüteten über dem Flachland, das ich gerade durchquerte und das am Fuß einer Gebirgskette etwa 800 Kilometer vor uns beginnt und sich bis zum Meer erstreckt, das bereits 500 Kilometer hinter uns lag. Diese gewaltige Wassermenge ergoss sich in einen Strom, der bereits aufgrund der Schmelze der tibetischen Schneefelder enorm angeschwollen war und dem darüber hinaus massive Schockinfusionen von seinen mächtigen Nebenflüssen drohten.

Die Folge davon war, dass der Jangtse genau an der Stelle, die ich in jener Nacht passierte, zunächst auf neun Meter über seinem derzeitigen Stand anstieg und dann nicht weniger als sechsmal kurz nacheinander von gewaltigen Hochfluten heimgesucht wurde, als nämlich die Wassermassen der verschiedenen Nebenflüsse anrollten.

Die Hochfluten der Nebenflüsse sind keine Bagatelle. Wenn sich in einem wasserreichen Jahr beispielsweise der grotesk angeschwollene Minjiang in den Jangtse ergießt, entsteht eine über drei Meter hohe Flutwelle, die sich tagelang das Flussbett entlangwälzt. Wenn ein weiterer angeschwollener Strom wie der Jialing seine Wassermassen je nach Wetterlage in seinem Quellgebiet etwa zur selben Zeit ebenfalls entlädt, schießt erneut eine Flutwelle den großen Strom hinunter – und so weiter und so fort. In kürzester Zeit tritt der Jangtse auf Hunderten von Kilometern über die Ufer, und die überschwemmten Felder, Dörfer und Städte werden dann im Abstand von wenigen Tagen von immer neuen Wellen überspült. Im Jahre 1931 stellte sich die Überflutung nicht allmählich ein, sondern auf einen Schlag, und das Gebiet stand längere Zeit vollständig unter Wasser.

Die Folgen dieser zentralchinesischen Überschwemmungskatastrophe waren unfasslich. Mehr als 140 000 Menschen ertranken. Nach einigen Schätzungen waren 28, nach anderen sogar 40 Millionen Menschen davon betroffen. Über 180 000 Quadratkilometer Land standen unter Wasser. Zwölf Millionen Menschen wurden obdachlos, den pessimistischeren Berichten zufolge sogar doppelt so viele. Durch das Hochwasser entstanden Schäden in Höhe von zwei Milliarden Dollar – und das nach den Maßstäben von 1931, als die chinesische Durchschnittsfamilie umgerechnet ein paar Pfennige verdiente. In Städten wie Wuhan, etwa zwei Tagesetappen stromaufwärts, standen einige Straßen bis zu sechs Metern unter Wasser. Die Stadt war vier Monate lang überschwemmt. Die Felder, die nicht durch Deiche geschützt waren, standen neun Meter unter Wasser. Nanjing war sechs Wochen lang überflutet.

Dies mochte das seit langem schlimmste Hochwasser gewesen sein, doch ähnliche Katastrophen ereigneten sich auch schon davor und könnten auch in Zukunft wieder auftreten. In der äußerst präzise dokumentierten Geschichte des Landes wurden in den letzten 2000 Jahren über 1000 größere Überschwemmungen registriert. Allein am Jangtse scheint es etwa alle 50 Jahre zu einer größeren Katastrophe gekommen zu sein. Selbst wenn man die chinesischen Geschichtsdokumente ausklammert – was sicherlich unklug ist, weil die kaiserlichen Höfe äußerst gewissenhaft über ihr Reich wachten – und sich allein auf die Daten der britischen Imperial Maritime Customs verlässt, wird die Regelmäßigkeit der Desaster offenkundig. Dem Hochwasser von 1931 gingen schreckliche Überschwemmungen in den Jahren 1870 und 1896 voraus, und sogar noch höhere Pegelstände wurden 1949, 1954 und während meiner Reise im Jahre 1995 verzeichnet.

Die Unvermeidlichkeit solcher Ereignisse hat die kollektive Psyche der Chinesen abgehärtet und abgestumpft. Die Chinesen haben sich längst in eine stumme Unterwerfung unter die Natur gefügt. Fast jedes klassische chinesische Gemälde – mit seiner typischen Darstellung der menschlichen Gestalt als winziger Figur am Rande, umgeben und beherrscht von Bergen, Wasserfällen, Wolken und Bäumen – offenbart die stoische Achtung vor der alles überspannenden Größe der Natur und die Einsicht in die Bedeutungslosigkeit des Menschen. Ein europäisches Gemälde unterscheidet sich in der Regel ganz deutlich davon: Der Mensch beziehungsweise seine

Werke stehen normalerweise im Mittelpunkt, die Natur dagegen ist an den Rand oder in den Hintergrund gedrängt, und wenn sie überhaupt zur Kenntnis genommen wird, dann oft als lieblich und idyllisch.

Diese passive, beinahe ohnmächtige Unterwerfung unter die wechselweise wohlwollenden und bedrohlichen Zyklen der Natur sind ein unabänderlicher Wesenszug des chinesischen Bauern. Natürlich erkennt die ganze Menschheit die Gegebenheit der Natur an. Die meisten Völker kennen in der einen oder anderen Form die Weisheit, die da sagt: »Der Mensch denkt und Gott lenkt.« Doch in China sagt man mit weit dramatischerem Gestus: »Der Himmel nährt, der Himmel zerstört.« Schicksalsergebenheit scheint alles zu sein. Hin und wieder wurde die Lage jedoch so hoffnungslos, dass man an die vermeintliche Güte der über allem stehenden Götter appellierte. Im Jahre 1788 ließ der Kaiser Qianlong neun eiserne Ochsen schmieden und in den steigenden Fluten versenken. Dies, erklärte er, sollte die Hüter des Stroms besänftigen, denn nach der plumpen Kosmologie jener Zeit beugte sich das Wasser dem Metall, entsprach der Ochse dem Element Erde und war eine Herde von Eisenochsen somit in der Lage, eine Überschwemmung zu verhindern. Die Rechnung ging jedoch nicht auf. Das Hochwasser des Sommers 1788 war verheerend. Und auch Dokumente aus späterer Zeit belegen immer wieder, dass sich anschwellende Flüsse in China selten durch Gebete oder Rituale aufhalten ließen. In den widerspenstigen Gewässern Chinas treten Yin und Yang in ein stetes Wechselspiel. Auf jeden Fortschritt folgt ein Rückschlag; fetten Monaten folgen magere Jahre. Die gesamte Geschichte Chinas scheint diesem Zyklus zu entsprechen, für den der Jangtse lediglich ein Paradigma darstellt.

Das Drama von 1931 war jedoch nicht durchweg tragisch, insbesondere für die Ausländer, die in jener Region lebten. Zeitungen berichteten davon, wie sich die Geschäftsleute in den überschwemmten Freihäfen kurzerhand Sampans kauften und sich darin zur Arbeit fahren ließen und dabei in dick gepolsterten Sesseln saßen und Zeitung lasen. Auf den überfluteten Straßen patrouillierten Polizeiboote, die am Bug mit schwenkbaren Browning-Maschinengewehren ausgerüstet waren. In Wuhan gab es ein Feuerwehrboot, das richtig feuerrot angestrichen und mit einer grellen Sirene ausgestattet war. Am *Bund* von Hankou pendelte ein Schiff regelmäßig zwischen den Büros der westlichen Kaufleute und der Pferderennbahn – dort lief zwar kein Pferd mehr, aber immerhin der Barbetrieb.

Am Bürogebäude von Jardine wurde ein Schild angebracht – zur Ermahnung der Angestellten, ihre Boote nicht am Dach beziehungsweise an den Kaminen festzumachen. Die Post richtete schwimmende Filialen ein und entwertete ihre Briefmarken mit einem Stempel, der bei Philatelisten noch immer hoch im Kurs steht. In den Garten des Hankou Club konnte man mit einer Dschunke einfahren, die einfach dort liegen blieb, als das Wasser wieder zurückging. Sie wurde später auf vier Betonpfeiler gesetzt, zur Erinnerung an die unglaubliche Höhe, die das Wasser damals erreicht hatte.*

Es blieb der neuen und unerprobten Regierung Tschiang Kaischeks in Nanking anheimgestellt, sich mit den Folgen dieser Naturkatastrophe auseinander zu setzen. Als das Wasser zurückgegangen war und auf den Feldern wieder Reis, Tabak und Baumwolle angepflanzt wurden, legte eine Hochwasserkommission einen 300-seitigen Bericht vor, in dem beklagt wurde, dass die Arbeiter bei der Ausbesserung der beschädigten Dämme »gegen Kommunisten

---

* Es handelte sich um eine Dschunke aus Schanghai, die ein britischer Geschäftsmann hatte kommen lassen, um damit anzugeben. Aber da kein einheimischer Bootsmann mit einem so exotischen Schiff umgehen konnte oder wollte, fand es seinen Weg in den Garten des Clubs. Es verschwand während des Krieges gegen Japan.

und Banditen verteidigt werden mussten«. An anderer Stelle, die heute wie reine Agitprop anmutet, ist von den Raubzügen der »Roten« die Rede. Wie schon oft zuvor und auch seither immer wieder mischte sich 1931 die Politik ein und machte die ohnehin schon schwierige Lage nur noch schlimmer. In der Geschichte Chinas wurden immer wieder Versuche unternommen, die katastrophalen Überschwemmungen einzudämmen. Bereits im 2. Jahrhundert v. Chr. ist in Briefen von Chinas fünf »schädlichen Einflüssen« die Rede – von Hochwasser, Dürren, Unwetter, Pest und Insekten –, wovon das Hochwasser der weitaus schädlichste sei, wie ein Adeliger damals schrieb. Sein Briefpartner stimmte zu; es könnte gewaltige Folgen haben, wenn das Wasser sich eigenwillig verhielte, und er ging sogar noch weiter: »Wenn es unbändig wird, gefährdet es den Menschen. Wenn es den Menschen gefährdet, entsteht für ihn große Not. In großer Not nimmt er die Gesetze auf die leichte Schulter. Wenn Gesetze leicht genommen werden, ist es schwer, Ordnung zu wahren. Wenn die Ordnung zusammenbricht, verschwindet der Gehorsam der Kinder. Und wenn kein kindlicher Gehorsam mehr besteht, ist der Mensch nicht mehr unterwürfig.«

Die Vorstellung, Überflutungen könnten zu unbotmäßigem Verhalten führen, war vielleicht eine typisch chinesische Erscheinung, doch sie beunruhigte die Mandarine immerhin so sehr, dass der Hof das Problem der Bändigung der wilden Ströme des Reiches ernst nahm. Vor mehr als 2000 Jahren wurde in Dokumenten genau festgehalten, wie man Dämme baute und reparierte, wie man Arbeiter zur Fronarbeit rekrutierte, um die Dämme zu erhalten, und wie viele Körbe, Spaten, Erdstampfer und Karren jedem Wasseramt zuzuteilen waren. Sollte die Reife der chinesischen Zivilisation je in Zweifel stehen, so dürfte die historisch verbürgte Haltung gegenüber den Wasserläufen des Landes den hohen Stand der Entwicklung hinreichend bezeugen.

So wurden entlang der anfälligsten Ufer Dämme gebaut, über Tausende von Kilometern. Sie waren nicht immer stabil genug; jene, die öfter brachen, wurden als »Tofu-Dämme« bezeichnet. Es wurden auch mit Dämmen gesicherte Schleusenkanäle angelegt, die überschüssiges Wasser aus dem Flussbett des Jangtse in einige Speicherbecken sowie zwei riesige Seen leiteten, die im Süden des Stromes lagen, nämlich den Dongting Hu südwestlich von Wuhan und den Poyang Hu südöstlich von Wuhan.

Bei niedrigem Wasserstand im Winter und am Frühlingsanfang schrumpfen diese Seen, besonders der Dongting Hu, ganz beträchtlich. Die Wasserfläche, die sich während des Sommers oft auf über 7700 Quadratkilometer ausdehnt, verwandelt sich im Winter in eine sandige Marsch, die wie ein riesiges Inlanddelta aussieht. Die Menschen rücken sofort auf dieses freigelegte Land vor; rasch werden Reisfelder angelegt und Strohhütten aufgebaut, und zwischen riesigen Schwärmen von Schwänen, Gänsen und Enten entstehen kleine Farmen. Doch kaum steigt im Juni der Strom wieder an, nimmt auch der See wieder Gestalt an; und wie seit Jahrhunderten weichen die Bauern und ziehen sich auf höher gelegene Flächen zurück.

Durch vertiefte Fahrrinnen sind beide Seen schiffbar. Dank erstaunlicher Leistungen des Kanalbaus und der Wasserführung, die bis in das 3. Jahrhundert v. Chr. zurückreichen, können Schiffe durch den Dongting Hu vom Jangtse bis hinunter nach Kanton fahren. Zwar können hier nur kleine Schiffe verkehren (den größten Teil des Frachtverkehrs in Nordsüdrichtung übernimmt inzwischen die Eisenbahnlinie zwischen Wuhan und Kanton, die parallel zu der Wasserstraße verläuft), doch als Beispiel des Wasserbaus der Qin-Dynastie* ist der »Wunderkanal«, wie er auch heute noch genannt wird, wahrlich ein Panamakanal seiner Zeit.

---

* Von der Qin- beziehungsweise Ch'in-Dynastie leitet sich das Wort »China« ab.

Im Laufe der Jahrhunderte wurden die Dämme immer höher und stärker, die Speicherbecken immer größer und zahlreicher. Nach der Katastrophe von 1931 wurden ungeheure Anstrengungen unternommen, das Problem ein für allemal zu lösen. Man baute Dämme und weitere Ableitungssysteme, die nicht nur mit den alljährlichen kleineren Überschwemmungen, sondern auch mit den so genannten Jahrhunderthochwassern fertig werden sollten. Die Hochwasserkommission, welche die Fähigkeiten der Nationalistischen Regierung unter Beweis stellten wollte, schrieb in einem Bericht: »Die Erdarbeiten, die das Heer von Arbeitern ausführte, entsprechen dem Bau eines Dammes, der mit zwei Metern Höhe und zwei Metern Breite den gesamten Erdäquator umspannen würde.«

Die Bauarbeiten wurden trotz des Chinesisch-Japanischen Krieges, trotz des Bürgerkriegs und Maos Revolution auch in den folgenden 20 Jahren fortgeführt. Im Jahre 1951 wurde stromaufwärts bei Jinjiang ein riesiges neues Speicherbecken mit kilometerlangen, zementierten Überlaufrinnen und unzähligen Schleusentoren fertiggestellt. Als drei Jahre später ein gewaltiger Monsun und eine rapide Schneeschmelze einsetzten, stieg der Jangtse ungeheuer an – zunächst so hoch wie 1931. Als dann aus den Nebenflüssen eine Flutwelle nach der anderen anrollte, stieg er sogar noch höher. Doch die Schleusen in Jinjiang öffneten sich rechtzeitig und die kilometerlangen neuen Dämme hielten, und nach einer bangen und durchnässten Woche fielen die Pegelstände des Jangtse allmählich wieder. Eine möglicherweise schreckliche Katastrophe war abgewendet worden. Der alte Kaiser Yu, der der Sage nach bereits vor 4000 Jahren mit der Zähmung der Ströme begonnen hatte, wäre stolz und zufrieden gewesen.

Ich schlief ganz gut in der kleinen Kabine, wie auch Lily, die noch tief schlummerte, als der trübe Morgen dämmerte. Es regnete in

Strömen. Als ich an Deck ging, hörte ich, wie sich einige Mitreisende besorgt darüber äußerten, dass an ihren jeweiligen Reisezielen möglicherweise Überschwemmungen herrschten. Während der vergangenen Nacht schien ich nicht viel Wichtiges versäumt zu haben. Nur in Datong, meinte der Kapitän, hätte man die Erdarbeiten für die neue Brücke gesehen. Außerdem hatten wir die Stadt Wuhu passiert, wo die letzten schwachen Auswirkungen der Gezeiten des Meeres zu spüren waren. Fortan hatten wir es ganz allein mit dem Jangtse zu tun, dessen Fluten von nichts anderem beeinflusst wurden als dem Regen und der Schneeschmelze in weiter Ferne.

Nachdem ich unten in der kleinen Imbissstube des Schiffes ein Frühstück eingenommen hatte, das aus Reispudding und frittierten Teigstreifen bestand, die nicht gerade mein bevorzugter Start in den Tag waren, ging ich wieder an Deck, um frische Luft zu schnappen und zu sehen, ob der Fluss weiter gestiegen war. Und tatsächlich – an den Ufern standen zahlreiche Gebäude einige Meter tief unter Wasser, und an einer Stelle sah ich, wie eine Kolonne von Lastwagen, die auf einer überschwemmten Uferstraße selbst halb in den schlammigen Fluten versanken, Menschen und Tiere an höher gelegene Stellen brachten. Ganz zufällig sah ich auch zwei Beispiele der vielleicht sinnfälligsten Hilfsmittel gegen Hochwasser bei den alten Chinesen – Pagoden. An den unteren Flussabschnitten waren diese Tempel recht selten, doch in den hochwassergefährdeten Gebieten hatten die Vizekönige der Ming- und der frühen Qing-Dynastie viele dieser Bauten errichten lassen. Sie sollten die Götter besänftigen und somit Hochwassergefahren abwenden und dienten zugleich als Aussichts- und Meldetürme für den Fall, dass sich die Götter – wie so oft – unerbittlich zeigten. An diesem nassen Morgen passierten wir einige kurz hintereinander.

Die erste stand am rechten Ufer, außerhalb der schäbigen Kleinstadt Guichi, in der wir ganz kurz Halt machten. Auch die Pagode wirkte ziemlich heruntergekommen; der siebenstöckige Steinbau war völlig verwittert, die Kuppel neigte sich, und aus den Fenstern sprossen grüne Büschel. Vielleicht, dachte ich verbittert, ließ man den Bau verfallen, weil man inzwischen einen der neueren »Tempel« besaß, eine jener Stahlpagoden, mit denen man einer Ersatzreligion huldigte. Das moderne Stadtbild von Guichi wurde nämlich von einem brandneuen Fernmeldeturm beherrscht, der gerade im Bau war.

Das Schiff legte an einer alten Landebrücke an. Rostiges Metall scheuerte kreischend gegen rostiges Metall. Sechs Passagiere gingen von Bord; sie stammten aus Taiwan, wie mir einer von ihnen erzählt hatte, und waren unterwegs zum heiligen Berg Jiuhua, ein paar Busstunden entfernt.

»Meistens steigen Koreaner hier aus«, bemerkte ein Bootsmann, mit dem ich mich in der Nacht zuvor auf der Brücke unterhalten hatte. Er blinzelte durch den Nieselregen. »Ein koreanischer Mönch machte den Berg berühmt. Er gründete auf dem Gipfel ein Kloster, vor ganz langer Zeit. Und im August kommen sie zu Hunderten, um seinen Geburtstag zu feiern. Dann stinkt das ganze Schiff nach *Kimchi*.«*

Die Pagode von Guichi war nicht besonders ansehnlich, doch eine halbe Stunde später tauchte auf dem gegenüberliegenden Ufer eine der prächtigsten Pagoden in ganz China auf – die berühmte Pagode von Anqing, die angeblich im Wind schwankt. Sie wurde 1570 erbaut, hat acht Seiten und – was sehr ungewöhnlich ist – acht Etagen, denn die meisten Pagoden weisen eine ungerade Zahl von Stockwerken auf, meist fünf, sieben oder neun.

Angeblich wird die Pagode von Anqing vor allem von den Dschunkenschiffern auf dem Jangtse verehrt. Früher entsprach der

* *Kimchi,* ein scharfes koreanisches Gericht aus eingelegtem Kohl, Paprikaschoten und Knoblauch.

Grundriss der Stadtmauern der Form einer Dschunke; die Pagode stand genau in der Mitte und ragte wie ein Mast auf. Vor dem Stadttor waren die Flügel eines riesigen Draggen angebracht. Werden diese je entfernt, so glauben die Fischer, wird die Stadt stromabwärts treiben und für immer untergehen.

Sie glauben ferner, dass ihre Pagode die Königin aller anderen Pagoden auf der Welt sei, einschließlich jener, die später in Japan und Korea gebaut wurden, und auch der Stupas in Thailand und Indien sowie der Tschorten in Tibet. Beim Fest des Herbstmondes, so heißt es, kommen alle Pagoden und zollen ihrer Monarchin Tribut. Priester, die in den oberen Stockwerken beten, behaupten, sie könnten unten auf den Wellen des Jangtse die Bilder von Tausenden von Pagoden im Mondschein schimmern sehen, Spiegelbilder der Nebentempel in aller Welt, die einmal im Jahr kurz ihren Respekt erwiesen. In diesen nächtlichen Stunden wagt es keine Dschunke und auch kein anderes Schiff, den Fluss an dieser Stelle zu passieren – aus Furcht, die Spiegelbilder zu zerstören.

Zwischen den Steinen im Fundament der Pagode soll sich ein Grab befinden, in dem das Herz eines gefallenen chinesischen Kriegers ruht. In der obersten Spitze des Bauwerks hängen einige seltsame Glocken, die selbst in der leichtesten Brise klingen. Wenn bei stärkerem Wind, vor allem in den heftigen Winterstürmen, der ganze weiß getünchte Bau schwankt, läuten die Glocken so laut, dass alle Bürger der Stadt gewarnt sind. Ich hatte ein Foto der Stadt in der Tasche, das während des Hochwassers von 1931 aufgenommen worden war; die Pagode war gut zu erkennen, obwohl sie tief in den Fluten stand. Auch im *Admiralty Pilot* von 1953 war sie abgebildet, schließlich war sie eine wichtige Orientierungsmarke für alle vorbeifahrenden Schiffe; auf diesem Bild erhob sich die Pagode, wie auf einer klassischen chinesischen Illustration, über ein paar hübsch geschwungene Dächer und Festungsmauern.

Inzwischen sieht alles ganz anders aus. Die Pagode ragt zwar immer noch erhaben auf, und die Dächer der Festung sind unberührt, doch ringsumher stehen hohe Bürohochhäuser, Krane und Lagerhallen. Im Hintergrund stieß ein unsichtbarer Schornstein einen riesigen, rußschwarzen Rauchkegel aus, der sich über den ganzen Ort erhob und das Stadtbild viel stärker prägte als die Pagode. Es ist immer wieder traurig, die Zerstörungskraft des modernen China mit anzusehen, in Anqing mehr noch als an vielen anderen Orten. Früher muss die Stadt wunderschön gewesen sein.

Und auch vieles, was weniger sichtbar ist, verschwindet. Die Fauna des Jangtse, beispielsweise, wurde durch Gier und Umweltverschmutzung zerstört. Der Bau gewaltiger Wasserkraftwerke stromaufwärts richtet noch zusätzlichen Schaden an, und die ganze Welt ist bestürzt über das Schicksal der Walfische und Störe, die den Fluss einst so reich bevölkerten, inzwischen aber rasant aussterben. In den Fluten zwischen Anqing und Wuhu etwa tummelten sich bis vor kurzem noch Tausende von Exemplaren des Jangtse-Alligators, des *Alligator sinensis*, einer Miniaturausgabe des bekannten Reptils mit einem schwarzen Streifen an der Flanke. Vor 3000 Jahren ließen die hiesigen Kriegsherren Schlachttrommeln aus ihren Häuten herstellen, da diese sowohl bei Regen als auch bei Hitze straff gespannt blieben.

In jüngerer Zeit fielen den Giftstoffen in den Fluten wahrscheinlich mehr Alligatoren zum Opfer als einst den Trommelmachern. Und einheimische Quacksalber verkaufen Alligatorhäute und Köpfe als sexuelle Stimulanzien (gemahlener Alligatorkopf soll angeblich für eine zuverlässige Erektion sorgen); ein großes Stück Haut kostet bis zu 200, ein kleiner Kopf 20 Yuan. Vermutlich gibt es nur noch ein paar Hundert dieser Tiere. Eine Naturschutzorganisation hat sogar erklärt, der Jangtse-Alligator sei inzwischen bereits ausgestorben.

Eine Stunde oberhalb von Anqing wurde die Stimmung auf der Kommandobrücke plötzlich angespannt. Wir standen kurz davor, einen Engpass des Flusses zu passieren. Backbord ragte eine steile Felswand auf, nach Steuerbord lag eine schilfige kleine Insel, und dazwischen war die seichte, wirbelige Fahrrinne eingekeilt. Der Berg trug den Namen »Spiegelberg«, und die Insel hieß »Kleine Waisen«; in der Gegend erzählte man sich zahlreiche Sagen, die von ertrunkenen Kindern, Schildkröten und gekenterten Rettern handeln. Die Sendestation in Jiujiang hatte einen Funkspruch durchgegeben und Kapitän Wu vorgewarnt, dass die Strudel beim Spiegelberg ungewöhnlich stark seien, dass der Fluss wegen des Hochwassers ein irrsinniges Tempo draufhatte und dass unser träges, tief gehendes Schiff an diesem Tag die Stelle womöglich gar nicht passieren könne.

Kapitän Wu drückte seine Zigarette aus und zog sich ein Hemd an. An den Brückennocken wurde ein Ausguck postiert, und bei den Ankerketten stand ein Kommando bereit. Die Maschinisten gingen auf volle Leistung, und der Steuermann bat sich Ruhe auf der Brücke aus.

Linker Hand türmte sich die Felswand auf. Die Fahrrinne vor uns war klar zu erkennen; trübe Strudel wirbelten uns glucksend entgegen. Zu unserer Rechten wartete das Sumpfland geduldig und begierig darauf, uns zu umarmen. Vor 50 Jahren waren die japanischen Invasoren hier mit einer schwimmenden Sperre aufgehalten worden. Oberhalb der Stromschnelle wurden Dutzende von Dschunken nebeneinander quer über den Fluss mit Bambustrossen und Ketten vertäut. Auf der Spitze des Berges wurde eine Sturmkanone platziert. Falls ein japanisches Schiff den Katarakt überwand, musste es die Sperre bezwingen und an der Kanone vorbeikommen. Eine Zeit lang kehrten hier alle japanischen Schiffe um, doch nur eine Zeit lang, wie die Chinesen heute betrübt bekennen.

Zunächst schienen wir in die ganz falsche Richtung zu steuern, nämlich direkt auf den Felsen zu. Erst im letzten Augenblick, als unser Bug voll auf die riesige Kalksteinwand zu donnern drohte, flüsterte der Kapitän ein Kommando, und das Schiff krängte hart nach Steuerbord und schlingerte wieder in die Mitte des tosenden Stroms. Dann wurden wir wie auf einem wilden Pferd von einer Seite auf die andere geworfen, und einen Moment lang sah es ganz so aus, als würden wir gleich die Schilfinsel durchpflügen und für den Rest des Tages im Schlamm stecken bleiben. Doch dann krachte eine weitere Woge gegen die Schiffswand und schmetterte uns in die Fahrrinne zurück, genauso wie es Kapitän Wu vermutlich vorausgesehen hatte. Es folgten noch ein paar weitere Rucks und Schläge, die Maschinen heulten auf, aus dem Schornstein quoll eine dicke schwarze Rauchfahne – dann waren wir durch. Der Fluss wurde wieder breiter und ruhiger.

Vor 50 Jahren hätte ein Trupp halbnackter Männer unser Schiff durch die Stromschnellen bei den »Kleinen Waisen« gezerrt. Sie hätten zum Rhythmus einer Trommel tief im Schlamm steckend die Bambustrossen gezogen, die an unserem Mast festgemacht worden wären. Doch im heutigen China sind Treidler eine Seltenheit; erst ein paar hundert Kilometer weiter stromaufwärts sollte ich welchen begegnen. An jener Stelle meisterten inzwischen schwere Maschinen den mühevollen Transport, und an einem so gefährlichen Tag wie diesem war dies wahrscheinlich ganz gut so. Viele Treidler kamen bei Unfällen ums Leben. Die Arbeit war nicht nur schwer, unangenehm und schmutzig, sondern auch äußerst gefahrvoll.

Das Hochwasser schien immer weiter auf die Ufer überzugreifen. Stündlich zeichnete sich eine neue, höhere Uferlinie ab. Trotzdem hatte ich den leisen Verdacht, dass das Hochwasser im Grunde gar nicht so schlimm war, wie uns über Funk unablässig gemeldet wurde. Es war nur so ein Gefühl. Ich hatte keinen Beweis, außer eben den pausenlosen und hartnäckigen Meldungen selbst. Gewiss konnte ich sehen, dass die Fluten stiegen, doch so hoch hatte ich sie bereits bei früheren Reisen an den Jangtse erlebt, und damals hatte man längst nicht so viel Aufhebens darum gemacht. Es lag nichts von einer Katastrophe in der Luft, und nichts von dem, was wir tatsächlich mitbekamen, hatte irgendetwas mit den Schreckensmeldungen zu tun, die ich täglich in *China Daily* las und die wir allabendlich in den Fernsehnachrichten hörten. Wir sahen keine Obdachlosen in den kleinen Hafenstädten; und wir sahen auch nicht mehr Ertrunkene vorbeitreiben als sonst. Keine weggespülten Häuser und keine entwurzelten Bäume schwammen den Strom hinab. Nirgendwo wurden Sandsäcke gestapelt beziehungsweise Reissäcke gehortet. Es patrouillierte weder die Wasserwacht noch das Rote Kreuz. Es herrschte keinerlei Panik, keine spürbare Besorgnis, sondern scheinbare Gelassenheit. Vielleicht war es reiner Fatalismus. Vielleicht verhielten sich Chinesen in Krisen immer so. Oder aber, so mutmaßte der Skeptiker in mir, dieses Hochwasser war gar nicht so schlimm wie es dargestellt wurde.

Ich hatte einen einzigen guten Grund für meine Zweifel. 800 Kilometer oberhalb von Anqing bauten die Chinesen damals die größte Hochwasserregulierungsanlage aller Zeiten – einen gigantischen Staudamm (den größten der Welt), mit dem der Jangtse knapp unterhalb der berühmten Drei Schluchten gestaut werden sollte. Der *erklärte* Hauptzweck bestand den Pekinger Propagandisten zufolge darin, »den Strom zu regulieren und das Auftreten ähnlich verheerender Überflutungen wie in der Vergangenheit zu verhindern«. Der *eigentliche* Hauptzweck dagegen bestand darin, Unmengen von Elektrizität zu erzeugen.

Die ganze Welt schien sich massiv gegen den Bau des Dammes zu stellen. So gut wie jeder, der halbwegs Ahnung oder Einfluss hatte, brachte zwingende Einwände gegen das Projekt vor. Große Staudämme galten allgemein als überholt und ökologisch unverantwortlich, galten als kostspielige Symbole des nationalen Stolzes. Und dieser Damm war aus einer Reihe von Gründen noch viel weniger zu verantworten als viele andere. Die Weltbank war dagegen. Die Amerikaner waren dagegen. Fast niemand hatte Verständnis für das Projekt der Chinesen. Doch wenn sich der Jangtse erneut als unbezähmbares Monster erwies, wenn Zentralchina von einer weiteren Flut verwüstet wurde, dann würde sich an diesem Verständnismangel vielleicht, aber auch nur vielleicht, etwas ändern. Das war, argwöhnte ich missmutig, vielleicht die Überlegung der Chinesen.

Dieses Jahr war besonders wichtig, denn in diesem Jahr ging die Finanzierung des unglaublich kostspieligen Staudamms in die entscheidende Runde. Es lag also durchaus im Bereich des Möglichen, dass die chinesische Führung versucht haben könnte, die ablehnende Weltöffentlichkeit durch ein gewisses Mitleid umzustimmen und davon zu überzeugen, dass der Bau des Kolosses doch ratsam sei. Die chinesischen Kommunisten sind bekannt für ihr Talent, in epischen Dimensionen zu lügen; und über das Ausmaß eines sommerlichen Hochwassers zu lügen, überschritt bestimmt nicht ihr Maß an Verlogenheit. Verbreiteten sie also die Wahrheit? Oder wurde maßlos übertrieben, um Stimmung für das gigantische Projekt zu machen, bei dem so viel nationales, ideologisches und politisches Ansehen auf dem Spiel stand? Das war zumindest eine interessante Überlegung.

Immerhin hatte es inzwischen aufgehört zu regnen, und durch den hellblauen Dunst konnte ich erkennen, dass in der Ferne Hügel aufragten, Bergketten, die leise ahnen ließen, was im fernen Westen auf uns zukommen sollte. Auf den Hängen der vor uns liegenden Hügel wuchs jene Frucht, für die dieser Teil Chinas einst in der ganzen Welt berühmt geworden war und die einst den Großteil des Frachtgutes ausgemacht hatte, das den Jangtse hinunter befördert wurde. Hinter der Biegung, die vor uns lag, kurz hinter der Zufahrt zum Poyang-See, lag die Stadt Jiujiang, die noch bis vor wenigen Jahren für ihren ausgesprochen reinen und feinen Tee bekannt war und unter Kennern auch heute noch bekannt ist.

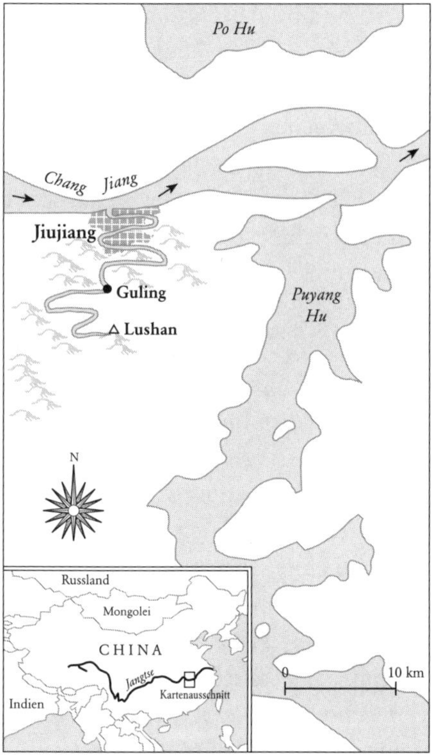

Gepflückt, gerieben, gerollt

Wenn man bedenkt, welch immensen Schaden die Engländer einst in China anrichteten, und zwar in erster Linie auf der wilden Jagd nach Tee, scheint es nicht allzu verwunderlich, dass es heute nahezu unmöglich ist, irgendwo in der Volksrepublik eine für britische Verhältnisse halbwegs anständige Tasse Tee zu bekommen. Natürlich bekommt man im Portman Hotel in Schanghai einen Earl Grey und im White Swan in Kanton einen Lapsang Souchong, doch diese Tees werden aus Indien importiert und kosten fünf Dollar pro Kanne. In einer Stadt wie Jiujiang, dem einstigen Zentrum einer Industrie, der sich die halbe Welt ergeben unterwarf, ist es heute genauso zwecklos, nach einer Tasse Oolong, Keemun oder Orange Pekoe zu fragen wie nach einem Teller Teegebäck oder Schlagsahne. Der Schaden, den die Engländer der chinesischen Gesellschaft zufügten, fand einen Widerhall in dem Schaden, den sie der chinesischen Teeindustrie bereiteten, wobei Erstere sich erholte und überlebte, Letztere aber mehr oder weniger zugrunde gerichtet wurde.

Im Hotel in Jiujiang schien es an jenem Abend nicht nur unmöglich, eine Tasse Tee zu bekommen, es gab auch nichts zu essen. Das Schiff traf verspätet ein – wegen des Hochwassers, wie Kapitän Wu immer wieder beteuerte –, und es war bereits Mitternacht, als wir endlich von Bord gingen und in ein klappriges Taxi stiegen. Während es sich zu dem Hotel schleppte, das nach allgemeiner Überzeugung als beste Adresse im Ort galt, hegten wir noch Hoffnungen auf ein richtiges Abendessen. Das Jiujiang Hotel war schließlich ein schicker neuer Kasten, ganz toll mit Chrom und Marmor herausgeputzt. Alles machte Eindruck: zwei Meter dicke nachgemachte Säulen, bunt angestrahlte Springbrunnen draußen und drinnen, ein Portier, dessen Uniform – lila Tschako, lange blaue Samtjacke mit goldenen Epauletten und die gelben Tressen eines Stabsfeldwebels – an eine lateinamerikanische Republik erinnerte, und ein kleines Bataillon rot gekleideter Mädchen hinter einem Empfangsschalter, der so lang war, dass sich die Damen an einem Ende per Telefon mit den Kolleginnen am anderen Ende verständigen mussten.

»Willkommen in unserem neuen Jiujiang Hotel«, sagte eine der jungen Damen, als ich nach Zimmern fragte. Sie verbeugte sich tief. »All unseren verehrten ausländischen Gästen bieten wir Fünfsternekomfort und höchsten Luxus.« Es war eine auswendig gelernte

Phrase, aber es klang gut. Sie lächelte und schob mir ein »Anmeldeformular für Ausländer« zu. Auch Lily wollte sie eins geben, doch diese rümpfte nur hochmütig die Nase, machte eine schnippische Bemerkung und zückte ihren chinesischen Personalausweis. Die junge Frau errötete und reichte ihr stattdessen das viel kleinere Formular, das Chinesen ausfüllen mussten. »Kleinere Karte, kleinerer Preis«, flötete sie mit einem einnehmenden Lächeln. Einen Chinesen kostete ein Zimmer zehn Dollar, einen Ausländer dreimal so viel.

Na schön, sagte ich, als ich die Anzahlung leistete. Essen.

»O je«, klagte die Empfangsdame. Sie rief ihre Kollegin am anderen Ende des Schalters an, und beide schüttelten den Kopf, als seien sie durch eine unsichtbare Schnur miteinander verbunden.

»Hier kein Essen. Alle Köche nach Hause gegangen. Sie gehen um acht, selber essen.«

»Nicht einmal eine Tasse Tee?«, jammerte ich, scheinbar empört. Aber ich war viel zu müde, um einen Disput zu entfachen. Man muss mir meine Bestürzung angesehen haben, doch die Bediensteten versuchten unbeirrt, gut aufgelegt zu wirken, als ich mich eintrug und als der Portier sich eifrig, allerdings immer wieder vergeblich bemühte, unsere beiden Rucksäcke auf seine samtenen Schultern zu packen.

»Präsident Jiang Zemin war letzte Woche hier«, sagte die junge Frau ganz beiläufig. Ich war sprachlos.

»Sie meinen, der chinesische Präsident?«, vergewisserte ich mich. Sie nickte. »Er kam hierher, in dieses Hotel?« Ich muss ungläubig dreingeblickt haben, denn sie nickte energisch mit dem Kopf.

»Aber gewiss. Und wissen Sie, wie viel er ausgegeben hat? 400 000 Yuan – in nur zwei Tagen. *Vierhunderttausend.* Können Sie sich das vorstellen?«

Ich konnte es nicht glauben. Ebenso wenig konnte ich es fassen, dass sie es mir überhaupt erzählte. Solche Informationen wurden früher nur im Flüsterton weitergegeben und niemals einem Ausländer anvertraut.

»Schauen Sie – hier ist die Rechnung, die wir ausstellten.« Sie wedelte mit einem langen Papierstreifen. »Leibwächter, Sekretäre, Mitglieder des Zentralkomitees. Sie belegten zwei komplette Etagen. Sie checkten am Dienstag ein und am Donnerstag aus.«

Ich fragte nach dem Grund. Was hatte den Präsidenten der Volksrepublik dazu bewogen, ein verschlafenes Nest, einen einstigen Teehafen am mittleren Jangtse zu besuchen? Es war ja nicht so, dass er für ein Wahlamt kandidierte und sich die Wählerstimmen in der Provinz Jiangxi sichern musste (was bei über 25 Millionen Stimmberechtigten allerdings äußerst nützlich sein dürfte, falls aus China je eine Demokratie werden sollte). »Das kann ich Ihnen genau sagen«, erwiderte die Frau dienstbeflissen. Sie ging ganz schön weit. Sie war wirklich gut. »Sie kennen doch den Staudamm, der oben bei Sanxia, bei den Drei Schluchten, gebaut wird. Nun ja, eineinviertel Millionen Menschen werden deswegen umsiedeln müssen. Präsident Jiang war hier, weil er dem Bürgermeister von Jiujiang klarmachen wollte, dass ein großer Teil hierher ziehen soll, in diese Stadt. Ich glaube, etwa 200000. Sie sollen in verschiedenen Etappen hierher kommen. Vor Wochen wurde schon davon gesprochen. Unser Bürgermeister wusste nicht, was er von der Idee halten sollte. Deswegen kam der Präsident aus Peking, um ihn davon zu überzeugen. Sie führten verschiedene Gespräche, und so viel ich weiß, wurde entschieden, wo genau sie angesiedelt werden sollen, wo sie leben sollen. Peking wird der Stadt Geld geben, damit sie Häuser bauen kann, drüben an der Binjiang-Straße, am Jangtse, unten am Ufer. Dort ist viel Platz. Die Stadt wird davon profitieren. Hier ist ja nichts los. Es wird der Stadt gut tun, ein bisschen Zuwachs zu bekommen.«

Der mittelamerikanische Möchtegern-Stabsfeldwebel, der es schließlich im Schweiße seines Angesichts geschafft hatte, die beiden Rucksäcke über seine ausladenden Epauletten zu hieven, führte uns in den Lift. Ich fragte die junge Frau noch, wieso sie so viel wusste und wieso sie mir so viel erzählte. Ich hielt die Lifttür auf, um ihre Antwort mitzukriegen.

»Es ist kurios, aber der Haupteigentümer des Hotels ist eigentlich Journalist«, erwiderte sie. »Früher arbeitete er für den *Renmin Wenbao*. Er schreibt sogar immer noch Artikel, doch er hielt es für besser, in das Hotelgewerbe einzusteigen. Er erwarb 60 Prozent des Hauses, aber er redet ständig nur über das Neueste vom Tage. Das gehört hier mit dazu. Deswegen interessiere ich mich für jeden, der hier absteigt. Dadurch wird die Arbeit interessanter. Vielleicht können Sie ihn morgen kennen lernen. Er wird alles bestätigen, was ich Ihnen erzählt habe.«

Ich machte mir Notizen von diesem ziemlich unerwarteten Gespräch und stieg dann in das klumpige Bett. Egal wie nobel die Empfangshallen in chinesischen Hotels erscheinen mochten, die Teppiche in den Zimmern waren stets schmutzig und die Betten immer klumpig. Ich war viel zu müde, um mich daran zu stören. Es muss ungefähr ein Uhr gewesen sein, als ich endlich einschlief.

Irgendwann wurde ich jedoch durch ein Geräusch geweckt. Jemand klopfte an die Tür, leise aber beharrlich. Ich schaute auf die Uhr; es war kurz vor zwei. Wohl vertraut mit den sinnlichen Abenteuern in asiatischen Hotels, die immer mit einem leisen Klopfen an der Tür beginnen, schlich ich auf Zehenspitzen zur Tür und riss sie mit erwartungsvollem Schwung auf.

Auf dem Gang standen zwei Mädchen vom Empfang zusammen mit einem feschen jungen Mann, der einen kleinen Servierwagen voller Speisen vor sich herschob. Lily stand bei ihnen; sie hatte sich ein großes Badetuch umgehängt. Die Hotelbediensteten hatten klugerweise zuerst bei ihr geklopft.

»Sie sind nach Hause gegangen und haben für uns gekocht«, erklärte mir Lily. »Sie meinten, wir hätten so hungrig ausgesehen, und sie hätten gemerkt, wie enttäuscht wir waren. Sehen Sie nur – Nudeln! Rindfleisch! Bier! Die Leute hier sind wunderbar, nicht wahr?«

Ich musste ihr Recht geben. Der junge Mann war im Hotel für das Essen zuständig. Man hatte ihn zu Hause angerufen. Er wiederum hatte seine Mutter geweckt und gebeten, etwas für zwei Fremde herzurichten, die ganz spät mit dem Dampfer aus Nanjing angekommen waren. Die Mädchen hatten die Tabletts bereitgestellt. Sie wollten auf keinen Fall Geld annehmen und entschuldigten sich bloß, dass es so lange gedauert hatte und dass sie mich womöglich aufgeweckt hatten.

Sie wollten schon gehen, da fiel einer der Frauen plötzlich noch etwas ein; sie nahm etwas aus der Tasche, das in eine Serviette eingewickelt war.

»Messer und Gabel«, verkündete sie stolz. »Falls Sie nicht mit *kuai-zi* klarkommen. Viele ausländische Gäste essen lieber damit«, sagte sie und reichte mir das Besteck. Sie lächelte, verbeugte sich leicht und ging rückwärts aus dem Zimmer.

Auf meinem Tablett befand sich eine Schüssel Weizennudeln, ein Teller gebratenes Rindfleisch mit Knoblauch, eine kleine Orange, eine halbgeschmolzene Tafel grober chinesischer Schokolade und eine große Flasche heimischen Biers mit umgekehrt aufgeklebtem Etikett. Aber ich fand noch etwas: Ganz nach meinem anfänglichen Wunsch, der zunächst scheinbar unbeachtet geblieben war, entdeckte ich eine kleine helle Bambusschachtel mit vier Schriftzeichen, die ich sofort erkannte: Yun Wu Lu Cha – Grüner »Nebelwolken«-Tee aus Lushan. Das einst berühmteste Erzeugnis der Stadt, der siebenfach verarbeitete Tee, der den Kaisern als Geschenk gereicht wurde, war hier immer noch zu bekommen, sogar um zwei Uhr morgens.

Der Hotelier Wen Zi-jian, der tatsächlich bestätigte, einst Reporter gewesen zu sein, sich aber darüber ausschwieg, wie es ihm gelungen war, mit einem Journalistengehalt Anteile an einem Hotel zu erwerben, besorgte uns am nächsten Tag ein Auto. Er stand neben seinem Portier mit dem extravaganten Tschako und winkte uns nach, als wir losfuhren. Sie brauchen nicht gleich zu bezahlen, tröstete er uns – wir regeln alles, wenn Sie abreisen. Er würde sich gern um unsere Fahrkarten für den nächsten Dampfer kümmern, aber vielleicht würden wir lieber mit ihm im Auto mitfahren, er müsse in ein paar Tagen selbst nach Wuhan. Herr Wen war ein äußerst zuvorkommender Mensch und sein Hotel war ein kleines Juwel. Aber wir sagten Nein – wir würden lieber mit dem Schiff fahren. Wir könnten vielleicht beim Abendessen noch einmal darüber reden, wenn wir von unserem Ausflug in das Teegebiet zurück waren.

Die Straße nach Lushan stieg bereits nach wenigen Metern steil an. Die Vororte von Jiujiang – oder zumindest das wüste Gewirr von strohgedeckten Hütten, Armee- und Polizeikasernen sowie Tankstellen, das in weiten Teilen Chinas als »Vorort« gilt – klebten wie Moos neben dem Straßenrand, gingen aber bald in Getreidefelder und Bananenhaine über. Nach kurzer Zeit wurde die gerade Straße immer kurvenreicher und zog sich in engen Serpentinen den Berg hinauf. Lily gestand, noch nie länger als zwei Stunden am Stück in einem Auto gesessen zu haben; sie wurde fast grün im Gesicht und machte die Augen zu – was schade war, denn die Bananenstauden wichen bald blühenden Pfirsichbäumen und großen Azaleensträuchern.

Es war leicht zu erkennen, weshalb die Europäer früher scharenweise nach Lushan geströmt waren. Lushan besaß die gleiche Anziehungskraft wie indische Berggemeinden, etwa Simla, Ooty, Kodikanal oder Murree. War es unten heiß, schwül und braun, so war es oben kühl, trocken und blau. Und vor allem: Fühlte man sich unten vollkommen wie im Ausland, so kam man sich oben ein wenig wie zu Hause vor. Die Europäer pflegten ihre Ferien hier oben zu verbringen. Manche hatten sich hier Sommersitze bauen lassen, kleine Bungalows aus Kalkstein mit einem Wohnzimmer, zwei Schlafzimmern und einer Hütte vor der Küche, in der das Küchen- oder Kindermädchen wohnte.

Die großen Firmen hatten hier Villen bauen lassen, von denen die meisten inzwischen als Hotels dienten. Auch Tschiang Kai-schek ließ sich hier ein Sommerhaus hinstellen, das er nach seiner Frau, »Mei-ling«, benannte. In zahlreichen Sanatorien konnten Alte und Kranke von der kühlen, frischen Luft profitieren. Es gab auch einen botanischen Garten, den ein Engländer 1934 anlegte und in dessen geordneter Wildnis etwa 400 Arten heimischer Pflanzen gediehen. Zu den weiteren beeindruckenden Sehenswürdigkeiten gehörten die Gipfel der Guling-Kette, die auch als »Die fünf Alten« bezeichnet wurden, die so genannte »Höhle der Unsterblichen« und die »Quelle des einen Tropfens«, deren Wasser ewiges Leben verhieß.

Lange bevor Lushan die in China lebenden Ausländer anlockte, hatte es Maler, Dichter und Denker angezogen. Hierhin konnte man sich zurückziehen, wenn man ausspannen, nachdenken, schreiben oder Verse schmieden wollte. Li Bai, der berühmteste Dichter der Tang-Dynastie, weilte hier oft und verfasste Gedichte, die jedes chinesische Kind auswendig kennt. Auch Mao Zedong kam hierher, allerdings aus prosaischeren Gründen, sozusagen aus Staatsräson, doch auch er schrieb hier Gedichte, die noch heute zitiert werden.

Unter uns lag die Ebene des Jangtse, flach und weit ausladend, der Strom wie ein langes braunes Leichentuch, mehr als eineinhalb Kilometer breit, das sich zu beiden Seiten des Horizonts im Dunst verlor. Wenn man in einem Schiff auf den Fluten des Stromes zwischen den Bojen dahintrieb oder auf einer Promenade am Ufer entlangging, sah der Fluss lediglich riesig aus. Doch von hier oben, ein paar hundert Meter höher auf dem Bergrücken, wirkte der Jangtse wie ein unübersehbares Grundmerkmal des Planeten, vergleichbar mit den Kanälen des Mars oder den Ringen des Saturn. Er war ein solch bestimmendes Merkmal dieses Landes – und eines so bedeutsamen und selbstbewussten Landes obendrein –, dass einem völlig klar wurde, weshalb die Chinesen nur *einen* Namen für ihn kannten. Von hier oben schien es völlig einleuchtend, dass jenes furchterregende Band dort unten, das jeden Gedanken an einen anderen Fluss auslöschte, hierzulande zu Recht eben nur *Jiang* war – *der* Fluss. Nichts weiter.

Der Fahrer dachte, er könne uns über die Stadtgrenze schmuggeln, ohne zu zahlen, doch er irrte sich. Nach knapp 30 Kilometern Serpentinen wurde die Straße wieder gerade und führte auf ein massives Zementtor zu, das mit Löwen und Drachen geschmückt war. Neben einem geöffneten Schlagbaum lungerte ein hässlicher Bursche in blassblauer Uniform. Als wir vorbeifuhren, pöbelte er uns an, und so hielt der Fahrer gehorsam an. Der Gauner in Hellblau verlangte 30 Yuan für das Privileg, in das Dorf Guling fahren zu dürfen, das zu Lushan gehörte. Guling sei inzwischen ein Freilichtmuseum, behauptete er, und die Gebäude müssten unterhalten werden.

»Gebäude, die *Leute wie Sie* gebaut haben«, knurrte er, als er sah, dass er es mit einem Ausländer zu tun hatte. »Sie halten nicht besonders gut. Sie verfallen immer wieder. Wer soll für die Reparaturen aufkommen? 30 Yuan ist nichts. Nichts für einen Ausländer.«

Lushan ist in ganz China für drei Dinge bekannt – Tee, Sommerfrische und Politik. Aus der Politik kennt man es besonders aufgrund der Ereignisse, die sich im Sommer des denkwürdigsten Jahres in der Geschichte von Lushan, nämlich 1959, im Volkstheater von Guling zutrugen.

Die Geschichte des Tees, die sich später mit den beiden anderen Quellen des Ruhms von Lushan verquicken sollte, setzte jedoch fast genau 300 Jahre früher ein. Im Jahre 1657 wurden in Garway's Coffee

House in London erstmals Tüten mit Tee zum Verkauf angeboten. Die Historiker gehen davon aus, dass Kaffee, Kakao und Tee bereits fünf Jahre zuvor, also 1652, ihren Weg nach London fanden und dort zum ersten Mal gekostet wurden. Doch in der Geschichte der Teeindustrie gilt 1657 als das Jahr, in dem dieses heiße braune Aufgussgetränk erstmals in großen Mengen nach England kam und zu einem wichtigen gesellschaftlichen und wirtschaftlichen Faktor wurde. Dieser Einschnitt in die Trinkgewohnheiten des jungen britischen Empire markierte zugleich als direkte Folge den Anfang vom Ende des unendlich viel älteren chinesischen Reiches.

Das Gewächs, das diese gewaltigen Folgen zeitigte, kann auch als Pflanze gewaltige Formen annehmen. Es handelt sich um eine Kamelienart, die in freier Wildnis ohne weiteres bis zu 20 Meter hoch wird. In den Teegärten Chinas wird der Busch jedoch bis auf eine Höhe von etwa einem Meter zurückgestutzt, damit die Teepflücker von allen Seiten leicht herankommen. Alle Kamelienarten gehören zur Theaceae-Familie, von deren 240 Sorten lediglich sieben – darunter die eigentliche Teepflanze, *Camellia sinensis* – zum Überbrühen geeignet sind. 80 weitere Sorten sind besser bekannt als Zierkamelien, die mit ihren roten bis weißen Blüten und glänzenden grünen Blättern Staudenrabatten in den gemäßigten Zonen der ganzen Welt schmücken.

Sämtliche Theaceae, ob große oder kleine Teepflanzen beziehungsweise rote oder beige Blütenbüsche, stammten ursprünglich aus Westchina. Es ist interessant, dass erst die berühmten Pflanzenjäger des 18. und 19. Jahrhunderts sie in aller Welt verbreiteten.* Im Jahre 1657 war den begeisterten Kunden von Garway's keiner

* Unter diesen Pflanzensammlern war auch ein mährischer Jesuitenpater und Missionar namens Camel, der die Pflanze aus Japan nach Europa brachte und nach dem diese schließlich benannt wurde.

dieser Begriffe geläufig – weder »Theaceae«, noch »Kamelie«, geschweige denn »Tee«. Damals hatte niemand auch nur die geringste Ahnung, wie die Blätter in dem neuen Getränk gezüchtet wurden und von welcher Pflanze oder aus welcher Gegend sie stammten. Die Leute wussten nur, dass ihnen das Gebräu schmeckte, dass es leicht anregend wirkte und dass es weit besser war als die beiden sonst üblichen Alternativen im damaligen London, nämlich trübes Wasser beziehungsweise Alkohol. Sie gewöhnten sich an, die Kellner in den Kaffeehäusern oder die Diener in ihren Salons nach *tay* zu fragen, und es ist möglich, dass sie mit diesem Wort, so wie sie es aussprachen, das chinesische Wort *cha* meinten.

Die Jutesäcke, die in Mr. Garway's Handelskontor angeboten wurden, stammten jedenfalls alle aus China, genauer gesagt aus Kanton. Sie kamen über Lissabon und Amsterdam, denn die Portugiesen und Holländer besaßen Handelskonzessionen in Kanton, wenn auch unter der strengen Aufsicht des kaiserlichen Hofes. Der Handel mit Ausländern war für die Chinesen eine unnötige Unart. Das Recht, dieser Unart zu frönen, gewährte man den Barbaren, die nach chinesischen Erzeugnissen verlangten, aus reiner Gefälligkeit. Die Monarchen der Qing-Dynastie wähnten sich in dem Glauben, sie selbst bräuchten nichts von draußen.

Es dauerte nicht lange, bis die britische East India Company in den Teehandel einstieg und versuchte, die Chinesen umzustimmen. Im Jahre 1669 kauften die Frachtaufseher der Company den chinesischen Tee noch in Java – neben Formosa und Japan eines der Hauptanbaugebiete. Ab 1686 kauften sie ihn direkt in Kanton. In England stieg die Nachfrage nach Teeblättern so gewaltig, dass die Company riesige Gewinne erzielte. Und der Warenumschlag war so hoch, dass die britische Regierung beschloss, auch den Fiskus davon profitieren zu lassen, und so belegte sie sowohl die Einfuhr nach England als auch die Weiterausfuhr in englische Kolonien etwa in Nordamerika mit Steuern. Die Vertreter der East India Company kauften den Händlern in Kanton bald so viele Tonnen Tee ab, dass die Company im anfänglich scharfen Wettbewerb mit anderen ausländischen Unternehmen bald über ein Monopol verfügte. In den Werften in London und an der gesamten englischen Küste wurde ein neuer Schiffstyp gebaut, um die gewaltige Nachfrage decken zu können. Diese so genannten Teesegler fuhren mit Hunderten von Tonnen Tee an Bord und mit weiteren Tonnen chinesischen Porzellans als Ballast* in Rekordgeschwindigkeit von China nach Europa.

Doch schon bald tauchte eine peinliche Frage auf: Womit sollte all dieser Tee bezahlt werden? In der Anfangszeit gaben sich die Chinesen noch mit Kupfer zufrieden, einem der wenigen Mineralien, die in China damals knapp waren. Sie nahmen auch Gold, noch lieber jedoch Silber. Mitte des 18. Jahrhunderts war die Nachfrage nach Tee indes in gigantischem Maße gestiegen, doch England, das aufgrund seiner Kriege in Europa kurz vor dem Bankrott stand, war nicht mehr in der Lage, überhaupt noch mit irgendeinem Metall zu bezahlen. Die Handelsvertreter boten Papiergeld, doch die Chinesen lehnten es verächtlich ab. Für sie war Papiergeld ganz zu Recht nichts als ein Zahlungsversprechen von jemandem, der höchstwahrscheinlich unzuverlässig war – also nur wieder ein weiteres Beispiel für das Teufelswerk der Ausländer.

In Geldnot können Menschen schreckliche Dinge tun. Die Engländer waren in Geldnot und taten auch prompt ganz schreckliche Dinge. Im Sinne der Unternehmenspolitik der East India Company

* Um für die nötige Stabilität zu sorgen, wurden die leichten Teekisten (und Seidenballen) ganz oben und die schweren Porzellankisten als Ballast ganz unten verstaut. Diese »Nebenware« weckte in Europa und Nordamerika ganz ungewollt eine Begeisterung für Chinoiserien, die bis heute anhält.

wurde beschlossen, die Handelsbilanz im Teehandel mit Kanton in Zukunft dadurch auszugleichen, dass man den Chinesen jenes Produkt andrehte, das die Bauern anscheinend ganz dringend brauchten, nämlich den Saft der getrockneten, gepressten und fermentierten Fruchtkapsel des indischen weißen Mohns – Opium.

Diese Droge war in China 1729 verboten worden. Anbau, Handel und Konsum galten als Kapitalverbrechen. Doch es bestand ein großer, allgemeiner und erkennbarer Bedarf, und als die Engländer dies begriffen hatten, trachtete die Company danach, diesen Bedarf restlos zu decken. In Patna, Benares und den anderen großen Mohnanbaugebieten in Indien wurden die flachen braunen Riegel oder Vierpfundkugeln aus gepresstem Opium bald zu Hunderten hergestellt. Im Jahre 1776 waren es noch 60 Tonnen, 1790 bereits 300. Von Kalkutta nach Kanton war es dann nur noch ein Katzensprung. Im Sommer fuhren die Opiumschiffe regelrecht im Pendelverkehr, transportierten die Droge von indischen Lagerhallen in chinesische Lagerhallen und verkauften sie mit unglaublichem Gewinn.

Der chinesische Tee wurde den Engländern für 60 Dollar pro Tonne verkauft. Für dieselbe Summe bekamen die chinesischen Händler gerade eine halbe Kiste Opium, eine Lage in einer Standardkiste mit 20 Vierpfundkugeln, die mit Pech versiegelt und in Jutesäcke eingenäht waren. Aus der Sicht der Engländer war es ein glänzendes Geschäft – fast wie eine Lizenz zum Gelddrucken. Das anfangs hochprofitable Monopol der East India Company wurde jedoch allmählich geschwächt und schließlich zerschlagen; bald gab es in London viele edle Herren, die ihr Geld fern jener Stätten zählten, an denen ihre schmutzigen Geschäfte abgewickelt wurden, und die so rasant und rabiat Profite machten wie die Kokainbosse in Kolumbien 300 Jahre später.

Es gab jedoch einen entscheidenden Unterschied zwischen damals und heute. Während die Kolumbianer heutzutage weltweit geächtet werden, strichen Firmen im viktorianischen England, wie etwa Jardine, Matheson & Co., ihr Hauptkonkurrent Lancelot Dent and Company, das amerikanische Unternehmen Russell & Co., der englische Alleinunternehmer Innes und der indische Kaufmann Hirjibhoy Rustomji allesamt offiziell und reichlich Lohn und Ehre für ihre Geschäfte ein, von denen der Opiumhandel die größten Gewinne abwarf. Sie brachten es schnell zu Ansehen, Einfluss, politischer Macht und offiziellen Ehren.*

Die Kaskade der politischen Konsequenzen des Opiumhandels und der Bemühungen Chinas, ihn zu unterbinden, sind wohlbekannt. Zu der langen Kette der Folgeereignisse zählen zwei schlimme Kriege zwischen England und China, etliche offenkundig unfaire Verträge, die den besiegten Chinesen aufgezwungen wurden (wie jener, der 1842 mitten auf dem Jangtse an Bord der *HMS Cornwallis* vor Nanking unterzeichnet wurde), die Abtretung Hongkongs an England, die stückweise Aufteilung Chinas (die Halbinsel Shandong fiel an Deutschland, Port Arthur an Russland, die Konzession der Mandschurischen Eisenbahn an Japan, Port Edward an England und so weiter), der Einmarsch von Armeen aus Europa, Amerika und Japan, der Untergang der Mandschu-Dynastie, der Sturz der Republik und schließlich die Bildung der Volksrepublik. Es ist wohl nicht übertrieben zu behaupten, dass der Opiumhandel auch mehr oder weniger direkt zum Abwurf der Atombombe führte, denn nachdem die Japaner die vom Krieg geschwächten Chinesen besiegt, die Mandschurei annektiert und das halbe Reich besetzt hatten, gewan-

* Die Firma Jardine, die praktisch Hongkong gründete, ist es verständlicherweise leid, wegen ihrer einstigen Beteiligung am Opiumhandel angeprangert zu werden. Manche ehemalige Firmenleiter protestierten auch. Donald Matheson beispielsweise war so besorgt über die sozialen und medizinischen Auswirkungen der Droge, dass er aus dem Unternehmen ausstieg. Er war jedoch eine Ausnahme. China hat der Firma bis heute nicht ganz verziehen und macht ihr hin und wieder scharfe Vorwürfe, nur um sie in Schach zu halten.

nen sie immer mehr Zuversicht in ihre eigene Überzeugung, den gesamten Pazifik beherrschen zu müssen, und machten auch prompt entsprechende Anstalten, indem sie die Malaienstaaten und Birma überfielen und Pearl Harbor bombardierten.

Und wenn all das nicht um des Opiums willen geschah, dann um des Tees willen. Gewiss, die Chinesen stellten auch andere Erzeugnisse bereit, etwa Rhabarber, Seide und Porzellan. Doch um nichts wurde so viel Theater gemacht wie um den Tee, der mit dem Opium bezahlt wurde. Und für all diese Ereignisse gab es kaum eine treffendere Metapher als »a tempest in a teacup« – den sprichwörtlichen »Sturm im Wasserglas«.

Der Lauf der Dinge zeitigte indes eine weitere komplexe Folge, in der sich eine bittere Ironie verbarg. Die chinesische Teeindustrie, die all dies ausgelöst hatte, wurde von ihren besten Kunden sozusagen selbst »verzehrt« und schließlich fast zerstört. Die Engländer führten China beinahe in den Untergang und trieben dabei auch die chinesische Teeindustrie in den Ruin.

Ermöglicht wurde all dies durch eine zufällige Entdeckung, die der neue britische Kommissar im indischen Cooch Behar 1820 gemacht hatte. Er entdeckte eine bis dahin unbekannte Pflanze. Der Kommissar schickte einige Exemplare davon nach Kalkutta, wo sie einem ehrgeizigen jungen Dänen namens Nathaniel Wallich in die Hände fielen, der kurz zuvor zum Botanischen Berater der Regierung von Indien bestellt worden war. Er vermutete, was später in London bestätigt wurde, dass es sich bei der Pflanze um den Teebaum, *Camellia sinensis*, handelte. Die Pflanze wuchs in Assam in großen Mengen, wurde von den Einheimischen jedoch nicht geerntet und für Aufgüsse verwendet. Kein Inder trank damals Tee. Das sollte sich bald gründlich ändern.

Die Engländer kamen dahinter, dass der Tee in den Bergen des östlichen Indien genauso gut gedieh wie in den Bergen des westlichen China. Den britischen Kolonialherren eröffnete dies phantastische Möglichkeiten, denn Indien war *ihr* Territorium; fortan konnten sie den Tee in einem Gebiet anbauen, das sie für ihr eigenes hielten. Weniger als 30 Jahre nach Wallichs »Entdeckung« wurden in Indien Unmengen von Tee angepflanzt und verarbeitet. Die ausgedehnten Plantagen standen unter englischer Verwaltung, und die riesigen Fabriken waren mit europäischen Maschinen ausgestattet. Eine neue Industrie war entstanden.

Überall, wo die Engländer das Sagen hatten – in Assam, Darjeeling, Bengalen, Birma und Ceylon –, erzeugte man aus denselben Pflanzen, die jenseits der Grenze in Yunnan und Sichuan so verschwiegen und primitiv angebaut wurden, in einem Drittel der Zeit zu einem Viertel der Arbeitskosten doppelt so viel Tee. Das Jangtse-Tal, das seit Urzeiten das Hauptanbaugebiet des Tees war, wurde nun dank der Ausländer vom Tal des Brahmaputra abgelöst.

Das Monopol der Chinesen – das bis dahin nur von Japan, Formosa und einigen kühnen Javanern unterlaufen wurde – war nun plötzlich gebrochen. Die Freihäfen am Jangtse – Jiujiang, das zu unseren Füßen lag, und Hankou, eine Tagesfahrt stromauf – verloren bald ihre Bedeutung für den Teehandel. Als 1869 der Sueskanal eröffnet wurde, war es für die Europäer weit wirtschaftlicher, sämtlichen Tee in Indien zu kaufen. Der indische Tee war billiger und besser und gelangte schneller auf die Londoner Märkte. Fortan war alles, was in den Salons als »chinesischer Tee« bezeichnet wurde, ein Erzeugnis der Teeindustrie des Indischen Empire; sämtliche Gewinne wanderten in die Taschen der englischen Händler, und alle Steuern kamen der englischen Krone zugute. Die chinesische Teeindustrie war wieder das, was sie gewesen war, bevor die ersten portugiesischen Kaufleute nach Kanton gekommen waren – ein Gewerbezweig, der nur den chinesischen Kaiser und sein Volk versorgte.

Unser Fahrer hatte neben sich ein Gefäß mit Schraubverschluss stehen, halb gefüllt mit seinem »Tee«, wie er es nannte. Es war eine lauwarme, hellgrüne Brühe mit einem drei Zentimeter hohen Bodensatz aus dicken grünen Blättern. Hin und wieder schraubte er das Gefäß auf, nahm einen kräftigen Schluck – wobei er die Flasche so hielt, dass keine Blätter mitkamen – und stellte den Tee wieder weg, damit er sich setzte. Alle paar Stunden nutzte er die Gelegenheit, das Gefäß wieder mit heißem Wasser aus einer der riesigen Thermosflaschen aufzufüllen, die es im modernen China überall gibt. Der Aufguss wurde allmählich immer schwächer, und am Ende des Tages sah sein »Tee« wie das abgestandene Wasser eines Teiches aus, auf dessen Grund eine Schicht vergammelter Blätter lagerte. Er schlürfte trotzdem munter drauf los, wenn auch eher aus Gewohnheit als aus Genuss, wie mir schien.

Jeder Fahrer in China ist auf diese Weise ausgerüstet, genau wie jeder Büroangestellte, Polizist, Hotelportier, Bankangestellte und wahrscheinlich auch jeder Flugkapitän. Blickt man in einem Geschäft, einer Wechselstube oder einer Behörde hinter Tisch, Tresen oder Theke, sieht man höchstwahrscheinlich denjenigen, der dort sitzt – wenn er nicht gerade schläft –, an einer Tasse Tee nippen. Nur wenige Chinesen verwenden eine elegante Porzellantasse oder einen der kleinen, fayenceverzierten Teebecher, wie man sie in feinen Restaurants in Chaozhou bekommt; die meisten benutzen ein Schraubglas von Kilner, Mason oder Nescafé mit einem rostigen alten Deckel. Die chinesische Teezeremonie von einst ist bis zur Unkenntlichkeit entstellt. Nichts ist geblieben von der Hochachtung vor dem »Schaum der flüssigen Jade«, wie man es früher nannte. Heute ist Teetrinken in China nichts als ein »Ochsentränken«.

Nicht nur mit der Zeremonie ging es bergab, sondern auch mit dem Business. In Jiujiang hatte ich an jeder Straßenecke nach der Adresse der Jiujiang Tea Company gefragt, an deren Kais einst Tausende von

Kisten mit Oolong, Pekoe und Souchong auf die englischen Schiffe verladen worden waren. Doch die Firma war nirgendwo zu finden. Das einzige, was ich herausbekam, war ein geringschätziges »Roter Tee – nicht gut« von einem grauhaarigen alten Mann, der sich noch daran erinnerte, wie in den dreißiger Jahren ziemlich viel von dem Zeug von hier exportiert wurde.

»Roter Tee« ist für die Chinesen das, was wir als »schwarzen Tee« bezeichnen. Die Chinesen bezeichnen ihn wegen der Farbe des Aufgusses als rot, wir dagegen wegen der Farbe der Blätter als schwarz. Über die Entstehung des Schwarztees kursierte früher folgende Erklärung, vermutlich ein Märchen: Einem chinesischen Teehändler wurde mitgeteilt, die ausländischen Teufel, nämlich die Portugiesen in Kanton, wollten Tee kaufen. Er hatte keinen Grund zu der Annahme, die Barbaren würden Qualität zu schätzen wissen, und so stopfte er die schäbigsten Zweige und die ledrigsten Blätter in Tüten und warf diese in die Ladeluken eines Schiffes mit Kurs nach Europa. Am Ende der Reise, in Lissabon, war die Ladung verrottet und schwarz geworden, doch den Europäern schmeckte das Gebräu, das sich damit anrichten ließ, und sie verlangten mehr. Die Chinesen kamen dem Wunsch gerne nach. Sie waren durchaus bereit, den Europäern von ihrem grünen Tee den Abfall zu überlassen, der während der langen Überfahrt auf dem Ozean reifte und fermentierte.

An der Geschichte ist sicherlich ein Teil wahr. Schwarztee ist nichts anderes als grüner Tee, der erhitzt und fermentiert wurde. Das heute gängigste Verfahren zur Herstellung von Tee sieht folgendermaßen aus: Wenn die Teeblätter vom Busch gepflückt werden (immer zwei Blätter und eine Knospe – an diese Regel halten sich alle Teepflücker, ob in Sri Lanka oder am Jangtse), werden sie zuerst zerrieben, damit sie ihre Duft- und Wirkstoffe – unter anderem Thein, eine schwächere Form des Koffeins – freisetzen, dann zerhackt, damit sich die Zellen öffnen, und schließlich gerollt, damit die Oberfläche für die Fermentation vergrößert wird.

Die geriebenen, gehackten und gerollten Teeblätter werden anschließend sorgfältig getrocknet, geröstet oder geräuchert (manchmal mit Duftstoffen wie Bergamotte etwa beim Earl Grey oder Seilteer beim Lapsang Souchong) und zu guter Letzt verpackt. Die Kunst der Teeherstellung ist so unendlich aufwändig und kompliziert wie das Keltern von Wein. Die fortschreitende Einführung von Maschinen zum Reiben, Hacken und Rollen, wie sie in allen Teefabriken von Nepal bis Nairobi zu beobachten ist, wird von den wahren Kennern indes bedauert und beklagt. Die Mechanisierung, behaupten sie, erhebe die Mittelmäßigkeit zur Norm und verderbe den ursprünglichen Hort des guten Geschmacks.

In China werden heute allerdings kaum noch solche Maschinen eingesetzt. Hier werden zwar noch kleine Mengen des halbfermentierten Tees, des so genannten Oolong, hergestellt, doch fast alles, was in China verkauft und aus China exportiert wird, ist grüner Tee – Tee, der bedampft und dann getrocknet wird, ohne zu fermentieren. Grüner Tee ist roher Tee, und wie gut er ist, hängt fast ausschließlich von der Güte des Teeblattes selbst ab und kaum von der Qualität der Verarbeitung. Der Grüne »Nebelwolken«-Tee aus Lushan war in ganz China berühmt, allerdings weniger wegen des Herstellungsverfahrens, vielmehr wegen seines Herkunftsortes und wegen der Legenden, die sich um die Fülle der Büsche, um die Jugend und Schönheit der Pflückerinnen und um seine kaiserlichen Konsumenten rankten.

Und so schritt ich schließlich mit wachsender Aufregung auf das Tor des »Teeforschungsinstituts« von Lushan zu. Nach zwei Stunden geduldigen Suchens, nach einer längeren Fahrt, vorbei an Felswänden, Höhlen und Wasserfällen, wurden wir schließlich fündig. Es war drei Uhr nachmittags. Überall flatterten Schmetterlinge, es war angenehm warm und roch nach Frühling – genau die richtige Zeit, dachte ich, für einen Besuch im Teeforschungsinstitut von Lushan, dem Zentrum dessen, was vom Universum des chinesischen Tees übrig geblieben war.

»Verschwinden Sie!«, war das Erste, was ich hörte. »Das hier hat nichts mit Tee zu tun.«

Drei Polizisten lagen vor einer verfallenen Villa im Gras und sonnten sich. Derjenige, der mich angebellt hatte, stand auf und fing an, einen schwarzen Metallknüppel zu schwingen. »Das ist ein Elektrostock«, warnte Lily. Sie hatte mich bereits in Schanghai auf diese Stöcke aufmerksam gemacht. Die batteriebetriebenen Stöcke wurden eingesetzt, um Menschenmengen in Schach zu halten. Ein Polizist konnte einem damit einen unangenehmen Schock verpassen, wenn er etwas gegen einen hatte.

Ich deutete auf die Messingtafel, die vor dem Tor hing. »Nicht hier«, erklärte der Wächter. »Nebenan.«

Wir gingen zum nächsten Eingang, zu einem kleinen Nebengebäude, das durch einen niedrigen Trakt mit der alten Villa verbunden war. Der Bau schien leer zu stehen, doch in einem Raum im zweiten Stock fanden wir eine alte Frau, die an ihrem Schreibtisch schlief. »Ist dies das Forschungsinstitut?«, fragten wir. »Nein«, erwiderte sie. »Auf der anderen Straßenseite.« Wir gingen über die Straße zu einem dritten Gebäude, einem Bau im griechischen Stil mit großem Garten. Dort saß eine Empfangsdame. »Teeinstitut?«, fragten wir. »Nicht hier«, entgegnete sie. »Über die Straße. Das Gebäude links.« Zufälligerweise genau das Gebäude, von dem wir ganz zu Anfang weggeschickt worden waren.

Die Polizisten waren immer noch da, doch diesmal blieben sie still liegen, als wir an ihnen vorbeimarschierten. Auch dieses Gebäude stand leer, wie sich herausstellte, doch immerhin stießen wir auf ein Plakat mit dem Bild einer jungen Frau, die an einem nebeligen Berghang Tee pflückte – ein gutes Omen. Wir schauten auf allen drei Stockwerken in sämtliche Räume. Es war niemand anzutreffen. Als wir die hintere Treppe hinuntergingen, begegneten wir endlich jemandem – einem Mann im mittleren Alter, der uns verdrossen anblickte. Offensichtlich war er gerade aufgewacht, denn er rieb sich erstaunt die Augen, als er uns sah.

»Teeinstitut?«, fragten wir abermals. »Ja, ja«, knurrte er gereizt. »Da sind Sie richtig. Kommen Sie mit in mein Büro. Es ist auf der anderen Straßenseite. Ich rufe drüben an.« Er griff nach einem alten schwarzen Bakelittelefon und brüllte laut in den Hörer – er nahm wohl an, dass ich nichts verstand. »Ling! Wach auf, Ling! Hier ist ein Ausländer. Trommle alle zusammen. Geht in den Konferenzraum!«

Fünf Minuten später saßen wir in seinem Büro, das wie ein Klassenzimmer aussah. Wir durften auf Sesseln mit rosa Polyesterrüschen Platz nehmen. Der gramvolle Mann, der sich als Dr. Ye vorstellte, hatte drei ebenso verschlafen wirkende Männer kommen lassen, von denen einer Herr Ling war. Jeder tröpfelte einzeln herein, und keiner sah besonders gut gelaunt aus. Eine uralte Frau trat ein; mit zittriger Hand schwang sie einen riesigen eisernen Teekessel, mit dem sie die Runde machte und jedem einen Becher heißen Tee einfüllte. Die meisten Anwesenden zündeten sich eine Zigarette an und starrten mich stumm an. Es dauerte zehn Minuten, bis alle versammelt waren. Dann sah Dr. Ye mich an, als warte er auf eine Frage.

Ich fing davon an, wie traurig es sei, dass Chinas Teeindustrie zugrunde gegangen sei. Vielleicht – vielleicht werde dieses hehre Forschungsinstitut ihr neues Leben einhauchen, wagte ich hoffnungsvoll zu äußern. Es entstand eine lange Pause.

»Reis«, sagte Dr. Ye schließlich. Es war nicht gerade das, was ich erwartet hatte.

»Wie bitte?«, fragte ich nach.

»Reis. Jiujiang ist ein großer Reisexporteur.« Er blickte in die Runde. Man nickte zustimmend, dann herrschte wieder Schweigen. Einer der Männer schlief bereits wieder; seine Zigarette baumelte gefährlich in seinem Mundwinkel.

Ich versuchte, aus Dr. Ye schlau zu werden. »Aber war dies nicht eine bedeutende Teestadt, früher einmal?« Es trat wieder eine längere Pause ein, die nur durch ein Schnarchen unterbrochen wurde. Seine nächste Äußerung machte mich stutzig.

»Man setzte jungfräuliche Mädchen ein«, sagte er. »Ihre Zungen hatte man mit Nadeln durchstochen. Die waren die besten.«

Dieses Gespräch klang seltsam nebulös, doch hörte ich immerhin einige dunkle Hinweise heraus, die sich auf Tee zu beziehen schienen, wenn auch nur am Rande. Ich hatte einmal von einer alten Überlieferung gehört, wonach die besten Lushan-Tees ausschließlich von Jungfrauen gepflückt und die grünen Blätter per Kurier zum Kaiser persönlich geschickt wurden. Wieso die Mädchen ihre Zungen mit Nadeln durchstachen, wurde nie so richtig klar, und Dr. Ye machte keine Anstalten, mich darüber aufzuklären.

»Wir haben ein Gerät zum Pflücken entwickelt.« Er ließ diese Bemerkung erst einmal im verrauchten Raum stehen. Darauf lief dieses Gespräch also hinaus. Im Zeitraffer betrachtet, folgte das Ganze einer gewissen Logik. Der Reis hatte den Tee als wichtigstes Ausfuhrerzeugnis der Region abgelöst; früher hatten Jungfrauen immer zwei Blätter und eine Knospe gepflückt, aber inzwischen hatten die Wissenschaftler des Lushan-Instituts – womöglich diese verschlafenen, übellaunigen Burschen hier – eine Teepflückmaschine entwickelt.

Wenn ja, war dies ein eindeutiger Durchbruch. Die Georgier hatten einst versucht, in ihrem kaukasischen Bergland die Blätter mit einer umgebauten Heckenschere zu stutzen, und die Japaner hatten etwas konstruiert, das wie ein Pelikan aussah, doch beide Geräte hatten kläglich versagt. Nur Menschen – junge, flinke Leute, die bereit waren, für einen Hungerlohn zu arbeiten – konnten richtig Tee pflücken. Mit dieser Tatsache hatte sich die Teeindustrie jahrhundertelang abgefunden, doch die Träumer hatten ihren Träumen nachgehangen.

»Tatsächlich?«, bemerkte ich mit ganz neuem Interesse. »Kann ich die Maschine sehen? Wo ist sie?« Dr. Yes Knie fingen plötzlich auf höchst sonderbare Weise an zu zittern, beinahe wie die Nadeln eines Seismografen, die ein fernes Erdbeben registrieren. Einige der Männer, die nicht schon schliefen, machten die Augen zu. Es sah so aus, als sei der ganze Raum tief im Gebet versunken. Dr. Ye, der nun mit meiner Frage ganz allein dastand, blickte nervös um sich.

»Sie ist nicht hier«, erwiderte er.

»Wo denn?«, wollte ich wissen.

»In Nanchang«, murmelte er.

Ob er wohl ein Bild habe?

»Der Film wird gerade entwickelt.«

Eine Skizze, auf die ich einen Blick werfen könne? Einen Artikel?

»Drüben im Büro, aber – wir haben keinen Schlüssel«, meinte er um einiges erleichtert.

Und so versuchte ich aus ihm herauszubringen, was man in dem Institut sonst noch so tat.

»Wir beschäftigen 100 Leute hier«, erklärte er. Seine Knie hörten auf zu zittern. Das Erdbeben war überstanden. Er bemerkte mit offenkundigem Stolz: »Wir verbreiten das Wissen um den Tee.«

Im Raum trat wieder Stille ein, abgesehen von einem leisen Schnarchen in einer Ecke. Ob ich wohl ein paar Leuten beim Pflücken zusehen könne, fragte ich. »Das ist nicht die Jahreszeit dafür«, erwiderte Dr. Ye und lachte. Ob ich mir dann vielleicht die Anlagen für die Verarbeitung ansehen könne? »Bedauere. Wird gerade gereinigt und gewartet.«

Der Tee, der gereicht wurde – das Gebräu, von dem die alte Frau noch einmal nachschenkte, wobei sie mit dem großen Kessel über die ausgestreckten Beine der dösenden Herren klettern musste –, war das Grüner »Nebelwolken«-Tee aus Lushan?

»Weiß ich nicht«, gestand Dr. Ye. »Ich glaube, wir haben gar keinen. Vielleicht im Laden.«

Lily rollte die Augen und meinte, wir sollten gehen. Hier war wenig zu ernten. Wir standen auf. Im Nu kam wieder Leben in die Bude. Die Männer rieben sich die Augen, grinsten und zündeten sich neue Zigaretten an.

Dr. Ye führte uns hinaus. »Es freut uns sehr, dass Sie kommen konnten. Würden Sie uns bitte Ihre Visitenkarten geben? Vielleicht sind Sie daran interessiert, hier zu investieren?«

Als wir im Wagen saßen, musste ich laut lachen, doch Lily explodierte. »Wenn ich so etwas sehe, schäme ich mich für China. Dass Sie solchen Typen begegnen mussten! Solchen Idioten! Diese verdammten Kader!« Ich hatte sie noch nie so ausfällig werden hören. Sie war kaum zu bremsen.

»Alte Kommunisten, unnütze alte Kerle, die auf solche Posten gesetzt werden, wo sie nichts tun, *nichts*. Sie hocken bloß herum, quatschen und rauchen den ganzen Tag, kriegen ein fettes Gehalt und wohnen in hübschen Häusern. Vermutlich meint ihr, es sei *eure* Schuld, dass es keine chinesische Teeindustrie mehr gibt? Na ja, vielleicht – aber es ist auch die Schuld von Idioten wie diesen. Traurig ist nur, dass es hier wirklich guten Tee gibt. Kein Wunder bei diesen Bergen, bei diesem Wetter. Sie könnten ihn in der ganzen Welt berühmt machen. Aber ich wette, in euren Kaufhäusern gibt es keinen Lushan-Tee. Es müsste welchen geben, aber es gibt keinen, und wieso – wegen solchen Idioten. Und was wäre die Lösung? Privatisierung. Alles, was unter staatlicher Aufsicht steht, ist unnütz. In privater Hand funktioniert alles viel besser.«

Plötzlich hellte sich ihr Gesicht auf. »Ich habe eine Idee. Wie wäre es, wenn Sie hierher ziehen und den Teehandel in Lushan übernehmen?« Sie meinte es im Scherz, aber nur halb. »Sie wären zufrieden. Sie würden gut verdienen. Sie könnten wunderschön wohnen. In einem der alten englischen Häuser würden Sie sich bestimmt wohl fühlen, wie zu Hause. Und Sie könnten den Menschen hier Arbeit verschaffen. Sie könnten wieder Schwung in den Laden bringen.«

Später gestand sie mir, dass sie es sich doch anders überlegt habe. Und ich erzählte Lily von den alten Offizieren, die in den indischen Gebirgsorten geblieben waren, als das britische Indien längst untergegangen war, und deren Leben meist ein trauriges Ende nahm. Ich glaube kaum, dass irgendeiner aus der alten Garde in Lushan hätte bleiben wollen, selbst wenn die Kommunisten es geduldet hätten.

Wann immer ich in den folgenden Wochen von Lushan zu reden anfing, ging Lily hoch. »Diese Irren!«, zischte sie dann. »Die mit ihrer Maschine. Dabei haben sie gar keine gebaut. Alles Lug und Trug. Pah!«

An der Straße, die vom Institut zurück nach Guling führte, sprang der chinesische Charakter des Städtchens deutlich ins Auge. Auf dem Parkplatz vor dem Volkstheater wimmelte es von Reisebussen und Menschenmassen, mürrisch dreinblickenden Mädchen mit kleinen Plastikmegaphonen und Reiseleitern mit gelben Flaggen, die ältere Herrschaften herumhetzten und scheuchten. Angeblich fanden jeden Tag 20000 Besucher hierher. Die meisten kamen mit ihren Werksverbänden per Bus. An jenem Tag waren mehrere hundert Arbeiter eines Stahlwerks in Wuhan dabei. Sie kamen alle, um den Ort zu sehen, an dem einige der bedeutsamsten Entscheidungen der kommunistischen Führung gefällt worden waren.

In dem hässlichen kleinen Gebäude, das inzwischen wie ein zur *Bingo Hall* umfunktioniertes Kino aussah, wie man es von jeder öden englischen Kleinstadt kennt, hatten sich einst die ältesten und mächtigsten Männer Chinas versammelt, in Szene gesetzt, gestritten und entzweit, hatten Dokumente unterzeichnet und politische Weichenstellungen beschlossen, die sich auf das Leben von Zigmillionen Chinesen auswirkten – und zwar meist nachteilig. Die denkwürdigsten Entscheidungen waren jene, die Anfang Juli 1959 gefällt wurden. Fast alle Fotos, die hier zu sehen waren, entstanden in jener Woche knallharter Dispute: In jener Woche trafen die politischen Führer Chinas Entscheidungen, die – so darf man getrost behaupten – Millionen Chinesen die Hölle bereiteten.

1959 war das zweite Jahr im »Großen Sprung nach vorn«. Es war ein Zeitpunkt, an dem Maos kühner Plan, die landwirtschaftliche und industrielle Produktion Chinas drastisch zu erhöhen, einer ersten Beurteilung unterzogen werden konnte. Sein ursprünglicher Plan war radikal und in vieler Hinsicht überzogen gewesen; vorgesehen war die Gründung riesiger landwirtschaftlicher Kommunen, die Umsiedelung von Millionen von Stadtbewohnern zum Betreiben grandioser Bewässerungsprojekte auf dem Land und der Bau Zehntausender »Hinterhofschmelzöfen«, die aus der Stahlerzeugung ein Expansionsgewerbe in Form einer landesweiten Heimindustrie machen sollten. Die Bevölkerung musste ihre Töpfe und Pfannen zum Einschmelzen abgeben. Kommunale Speisesäle lösten die Küchen der Privathaushalte ab. Die Gesellschaft erlebte tief greifende Veränderungen mit unerwarteten und oft ungewollten Folgen, und alles in der vergeblichen Hoffnung, die bevölkerungsreichste Nation der Welt in die internationale erste Liga aufrücken zu lassen.

Der Große Sprung war von vorn bis hinten ein Desaster, vielleicht die schlimmste Form der Planwirtschaft seit Stalins Zwangskollektivierung der Ukraine in den dreißiger Jahren. Jeder vernünftig Denkende, der sich in jenem Sommer zur achten Vollversammlung des Zentralkomitees der Kommunistischen Partei in Lushan einfand, wusste, dass der Große Sprung völlig fehlgeschlagen oder zumindest weitgehend schief gelaufen war. Doch niemand war mutig oder töricht genug, es auszusprechen – niemand, außer einer winzigen Gruppe Gemäßigter, angeführt vom ungebildeten, aber scharfsinnigen Verteidigungsminister Peng Dehuai, der später angeprangert und schikaniert und somit zum Märtyrer und zur Legende stilisiert wurde. Peng war zu jener Zeit der Einzige, der sich laut zu sagen traute, dass der damalige Kurs der reinste Wahnsinn war. In einem Brief, den er von seinem kühlen Bungalow am einen Ende von Guling in Maos Quartier am anderen Ende schickte, legte er dem Vorsitzenden seine Meinung dar.

Angesichts des absolutistischen Anspruchs, der sich in Maos Herrschaft abzeichnete, waren die Folgen vorhersehbar. Der Vorsitzende räumte zunächst gewisse Fehler ein – betonte jedoch zu seiner eigenen Verteidigung, dass auch Lenin und Marx Fehler begangen hätten und trotzdem genial und unanfechtbar gewesen seien – und versuchte, den Eindruck von Flexibilität zu erwecken. Das Ganze war jedoch eine Finte. An den folgenden Versammlungstagen fiel Mao über Peng und seine wenigen Anhänger her, mit dem Ergebnis, dass am Ende der Versammlung Peng nicht mehr Minister und die Volksbefreiungsarmee fest in der Hand Maos war. Peng wurde ins politische Exil in die Slums vor den Toren Pekings verbannt, wo er den Fußboden fegen und seine Latrine selbst säubern musste. Im Handumdrehen war der Held zum Sündenbock geworden.

Eine Verbindung zwischen dem Teeanbau und dem Niedergang des chinesischen Reiches drängte sich in Lushan förmlich auf; zumindest erkennbar schien mir jedoch auch ein Zusammenhang zwischen den Ausfällen im Lushaner Volkstheater von 1959 und dem Terror, den Mao und seine Anhänger sieben Jahre später in der so genannten Kulturrevolution anzettelten. Der letztere Zusammenhang lag vielleicht nicht so offen auf der Hand. Im Gegensatz zu der Geschichte, die sich um Tee, Opium, Kriege und Verträge drehte und in der die Zusammenhänge weitgehend wirtschaftspolitisch bedingt waren und stark vom Westen bestimmt wurden, hingen die Ereignisse, die Pengs Entlassung und den Wahnsinn von 1966 miteinander verknüpften, von rein internen chinesischen Machtverhältnissen ab und zeigten ihre Wirkung hauptsächlich durch Anspielungen in Literatur und Legende. Die Ereignisse, die sich hier in Lushan abspielten, waren sehr komplex und wurden für die Geschichte des Landes höchst bedeutsam.

Peng Dehuai geriet unter Druck, weil er die Wahrheit ausgesprochen hatte. Zweifellos betrachtete er sich als Märtyrer, auch wenn kein schriftliches Dokument von ihm selbst vorliegt, aus dem dies hervorgeht. Entsprechende Andeutungen machte damals jedoch der zweite Bürgermeister von Peking, ein bekannter und glänzender Historiker, Parteipropagandist und Essayist namens Wu Han, der in einem Artikel, welcher kurz nach dem Parteitag von Lushan in der Zeitung *Renmin Ribao* erschien, in geschickten historischen Formulierungen auf die entsprechenden Vorfälle anspielte. Wu nannte Peng nicht beim Namen. Vielmehr nutzte er seinen Ruf als Historiker und schilderte einen berühmten und oft erzählten Vorfall aus der Zeit der Ming-Dynastie – die Geschichte von der fristlosen Entlassung und Einkerkerung eines treuen, ehrlichen und angesehenen Hofbeamten namens Hai Rui im Februar 1566.

Hai, der für die Steuerbehörde tätig war, beschuldigte den Kaiser in einem Memorandum der Verschwendung, der Unredlichkeit und der Korruption, was tatsächlich alles stimmte. Der Kaiser war höchst empört und ließ Hai einsperren. Nach dem plötzlichen Tod des Kaisers wurde Hai wieder freigelassen, woraufhin ihm mehr oder weniger dasselbe noch zwei weitere Male widerfuhr; erst ließ der Gouverneur von Suzhou ihn entlassen und wegen Amtsvergehens anklagen, weil Hai ihn auf ähnliche Weise beschuldigt hatte, und dann wurde Hai zensiert, weil er die Einführung der Todesstrafe für Korruption gefordert hatte.

Wu Han hatte sich eingehend mit Hai Rui befasst; so veröffentlichte er unter anderem einen Artikel über Hais Fehde mit dem Kaiser und sein Eintreten für Gerechtigkeit. Dieser Artikel erschien kurz vor dem Parteitag von Lushan in *Renmin Ribao*, und es ist durchaus möglich, dass Peng ihn gelesen hat. Es ist sogar denkbar, dass er ihn beflügelt hat. Ein weit wichtigerer Artikel erschien jedoch nach Pengs Entlassung; dies war ein längerer Aufsatz über die Amtsenthebung Hais. Der Hofbeamte wurde als Vorbild »für alle Zeiten« bezeichnet, als »Mann von Courage«, der sich nicht einschüchtern ließ. Der Kaiser hingegen erschien als »rechthaberisch und verschlossen gegenüber jeder Kritik«, als Mensch mit einem »krankhaft eitlen Streben nach Unsterblichkeit«. Jeder Chinese, der zwischen den Zeilen lesen konnte, bemerkte die Anspielung. Wieder war einem rechtschaffenen Menschen der Laufpass gegeben worden, weil er sich für die Gerechtigkeit eingesetzt hatte, und wieder war ein Tyrann an der Macht, der sich wie ein typischer Demagoge gebärdete.

Zwei Jahre später entwickelte Wu das Thema dieses inzwischen berühmten Artikels zu einem Theaterstück mit dem Titel *Die Amtsenthebung des Hai Rui*. Das abendfüllende Stück wurde in einem Theater der Kommunistischen Partei in Peking aufgeführt und auch in Buchform veröffentlicht. Der Stoff – ganz eindeutig Majestätsbeleidigung – fand weite Verbreitung. Doch handelte es sich um echte, nur leicht getarnte Kritik? War es ein Ablenkungsmanöver? Wieso wurde Wu nicht verhaftet und dafür bestraft, dass er sich so zu äußern wagte? Mit solchen Fragen ringen die Gelehrten noch heute. Noch immer wird über die Kraftprobe von Lushan und ihre Folgen gegrübelt, immer wieder werden neue Thesen aufgestellt.

Das Interesse hielt und hält deswegen an, weil die Ereignisse von Lushan und die viel sagende Legende des Hai Rui noch jahrelang nachhallten, am stärksten 1965. In jenem Jahr sicherte sich Mao die absolute Macht über die Volksbefreiungsarmee; und im selben Jahr stachelte Maos Frau, Jiang Qing, ihren Kollegen Yao Wenyuan zu einer Kritik des Stückes von Wu Han an. Yao, Maos Frau und Mao selbst schienen endlich zu signalisieren: bis hierher und nicht weiter. Wer es wagte, Maos energisches Regiment mit dem Gebaren eines eitlen und korrupten Ming-Monarchen zu vergleichen, galt als neuer Feind. China musste von diesem Feind und allen ähnlich Denkenden gesäubert werden. Dazu zählten alle, die so töricht waren, Wu Han beizupflichten, wie einst jene, die gewagt hatten, Peng Dehuai zuzustimmen. Sicher lebte nur, wer Peng verdammte und sich auf die Seite Maos stellte.

Dies war also der Beginn jener rasch um sich greifenden Großen Proletarischen Kulturrevolution, jenes zehn Jahre währenden Alptraums, der das Antlitz des Landes auf erschreckende Weise und für alle Zeiten verändern sollte. So gewählt und bedacht die Abhandlungen über das siebenjährige Interregnum geklungen haben mochten – dahinter verbarg sich die nackte Realität eines schrecklichen Machtkampfes, der seit dem Parteitag von Lushan wütete und das neue China bis in die Grundfesten erschütterte. Die politische Entwicklung im Reich der Mitte verbarg sich wie üblich – zumindest anfangs – hinter den feierlichen Abgesängen und ästhetischen Schnörkeln von Geschichte und Literatur. Was mit einem kurzen Auftakt von Gedichten und Schauspielen begann, endete in flächendeckendem Schmutz und Dreck und mit dem Tod von Millionen Menschen.

Ähnlich endete auch Peng Dehuais Leben. Er wurde zu Beginn der Kulturrevolution von Rotgardisten ins Gefängnis gesteckt, wo er bald erkrankte. Jegliche Behandlung wurde ihm verwehrt. Nach acht Jahren Haft starb er unter größten Schmerzen; seine Familie wurde erst vier Jahre später davon unterrichtet. Die Schikanen, die er seit dem Parteitag von Lushan erlitten hatte, dauerten mit all der bitteren Grausamkeit an, die eine Revolution annehmen kann, wenn sie im Streben nach ihren Idealen beginnt, ihre eigenen Kinder zu verschlingen.*

Es wurde bereits dunkel und kühl, als wir von unserem Ausflug in die Berge zurückkehrten. Herr Wen, der Direktor des Hotels, wartete in seinem pompösen Marmorfoyer auf uns. Wie versprochen, hatte er zwei Fahrkarten für den Nachtdampfer nach Wuhan besorgt und brachte uns zum Hafen hinunter. Er bot uns noch einmal an, mit ihm im Auto mitzufahren; auf der Straße würde die Fahrt nur fünf Stunden dauern, auf dem Schiff dagegen zwölf. Doch er schien Verständnis zu zeigen, als ich ihm sagte, wir würden lieber mit dem Schiff reisen.

»Mit der Zeit wächst einem der Fluss ans Herz«, gestand er. »Immer wenn ich diese Strecke fahre und um eine Kurve biege und den Fluss vor mir sehe, habe ich das Gefühl, einem alten Freund zu begegnen. Er geht einem nicht mehr aus dem Sinn. Er ist immer irgendwie da. Er ist ein Teil unseres Lebens. Ich werde an Sie denken, wenn ich im Auto sitze. Eigentlich beneide ich Sie.«

Er winkte uns vom Kai aus zu, als die Trossen losgeworfen wurden. Das Schiff ließ zum Abschied dreimal das Signalhorn ertönen und schob sich in die Fahrrinne hinaus. Die Sonne verschwand in einem wässrigen Schimmer hinter den vor uns liegenden Bergen.

---

* Wu Han wurde inhaftiert, gefoltert und starb nach drei Jahren. Yao Wenyuan, der die Attacke auf Wu Hans Stück verfasst hatte, gehörte später der berühmt-berüchtigten Viererbande an und war einer der Lenker der Kulturrevolution. Nach Maos Tod wurden er, Maos Witwe und ihre beiden Genossen verhaftet und vor Gericht gestellt; Yao wurde zu 18 Jahren Haft verurteilt.

Schon bald war Jiujiang nur noch ein rauchiger Fleck hinter uns; die Lichter der Stadt wurden von der hereinbrechenden Dunkelheit verschluckt. Irgendwo unter Deck begann eine Karaoke-Session.

Es wurde rasch dunkel. Während wir ruhig durch das nahtlose Schwarz glitten, stand ich oben an Deck und hörte die Nachrichten von BBC; im Jangtse-Tal war der Empfang kristallklar. Man berichtete von den Überflutungen in China und verwendete Ausdrücke wie »Katastrophe« und »verheerend«, doch hier blinkten die Markierungsbojen ruhig vor sich hin, das Radar tastete die unsichtbaren Ufer ab, und das Schiff bewegte sich in dieser wie in jeder Nacht zügig stromauf. Der Jangtse war, so schien es mir, wie in jedem Spätfrühling – schnell, voll und tief.

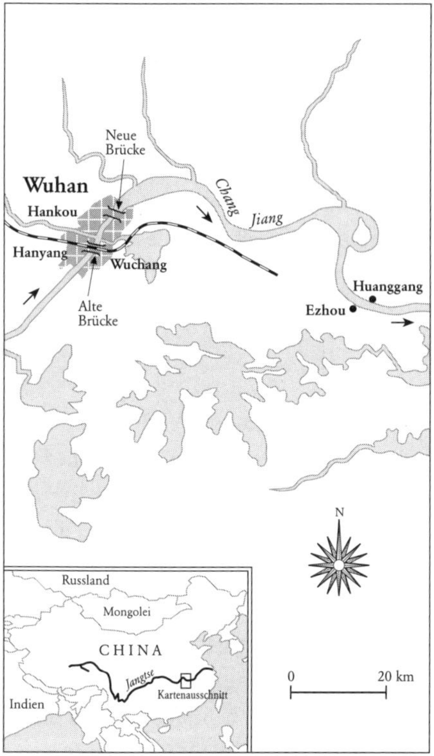

Jangtse-Schwimmer

Am nächsten Morgen wurde ich vor Sonnenaufgang von lärmenden Passagieren geweckt, die auf dem Deck standen und aufgeregt schnatterten. Als ich verschlafen aus meiner Kabine trat, sah ich, wie sie in die Ferne deuteten. Anscheinend gab es dort etwas zu sehen. Einige blickten durch Ferngläser, andere knipsten eifrig mit Kameras drauflos – wieder hatten wir Privatkabinen, und ganz offensichtlich waren unsere Nachbarn ziemlich wohlhabend. Zunächst vermutete ich, dass es um eine Leiche ging. Vier hatten wir bereits in den Fluten gesichtet, allein zwei auf der Fahrt von Nanjing nach Jiujiang. Zuerst hatte ich gedacht, es seien Schweine, doch bei näherem Hinsehen stellte sich heraus, dass es sich um Kinderleichen und in einigen Fällen eindeutig um Mädchen handelte. Es war ein unglaublich deprimierender Anblick, und ich war nicht besonders erpicht darauf, ein weiteres schwimmendes Zeugnis der Tyrannei der chinesischen Geburtenkontrolle anzuglotzen. Doch dann setzte Lily ihre Brille auf, erkannte, was es war, und rief mir zu, ich solle kommen.

»Schwimmer!«, rief sie. »Leute, die über den Fluss schwimmen.«

Hätte es sich um ein beliebiges anderes Land auf Erden und um irgendeinen anderen Fluss gehandelt, so hätte dies kaum irgendwelches Aufsehen erregt. Es mochte vielleicht ungewöhnlich anmuten, dass jemand an einem Sonntag im Spätfrühling in der Morgendämmerung in die Fluten sprang, doch der Umstand an sich, dass jemand in einem Fluss schwamm, hätte am Mississippi oder an der Wolga wohl kaum jemanden aus den Federn gelockt. Doch hier war das etwas ganz anderes. Die Chinesen können mitunter ein recht desinteressiertes und in vieler Hinsicht wettbewerbsscheues Volk sein. Für den typischen Chinesen wäre die Tatsache, dass er an einem großen Strom lebt, noch längst kein Grund, sich in dessen Fluten zu stürzen und an das andere Ufer zu kraulen.

Darüber hinaus wäre das Ganze hier nicht nur relativ sinnlos, sondern auch ausgesprochen gefährlich. Der Jangtse ist fast auf seiner gesamten Länge ein äußerst heimtückischer Strom. Er ist sehr breit, sehr tief und fließt sehr schnell. Er ist ein überaus launischer, unberechenbarer Strom, selbst hier am mittleren Abschnitt, wo die Ufer flach und von Veilchen gesäumt sind. In den unregelmäßigen Strömungen mit ihren heftigen Wirbeln und Strudeln kann selbst der beste Schwimmer machtlos sein. Auch gibt es ungewöhnlich giftige Wasserschlangen. Hier bei Wuhan, wo diese morgendlichen Schwimmer unterwegs waren, wimmelte es außerdem von Egeln, die einen Wurmparasiten auf den Menschen übertragen können, der eine schlimme Infektionskrankheit, die Bilharziose, hervorruft. Bauern, die an den Flussufern arbeiten, halten sich vom Wasser fern oder tragen schwere Stiefel. Wieso also kam hier jemand auf die Idee zu schwimmen?

In der Dunkelheit konnte ich einige Dutzend Schwimmer ausmachen, die in Gruppen auf dem Fluss trieben. Eine kleine Flotte winziger Boote fuhr voraus. Jede Gruppe wurde von ein, zwei Booten angeführt. Auf jedem Boot flatterte an einem langen Bambusstab eine rote Flagge. In den Booten saßen jeweils ein oder zwei junge Männer, welche die Schwimmer anfeuerten oder warnten. Schneller! Vorsicht, Strudel! Mehr nach links! Achtung, Treibholz!

Eine Gruppe, die etwas größer war als die anderen, trieb dicht an unserem Dampfer vorbei. Angeführt wurde sie von zwei Booten, über die ein Bogen roter Ballons gespannt war. Die Formation bestand aus 20 Schwimmern, überwiegend jungen Männern. Sie schwammen gleichmäßig stromabwärts und kraulten fast synchron durch die braunen Fluten. Die Strömung trieb sie rasch davon. Da die Boote sie offenkundig sicher durch die gefährlichen Stellen lotsten, schien das Ganze doch einigermaßen Spaß zu machen. Wie bei olympischen Synchronschwimmern mischten sich in den Mienen der Männer und Frauen Entschlossenheit und Verzückung mit einem erstarrten Lächeln bei zusammengebissenen Zähnen.

Als das Lotsenboot an uns vorbeifuhr, hielt ein junger Mann ein Banner hoch, damit wir es lesen konnten. »Hankou Nr. 16 Eisengießerei. Zum ewigen Ruhme des Genossen Mao.« Damit war der Grund für diese Schwimmaktion sofort klar: Sie hatte mit Politik zu tun, mit der Würdigung der Symbolik historischer Akte. Und dass das Ganze hier stattfand, hatte vor allem damit zu tun, dass die drei Städte, die den riesigen Ballungsraum von Wuhan bilden, historisch gesehen zu Recht als die bedeutendsten Metropolen des modernen China gelten können.

Immerhin war Mao Zedong in diesem Fluss geschwommen, und eben wegen der einzigartigen historischen Bedeutung Wuhans genau an dieser Stelle. Einer der Offiziere auf unserer Brücke teilte über die Lautsprecher mit, dass mit dieser Schwimmaktion Maos Schwimmen gedacht wurde. Die redlichen Bürger von Wuhan, sagte er, bewiesen ihre Treue jeden Sommer. Das Schwimmen heute sei nur eine Generalprobe für die eigentliche Aktion, die in etwa einem Monat stattfinden sollte. Dann würden Männer und Frauen, Fabrikarbeiter und Büroangestellte von überall her an den Jangtse kommen und in Mannschaften antreten, um festzustellen, wer dem schwimmerischen Vorbild des ehemaligen Großen Vorsitzenden am nächsten kam.

Mao war ein begeisterter Schwimmer. Für ihn war das Schwimmen eine Art von Elementarsport, bei dem sich menschliche Energie und List mit der rohen Gewalt der Natur messen konnten. Im Juni 1956 startete der Vorsitzende zu seiner ersten Schwimmexpedition im Jangtse. Dabei wollte er sich jedoch – symbolisch gesehen – mit rohen Kräften ganz anderer Art messen. Er schwamm, umso öffentlich wie möglich seine persönliche Frustration und seinen Protest zu bekunden.

Die Volksrepublik, die er gegründet hatte, war damals noch nicht einmal sieben Jahre alt, steckte aber bereits in allen möglichen Schwierigkeiten. Mao hatte das Gefühl, seine Reformen würden durch das träge Tempo der Bürokratie verschleppt. In einigen Städten* spürte er deutliche Anzeichen einer Opposition. Die Parteifüh-

---

* Dies war besonders in Wuhan der Fall, wo demonstrierende Studenten auf Transparenten Tschiang Kai-schek bejubelten.

rer zankten sich öffentlich und zollten Mao nicht immer die gebührende Anerkennung für die Revolution, die er so genial gedeichselt hatte.

Einige der Fehler gingen eindeutig auf sein Konto, beispielsweise jener, dass er völlig naiv und absolut übereilt ein gewisses Maß an intellektueller Freiheit zuließ. Die Intellektuellenbewegung war sehr rasch außer Kontrolle geraten und hatte mit quasi stalinistischer Härte niedergeschlagen werden müssen.

Die Revolution schien damals aber auch aus anderen, komplexeren und weniger eindeutigen Gründen an Dynamik verloren zu haben. Die Begeisterung der Nation musste neu entfacht werden, dachte Mao. Das Volk musste nachdrücklich daran erinnert werden, dass die Volksrepublik nicht wie in Russland aus Theorie und Buchwissen entstanden war, sondern durch einen kühnen körperlichen Akt, durch den Heldenmut auf dem Langen Marsch und durch die verdienten Siege über Tschiang Kai-scheks korrupte Armeen. Um das Volk an diese hehren Ursprünge zu erinnern und um die Bürokratie, die Kader und auch die Parteiführung zusammenzuschweißen und neu zu motivieren, meinte Mao, seine eigene Unerschrockenheit und Führungsstärke sichtbar unter Beweis stellen zu müssen.

Das war an sich nichts Neues. Bei den chinesischen Kaisern war es lange Tradition gewesen, die eigene Tüchtigkeit und Tapferkeit zur Schau zu stellen, sei es in der bildhaften Kunst und der Kalligrafie oder mit öffentlich vollbrachten Heldentaten. Wieso Mao auf die Idee kam, gerade mit seinen schwimmerischen Leistungen zu protzen, ist nie ganz klar geworden, doch es ist bekannt, dass er bereits als Bauernjunge in Hunan ein guter Schwimmer war und dass er den Sport für sehr wichtig hielt. Angesichts des fast intim zu nennenden Verhältnisses der Chinesen zu ihren Gewässern dachte er wohl, eine Reihe groß herausgestellter Schwimmaktionen in sämtlichen Strömen des Landes würde ihn dem Volk in einer Weise näherbringen, wie dies mit einer intellektuelleren Leistung wie etwa der Kalligrafie (die er ebenfalls ausgezeichnet beherrschte) nicht möglich war.

Außerdem konnte er damit beweisen, dass er stark, gesund, tüchtig und unerschrocken war – alles schätzenswerte Führungseigenschaften. Zumindest konnte er damit unterstreichen, wie unbestreitbar einzigartig er und China waren. Welcher amerikanische Präsident, welcher britische Premierminister oder welcher sowjetische Generalsekretär hätte es damals gewagt, sich auf solch proletarische Weise zur Schau zu stellen?

Die erste Schwimmaktion startete er im Frühjahr 1956 in der Nähe von Kanton im Perlfluss, einem eher bescheidenen, allerdings unglaublich verschmutzten Fluss. 30 Leibwächter und ein großes Gefolge von Politikern trieben mit ihm flussabwärts; all seine Begleiter mussten in ihrer Unterwäsche schwimmen – so überstürzt hatte Mao seinen Entschluss gefasst. Die Aktion schien ihm nicht zu schaden; er trieb wie ein großer rosaroter Bär auf dem Rücken, fast so als sitze er bequem auf einem Sofa. Während dieser zweistündigen Flusspartie brachte er seinen entspannten und sicheren Schwimmstil auch Yang Shangkun bei, dem späteren Präsidenten Chinas, der 30 Jahre später Königin Elizabeth nach Schanghai begleitete. Und als er aus den Fluten stieg, die – wie seine Ärzte sich überzeugt hatten – voller Schmutz und Exkremente waren, tadelte er all jene, die entsetzt davon abgeraten hatten, dass der Vorsitzende in dieser Brühe schwimmen ging. »Wie lange, glauben Sie, überlebt ein Fisch«, fragte er, »wenn man ihn in destilliertes Wasser steckt?«

Mao war sich allerdings nicht ganz sicher, ob es ratsam war, auch im Jangtse zu schwimmen. »Sollte es dort brenzlig für mich werden, heißt es, würde mich niemand retten können.« Also schickte er zwei seiner Leibwächter nach Wuhan, um dort probeweise zu schwimmen. Sie kehrten mit schrecklichen Eindrücken von tückischen Strudeln und gefährlichen Fadenwürmern zurück, doch keiner wagte es, Mao reinen Wein einzuschenken. Es wurde berichtet, wie sich die beiden Männer stotternd und schlotternd von Mao ausfragen ließen, bis einer der beiden schließlich so umständlich und weitschweifig, wie es nur ein Chinese fertigbringt, durchblicken ließ, dass der Strom tatsächlich nicht zum Schwimmen geeignet sei. Mao platzte vor Wut und zwang den anderen Leibwächter, auf der Stelle das Gegenteil zu berichten, dass nämlich sich der Strom durchaus ideal für eine vergnügliche Kraulpartie eignete.*

Und so begab sich Mao nach Norden. Auf der Durchreise durch seine alte Heimat, Hunan, schwamm er zur Übung im Xiang. Einer seiner Leibwächter wurde von einer Wasserschlange gebissen – wahrlich kein gutes Omen. Dennoch tuckerte Maos Sonderzug weiter nach Norden, Richtung Wuhan, wo der kleine Dampfer *Der Osten ist rot Nr. 1* für den großen Schwimmer bereitgestellt worden war. Eine Flotte von 80 kleineren Begleitbooten und vier größeren Schnellbooten sammelte sich schließlich in der Mitte des Stroms.

Dort, wo die jungen Schwimmer, die wir vom Deck aus sehen konnten, gerade für ihr alljährliches Gedächtnisschwimmen trainierten, war Mao mit 40 Leibwächtern und einem noch größeren Gefolge von Sekretären, Ärzten, Parteifunktionären, Höflingen und Speichelleckern in die Fluten gestiegen. Der Generalkommandeur der Region Wuhan bekam es mit der Angst zu tun und musste gerettet werden, doch die anderen trieben mit dem gut gelaunten Vorsitzenden stromabwärts. Nach diesem zweistündigen mühelo-

* Der Leibwächter, der Mao die Auskunft erteilte, die dieser nicht hören wollte, wurde bald darauf unehrenhaft aus der Palastwache entlassen und verschwand in der Versenkung. Der andere, der sowohl seinen Kollegen verraten als auch seinen Vorsitzenden belogen hatte, wurde schließlich befördert.

sen Zeitvertreib hatte sich Mao durch und durch bestätigt und bewiesen. Die Schwimmer legten symbolisch am anderen Ufer an.

Dann nahm man an Bord des Dampfers ein Mittagessen ein und stieß mit einem Glas *Mao-tai* an. Mao war unglaublich stolz auf seine Leistung und erwartete die gebührende Bestätigung. Yang Shangkun begann mit den Lobreden: »Niemand kann sich mit der Stärke des Vorsitzenden messen«, erklärte er. »Kein anderer Führer der Welt blickt so überlegen auf die gewaltigsten Gebirge und die mächtigsten Ströme herab wie unser Vorsitzender. Niemand in der Geschichte ist ihm ebenbürtig.«

Es folgten noch weitere Worte des Lobes. Schließlich hatte Mao sich bewährt und bewiesen, dass er stark und mutig und nicht unterzukriegen war. Er hatte sich über allgemein gültige Auffassungen und über sämtliche Warnungen zur Vorsicht hinweggesetzt. Sein Schwimmen war ein symbolischer Akt, und zwar mit Absicht. Nun verfügte er über neue und stärkere Autorität, das Land nach seinem Willen zu lenken. Er hatte seiner Umgebung und dem Volk gezeigt, dass er wagen und gewinnen konnte.

Der Sieg über den Strom – welcher der (unglaubwürdigen) Legendenbildung der Partei zufolge noch nie zuvor durchschwommen worden war – sicherte ihm sowohl die notwendige Schmeichelei in seinem politischen Umfeld als auch das entscheidende innere Selbstbewusstsein, um erneut seine Kritik am langsamen Tempo der Revolution zu bekräftigen und auch dort auf Sieg zu setzen. Doch die Lobhudelei und das übersteigerte Selbstbewusstsein führten, wie so oft, zu Anmaßung und Überheblichkeit. Sie beschworen einen regelrechten Wahn herauf: Unter Maos persönlicher Leitung wurde in China innerhalb von zwei Jahren der Radikalismus massiv beschleunigt und der »Große Sprung nach vorn« mit all seinem Irrsinn initiiert, der zwar gut gemeint, aber dennoch nichts anderes als Irrsinn war. Das Schwimmen im Jangtse im Jahre 1956 kündigte nichts Gutes für China an, was damals natürlich niemand zu ahnen vermochte.

Genauso ahnungslos war man zehn Jahre später, als Mao dieselbe Aktion noch einmal startete. Diesmal verfolgte er mit dem Schwimmen weit schwer wiegendere Absichten. Die Schwimmer, die an jenem Morgen an uns vorbeitrieben, gedachten nicht jenes ersten Versuches von 1956, sondern des Ereignisses von 1966. Was wir sahen, war ein Training für einen Wettkampf, der am 16. Juli stattfinden sollte. Jedes Jahr erinnerte man an diesem Tag an »Maos legendäres Schwimmen« im Jangtse. Denn was er am 16. Juli 1966 vollbrachte – als er bereits 73 Jahre alt und mit dem Fortschritt seines Landes noch viel unzufriedener war als zehn Jahre zuvor –, war eine wahrlich große Tat, die von der ganzen Welt zur Kenntnis genommen wurde.

Damals nahmen 5000 Schüler und Studenten an einem Schwimmwettbewerb teil. Auch die Kader tummelten sich zu Hunderten in den Fluten. Ballons bauschten sich in großen Bögen, an den Masten zahlloser Boote flatterten rote Fahnen, Kamerateams zeichneten das Ereignis auf – und der Vorsitzende ließ sich zwei Stunden lang munter den größten und mächtigsten Strom seines Landes hinuntertreiben. Und der Strom führte auch noch Hochwasser. Ich erinnere mich an die verschwommenen Zeitungsfotos und die merkwürdig beeindruckenden Fernsehberichte. Damals lebte ich in Afrika, wo Mao viele Freunde hatte. Manch einer schüttelte erstaunt und ehrfürchtig den Kopf. »Ein toller Mann!«, meinten viele. »So stark, so vital.«

Mit dieser Aktion kehrte Mao wieder auf die politische Bühne Chinas zurück, nachdem er sich monatelang selbst ins Exil begeben und die ganze Welt in den Glauben versetzt hatte, er habe sich von der politischen Bühne verabschiedet. Er hatte sich zurückgezogen, sich zunächst hinter den Mauern seines Quartiers in Peking verborgen und war dann ganz verschwunden, wobei wir heute wissen, dass er in den Süden reiste und sich zu jenen besonders verbissenen Kommunisten gesellte, die in Schanghai lebten, arbeiteten und theoretisierten. In den Wochen und Monaten seiner Abwesenheit hatte er zahlreiche Bücher über die wechselhafte Geschichte Chinas gelesen. Er hatte lange Listen mit den Namen jener Leute angelegt, die sich für die wahre Revolution einsetzten beziehungsweise sich ihr widersetzten. Und dann hatte er einen Kurs bestimmt, der so radikal war, dass er die Welt erschütterte.

Dazu war er nach Wuhan gefahren und an eben jenem Julisamstag vor seinem ganzen Volk abermals in die Fluten gestiegen, um zu sehen, ob er den Jangtse erneut bezwingen konnte. Und er bezwang ihn, wie bereits zehn Jahre zuvor. Er schwamm langsam, bedächtig, fröhlich und kräftig. Die ersten 15 Kilometer legte er in knapp einer Stunde zurück. Ich erinnere mich lebhaft an die Bilder von dem winzigen runden Kopf mitten in den endlosen Fluten des Stromes. Der Vorsitzende bezwang eine uralte Kraft, die viel eher ihn zu bezwingen schien. Schließlich stieg er lebend und lächelnd aus den Wellen und konnte einen weiteren totalen Sieg feiern.

Damals hieß es, das Ganze sei reine Propaganda – heute nennt man es Public Relations – zur Beruhigung des Volkes, das meinte, er würde kränkeln. Doch es war weit mehr. Gewiss, Mao hatte seinem Volk, seinen Anhängern und seinen Gegnern seine körperliche Tüchtigkeit bewiesen, doch gleichzeitig hatte er auf brillante Weise seine Autorität und seine politische Macht demonstriert. Erneut gewann er die Bewunderung der Massen und sicherte sich damit in seinen Augen das Mandat des Volkes, etwas ganz Außergewöhnliches in die Wege zu leiten.

Er kehrte mit klarem Kopf und festem Entschluss nach Peking zurück. Die 16 Punkte für die Kulturrevolution wurden veröffentlicht; die Rotgardisten formierten sich, und es begann eine Zeit des

Terrors und des Chaos, die das ganze Land bis in seine Grundfesten erschütterte. Wieso die Menschen in Wuhan dieses Schwimmereignis auch 30 Jahre später noch immer feierten, war und ist für mich ein Rätsel. Im Jangtse zu schwimmen ist meiner Meinung nach nicht so sehr ein Beweis für vitale Körperkraft, sondern ein Vorbote für schreckliche Umwälzungen.

Ich sprach Lily darauf an, während wir zusahen, wie die einzelnen Mannschaften an uns vorbeipaddelten.

»Die Leute in Wuhan sind ein ganz eigener Schlag«, sagte sie. »Ich kann sie nicht ausstehen. Ich mag auch die Stadt nicht. Total dreckige Stadt, total üble Leute. Aber sie halten sich für etwas Besonderes. Sie halten sich für besonders revolutionär, besonders patriotisch. Sie blicken mit viel größerer Ehrfurcht auf Mao zurück als die meisten Chinesen. In Schanghai und bei mir zu Hause in Dalian weiß man, dass er Fehler gemacht hat. Wir zollen ihm den gebührenden Respekt, doch wir wissen, dass er auch bloß ein Mensch war. Ich habe auch von seinen Frauengeschichten gehört und so weiter. Aber die Leute in Wuhan sehen über solche Dinge einfach hinweg. Sie wissen, dass sie in der Geschichte Chinas einen besonderen Platz einnehmen, und meinen, sie müssten ihren ehemaligen Vorsitzenden besonders verehren. Ich glaube, deswegen schwimmen sie.

Außerdem wissen sie wohl, dass es ihnen gut tut. Früher ist in diesem Fluss normalerweise niemand geschwommen. Aber heute ist es ›in‹, wie man so schön sagt, gesund und fit zu sein. Schwimmen ist gesund, zumindest in Schwimmbädern. Das weiß jeder. Und das ist sicherlich ein weiterer Grund, weshalb sie es tun.«

Allerdings hörte ich ein paar Wochen später im Radio, dass das große jährliche Schwimmfest von 1995 wegen des Hochwassers abgesagt werden musste. Das Training an jenem Sonntag, der Ballonschmuck und der ganze Tumult – alles war umsonst gewesen.

Als Mao 1956 zum ersten Mal im Jangtse schwimmen ging, startete er ein paar Meter unterhalb der Pfeiler einer neuen Brücke, die damals über den Fluss gebaut wurde. Die Brücke wurde im Jahr darauf fertiggestellt. Elf Jahre lang, bis zur Vollendung der Untersten Jangtse-Brücke fast 1000 Kilometer weiter stromabwärts, war dies – vom Meer aus gesehen – die erste Brücke über den Jangtse. Mao selbst weihte sie ein und bezeichnete sie als einen »Regenbogen aus Stahl und Eisen«.

Dies war die Brücke, von der ich den Strom zehn Jahre zuvor erstmals erblickt hatte – auf der Eisenbahnfahrt von London nach Hongkong. Nun war ich auf dem Strom und sah die Brücke von unten. Die Pfeiler wurden von hohen Wellen umspült, doch das gigantische Bauwerk wirkte standhaft und unerschütterlich. Die Brücke war ein bleibendes Denkmal für die Russen, die sie geplant und finanziert hatten, und für die Chinesen, die sie zusammengeschweißt und geschraubt hatten.

Inzwischen überspannte in Wuhan eine neuere Brücke den Strom. Wir fuhren unter ihr durch, während wir den Schwimmern zusahen. Sie war ein kühnes, elegantes Zierwerk aus leuchtendem Stahl. Während die alte Brücke schwer und wuchtig wirkte, erschien die neue grazil und sportlich. Sie war erst in der Woche zuvor dem Verkehr übergeben worden, meinte jemand. Das Design war äußerst ansprechend, fast vergleichbar mit einigen neueren Brücken in Korea und Japan, doch ein Mann, den ich fragte, merkte begeistert an, dass die Chinesen sie ganz allein gebaut und auch entworfen hätten.

Ich hatte den Eindruck, dass die beiden Brücken, die nur ein paar Kilometer weit auseinander lagen, nicht nur die offensichtlichen Fortschritte von 40 Jahren Brückenbau spiegelten, sondern auch etwas weitaus Bedeutsameres symbolisierten. Auf der einen Seite stand jenes plumpe und phantasielose stalinistische Gebilde, ein

Geschenk ideologisch Gleichgesinnter aus einer Zeit, als der Kalte Krieg am kältesten war und im marxistischen Lager alle auf gegenseitige Freundschaft und Hilfe angewiesen waren. Auf der anderen Seite prangte jenes schlanke und elegante Kunstwerk, das stolz in der Morgensonne schimmerte.

Die eine Brücke zeugte von Konformismus, Unterwürfigkeit, Starrheit und Phantasiemangel. Die andere signalisierte Freiheit, Initiative und Kreativität. Und dazwischen lag im morgendlichen Dunst die Stadt, die als das Chicago Chinas bezeichnet wird.

Eigentlich sind es drei Städte – Wuchang am südlichen Ufer des Jangtse, Hanyang zwischen dem Nordufer des Jangtse und dem großen Nebenfluss Han Shui sowie Hankou, wo unser Dampfer schließlich anlegte. An diesem größten Knotenpunkt des mittleren Jangtse leben vier Millionen Menschen. Die Metropole im Zentrum des neuen China liegt genau zwischen den beiden Symbolen für die Geschichte des neuen China, von denen das eine die Strenge des Alten und das andere die nur allzu verlockende Aufgeschlossenheit für das Neue versinnbildlichen. Dies scheint mehr als passend, weil diese Stadt – historisch gesehen – die bedeutendste und geschätzteste Stadt in ganz China ist beziehungsweise sein sollte.

Die Bedeutung Wuhans ist überhaupt nicht augenfällig, wenn man mit dem Schiff dort ankommt. Die Stadt macht eher einen anonymen, unscheinbaren Eindruck. Auf den ersten Blick hätte dies genauso gut fast jede andere große Industriestadt zwischen der Mandschurei und der Grenze zu Birma sein können. Sie sah hässlich, schmutzig, ungepflegt, übervölkert und kein bisschen romantisch aus. Ich hatte es überhaupt nicht eilig, von Bord zu gehen, als wir unter dem üblichen Rasseln und Rumoren anlegten.

Die Passagiere der unteren Decks wälzten sich als Erste durch das hoch aufragende neue Hafengebäude aus Beton auf die Straße hinaus, und ich sah zu, wie sie ihre Bündel auf die reihenweise wartenden Fahrradrikschas packten. Die Taxis warteten, bis die Reisenden der oberen Decks ein paar Minuten später von Bord gingen. Ich stieg die Brücke hinauf, um mich vom Kapitän zu verabschieden. Er war so freundlich gewesen, mir den halben Vormittag lang seine Karten zu zeigen, obwohl sie in leuchtendem Rot den Vermerk »Streng geheim« trugen, und hatte Vorschläge gemacht, wo wir absteigen sollten. Ich blieb noch eine Weile auf der Brücke stehen und schaute hinunter auf das Kai, an dem wir angelegt hatten. Hier, am *Bund* von Hankou, hatten sich einst die Niederlassungen der Ausländer befunden. Ich erblickte ein paar klapprige, verrußte Gebäude, in denen die ausländischen Handelshäuser früher ihre Geschäfte abwickelten, doch mit den Firmensitzen in Schanghai waren sie nicht zu vergleichen.

Es war ein sehr kurzer Uferdamm gewesen, und die Ausländer waren in winzige Parzellen gezwängt. Die Engländer verfügten über den größten Sektor und waren den Regierungsbehörden am nächsten, denn sie hatten sich aufgrund ihres Triumphs im so genannten Zweiten Opiumkrieg als erste Ausländergruppe hier niederlassen dürfen. Doch selbst diese Kriegsbeute war eine ziemlich ärmliche Parzelle gewesen. Auf meiner alten Karte entdeckte ich das obligate Konsulat an einem Ende und die Büros von Jardine and Swire sowie British-American Tobacco am anderen Ende; dazwischen lagen ein paar winzige Gässchen mit ein paar dürftigen Gebäuden.

Vor der britischen Niederlassung lagen einst sieben Hulke, die als Schwimmdocks dienten. Hier begann die Wettfahrt der Klipper, die mit ihrer Teeladung nach England segelten. Als Startsignal wurde eine Kanone gefeuert, und bei günstigem Wind und starker Strömung schafften sie es in weniger als zwei Tagen bis zur Barre von Wusong. Bis London waren es zwölf Wochen, falls jeder Fetzen Segel eingesetzt und jede Brise ausgenutzt wurde.

Direkt neben den Engländern, flussabwärts, waren einst die Russen vertreten. In der Jangtse-Schifffahrt waren sie nicht besonders aktiv gewesen, doch auf dem Landweg trieben sie lebhaften Handel mit Ziegeltee, den gepressten Pulverresten aus den Teefabriken in den nahegelegenen Bergen. Die Gebäude der Firma Litvinoff & Co., die damals den Handel beherrschte, konnte ich jedoch nicht ausmachen. An der Stelle, an der sie sich laut Karte einst befunden hatten, stand inzwischen ein großes neues Hotel, und zwar genau jenes, das der Kapitän uns empfohlen hatte.

Auf die russische Niederlassung war die französische gefolgt, die einst das beste Hotel der Stadt, das »Terminus«, vorzuweisen hatte; dann kam die deutsche Abteilung und schließlich die der Japaner, eine winzige Siedlung mit einer Baracke und einer Streichholzfabrik. Alle Ausländer in Hankou waren also fein säuberlich getrennt auf ein paar wenigen hochwassergefährdeten Quadratmetern zwischen der Eisenbahn und dem Fluss zusammengepfercht.

Eisenbahn und Fluss! In Wuhan scheint sich alles um die Existenz und das Zusammentreffen von Eisenbahn und Fluss zu drehen. Wo ich stand, mehrere Meter über dem Wasserspiegel, war die Eisenbahn deutlich zu vernehmen. Immer wenn der Wind in die entsprechende Richtung drehte und die Autohupen für einen Moment verstummten, konnte ich das Hintergrundorchester hören. Waggons wurden in der Ferne rangiert, Dampflokomotiven heulten auf, Züge ratterten über Weichen und donnerten über die Brücke.

Auch in der Luft, die vom Rauch der Fabrikschlote geschwängert war, lag etwas Vertrautes – jener Geruch von Kohle, Koks und Schwefel, jener gute alte ungesunde Geruch kohlegefeuerter Dampflokomotiven aus der Zeit, bevor die Eisenbahnen auf Öl umgerüstet wurden. Wuhan ist noch immer eine ausgesprochene Eisenbahnstadt, ein rußiger und teeriger Knotenpunkt mit Lokomotivschuppen, Reparaturwerkstätten und Stellwerken. Und all dies lag direkt neben den Kais und den Kranbrücken, direkt über den steigenden und fallenden Fluten des Stroms, in dessen riesiges Tal die Eisenbahn vorgedrungen war. Der Bau der Eisenbahn war es, der Wuhan diesen besonderen und unvergesslichen Stellenwert in der chinesischen Geschichte überhaupt verliehen hatte. Der Bau dieser Eisenbahn war etwas ganz anderes als der verstohlene Versuch der Firma Jardine, ihre kleine Bahnlinie zwischen Wusong und Schanghai zu bauen. Dies war 40 Jahre später und 1500 Kilometer weiter stromaufwärts. Inzwischen war Zentralchina übersät von Bahnkörpern, doch vor dem Bau der Bahn war ein Problem zu überwinden, das sich in ähnlicher Weise auch der Firma Jardine gestellt hatte und das damals fast jeden Chinesen wurmte.

Die Hauptstrecke zwischen Peking und Hankou hier am Nordufer des Jangtse war 1905 gebaut worden. Finanziers waren die Franzosen und Engländern; Bauleiter war ein Belgier. (Der Kopfbahnhof war günstigerweise direkt hinter der französischen Niederlassung, zwischen dem *Bund* und der Rennbahn, angelegt worden.) All das entsprach dem typischen Bild: Die Eisenbahn wurde von Ausländern finanziert und gebaut, und wenn sie Profite abwarf, wanderten diese in die Taschen ausländischer Teilhaber. Dies galt für die meisten großen Expressstrecken in China, die fast alle zu jener Zeit gebaut wurden. Die Mukden Railway wurde von einem Engländer gebaut. Die Eisenbahnen in Shandong waren in deutscher Hand. In der Mandschurei waren die Russen am Drücker. Die Mandschu-Regenten, die das Reich für den minderjährigen Kaiser Pu-Yi regierten, hatten den ausländischen Banken und Unternehmen jahrelang munter Konzessionen erteilt, und diese Ausländer durchzogen das Reich nun mit Tausenden von Gleiskilometern. Immer mehr Chinesen begannen sich zu fragen, wieso die Chinesen die Eisenbahnen nicht selbst bauten und die Gewinne aus den Eisenbahnen nicht selbst einstrichen.

Diese Fragen betrafen insbesondere die Eisenbahnlinie Peking–Hankou, die hier endete. In den Jahren vor 1910 wurden die Fragen immer lauter gestellt und führten sogar zu ersten Protesten und Demonstrationen, doch der Hof erteilte immer noch weitere Konzessionen, unter anderem auch für eine Linie von Hankou nach Süden, bis Kanton, und eine von Hankou nach Osten, bis Schanghai. Hankou, dieses dreckige, lärmende und stinkende Rußloch, lag also von Anfang an im Mittelpunkt dieser ganzen Streitfrage.

Im Jahre 1910, als in China bereits 8000 Gleiskilometer verlegt und weitere 3000 im Bau waren, führte dieser Disput zu einem massiven Ausbruch von Nationalismus, den die Mandschus weder begreifen noch in den Griff kriegen konnten. In jeder Provinz bildeten sich Gruppierungen, die dagegen protestierten, wie der Hof in der fernen Verbotenen Stadt ein Geburtsrecht der Chinesen, nämlich die Nutzung ihrer Transportwege, einfach an die Ausländer verschenkte. Im ganzen Reich kam es zu heftigen Demonstrationen. Die Eisenbahnschutzbewegung (Railway Protection Movement), wie die Dachorganisation sich nannte, zog Kundgebungen, Streiks und Boykotte auf. Von entscheidender Bedeutung war, dass sich Kontingente der neu organisierten Chinesischen Armee auf die Seite der Protestierenden stellten. In den Jahren 1910 und 1911 wurden die Eisenbahnen innerhalb kürzester Zeit zum Brennpunkt jener lange schwelenden Unzufriedenheit, die Millionen Chinesen über den Kaiserhof empfanden und die mit solch unterschiedlichen Belangen wie der Besteuerung und dem zu Deformationen führenden Füßebinden zusammenhing. Die Opponenten forderten einen Regierungswechsel – und damit das Ende der wackeligen, nicht chinesischen Theokratie, der vom Himmel eingesetzten Mandschu-Dynastie, die in der fernen Hauptstadt mit aller Gewalt an der Macht festhielt. »Wir müssen die nationale Schande rächen«, lautete der Protestruf. »China muss wieder den Chinesen gehören.«

Hankou wurde zum Mittelpunkt dieser revolutionären, anti-monarchischen Bewegung, und zwar wegen seiner strategischen Lage als Eisenbahnknoten am Jangtse. Die Stadtbewohner – Schiffsführer auf dem Jangtse, Eisenbahnarbeiter und Soldaten der so genannten Neuen Chinesischen Armee – waren jedenfalls viel militanter als etwa Bauern, Beamte oder Intellektuelle. Es entsprach also durchaus einer höheren Gerechtigkeit, dass ausgerechnet in dieser und keiner anderen chinesischen Stadt der erste Funke der Revolution entfacht wurde.

Ironischerweise wurde dieser Funke jedoch aus ganz anderen Gründen entzündet. Zugegeben, die Stadt ist heute deswegen berühmt, weil hier die ersten Schüsse fielen, die das jähe Ende der 5000-jährigen Kaiserherrschaft bedeuteten. Ein gewisses Kuriosum besteht jedoch darin, dass sich zwar das ganze Reich wegen seiner Eisenbahnen in Aufruhr befand und Hankou das führende Eisenbahnzentrum des Landes war, dass aber jenes Ereignis, das den Untergang des Kaiserreichs heraufbeschwor, eigentlich gar nichts mit der Eisenbahn zu tun hatte. Jener Vorfall ereignete sich am berühmten »Tag der doppelten Zehn« – am zehnten Tag des zehnten Monats des Jahres 1911. Dieser Tag wird wie kaum ein zweiter in der Geschichte Chinas gefeiert und gewürdigt. Gezündet wurde die Bombe, und zwar im wahrsten Sinne des Wortes, wenige Meter von jener Stelle entfernt, an der unser Schiff angelegt hatte, in einem Haus in der russischen Niederlassung direkt hinter der Ziegelteefabrik Litvinoff. Kein Denkmal, keine Gedenktafel weist heute darauf hin, vielleicht weil alles nur per Zufall so weit kam.

Eine der vielen revolutionären Gruppierungen, die es in der Drillingsstadt gab und die vor allem auf die Untergrabung der örtlichen Garnison hinarbeiteten, hatte Räume in einem Haus in der russischen Niederlassung belegt. Die Gruppe dort baute offensichtlich am Abend vor dem betreffenden Tag Bomben, doch wie so oft bei

Amateuren kam es versehentlich zu einer Explosion. Es war eine gewaltige Detonation, bei der das Haus weitgehend zerstört und einige der Aufrührer zerfetzt wurden.

Da es sich um ein Ausländerviertel handelte, hätten die überlebenden Rebellen normalerweise unter dem Schutz der Exterritorialität gestanden. Die chinesische Polizei hätte sich herausgehalten, und die Russen hätten die Sache selbst in die Hand nehmen müssen. Doch diese Bombenexplosion war so gewaltig – und das Misstrauen der Polizei von Hankou so groß –, dass der in Hankou amtierende Vizekönig das Viertel von schwer bewaffneten Polizeieinheiten stürmen ließ. Überlebende in den Ruinen versuchten in Panik, Dokumente zu vernichten, doch die Polizei fand Listen mit den Namen und Schlupfwinkeln der anderen revolutionären Gruppen in der Region Wuhan. Als die übrigen Rebellen davon Wind bekamen, sahen sie sich gezwungen, ihren lange geplanten Schritt sofort zu vollziehen. Sie hatten monatelang geduldig darauf hingearbeitet, die Soldaten der örtlichen Garnison für ihre Sache zu gewinnen. Da ihre gesamte politische Bewegung nun durch die Polizeiermittlungen aufzufliegen drohte, mussten sie es drauf ankommen lassen. Die Frage war, ob ihre Überzeugungsarbeit gewirkt hatte.

Sie schien gewirkt zu haben. Am folgenden Tag, dem glorreichen zehnten Tag des zehnten Monats, entschloss sich das Achte Bataillon der Pioniere von Wuchang – eine der Einheiten, welche die Rebellen aufgewiegelt hatten – offiziell zum Aufstand. Die Pioniere besetzten gemeinsam mit Soldaten eines Transportregiments und einer Artilleriebatterie ein Munitionsdepot. Dann stürmten die drei Einheiten das Hauptquartier der kaiserlichen Armee in der zentralen Festung in Wuchang. Es wurde den ganzen Tag über erbittert gekämpft. Am Abend ergab sich der Vizekönig. Am nächsten Tag folgten die kaiserlichen Kommandeure in den Stadtteilen Hanyang und Hankou seinem Beispiel. Binnen weniger Tage befand sich das gesamte Stadtgebiet des heutigen Wuhan in der Hand einer gut organisierten und vom Volk unterstützten dynastiefeindlichen Brigade.

Nun war es an der Eisenbahnschutzbewegung, die Revolution auf das ganze Land auszuweiten. Die Revolution verbreitete sich wie ein Lauffeuer: Die Anhänger der Bewegung konnten Tausende von Soldaten für ihre Sache gewinnen und triumphierten, als die Rebellion entlang der neu gebauten Eisenbahnlinien in rasanter Geschwindigkeit von einer Stadt auf die nächste übergriff, insbesondere in Südchina. Brutale Massaker an Mandschus wurden verübt, vor allem in der alten chinesischen Hauptstadt Xi'an: kaiserliche Generäle, Gouverneure und Vizekönige wurden ermordet. In aller Eile kam es unerwartet zu Bündnissen zwischen den verschiedensten Verbänden, die gegen die untergehende Qing-Dynastie kämpften.

Die Regierung in Peking sandte mit der Eisenbahn Soldaten in den Süden, doch die anderen Eisenbahnen, die sich in der Hand der Rebellen befanden, schickten ihnen Revolutionstruppen entgegen, um den Vormarsch der kaiserlichen Verbände zu stoppen. Im November fingen die kaiserlichen Generäle im Norden selbst an, die Befehle zu hinterfragen, die aus der Verbotenen Stadt kamen. Man hörte fast nur beschwichtigende Töne seitens der Regenten und der mächtigen alten Eunuchen, die den minderjährigen Kaiser umgaben, doch alle Kompromissvorschläge waren umsonst.

Am 14. November druckte die *North-China Daily News* in Schanghai das Manifest der Aufständischen ab. (Die aktive Rolle, die Schanghai bei der Rebellion spielen sollte, unterstrich wiederum die Bedeutung des Jangtse-Tals als Wiege der Revolution.) Es war ein langes Dokument – und ein wichtiges. Die zentralen Punkte haben vielleicht genauso viel Gewicht und verdienen genauso viel Beachtung wie die der amerikanischen Unabhängigkeitserklärung, die eineinhalb Jahrhunderte zuvor verfasst worden war. Der Unmut der Revolutionäre richtete sich vor allem auf den Ausverkauf ihrer

Geburtsrechte an ausländische Mächte, doch ihr wahrer Feind waren und blieben die Mandschus, die diesen Ausverkauf betrieben. Die Ausländer hatten China viele Vorteile zu bieten, wenn sich beide Seiten als Gleichberechtigte begegneten, doch das war nur möglich, wenn die Mandschus nicht mehr im Weg standen:

> Die ausländischen Mächte haben hier in China jahrhundertelang einzeln und gemeinsam darauf gepocht, dass wir unser Wissen erweitern, die Wirtschaft des Landes reformieren, westliche Naturwissenschaften und Industrieverfahren übernehmen und die rohen, überholten und unedlen Prinzipien aufgeben, welche die Nation bisher aus dem Kreis der großen Familie der zivilisierten Welt ausgeschlossen haben. Ihr Bestreben war vergeblich.
> Die Mandschu-Dynastie hat ihre reaktionäre Politik trotz massiven Drucks von innen und von außen erfolgreich weiterverfolgt, bis das unterdrückte Volk die Schmach und die Unverschämtheit nicht mehr ertragen konnte. Das Volk hat revoltiert, und was dies bewirkte, hat die Geschichte der letzten Wochen gezeigt.
> Die Mandschu-Dynastie hat einem geduldigen und friedvollen Volk seit Jahrhunderten arg mitgespielt. Sie verwirkte die Ehrfurcht und verspielte das Vertrauen, das ihr alle Chinesen einst freimütig entgegenbrachten. Ihre Versprechungen in der Vergangenheit haben sich als Täuschungen und Tricks erwiesen. Ihre Versprechungen für die Zukunft haben kein Gewicht, sind keinerlei Beachtung wert und verdienen kein Vertrauen.
> Es entspricht dem Willen des Volkes, dass die Dynastie abtritt.

Am Weihnachtstag des Jahres 1911 kehrte der Mann, dessen Ideen im Mittelpunkt all dieser Umwälzungen gestanden hatten, aus

Frankreich zurück, wo er sich dafür eingesetzt hatte, dass sich Europa in dem Konflikt neutral verhielt. Dieser Mann war Sun Yat-sen.* Er kam mit dem Schiff nach Schanghai, wo er sofort zum provisorischen Präsidenten der Republik China ernannt wurde. Er reiste stromauf nach Nanking und trat dort am Neujahrstag des Jahres 1912 sein Amt an. Die Revolution war vom Jangtse ausgegangen, und nun kehrte ihr geistiger Vater aus dem Exil an den Jangtse zurück und machte eine Stadt am Jangtse zu seiner Hauptstadt. Nichts hätte stärker verdeutlichen können, dass der Strom das Zentrum der neuen nationalen Einheit bildete.

Zweiundvierzig Tage später, am 12. Februar 1912, musste der sechs Jahre alte Kaiser Aisin-Gioro Pu-Yi, der unter dem Namen Xuantong regierte, offiziell abdanken.* Er war der letzte Mandschu-Herrscher und der letzte Kaiser Chinas.

Unser Hotel lag ganz am Rand der ehemaligen russischen Konzession, und von meinem Zimmer aus konnte ich auf die Mansardendächer und die schmutzigen Kolonnaden der benachbarten einstigen französischen Enklave blicken. Es hatte angefangen zu regnen. Auf dem Dach unter meinem Fenster kletterte ein alter Mann in Unterhosen herum und nahm rußschwarze Wäsche von einem rostigen Draht, der zwischen zwei Schornsteinen baumelte.

---

* Als die Revolution ausbrach, war Sun Yat-sen in Amerika und suchte dort finanzielle Unterstützung. Auf dem Weg von Denver nach Kansas City las er in der Zeitung vom Sturm auf die Festung von Wuchang.

* Pu-Yi herrschte noch einmal zwölf Tage lang, zumindest nominell, nachdem er 1917 durch einen Putsch wieder auf den Thron gesetzt wurde. 1932 machten die Japaner ihn zum Oberhaupt ihrer Marionettenregierung von Mandschukuo, doch als die Russen die Japaner in der Mandschurei schlugen, wurde er nach Sibirien geschafft. Später wurde er nach China zurückgeschickt, inhaftiert und von den Kommunisten »umerzogen«. Seine letzten Lebensjahre verbrachte er in Peking, wo er als einfacher Gärtner arbeitete und 1967 friedlich starb.

Er verscheuchte einen Schwarm Tauben, die aufschwirrten und wie ein schmutziges Leintuch zwischen den Giebeln hin und her flatterten. In der Ferne schwebte ein kleiner roter Helikopter mit einem Kamerateam an Bord, das die Schwimmer filmte, die noch immer zu Hunderten durch den angeschwollenen Fluss kraulten.

Wuhan im Regen ist kein erhebendes Erlebnis. Zugegeben, es herrschte geschäftiges Treiben. In den engen Straßen hinter den einstigen ausländischen Niederlassungen befanden sich Banken, Boutiquen und Spielsalons. Überall tummelten sich Tausende von Menschen, selbst an einem verregneten Sonntag wie diesem. Es wurde gehandelt und gekauft, gedrängelt und geschrien.

In einer heruntergekommenen Seitenstraße stieß ich ausgerechnet auf einen amerikanischen Joghurtladen, eine Filiale der Kette »TCBY«, *The Country's Best Yogurt*, der man auf allen amerikanischen Highways und Flughäfen begegnet. Ich stürmte hinein, um Lily etwas zu kaufen. Sie hatte noch nie *frozen yogurt* gegessen, und ich dachte, ihr gesellschaftliches Bewusstsein profitiere sicher von einem Becher Vanille mit Schokolade, garniert mit Schokoladensplittern. Bereits nach dem ersten Löffel verzog sie jedoch das Gesicht. »Wie könnt ihr nur so süßes Zeug essen?«, fragte sie entsetzt und hielt mir den Becher hin. Ich bedeutete ihr, sie solle ihn behalten, und stand plötzlich ziemlich betreten da, weil mich die jungen Mädchen hinter der Theke intensiv anstarrten, um sich zu vergewissern, dass wir das Resultat ihrer Bemühungen auch schätzten. Ich zuckte verlegen mit den Schultern, gab ihnen zu verstehen, ich müsse das Zeug draußen auf der Straße essen, und machte einen so würdevollen Abgang wie möglich.

Die schlichte Tatsache, dass es in Wuhan eine TCBY-Filiale gab, erinnerte mich an ein Gespräch, das meine Frau etwa ein Jahr zuvor bei einem Essen in Hongkong geführt hatte. Ein junger Fatzke, ein chinesischer Angestellter von Jardine, der den Ausbau der Firmeninteressen in China abchecken sollte, hatte sie damals angequatscht.

»Dieses komische kalte Joghurtzeug, auf das die Amerikaner so abfahren«, hatte er mit offensichtlicher Abneigung sowohl gegenüber Joghurt als auch gegenüber Amerikanern zu verstehen gegeben, »und diese mexikanischen Dinger, ›Tacos‹ oder wie sie heißen – glauben Sie, dass man so was auch den Chinesen andrehen könnte? Ich frage deswegen«, fuhr er fort, »weil die Lizenzen zu haben sind. Klingt nicht besonders toll, ›Taco Bell‹ und ›TCBY‹, aber wir müssen nehmen, was wir kriegen. Wir überlegen, ob wir ein paar Filialen davon in China aufmachen sollen«, meinte er mit einem fiesen Grinsen.

Ich weiß nicht, ob diese Art von Marktforschung etwas bringt; ich konnte auch nicht sagen, ob der Joghurteisladen in Wuhan überhaupt Jardine gehörte. Wenn ja, entbehrte diese Geschichte nicht einer gewissen Ironie, wenn man bedenkt, dass die Firma hier einst mit Opium handelte, einem viel offenkundigeren Suchtmittel. Ob die Chinesen sich mit Joghurteis anfreunden werden oder nicht, wird die Zukunft zeigen. Für Opium scheinen sie mehr übrig gehabt zu haben.

In Wuhan versuchte der Westen seit Jahrzehnten, alles Mögliche an den Mann zu bringen. Angeblich wurden in Wuhan unter anderem das Gatling-Gewehr, der Filzhut, der Basketball, die Dampfmaschine, die Idee der Gewerkschaft und die der parlamentarischen Demokratie erstmals ausprobiert. Opium gehörte indes nicht zu den Dingen, die der Westen in China ganz neu einführte. Der Handel, der zwischen Britisch-Indien und China aufgebaut wurde, sollte eine bereits bestehende Gewohnheit befriedigen beziehungsweise ausschlachten. Mit dem Opium aus Indien wurde lediglich die ohnehin schon reiche heimische Ernte aufgestockt. So geht beispielsweise aus einem Handelsbericht von 1908 hervor, dass im Hafen von Hankou ganze 34000 Pfund Opium aus den indischen Regionen Patna und Malwa eintrafen, während 65000 Pfund von den chinesischen Mohnfeldern in Yunnan und Sichuan auf dem Jangtse nach Hankou gelangten. Eines wird oft vergessen: Die Chinesen waren längst eifrige Konsumenten der Droge, als die Engländer auf den Plan traten und versuchten, den Handel im Stil der Mafia zu kontrollieren und zu beherrschen.

Es wurde allerdings auch mit alltäglicheren Produkten gehandelt. Bereits zu Beginn des 20. Jahrhunderts fuhren zahllose ausländische Schiffe – vor allem aus England, aber auch aus Norwegen, Russland, Deutschland, Frankreich, den Vereinigten Staaten und Holland – regelmäßig den Jangtse hinauf bis nach Hankou. Tanker brachten Kerosin in die Bunker der Standard Oil Company. Britische und dänische Dampfer schafften Öl aus Borneo und Sumatra herbei. Englische Frachter lieferten Kiefernholz aus Oregon. Und ein deutscher Bulker brachte jeden Monat Ladungen von Zement aus Haiphong (dem Hafen in Vietnam, wohin der Jangtse der Legende zufolge wahrscheinlich geflossen wäre, wenn der erste chinesische Kaiser, Yu der Große, ihn nicht umgeleitet hätte).

Die Importe bestanden aus ganz gewöhnlichen Erzeugnissen. Neben den Genannten waren dies vor allem Hemdenstoff, Roheisen, Zinnplatten, Zigaretten, feuerfeste Ziegel, Streichhölzer, Nadeln, Pottasche, Eisenbahnschwellen, Teebehälter und Regenschirme – nichts Außergewöhnliches, nichts mit einem Anflug von Romantik.

Dagegen war das, was damals aus Hankou *exportiert* wurde, China pur! Das Ladungsverzeichnis eines auslaufenden Dampfers las sich oft wie eine Seite aus *Die gute Erde*. Ausgeführt wurden weißer Reis, Lotussamen, Pilze, Rohseide, Seidenraupen, Ziegenleder, Baumwolle, Fadennudeln, Sesamöl, Tungöl, Tofu, Quecksilber, Galläpfel, Moschus, Bastfasern, Rindsleder, Kleie, Borsten, Rhabarber, Strohgeflechte und natürlich Tee – Tee in Tüten, Dosen und Kisten, als schwarzer, grüner oder gemischter Tee, gepresst, gemahlen oder pulverisiert.

Vor 100 Jahren müssen die Docks einen bemerkenswerten Anblick geboten haben. An den Ufern des Han Shui lagen die bunt bemalten Dschunken reihenweise nebeneinander vor Anker. Zahllose Läden und Werkstätten schwammen auf dem Fluss. Der jeweilige Geschäfts- oder Gewerbezweig war einem Gegenstand zu entnehmen, der am Masten baumelte; das konnte alles mögliche sein – ein Stück Seil, ein Rasierpinsel, ein Hemd, ein geflochtener Zopf. Und die engen Gassen an Land waren übersät mit roten und goldenen Schildern; schwitzende Kulis schoben sich durch das Gedränge, und fette Mandarine ließen sich in ihren vergoldeten Sänften hin und her tragen. Der Geruch von Räucherstäbchen und der seltsam süße Duft des Opiums drangen aus den düsteren Salons bis auf die Straße. Hier und da klirrte eine Zimbel, und im Hintergrund grollte das dumpfe Rollen der Dampfeisenbahn, die bald so große Umwälzungen bringen sollte.

Wuhan war jedoch mehr als nur ein Handelsknoten, mehr als ein chinesisches Chicago. Eine Zeit lang, von der Mitte der zwanziger bis zum Ende der dreißiger Jahre, hatte die Stadt etwas von der lasterhaften Anarchie Schanghais; sie entwickelte sich zur ideologischen Hauptstadt Chinas und war eine wichtige Station für Männer und Frauen jeder politischen Couleur, die auf dem Weg nach irgendwo hier durchkamen.

Isherwood und Auden erwähnten dieses Phänomen in ihrem Reisebericht *Journey to a War* mit folgenden Worten: »Seit die Weltgeschichte von Schanghai genug hat und Barcelona nur noch langweilig findet, richtet sie ihr kapriziöses Interesse auf Hankou – doch wo steigt sie ab?« Isherwood und Auden, die ihr eigenes kapriziöses

Interesse auf die Stadt richteten, fanden Gefallen an Hankou in seiner Rolle als selbst ernannter inoffizieller Hauptstadt, in der »Tschiang Kai-schek, Agnes Smedley, Tschou En-lai, Generäle, Botschafter, Journalisten, ausländische Marineoffiziere, Glücksritter, Flieger, Missionare und Spione« zusammenkamen, um sich gegenseitig zu verraten und zu betrügen. Die Stadt war von 1911 bis 1949 ein Zentrum des revolutionären Glaubens und Strebens. Hier lebte und arbeitete der ungeheuerliche russische Kominternagent Mikhail Borodin, der – was oft vergessen wird – die Guomindang zunächst zu einer rein leninistischen Organisation machte. Hier war er stationiert, und hier vollbrachte er einige seiner größten Taten. Tschiang Kai-schek setzte später alles daran, die Kommunisten aus der Guomindang zu entfernen; 1927 schickte er ein Terrorkommando »zur erbarmungslosen Vergeltung« nach Wuhan. Dies schmälerte jedoch kaum Wuhans Bedeutung als Zentrum der linken Militanz. Und bei Maos Sieg im Jahre 1949 spielte die Stadt schließlich eine ebenso entscheidende Rolle wie bei Sun Yat-sens Erfolg von 1911. Nicht nur wegen ihrer Industrie wirkte die Stadt roh und grob, sondern auch wegen des politischen Klimas, das dort herrschte. Wuhan war vielleicht keine schöne Stadt, aber eine wichtige.

Heute herrscht hier beinahe dieselbe Hektik, dasselbe Brodeln und Drängeln, allerdings mischen sich Autos unter die Rikschas, und man begegnet Männern in schicken Anzügen, mit Gel im Haar und einem Handy am Ohr. Viele Ausländer sind hier tätig. Vertreter von Budweiser richten eine Brauerei ein, Techniker von AT&T tüfteln Telefonanlagen aus, und die großen europäischen Kommunikationskonzerne – Siemens, Philips, Alcatel – schließen Wuhan an digitale Netze an. Die meisten dieser Männer leben wohlgenährt, aber einsam in irgendeinem winzigen Hotel weitab vom *Bund* und hassen die Stadt von ganzem Herzen.

Die alteingesessenen Unternehmen der Drillingsstadt florieren auf tausenderlei neue Weise. Die meisten von ihnen sind in jene alten Gebäude eingepfercht, welche die Ausländer in der zweiten Hälfte des 19. Jahrhunderts hier errichteten. Die Bankangestellten dösen den halben Tag unter viktorianischen Gusseisensäulen, Buntglasscheiben und stumpfen Messinglampen vor sich hin, doch wenn man sie aufweckt, lösen sie Akkreditive ein, führen telegrafische Überweisungen aus und zahlen gegen Vorlage einer Kreditkarte Bargeld in fast jeder Währung der Erde aus. Handelshäuser sitzen in verstaubten Art-déco-Palästen und verfallenen Lagerhäusern. Wo einst die klassischen chinesischen Berufszweige wie die der Steuerbeamten, Zolleintreiber und Handelsagenten ansässig waren, tummeln sich heute Immobilienmakler, Kurierdienste und Unternehmen für Funkspruchgeräte.

Inzwischen strömen Geschäftsleute aus Hongkong mit einem Eifer nach Wuhan wie in keine zweite chinesische Stadt. Zugegebenermaßen begegnet man in den meisten chinesischen Großstädten ein paar Unternehmen mit Firmensitz in Hongkong; selbst im fernen Urumtschi ist eine Hotelkette aus Hongkong vertreten, und sogar in Shenyang und Kaschgar besitzt eine Hongkonger Firma Bürogebäude. Doch in Wuhan ist ihre Präsenz viel stärker. Inzwischen gibt es eine schnelle und bequeme Nonstopverbindung vom Hongkonger Kai-Tak-Airport nach Wuhan. Für die Geschäftsleute aus dem Süden, die jeden Tag nach Wuhan fliegen, ist dies die nächstgelegene Großstadt im chinesischen Herzland und somit das greifbarste Beispiel für »das wahre China«. (Kanton, Xiamen und andere Metropolen, die direkt vor ihrer Tür liegen, sind nach wie vor ausgesprochen *südchinesische* Städte, die vom südlichen Dialekt, der südlichen Küche und der südlichen Mentalität geprägt sind.) Bauträger aus Hongkong kommen mittlerweile scharenweise nach Wuhan und ziehen dort in rasantem Tempo Dutzende von

Hotels, Kaufhäusern und Einkaufszentren hoch; für die Zukunft sind außerdem Multiplexkinos, Nachtclubs und Hostessenbars geplant. Geschäftsleute aus Hongkong lassen zur Zeit den Flughafen von Wuhan ausbauen; auch in die elegante neue Jangtse-Brücke hatten sie Gelder investiert. Es ist auch davon die Rede, dass mit Hilfe von Kapital aus dem Süden noch eine weitere Brücke, diesmal über den Han Shui, gebaut werden soll. Und eine Hongkonger Bank finanziert eine neue sechsspurige Schnellstraße ins Stadtzentrum.

All dies ist wohl mit Schuld daran, dass ich ein unerklärliches Vorurteil gegenüber Wuhan hege und diese Stadt viel weniger schätze als etwa Schanghai. Städte wie Schanghai und Nanjing wachsen ebenfalls rasant, vielleicht sogar zu rasant, doch ihr Wachstum scheint zumindest oberflächlich betrachtet größtenteils auf ihrer eigenen Anstrengung oder Verschlagenheit und ihrer eigenen Finanzkraft zu beruhen. Die Stadtväter von Wuhan dagegen haben sich in Hinsicht auf Stadtplanung und Entwicklung auf einen *Pas de deux* mit der Hongkonger Geschäftswelt eingelassen. Vielleicht wirkt das neue Wuhan deswegen etwas provisorisch, um nicht zu sagen windig. Es hat den Anschein, als werde die Metropole allein zu dem Zweck ausgebaut, dass sich die Unternehmen im nicht so fernen Süden schnellstmöglich bereichern können. Wuhan mag mit gutem Grund stolz auf seine Vergangenheit sein, doch ich weiß nicht, ob es in der Gegenwart viel gibt, worauf es stolz sein könnte. Lily machte öfter Bemerkungen über das protzige und zugleich abgeschmackte Erscheinungsbild Wuhans und gestand, dass sie die Stadt genauso übel fand wie ich. An unserem letzten Abend dort meinte sie nur spöttisch, wie wahr doch die alte Redensart sei, wonach das Beste an der Stadt ihre Ausfallstraße sei. Wie sich herausstellte, wurde diese ebenfalls von einer Firma mit Sitz in Hongkong ausgebaut. Gerade wurden Mautstationen montiert, damit irgendein Geschäftsmann im fernen Süden schnell das große Geld machen kann.

Mao Zedong war ein beachtlicher Dichter – zumindest was den Umfang, wenn auch nicht immer die Qualität seines dichterischen Schaffens betrifft –, und er neigte dazu, seine großen Taten in Versen zu verewigen. Sein Gedicht *Schwimmen* zählt zu seinen bekanntesten Reimwerken. Er schrieb es 1956, nachdem er zum ersten Mal im Jangtse geschwommen war. Kurz davor hatte er den Perlfluss in Kanton und den Xiang bei Changsha durchschwommen, was zu Beginn dieses Gedichtes anklingt, das Maos Geist spiegelt, auch wenn seine Dichtkunst in der Übersetzung natürlich einiges an Poesie einbüßt:

Schwimmen

Eben noch trank ich von Changsha das Wasser
Und aß auch von Wuhan den Fisch.
Ich durchquere den Jangtse, den Zehntausendmeilen-Strom,
und blicke weit in den Himmel Südchinas.
Ich achte nicht, dass der Wind die Wellen peitscht,
das ist herrlicher, als im stillen Hof ziellos zu wandern,
heute wird alles groß und weit.
Konfuzius sagte, als er am Wasser stand:
Alles, ach, geht dahin wie dies!

Im Wind schwanken die Masten,
die Berge ruhen,
große Werke entstehen.
Das fliegende Gerüst der einen Brücke von Süd nach Nord
Verwandelt den Jangtse-Graben zum Durchgangsweg.
Und weiter bauen wir nach Westen zu am Strom die Steinwand,
unterbinden den Regen, der vom Wu-Berg kommt,
sodass die steilen Klippen aufragen über ebenem See.

Die Fee mag bleiben, die sie war,
sie wird doch aufschrecken: denn die Welt ist anders
geworden.*

Man muss nicht besonders tief schürfen, um die verschiedenen Bedeutungen zu entschlüsseln, die in diesen Zeilen liegen. Die erste Strophe ist philosophisch und pragmatisch zugleich; sie spiegelt Maos Selbstverständnis nach seiner Schwimmaktion, seine selbstbewusste Selbsteinschätzung als eines Menschen, der sich der Herausforderung der Revolution zu stellen vermag.

Das Gedicht hatte mir eine Mitarbeiterin des Hotels am Tag vor unserer Abreise zu lesen gegeben. Sie hatte erfahren, dass Lily und ich weiter stromauf fahren wollten, und machte mich besonders auf die zweite Strophe aufmerksam. In diesen Zeilen ist natürlich auch von der neuen Brücke die Rede; erwähnt wird aber auch die »Steinwand«, die zwischen den »steilen Klippen« einen »ebenen See« bilden soll. Sie gab mir das Gedicht in der Hotelhalle zu lesen, und als ich es überflogen hatte, reichte sie mir mit einer schwungvollen Geste das erste Exemplar einer brandneuen Broschüre, die erst an jenem Morgen per Eilpost eingetroffen war. Das Heft mit silberner Kalligrafie auf dunkelblauem Einband trug den nicht gerade bescheidenen Titel »Ein heroisches Unterfangen«. Es schilderte die Geschichte eines Bauvorhabens, dem wir uns unaufhaltsam näherten und das bereits drohend und bedrückend wirkte, seit ich Hunderte von Kilometern weiter östlich die ersten Hügel an den Ufern des großen Stromes hatte auftauchen sehen.

Nur wenige Kilometer stromaufwärts von hier begann nun also jenes ungeheure Projekt, das sich auf tausenderlei Weise auf die

* Mao Zedong: »Schwimmen«, deutsch in *Mao Tse-tung in Selbstzeugnissen und Bilddokumenten,* hrsg. v. Tilemann Grimm, Reinbek 1968, S. 138–139.

Menschen und die Städte im weiten Umkreis auswirken und das Gesicht des Jangtse für alle Zeiten verändern wird. Das Projekt wird auf unterschiedlichste Weise umschrieben: »Das Neue China«, Sandouping, Sanxia, »Die Drei Schluchten«. Doch es trägt *einen* Namen, unter dem es jeder kennt, der mit dem Jangtse von heute vertraut ist – »der Staudamm«. Ein Stück weiter oben soll der Strom bald mit einer Mauer aus Stahlbeton zu einem riesigen See aufgestaut werden. Diese Staumauer und dieser See bedeuten für das Tal des Jangtse ungeheuer vielfältige und einschneidende Veränderungen – Veränderungen, wie es sie in der Geschichte des Jangtse noch nie gegeben hat. Die Talsperre wird damit zur bestimmenden Größe des neuen China, das nach den Verheißungen der politischen Führung des Landes um den neuen Strom entstehen soll.

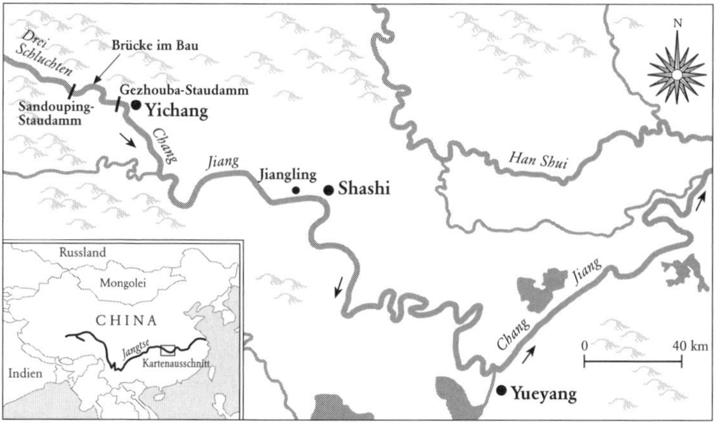

Die neue Chinesische Mauer

Wir beschlossen, die nächste kurze Etappe mit dem Flugzeug zurückzulegen – vielleicht auch nur, um die Schwachstellen der zivilen chinesischen Luftfahrt kennen zu lernen. Die Verbindung zwischen Wuhan und dem viel kleineren ehemaligen Freihafen Yichang – ein Flug von 40 Minuten gegenüber zehn Stunden im Bus beziehungsweise einem Tag und einer Nacht auf dem Dampfer – kommt ohne das aus, was man normalerweise unter einem »Flughafen« verstehen würde. Auf dieser Strecke fliegt man mit der zweiten Garde der chinesischen Luftfahrt, deren Start- und Landeeinrichtungen man wohl besser als »Flugfeld« bezeichnet.

Über den traditionellen chinesischen Flugverkehr weiß ich unzählige Horrorgeschichten zu berichten. Einmal befand ich mich auf einem Flug von Qingdao (der Stadt, aus der das traditionsreiche Tsingtao-Bier stammt) nach Schanghai. Der Flug war maßlos überbucht, was damals oft der Fall war, und so holte das Personal einige Lehnstühle aus der Wartehalle und stellte diese im Mittelgang des Flugzeugs auf. Die Stewardessen, die darin kein besonderes Sicherheitsrisiko sahen, waren nur deswegen etwas irritiert, weil sie während des Fluges über die dürftig gepolsterten Stühle klettern mussten. Der Bordservice wurde dadurch allerdings kaum beeinträchtigt; das einzige, was die Damen austeilten – es gab weder etwas zu essen noch zu trinken –, waren kleine leere Blechdosen, wie man sie zur Aufbewahrung von Hustenbonbons benutzt. Es gab keinen ersichtlichen Grund für dieses Geschenk. Vielleicht hatte irgendwo eine Fabrik einen Überschuss produziert.

Ungefähr ein Jahr später flog ich von Harbin in eine andere Stadt am Jangtse. Ich saß neben einem jungen Mann, der noch nie geflogen war und Todesängste ausstand. Obwohl ich ein Ausländer war, ergriff er meine Hand und drückte sie fast platt, als wir zum Start ansetzten. Das Flugzeug raste über das Rollfeld, als plötzlich mit lautem Knall ein Triebwerk in Rauch aufging und die Maschine ins Gras trudelte. Dort blieben wir eine halbe Stunde lang stehen. Ein ganzer Schwarm Techniker machte sich am Flügel zu schaffen, während mein neuer Freund bitter schluchzte. Dann folgte ein zweiter Versuch. Die Maschine rollte wieder auf die Piste, und der Pilot verkündete mit nervöser Stimme: »Okay, wir versuchen es noch einmal.« Der junge Mann verbarg den Kopf unter seinen Armen, als wir zum zweiten Mal starteten und diesmal einwandfrei abhoben.

Lily und ich brauchten eine gute Stunde, um das Flugfeld überhaupt zu finden. Der richtige Flughafen von Wuhan ist eine große Anlage mit Radar, Abflughalle, Zollbeamten und Taxiständen. Der Terminal für Flüge nach Yichang und ähnlich obskure Orte war jedoch kaum mehr als eine Wiese, wenn auch mehr oder weniger mitten in der Stadt. Wir mussten uns durch ein Labyrinth von Nebenstraßen kämpfen, vorbei an verfallenen Fabriken, schäbigen

Mietskasernen, Misthaufen und Sümpfen voller schwarzer Schweine. Als wir die letzten Bauten hinter uns gelassen hatten, gelangten wir auf offenes Gelände. Dort entdeckten wir einige Soldaten, etliche Spannlack-Doppeldecker mit graubraunem Tarnanstrich und vor einem rostigen Blechschuppen eine uralte russische Propellermaschine, deren sonderbare Flügel fast bis zum Boden hingen.

Ein paar Soldaten spielten mit einer leeren Bierflasche Fußball, und ein Pilot debattierte mit einem Taxifahrer. Ob dies das Flugzeug nach Yichang sei, fragten wir. Er grunzte etwas und wandte sich wieder ab, was Lily als Zeichen der Bejahung und der Begrüßung deutete. Niemand wollte unsere Tickets sehen und niemand kümmerte sich darum, wo wir uns hinsetzten beziehungsweise ob wir überhaupt Platz fanden. Schließlich kamen ein Pilot und ein recht hübsches Mädchen in einer Art Uniform an Bord, sahen uns an und fragten: »Yichang?« Ein paar ältere Herren und ein Schuljunge waren ebenfalls eingestiegen. Dann rollten wir in Position, holperten über ein paar Schlaglöcher und hoben ab.

Unsere klapprige alte Maschine verfügte über keinerlei Druckausgleich, deswegen flogen wir sehr tief. Unter uns lagen unzählige Kanäle, Dämme und Schleusen. Dies war Überflutungsland, hier traf man Vorsorge vor den jährlichen Überschwemmungen. Den Landkarten zufolge war dies die berühmte Jangtse-Hochwasserschutzzone, die entscheidende Bastion zum Schutz vor Überflutungen. Seit jeher werden, sobald der Strom anschwillt, die Schleusen geöffnet und die Ableitungskanäle geflutet, damit der Druck auf die Deiche des Jangtse sinkt. Insgesamt hat sich dieses System bewährt, nachdem es nach dem großen Hochwasser von 1931 ausgebaut worden war. Nur hin und wieder haben sich diese Vorrichtungen als unzulänglich erwiesen. Ein paarmal brachen Deiche, und es gab Überschwemmungen mit Flächenschäden und Toten, aber nicht in jenem Jahr, zumindest nicht in jener Gegend.

Aus 3000 Metern Höhe sah alles recht idyllisch aus. Dies war einer der seltenen niederschlagsfreien Tage der Regenzeit; deswegen herrschte gute Sicht. Unter uns war überhaupt nichts von der Verwüstung zu sehen, die uns die Zeitungsmeldungen und Fernsehberichte der vergangenen Wochen suggeriert hatten. In einem großen, knapp 300 Meter breiten Abflusskanal lief nur in der Mitte ein ganz schmales Rinnsal. Aus der Luft konnte man auch sehen, dass die betonierten Überlaufrinnen völlig trocken und die eisernen Schleusentore zwischen dem Jangtse und den Rinnen geschlossen waren.

Aufgrund dessen, was wir unter uns sahen, konnte ich noch immer nicht so richtig glauben, dass das Hochwasser im Jangtse-Tal in jenem Jahr besonders schlimm sein sollte. Weiter im Süden, in der Nähe von Changsha, sah es möglicherweise kritischer aus – das konnte ich nicht wissen. Doch hier hatte ich nach wie vor den Verdacht, dass die listige Regierung ein nützliches Märchen erdichtete und groß aufbauschte. An den Tagen, die wir in Wuhan verbracht hatten, war uns morgens in der Zeitung und abends im Fernsehen pausenlos dasselbe eingehämmert worden – Hochwasser, Hochwasser, Hochwasser. Und es gab tatsächlich einige Anzeichen dafür, dass dies ein eher schlimmes Jahr war: An den Kais war das Wasser in erschreckendem Tempo gestiegen. Ein blauer Lastwagen, den ein leichtsinniger Fahrer auf einem Pier hatte stehen lassen, stand am Tag unserer Abreise bis zum Dach im Wasser.

Andererseits war kein einziger Deich gebrochen, keine einzige Straße in der Stadt überflutet. Der Fluss mochte zwar recht turbulent gewesen sein, doch was die staatliche Presse daraus machte, war meiner Meinung nach weit dramatischer als die Realität. So hart es auch klingen mag, ich konnte mich des Gefühls nicht erwehren, dass all dies weitgehend Propaganda war, und zwar mit dem Ziel, vor einer absolut kritischen Weltöffentlichkeit und einem relativ skeptischen China den Bau des Drei-Schluchten-Staudammes zu rechtfertigen.

China kam unglaublich früh in den Besitz zahlreicher technischer Erfindungen, wie etwa Drucktechnik, Schießpulver, Eisenguss, Anker, Kompass, Ruder und Schubkarre. China kam dagegen überraschend spät auf die Idee, Dämme zu bauen. Die Ägypter hatten schon 2900 v. Chr. bei Memphis einen Teil des Nils mit einer Mauer eingedämmt, und auch die Araber bauten bereits im 7. vorchristlichen Jahrhundert Dämme. Die Chinesen hingegen begannen mit dem Deichbau erst knapp 3000 Jahre nach den Ägyptern; der erste Deich, ein bescheidener Wall an einem Nebenfluss des Jangtse, wurde erst um das Jahr 200 v. Chr. errichtet. Man würde meinen, die Chinesen hätten früher darauf kommen müssen, denn im hochwassergefährdeten China müsste früher als in den meisten anderen Ländern klargeworden sein, wie notwendig Dämme waren, um Überschwemmungen zu verhindern.

Die scheinbare Saumseligkeit der Chinesen hatte indes einen Grund. Die Chinesen interessierten sich schon seit langem für die Hydraulik. Das war auch gar nicht anders denkbar, denn die Flüsse des Landes waren riesig und unbändig, und die Lebensgrundlage vieler Millionen Menschen hing von der entsprechenden Regulierung der Gewässer ab. Doch wie ließen sich die Flüsse wirksam regulieren? Vor etwa 2500 Jahren entstanden zwei gegensätzliche Lehrmeinungen, welche die unterschiedlichen Auffassungen der herrschenden Theokratien widerspiegelten. Die eine Lehrmeinung wurde von den Taoisten und die andere von den Konfuzianisten vertreten. Für den Menschen im Westen mag es seltsam erscheinen, dass sich die Religion überhaupt in die Hydraulik einmischte. Dass die Priester und Philosophen Chinas die Frage der Gewässerregulierung so ernst nahmen, belegt nicht nur erneut, wie sonderbar exotisch China war und ist, sondern zeigt vor allem, welche Bedeutung den Gewässern des Landes beigemessen wurde.

Die beiden Schulen vertraten diametrale Auffassungen. Die Taoisten, die dem Ideal eines autonomen, natürlichen, freien und freudigen Lebens anhingen, waren dafür, nur sehr niedrige Dämme zu bauen und die Flüsse weitgehend sich selbst zu überlassen. Die Konfuzianisten, die eine viel strengere Auffassung von Kontrolle und vom Leben insgesamt vertraten, nahmen auch gegenüber Flüssen eine viel striktere Haltung ein; ihrer Meinung nach sollten massive Dämme gebaut, die Flüsse in künstlichen Bahnen geführt und die dadurch gewonnenen Flächen intensiv für die Landwirtschaft genutzt werden. Über die Nachteile ihrer Idee setzten sie sich fatalistisch hinweg; sie nahmen in Kauf, dass ihre Methode möglicherweise seltene, aber massive Überschwemmungskatastrophen bedingte. Sie gingen davon aus, dass ihre Deiche viele mittlere Überschwemmungen verhindern konnten, bei starkem Hochwasser jedoch brechen und gelegentliche Katastrophen verursachen mochten. Doch das war nach übereinstimmender Auffassung der konfuzianischen Wasserfachleute ein annehmbarer Kompromiss angesichts der dazwischen liegenden Phasen der Fruchtbarkeit und der wirtschaftlichen Blüte. Die Erfindungen der Neuzeit und der Untergang des chinesischen Kaiserreiches setzten solch träumerisch philosophischen Disputen ein jähes Ende. Die republikanischen Regimes, die das Land seit der Revolution von 1911 regierten, waren mittelmäßig und unerfahren und endeten oft in Chaos und Ruin, doch sie hegten bombastische Pläne für Reformen. Sie bauten Gerichte und Gefängnisse, führten ein landesweites Schulsystem und ein neues Eisenbahnnetz ein; sie gründeten eine zentrale Münze, pflanzten Wälder und reformierten die Viehzucht.

Den vielleicht ehrgeizigsten Vorsatz in dieser Richtung formulierte Sun Yat-sen 1919 in einem Aufsatz mit dem Titel »Ein Plan zur

Entwicklung der Industrie«; in einem langen Abschnitt über den »Ausbau schiffbarer Flüsse und Kanäle« skizzierte er seine Ansichten darüber, wie man durch den Bau zahlreicher großer Dämme den Hochwasserschutz und die Bewässerung des Landes verbessern sowie Elektrizität erzeugen könne.

Als Herzstück dieses Systems und als Symbol dafür, wie der moderne Mensch die uralte und unbändige Natur zähmen und nutzen konnte, stellte sich Dr. Sun eine Staumauer vor, die – sozusagen als Mutter aller Staumauern – über den Jangtse gebaut werden sollte. Sun setzte sich seine verbleibenden sechs Lebensjahre für diese Sache ein; in einer seiner letzten Reden, in der es um »Die Lebensgrundlagen des Volkes« ging, zeigte er sich überzeugt, dass solch ein mächtiger Staudamm 30 Millionen PS erzeugen könne – eine Energie, die den Menschen in Zentralchina ungeahnten und unermesslichen Wohlstand bescheren würde.

Für eine Talsperre über den Jangtse bot sich nach Meinung Suns eine Stelle an dem etwa 200 Kilometer langen Engpass an, der als »Die Drei Schluchten« bezeichnet wird. Diese Gegend schien sich ideal dafür zu eignen; könnte man diesen Flussabschnitt auf Sandkastenformat verkleinern, würde jedes Kind hier einen Miniaturdamm aus Schlick und Reisig bauen wollen. Und jeder Biber würde sich hier wie im hydrologischen Himmel vorkommen.

Oberhalb der Drei Schluchten schlängelt sich der Strom über eine fruchtbare Ebene, die wegen ihrer ziegelroten Böden als Rotes Becken von Sichuan bezeichnet wird. In dieser warmen, wasserreichen und geschützten Tiefebene, in der sich einst ein Binnensee ausdehnte, leben 100 Millionen Menschen. Dies wäre ein dicht besiedeltes und wohlhabendes Land, wenn es eine selbstständige Nation wäre – was es in vielerlei Hinsicht sogar zu sein scheint. Das Becken wird ringsherum von hohen Bergen umschlossen; hier wird ein ungewöhnlich kehlig klingendes Chinesisch gesprochen; und die regionale Küche, deren wichtigste Grundlage eine Pfefferschote bildet, die wie eine Mischung aus Tabasco und Reinigungsmittel schmeckt, zeichnet sich durch eine bemerkenswerte Einzigartigkeit aus.

Im Roten Becken beruhigt und sammelt sich der Jangtse nach seiner wilden Sturzfahrt von den Höhen des Tibetischen Hochlands. Hier erreicht er sozusagen seine Reife. Er nimmt weitere riesige Nebenflüsse auf (die vier größten davon geben Sichuan seinen Namen, nämlich »Vier Flüsse«). Mit den gigantischen Wassermassen führt er auch kaum vorstellbare Mengen an Sedimenten mit. In Chongqing liegt der Strom – der dort noch als Chang Jiang, Langer Fluss, bezeichnet wird – ganze 185 Meter über Meereshöhe, immerhin noch 145 Meter höher als in Yichang, der Stadt, die unser ratterndes Flugzeug ansteuerte.

Zwischen Chongqing und Yichang erstreckt sich eine Bergkette mit schroffen Eintausendern, Auslegern der Kalk- und Sandsteingebirge Tibets, die ihre Fühler bis in dieses östliche Flachland ausstrecken. Es fällt auf, dass die Faltengebirge hin und wieder Schichten aus Granit, Gneis oder Schiefer aufweisen; zum größten Teil bestehen sie jedoch aus uraltem Kalkstein mit weicheren Zwischenschichten aus Schiefer und Mergel oder härteren Einlagerungen aus Vulkangestein. Diese Bergkette durchbricht der Jangtse auf seinem Weg zur Küste. Den Höhenunterschied zwischen Chongqing und Yichang überwindet er auf kaum mehr als 200 Kilometern. Auf diesem Abschnitt ist der Jangtse ein durchweg rasanter, oft turbulenter und gelegentlich furioser Fluss.* Stellenweise ist der Engpass, durch den er sich zwängt, kaum mehr als 100 Meter breit. Die im-

* Auf dem Weg durch die Schluchten fällt der Strom pro Kilometer durchschnittlich um einen viertel Meter. Hat der Jangtse erst einmal die Küstenebene erreicht, kann er sich 1500 Kilometer Zeit lassen, um die verbleibenden 40 Höhenmeter bis zum Meer hin abzufallen. Als Mao Zedong vor den Strömungen und Strudeln bei Wuhan gewarnt wurde, war man eher über die Wassermassen als über das Gefälle des Stroms besorgt.

mensen Wassermassen, die sich kurz zuvor noch auf eine Breite von fast einem Kilometer ausweiten konnten und sich weiter unten über eineinhalb Kilometer breit ausdehnen können, schießen durch diese Schlucht. Dabei spülen sie nicht nur die Ufer aus und verursachen gewaltige Erdrutsche, sondern waschen auch das Flussbett immer weiter aus, sodass der Jangtse hier einer der tiefsten Flüsse der Welt ist.

Dem Dammbauer bietet ein Fluss, der sich durch solch ein enges Tal zwängt, die ideale Möglichkeit, bei relativ geringem Aufwand sensationelle Ergebnisse zu erzielen. Der Ingenieur muss nur am unteren Ende der Schlucht eine geeignete und geologisch sichere Stelle zwischen den Talwänden finden und dort eine Betonmauer errichten. Wenn dann das Wasser steigt und die Talschlucht füllt, breitet sich die Wasserfläche nur minimal nach den Seiten aus. An solch steilen Talwänden leben nur wenige Menschen; und nur dort, wo die Täler der Nebenflüsse unter Wasser gesetzt werden, sind größere Menschenmengen davon betroffen.

Die großen Talsperren, die in der wilden Pionierzeit des Staudammbaus auf der ganzen Welt errichtet wurden – der Hoover-Damm und der Grand-Coulee im amerikanischen Westen, der Vaiont in Italien und der Grand Dixence in der Schweiz –, entstanden in ähnlichem Gelände. Zunächst hatte man es mit einem stark strömenden Fluss in einem steilen Tal zu tun. Dann wurde der Staudamm gebaut. Nach kurzer Zeit fand man statt Fluss und Tal einen entsprechend tiefen See und einen entsprechend gebändigten Fluss vor und musste folglich seltener mit Überschwemmungen rechnen. Ein zusätzlicher Vorteil wog den oft gigantischen Kapitaleinsatz auf: Mit der Energie, die in dem aufgestauten See gespeichert wurde, ließ sich jede Menge Elektrizität erzeugen, die man verkaufen konnte.

Seit den dreißiger Jahren bauen die Staudammbauer wie verrückt drauflos, beflügelt von einer beinahe religiösen Begeisterung für ihre Arbeit und deren Langzeitnutzen. Sie waren und sind davon überzeugt, dass mächtige Staudämme über riesige Flüsse Ländern mit expandierenden Industriezweigen unermessliche Vorteile bieten. Und so haben sie weltweit Tausende von Talsperren gebaut, von denen über 100 zu den so genannten Superdämmen zählen – wahrlich kolossale Konstruktionen aus Beton oder Erde, die über 150 Meter hoch aufragen.

Fast alle großen Ströme der Erde werden inzwischen von solchen Kolossen blockiert – Ganges, Sambesi, Paraná, Nil, Indus, Donau, Niger sowie der große brasilianische Fluss Tocantins. Nur der Zaire (der ehemalige Kongo), der Amazonas und der Jangtse sind bisher noch von Großstaudämmen verschont geblieben. Doch seit den dreißiger Jahren werden zahllose gute Gründe vorgebracht, den Jangtse ebenfalls zu bezähmen.

Stand hinter Sun Yat-sens ursprünglichem Plan in erster Linie die Idee des Hochwasserschutzes, ging es seinen Nachfolgern immer mehr um das anfänglich beinahe zufällige Nebenprodukt – die Stromerzeugung. Die Drei Schluchten sind nämlich ein idealer Standort für die Energiegewinnung. Die meisten chinesischen Fabriken – allesamt energieverschlingende Produktionsstätten – befinden sich im Osten des Landes. Die meisten chinesischen Gebirge – alles wasserreiche Regionen – liegen am anderen Ende, im Westen. Die Drei Schluchten liegen beinahe genau in der Mitte des Landes und sind der östlichste Stromabschnitt, der ein Gefälle aufweist. Wirtschaftlich gesehen ist dies also der effizienteste Standort für die Stromversorgung der Industriezentren. Kommt der Strom aus einem Kraftwerk in den Drei Schluchten statt aus dem fernen Yunnan, sind nicht annähernd so lange Überlandleitungen nötig – ein wichtiger Faktor in der Kalkulation der Energiewirtschaft.

Die Nutzung der Wasserkraft verspricht auch entscheidende ökologische Vorteile; nicht zuletzt ließe sich dadurch der Einsatz fossiler Brennstoffe reduzieren. Es ist unglaublich, welche Unmengen von Rauch und anderen Abgasen die riesigen chinesischen Kohlereviere ausstoßen. Die Kohlekraftwerke und Ziegelbrennöfen speien ihre Abgase mit Volldampf in die Luft, und manchmal scheint der gelbbraune Smog wie eine Glocke über dem Flachland zu hängen. Würde ein Wasserkraftwerk irgendwo in den Drei Schluchten Tausende von Megawatt erzeugen, ließe sich der Verbrauch schmutziger Brennstoffe zwangsläufig verringern. Die Planer, die Sun Yat-sens kühnen Plan aufgriffen, gewannen immer mehr die Überzeugung, dass ein Staudamm in den Drei Schluchten ein idealer Grundstein für die Zukunft des Landes wäre.

So ideal das Projekt den Enthusiasten auch erschien – die Ingenieure, Politiker und Militärs brauchten nicht weniger als 49 Jahre, um den genauen Standort für die Talsperre zu bestimmen. Nicht weniger als 75 Jahre verstrichen von dem Tag, an dem Dr. Sun seine Vision erstmals formulierte, bis zum ersten Spatenstich. Nur wenige Bauprojekte auf der Welt mussten so lange auf ihre Verwirklichung warten. Der Zeitraum entsprach fast der Bauzeit mittelalterlicher Kathedralen.

Am schwierigsten erwies sich die genaue Bestimmung eines geeigneten Standortes. Die meisten Experten, die sich an den jahrzehntelangen Diskussionen beteiligten, waren sich zumindest in einem Punkt einig: Wenn man einen Staudamm baute, dann ein paar Kilometer oberhalb von Yichang, am Ende der Xiling-Schlucht, der untersten der Drei Schluchten. Doch dann sorgten Bürgerkrieg, Aufstände, Terrorismus, Geldmangel, außenpolitische Spannungen, Ideologiewandel, Machtkämpfe und plötzliche Launen der Elite dafür, dass sich die endgültige Entscheidung über den Standort nur noch in Gletschergeschwindigkeit bewegte. Die Ingenieure und Wissenschaftler legten Berichte vor und sprachen Empfehlungen aus, bis sie schwarz wurden, doch ein halbes Jahrhundert lang kam nichts dabei heraus. Der chinesische Geologe J. S. Lee, der in England studiert hatte, später unter dem Namen Li Siguang für die Volksrepublik arbeitete und als Vater der modernen chinesischen Geologie gilt, nahm in den dreißiger Jahren die ersten Vermessungen vor und meinte, der beste Standort sei bei einer Biegung des Flusses in der Nähe des Dorfes Sandouping. Der Amerikaner George Barbour, der mit Lee zusammenarbeitete, war derselben Meinung.

In den vierziger Jahren trat dann der amerikanische Staudammbauer John Savage aus Denver auf den Plan, der von sich sagte, er habe sich »auf den ersten Blick in die Wasserressourcen des Jangtse verliebt« – nicht in den Jangtse, wohlgemerkt, sondern in dessen Wasserressourcen. Savage war eine legendäre Gestalt in der Geschichte des amerikanischen Staudammbaus, und seine Beteiligung an jenen ersten Diskussionen ließ erkennen, wie stark sich die Amerikaner für das Projekt einsetzten.

Savage schlug sechs Stellen vor; die höchste lag nur ein paar hundert Meter unterhalb des unteren Endes der Xiling-Schlucht, die tiefste etwa 15 Kilometer oberhalb von Yichang. Die Amerikaner zeichneten detaillierte Entwürfe für eine lange Betonmauer mit einer Reihe von Schiffsschleusen, welche die Schifffahrt auch oberhalb der Talsperre ermöglichen sollten. Dies war ein wichtiger Aspekt des Projekts, denn es handelte sich schließlich um eine Staumauer an einer stark befahrenen Schifffahrtsroute. Im Jahre 1947 arbeiteten 50 Amerikaner eine Zeit lang an einer der Stellen, doch sie wussten nur zu gut, dass die nationalistische Regierung, die sie angestellt hatte, höchstwahrscheinlich nicht lange Bestand haben würde; Maos Kommunisten wurden mit jedem Tag stärker. Es überraschte die Ausländer also kaum, dass das Projekt noch im selben Jahr eingestellt wurde; alle vermuteten, dass eine neue Regierung ans Ruder kommen würde, und es stand keineswegs fest, dass Mao nach der Machtübernahme das Staudammprojekt genauso eifrig verfolgen würde wie seine ideologischen Gegner.

Einige Zeit später eröffnete John Hersey der Weltöffentlichkeit seine Vision des Staudammprojekts. Der in China geborene Hersey war Journalist und Autor des wohl poetischsten aller Bücher über den Jangtse – *A Single Pebble* (»Der Kieselstein und ein Jahrtausend«). Der Held seiner Erzählung ist ein junger amerikanischer Ingenieur, der auf einer großen Handelsdschunke durch die Drei Schluchten fährt; er soll dort Erkundungen vornehmen und »feststellen, ob die Stromverhältnisse einen Versuch meiner Firma rechtfertigen würden, der chinesischen Regierung eine großzügige Wasserkraftanlage in den berühmten Schluchten des Flusses zu verkaufen«.

Ein Leitmotiv der Geschichte ist das Leben der Treidler, die mit bloßen Füßen und nacktem Oberkörper seine Dschunke an Bambustrossen über die Stromschnellen ziehen. Doch mehr als einmal malt sich der Erzähler in seiner Phantasie den hehren Damm aus und schwärmt mit einer ausschweifenden Rhetorik, der Mao Zedong sicherlich beigepflichtet hätte:

> Am zweiten Abend in der Schlucht des Berges der Hexen, als wir eben für die Nacht in einer ruhigen Bucht an einem großen Felsblock festgemacht hatten und die meisten Treidler an Land auf den Steinen hockten und ihren Tee tranken, saß ich allein auf dem Hinterdeck und beobachtete das allmähliche Aufgehen der rötlichen Blüten des Sonnenuntergangs an den Rändern der kleinen zarten, gesträuchartigen Nebelwölkchen, die stromauf den sichtbaren Teil des Himmels über der Schlucht bedeckten – und plötzlich sah ich in meiner Phantasie den Staudamm vor mir. Hier war die Stelle! Dort zwischen den beiden nackten Felskulissen, die eine halbe Meile stromauf das

> Flussbett einengten, erhob sich vor meinem inneren Auge ein wundervoller Staudamm aus Beton, durch den sich der Spiegel des dahinter liegenden Flussbettes um 150 Meter hob; ein durch Trommelwehre und Röhrenventile reguliertes Überfallwehr nahm den größten Teil des kurvigen Überfalls der Talsperre ein, und ein riesiges, hydraulisch betätigtes Schützenwehr, das für den Durchfluss nie dagewesener Wassermengen konstruiert war, hatte die Aufgabe, den Damm wie auch die tiefer gelegenen Landstriche in der Zeit der Frühjahrsüberschwemmungen zu schützen. Zu beiden Seiten des Dammes hoben und senkten geniale Schleusenanlagen die stromauf und stromab fahrenden Dschunken auf die Höhe des jeweiligen Wasserspiegels. Das Kraftwerk war völlig in die Felsen rechts und links des Flusses eingebaut. Die Kraft des Großen Stromes rauschte durch Ableitungsstollen, die ursprünglich zum Bau des Dammes verwandt worden waren, und durch andere riesige Röhren und Kanäle in die wirbelnden Turbinenräder von nahezu 100 Maschinensätzen und erzeugte das volltönende Summen von zehn Millionen Kilowatt Licht und Wärme und Fortschritt, die durch ein Überlandnetz sechs weitflächigen Provinzen zugute kamen.

Die kommunistischen Machthaber waren von der Idee genauso begeistert wie John Herseys Erzähler und ihre nationalistischen Vorgänger. Sobald sie die Zügel einigermaßen im Griff hatten, beriefen sie Komitees ein, um die verschiedenen Standorte zu begutachten. Bohranlagen wurden eingerichtet und Gesteinsproben gesammelt. Im Jahre 1959 kündigte ein Gremium an, es werde einen von drei Standorten auswählen, die alle in der Nähe von Sandouping lagen. Ein Jahr später entschied man sich dann endgültig für die oberste Stelle, eine Flussenge unweit der flachen Insel Zhongbao.

Die Entscheidung sollte jedoch alles andere als endgültig sein. Prompt schaltete sich nämlich das Militär ein. Ein Ausschuss von Generälen gab zu bedenken, dass der Fluss bei Sandouping noch viel zu breit sei, um eine angemessene Luftverteidigung zu gewährleisten. Da ein Staudamm von dieser Größe ein ideales Ziel für terroristische und ausländische Angriffe abgab, war eine gute Verteidigung unverzichtbar. Und so nahm die chinesische Regierung weitere Standorte unter die Lupe. Doch dann brach in einem anderen Winkel des Landes die Kulturrevolution los. Damit wurden die Pläne für den Staudamm einerseits durchkreuzt und andererseits in die Politik verwickelt: Für Mao war der Damm ein ideales Propagandamittel, um seine Macht zu untermauern.

In Maos Gedicht *Schwimmen* tauchte der Staudamm in zwei Zeilen auf. Diese Verse verliehen dem Projekt eine fast mythische Bedeutung. Über den Jangtse einen Damm zu bauen und den Jangtse zu durchschwimmen – das war durchaus vergleichbar. Mit beidem ließen sich die Überlegenheit des Menschen, die Überlegenheit Maos und die der Kommunistischen Partei unter Beweis stellen und zeigen, dass selbst die kühnsten Pläne realisierbar waren. Ende der fünfziger Jahre hatten sämtliche Kader im Lande angefangen, im Drei-Schluchten-Damm ein bleibendes Denkmal für die Größe des Großen Steuermanns zu sehen. Bestanden noch irgendwelche Bedenken und Zweifel bezüglich der nüchternen Realität des Staudammbaus, der entstehenden Kosten, der Nachteile, Risiken und Langzeitfolgen, so wurden diese unter der erbarmungslosen Herrschaft des Dogmas und des blinden Fanatismus kurzerhand beiseite geschoben.

Inmitten des politischen Chaos jener Zeit wurden auf einmal noch weitere mögliche Standorte genannt. Die Bestimmung des Bauplatzes verlief genauso hektisch wie der »Große Sprung nach vorn«. Das Projekt verlor jeden Bezug zur Realität. Es musste nur jemand davon anfangen, dass ein bislang unerwähnter Ort namens Shipai einiges für sich habe, und schon pflichtete ein ganzes Komitee bei und richtete eine Zeit lang seine ganze Aufmerksamkeit auf Shipai. Drei Jahre später sprach sich ein anderes Komitee jedoch dagegen aus – instabile geologische Verhältnisse. Es tauchten immer weitere neue Namen auf: Huanglingmiao, Meirentuo, der Nanjin-Pass. Wiederum zwei Jahre später wurde die Empfehlung ausgesprochen, den Damm an einem völlig anderen Ort zu bauen, und zwar in Taipingxi. Dort brauche man weniger Beton; allerdings seien kostspieligere Aushubarbeiten erforderlich. Mit Taipingxi waren auch die Generäle einverstanden. Hier konnten sie jede Menge Fliegerabwehrkanonen installieren, hieß es. Doch etwa ein Jahr später fiel dieser Standort den hohen Aushubkosten zum Opfer.

Es ging hin und her. Ein Komitee nach dem anderen wurde eingesetzt, ein Ausschuss durchkreuzte die Beschlüsse des anderen. Doch als Mao endlich gestorben, die Kulturrevolution begraben und die Viererbande hinter Gittern war, traf ein Ausschuss, der wohl etwas ernsthafter war – und so unpolitisch, wie es ein staatliches Gremium im kommunistischen China überhaupt sein konnte –, schließlich eine endgültige Entscheidung. Amtlich wurde sie in einem knappen Bericht des Ministeriums für Wasserwirtschaft an den Staatsrat im November 1979. Trotz möglicher Nachteile hinsichtlich der Luftverteidigung, hieß es, solle und werde der Drei-Schluchten-Staudamm in Sandouping gebaut werden, also an dem Standort, der bereits 50 Jahre zuvor erwogen worden war. Offen blieb nur noch die Frage, wie groß der Staudamm werden sollte und ob alle maßgeblichen Stellen innerhalb und außerhalb Chinas den Bau genehmigen würden.

Die Weltöffentlichkeit war zunächst begeistert. Die Amerikaner – Firmen und Organisationen wie Bechtel, U. S. Army Corps of Engineers, Merrill Lynch sowie Coopers and Lybrand, die sich allesamt mit derartigen Großprojekten auskannten – bildeten einen technischen Beraterstab. Die Kanadier stellten Kapital in Aussicht und sagten ihre Beteiligung zu. Die Weltbank ließ sich die Pläne vorlegen. Schweden und Japan sprachen davon, Gelder in das Projekt zu pumpen. Damit begann eine Debatte über technische Fragen, in der sich Staudammbauer auf der ganzen Welt zu Wort meldeten.

Jahrelang wurde erbittert die Frage erörtert, wie hoch die Staumauer und somit der dahinter liegende Speichersee sein sollte. Bei einem Stausee mit hohem Pegel – alles über 150 Meter – würde man mehr Strom erzeugen und oberhalb des Staudamms auch große Schiffe fahren lassen können; zugleich bedeutete dies jedoch, mehr Menschen umzusiedeln, deren Städte, Dörfer und Häuser würden überflutet werden. Außerdem bliebe im Falle eines Hochwassers nur wenig Spielraum. Eine niedrigere Staumauer dagegen würde weniger kosten, und bei einem niedrigeren Stausee würden weniger Menschen evakuiert werden müssen. Doch bei der empfohlenen Höhe von etwa 130 Metern würden die Stromschnellen im oberen Teil der Schluchten bestehen bleiben und größeren Schiffen die Durchfahrt erschweren; außerdem würden die Stromerzeuger weniger Elektrizität verkaufen können.

Im Jahre 1992 gab der chinesische Ministerpräsident Li Peng schließlich eine Entscheidung bekannt: Das so genannte »normale Stauziel« des geplanten Drei-Schluchten-Stausees sollte eine Höhe von sage und schreibe 175 Metern haben.* Die Staumauer sollte 185 Meter hoch und 2090 Meter breit sein – mehr als fünfmal so breit

* In einem Augenblick größter Torheit – jedenfalls nach Meinung der meisten Staudammexperten der Welt – hatten die Chinesen 1981 erwogen, eine Staustufe mit einem Pegel von nicht weniger als 200 Metern zu bauen. Die amerikanischen Ingenieure erkannten die möglichen Gefahren eines solch ungeheuren Staudamms und machten ihren chinesischen Kollegen klar, dass Mauer und See deutlich niedriger ausfallen mussten, falls sie mit amerikanischer Unterstützung rechneten. Die Chinesen merkten den Druck und gaben schließlich nach.

wie der gewaltige Hoover-Damm. Der Assuan-Staudamm in Ägypten ist doppelt so lang, allerdings nur halb so hoch; außerdem ist es ein Steinschüttdamm und keine Mauer aus Stahlbeton. Die am Jangtse geplante Mauer sollte 26 Millionen Tonnen Beton und 250 000 Tonnen Stahl verschlingen. Sie sollte einen 1555 Quadratkilometer großen See bilden, der sich fast 600 Kilometer lang von der Mauer durch die Drei Schluchten und beinahe durch das halbe Rote Becken bis weit hinter die Stadt Chongqing erstrecken würde.

Die dadurch bedingte Überflutung des Tals drohte viel schwerere Folgen zu haben als ursprünglich angenommen. 1 250 000 Menschen sollten umgesiedelt werden, ob sie wollten oder nicht. 14 größere Städte wie beispielsweise Wanxian (150 000 Einwohner) und Fuling (80 000) sollten dem See geopfert werden. 140 mittlere und kleinere Städte sollten untergehen und 1353 Dörfer ganz oder teilweise unter Wasser stehen. Etwa 8000 anerkannte archäologische Stätten würden verschwinden und zahlreiche Tempel und Pagoden von den Wassern verschlungen. Die berühmten Schluchten würden nicht mehr mit Stromschnellen und Strudeln für Wirbel sorgen, sondern in einem tiefen, ruhigen See aufgehen. Und selbst an den steilen Ufern von Chongqing, die seit Jahrtausenden das Stadtbild prägen, würde das Wasser die untersten Straßen der Slums überfluten.

Andererseits würden 10 000-Tonnen-Frachter und Passagierdampfer auf der gesamten Strecke von der Küste bis nach Chongqing verkehren können. Aus diesem Grund reagierten die Reedereien begeistert auf Li Pengs Pläne. Fast 80 Prozent aller chinesischen Transporte auf dem Wasserweg nutzen den Jangtse. Der Staudamm würde sich höchst positiv auf die Schifffahrt auswirken: Die Gesamttonnage der Jangtse-Schifffahrt würde sich verfünffachen, die Kosten würden sich um 35 Prozent verringern. Chongqing, das über 2000 Kilometer von der Küste entfernt liegt und bisher nur im

Sommer und nur von flachgehenden Schiffen mit weniger als 1500 Tonnen angesteuert werden konnte, würde sich zu einem bedeutenden chinesischen Hafenort entwickeln, den wahre Ozeanriesen ganzjährig anlaufen könnten. Das Hinterland, das eigentliche Herzland der Nation, könnte seine Erzeugnisse so schnell und so günstig wie nie zuvor auf die Weltmärkte befördern.

Die Stromerzeuger stellten sich mit ähnlichem Enthusiasmus hinter die Regierung. Die Pläne gingen von Generatoren aus, die 18 Gigawatt Strom erzeugten – viermal so viel wie das größte Kraftwerk in Europa, achtmal so viel wie der Assuan-Damm am Nil und immerhin halb so viel wie das derzeit größte Flussstaudammkraftwerk der Welt am Itaipu-Damm in Paraguay. Der Drei-Schluchten-Damm war ein wahrlich mächtiges Projekt. In der Propagandaschrift, die ich vor der Abreise erhalten hatte, schwelgte ein Autor in ekstatischen Phrasen und stellte dem Leser eine rhetorische Frage:

»Solch eine Gelegenheit bietet sich nur einmal ... die Gelegenheit, unsere Fähigkeiten voll unter Beweis zu stellen ... Wenn ein ausländischer Freund fragt: *Was werdet ihr, die Chinesen auf der ganzen Welt, als Vermächtnis dieser Ära hinterlassen?*, müssen wir entschieden antworten: *Das Drei-Schluchten-Projekt am Jangtse-Fluss! Wir hinterlassen dieses heroische Unterfangen, das dem Land und dem Volk nicht nur in der Gegenwart, sondern auch in künftigen Jahrhunderten zugute kommen wird.*«

Li Peng benötigte ein Projekt von dieser Größenordnung, um sein Image und die Moral seines Führungsstabes wieder zu festigen, die nach den schrecklichen Vorfällen auf dem Tiananmen-Platz ziemlich angeschlagen waren. Auch er stimmte überschwengliche Hymnen an: »Der Drei-Schluchten-Damm«, erklärte er 1992, »wird der ganzen Welt beweisen, dass das chinesische Volk hehre Ziele verfolgt und die Fähigkeiten besitzt, das größte Flussregulierungs- und Wasserkraftwerksprojekt der Welt zu bauen.«

Das Ganze bekam auch noch eine symbolische Bedeutung. Es blieb nicht unerwähnt, dass der geplante Zeitpunkt für die symbolträchtige Absperrung des Jangtse – jene entscheidende Phase des Dammbaus, in der das Wasser in Umleitungstunnels um die Baustelle herumgeleitet werden sollte – genau in das Jahr 1997 fiel. Im selben Jahr sollte Hongkong nach 155 Jahren unter britischer Herrschaft wieder an China zurückfallen. Man genoss die Vorstellung, Li Pengs China – beziehungsweise Deng Xiaopings China, denn Ersterer ist kaum mehr als eine Marionette des Letzteren – werde in ein und demselben Jahr der wachsenden Kritik aus dem Ausland und seinem größten Strom trotzen. Dass beide Ereignisse zusammenfielen, wurde von den damaligen Machthabern als ausgesprochen gutes Omen gedeutet.

Inzwischen herrschte nämlich nicht mehr überall einhellige Begeisterung, insbesondere außerhalb Chinas. Den ausländischen Firmen und Organisationen, die den Chinesen zu Beginn so eifrig unter die Arme gegriffen hatten, kamen schon nach wenigen Jahren erste Zweifel. Der anfängliche Ehrgeiz wich einer vorsichtigen Zurückhaltung. Die Zweifel entsprangen teilweise dem neuen Zeitgeist. Es entstand allgemein der Eindruck, Großstaudämme seien allesamt viel zu teuer, meist unrentabel und oft völlig fehlgeplant; die meisten großen Dämme zeigten gravierende Auswirkungen auf die Umwelt und waren selten mehr als bloß bombastischer Pomp in Beton. Totalitäre Regime bedienten sich ihrer besonders gern, um das Landvolk mit der Kraft, der Klugheit und dem Können der Herrschenden zu beeindrucken. Der Leiter des U. S. Bureau of Reclamation bekannte 1994 in einer Rede, die Organisation, die den Grand Coulee, den Hoover- und den Glen-Canyon-Damm gebaut hatte, gehe davon aus, dass zumindest in Amerika die Zeit der Großstaudämme ein für allemal vorüber sei. »Große Staudämme sind ungeheuer kostspielig«, erklärte der anerkannte amerikanische Hydrologe Daniel Beard. »Sie kosten immer mehr als man denkt und binden jahrelang gigantische Summen von Kapital ... Nirgendwo auf der Welt gibt es einen sichtbareren Ausdruck für das, was wir hinter uns lassen wollen, als den Drei-Schluchten-Damm.«

Der Drei-Schluchten-Damm, den die Großstaudammindustrie natürlich nach wie vor bauen wollte, ganz egal wie das offizielle Amerika dazu stand, geriet bald aus bestimmten anderen Gründen in allgemeinen Misskredit. In einigen entscheidenden Gutachten zu dem Damm wurde mindestens ein größerer Einwand gegen ein so gewaltiges Unterfangen vorgebracht, und wenn man all diese Einwände summierte, ergab sich eine kritische Masse.

Das U. S. Army Corps of Engineers gab beispielsweise zu bedenken, dass der Damm entgegen aller Absichten Hochwasserkatastrophen weiter stromabwärts nicht unbedingt verhindern würde, denn schließlich stamme ein sehr großer Teil des Jangtse-Wassers aus Nebenflüssen, die unterhalb der Talsperre in den Jangtse mündeten, wie etwa dem Han Shui, der sich bei Wuhan mit dem Jangtse vereinigt. Außerdem, erklärten die Techniker des Corps, bestehe das Risiko, dass der Damm brechen könne, etwa durch Erdrutsche oder Erdbeben (die in den Bergen östlich des Roten Beckens gar nicht selten sind). Auch Kriege oder Terroranschläge bedeuteten Risiken mit unvorstellbar schrecklichen Folgen für die großen Städte, die stromabwärts liegen. Yichang, das Lily und ich gerade ansteuerten, würde innerhalb weniger Stunden überflutet sein; Hunderttausende Menschen würden dabei umkommen.

Das kanadische Amt für Auslandshilfe legte 1989 eine mehrbändige Studie über den Staudamm vor und sprach darin die Empfehlung aus, den Bau durchzuführen. Doch selbst in dieser Studie – welche die Grundlage für die von Li Peng angekündigte Staudammhöhe bildete – wurde davor gewarnt, dass sich hinter der Staumauer riesige Mengen von Schlamm ablagern würden. Diese könnten mit der Zeit die Eingänge zu den Turbinen verstopfen und – was noch viel schlimmer wäre – in den Flussabschnitten unterhalb des Staudamms für eine Verminderung der Sedimentführung sorgen, wodurch das Wasser schneller fließen würde und dadurch die Ufer und das Flussbett stärker auszuwaschen drohe. Damit würde der ohnehin schon widerspenstige Fluss nur noch unberechenbarer werden. Ferner würden die Mauern der Hochwasserdämme, die Lily und ich überflogen und in denen ich verdächtig wenig Wasser entdeckte, in Zukunft von dem stark strömenden und sedimentarmen Wasser massiv ausgespült werden. Sie müssten verstärkt und vielleicht sogar erneuert werden; andernfalls wären die Anrainer von weit gefährlicheren Überflutungen bedroht als bisher. War es ratsam, solche Risiken auf sich zu nehmen?

In anderen Berichten wurde davor gewarnt, dass sich dieser Rückgang der Sedimente sogar noch viel weiter stromabwärts schädlich auswirken könnte. Schanghai, über 1500 Kilometer entfernt am Ende des Jangtse, liegt auf einer Sedimentplatte, die sich täglich um mehr als fünf Zentimeter zum Ostchinesischen Meer vorschiebt. Die herangeführten Sedimente – solange sie noch herangeführt werden – festigen den Grund, auf dem Schanghai ruht, was umso wichtiger ist, als dieser Grund derzeit von Tunnels, U-Bahn-Schächten und anderen Eingriffen ausgehöhlt wird, die man in einer rapide expandierenden Metropole erwarten kann. Deswegen droht die Stadt, langsam aber unaufhaltsam abzusacken. Je mehr gegraben wird und je weniger Sedimente abgelagert werden, desto akuter wird die Gefahr, dass die größte chinesische Stadt vom Meer verschlungen wird. Hinzu kommt, dass sich bei einer Verminderung des Abflusses der Tidenhub des Meeres viel weiter in den Mündungsstrom hinauf auswirken kann, wodurch sich die Fischbestände sowie der Salzgehalt der Böden und des Grundwassers verändern könnten. Allein in dieser speziellen Hinsicht drohten ungeahnte Folgen.

Auch auf anderen Gebieten waren überraschende Auswirkungen zu befürchten. Zahlreiche kühne Enthüllungen machte eine junge Pekinger Journalistin namens Dai Qing, eine Umweltaktivistin und ehemalige Ingenieurin, zudem Adoptivtochter eines führenden chinesischen Marschalls – eine Frau, mit der nicht zu spaßen war. Dai Qing verstand etwas von der Sache und war entsetzt, welche Risiken mit dem Bau des Jangtse-Staudamms eingegangen wurden. Ende der achtziger Jahre sammelte sie eine Reihe wissenschaftlicher Artikel von angesehenen Ingenieuren und Hydrologen, die begründete und einleuchtende Argumente gegen den Bau des Staudamms vorbrachten.

Diese Artikel mit netten Titeln wie »Der begrenzte Nutzen des Hochwasserschutzes«, »Wir sind sehr beunruhigt, wir sind sehr besorgt: Ein Gespräch mit Zhou Peiyuan und Lin Huainto« oder »Ein hoher Damm, ein Damoklesschwert« stellte Frau Qing zu einem Buch zusammen, dem sie den Titel *Chang Jiang! Chang Jiang!* gab. In einem Moment beispielloser Unerschrockenheit überredete sie eine Verlegerin in der südwestchinesischen Stadt Guiyang, das Buch Anfang 1989 herauszubringen. Dies war nur wenige Monate vor den Studentenprotesten in Peking, die im Juni in der Tragödie des Tiananmen-Platzes gipfelten.

Das Buch erschien zu einer Zeit, als es in China gefährlich gärte; die von den Autoren vorgebrachten Einwände gegen den Bau des Damms verbreiteten sich wie ein Lauffeuer im ganzen Land. Die Folge war: die gesamte intellektuelle Elite Chinas wusste um die Risiken, die mit dem Bau des gigantischen Projekts verbunden waren, und Dai Qing landete im Gefängnis. Sie blieb zehn Monate in Haft und galt als das erste »grüne« Opfer des Landes, auch wenn sie wie unzählige andere im Grunde als Dissidentin behandelt wurde.*

Dai Qings Buch löste eine bemerkenswerte Kette von Reaktionen aus – umso mehr als es ganz im Mittelpunkt des ersten Versuchs einer parlamentarischen Rebellion in China seit dem Sieg der Kommunisten im Jahre 1949 stehen sollte. Zunächst gab im Spätsommer der Staatsrat bekannt, er werde das Projekt verschieben – natürlich nicht wegen des Buchs; die Gründe wurden mit absurden technischen Ausflüchten verschleiert. Das Wirken der politischen Opposition und die Verschiebung des Projektes führten dazu, dass weitere Berichte aus den Kreisen der Bürokratie auftauchten. In einem dieser Berichte wurde eingeräumt, dass im August 1975 insgesamt 60 kleine und zwei große Staudämme, der Banqiao- und der Shimantan-Damm in der Provinz Henan, gebrochen seien, wobei Zehntausende, wenn nicht Hunderttausende von Menschen umgekommen sein mussten. Nun kamen Zweifel auf, ob China Staudämme bauen konnte, die extremen Bedingungen standhielten. Es ging nicht mehr um die rein theoretische Frage, ob ein Staudamm von der Größe des Drei-Schluchten-Damms ohne jegliches Sicherheitsrisiko gebaut werden könne, sondern konkret darum, ob China überhaupt die technischen Voraussetzungen erfüllte, um Großstaudämme zu bauen, wenn bereits bei einem schlimmen Unwetter ein Staudamm brach, der nur ein Vierzigstel so groß war.

Dai Qings größte Leistung dürfte jedoch ihr Beitrag zur nachfolgenden Demokratiebewegung gewesen sein. Die »technischen Probleme«, die man 1989 als Grund für die Verschiebung genannt

* Frau Dai sieht es nicht gern, wenn sie mit den politischen Dissidenten jener Zeit in einen Topf geworfen wird. Sie versuchte sogar, wenn auch vergeblich, die Demonstranten auf dem Tiananmen-Platz zur Umkehr zu bewegen, und wurde deswegen von vielen hartnäckigen Oppositionellen angegriffen. Allerdings saß sie zehn Monate im Hochsicherheitsgefängnis von Qinchen ein, das politischen Häftlingen vor-

hatte, waren 1992 plötzlich auf rätselhafte Weise »gelöst«, und so konnte Li Peng endlich den lang erwarteten Baubeginn bekanntgeben. Doch in Übereinstimmung mit der chinesischen Verfassung musste er das Projekt erst dem Nationalen Volkskongress zur offiziellen Entscheidung und routinemäßigen Genehmigung vorlegen. Als der Volkskongress im April 1992 in Peking zusammentrat, wurden die Delegierten umworben wie selten zuvor. Vor der Versammlungshalle artikulierte sich die Opposition gegen den Staudamm, angeheizt durch Dai Qings Buch, die Nachricht von ihrer Inhaftierung und die Welle von Artikeln, die sie mit ihrem Engagement ausgelöst hatte. In einem Antrag wurde gefordert, das Projekt in einer Rede kritisch zu beleuchten. Der Vorsitzende der Versammlung entschied jedoch auf Weisung der Regimeführer, keine Diskussion zuzulassen; es sollte unverzüglich darüber abgestimmt werden, ob das Projekt offiziell in den letzten Zehnjahresplan für das 20. Jahrhundert aufgenommen werden solle. Daraufhin wurden Protestrufe laut. »Der Kongress verstößt gegen seine eigenen Satzungen«, schrie eine Gegnerin aus Empörung darüber, dass keine Aussprache zugelassen wurde. Bei der elektronischen Abstimmung drückte sie wie auch zahlreiche weitere Abgeordnete den Knopf für »Nein«. Von den 2613 Delegierten, die an dieser Abstimmung teilnahmen, stimmten 813 – beinahe ein Drittel – mit Nein oder enthielten sich. Für chinesische Verhältnisse war dies ein phänomenales Aufbegehren gegen die Parteigewalt. Nach der Abstimmung war klar, dass Li Peng zwar gewonnen hatte, dass es jedoch ein Pyrrhussieg war, den die ganze Welt als deutliches Misstrauensvotum wertete.

behalten ist, und sollte hingerichtet werden. Die chinesische Justiz hat nie erklärt, weshalb sie inhaftiert wurde. Die Verlegerin, die Dai Qings Buch sowie zahlreiche andere kontroverse und polemische Texte verbreitete, ist nach wie vor aktiv. Nach kürzeren Aufenthalten in New York und Canberra lebt Frau Dai wieder in Peking und kämpft so unermüdlich wie eh und je.

Die ausländischen Geldgeber waren über die Entwicklung so entsetzt und über die drohenden finanziellen Risiken so besorgt, dass einer nach dem anderen absprang. Die Weltbank, die Asian Development Bank, die englische Overseas Development Agency, die amerikanische Import-Export Bank und selbst die einst so interessierte kanadische International Aid Agency gaben allesamt bekannt, sie würden sich nicht mehr an der Finanzierung des Staudamms beteiligen.

Dem U.S. Bureau of Reclamation, das bereits einen Wartungsvertrag mit den Staudammbetreibern unterzeichnet hatte, drohten nun Klagen von sieben amerikanischen Umweltschutzorganisationen, die behaupteten, durch die Beteiligung an dem Staudammbau verstoße das Bureau gegen die Bestimmungen des Artenschutzgesetzes. Das Bureau besann sich sofort anders. In einer knappen Notiz teilte es den Chinesen mit, die technische Zusammenarbeit werde »mit sofortiger Wirkung« ausgesetzt. Bei den großen Privatfirmen – den Handelsbanken, Versicherungsgesellschaften und Bauunternehmen – sprachen immer mehr Risikomanager von einem untragbaren Projekt und einer unklugen Investition.

Nun hatten die Chinesen keine andere Wahl. Sie konnten nur noch das tun, was sie in solchen Fällen am besten können, nämlich das ganze Projekt allein in die Hand zu nehmen. Seit Anfang 1994 steht China, was den Jangtse-Staudamm betrifft, im Grunde ganz alleine da. So schien es jedenfalls zunächst.

Li Peng ist von Beruf Elektroingenieur. Dies erklärt vielleicht zum Teil seine feste Entschlossenheit, den Staudamm zu bauen – komme, was da wolle. Weitere Gründe liegen sicherlich in seinem Interesse an Großprojekten – je größer, desto besser – und in seiner Hoffnung, mit dem Staudamm dem Vorsitzenden Mao (und natürlich sich selbst) ein Denkmal zu setzen, das Tausende von Jahren bestehen wird. Dai Qing bezeichnete den Damm als »Lieblingsprojekt des roten Kaisers«, und sowohl Li Peng als auch Deng Xiaoping gaben klar zu erkennen, dass sie von ihren Ingenieuren einen Bau von dauerhafter Erhabenheit erwarteten.

Die Kritik an dem Staudamm ging zum größten Teil von der Annahme aus, dass das Bauwerk nicht einmal einen Bruchteil der erwarteten Zeit überdauern werde und dass sein Nutzen minimal, die Schäden für die Umwelt hingegen katastrophal sein würden. Die Diskussion klang bisweilen wie reines Fachchinesisch, doch im Wesentlichen haben sich die Kritiker – in China wie im Westen – seit Baubeginn auf einige wenige, aber in ihren Augen gefährliche Schwachpunkte des Projekts konzentriert.

Der Erste dieser Schwachpunkte, die Ablagerung von Sedimenten, wird den Damm nach Meinung der Kritiker früher oder später zugrunde richten. Jedes Jahr werden 530 Millionen Tonnen Sand und Kiesel durch die Jangtse-Schluchten gespült, und es ist damit zu rechnen, dass sich ein großer Teil davon am Grund der Staumauer ablagert. Das meiste davon kann wahrscheinlich regelmäßig herausgespült werden, denn moderne Staumauern verfügen über entsprechende Vorrichtungen.

Der Jangtse führt den Hydrologen zufolge jedoch viel mehr als nur Sand und Kiesel mit. In diesem besonders wilden Strom werden riesige Steine und Felsblöcke mitgerissen, die sich, so fürchtet man, am Grund des Damms verkeilen und mit dem Sand zu einer betonharten Masse verbinden, die allmählich immer höher wird. Das mitgeführte Geschiebe kann nur in Bewegung gehalten werden, wenn der Stausee möglichst flach ist und das Wasser die Auslässe des Staudamms so rasch wie möglich passiert. Die Stromversorger und die Schifffahrtslobby wollen davon nichts hören. Sie wollen einen hohen Pegel und einen geringen Durchfluss, denn dies bedeutet einen maximalen Tiefgang für die Schiffe und ein maximales Energiepotenzial. Li Peng zeigt Verständnis für ihre Interessen und ist überzeugt, dass sich das Problem der Sedimentablagerung, sollte es überhaupt auftreten, auf jeden Fall lösen lässt.

Die Sedimentation, so argumentieren die Gegner, wird noch ganz andere Probleme aufwerfen, selbst im fernen Chongqing, das nach dem Willen der Staudammbauer bald ein großer Binnenhafen wird. Dort wo die reißenden Fluten die steilen Ufer seit eh und je ausspülten, wird sich der Strom verlangsamen und Sedimente ablagern.* Der Hafen von Chongqing, der durch die starke Strömung bisher stetig vertieft wurde, wird wegen der Ablagerung rasch verflachen und versanden. Die großen Schiffe, die den Hafen künftig ansteuern sollen, werden dazu nicht in der Lage sein, wenn der Port nicht ständig ausgebaggert wird. Der Staudamm wird damit genau die Probleme verursachen oder verstärken, die er eigentlich lösen sollte. In diesem Fall wird er aus Chongqing nicht – wie geplant – einen Knotenpunkt der Schifffahrt machen, sondern einen toten Punkt.

Hinzu kommt das Problem der Sicherheit. Dämme brechen. In China selbst ist zwar nicht viel über Dammbrüche bekannt geworden, doch inzwischen wissen wir, dass zumindest die zwei genannten Dämme aufgrund fehlerhafter Planung oder Ausführung brachen – mit katastrophalen Folgen. Der Banqiao, ein Erddamm an einem der Nebenflüsse des unteren Jangtse in der Provinz Henan, galt lange Zeit als »eiserner Damm, der niemals bricht«. Im August 1975 ließ ein Taifun mit sintflutartigen Regenfällen den Stausee über Nacht um mehr als zwei Meter steigen; wegen der unerwartet massiven Ablagerung von mitgeführtem Geschiebe am

* Sämtliche Abwässer aus Chongqing und den vielen anderen Städten oberhalb des Staudamms werden ebenfalls in dem neuen See verbleiben und diesen massiv verschmutzen.

Grund der Staumauer konnte das Wasser nicht mehr abfließen, selbst bei weit geöffneten Schleusentoren. Am dritten Abend des Unwetters – das Wetteramt sprach von einem »Jahrtausendunwetter« – lief das Wasser schließlich über die Staumauer und riss diese ein. In der Flutwelle, die das Tal hinunterschoss und einen fast 50 Kilometer langen, sich fortbewegenden See bildete, gingen ganze Dörfer unter. Verschiedene Menschenrechtsorganisationen gehen davon aus, dass dabei fast eine Viertel Million Menschen ums Leben kam. Das offizielle China ließ nichts über diese Katastrophe laut werden; erst 1994, fast 20 Jahre nach dem Vorfall, sickerten vereinzelte Informationen durch.

Ist das Gebiet um die Drei Schluchten geologisch stabil genug? Könnte es nicht sein, dass der fast 600 Kilometer lange See, der oberhalb der Staumauer entstehen und mit seinen Milliarden von Tonnen Wasser riesigen Druck auf das durch Verwerfungen brüchig gewordene Gestein ausüben wird, das geostatische Gleichgewicht der Region so weit stört, dass es zu Erdverschiebungen kommt? Was wäre, wenn Erdrutsche entstehen? Könnte sich nicht der berüchtigte Huangla-Fels mit seinen vier Millionen Kubikmetern Kalkstein ein paar Meilen oberhalb des Staudamms von der steilen Felswand lösen und in den See stürzen? Kann man ausschließen, dass die 70 Meter hohen Wellen, die dabei entstehen, über den Damm schwappen und dafür sorgen, dass die Mauer undicht oder brüchig wird, nachgibt oder vielleicht einstürzt? Erdbeben und Erdrutsche sind genauso oft Ursachen für Dammschäden und Dammbrüche wie Hochwasserfluten. Die Chinesen betrachten die seismischen Risiken dieses speziellen Projekts nach Meinung der Kritiker mit einer gefährlichen Selbstgefälligkeit.

Ganz abgesehen davon, ob die Chinesen überhaupt in der Lage sind, Großstaudämme zu planen und zu bauen, stellt sich die Frage, ob der gigantische Drei-Schluchten-Damm nicht zum Ziel von Bombenangriffen oder Sabotageanschlägen werden könnte. Staudämme bieten sich dafür regelrecht an. Im Zweiten Weltkrieg wurden die Möhne- und die Eder-Talsperre von den Engländern bombardiert; die Folge waren massive Überflutungen. Auch der Perucia-Damm in Kroatien wurde 1993 durch Bomben stark beschädigt. Und mit einer Art von Bosheit, zu der nur die Nordkoreaner fähig waren, drohte die Regierung in Pjöngjang einmal damit, einen Damm quer über den Han-Fluss zu bauen, diesen dann in die Luft zu sprengen und Seoul, die Hauptstadt Südkoreas, in der Flutwelle untergehen zu lassen. Auch das Damoklesschwert der Dämme ist zweischneidig.*

Angeblich sorgen die Chinesen mittels außergewöhnlicher Maßnahmen dafür, dass der Drei-Schluchten-Damm vor Angriffen sicher ist. Sie sind sich nur allzu bewusst, welch fatale Folgen es hätte, wenn sich 300 000 Kubikmeter Wasser *pro Sekunde* über nahegelegene Uferstädte wie Yichang und Shashi oder vielleicht sogar über entferntere Ballungsgebiete wie Wuhan oder Jiujiang ergießen würden. Der Bericht der chinesischen Luftwaffe, in dem es hieß, der Standort Sandouping sei nur schwer zu verteidigen, war immerhin 20 Jahre alt. Inzwischen ist geplant, zwei Divisionen in der unmittelbaren Umgebung des Staudamms zu stationieren, in jeder Richtung Geschütze und Raketenbatterien aufzustellen und ein Sicherungsnetz um das Bauwerk einzurichten, das selbst die entschlossensten Terroristen nicht durchdringen könnten. Und falls der Staudamm trotzdem zerstört werden sollte? Kein Grund zur Sorge, hieß es in den offiziellen Propagandaschriften des Planungsbüros, die durch ihre Selbstgefälligkeit bestachen: »Der Damm würde

* 1938 ließ Tschiang Kai-schek die Schutzdeiche am Gelben Fluss sprengen, um den Vorstoß der Japaner nach Wuhan zu stoppen. Die Fluten kosteten Zehntausenden chinesischer Bauern das Leben, hielten die Japaner aber kaum mehr als drei Monate auf.

sogar ziemlich schlagkräftigen konventionellen Waffen standhalten, ... würde er jedoch mit Atomwaffen angegriffen und völlig zerstört werden, würde der Hochwasserschaden durch geeignete technische und organisatorische Maßnahmen begrenzt werden.« Diese vagen und unverbindlichen Beteuerungen verbreiten indes nur wenig Zuversicht.

Die Opfer, die der Dammbau der Bevölkerung abverlangte, waren enorm. Eines der größten Probleme bestand darin, eineinviertel Millionen Menschen umzusiedeln, die ihr Leben lang in uralten – wenn auch zugegebenermaßen einzigartig hässlichen – Städten und Dörfern entlang der Ufer gelebt hatten. Es wurde bereits von Unruhen berichtet. Im Jahre 1992 wurden angeblich 180 Männer und Frauen, Anhänger der so genannten Demokratischen Jugendpartei im Bezirk Kaixian, von der Polizei abgeführt und der Sabotage und konterrevolutionärer Aktivitäten bezichtigt, die sich, wie es hieß, auf ihren Widerstand gegen den Staudamm bezogen. Man hat nie wieder etwas von ihnen gehört.

Nach Präsident Jiangs Besuch in Jiujiang, Hunderte von Kilometern stromabwärts, und seinem Appell, 200 000 Vertriebene dort aufzunehmen, kam der Vorschlag, die Umsiedler in das öde Hochland der Provinzen Xinjiang und Qinghai (in der der Jangtse entspringt), eineinhalbtausend Kilometer weiter im Nordwesten, zu schicken. Der chinesische Staat will in jener Region im großen Stil Baumwollindustrie ansiedeln und warb mit der Ankündigung, bereitwillige und fähige Arbeitskräfte, Umsiedler aus dem überfluteten Jangtse-Tal, wären »in Bälde verfügbar«.

Ein weiteres Opfer sind die archäologischen Schätze, die untergehen werden. Ein hoher Preis sind auch die Umweltschäden, die durch den Staudamm entstehen werden. Der Damm bedeutet das Ende für die Fische, Reptilien und Flusssäugetiere, die es gewohnt sind, sich zum Laichen und Brüten auf dem gesamten mittleren und unteren Jangtse auszubreiten, wie etwa der nahezu ausgerottete *Baiji* und der ebenso fast ausgestorbene Jangtse-Alligator, der flossenlose Tümmler, der chinesische Stör und auch der sibirische Kranich, der am Poyang-See nistet. All diese Arten sind nun vom Aussterben bedroht, doch die Chinesen unternehmen offensichtlich nichts; sie richten lediglich ein paar spärlich bemittelte »Forschungsstätten« ein, um wenigstens die lautesten Einwände zu beschwichtigen, und sehen dem Los dieser Tiere ansonsten völlig unbekümmert zu.

Können sich die Chinesen einen Staudamm leisten, der vielleicht 36 Milliarden Dollar kostet und dann Strom erzeugt, der 2000 Dollar pro Kilowatt kosten wird? Und wie kann das Ausland den Bau eines Giganten unterstützen, der so überholt, so ineffizient und so riskant ist und so negative Folgen für Mensch und Natur zeitigt? Antworten auf solche Fragen konnte ich nur erwarten, wenn ich selbst nach Yichang reiste und mich vor Ort umsah.

Nach 40 Minuten landeten wir auf einem Flughafen, der genauso klein und unbedeutend war wie der in Wuhan. Auch hier standen ganze Reihen von Doppeldeckern, und gleich neben dem Rollfeld graste eine Viehherde – ein höchst idyllisches Bild.* Ich war froh, dass wir den Flug überlebt hatten, und war entzückt über den Löwenzahn und die Schmuckmalven auf den Wiesen. In einem verlotterten Flughafengebäude aus verwittertem Backstein döste ein Mann an einem Ladentisch, über dem Wandbehänge mit ewig gleichen Tigern und aufgeblasenen Buddhas hingen. Auf einem Plakat wurden die Vorzüge des Sanxia Bingwan, des Drei-Schluchten-Hotels, gepriesen, und so machten wir uns auf den Weg dorthin – nicht so sehr, um

* Vor den Toren der Stadt entstand ein ganz neuer Flughafen mit einem internationalen Terminal, um potenzielle Investoren besser abfertigen zu können.

seine Vorzüge zu genießen, sondern um nach den Scharen von Vertretern ausländischer Firmen Ausschau zu halten, die – wie ich fürchtete – trotz all des erklärten Widerstands inzwischen nach Yichang strömten, um sich Aufträge auf der Riesenbaustelle zu sichern.

Das Hotel, in dem wir am späten Abend eintrafen, war halb fertig beziehungsweise halb verfallen – so genau ließ sich das nicht sagen. Es war ein riesiger, hallender, leerer und hässlicher Kasten. Wenigstens stand es direkt neben dem Fluss, und so konnte ich von meinem Zimmer aus die zahllosen Schiffe sehen, die im Vorbeifahren ihre Sirenen ertönen ließen. Das Hotelrestaurant machte um acht Uhr dicht, und Zimmerservice gab es nicht. Immerhin gab es eine Bar, doch im Kühlschrank war alles tiefgefroren, was die blutjunge Bardame mit einem Kichern zur Kenntnis nahm. Ich brauchte unbedingt einen Drink, fand aber die Vorstellung, an einem Stück Eis zu lutschen, ganz und gar nicht lustig.

Es hieß, in dem Hotel weilten keine weiteren Ausländer, außer einer jungen Frau aus Südafrika, die ganz allein durch China reiste. Sie stand vor einem jener kleinen Probleme, mit denen Weltenbummler wohl nur in China konfrontiert sind. Sie war nur für eine Nacht in dem Hotel abgestiegen und wollte am nächsten Tag mit dem Zug nach Xi'an weiterfahren. Die Rechnung betrug 300 Yuan. Sie wollte mit einem Reisescheck über 100 Dollar bezahlen. Dieses Zahlungsmittel wurde nach Angaben des Hotels jederzeit angenommen und unter normalen Umständen gegen 800 Yuan eingetauscht. Der Gast konnte damit also eine Rechnung von 300 Yuan begleichen und sich die restlichen 500 Yuan bar auszahlen lassen.

Der Kassierer behauptete jedoch, seine Kasse sei völlig leer. Er würde den Scheck gerne zum Begleichen der Rechnung entgegennehmen, doch er könne der jungen Frau nichts herausgeben. In dem Fall hätte sie ihre Zugfahrkarte nicht bezahlen und auch sonst nichts kaufen können, bevor sie am nächsten Morgen eine Bank fand, bei der sie einen Reisescheck einlösen konnte. Als ich ihr begegnete, war sie fast schon bereit einzuwilligen – das heißt, dem Hotel 500 Yuan einfach zu schenken.

Ich schaltete mich kurzerhand ein. Ich machte ihr klar, dass diese Masche so alt sei wie die Berge Chinas, und bot ihr an, falls sie einen Reisescheck ganz ohne Unterschrift hatte, diesen zum Tageskurs gegen Bares zu wechseln. Sie zog einen nicht unterzeichneten Scheck heraus und nahm dafür mein Bargeld entgegen. Der Hotelkassierer, ein Wicht mit einem Rattengesicht, sah erbost zu. Die Südafrikanerin bedankte sich unendlich und zog glücklich von dannen. Die Ratte durchbohrte mich mit Blicken, die mir zu verstehen gaben, dass wir in diesem Hotel nun mit einem deutlich schlechteren Service rechnen mussten – falls das überhaupt möglich war.

Der Portier war etwas freundlicher. Er gestand, alle Ausländer, die derzeit nach Yichang kämen, und das seien nicht wenige, würden im Taohualing Bingwan, dem »Pfirsichblüten-Hotel«, absteigen. Außerdem, gab er mir zu verstehen, seien dort »sehr viele hübsche Mädchen. Mädchen, die Ausländer sehr mögen.« Wir winkten eine Fahrradrikscha herbei und fuhren zehn Minuten später vor dem »Pfirsichblüten-Hotel« vor.

Es folgte ein Angriff auf meine Männlichkeit. Ganz im Sinne der Übung blieb Lily brav 20 Schritte hinter mir. Als ich durch die Dunkelheit auf den hell erleuchteten Hoteleingang zusteuerte, wo in Neonlicht Willkommensgrüße entboten und »Unendliche Reize« verheißen wurden, sprangen hinter den geparkten Autos zehn, zwölf junge Frauen hervor, die mich am Ärmel zupften und an der Schulter streichelten.

Die dahingeplapperten Phrasen entstammten geradewegs einem billigen Berlitz-Kurs. »Sie sehr attraktiv! Arbeiten Sie am Damm? Ihre Zimmernummer, bitte? Brauchen Sie Freundin? Ich sehr günstig. Meine Massage ausgezeichnet. Sie viel Spaß haben. Halt, lieber

Herr, kommen Sie, wir machen ficken.« Ich versuchte, die Mädchen abzuschütteln, doch es war wie ein Kampf gegen Wespen – kaum hat man eine abgewehrt, saust von der anderen Seite schon die nächste an. Als ich den Hoteleingang erreichte, kam ich mir vor, als hätte ich die versprochene Massage bereits hinter mir. Lily holte mich kurz darauf ein. Ihr war gar nicht zum Lachen zumute. Die Mädchen hätten sie angezischt und beschimpft, sagte sie.

Die Dame am Empfang, eine gediegene Frau um die Vierzig, zeigte sich überaus entgegenkommend, als wir sie nach etwaigen ausländischen Gästen fragten. In den letzten Monaten seien Dutzende von Gruppen abgestiegen, sagte sie. Diese Woche habe sie ... einen Augenblick bitte ... Japaner ... und Kanadier. Sie drehte den Computerbildschirm zu uns herum und ließ uns die Liste der Namen überfliegen. Es gab einen Brown auf Zimmer 1204, einen Ingrams auf 1218 und eine MacFarlane auf 806. Alles echt schottisch-kanadische Namen, wie es schien. Ich rief Mr. Brown über das Haustelefon an, in der Hoffnung, er möge sich nicht gerade »unendlichen Reizen« hingeben. Er nahm jedenfalls ab, und ich fragte ihn, ob er zufällig etwas mit dem Drei-Schluchten-Damm zu tun habe.

»Ganz recht«, erwiderte er. »Ich bin erschöpft, aber der Boss ist unten in der Bar. Schwierige Verhandlungen. Sprechen Sie ihn lieber behutsam an.«

In der Bar war es düster und eiskalt. Auf einem Karaoke-Monitor liefen Bilder, doch glücklicherweise war der Ton ganz leise gestellt. In der dunkelsten Ecke saßen drei Ausländer und vier Chinesen an einem Tisch. Die Ausländer tranken Bier, die Chinesen knabberten Erdnüsse. Genau das hatte ich erwartet: Die Kanadier waren hinter Aufträgen her.

Der Barkeeper berichtete, in dem Jahr seien fast jeden Tag am Business interessierte *lao wai* in seiner Bar aufgetaucht. Die Chinesen seien immer dieselben; sie seien von der Damm-Projekt-Gesellschaft, die seines Wissens nach in einem modernen Bürogebäude ganz in der Nähe untergebracht war. »Sie wollen an unserem Staudamm mitarbeiten«, sagte der Barkeeper. Letzten Monat habe er sich mit seiner Frau und den Kindern die Ausstellung im Erdgeschoss des Projektbüros angesehen. »Das ist großartig, was wir da machen. Wir haben allen Grund, stolz zu sein. Meine Kinder finden den Damm ganz phantastisch. Richtig gewaltig. Richtig großartig.«

Die Kanadier sahen die Sache nicht ganz so poetisch. Und auch der weltweiten Kritik schienen sie nicht besonders viel Beachtung zu schenken. Sie waren ganz einfach da, um sich ein Stück von dem Kuchen zu sichern.

Wie sich herausstellte, handelte es sich um ziemlich kleine Akteure. Es waren Vertreter einer Firma aus Ontario, die sich um einen Auftrag im Wert von 35 Millionen Dollar bewarben, bei dem es um die Entwicklung einer Software für die Projektverwaltung ging, mit der die Chinesen ihre Arbeit effizienter organisieren konnten. Als ich sie ansprach, waren sie zunächst bestürzt, weil sie aufgeflogen waren, und wurden auf einmal ungewöhnlich zurückhaltend. Sie wussten genau, dass in ihrer kanadischen Heimat der größte Teil der Öffentlichkeit entsetzt auf das reagierte, was über den Staudamm bekannt wurde, und nicht viel für kanadische Firmen übrig hatte, die nach China gingen und mit dem Damm Geschäfte machen wollten.* Sie waren aber keineswegs die Einzigen. Es stellte sich heraus, dass in den Wochen davor Dutzende anderer Firmen

* Die Kanadier hatten sich schließlich mit als Erste für das Projekt interessiert und meinten, sie müssten vorrangig einbezogen werden. Die ungemein erfahrenen kanadischen Wasserbauingenieure waren enttäuscht, als sich Ottawa von dem Projekt distanzierte. Einige große Unternehmen schlossen sich prompt zum »Team Canada« zusammen, um auf dem chinesischen Markt doch noch etwas für sich herauszuschlagen, bekamen aber eine starke Ablehnung zu spüren. Die Regierung der kanadischen Provinz Britisch-Kolumbien beispielsweise untersagte jegliche Beteiligung an dem chinesischen Staudammprojekt.

aus Amerika, Europa und Japan nach Yichang gepilgert waren, vor allem um Aufträge zu ergattern. Weitere Firmen wurden noch erwartet.

Man zeigte mir eine Liste, die als »vertraulich« gekennzeichnet war; sie enthielt die Namen jener Firmen, die nach China gekommen waren, um sich zu bewerben oder die bereits Erfolg gehabt hatten. Darunter waren General Electric, Hitachi, Mitsubishi, Krupp, Mannesmann, Siemens (die in Wuhan bereits eine Niederlassung gegründet hatte), Caterpillar, Nomura, Alcatel, Framatome,* Atlas Copco, Terex Trucks, Brown Boveri und die Finnische Außenhandelsvereinigung. Mit der Unterstützung solcher Unternehmen entstand bei den Chinesen – zumindest in den ersten Phasen des Baus – wahrscheinlich kein Mangel an Erdbewegungsmaschinen, Kipplastern, Druckpumpen, Bohrgeräten, Fernmeldeverbindungen, Stahlbautechnik, Turbinen, Hochspannungsmasten, Schleusentoren und leistungsstarken Dieselmotoren. Das Einzige, woran es in den ersten Bauabschnitten wohl zu mangeln schien, war Geld. Nach allem, was man über die chinesische Staatskasse wusste, schien das Land die erforderlichen 36 Milliarden Dollar nicht gerade aus dem Ärmel schütteln zu können.

Seit – und wegen – der Auflehnung im Volkskongress im April 1992 und seit dem Ausstieg der Weltbank begegnete die Finanzwelt dem Projekt ausgesprochen misstrauisch. Die Chinesen ließen sich jedoch nicht beirren; sie beschlossen einfach, den Bau allein in die Hand zu nehmen, um damit zu demonstrieren, dass sich eine Investition in das Projekt schließlich doch lohne, wenn auch nicht

* Die französischen Atomkraftwerksexperten genossen bereits das Vertrauen der Chinesen, weil sie diesen geholfen hatten, in Daya Bay, knapp 50 Kilometer in Windeinzugsrichtung vor Hongkong, ein gleichermaßen umstrittenes Atomkraftwerk zu bauen, wenn auch eher aus der Befürchtung, dass man dies den Chinesen allein wohl nicht zutrauen könne.

unbedingt kurzfristig. Es war eine listige Strategie, die in Verbindung mit geschickter Erpressung allmählich sogar aufging – etwa mittels Drohungen gegenüber ausländischen Banken, in China überhaupt keine Geschäfte mehr tätigen zu dürfen, falls sie den Staudamm nicht mitfinanzierten.

Den Chinesen Geld zu leihen, birgt zahlreiche Risiken. Das Land weist nicht nur eine Auslandsverschuldung von insgesamt etwa 90 Milliarden Dollar auf, sondern auch eine laxe Moral bei der Schuldentilgung, die bei besonneneren Investoren nicht gerade großes Vertrauen weckt. Dieses spezielle Projekt, das eine Bauzeit von mindestens 17 Jahren erfordert und allerfrühestens im Jahre 2003 den ersten Strom erzeugt (und damit erste Gewinne abwirft) und das mit gravierenden technischen, ökologischen und gesellschaftlichen Problemen befrachtet ist, dürfte noch viel weniger attraktiv sein als die meisten anderen Vorhaben. Dennoch bekundeten große amerikanische Investmentfirmen wie Merrill Lynch und Banken wie Morgan Stanley schnell ihr Interesse; sie wahrten zwar diskret Distanz und hüllten sich in Schweigen, doch sie blieben am Ball, boten Rat und Know-how an und stellten vermutlich zumindest künftige Finanzierungsmöglichkeiten in Aussicht. Auch andere Firmen in Amerika und Japan – Goldman Sachs, Salomon Brothers, Daiwa Securities und Nomura – zeigten sich interessiert; sie machten zwar keine Zusagen, hielten sich jedoch alle Optionen offen. Die Chinesen ihrerseits lockten mit großen Happen; weite Bereiche des Jangtse-Tals sollten für ausländische Investoren geöffnet werden, und den Zuschlag sollten natürlich jene bekommen, die auch ihre Unterstützung bei dem Staudammprojekt zusagten.

»Politisch korrekte« Investmentstrategen haben die Begeisterung der Banker allerdings etwas gedämpft. Einige Investmentgesellschaften in Amerika vertreten inzwischen die Auffassung, Banken sollten nicht in ökologisch oder sozial untragbare Projekte investieren – und der Drei-Schluchten-Damm sei auf jeden Fall solch ein Projekt. Und so nehmen Organisationen wie das Comptroller's Investment Responsibility Office in New York oder die Franklin Research and Development Corporation in Boston jene Banken ins Visier, bei denen sie Anteile besitzen und die jene Art von Geschäften betreiben wollen, welche die Aktionäre missbilligen.

Die Pensionskassen der Stadt New York besitzen derzeit Anteile bei Morgan Stanley im Wert von 18 Millionen und bei Merrill Lynch in Höhe von 47 Millionen Dollar; das sichert ihnen einigen Einfluss. Wenn die Stadt dem Rat des Investment Responsibility Office folgt und beschließt, mit dem Drei-Schluchten-Damm nichts zu tun haben zu wollen, was sie übrigens schon angedeutet hat, dann kann sie auf die Banken, die in den Staudamm investieren wollen, beträchtlichen Druck ausüben. Auf diese Weise wird die Welt weitaus globaler. Aus einem anderen Winkel gesehen, wird sie dagegen weniger demokratisch, wenn nämlich internationale Körperschaften über das Leben von Millionen Menschen entscheiden und Leute an einem Ende der Erde Entscheidungen fällen, die für Menschen am anderen Ende der Erde unvorstellbare Auswirkungen nach sich ziehen.

Die Frage, ob amerikanische oder japanische Banken in das Projekt investieren oder nicht, ist vorläufig nicht entscheidend. Das Startkapital bringen die Chinesen selbst auf. China hat eine Umsatzsteuer von zwei Prozent auf den inländischen Stromverbrauch eingeführt. Die Bank von China, die Volks-Bau-Bank und die Staatliche Entwicklungsbank verfügen alle über genügend Devisen, die sie inzwischen den Staudammbauern geliehen haben. In Hongkong gibt es zahllose Banken und Investmenthäuser, die sich um Umweltschäden und menschliches Leid herzlich wenig scheren. Die Firma Peregrine etwa, die bereits in Nordkorea aktiv ist, beteuerte, es würde ihr »Spaß machen«, Kapital für den Drei-Schluchten-Damm zu beschaffen. Zweifellos werden Firmen wie Peregrine, die sich über die in ihren Augen nichtigen Argumente der Grünen und der Menschenrechtsaktivisten hinwegsetzen, früher oder später Geld machen und dann lautstark über Merrill Lynch und Morgan Stanley triumphieren, falls diese Unternehmen tatsächlich beschließen, keine Finanzierungsmittel bereitzustellen.

Mit anderen Worten: Das Projekt läuft und scheint nicht mehr gestoppt werden zu können. Li Peng reiste im Dezember 1994 aus Peking an, um den ersten Beton zu gießen. Ausländische Journalisten waren zu der Zeremonie ausdrücklich nicht eingeladen worden. Seit Ende 1996 sind 35000 Arbeiter auf der Baustelle tätig. Viele davon sind Soldaten, einige angeblich sogar Häftlinge, die unentgeltlich arbeiten.

Kastendämme werden errichtet, Schleusentore gebaut, Kanäle gegraben und Umleitungstunnels gesprengt. In Yichang wird bald der neue internationale Flughafen eröffnet. Es entstehen neue Straßen und Eisenbahnlinien sowie ein Netz von Starkstromleitungen, das drei Milliarden Dollar kostet. Bald werden auch die ersten der 26 Generatoren bestellt; die meisten kommen aus dem Ausland, und jeder Generatorenhersteller der Erde ist eifrig bemüht, den Zuschlag zu bekommen.

Hin und wieder argumentieren die Staudammgegner auch damit, dass mit dem Bau der Staumauer die Würde des großen Stroms verletzt werde. Sie meinen, es sei eine Beleidigung, den Strom zu stoppen, und eines Tages würden sich die Flussgötter zum Schaden aller dafür rächen.

Am Ende des meisterhaften Romans *A Single Pebble* wird der Erzähler, der sich so lange den Gefahren der Stromschnellen ausgesetzt hat und endlich am oberen Ende der Drei Schluchten anlangt, von dem Glauben erfasst, dass dem großen Strom seit Urzeiten eine Heiligkeit innewohne. Als er zu dem Treidelpfad hoch über ihm im harten Fels hinaufblickt, kommen ihm folgende Gedanken:

Dieser Pfad bestand seit über 1000 Jahren, hörte ich von Su-Ling; seit der Tang-Dynastie, sagte sie, vielleicht noch länger. Die chinesischen Flussschiffer hatten sich länger als ein Jahrtausend mit ihm begnügt, um die Schlucht der Truhe der Winde zu passieren – das war mehr als das Fünffache der Zeit, die mein Heimatland existierte. Wie konnte ich in den vergänglichen Jahren meiner Jugend dazu beitragen, diese Menschen zu überreden, dass sie die Errichtung eines großen modernen Staudammes duldeten, der die Wasser Tibets und Innerchinas mit ihrer jahrtausendealten Wildheit bändigen sollte, bis sie zahm und gefügig waren? Wie sollte ich die Spanne eines Jahrtausends überbrücken – ein Jahrtausend in einem Tag? ... Als ich diesen Pfad sah, kamen mir Zweifel, ob gerade eine Talsperre der geeignete Anfang wäre, diesen Abgrund zu schließen.

Aber bei all den Einwänden, die gegen den Bau des Drei-Schluchten-Damms erhoben wurden, kämen auch solch reizende Überlegungen inzwischen viel zu spät. Der Jangtse wird nämlich längst von einem Staudamm blockiert – einem Damm, der bereits 1980 in Betrieb genommen wurde. Diese Staumauer ist nur etwa 45 Meter hoch – ein Viertel dessen, was die Sperre weiter stromauf messen soll. Gebaut wurde sie von der Provinzregierung mit Unterstützung eines Pekinger Ministeriums, und zwar als Trockenübung oder Probelauf für den großen Damm, der folgen sollte, und auch als Finanzierungsquelle für jenen.

Ich konnte den Gezhouba-Damm gerade noch sehen, wenn ich mich aus meinem Hotelfenster lehnte und nach rechts, stromaufwärts, blickte. Die Fahrrinne, durch die sich die Frachtschiffe lärmend an unserem Hotel vorbeilavierten, war künstlich und gehörte zu den unteren Ausläufern des Gezhouba-Staudamms. Nachts strahlte der Himmel meilenweit vom Licht der Scheinwerfer, welche die drei riesigen Schiffsschleusen beleuchteten. Im Hintergrund war ständig eine Art Knistern oder Rauschen zu hören; es stammte von den Hochspannungsleitungen, die von dem Kraftwerk an dem Staudamm wegführten. Ganze Wälder von Masten leiteten Zehntausende von Volt in alle Himmelsrichtungen. Einige Leitungen zischelten bedrohlich vor Energie, doch nicht alle. Eine Hauptleitung nach Schanghai führte überhaupt keinen Strom und zeigte somit ganz klar an, was für ein Fiasko der Staudamm im Grunde war.

Aus der Nähe betrachtet wirkte er unglaublich hässlich. Die zweieinhalb Kilometer breite Mauer aus graubraunem Beton war von Flickstellen und Rostflecken übersät, mit tristen Kontrolltürmen bestückt und mit knisternden Kabeln garniert. Dahinter lag ruhig der See – scheinbar gebändigt und bezähmt, eingekeilt zwischen den steilen Ufern. Bei den Bauarbeiten hatten die Ingenieure den Fluss im Winter 1981 eineinhalb Tage lang ganz absperren müssen und dem Strom damit genau jene unsägliche Demütigung zugefügt, von der John Hersey gesprochen hatte – und das einem Strom, der seit Zehntausenden von Jahren kraftvoll dahingeschossen war. Einen Strom abzusperren, ist heute für jeden Dammbauer auf der Welt die reinste Wonne. Die Staudammbauer sind krankhaft davon besessen, die Natur zu bändigen, das Unaufhaltsame aufzuhalten, die Macht kühler Technikerlogik über die rohe Gewalt der Natur zu demonstrieren. Kommunistische Staudammbauer sehen diesen Machtkampf sogar noch persönlicher. Mao Zedong war stolz darauf, dass dem Jangtse unter seiner Regie Einhalt geboten wurde. Es war fast so, als habe er daraus Kraft geschöpft, als sei er dadurch noch mehr zum Helden des Volkes geworden, als habe er der von ihm gewählten Ideologie damit noch mehr Macht verliehen. Mao hatte sich höchstpersönlich für das Gezhouba-Projekt eingesetzt. In Angriff genommen wurde es ihm zu Ehren an seinem Geburtstag, am 26. Dezember 1970, mitten in der Kulturrevolution.

Unterhalb des Staudamms schoss das Wasser schäumend durch die geöffneten Schleusentore in die Abflussrinnen und war wieder entfesselt und frei. In den zwei Kraftwerken brummten 21 riesige Generatoren, die angeblich 2700 Megawatt erzeugten – genug Strom, um die Haushalte von 30 Millionen Chinesen mit elektrischem Licht zu versorgen (in Europa würde diese Leistung nur für eine Million Menschen ausreichen). Nach allen Maßstäben war dies ein großer Staudamm, doch verglichen mit dem Drei-Schluchten-Damm wirkte er klein. Für jedes Megawatt, das der Gezhouba-Damm dem Strom entreißt, soll der große Bruder acht erzeugen.

Die beiden größten Schiffsschleusen waren zugegebenermaßen beeindruckend, besonders vom Deck eines Dampfers aus gesehen. Ich hatte die Schleusen bereits mehrfach durchfahren, doch die Passage beeindruckte mich immer wieder, unabhängig von meiner Einstellung zur Ästhetik des Staudamms selbst. Bei der Durchfahrt durch die Schleuse tastete sich das Schiff vorsichtig zwischen zwei Reihen von Leuchtbojen vor, bis es mit dem Bug fast an einer massiven, himmelhoch aufragenden Betonmauer anstieß. Sobald das Schiff ganz in die Schleusenkammer eingefahren war, wurde es so eng, dass man die glitschigen Betonmauern an den Seiten fast berühren konnte. Wenn 10000 Bruttoregistertonnen eingefahren waren – leere Kohlenfrachter, Passagierschiffe, ein paar Luxusyachten –, schlossen sich hinten die Schleusentore ganz schnell und leise. Daraufhin öffneten sich unsichtbare Tore in der Mauer vor uns, und das Wasser in der Kammer begann zu steigen.

Die Gestalten von Arbeitern und Touristen, die von hoch oben auf uns herabblickten, wurden immer größer und kamen immer näher. Nach ganzen vier Minuten waren wir auf gleicher Höhe und tauschten Begrüßungen und Zigaretten aus. Das Wasser hörte auf zu steigen und wurde ganz ruhig. Klingeln schrillten, und Ampelsignale sprangen auf Grün. Dann gingen die vorderen Tore der Schleusenkammer auf, und der Telegraf auf der Kommandobrücke zeigte »Alles im Schritttempo ausfahren«. Und so fuhren wir – 20 Meter höher – ganz langsam wieder in den Jangtse ein, der hier fast ein See war, und steuerten auf die Berge und die Schluchten zu.

Glaubte man den Zeitungen, Prospekten und dubiosen Broschüren wie dem vor Ort vertriebenen Heft mit dem Titel *Großstaudämme in China* (in dem – etwas geschmacklos – auf dem vorderen Vorsatzblatt die Chinesische Mauer und auf dem hinteren die unberührten Drei Schluchten abgebildet waren), konnte man meinen, der Gezhouba-Staudamm sei eine großartige Errungenschaft, die dem mittleren Jangtse-Tal Erfolg und Zukunftsperspektiven beschert habe. Doch in Wahrheit war die Staumauer furchtbar hässlich und viel zu spät fertig geworden und viel zu teuer gewesen und hatte seit ihrer übereilten Fertigstellung weder die geplante Energieleistung noch die zahllosen anderen erhofften Vorteile gebracht.

Jedes Großbauprojekt, das während der Kulturrevolution in Angriff genommen wurde, hätte stutzig machen sollen. Dieses hätte jedoch doppelt und dreifach Misstrauen wecken sollen. Der Beton war miserabel, die Arbeiter unmotiviert, die Bauleitung schlampig und die Pläne ungenau. Zum Glück konnte Tschou En-lai, der bisweilen der einzige vernünftige Funktionär im China jener Zeit gewesen zu sein schien, das Projekt zwei Jahre nach seinem Beginn wieder stoppen, nachdem ihm klar geworden war, wie schlecht geplant und gefährlich das Ganze war. Er ließ den Bau zwei Jahre stilllegen. Als die Arbeiten wieder aufgenommen wurden, war die Kulturrevolution zu Ende und nüchternere Ingenieure und Funktionäre saßen am Ruder.

Trotzdem dauerte es volle 20 Jahre, bis der Staudamm endlich fertig war und das Kraftwerk ans Netz ging. Trotz aller Versprechen ist niemals auch nur ein Watt bis nach Schanghai gelangt, und die teuren Überlandleitungen, die gebaut wurden, stehen ungenutzt herum. Wäre der Gezhouba-Damm wirklich ein Testfall für den Drei-Schluchten-Damm gewesen, dann hätte man mit Letzterem niemals beginnen dürfen. Doch der große Damm erzeugte eine ganz eigene politische Dynamik, die die Planung unaufhaltsam vorantrieb und den kleinen Staudamm zu einer gefährlichen und fast überflüssigen Nebensächlichkeit verkommen ließ, die aber dennoch eine Beleidigung des Stroms und ein Vorbote kommenden Unheils ist und bleibt.

Wir stiegen in einen Lastwagen, um uns die Großbaustelle bei dem neuen Staudamm anzuschauen. Der Blick vom Fluss aus war unbefriedigend; von der Fahrrinne in der Strommitte, einen knappen halben Kilometer von den Ufern entfernt, wirkten die Bulldozer verschwindend klein und ihr Werk fast unbedeutend. Der ewige Nebel verhüllte vieles, was auf die Entstehung des Staudamms hinwies. Unübersehbar waren nur die gigantischen Schilder, die den Glanz des Projekts und die Tugenden der Arbeiter rühmten.* Trotzdem machte ich auch während dieses Aufenthalts zwei kurze Besichtigungsfahrten mit dem Schiff, nur um den Fortgang der Arbeiten in Augenschein zu nehmen. Ich war bereits im vorausgegangenen Winter dort gewesen und hatte die Baustelle kurz vor der offiziellen Einweihung in einem kalten, heftigen Sprühregen gesehen. Damals wurde durch riesige Gummischläuche Sand in den Fluss gepumpt, um das Flussbett zu erhöhen. An den Ufern krochen Bagger auf und ab und schoben Geröll ins Wasser. Die Funken von Schweißbrennern flimmerten wie Glühwürmchen durch das Dunkel.

* Diese Schilder waren jedoch nichts verglichen mit den 50 Meter hohen beleuchteten Reklamewänden, die in Zukunft die großartigen Felswände der Xiling-Schlucht mit Werbung für heimische Spirituosen zieren sollen. Der Strom für die Beleuchtung stammt natürlich von dem Kraftwerk am Drei-Schluchten-Damm. Insofern werden diese Werbeflächen gleich zwei Aspekte der Modernisierung des Landes propagieren.

Ich fuhr damals mit einem der Passagierschiffe der Regal China Company, einem Luxusdampfer voller ausländischer Urlauber, stromabwärts. Einmal stand ich auf der Brücke neben Norris McWhirter, dem Herausgeber des *Guinness Buch der Rekorde*, der an einer Gruppenreise teilnahm, die das British Museum veranstaltete. Er deutete auf die zerschundenen Hänge und den aufgewühlten Strom und konnte es sich nicht verkneifen, mit jungenhafter Schwärmerei in Superlativen zu schwelgen.

»Das ist also der größte Wasserkraftwerkstaudamm der Welt.«

Er schaute noch einmal genauer hin und fragte mich, ob ich wüsste, wie hoch das Wasser ansteigen solle, und meinte dann in einem etwas ernsteren Ton:

»Wahrscheinlich auch das verhängnisvollste Fiasko der Welt.«

Als ich sechs Monate später die Stelle mit Lily passierte, sah das Gelände bereits übersichtlicher aus und war viel eher als Staudammbaustelle zu erkennen. Beispielsweise ragten ein paar hundert Meter unterhalb des Standortes der Staumauer die beiden Pfeiler einer neuen Brücke auf. Und parallel zum linken Ufer, dort wo die Bulldozer Geröll in den Fluss geschüttet hatten, zog sich fast einen Kilometer lang eine Betonmauer hin – der Karte zufolge der Zufahrtskanal für die Schiffsschleusen.

Am intensivsten war die Bautätigkeit indes auf dem rechten Ufer. Im November zuvor hatte unweit jenes Ufers noch die rautenförmige Insel Zhongbao gelegen, die etwa einen halben Kilometer lang war und bei Hochwasser vielleicht sechs Meter aus den Fluten ragte. Inzwischen war die Insel gar keine Insel mehr: Sie lag in einem trockengelegten Flussbett und war umgeben von einem gigantischen Kastendamm aus grobem Kies und Schotter. Auf dieser Fläche standen zahlreiche Bohranlagen und Krane. Es wurden Unmengen von Beton in die Erde gepumpt und aufgeschüttet, denn die ehemalige Insel sollte bald als Widerlager für den Staudamm selbst dienen.

Die Insel Zhongbao war der zentrale Verankerungspunkt der gesamten Konstruktion. Nach etwa einem Jahr sollten die Kastendämme wieder abgetragen und auf dem neubefestigten Kamm der Insel die Bauarbeiten für den eigentlichen Staudamm aufgenommen werden.

Es war nicht leicht, eine Erlaubnis zur Besichtigung der Baustelle zu bekommen. Lily und ich gingen zum Projektbüro, wo uns ein Soldat zu einem freundlichen Mann namens Liu Rong Bo führte, der nach einem kurzen Lächeln und einer Tasse Tee zur Begrüßung nur eines wissen wollte – ob ich Schriftsteller sei.

Ich erwiderte nichts Bestimmtes, sondern reagierte nur mit einem überspannten Ausdruck des Verdrusses. Ich sei Lehrer, Historiker und Forscher, erklärte ich, und interessierte mich schon lange für die Geschichte des Jangtse. Ich habe ihn auf seiner gesamten Länge von der Wusong-Barre bis hierher bereist und wolle auch die restliche Strecke bis zum Quellgebiet beim Gelandandong an der Grenze zu Tibet abfahren. Eine Besichtigung dieser berühmten Staudammbaustelle sei sowohl ein Privileg als auch eine logische Konsequenz für mich, denn ich hätte die Bojen in der Flussmündung gesehen und auch die Stelle, an der der Vertrag von Nanking unterzeichnet worden war, und auch jene, an der Mao in die Fluten des Jangtse gestiegen war. Ob es sich nicht einrichten ließe, eine Besichtigung zu ermöglichen? *Bitte!*

Herr Liu ließ einige Zeit verstreichen, in der er sich gewichtig räusperte und mit der wie immer überzeugend auftretenden Lily im Flüsterton verhandelte, bis er schließlich in umständlicher Schönschrift einen Wisch ausfüllte und mit dem roten Stempel der Drei-Schluchten-Projekt-Gesellschaft versah. Eine Sekretärin flüsterte Herrn Liu etwas zu, woraufhin dieser Anstalten machte, das Papier zu zerknüllen, doch Lily kreischte die Sekretärin an, die offensichtlich irgendetwas verdreht hatte, schnappte das noch unversehrte

Blatt und forderte Herrn Liu auf, es zu unterschreiben, was er denn auch tat. Auf ein gemächliches »Liu« folgte ein gequältes »Rong« und dann endlich ein geziertes »Bo«. Als Geschenk gab es noch ein Exemplar der gerade erschienenen und von Herrn Liu herausgegebenen Broschüre mit dem Titel *An Epic Undertaking* (»Ein heroisches Unterfangen«), die mir ein paar Tage zuvor bereits der Hotelmanager in Wuhan überreicht hatte. Bewaffnet mit Buch, Brief und Siegel, brachen wir zu der knapp 20 Kilometer entfernten Baustelle auf.

Die Autofahrt dauerte vier Stunden. Nach acht Kilometern hörte die Straße auf und ging in eine Piste über, die völlig verstopft war. Hier verkehrte alles, was Räder hatte: Alle denkbaren Arten von Baufahrzeugen, Lastwagen, Busse, Taxis, Traktoren, Kranwagen, Bagger, Bulldozer, Motorräder und Rikschas. Auf halber Höhe des Berghanges wurde eine riesige Schnellstraße gebaut, und über die Schluchten spannten sich ein Dutzend neuer, halbfertiger Brücken. Doch vorerst musste dieser einspurige Schlammpfad genügen. Den Verkehr regelten zumindest an den verstopftesten Stellen gelangweilte Polizisten, die versuchten, einen Einbahnverkehr durchzusetzen, die Regelung aber immer wieder selber außer Kraft setzten, wenn sie von ihren Freunden bestochen wurden. Mehr als einmal blieben wir in Staus stecken, weil Autos mit Pannen die Straße blockierten. In einem Fall hockte der Fahrer neben seinem liegen gebliebenen Fahrzeug und schlief fest. Ich weckte ihn auf und fragte, was mit seinem Auto los sei. Er hatte keine Ahnung. Ich machte die Motorhaube auf und stellte fest, dass die Verteilerkappe heruntergerutscht war, wahrscheinlich aufgrund der vielen Schlaglöcher. Ich klemmte sie fest, der Motor sprang wieder an, der Fahrer brauste ohne ein Wort des Dankes davon, und alle, die wartend herumgestanden hatten, lachten und stiegen ebenfalls in ihre Fahrzeuge ein.

»Diese verdammten Kader!«, wetterte Lily. »Hier schert sich keiner darum, ob gearbeitet wird oder nicht. Die hocken einfach da und warten, dass einer kommt, und rühren sich nicht vom Fleck, bis ihnen jemand hilft. In New York ist das sicher ganz anders, nicht wahr?« Um ihre Frage zu beantworten, zitierte ich jenen uralten Spruch, der da heißt: Die kürzeste messbare Zeiteinheit in Manhattan ist die Spanne zwischen dem Wechseln einer Ampel auf Grün und dem Ertönen der Hupe im Taxi hinter einem. Lily begriff sofort.

Der Wisch mit dem beeindruckenden roten Stempel nützte nicht sehr viel. Am Eingangstor wurden wir von Polizei und Militär eine Stunde lang festgehalten; dann wurden wir zu einem Stabsgebäude etwa eineinhalb Kilometer weiter geleitet. Schließlich gewährte man uns unbeschränkten Zutritt – auch hier wieder vor allem dank Lilys unbeirrbarem Auftreten, ihrer beeindruckenden Statur und ihres verführerischen Charmes. Niemand begleitete uns, niemand folgte uns. Drei Stunden lang konnten wir zwischen den riesigen Bulldozern und Baggern herumlaufen, mit Arbeitern sprechen und versuchen, etwas von dem Geplanten zu erkennen.

An jenem Tag arbeiteten 15500 Männer auf der Baustelle. Die Hälfte gehörte der Armee an; dieser Trupp stach den Kanal aus, der auf dem linken Ufer um den nördlichen Rand der eigentlichen Staumauer herumführen soll. Mit kreischenden Bohrgeräten wurden zahllose Löcher für die Sprengladungen in den Fels getrieben. Alle paar Minuten ertönte ein dumpfes Krachen. Die Glücklichen, die einen Schutzhelm aufhatten, hörten Steinsplitter auf sich niederprasseln. Die Übrigen wussten genau, wann sie in Deckung gehen oder die Hände über den Kopf halten mussten. Das Tempo, in dem sich Veränderungen abzeichneten, war mehr als eindrucksvoll – fast beängstigend. Ich hatte nie viel vom chinesischen Arbeiter gehalten; er schien stets nur mit halber Kraft zu arbeiten und sich sofort schlafen zu legen, wenn er meinte, nicht gebraucht zu werden. Doch man musste nur kurz wegsehen – im Nu war eine Brücke entstanden, ein Graben gezogen, ein Gebäude um ein Stockwerk gewachsen.

Von einem kleinen aufgeschütteten Hügel aus konnte ich die gesamte Baustelle überblicken und mich davon überzeugen, dass entgegen meiner Erwartung überall flink und fleißig gearbeitet wurde. Die Arbeiter sausten wie die Ameisen umher. Hier hatte ich den Eindruck, ich müsste nur eine halbe Stunde lang ausharren, dann könnte ich sehen, wie die Bauarbeiten quasi in Zeitraffer fortschritten. Auf dem gegenüberliegenden Ufer wurden die Kastendämme um die Zhongbao-Insel gebaut. Auf dieser Seite wurde die Fahrrinne für die Schiffe angelegt, und weiter unten, näher beim Fluss, entstanden die Fundamente für die eigentliche Staumauer. Stromauf- und stromabwärts waren die Senkkästen für den Staudamm zu erkennen. Weiter oben und weiter unten funkelten Lichter an den Stellen, wo die Ein- und Ausgänge der riesigen Flussumleitungstunnel mit Beton ausgekleidet wurden.

In absehbarer Zeit sollte dieser Strom – fast 70000 Kubikmeter Wasser pro Sekunde – zum zweiten Mal in seiner langen Geschichte zum Stillstand gebracht werden. Den Chinesen wurde eingeredet, auf diesen Augenblick müssten und könnten sie stolz sein, denn dies sei ein entscheidender Schritt beim Bau einer zweiten Chinesischen Mauer, mit der die Chinesen ihrer Findigkeit und Fähigkeit erneut ein Denkmal setzten. Doch einige Menschen haben nicht vergessen, dass die erste Chinesische Mauer mit einem Mörtel gebaut wurde, den man mit den zerriebenen Knochen der vielen Tausend mischte, die bei den Bauarbeiten ums Leben kamen. Die Chinesische Mauer wurde von Sklaven erbaut, doch man hatte keine andere Wahl. Sie musste gebaut werden, sonst hätte das Kaiserreich das Gesicht verloren.

Auch diese neue Chinesische Mauer musste gebaut werden. Bei den Bauarbeiten mochten Tausende ums Leben kommen, und auch spätere Nachwirkungen mochten Tausenden das Leben kosten. Tiere, Pflanzen und Menschen mochten auf vielerlei schreckliche

Weise in Mitleidenschaft gezogen werden. Ein großer Teil Chinas mochte die Veränderungen in den Drei Schluchten zu spüren bekommen. Doch auch diesmal gab es keine andere Wahl. Die Mauer musste gebaut werden, sonst drohte auch das Kommunistenreich das Gesicht zu verlieren. Zwischen der Erbauung der ersten und der zweiten Chinesischen Mauer lagen 2200 Jahre – zwei Jahrtausende, in denen sich am Wesen Chinas, jedenfalls in dieser Hinsicht, überhaupt nichts geändert zu haben schien.

Lily und ich kehrten nach Yichang zurück und machten einen Kapitän mit einem kleinen Schiff ausfindig, der uns bis hinter die Baustelle, in die eigentlichen Schluchten bringen sollte. Dort sollte ich dann aus nächster Nähe sehen, was in naher Zukunft in den fortan verstopften und verschmutzten Fluten des größten Stromes Chinas unterzugehen drohte.

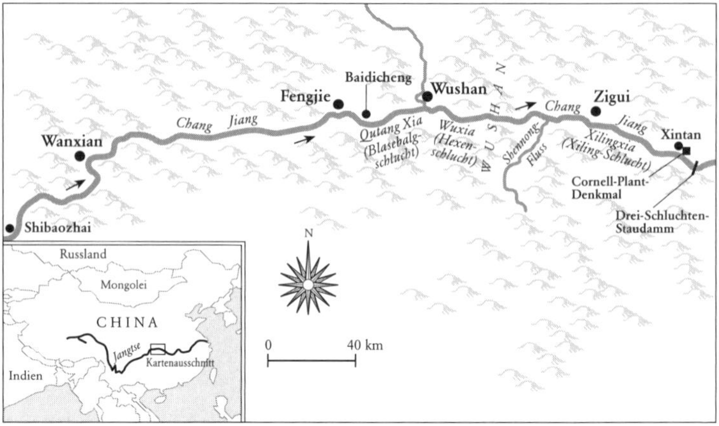

Das Handbuch des Schiffsführers

An den Gestaden des Jangtse wurde nur ein einziges Denkmal zu Ehren eines Ausländers errichtet – zumindest steht heute nur noch eines. Kein einziges dagegen wurde zu Ehren eines Chinesen, Mongolen oder Mandschu errichtet – sieht man einmal von den barbarischen Monumenten ab, welche die Staudämme darstellen.

Der Jangtse zeichnet sich durch einen seltenen Mangel an Helden aus. Es gibt keinen einzigen Forschungsreisenden, von dem bekannt ist, dass er bei der Entdeckung oder Erkundung des Flusses irgendwelche Heldentaten vollbracht hätte, und es gibt auch keinen Handelsreisenden oder Granden, von dem man behaupten könnte, er hätte den Strom bezähmt oder beherrscht. Der Jangtse scheint seit Urzeiten so groß und bedeutend gewesen zu sein, dass er seit Menschengedenken bekannt war und stets mit scheuem Respekt betrachtet wurde.

Der einzige, der bei den Chinesen vielleicht den Ruf eines Helden genießt, ist der Gründer der Xia-Dynastie, Kaiser Yu (oder »Yu der Große«), der vor mehr als 4000 Jahren gelebt haben soll. Den Ruf des Helden verdankt er allerdings der Legende, wonach er dafür gesorgt haben soll, dass der Lange Fluss durch China und nicht durch Vietnam floss und das schlimmste Geröll aus den großen Schluchten herausgeschwemmt wurde. Aber falls er tatsächlich gelebt hat, so lebte er nicht nur für den Jangtse; er kümmerte sich um sämtliche Flüsse des chinesischen Reiches, nicht nur um den längsten. Dennoch wurde ihm kein Denkmal gesetzt; aber immerhin erinnern ein paar Tempel an ihn. Der steil aufragende »Wolkenberg« an der scharfen Flussbiegung bei Shigu soll von ihm errichtet worden sein und kann vielleicht als eine Art geologisches Denkmal aus der Steinkohlenzeit und dem Miozän betrachtet werden.

Unter Nichtchinesen erinnert man sich vielleicht noch an eine Hand voll Männer und Frauen, die sich durch ihre »Verbindung« zu diesem Fluss hervorgetan haben und dicke Bände über ihre Abenteuer hinterließen, die in gut ausgestatteten Bibliotheken vor sich hinmodern. Da gab es zum Beispiel Thomas Blakiston, der um 1850 als einer der ersten die Jangtse-Schluchten passierte und zugleich penibel und elegant die Vogel- und Pflanzenwelt von Sichuan beschrieb. Dann gab es William Gill, der 15 Jahre später an die Quellflüsse des Jangtse reiste und das rätselhafte Gebaren der Minderheitenvölker in Sichuan und Yunnan schilderte. Des Weiteren gab es einen gewissen Archibald Little, einen Pionier der Dampfschifffahrt auf dem Jangtse. Dann war da ein gewisser Augustus Margery, der einem brutalen Meuchelmord zum Opfer fiel, nachdem er von Oberbirma nach China eingereist war. Und nicht wegzudenken ist natürlich Isabella Bird, die unglaubliche und unerschütterliche Abenteurerin im dicken Tweedrock, deren Reiseberichte von den Jangtse-Schluchten auch heute immer wieder neu aufgelegt werden und deren Heldentaten am Jangtse und anderenorts uns Briten bombensicher dazu verleiten, uns immer noch für etwas Besonderes zu halten.

Alle diese Leute betrachten wir als Heroen, doch im Grunde sind sie nur Miniaturhelden, vergleicht man sie mit Gestalten wie Speke, Livingstone, Burton und Alexander von Humboldt (oder auch Marco Polo) und jenen anderen Entdeckern, deren Namen auf das Engste mit den großen Strömen der Welt verbunden sind.

Für mich gibt es jedoch einen Menschen, der wahrhaftig als Held des Jangtse bezeichnet zu werden verdient. Ich meine nicht den Kapitän der Royal Navy, der im Sommer 1949 die *Amethyst* unter dem vernichtenden Beschuss der kommunistischen Brigaden stromabwärts dirigierte. Das war gewiss eine Heldentat – und eine Art von Heldentum, die damals junge Engländer wie mich bei den Wochenschauen an die Kinositze fesselte. Doch es war ein Heldentum des Augenblicks, ein kurzer Moment des Triumphs. Die Leistung dieses Kapitäns lässt sich nicht mit der jenes Mannes messen, den ich für den eigentlichen Jangtse-Helden halte, weil er den größten Teil seines Lebens diesem Fluss widmete, den er kennen und lieben lernte wie kaum ein anderer.

Dieser Mann hieß Cornell Plant. Er war Engländer und kam Mitte des 19. Jahrhunderts in einem Dorf an der Nordseeküste zur Welt. Vielleicht weil er in der Nähe der großen Flussmündungen von Humber, Themse, Tyne und Forth aufgewachsen war, auf denen kleine Handelsschiffe von und zu den nordeuropäischen Seehäfen verkehrten, galt sein Hauptinteresse von Anfang an der Binnenschifffahrt. Seine Überseelaufbahn begann in Mesopotamien, wo er auf den majestätischen Strömen Euphrat und Tigris als Kapitän verschiedene Schiffe befehligte. Er wäre vielleicht ewig in diesen gemütlichen Gefilden geblieben, hätte er nicht während eines Heimaturlaubs in London eine Zufallsbekanntschaft gemacht.

Zu dieser schicksalhaften Begegnung kam es gegen Ende des Jahrhunderts bei einem Abendessen im Oriental Club in London. An einem Tisch von Schiffs- und Hafenbauern speiste neben Cornell Plant auch der weithin berühmte Archibald Little. Er erzählte seinen Tischgenossen Geschichten von seinem vergeblichen Versuch, mit dem Dampfschiff die Drei Schluchten des Jangtse im fernen China hinaufzufahren. Plant – möglicherweise all der Sonne und des Sands in Syrien und im Irak schon überdrüssig – war von den Erzählungen und dem Gedanken an China gefesselt. Als Little Plants lebhaftes Interesse bemerkte und den Vorschlag machte, Plant solle doch einfach mit nach China kommen und bei Littles erstem Großversuch einer Schluchtenbefahrung ein Schiff befehligen, willigte der damals 33-jährige Plant auf der Stelle ein.

Er kam zu einer Zeit in den Fernen Osten, als die Chinesen hinter ihren seidenen Ärmeln über den halsbrecherischen Irrwitz der englischen Binnenschiffer bloß lachten. Die kaiserlichen Behörden hatten sich längst damit abgefunden, dass es unmöglich sei, mit einem Motorfahrzeug die Strudel und Stromschnellen zu überwinden und die Schluchten zu durchfahren, doch die Engländer, allen voran Männer wie Little, unternahmen den in den Augen der Chinesen wahnsinnigen Versuch, dies zu vollbringen.

Traditionell ging man davon aus, dass zwischen Yichang und Chongqing nur Dschunken verkehren konnten, und zwar nur mit größter Mühe, weil die Schiffe an den heikelsten Stellen von Hunderten von Männern gezogen werden mussten. Die tief gehenden Dampfschiffe mit ihren rotierenden Schrauben mussten in der gefährlichen Strommitte navigieren, wo sie den Unheilverkündern zufolge sofort umzuschlagen drohten. Selbst Jangtse-Forscher wie Thomas Blakiston warnten damals Handelsschiffer davor, nicht so tollkühn zu sein und es mit Kolben und Schrauben gegen die gewaltigen Strudel der Jangtse-Schluchten aufnehmen zu wollen.

Die Mandschu-Regierung war zugleich zynisch und clever gewesen, als sie 1876 dem Druck der Engländer nachgab und die Konventionen von Zhifu unterzeichnete. Die Mandarine hatten sich damals den Anschein der Großzügigkeit gegeben. Sie schienen der Forderung der Ausländer nachgegeben zu haben, in Chongqing, im Herzen des an Getreide, Mineralien und Kohle reichen Roten Beckens Handelsvertretungen einrichten zu dürfen. Erst auf den zweiten Blick zeigte sich, dass die offizielle Übereinkunft eine raffiniert formulierte Klausel enthielt: Der Handel sollte sich erst dann voll entfalten dürfen, wenn die Dampfschifffahrt komplett ausgebaut war. Eben dies hielt man bei Hofe für völlig unmöglich. Da die Beamten ursprünglich alle möglichen Einwände erhoben hatten,* sah es nun so aus, als hätten sie den Ausländern offensichtliche Zugeständnisse gemacht – was sie jedoch zugleich wiederum eben nicht getan hatten. Es war ein typisch chinesisches Täuschungsmanöver, mit dem die Schlitzaugen die Barbaren zu überlisten schienen, und zwar nicht zum letzten Mal. Die Händler, die auf das Abkommen eingingen, gerieten in finanzielle Engpässe, denn während es einfach und billig war, Waren stromab zu befördern, kostete es ein kleines Vermögen, Produkte den tosenden Strom hinauf zu transportieren. Und tatsächlich errechnete ein Kaufmann 1880, dass es genauso viel kostete, eine Fracht die 800 Kilometer von Wuhan nach Chongqing zu befördern wie die 20 000 Kilometer von Wuhan nach London!

Archibald Little war jedoch fest entschlossen, dafür zu sorgen, dass alles anders wurde. Er war zwar nicht der freundlichste Zeitgenosse, aber eine unvergessliche Type. Auf seinen Reisen in China genoss er stets den größtmöglichen Komfort. Sein Name war aller-

* Unter anderem hieß es, an den Felshängen der Schluchten wimmele es von wilden Affen, die der Lärm passierender Dampfschiffe dazu treiben würde, mit Steinen zu werfen, d.h. die Schiffe zu zerstören und die Besatzungen zu töten.

dings eher unpassend: Er war groß und herrisch, aß und trank gerne und gut (»Abendessen mit einem Lafite aus dem Café Voisin in Paris runtergespült, der mir zu Ehren freundlicherweise aufgemacht wurde«, notierte er nach einem Gelage in seinem Tagebuch) und war stolz darauf, seinen Hund »Nigger« in den örtlichen Hotels füttern zu lassen (wo er für eine Übernachtung für sich »und den Kuli« umgerechnet einen halben Schilling bezahlte).

Als er Cornell Plant in London kennen lernte, hatte er sich bereits eine kleine dampfgetriebene Barkasse aus Teakholz, die *Leechuan*, bauen lassen, auf der er in Begleitung seiner Frau, eines Ingenieurs aus Ningbo und zweier Heizer grotesk langsam, prustend und schnaubend durch die Schluchten getuckert war. Mit von der Partie waren damals ein chinesisches Kanonenboot (eine schwer bewaffnete Segeldschunke), ein zusätzlicher Trupp von Treidlern und ein knallrotes Rettungsboot – zur Sicherheit. Einer seiner Lotsen brachte es fertig, ein anderes Schiff zu rammen; ein zweiter sprang entsetzt über Bord. Doch Little war ein zäher Kerl, der keine Missgeschicke und Fehlschläge duldete. Und so schaffte er es, wenn auch quälend langsam, sein anvisiertes Ziel anzusteuern.

Das Einlaufen der Barkasse in Chongqing am 8. April 1898 war eines der größten Ereignisse in der Geschichte der Stadt, so hieß es jedenfalls in der örtlichen Zeitung. Sämtliche dort lebenden Ausländer, insgesamt etwa 60 Personen, rückten an, und die Chinesen, die alles andere als feindselig gestimmt waren, zündeten Tausende von Knallkörpern. Doch die Realität ließ die Begeisterung bald abkühlen. Das Boot hatte drei Wochen gebraucht, um ganze 575 Kilometer stromauf zu fahren, und an einer Stelle waren nicht weniger als 300 Treidler erforderlich gewesen, um das zerbrechliche Fahrzeug über eine der gefährlichen Stromschnellen zu ziehen. Es war klar, dass der damalige Stand der Technik noch keinen regelmäßigen Handelsverkehr mit Dampfschiffen zuließ.

Doch immerhin war ein Anfang gemacht. Im folgenden Jahr beorderte die Royal Navy zwei ihrer Kanonenboote, die *HMS Woodlark* und die *HMS Woodcock*, nach Chongqing. Die Einzelteile dieser Schiffe mit extra niedrigem Tiefgang und verstärktem Rumpf waren in England angefertigt und in Shanghai zusammengebaut worden. Als sie ihre Order erhielten, patrouillierten sie gerade den mittleren Jangtse und beschützten englische Handelsschiffe unterhalb von Wuhan. Die Kapitäne machten kehrt, passierten Yichang und steuerten auf die geschundenen Fluten der Xiling-Schlucht zu.

Dort quälten sich etwa 400 Treidler damit ab, die Schiffe über die *tans*, die Stromschnellen, zu ziehen. Die *Woodlark* wäre dabei fast untergegangen; sie zitterte mit halb untergetauchtem Heck am Rande einer der gefährlichsten Stromschnellen, und nur weil sämtliche Matrosen im Schnellschritt auf den Bug geschickt wurden, der sich unter ihrem Gewicht senkte, konnte sich das Schiff aus dem Sog befreien und weiterfahren.

Die kleinen Kriegsschiffe waren 31 Tage unterwegs, bis sie in Chongqing anlegten, doch die Befehle der Admiralität waren befolgt, die hochfliegenden Ambitionen der Navy erfüllt worden. Als Cornell Plant zu Beginn des letzten Jahrhunderts nach China kam, wurde der regelmäßige Dampfschiffverkehr durch die Schluchten allmählich zur vagen Realität, und die chinesischen Verfasser der Konvention von Zhifu waren sich ihrer Sache bald nicht mehr so sicher. Die List der Chinesen wurde im Juni 1900 durchkreuzt. Cornell Plant war nach China gekommen, um die Stromschnellen der Schluchten unter die Lupe zu nehmen. Und Archibald Little war mit einem brandneuen Schiff angerückt, einem eisernen Schaufelraddampfer namens *Pioneer*,* der doppelt so groß war wie die Kano-

* Diesen kaum originellen Namen trug auch die erste Eisenbahn, die auf der Schmalspurstrecke zwischen Wusong und Schanghai verkehrte.

nenboote, mit 150 Tonnen Fracht und einer großen Anzahl mutiger Passagiere an Bord.

Die *Pioneer* schaffte eine absolute Glanzleistung: die Reise nach Chongqing in 73 Fahrtstunden; insgesamt brauchte sie knapp sieben Tage, weil sie an einer Stromschnelle drei nervenaufreibende Tage festsaß, bevor man eine Trosse beschaffte, mit der sie verholt werden konnte. Als sie im überfüllten Hafen von Chongqing anlegte, konnte ihr Kapitän, Cornell Plant, voller Stolz mitteilen, dass sie die gesamte Strecke zurückgelegt habe, ohne auch nur ein einziges Mal auf Treidler angewiesen gewesen zu sein. In den Schluchten des Jangtse hatte das Dampfzeitalter endlich offiziell begonnen.

(Die *Pioneer* selbst nahm dagegen ein eher unrühmliches Ende. Als der Boxeraufstand begann, beschlagnahmte die Royal Navy das Schiff und setzte es prompt zu militärischen Zwecken ein, wohl nicht zuletzt deswegen, weil es sich als so Jangtse-tauglich erwiesen hatte. Die Admiralität benannte sie in *HMS Kinsha* – »Goldener Sand« – um, setzte sie 20 Jahre lang dazu ein, Zivilisten zu evakuieren, die in die scheinbar endlosen Unruhen entlang des Flusses verstrickt wurden, und verkaufte sie schließlich an eine Firma, die Hühner von Ningbo nach Schanghai transportierte.)

Von nun an richtete Kapitän Plant seine ganze Aufmerksamkeit auf den Fluss und die Stromschnellen. Er hatte ein Faible für den Fluss, der etwas Unbeschreibliches an sich hatte, das ihn fesselte, wie er gestand. »Je weiter man diesen mächtigen chinesischen Wasserweg befährt«, schrieb er einmal, »desto faszinierender wird er.« Er baute sich ein Hausboot, sodass er fortan auf oder neben den Stromschnellen der Schluchten wohnen konnte. Er entwarf ein flottes kleines Dampfschiff namens *Shutung*, das er in England bauen und nach China bringen ließ und das sich so sehr bewährte, dass er schließlich einen 14-tägigen Pendelverkehr durch die Schluchten einrichtete, wobei die Passagiere auf Stehplätzen mitreisten und die

Fracht auf Leichtern mitgeführt wurde, die an den Seiten festgezurrt waren – wie es auch heute noch allgemein üblich ist.

Aber seine wahre Heldennatur sollte sich erst richtig zeigen, als er aufhörte, selbst eine Schifffahrtslinie zu betreiben, und stattdessen offizielle Aufgaben bei einem der unvergesslichsten bürokratischen Apparate übernahm, die je von einer Kolonialmacht eingerichtet wurden – dem *Chinese Imperial Maritime Customs Service*. Diese Körperschaft war genauso pompös und distinguiert wie ihr Name, und ihre Funktionäre – Cornell Plant trug den erlauchten Titel eines »Senior River Inspector, Upper Yangtze« – waren wahre Halbgötter.

Seine Existenz verdankte der Imperial Maritime Customs Service dem Vertrag von Nanking, der 1842 auf dem Jangtse unterzeichnet worden war und es den Ausländern, insbesondere den Engländern, gestattete, im Namen des chinesischen Staates Zölle einzutreiben. Damit verfügten die Engländer sofort über einen immensen wirtschaftlichen und politischen Einfluss auf die chinesische Regierung – wofür die Behörde nach der heutigen Einschätzung des Kolonialismus eigentlich verurteilt werden müsste. Ihre Mitarbeiter waren jedoch im Großen und Ganzen Männer von höchster Integrität und Gelehrsamkeit, und ihre Berichte, die Jahr für Jahr in jedem obskuren Winkel des chinesischen Reiches von den Druckerpressen prasselten, zeichneten – zugegebenermaßen in pointilistischem Stil – ein erstaunlich präzises Bild davon, wie es in den »fetten Jahren« um China bestellt war.

George Worcester, bis zu seinem Tod 1969 zweifellos der weltweit führende Kenner chinesischer Dschunken und 30 Jahre lang als Flussinspektor am Jangtse tätig, schrieb Jahre, nachdem dieses Amt abgeschafft worden war, voller Respekt und Anerkennung:

> Keiner, der sich ernsthaft mit China, seiner Geschichte, seiner Bevölkerung und seiner Wirtschaft beschäftigt, sollte diese

> Veröffentlichungen außer Acht lassen. Die tadellose Prosa aus der Feder von Männern, die einer längst vergangenen Generation angehörten und Gelehrte und Verwaltungsbeamte in einem waren, sind sicherlich von größtem historischem Wert. Nichts war zu unwichtig, nichts zu trivial für diese ernsten, exakten Verfasser der Handelsberichte. Statistiken über die Verfrachtung von Regenschirmen in Kanton, Fadennudeln aus Qinzhou, tierischem Talg aus Qinghai und Kohlengrus aus Putien wurden alle mit derselben Sorgfalt und Detailgenauigkeit behandelt wie der riesige Posten »Fiskus, Importe und Exporte« ... Es muss eine wunderbare Zeit gewesen sein.

Cornell Plants Beitrag zu diesem riesigen Kanon exakter und eleganter Gelehrsamkeit bestand in einem 80-seitigen Buch mit dem Titel *A Handbook for the Guidance of Shipmasters on the Ichang-Chungking Section of the Yangtze River* (»Ein Handbuch zur Orientierung der Schiffsführer auf dem Jangtse zwischen Yichang und Tschungking«). Der Titel klingt alles andere als romantisch, doch es ist ein höchst romantisches Buch; es repräsentiert Plants Lebenswerk und seine lebenslange Passion. In den ersten 21 Jahren des 20. Jahrhunderts studierte er mit der größten Sorgfalt und Hingabe jede Kurve und jede Biegung des Flusses, den er bald so gut kannte wie keiner vor oder nach ihm. Es gab keinen Fels und keinen Strudel, den dieser ruhige, bescheidene, mutige und geschätzte Mensch nicht registriert, skizziert, kartografisch erfasst und benannt hätte – aus eigener Neugier, aus Pflicht gegenüber dem Empire und zur Sicherheit und zum Wohlergehen aller Schiffsführer bis zum heutigen Tag.

Die Namen der Felsen entstammten entweder der Nomenklatur der einheimischen Dschunkenschiffer oder Plants schöpferischer Phantasie. »Pearl Rock« heißt ein Fels auf einer seiner Karten, andere heißen »Second Pearl«, »Monk's Rock« und »Chicken Wings« (Perlfels, Zweite Perle, Mönchsfelsen und Hühnerflügel). In einer der Stromschnellen ragte eine spitze Felsnadel auf, eine der gefürchtetsten Hürden am gesamten Oberlauf, in deren Strudel Hunderte von Schiffen in einen verhängnisvollen Sog gerissen worden waren. Plant bezeichnete den Felsen lakonisch als »Come-to-Me-Rock« (Komm-zu-mir-Felsen).

In seinen Aufzeichnungen gab er auch alle bekannten Legenden der alten Schiffsführer wieder, etwa die vom Yen-yu-Stein am Ende der Blasebalgschlucht, der ab einem gewissen Niedrigwasser die Durchfahrt durch die Schlucht versperrte und bei Hochwasser von unpassierbaren Strudeln überflutet wurde. Deswegen warnten die Bootsführer:

> Gleicht Yen-yu einem Elefanten, ist es völlig unmöglich,
> stromaufwärts zu fahren,
> Ist Yen-yu so klein wie ein Pferd, ist es höchst unratsam,
> stromabwärts zu fahren.

Heutzutage gleicht der Fels weder einem Elefanten noch einem Pferd. Chinesische Sprengmeister haben in staatlichem Auftrag sieben Tage lang Löcher in den Fels gebohrt, mit Dynamit gefüllt und ihn in die Luft gesprengt.

Cornell Plant war ein regelrechtes Einmannflussvermessungsunternehmen. Seine Karten, die an sich schon wunderschön ausgeführte Kunstwerke darstellen, bilden nach wie vor die Grundlage aller Lotsenhandbücher für den Fluss. Inzwischen wurden viele der Felsen, die Plant benannt und beschrieben hat, weggesprengt, Untiefen wurden ausgebaggert und Stromschnellen bezähmt. Doch seine Beschreibungen klingen nach wie vor packend, ja beklemmend, und bilden eine wunderbar schaurige Lektüre für jeden Uneingeweihten, der auf einem Dampfer um eine Ecke biegt und auf eine Stelle zusteuert, die der Alte einst als besonders gefährlich bezeichnet hatte:

> Mitten im Fluss ragt, bei Niedrigwasser etwa 15 Meter hoch, eine riesige Masse schwarzen Gesteins auf, die von einigen kleineren Felsen umgeben ist und bei niedrigem Wasser die Durchfahrt auf der einen Seite völlig unpassierbar macht, sodass nur die andere Seite bleibt, die unter Wasser so von Felsen übersät ist, dass die Fahrrinne dazwischen sehr schmal, gewunden und höchst gefährlich ist. Wenn der Wasserstand niedrig ist, lotsen Einheimische die Schiffe diesen Engpass hinauf und hinunter... Man sollte ihre Dienste stets in Anspruch nehmen, besonders bei der Fahrt stromabwärts; eine Fehleinschätzung beim Passieren der engen Fahrrinne zwischen den Pearl Rocks bedeutet den Untergang.

Er merkte apathisch an, dass allzu oft chinesische Dschunken, auf denen manchmal bis zu 100 Besatzungsmitglieder und die vielleicht 13-köpfige Familie des Kapitäns mitfuhren, Schiffbruch erlitten. Eine von zehn Dschunken wurde durch die Felsen stark beschädigt, jede zwanzigste endete als Wrack. Von den sieben Wochen, die eine große Dschunke vielleicht brauchte, um sich von Yichang aus den Strom hinaufzuschleppen und verholen zu lassen, war jeder einzelne Tag kritisch, gefährlich, ja mörderisch.

Plants *Shipmasters' Guide* war von unschätzbarem Wert, besonders für jene, die des Englischen mächtig waren. Dass die Flussinspektoren und Zollbeamten ausnahmslos Engländer waren, brachte nicht nur einen klaren wirtschaftlichen Vorteil, sondern bedeutete vor allem für die Kapitäne großer Schiffe eine erhebliche Erleichterung. Von Plants Signalstationen profitierten jedoch alle, bis zum heutigen Tag. Auf steilen Felshängen thronen kleine, weiße Häuschen mit Flaggenmasten, an denen die Aussichtsposten große Wimpel mit leuchtenden Pfeilen aufziehen, die den herannahenden Schiffen anzeigen, ob die Durchfahrt frei ist oder ob Gegenverkehr naht.

Wenn man tief in der Xiling-Schlucht diese Stationen passiert, so erzählte mir einmal ein Dampfschiffkapitän auf der Fahrt, fühlt man sich immer ein wenig beruhigt. »Es kann sein, dass ich es müde bin, ständig auf den Stromschnellen herumzuschlingern und den Strudeln auszuweichen, aber wenn ich um eine Kurve biege und vor mir eine der kleinen Stationen erblicke und der Pfeil anzeigt, dass stromauf alles frei ist und ich getrost weiterfahren kann – das ist etwas Herrliches. Euer Engländer – wir nennen ihn ›Pu Lan Tian‹, müssen Sie wissen – hat Großartiges geleistet: diese Signalstationen, zum Beispiel. Sie erinnern daran, wie sehr sich der Mensch darum bemüht hat, diesen schrecklichen Fluss sicher zu machen, zumindest so sicher wie möglich.«

Cornell Plant trat in den Ruhestand, kurz nachdem das Getöse des großen Krieges in Europa verklungen war. Aus Dankbarkeit bauten der Imperial Maritime Customs Service und die chinesische Regierung im Dorf Xintan am Ende der Xiling-Schlucht für ihn und seine Frau einen kleinen Bungalow mit Blick auf eine ganz besonders spektakuläre und gefährliche Stromschnelle – die so genannte »New Rapid«.

Die Schiffe hatten die allergrößte Mühe, sich durch diesen Mahlstrom mit seinen drei Kesseln hindurchzuschinden. Die Dschunken mussten oft ihre gesamte Fracht abladen und sich von unzähligen Treidlern durch den brodelnden Strom ziehen lassen. Auch heute noch ist es höchst kurzweilig, von oben zuzuschauen, wie ein Schiff hilflos umhertaumelt und giert – wie ein Betrunkener auf einem bockenden Wildpferd –, und dann erleichtert aufzuatmen, wenn es sich freikämpft, in ruhigeres Wasser gleitet und sich auf die nächste Nervenprobe gefasst macht, die ein, zwei Meilen weiter oben lauert.

Mr. und Mrs. Plant schauten jahrelang von ihrer Terrasse zum Fluss hinunter, und das glatte, rosarote Gesicht des alten Mannes strahlte wohlwollend zu den Männern hinab, die diese Augenblicke der Not durchlitten. Bald wurde es zur Tradition, dass die Kapitäne, wenn sie die Stromschnelle sicher passiert hatten, zum Gruß ihre Sirene ertönen ließen – denn die glückliche Fahrt verdankten sie den Karten Cornell Plants, die auf der Kommandobrücke ausgebreitet lagen; und ein kleines Zeichen des Danks war das Mindeste, was unter diesen Umständen angebracht war. Plant bedankte sich stets, indem er den vorbeifahrenden Schiffen mit einem weißen Taschentuch zuwinkte; dann richtete er seinen Blick wieder stromabwärts, um zu sehen, ob am selben Tag ein weiterer Schiffsführer so viel Kühnheit aufbrachte, die Fahrt stromauf zu wagen.

Im Jahre 1921 beschlossen Mr. und Mrs. Plant, für eine Weile nach England zurückzukehren; China wand sich unter den wilden Ausbrüchen der Gewalt und der Willkür, und die Eheleute hatten genug davon. Sie reisten mit einem Fährschiff nach Schanghai und belegten dort eine Passage auf einem Ozeandampfer mit Kurs auf Hongkong; doch Cornell Plant zog sich an Bord eine Lungenentzündung zu und starb auf See. Seine Frau starb einen Monat später an gebrochenem Herzen. Ihre letzte Ruhestätte fanden die beiden auf dem Happy Valley Friedhof in Hongkong; von dort hat man einen herrlichen Ausblick auf die Rennbahn und – wenn man ein Auge zudrücken will, damit ihre letzte Ruhestätte noch passender erscheint – auf das chaotische Treiben der Seeleute im westlichen Hafen jener Stadt.

Im Dorf Xintan, so hieß es, stehe ein Denkmal zu Ehren von Cornell Plant, und so machten Lily und ich uns auf, es zu suchen.

Xintan ist zu Recht ein unbedeutender Ort. Es gibt dort eine Tungölplantage und weiter oben in den Bergen eine mickerige Kohlengrube. Hin und wieder schauen kleine Überlandboote vorbei, und jede Woche machen ein paar Lastkähne dort Halt, um ein paar von den bräunlichen Klumpen wegzuschaffen, die in dieser Gegend als Kohle gelten. In Yichang konnte ich den Kapitän eines in Russland gebauten Tragflächenbootes dafür gewinnen, uns auf seiner Fahrt nach Wanxian in Xintan abzusetzen und auf dem Rückweg wieder aufzusammeln. Er war gerne dazu bereit; er wusste von Pu Lan Tian und hatte selbst davon gehört, dass der Alte vorbeifahrenden Schiffen zugewinkt haben soll.

»Hier hat sich einiges verändert seit seiner Zeit, vor allem durch Erdrutsche«, sagte er. »Bei einem großen Erdrutsch 1984 kamen viele Menschen ums Leben. Der halbe Berg ist damals heruntergekommen.« Er deutete durch die Windschutzscheibe auf eine 150 Meter lange Narbe, auf der bereits wieder eine frische, hellgrüne Vegetation zu sprießen begann. »Viele Häuser wurden in den Fluss gerissen. Ich glaube, es wird große Probleme geben, wenn der Staudamm gebaut wird. Diese Erdrutsche verursachen riesige Wellen. Vielleicht beschädigen sie sogar den Damm. Ich fand dieses Flussstück immer richtig beängstigend«, gestand er mit einem Schaudern. Er sah nervös zu, wie wir auf die Trittstege kletterten und an Land sprangen. Er ließ den Motor aufheulen und brauste in einer Wolke aus Gischt und Rauch auf die seiner Meinung nach vergleichsweise sichere Flussmitte zu.

Xintan wirkte unglaublich schmutzig; die Luft war rauchig und schwefelig. Als wir die mit nassem Kohlengrus verkleisterte Uferböschung hinaufkrabbelten, rannte plötzlich eine verrückte Frau auf uns zu und fing an, uns anzukreischen und anzuspucken und wie ein Huhn zu gackern. Eine Schar kleiner Jungen hatte sie gepiesackt und mit Dreckklumpen beworfen. In einer kleinen Fabrik sprang auf einmal ein Motor an, und der Schornstein stieß eine dicke Wolke schwarzen, teerigen Rauchs aus. Dutzende Schweine liefen mitten auf der ausgefahrenen Dorfstraße durch stinkende Pfützen. Es war nicht leicht, sich dies als idyllischen Altersruhesitz eines betagten englischen Kapitäns vorzustellen.

Das Denkmal kannte jedoch jeder im Ort. Es stand am hinteren Ende des Dorfes auf einer Kuppe, unter der ein winziger Nebenfluss, der »Drachenpferd-Bach«, dem Jangtse entgegenplätscherte. Das Denkmal, ein zehn Meter hoher Obelisk aus rosa Granitblöcken auf einem braunen Sandsteinsockel, überragte das ganze Dorf und war vom Fluss aus kilometerweit zu sehen. Auch ich hatte es vom Schiff aus erblickt, war jedoch der Meinung gewesen, es müsse sich um ein Mahnmal für eine spätere revolutionäre Heldentat handeln und nicht um ein Denkmal zu Ehren eines längst verstorbenen Engländers – dafür schien es viel zu imposant.

Das hatten auch andere gedacht. Als ich zu dem Monument hinaufgestiegen war, stellte ich fest, dass jedes einzelne in den Stein eingravierte Wort sorgfältig herausgemeißelt worden war. Die Worte »Plant Memorial« waren gerade noch lesbar, doch die Tafel, auf der anscheinend seine Leistungen auf Englisch beschrieben waren, war herausgebrochen worden, und jedes einzelne der chinesischen Schriftzeichen, die sich an der Seite befunden hatten, war herausgekratzt worden – ich konnte nur noch die Löcher zählen. Ein schrecklicher Vandalismus hatte hier gewütet.

»Rotgardisten«, erklärte eine junge Frau, die mir leise gefolgt war und neben mir stand, während ich versuchte, noch irgendetwas zu entziffern. »Ich kann das nur bedauern. Wirklich nur bedauern.«

Sie war schwanger, sah recht hübsch, aber ziemlich mitgenommen aus; ihr dünnes Haar wehte im Wind.

»Ich glaube, es war 1968, da sind sie hier aufgetaucht. Sie versuchten, das Denkmal in die Luft zu sprengen. Sie sagten, es sei schändlich, einen Stein zu Ehren eines Barbaren zu errichten. Aber wissen Sie was? – sie haben es nicht kaputt gekriegt. Es war viel zu stabil. Also blieb ihnen nur eins übrig – sie befahlen ein paar Jungen, mit Eisenwerkzeug jeden einzelnen Buchstaben, jedes einzelne Schriftzeichen herauszubrechen. Ich schäme mich ja so. Mein Mann ist Kapitän, und sein Vater war auch Kapitän. Unsere Familien leben seit vielen Jahren in Xintan. Wir verehren Pu Lan Tian. Er war ein großer Mann. Wir waren stolz, dass er hier gelebt hat. Sein Haus steht längst nicht mehr, und nun wurde auch noch sein Denkmal zerstört.«

Die junge Frau hieß Du, und sie lud uns zu sich nach Hause zum Mittagessen ein. Sie hatte bereits ein Kind und wusste nicht, was sie mit dem bevorstehenden Zuwachs machen sollte. Die Schwester im örtlichen Krankenhaus hatte ihr bereits zu verstehen gegeben, dass sie es abtreiben müsse. Sie wühlte eine Zeit lang in einer Schublade neben ihrem Bett herum und kramte schließlich ein Stück Papier heraus. Sie strich es glatt, stellte sich vor uns hin und las vor, was darauf geschrieben stand.

»Das britische Konsulat in Yichang verfasste die Inschrift auf dem Denkmal, das im Jahre 1922 nach einer Spendensammlung unter der ausländischen Bevölkerung errichtet wurde. Die Inschrift besagte, dass Plant Engländer war, in einem Ort namens Fram-ling-gam geboren worden war und während der Qing-Dynastie für die chinesische Zollbehörde gearbeitet hatte. Das erste Dampfschiff, das die Jangtse-Schluchten hinauffuhr, wurde von Plant gesteuert. Er wurde in der Qing-Dynastie geboren, im fünften Jahr der Regierungszeit des Kaisers Dong Zhi [das heißt, 1867]. Im Frühjahr während der Herrschaft der Nationalisten reiste er Richtung Heimat und starb am 19. Januar auf See. Seine alten Freunde dankten ihm für seinen unermüdlichen Einsatz und bezeichnen ihn stolz als Vater des Oberen Jangtse.«

Frau Du legte das Papier hin. Ich glaube, sie konnte nur mit Mühe die Tränen unterdrücken.

»Wahnsinn«, sagte ich und deutete hinaus auf das schrecklich entstellte Mahnmal. Sie nickte zustimmend.

»Viel schlimmer ist jedoch«, fügte sie zornig hinzu, »dass es in ein paar Jahren untergegangen sein wird. Dieses ganze Dorf wird unter Wasser stehen. Wir wurden angewiesen umzuziehen. Was sollen wir tun? Wir werden irgendwo weit weg von hier leben. Und der arme Mr. Plant – er wird ganz in Vergessenheit geraten. Und seine Stromschnellen – die liegen dann auf dem Grund eines Sees, völlig glatt und ruhig, ganz ihres Wesens beraubt.«

Später lud uns eine andere Frau, die in der Nähe des Denkmals wohnte, zum Tee ein und erzählte uns etwas über die geplante Umsiedelung. Ein Drittel des Dorfes sollte 1996 verschwinden, ein weiterer Teil 1998, der Rest ein Jahr später. Man versprach ihnen einen Zuschuss von 10000 Yuan für jedes Familienmitglied, das wegziehen musste – also 30000 für sie und ihren Mann und ihren kleinen Jungen sowie weitere 10000 für ihren Großvater, sagte sie.

»Es wird teuer werden, wir werden ein neues Haus kaufen müssen. Es wurde bereits bestimmt, wohin wir ziehen sollen – in ein Dorf namens Qian Shan Po, da hinten auf den Bergen.« Mit einer ruckartigen, verächtlichen Handbewegung deutete sie hinter sich. »Es ist viel kälter da oben. Wir werden dort keine Pfirsiche und Orangen und Limonen anbauen können. Süßkartoffeln und Kopfsalat gehen vielleicht, auch Getreide. Aber es wird nicht mehr dasselbe sein. Und wir werden den Fluss nicht mehr sehen können. Es wird schwer werden – nicht so sehr für mein Kind, und auch nicht für meinen Mann und mich. Aber was soll aus meinem Großvater werden?« Sie deutete mit einem Kopfnicken auf eine Gestalt, die am hinteren Ende des Gartens saß. »Er ist zu alt, um verpflanzt zu werden.«

Ihr Großvater saß am Rand des Felsabhangs unter einem Dattelpflaumenbaum, rauchte eine Pfeife und sah auf den tosenden Fluss hinab. Er war völlig taub und rührte sich nicht, als ich zu ihm ging und mich neben ihn stellte. Er trug ein altes Gewand aus dunkelblauer Seide, das mit Drachen bestickt war. Er war vollkommen in Einklang mit seiner Welt, wärmte sich in der Frühsommersonne, paffte an einer winzigen Pfeife und sah den Schiffen zu, die unten auf schäumenden Wogen vorbeitrudelten.

Es war abzusehen, dass in ein paar Jahren die Regierungsvertreter kommen und ihn auffordern würden wegzuziehen. »Es ist zwecklos, mit unseren Politikern zu debattieren«, seufzte die Enkelin. »Außerdem ist dieser Damm ein nationales Projekt – ein internationales Projekt, wie immer wieder gesagt wird. Wir haben keinerlei Rechte. Wir können keinen Einspruch erheben. So ist das heutzutage in China.«

Sie seufzte schwer. Das Schicksal ihres uralten Großvaters bereitete ihr anscheinend mehr Sorge als ihr eigenes. Er hatte im Laufe seines Lebens schon viele Veränderungen miterlebt, wovon die wenigsten zum Guten waren.

In seiner Jugend wurden noch sämtliche Schiffe, die stromauf fuhren, von Treidlern gezogen – von ganzen Kolonnen nackter Männer, die, in Bambusgeschirre eingespannt, sich über das zerklüftete Uferterrain oder durch die Laufgänge quälten, die sich an den Felswänden entlangzogen und in denen man nur gebückt gehen konnte.

In seiner Kindheit hatte man die Herrschaft der Mandschus noch in bester Erinnerung; einige junge Männer trugen damals noch Seidengewänder und hatten ihr Haar zu Zöpfen geflochten, und manche Frauen banden sich noch die Füße. Inzwischen hatte die Dampfkraft den Fluss erobert; die Treidler – mit ihren Liedern und Gedichten, ihren Zünften und ihrem rauen Kameradschaftsgeist –

waren überflüssig geworden und in kleine Uferdörfer wie dieses abgedrängt worden, und einige hatten gemeint, es sei gut, dass der Mensch nicht länger als Lasttier diene.

Das moderne China hatte für die Treidler und die Kulis, die Konkubinen und die Pferdeknechte und all die anderen Arbeitsbienen der Kaiserzeit eine gewisse soziale Gerechtigkeit mit sich gebracht, die jedoch nur von kurzer Dauer war und inzwischen von einem gierigen Geschäftsgeist verdrängt wurde, der die kurzzeitige Hoffnung auf Gleichheit und Fairness wieder zerschlug und inzwischen alles zu beherrschen schien. Es hat nichts Gutes gebracht. Die konfuzianische Ruhe und Ordnung, die dieser alte Mann von früher kannte, war längst zerstört, und die Veränderungen kamen immer schneller und schneller. Und wenn schon seine Enkelin den Eindruck hatte, China würde sich eines Tages plötzlich von der eigenen Achse drehen und in Milliarden Stücke zerbersten, dann kann man sich lebhaft vorstellen, wie dem Alten das Ganze vorkommen musste.

Und nun sollte dieser alte Mann aufgrund einer Lawine von Entscheidungen, die ohne jede Rücksicht darauf gefällt wurden, wen sie eines Tages betreffen würden, seine letzten Lebensjahre weit weg von diesem Fluss verbringen, an dem er, so seine Enkelin, seit 94 Jahren gelebt hatte. »Er liebt den Fluss«, erklärte sie. »Es wird ihm das Herz brechen.«

Ich beschloss, ihn nicht zu stören, und ging zwischen den Ährenreihen und Orangenhainen hindurch den Hang hinunter, zurück zum Fluss. Während Lily und ich auf unser Schiff warteten, unterhielten wir uns mit einigen Frauen, die Reismehl auf einen Kahn luden. Dann erspähte ich vier Tibeter in dunkelroten Roben, die auf einem alten Treidelpfad eilig flussaufwärts gingen. Sie verkauften Kräuter, meinte jemand.

Dies waren die ersten Tibeter, die mir unter die Augen kamen. Sie erinnerten daran, dass wir uns allmählich der Grenze des eigentlichen China näherten. Ich hätte gerne mit ihnen geredet und ihnen ein Bild des Dalai Lama gezeigt, das ich zu Hause in New York ganz unten in meinen Rucksack gepackt hatte, doch genau in diesem Augenblick bog unser russisches Schnellboot um die Ecke, und der Kapitän winkte uns zu, rasch an Bord zu kommen. Er war spät dran und wollte nicht länger als unbedingt nötig unter diesen unsicheren Felsen Halt machen.

Als wir unter dem Plant-Denkmal vorbeifuhren, reckte ich den Hals. Der alte Mann saß immer noch reglos unter seinem Baum und sah mit Falkenaugen zu, wie unser Schiff vom Ufer ablegte und auf den schäumenden Strudel der »Neuen Stromschnelle« zutrieb. Ich stand auf und winkte ihm zu; einen kurzen Augenblick nahm er die Hand von seiner Pfeife und winkte zurück. Ob es ein resigniertes Abwinken oder ein Winken wie zum Abschied war, konnte ich nicht genau sehen, aber ich glaube, er war sich dessen bewusst, dass er bald in seinem Frieden gestört werden würde. Wahrscheinlich wollte er lieber nicht weiter darüber nachdenken, vielmehr die Ruhe, hoch oben in der Nachmittagssonne, noch so lange genießen, wie er nur konnte.

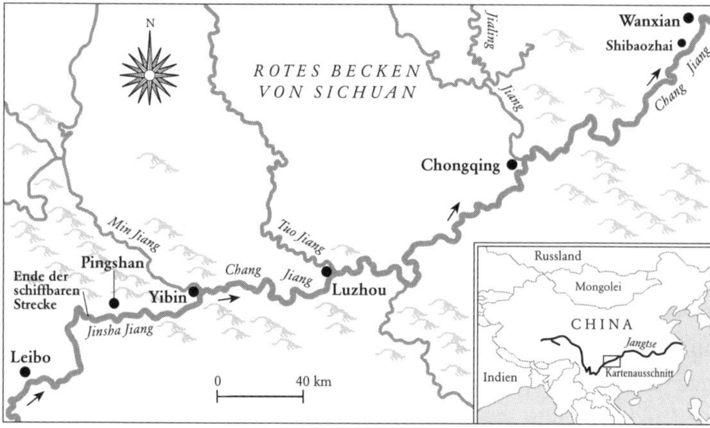

Die ersten Berge

Der Mond stand hoch, und der Himmel war klar, als sich unser Schiff ratternd den Docks am Fuße der Hügel von Chongqing näherte. Nächte wie diese hatten die Einwohner der Stadt während des Krieges besonders gefürchtet, denn in mondhellen Nächten kamen die japanischen Bomber und verwüsteten den Ort.

Damals nützte es auch nichts, die Häuser zu verdunkeln und den Verkehr einzustellen; die Staffeln der Jagdflieger, die aus Wuhan oder vom Flugplatz in Yichang anrückten – demselben Flugplatz, auf dem wir vor ein paar Tagen gelandet waren –, mussten nur dem Fluss folgen, der silbern im Mondlicht schimmerte. Dort wo eine weitere silberne Ader – der Jialing – von Norden her in den Jangtse mündete, dort wussten sie ihr Ziel. Auf das dunkle Dreieck am Zusammenfluss dieser beiden Ströme mussten sie ihre Bomben abwerfen; dieser Gewaltakt aus der Luft war so einfach, wie in einem Fass auf Fische zu schießen.

Die Einwohner von Chongqing – dies war die Hauptstadt Chinas, nachdem Tschiang Kai-schek und seine Regierung sowie sämtliche ausländische Vertretungen im Jahre 1937 von Nanking geflohen waren – mussten die Angriffe fast wehrlos über sich ergehen lassen. Sie kauerten in Höhlen, die aus dem Fels gehauen worden waren; einige erstickten, andere verdursteten.

In den schrecklich heißen Sommern der Jahre 1938, 1939 und 1940 mussten die Bürger der Stadt und die frisch eingetroffenen Flüchtlinge jeden Tag und jede Nacht sechs, sieben oder acht Luftangriffe überstehen, bis schließlich die *Flying Tigers*, die amerikanischen Jagdflieger, kamen und ihnen einen gewissen Schutz gewährten.

Chongqing gilt – neben Nanjing und Wuhan – nicht zu Unrecht als einer der »drei Öfen Chinas«. Von Mai bis Oktober herrscht hier eine drückend schwüle Hitze. Doch damals war es so, als ob die mörderische Glut nicht schon genügte. Ständig explodierten Bomben; man musste sich in Tunnels verstecken, und obwohl unentwegt Tote begraben wurden, türmten sich die Leichenberge auf; es gab kein fließendes Wasser, und die hygienischen Verhältnisse waren unbeschreiblich. In kaum einer Stadt der Welt dürfte es je so schwierig gewesen sein zu überleben wie damals in Chongqing. Dabei war dieser chaotische, schmutzige und verwahrloste Ort die Hauptstadt einer Großmacht. Rein theoretisch nahm sie denselben Rang ein wie London, Washington und Moskau; auf den verschlungensten Routen flogen hier Generäle, Botschafter und Staatsoberhäupter ein und aus, die sich mit Tschiang Kai-schek und seinen Leuten darüber berieten, wie China vor äußeren Feinden (den Japanern) und Feinden im Inneren (den Kommunisten) geschützt werden könne.

Chongqing ist auch heute noch eine reizlose, ja abstoßende Stadt, doch im Vergleich zu den 600 000 Menschen, die hier lebten, als dies die Hauptstadt Chinas war,* drängen sich heute 16 Millionen Menschen in den steilen Gassen und engen Straßen.

Bei unserer Ankunft war es hell und klar, doch normalerweise sehen die örtlichen Klimaverhältnisse ganz anders aus: Charakteristisch für Chongqing ist der dicke, feuchtwarme, gelbgraue Dunstschleier, der wie eine modrige Decke über der Stadt liegt. Wenn im Winter von den Kohlefeuern und Brikettöfen Rauch und Ruß aufsteigen, wenn die Fabrikschlote Abgase ausstoßen und zusätzlich noch eine Inversionswetterlage herrscht, gleicht die Luft einer grauen Suppe – dagegen nimmt sich Los Angeles im August wie ein Luftkurort aus.

Chongqing wird auch als »Kokskaff« bezeichnet; der Äther ist geschwängert von einem beißenden Gestank, in dem sich halbverbranntes Kohlegas und der Geruch von Schmelzfeuer, Rost und Müll mischen. Doch welch ein Segen ist dieser Nebel einst für die Stadt gewesen! In den Wintermonaten der Kriegsjahre konnten die Japaner aufgrund der trüben Atmosphäre keine Bomben abwerfen, und was die Stadt in den klaren Sommernächten an Bausubstanz eingebüßt hatte, wurde an den tristen Wintertagen wieder aufgebaut.

Am Tag zuvor waren wir in der Nähe der Stadt Wanxian überraschend in ein Nebelloch geraten. »Das Radar allein taugt nichts – ich muss etwas sehen können«, meinte der Kapitän, während er die Maschinen abstellte und zwei Anker auswarf, wobei er 100 Meter Ankerkette aussteckte, bevor sie den Grund erreichten. »Wir müs-

* Die nationalistische Regierung Chinas residierte zweimal in Chongqing: einmal während der allgemein bekannten acht Jahre zwischen dem Fall von Nanking im Jahre 1937 und dem Ende des Zweiten Weltkrieges sowie der Niederlage der Japaner 1945 und ein weiteres Mal für drei kurze Monate Ende 1949. Als die Nationalisten von Chongqing nach Taiwan flohen, machten die Kommunisten Peking zur neuen Hauptstadt.

sen hier liegen bleiben, bis sich das Wetter bessert. Alle Schiffe müssen anhalten.«

Es war seltsam ruhig. Der Fluss gluckerte und gurgelte leise vor sich hin, und gelegentlich konnten wir am rechten Ufer einen Lastwagen vorbeifahren hören. Wir hörten auch die Gespräche der Besatzung eines anderen Schiffes, das neben unserem lag, aber wir konnten nichts sehen. Plötzlich bohrte sich achtern ein grelles Scheinwerferlicht durch den Nebel, eine ohrenbetäubende Sirene heulte auf, und zwei flache Lastkähne, die von einem riesigen schwarzen Schlepper geschoben wurden, donnerten vorbei und türmten eine Welle auf, die unser Schiff wie bei einem Erdstoß erzittern ließ. »Verdammter Idiot!«, rief unser Kapitän; er lief auf das Brückennock und erhob die Faust gegen den Schlepperkapitän, der bloß grinste.

Wir warteten die ganze Nacht und versuchten vergeblich, Funkkontakt mit der Wasserwacht in Chongqing aufzunehmen, um den Wetterbericht zu erfahren. »Früher wäre es nicht so schlimm gewesen«, knurrte der Kapitän. Er spielte nervös mit einem Bleistift und lief unentwegt die Brücke auf und ab; wie alle Schiffer fühlte er sich nur wohl, wenn er sich bei klarer Sicht in tiefem Wasser weit ab von Land und fernab von anderen Schiffen befand. Hier war er von zahllosen Hindernissen umgeben, und das Schlimmste daran war, dass er sie nicht einmal sah.

Doch am nächsten Morgen ging eine messingfarbene Frühsommersonne auf, und der Nebel begann sich zu lichten. Ein paar Meter vom Ufer entfernt kauerte ein älterer Mann auf einem Sampan und suchte unter dem gewölbten Mattendach Schutz vor der Kälte. Er hatte einen Otter bei sich, der an einem Stück Seil angebunden war. Hin und wieder glitt das Tier geschickt ins Wasser, schwamm ein Stück weit von dem kleinen Boot weg, drehte wieder um und kehrte behende zu seinem Herrchen an Bord zurück.

Am Oberlauf des Jangtse haben die Otter dieselbe Rolle inne wie die berühmten Guilin-Kormorane im Süden – sie sind Experten im Fischfang, allerdings gelten sie als weitaus zuverlässiger. Den Vögeln müssen Ringe aus Eisen oder Zweigen um den Hals gelegt werden, damit sie ihren Fang nicht selbst verschlingen; der Otter dagegen ist folgsamer und rückt seinen Fisch auf Befehl heraus, ähnlich wie ein Jagdhund, der einen Fasan gefasst hat. Die meisten guten Otter stammen aus Tibet. Es dauert Monate, um sie abzurichten; ein voll einsatzfähiger Otter fängt bis zu 30 Katti Fisch am Tag – das sind 33 Pfund. Ich rief zu dem Mann hinüber und fragte ihn, wie viel er gefangen habe. »Nur zehn Katti!«, antwortete er. »Der Nebel ist schuld. Der Otter mag den Nebel nicht.«

Um die Mittagszeit waren wir wieder unterwegs; wir hatten volle Fahrt aufgenommen, um den Zeitverlust aufzuholen. Nun passierten wir die Fabriken und Wohnblocks von Wanxian. Vor 100 Jahren standen hier noch Zypressenhaine und Bambuspflanzungen; damals war Wanxian der führende Dschunkenbauort am oberen Jangtse gewesen. Heute ist die Seidenspinnerei der wichtigste Industriezweig. Auch heute wird noch mit Bambus gehandelt, und die Einheimischen erzählen von einem Mann aus Wanxian, der angeblich mitten im Fluss auf einem einzigen schwimmenden Bambusrohr stehend balancieren kann und sich allein mit einem weiteren Stab, den er als Ruder benutzt, im Gleichgewicht hält. Wanxian wirkt wenig verheißungsvoll, und nur wenige Durchreisende schenken der Stadt mehr als einen flüchtigen Blick. Doch der Ort spielte in der jüngeren Geschichte – während des berühmten Zwischenfalls von Wanschien im Jahre 1926 – eine ganz eigene Rolle.

Damals war der Jangtse ein gefährliches Gewässer für die ausländischen Reedereien, die zwischen Chongqing und Schanghai verkehrten. Ein paar große Gesellschaften kontrollierten den Handel; besonders stark vertreten waren die Amerikaner, etwa durch die

Yangtze Rapid Steamship Company, Russell & Co., die Dollar Line, die Standard Oil Company of New York und ein paar kleinere Firmen mit eindrucksvollen Namen wie American West China Navigation Co., American-Chinese Steam und Yangtze Transport Co. sowie einigen winzigen Holzöl-Spediteuren wie Gillespie & Co. Auf Seiten der Engländer wetteiferten die Unternehmen Jardine und Butterfield & Swire mit- beziehungsweise gegeneinander; die Interessen des Ersteren vertrat Indo-China Steam Navigation, die des Letzteren die China Navigation Company, allgemein als C.N.Co. bekannt. Die Chinesen betrieben mit der China Merchants Steam Navigation Company eine eigene staatliche Schifffahrtslinie (deren Name in der Landessprache etwas unterwürfiger als »Geschäftsstelle der Händler mit der Lizenz, Dampfschiffe zu betreiben« wiedergegeben wurde). Daneben gab es auch japanische, italienische und französische Gesellschaften.

Und all diese Unternehmen verfügten über eigene Kanonenboote, die auf dem Fluss patrouillierten, die Handelsrouten offenhielten und ihre Landsleute sowie die *compradores* vor den bizarren Launen chinesischer *Warlords* schützten. Der Zusammenprall dieser beiden Aspekte des damaligen chinesischen Alltags – Kriegsherrenwillkür und Kanonenbootdiplomatie – ging als Zwischenfall von Wanschien in die Geschichte ein.

In jener Zeit wurde Sichuan von einem besonders gerissenen, hartherzigen und niederträchtigen Warlord namens Yang Sen beherrscht.* Er verfügte im oberen Jangtse-Tal über fast uneinge-

* Heutzutage gilt es als genauso politisch inkorrekt, Yang als Warlord zu titulieren wie etwa Nelson Mandela oder George Washington. Treffender wäre es vielleicht, ihn als «regionalen politischen Führer mit Befehlsgewalt über ein kleines, aber höchst mobiles Heer» zu bezeichnen. Es gab viele ähnlich mächtige Männer, doch in China verfolgten die wenigsten von ihnen ideologische Ziele; vorrangiges Motiv war meist territorialer Machtanspruch. So auch im Falle Yang Sens, der eine regelrechte Gefahr darstellte.

schränkte Macht und befehligte eine Gefolgschaft von Tausenden von Männern. Diese Gefolgsleute musste er jedoch, manchmal ganz kurzfristig, stromauf oder stromab verlegen. Die pragmatischen Franzosen und Japaner ließen es zu, dass die Soldaten des Kriegsherrn auf ihren Frachtschiffen mitreisten, doch die Amerikaner und Engländer wehrten sich dagegen. Sie seien neutral, argumentierten sie, und wollten sich nicht in die gegenseitigen Vernichtungskriege der Chinesen verstricken lassen.

Die Warlords – nicht nur der regionale Gebieter General Yang – empörten sich über diese Haltung, doch ihre zahlenmäßige Stärke erlaubte es ihnen, sich darüber hinwegzusetzen. Es war allgemein üblich, einen Trupp in Zivil an Bord gehen zu lassen; sobald das Schiff abgelegt hatte, zogen die Männer ihre versteckten Seitenwaffen, stürmten die Brücke und brachten das Schiff unter ihr Kommando. Den Reedereien blieb nichts anderes übrig, als rund um die Kommandobrücken Eisengitter anzubringen und die gefährdeten Türen ihrer Schiffe zuzuschweißen; außerdem wurden die einheimischen Passagiere und die ausländischen Besatzungen durch Eisengitter und dichte Drahtgeflechte strikt voneinander getrennt.

Am 30. August wurden zwei Schiffe der C. N. Co. von Yangs Männern vor dem Hafen von Wanschien gekapert. Zwei Kanonenboote der britischen Marine, *HMS Widgeon* und *HMS Cockchafer*, wurden abkommandiert, die Sache zu klären. Die Verhandlungen führten zu keinem Ergebnis, sodass die britischen Schiffe bereits nach kurzer Zeit eine offenkundige Vergeltungsaktion starteten. Mit ihren schweren Geschützen nahmen sie den Hafen unter massiven Beschuss. Unzählige Chinesen fanden den Tod, als die britischen Sechszollgeschosse durch die Straßen der Stadt flogen und einige der fragileren Bauten allein durch ihre Fluggeschwindigkeit zerstörten. »Geschoss nicht treffen – Chinese trotzdem tot«, greinte ein Einheimischer bestürzt.

Am Ende des Zwischenfalls beklagte man den Tod von sieben britischen Matrosen und unzählige Opfer unter den Chinesen – einigen Berichten zufolge waren es 3000. Die beiden Schiffe der Firma Swire waren stark beschädigt und standen in Flammen; einer der Offiziere war ertrunken. General Yang hatte sich hastig in die Zypressenwälder zurückgezogen und die Angriffe dort wieder aufgenommen. Doch mit diesem Zwischenfall war die traurige Geschichte der Kanonenbootdiplomatie endlich an die Öffentlichkeit gelangt.

Die westliche Presse wetterte. »Das neue China wird es nicht dulden, dass sich der Westen in dieser Weise in das Innerste des Landes einmischt«, hieß es in *The Nation*, und *The New York World* pflichtete bei: Kanonenboote seien ein Reizmittel für die Chinesen und somit wohl eher eine Gefahr als ein nützliches Instrument der Kontrolle. (40 Jahre später wurde diese Stimmung in Richard McKennas Romanklassiker *The Sand Pebbles*, der später auch verfilmt wurde, treffend wiedergegeben.*)

Unter dem Protest der Presse und der Öffentlichkeit änderte sich allmählich die Politik der westlichen Regierungen, die mit dem Einsatz von Kanonenbooten durchaus zufrieden gewesen waren. Der Zwischenfall von Wanschien, die Bombardierung des *Panay*-Konvoys elf Jahre später* sowie die wachsende Kritik an der Vorstellung, Schiffe aus dem Westen sollten das verbürgte Recht genießen, auf den Flüssen des Ostens zu handeln und zu schießen – diese und ähnliche Vorfälle und die dadurch bedingten Reaktionen sorg-

---

* Der Roman erschien in der deutschen Übersetzung von Paul W. Schultz unter dem Titel *Die Sandjacken*; München, 1964. Die Verfilmung (1966, Regie: Robert Wise) wurde bei uns unter dem Titel *Kanonenboot am Jangtse-Kiang* bekannt; Anm. d. Übers.

* Im Dezember 1937 griffen japanische Sturzbomber das amerikanische Kanonenboot *Panay* an, das auf dem Jangtse Transporte begleitete. Die Japaner hatten die

ten dafür, dass die westlichen Handelsgesellschaften dem Strom langsam aber sicher den Rücken kehrten. Zunächst blieben die Italiener aus, dann die Franzosen, schließlich die Amerikaner und zum Schluss auch die Engländer. Während des Pazifischen Krieges und in den unruhigen vier Jahren zwischen der Niederlage der Japaner und der kommunistischen Revolution lichteten schließlich auch die letzten ausländischen Kriegsschiffe die Anker und nahmen Kurs gen Westen. Nach 1949, nach der *Amethyst*-Affäre, die ein letztes Warnsignal für all jene Ausländer gewesen war, die sich noch auf den Jangtse wagten, war der Strom frei von sämtlichen »Barbaren«. Die Zeit der ausländischen Kanonenboote, die in den zwanziger und dreißiger Jahren so viel Stoff für Romane und Filme und Schlagzeilen geliefert hatten, war zu Ende gegangen. Und in der Stadt Wanxian, die in der jüngeren chinesischen Geschichte eine viel bedeutendere Rolle gespielt hatte, als ihr unscheinbares und schmuddeliges Erscheinungsbild vermuten ließ und die jetzt in einem schmierigen Dunstschleier hinter uns verschwand – in dieser Stadt hatte dieses Ende seinen Anfang genommen.

Am Hafen von Chongqing liegt der Fluss mehr als 30 Meter unterhalb der Stadt, die man über lange, ausgetretene Treppen erreicht – oder in einer der zahlreichen schaukelnden Gondeln der Drahtseilbahn, die Passagiere den Hang hinauf und hinab befördert. Auf den schlammbedeckten, schlüpfrigen Stufen drängen sich die Träger, die an wippenden und sich biegenden Bambusstangen schwere Lasten schleppen. Oft sieht man auch ganze Schlangen

Panay irrtümlich für ein chinesisches Schiff gehalten. Dieser Zwischenfall, bei dem etliche Schiffe Schaden nahmen und mehrere amerikanische Matrosen umkamen, sorgte in Amerika für einen Sturm der Entrüstung und eine Welle antijapanischer Hysterie, machte aber auch auf die Risiken aufmerksam, die man einging, wenn man tief im Inneren Chinas auf einem chinesischen Fluss ausländische Kriegsschiffe operieren ließ.

teuer, auffällig und unzweckmäßig gekleideter ausländischer Touristen, die sich zimperlich den Weg hinunter zu den Booten bahnen.

Der Auflauf der Touristen mutet mich immer wieder seltsam an. Chongqing hat kaum etwas zu bieten, was Ausländer interessieren könnte. Der Herrscher Yu, dessen Einfluss auf den Lauf des Jangtse von Legenden umrankt ist, wurde hier geboren. Südlich der Stadt befindet sich ein Berg, der naheliegenderweise als Yu Shan, Yu-Berg, bezeichnet wird und an dessen Hängen einst Tschiang Kai-schek und die ausländischen Botschafter in ihren Villen residierten. Es gibt ein Museum zu Ehren von »Essig-Joe« Stilwell (die Chinesen schätzen ihn, weil er Tschiang Kai-schek verachtete und insgeheim als »kleines Würstchen« bezeichnete), eine Reihe von Gefängniszellen, in denen einst Kommunisten schmachteten, ein Museum mit einigen scheußlichen Dinosauriern und ein paar Restaurants, in denen der regionale Eintopf und andere Gerichte aus Sichuan serviert werden. Dies ist fast die einzige Stadt in China, in der keine Fahrräder verkehren; auf den steilen Hängen kann man selbst mit den modernen chinesischen Mountainbikes kaum etwas anfangen. Es werden immer wieder Pläne gefasst und wieder verworfen, im Stadtzentrum den größten Wolkenkratzer der Welt zu bauen; ein New Yorker Architekturbüro hat bei diversen Drahtziehern vor Ort bereits viel Zeit und Geld investiert, um sich den Auftrag zu sichern. Das ist im Grunde alles, wodurch sich die Stadt auszeichnet – das und der ewige, schmierige, stickige Nebel.

Doch obwohl es an echten Attraktionen eher mangelt, steigen viele Ausländer in Chongqing ab, und man sieht nicht selten, wie teure Pelze durch den Nebel rauschen und unangemessen hohe Absätze die glitschigen Stufen hinunter staksen. Das liegt daran, dass die Stadt der bevorzugte Ausgangspunkt für fast alle Touren in die Drei Schluchten ist. Hier legen täglich bis zu einem Dutzend Schiffe ab, die die 1160 Kilometer stromab bis Wuhan zurücklegen und dabei den knapp 200 Kilometer langen Abschnitt der eigentlichen Schluchten passieren.

Ich habe niemanden getroffen, der auf meine Frage erklärt hat, die Fahrt durch die Schluchten würde er bereuen. Die Landschaft, die Naturkulisse ist atemberaubend, darüber sind sich alle einig. Und im Nachhinein ist klar: Die betörende Schönheit der engeren Schluchten – von denen es weit mehr als nur drei gibt (die Zahl »Drei« wurde rein willkürlich festgelegt und hat sich irgendwie eingeprägt) – ist absolut unvergesslich. Der Anblick dieser Landschaft wird zu einem unauslöschlichen Traumbild. Gleichzeitig muss gesagt werden, dass dem Reisenden im Laufe der Fahrt durch die Schluchten immer wieder auf höchst schmerzliche Weise klar wird, dass der Mensch – genauer gesagt, der Mensch des 20. Jahrhunderts, und noch genauer gesagt, der kommunistische Mensch des 20. Jahrhunderts – diese Gegend auf erschreckende Weise verwüstet hat.

Die Zerstörung – durch Umweltverschmutzung, Verpestung, hässliche Architektur, rücksichtslose Rodung, Industrieansiedlungen, künstlich verursachte Bodenerosion und die für das moderne China typische Mischung aus Gier und Gleichgültigkeit – sticht schließlich jedem Besucher ins Auge. Besonders jene Besucher, die viel Geld für ihre Reise ausgegeben haben oder wissen, dass sie nur einmal im Leben hier sein werden, jene Reisenden, die die nüchterne Realität verständlicherweise übersehen und nicht den Schmutz, sondern die Schönheit wahrnehmen wollen – sie alle geben immer wieder zu, im Grunde tief enttäuscht worden zu sein und sich gefragt zu haben, wie ein Volk solch ein Wunder der Natur so gründlich verhunzen kann. Wie ist es möglich, fragen sie sich, dass ein Ort, den so viele Dichter, Maler und Ästheten so lange für so außergewöhnlich hielten, inzwischen in Wirklichkeit so unansehnlich, so absolut unbeeindruckend und vor allem so verwahrlost ist?

Enttäuschend ist zudem, dass auch viele der Schiffe weit hinter den Standards zurückbleiben, die ein Reisender erwartet, der sich solch eine Tour leisten kann. Doch es kommt noch schlimmer: Selbst wenn die Flussfahrt so gut organisiert ist, dass man die Sehenswürdigkeiten überhaupt zu sehen bekommt (einmal erlebte ich es, dass die gesamte Fahrt durch die Schluchten *bei Nacht* erfolgte), werden die Highlights oft höchst unzulänglich erklärt; die Städte, in denen die Touristen Halt machen, sind abstoßend; man stolpert über billigen Plunder, und es wimmelt von üblem Gesindel, überall stinkt es nach Kohlenrauch und Ruß; die Fabriken und Arbeitersiedlungen sind unsäglich – ein wahrer Schandfleck in der einst anmutigen Landschaft. Und so überrascht es nicht, dass so viele Reisende, die drei Tage später in Wuhan von Bord gehen, froh sind, das Ganze hinter sich zu haben. Alle bezeichnen die Fahrt durch die Drei Schluchten als »Erfahrung«, und die meisten sind froh, sie gemacht zu haben, schließen jedoch aus, sie ein zweites Mal machen zu wollen.

»Der Tadsch Mahal – absolut ja«, erklärte ein älterer Amerikaner aus Cleveland, mit dem ich mich einmal bei einer Fahrt durch die Schluchten unterhielt. »Der Grand Canyon – ja. Paris – ja. China – ganz sicher, ja. Aber die Drei Schluchten – ganz ehrlich gesagt, ich sage es nur ungern, die empfinde ich fast als Zeitverschwendung. Man hat mehr davon, wenn man etwas darüber liest. Unglaublich, wie viel Phantasie diese Schriftsteller hatten! Sie haben Dinge beschrieben, die es hier gar nicht gibt.«

Seine Frau mischte sich ein und pflichtete ihm bei, wollte ihrer Enttäuschung jedoch gesondert Luft machen. »Wo sind die nackten Treidler?«, wollte sie wissen. »Wieso ziehen hier keine nackten Chinesen Schiffe über die Stromschnellen?« Sie zeigte mir eine Broschüre mit Bildern von nackten Männern mit gewölbtem Hintern und muskulösen Schultern, die mit geflochtenen Seilen zusammengebunden waren und sich in gemeinsamer Anstrengung bemühten, ein Schiff über einen tosenden Strudel zu ziehen. Einige Männer standen im Wasser; ihre Haut glänzte silbern. Andere, denen sich die Bambustrossen tief in die Schultern eingruben, zogen vom Ufer aus; sie versuchten krampfhaft, mit den Füßen Halt auf dem Fels zu finden; sie schleppten sich tief gebeugt und mit starr gesenktem Blick dahin; die Fingerspitzen berührten fast die feuchte Erde. An Bord des Schiffes schlug ein Treidlermeister die Trommel, und man meinte fast, den Gesang und das Stöhnen der Männer zu hören, die schmerzverzerrt einen Fuß vor den anderen setzten und das riesige Holzschiff gegen die tosende Macht des Wassers stromaufwärts zogen.

Ich musste die Dame leider enttäuschen und aus den köstlichen erotischen Träumen reißen, denen sie sich offensichtlich in ihren schlaflosen Nächten zu Hause in Ohio hingegeben hatte. Ich erklärte ihr, dass der Jangtse-Treidler, genau wie das Pferdegeschirr, inzwischen der Vergangenheit angehörte; er war das Opfer der Dampfmaschine, des Kolbenmotors und des großzügigen Einsatzes von Dynamit, mit dem die letzten noch verbliebenen Stromschnellen weggesprengt worden waren.

Die einzigen Treidler, die man heute noch auf dem Strom zu sehen bekommt, arbeiten ausschließlich für die Touristen. Zudem sind sie nur halbnackt – sie tragen aber immerhin aufreizend kleine Lendentücher. Sie sind an einem winzigen Nebenfluss des Jangtse, dem Shennong, tätig. Touristen, die sich das Spektakel ansehen wollen, werden auf einer zweistündigen Busfahrt über staubige Straßen in das Seitental hinaufgefahren und über eine steile Treppe zu dem kristallklaren Fluss hinuntergeführt oder per Sänfte hinabgetragen und dort zu zehnt in kleine Holzboote verfrachtet, die dann langsam flussabwärts gepaddelt werden. Mit spitzen Stangen bewaffnete halbnackte Lotsen lenken die Boote durch die tückischeren der kleinen Stromschnellen, denen man unterwegs begegnet – ein Boot, das stromabwärts fährt, muss selbstverständlich nicht von Treidlern gezogen werden. Der Weg stromauf ist eine ganz andere Sache: Halbnackte Männer mit Bambustrossen über den Schultern ziehen die leeren Touristenboote stromaufwärts zurück zum Ausgangspunkt. Wenn die leeren Boote, die zurückgeschleppt werden, den vollbesetzten Booten begegnen, die flussabwärts fahren, entsteht ein großes Hallo mit aufgeregtem Kreischen und eifrigem Kameraklicken. Einige der Treidler bleiben stehen, fischen Postkarten aus Plastiktüten, die sie in den Falten ihrer Lendentücher versteckt haben, und versuchen, die Karten zu verkaufen, während sie bis zum Bauchnabel im eiskalten Wasser stehen. Einige bieten Marmoreier und Halsketten aus durchscheinendem Quarzit feil. Das Ganze wirkt ausgesprochen vulgär. Es wird nicht mehr lange dauern, bis sie auch falsche Rolex-Uhren verhökern.

Und ihr Geschick beim Lenken der Boote schwindet offensichtlich auch dahin. Diese einst hochentwickelte Kunstfertigkeit ging nach dem Aufkommen der Dampfschiffe allmählich verloren. Das Gewerbe wurde nur noch notdürftig durch den Tourismus am Leben erhalten, und die Männer, die diesem Beruf körperlich noch gewachsen waren, waren nun nicht mehr Studienobjekte von Wissenschaftlern, sondern von enthusiastischen Foto- und Filmamateuren.

Doch im Jahre 1995 ereignete sich auf dem Shennong-Fluss ein schrecklicher Unfall. Eine Stromschnelle wurde unterschätzt, die Stangen mit den Eisenspitzen fanden an den vorbeisausenden Felswänden keinen Halt, und so nahm das Undenkbare seinen Lauf – ein Lenker nach dem anderen verlor seinen Ruderstab, und die Mannschaft verlor die Herrschaft über das Boot. Das gesamte Floß kenterte, wurde von den tonnenschweren Fluten niedergedrückt und blieb zehn Minuten lang unter Wasser. Elf taiwanesische Touristen ertranken. Da die chinesischen Behörden darauf erpicht sind, den Tourismus in dieser Region zu fördern, solange die bald unter Wasser stehenden Jangtse-Schluchten dies noch erlauben, bedeutete dieses Unglück eine kommerzielle Katastrophe, für die ein Sündenbock gefunden werden musste. Als Opfer boten sich die Bootsführer an, die ohne Bildung und ohne Lobby gänzlich hilflos dastanden. Der tragische Unfall setzte ihrer Präsenz am Jangtse, selbst als Randepisode, wahrscheinlich ein für alle Mal ein Ende, und die einstige Kunstfertigkeit wird vermutlich bald ganz aussterben.

Nicht weit von jener Stelle, an der die ausländischen Touristen ihren Tod fanden, liegt zufälligerweise eine Nekropole – eine uralte Grabstätte, die Touristen nur selten finden und der Anthropologen kürzlich große Bedeutung zugeschrieben haben. Die Stätte heißt Longgupo beziehungsweise Drachenhügel-Höhle; sie liegt am südlichen Ufer des Jangtse, tief verborgen in einem Labyrinth aus Kalksteinhügeln, ungefähr 80 Kilometer westlich des Shennong-Tals. Als die Höhle entdeckt wurde, fand man zwischen dem sandigen Lehm und Kieselgeröll zahllose Knochen von Tieren, die dort vor Tausenden von Jahren verendet waren.

In diesem Teil Chinas stößt man auf unzählige Höhlen; die vielen Knochen, die man in ihnen findet, werden von den einheimischen Bauern seit Menschengedenken ausgegraben und verkauft. Die Knochen, insbesondere die größeren, werden umgangssprachlich als »Drachenknochen« bezeichnet, und die Bauern verdienen sich seit alters her stattliche Summen nebenbei, indem sie die Knochen an Apotheker verkaufen, die sie zermahlen und als Stärkungs- und Heilmittel an das seit eh und je naive Landvolk verkaufen. Der Eingang zur Longgupo-Höhle war jedoch vor etlichen tausend Jahren eingestürzt, und so blieb ihr Inhalt sicher vor dem Zugriff gieriger Räuber. Im Jahre 1984 stieß ein Bauer unter einem Busch zufällig auf ein Loch; als er sich hineinzwängte, entdeckte er die Höhle. Zum

Glück meldete er die Existenz der Höhle den Behörden, anstatt sie zu seinem eigenen Profit zu plündern. Flüchtige Grabungen ergaben, dass nicht weniger als 20 verschiedene Schichten von Knochen übereinander lagen. Staatlich beauftragte Wissenschaftler begannen 1985 offiziell mit den Grabungen und zogen in den folgenden vier Jahren Zehntausende von Knochen aus dem Sand und verfassten lange Berichte über den unglaublichen Fund, den ihnen ein phantastischer Zufall beschert hatte.

Sie machten einen wahrlich exzellenten Fund und stellten eine Sammlung zusammen, die ganze Museen mit sensationellen neuen Fossilien füllte. Da waren zum Beispiel die Knochen eines großen pflanzenfressenden Affen, der dem Orang-Utan ähnelte. Man fand Exemplare des *Ailuropoda*, eines pygmäenartigen Vorfahren des heute fast ausgestorbenen Riesenpanda. Man fand riesige Schädel von Urelefanten sowie identifizierbare Stücke einer seltenen Pferdeart namens *equus yunnanensis*. Dazwischen fanden sich einige Hyänen, zahllose vorzeitliche Hirscharten und tonnenweise Koprolithen beziehungsweise Kotsteine – versteinerter Darminhalt, der von Sammlern heiß begehrt ist. Offensichtlich war die Höhle von Tieren wie dem Säbelzahntiger und dem großen Stachelschwein als Bau benutzt worden. Viele der Knochen wiesen Bissspuren auf, die darauf hindeuteten, dass die bissstarken Raubtiere ihre Beute in diese Höhle gezerrt und hier gefressen hatten.

Die außergewöhnlichste Entdeckung in Longgupo war indes ein Fund, der auf den ersten Blick höchst alltäglich aussah: zwei winzige Fossilien, genauer gesagt, versteinerte Tierzähne. Das eine war ein oberer Schneidezahn, das andere ein Teil eines Unterkiefers, in dem noch zwei Backenzähne steckten. Die Paläontologen erkannten schnell, dass diese Zähne äußerst ungewöhnlich waren: sie stammten nämlich von Hominiden – jenen metergroßen, behaarten Tieren der Gattung *Homo*, die vor etwa 800 000 Jahren aufrecht auf ihren Hinterbeinen gingen und allgemein als Vorläufer des Menschen gelten. Die Wissenschaftler meinten zunächst, die Zähne von Longgupo stammten von einer neuen Unterart des *Homo erectus*; doch als sie kurz darauf in der Höhle zwei Steine entdeckten, die wegen ihrer Einkerbungen von primitiven Wesen zum Hämmern und Schneiden benutzt worden sein mussten, entstand eine Aufregung, wie sie nur unter Paläontologen entstehen kann. Sie erklärten prompt, sie hätten eine prähumane Behausung entdeckt, die fast eine Million Jahre alt sei, und diese Fundstätte am Jangtse nehme es jederzeit mit der berühmten Entdeckung des Peking-Menschen auf, den man 1927 im Tal des Gelben Flusses gefunden hatte, auf jeden Fall aber mit dem Fund des Java-Menschen in der Nähe des indonesischen Dorfes Trinil im Jahre 1891.

Im November 1995 wurde dann eine sensationelle Mitteilung gemacht, und zwar von überraschender Seite – der Fakultät für Anthropologie und Kinderzahnheilkunde an der University of Iowa. Ein dort tätiger amerikanischer Paläoanthropologe namens Russell Ciochon berichtete – im Namen eines großen internationalen Teams, dem auch drei Chinesen angehörten –, dass an den Fossilien von Longgupo zwei ausgesprochen präzise Untersuchungsreihen vorgenommen worden waren, die zweifelsfrei ergeben hätten, dass die Zähne nicht nur 800000 Jahre alt seien, wie man zunächst vermutet hatte, und auch nicht eine Million Jahre, wie einige spekuliert hatten. Stattdessen hätten Messungen desremanenten Magnetismus in den verschiedenen Ablagerungsschichten in der Höhle ergeben, dass die Schicht, in der die Zähne gefunden worden waren, über *1,8 Millionen Jahre* alt sei. Außerdem ergab eine Untersuchung mit Hilfe des Elektronenspinresonanzverfahrens, einer noch genaueren Methode zur Altersbestimmung, dass die Objekte *1,9 Millionen Jahre* alt seien. Die Zähne stammten also von Hominiden, die viel älter waren als der Peking-Mensch und auch der Java-Mensch.

Aber das war noch nicht alles. Bei der Dentalanalyse wurde festgestellt, dass die Spitzen der drei Zähne ähnliche Merkmale aufwiesen wie die Fossilien kleiner Hominiden, die im fernen Ostafrika gefunden worden waren. Sie glichen insbesondere den Zähnen des *Homo habilis* und des *Homo ergaster*, zwei der ältesten Beispiele der Gattung *Homo*. Die Existenz der beiden Steinwerkzeuge unterstrich diese Parallele noch, denn sie wiesen große Ähnlichkeiten mit den Werkzeugen auf, die der *Homo habilis* in Afrika verwendet hatte.

Diese für die Anthropologie sensationellen Entdeckungen legten eine ebenso sensationelle Schlussfolgerung nahe: Der Hominide, den man im Jangtse-Tal gefunden hatte, war weitaus primitiver als der, den man in Peking beziehungsweise auf Java entdeckt hatte, und solange man auf keine anderweitigen Funde stößt, kann man annehmen, dass dies die Urform des asiatischen Hominiden, der Vorfahre aller asiatischen Menschen gewesen sein muss. Die kleinen Tiere waren offensichtlich mit ihren Steinen im Gepäck in Afrika aufgebrochen, hatten sich über den südlichen Teil der heutigen arabischen Halbinsel geschleppt und sich langsam, aber sicher bis nach Asien vorgearbeitet. Der früheste Nachweis von der Ankunft dieses Hominiden im Osten fand sich hier in Longgupo, in einer halb verfallenen, frisch entdeckten Höhle wenige Kilometer südlich des Jangtse, der damit zwar noch immer nicht für sich beanspruchen kann, die Wiege einer spezifisch chinesischen Zivilisation gewesen zu sein, inzwischen jedoch den gesicherten Anspruch erheben darf, zumindest als Wiege der asiatischen Rasse zu gelten. Man kann durchaus behaupten, dass diese Entdeckung eindeutig belegt, dass das Jangtse-Tal eine entscheidende Rolle in der Entwicklung der gesamten menschlichen Zivilisation spielte.

Oberhalb von Chongqing wird der Fluss auf einmal deutlich schmaler – und deutlich brauner, denn aufgrund der stärkeren Strömung

Der Jangtse im Bergland der Provinz Yunnan bei Lijiang

Tibetische Hirtenfrauen
beim Einkauf in der Stadt
Dege am Jangtse-Oberlauf

Blick über Bauernhäuser des Naxi-Stammes auf den Ausgang der »Tigersprung«-Schlucht

Gedächtnis-Obelisk über der Xiling-Schlucht für den britischen Jangtse-Kartografen Cornell Plant

Frachter in der Morgensonne auf dem Weg durch den Drei-Schluchten-Stausee

Bauer vor plastikbedeckten Gemüsefeldern am Stromufer unterhalb der Metropole Chongqing

Kreuzschiff unter schweren Schneewolken oberhalb des Drei-Schluchten-Staudamms

Anfang des 20. Jh. vom englischen Kapitän Plant eingerichtete Signalstation am Drei-Schluchten-Ufer

Tragflächen-Schnellboot vor winterlicher Kulisse auf dem Weg durch die Xiling-Schlucht

Bauern vor dem Jangtse und dem Jadedrachen-Schneeberg bei Lijiang, Provinz Yunnan

Zwei Straßenbrücken über den Jangtse verbinden bei Dege die Provinz Sichuan mit Tibet

Tongtian, »Fluss zum Himmel«, heißt dieser Teil des Jangtse-Oberlaufs in der Provinz Qinghai

Hoch über dem Jangtse gelegenes Bergdorf Baoshan in der Provinz Sichuan

reißt er sehr viel Erdreich mit. Er beschreibt einen großen Bogen durch das Rote Becken und zieht sich von Südwesten nach Nordosten durch unendlich weites Ackerland. Dies ist das Land, das Pearl S. Buck in *Die gute Erde* beschrieben hat – weite Felder mit Raps, Weizen und Reis; dazwischen ragen Bananenpalmen auf, und vor strohgedeckten Hütten hängen an Bambuspfählen Pfefferschoten zum Trocknen. Das Becken ist die von Hügeln geschützte, von der Sonne erwärmte, mit fruchtbaren Böden gesegnete Kornkammer Chinas. Hier wachsen Zeder, Kiefer, Esche und Bambus. Der Bambus dieses Beckens, der besonders stark und hart ist, wird in ganz China für Bootshaken, Lotstangen und Stakstangen verwendet. Hier begegnet man auch seltsamen Insekten, die auf Bäumen leben und Unmengen von Wachs produzieren, den man sammelt, um daraus Kerzen zu machen oder Papier und verschiedene Stoffarten einzuwachsen.

Zwischen Chongqing und der nächsten größeren Stadt, Yibin, macht der Jangtse einen ausladenden U-Bogen. Um der Abwechslung willen beschlossen wir, eine Abkürzung zu nehmen und mit dem Bus durch dieses herrlich bunte und fruchtbare Land nach Yibin zu fahren. Die alte Handelsstadt liegt an der Mündung des Minjiang, kurz vor dem Ende des schiffbaren Abschnitts des Jangtse, am Rande der äußersten Ausläufer des Himalaja. Nach dem Aufbruch am frühen Morgen ist die Landschaft ringsumher flach. Steht die Sonne am späten Nachmittag tiefer und direkt vor einem, wird eine lange Reihe spitzer Berge sichtbar: die großen gezackten Gebirgsketten von Sichuan und Yunnan, die in Granit und Kalkstein thronenden Tempelwächter Tibets.

Früher hieß die Stadt Suifu. Eine alte achtstöckige Pagode ragt an der Stelle auf, wo der Minjiang sein relativ sauberes, klares Wasser in die rotgoldenen Fluten des Mutterstroms ergießt. Bis vor kurzem glaubten die Chinesen, der Minjiang sei der Mutterstrom, und viele glauben dies auch heute noch. Der Min-Fluss ist immerhin auf einer Strecke von über 200 Kilometern schiffbar – bei hohem Pegel sogar die knapp 290 Kilometer bis Chengdu. Für Handel und Verkehr spielt er eine weitaus größere Rolle als der Jangtse oberhalb Yibins. Der Jangtse dagegen ist nur noch knapp 100 Kilometer über Yibin hinaus schiffbar; weiter aufwärts ist er wegen seiner Stromschnellen nicht mehr befahrbar. An der restlichen Flussstrecke begegnet man kaum mehr nennenswertem Schiffsverkehr noch irgendwelchen größeren Städten.

Doch für Gewässerkundler zählt nur Länge, reine Länge. Zwar legt der Minjiang von der Quelle bis zur Mündung respektable 800 Kilometer zurück und würde für sich genommen durchaus zu den großen Flüssen Asiens zählen, doch neben dem Jangtse schrumpft er auf Zwergengröße, denn der Jangtse misst selbst oberhalb von Yibin mindestens noch einmal 3500 Kilometer (die genaue Länge hängt davon ab, welchen Quellfluss man als Ausgangspunkt wählt).

Doch bei Yibin ändert sich zumindest die Namengebung. Ab hier ist der Jangtse nicht mehr der Jangtse beziehungsweise der Chang Jiang ist nicht mehr der Chang Jiang. Ab hier heißt der Fluss Jinsha Jiang, »Fluss des goldenen Sandes«. Dieser Name wird jedem plausibel erscheinen, der den Fluss an der Pagode von Yibin vorbeiziehen sieht. Der Jinsha schimmert sandgelb; auf dem Min dagegen funkeln bestenfalls beziehungsweise schlimmstenfalls die Schaumkronen von Industrieabwasser. Die beiden Ströme fließen – im selben Flussbett – ein paar Kilometer weit getrennt nebeneinander her, bevor sie sich zu dem schlammbraunen Gewässer vermischen, das sich bis zum Meer hinwälzt.

Je weiter wir uns von der Meeresküste entfernten und in das wilde »Urchina« vordrangen, desto schneller schienen die Spuren der Zivilisation zu schwinden. Die typischen Kennzeichen der Städte im Jangtse-Tal – Taxis, Handys, Neonschilder, funktionierende Toiletten – wurden allmählich immer spärlicher. Ein kleiner, aber deutlicher Hinweis darauf, dass wir inzwischen in der tiefsten Provinz gelandet waren, fand sich auf den Nachttischchen in dem kleinen Hotel, in dem wir in Yibin abstiegen – eine Liste der so genannten »Strafen«, die die Geschäftsleitung zu verhängen drohte, falls ein Gast Teile der so genannten »Ausstattung« der Zimmer beschädigte oder entwendete.

Die Warnung klang streng und unerbittlich. Demjenigen, der die Matratze beschädigte oder entwendete, wurde ein Bußgeld von 450 Yuan zugemessen. Für entsprechende Vergehen an dem so genannten »Einzelsofa« drohten 140 Yuan Strafe. Für die Thermoskanne 37 Yuan. Wer über genügend Kraft verfügte, um den gesamten Inhalt des Badezimmers wegzuschaffen, konnte dies gegen Bezahlung von 1800 Yuan tun. Der »Mosquito Driver«, was immer das sein mochte, war mit 15 Yuan veranschlagt, das Türschloss mit 70 und die Mülleimer mit jeweils 3 Yuan. Vor der Abreise wurden sämtliche Kleiderbügel nachgezählt, und wer sich an selbigen vergriff, musste für jeden 2 Yuan berappen. Die Liste enthielt in 32 verschiedenen Kategorien insgesamt 61 Artikel, die ramponiert oder eingesackt werden konnten. Wer alles mitnahm und das Zimmer nackt zurückließ, stand mit nicht weniger als 8323 Yuan – umgerechnet über 1800 DM – in der Kreide.

Ferner hieß es: »Wer mit Zigaretten Löcher in Teppiche, Möbel, Tapeten, Vorhänge oder andere Einrichtungsgegenstände brennt, wird mit 50 Yuan pro Loch bestraft. Wer irgendetwas im Bett anbrennt, muss die gesamten Kosten tragen. Willkommen in unserem Hotel«, schloss die Mitteilung in einer frohlockenden Floskel.

Sichuan ist die Heimat von Li Peng, Chinas Ministerpräsident; hier wurde auch Deng Xiaoping geboren. Die Bürger von Yibin behaupten, Li sei ein Sohn ihrer Stadt, doch nach offiziellen Biografien, die an objektiveren Orten erschienen, wurde er in Chengdu geboren. Seinem Bild begegnet man jedoch überall, vor allem in jener Institution, für die Yibin in ganz China bekannt ist – der berühmten Wuliangye-Brennerei, in der seit 600 Jahren Chinas bekanntester Branntwein hergestellt wird.

Das Produkt wird als »Fünf-Körner-Saft« bezeichnet, und man zeigte mir die Unmengen von Gärreis, Sorghum, Buchweizen, Winterweizen und Klebreis, aus dem es erzeugt wird. Für meine Begriffe schmeckte das Gebräu ziemlich scheußlich, doch die Kaiser schätzten es über Generationen, und in einer Broschüre, in der es hieß, »jeder Schluck Wuliangye weckt die süßesten Erinnerungen an schöne Stunden«, wurden die Hunderte von Goldmedaillen aufgelistet, mit denen das Getränk im Laufe von Jahrzehnten bei Fachmessen in solch kulinarischen Weltzentren wie Plovdiv, Leipzig und Panama prämiert wurde. Zu sehen war auch ein Bild von einem Mann, der sich gerade ein Glas dieses Saftes gönnt. Die Chinesen kennen ihn als Jin Richen, in der übrigen Welt war er als Kim Il Sung, als Gründer Nordkoreas, bekannt; als man mir die Broschüre überreichte, war er bereits einige Jahre tot.

Eifrige Firmenvertreter in weißen Mänteln gaben sich die größte Mühe, meine Begeisterung zu entfachen, und nötigten mich im Laufe meiner Besichtigungstour, immer seltenere Tropfen zu kosten, doch ihre Mühe war vergeblich. Erst in einem Raum, in dem ein Jointventure mit einer schottischen Brennerei operierte, erwachten meine Geister. Sofort zückte man eine weitere Broschüre mit einer Chronik der Experimente in der Herstellung von Scotch.

Zunächst präsentierte man ein alkoholisches Getränk namens »Ferner Osten« – »ein vorzüglicher chinesischer Whisky, der nach traditionellen schottischen Verfahren hergestellt wird und den typischen Geschmack von Whisky, aber auch einige östliche Merkmale aufweist. Beim Öffnen einer Flasche steigt ein faszinierender Duft auf. Man kann das Getränk auf einem Rechaud genießen [wie bitte?] oder im Sommer mit an den Strand nehmen. Man fühlt sich wie verzaubert. Es ist geschmackvoll verpackt, doch die Preise sind sehr angemessen. Es weckt ebenso zarte Empfindungen wie ein guter Weinjahrgang.«

Jemand drückte mir ein Glas in die Hand. Ich nahm zögernd einen Schluck. Es schmeckte gar nicht schlecht. Ich bekundete meine Anerkennung. Die Schar der Weißkittel nickte erfreut. »Dies sein sehr Triumph«, meinte einer.

Ermutigt durch den gigantischen Erfolg dieses faszinierend duftenden Strandgetränks, gingen die Chefs von Wuliangye noch einen Schritt weiter und gründeten ein Jointventure mit Burn Stewart, einer kleinen Brennerei in der schottischen Grafschaft Fifeshire. Das Ergebnis war ein Verschnitt aus schottischen und chinesischen Destillaten, den die Chinesen lagerten und reifen ließen, abfüllten und unter zwei verschiedenen Namen verkauften – im eigenen Land als »Ampress« und im Ausland als »Empress«. Und zum »Ausland«, meinte einer der Weißgekleideten, zählte auch Schottland.

Ich sah überrascht von meinem Notizbuch auf. »Eulen nach Athen?«, fragte ich. Er strahlte nur.

Sein Selbstbewusstsein hatte einen gewissen unwiderstehlichen Charme. Und wenn eine 600 Jahre alte Firma, die sich einen Namen gemacht hatte, weil sie mit dem »berauschenden Wasser des Jangtse« Schnaps brannte, davon überzeugt war, dass sich in der gemütlichen kleinen Bar des Bahnhofshotels im schottischen Inverness chinesischer Whisky verkaufen ließ, wie konnte es dann ein so naiver Angelsachse wie ich wagen, sie eines Besseren zu belehren? Und so bemerkte ich nach einem letzten Schluck, der Ampress Whisky schmecke süßlich, torfig und wirklich gar nicht schlecht. Und der Empress Whisky sei wahrscheinlich noch viel besser.

Am nächsten Morgen bestiegen wir ein Schiff, das auf dem letzten schiffbaren Abschnitt des oberen Jangtse verkehrte – genauer gesagt, auf der ersten und letzten befahrbaren Strecke des neugeborenen Jinsha Jiang. Bereits 100 Kilometer weiter flussaufwärts wurden die Stromschnellen so stark, dass an eine Weiterfahrt nicht zu denken war. Die Kapitäne, die diese Strecke befuhren, waren nervös und übervorsichtig und hüteten sich davor, an Stellen zu fahren, die sie nach allen Regeln der Vernunft meiden sollten.

Es war ein ganz eigenes kleines Schiff mit einer fast familiär wirkenden Besatzung. Die Crew bestand aus sechs Männern und einer mütterlichen jungen Frau, die geschäftig hin- und herlief und Reis und Tee auf die Brücke brachte, wenn einer der Männer allzu besorgt dreinblickte. Der Steuermann war ein spitzbübisch aussehender Bursche mit beängstigend langem Haar – ganz ungewöhnlich für einen Chinesen. Der Kapitän, Herr Lu, war 57 Jahre alt und hatte seit seinem zwölften Lebensjahr auf dem oberen Jangtse gearbeitet. All seine Besatzungsmitglieder hatte er selbst angelernt; er wiederum war bei seinem Vater in die Lehre gegangen.

Die ersten paar Kilometer auf dem »Fluss des goldenen Sandes« sahen einigermaßen machbar aus, auch wenn das Flussbett selten mehr als 30 Meter breit war, die Ufer steil aufragten und der Fluss ein einziger schäumender Sturzbach war. Von Zeit zu Zeit hielten wir an und tasteten uns an das schwarze Schlammufer vor, damit hier eine Frau mit ihrem umgeschnallten Kind an Land springen und dort ein Bauer mit seinen Ziegen oder Bündeln an Bord klettern konnte. Doch bald gingen die schlammigen Ufer in felsige Steilhänge mit kleinen Buchten über, an denen man nirgendwo mehr anlegen konnte. Die Felsen rückten immer enger zusammen und ragten bald bedrohlich vor uns empor. Die Berge, deren scharfe Spitzen in der Mittagssonne regennass schimmerten, türmten sich meinen amerikanischen Landkarten zufolge über 3500 Meter hoch auf.

»O je!«, stöhnte Kapitän Lu an einer Stelle, allerdings mit einem Lächeln. »Dieser Fluss hier ist ein hinterhältiges Biest. Zu schmal. Zu kurvenreich. Zu brodelnd und zu strudelnd. Viel zu viele Hindernisse. Die Jungs unten in den Schluchten haben es leicht. Hier müssen wir das letzte Stück hochgezogen werden. Inzwischen ziehen sie uns per Motor. Das ist besser als früher, als uns die *qiaofu* zogen – von den Männern sind immer welche verunglückt und ertrunken.«

An einem Signalmast war eine Flagge mit einem großen Pfeil nach unten aufgezogen; das bedeutete, dass wir den Gegenverkehr passieren lassen mussten. Wir behielten so viel Fahrt bei, dass wir auf der Stelle stehen blieben, und warteten, allerdings kaum mehr als zehn Minuten. Der stromabwärts fahrende Gegenverkehr bestand aus einem Trio von drei großen Segeldschunken, die ganz plötzlich auftauchten und rasch an uns vorbeirauschten. Die Segel waren alt und überall geflickt, und bei einer der Dschunken waren einige Bambuslatten zerbrochen, doch ansonsten schienen die Männer, die auf den Heckkajüten saßen, allen Grund zu haben, so stolz und keck dreinzublicken, denn ihre Schiffe glitten ruhig und elegant über die aufgewühlten Wogen.

Dann holte der Signalwärter die Flagge ein und hisste eine mit dem Pfeil nach oben. Kapitän Lu gab Vollgas, und wir bewegten uns wieder langsam vorwärts und kämpften uns durch die tosenden Strudel. Es wurde immer schwieriger, Fahrt beizubehalten und zu manövrieren, doch auf der Brücke schien jeder bemüht, das kleine Gefährt durch reine Willenskraft vorwärts zu zwingen, so wie ein Autofahrer versucht, seinen Wagen mit schleifender Kupplung einen steilen Berg hinaufzuschinden.

Dann sichteten wir unser Ziel – eine eiserne Boje mit einer großen Flagge in der Mitte des Flusses. Dies war die Verholboje. Von hier aus wurden die Boote gegen den Strom gezogen. Alle atmeten erleichtert auf, als die Boje sichtbar wurde. Wir fuhren langsam auf sie zu – für 100 Meter brauchten wir nicht weniger als 15 Minuten – und kamen schließlich neben ihr zu stehen. In dem Moment kam uns auf einem Sampan ein kräftiger kleiner Mann entgegen, der einem der Männer auf unserem Vorderdeck eine schwarze Stahltrosse zuwarf, die dieser sofort um ein Spill legte und festzog. Vor uns tauchte aus den Fluten ein Stahlkabel auf. Es führte, wie ich durch mein Fernglas erkennen konnte, zu einer dampfbetriebenen Hilfsmaschine, die 100 Meter stromaufwärts in den Fels betoniert war.

Die Sirenen an Land und auf unserer Brücke tauschten einige Hupsignale aus. Dann heulten unsere Motoren auf; gleichzeitig stieß die Dampfmaschine dicke Wolken aus, und das Stahlseil spannte sich so straff wie eine Klaviersaite. Wir bewegten uns wieder vorwärts, langsam und quälend. Unter uns kreischte das Metall, und um uns herum brodelte das Wasser. Dem Kapitän brach vor Nervosität der Schweiß aus, und der langhaarige Junge am Steuer konzentrierte sich mit tief gerunzelter Stirn. Der Donner der Wogen, die gegen unsere Bordwände klatschten, wurde immer lauter, und jedesmal wenn wir eine Welle vor den Bug bekamen, schoss die Gischt in einem gewaltigen Schwall über die Brücke.

Und auf einmal war alles vorbei. Die Wogen glätteten sich, die Strömung ließ nach. Die Hilfsmaschine, die inzwischen so nahe war, dass wir die Betreiber sehen und ihnen zuwinken konnten, wurde abgestellt. Der Sampan, der zusammen mit uns wieder heraufgezogen worden war, tauchte längsseits auf und nahm uns das Stahlseil ab. Nun fuhren wir wieder mit eigener Kraft am Fuß der dunklen Felsenstirn dahin, begleitet vom freudigen Schreien zuschauender Kinder.

Eineinhalb Kilometer weiter oben erreichten wir in einem Ort, der einmal als Xinshizhen und ein anderes Mal als Pingshan bezeichnet wurde, eine Anlegestelle. Der Kapitän klatschte in die Hände, zündete sich eine Zigarette an und sagte einfach – auf Englisch – »No more go«. Auf den Schildern stand der Name des Ortes in Chinesisch und in einer anderen, nicht identifizierbaren Schrift, die wie die Klecksereien eines hyperaktiven Kindes aussah. Das sei die Schrift der Yi, erklärte der Kapitän. Die Leute, die in der nahegelegenen Stadt Leibo und in dem Gebiet bis zu 150 Kilometer westlich von hier lebten, seien allesamt Yi.

Ihn schauderte. »Ich mag sie nicht. Sie machen mir Angst.«

Er spendierte uns ein Abschiedsessen, das er durch üppigen Ausschank von Wuliangye-Schnaps so lange ausdehnte, bis der Bus nach Leibo eintraf. Dann instruierte er seine Jungs mit lauter und aufgeregter Stimme, das kleine Schiff für die Rückfahrt nach Yibin klarzumachen. Er stand beängstigend wackelig auf den Beinen, doch es hatte wenig Sinn, in Pingshan zu bleiben. Wie der große Kenner chinesischer Schiffe, George Worcester, vor 60 Jahren schrieb, ist Pingshan »eine ganz kleine Stadt, die sich durch nichts auszeichnet, außer dadurch, dass sie auf dem fünftgrößten Strom der Welt das Ende des durchgehenden Dschunkenverkehrs auf dem 2700 Kilometer langen schiffbaren Abschnitt von der Küste aufwärts markiert«.

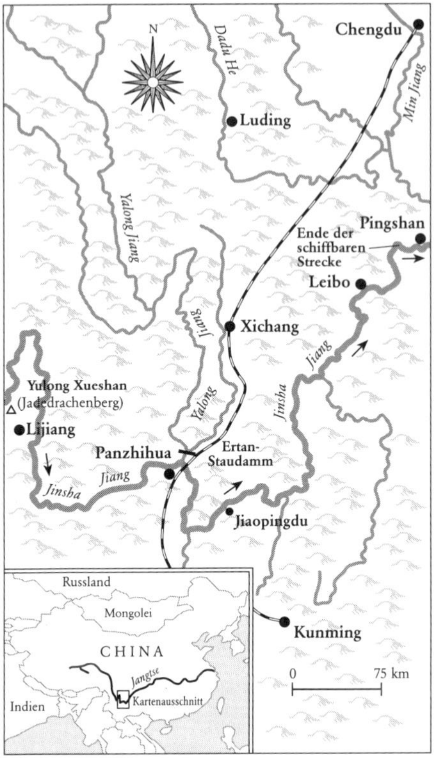

Im Gartenland des Joseph Rock

Kurz vor meinem Start zu dieser Chinareise war ich auf eine höchst seltsame Bildlegende gestoßen, die unglaublich sonderbar klang. Sie erschien in einem Band mit den Fotos eines exzentrischen austroamerikanischen Botanikers und Forschers namens Joseph Rock, und zwar unter einem Schwarzweißfoto, das jener anno 1924 in den Bergen des oberen Jangtse-Tals aufgenommen hatte. Es zeigte zwei

Jugendliche, die ein kurioses Objekt trugen, welches so groß war wie sie selbst und wie eine unförmige Tonskulptur aussah. Was auch immer es gewesen sein mochte – ein Plastilin-Torpedo, eine geschmolzene Benzinpumpe, ein Alien, ein zerquetschtes Automobil –, es schien eine Nase zu haben. Bei näherer Betrachtung sah es so aus, als sei es irgendwann einmal eine Art von Tier gewesen.

Und so war es auch. Die Bildlegende konstatierte ohne weiteren Kommentar: »Zwei Moso-Jungen zeigen ein prächtiges Exemplar eines Knochenlosen Schweins. Nach dem Schlachten, Entbeinen und Einpökeln werden diese Riesenschweine bis zu einem Dutzend Jahre lang als Matratzen benutzt, bevor sie verzehrt werden. Dieser Brauch, der ursprünglich vor Hungersnöten schützen sollte, wird in Muli und Yongning auch heute noch gepflegt.«

Wie bitte? Ich las die Bildunterschrift ein zweites Mal, langsam und sorgfältig. Es hatte etwas Irreales, innerhalb eines einzigen Absatzes Wörtern und Ausdrücken wie »Schwein«, »Matratze«, »ein Dutzend Jahre« und »verzehren« zu begegnen, und einen Augenblick lang dachte ich, ich hätte im Halbschlaf womöglich eine Überdosis seltsam wirkender Pillen eingenommen.

Aber dem war anscheinend nicht so. Als ich ein paar Tage später weitere Texte über diesen Winkel der Erde studierte, stieß ich auf einen zweiten, nicht minder seltsamen Hinweis, diesmal auf ein Volk, das in der Nähe der Moso lebte und unter dem Namen Naxi bekannt war. Unter den vielen soliden Eigenheiten dieses Volkes gab es auch den Brauch, dass unglücklich Verliebte Selbstmord begingen, indem sie ein Gebräu tranken, »das die Stimmbänder lähmt, sodass das Opfer nicht mehr um Hilfe rufen kann«. Die Bewohner dieser Berge schienen wirklich komische Angewohnheiten zu haben, und da die fraglichen Berge fast genau bei Pingshan beginnen, wo alle Schiffe, die den Jangtse hinauffahren, zum Halt gezwungen werden, näherten wir uns nun also rapide ihrem Gebiet.

»Dies ist die Grenzlinie«, hieß es in einem Führer, »zwischen dem Volk der Han und den ethnischen Minderheitenvölkern der Yi und den vielen weiteren Gruppierungen in den Ausläufern der tibetischen Gebirge.« Das Gebiet um den Unterlauf, das Lily und ich in den vergangenen Wochen durchreist hatten, war das so genannte »eigentliche« China. Vor uns lag nun die noch viel unberechenbarere Welt der Nichtchinesen, die zwar in das Chinesische Reich eingegliedert worden waren, aber nach wie vor und unabänderlich außerhalb dieses Reiches standen. In gewissem Sinne war die Stadtgrenze von Pingshan die westlichste Begrenzung dessen, was man als »das Reich der Chinesen« bezeichnen könnte.

In Leibo, dem Verwaltungssitz des halbautonomen Bezirks Yi, wurde alles irgendwie ein wenig seltsam. Lily und mir war es gelungen, in einem kleinen Gasthof Zimmer zu finden, und nach einem Nudelgericht in einem Restaurant, das von einer unvergesslich hübschen Yi-Frau betrieben wurde, zogen wir uns erschöpft auf unsere Buden zurück. Um ein Uhr nachts wurden wir durch ein donnerndes Hämmern an unseren Türen geweckt, und ein Trupp chinesischer Schlägertypen forderte uns auf, zu einem Verhör vor den örtlichen Vertretern des Sicherheitsbüros zu erscheinen. Im Schlafanzug torkelten wir nach unten. Drei schmierige Chinesen in schwarzen Lederjacken und mit Zigaretten im Mundwinkel warteten auf uns. Wieso wir uns hier aufhielten, wollten sie wissen. Ob wir nicht wüssten, dass Ausländern der Zutritt zu dieser Stadt verboten sei? Ob mir nicht bekannt sei, dass dieses Hotel keine Gäste von außerhalb aufnehmen dürfe? Lily, der man vorwarf, einen Unwissenden über die Grenze geführt zu haben, wurde besonders scharf angegriffen. Sie reagierte darauf, indem sie sich zu ihrer beängstigend vollen Größe aufrichtete und mit lauter Stimme Respekt und Höflichkeit von Männern verlangte, die, wie sie betonte, lediglich Staatsbedienstete waren und deren Pflicht es sei, den Bürgern zu dienen.

Es war ein hochriskanter, aber niederschmetternder Ausbruch – eine Reaktion auf eine polizeiliche Vernehmung, wie man sie in London oder New York kaum wagen würde, geschweige denn im wilden Hinterland des westlichen China. Aber vielleicht kannte ich Lily noch gar nicht richtig. Dieser Ausbruch, dem noch viele ähnliche folgen sollten, wirkte Wunder. Die drei Polizisten wurden sofort kleinlaut und boten uns an, die Angelegenheit zu regeln, indem wir ein Bußgeld von etwa einem Dollar pro Person entrichteten und versprachen, die Stadt bei Sonnenaufgang zu verlassen – was vollkommen berechtigt war, wie sie betonten, weil Leibo (was so viel wie »Donner und Woge« bedeutet) definitiv eine gesperrte Stadt sei.

Als die Atmosphäre etwas ruhiger und entspannter geworden war und Zigaretten und Tee herumgereicht wurden, fragte ich einen der Männer, weshalb sie so misstrauisch gewesen seien und so begierig, uns hinauszuschmeißen.

»Wegen der Yi«, erklärte er. »Sie sind eine äußerst unangenehme Minderheit.* Sie hassen uns. In ihren Augen ist dies ihre Stadt. Die Beziehungen zwischen uns und ihnen können mitunter sehr gespannt sein. Ausländer schüren das Ganze oft noch zusätzlich, und das gefällt uns gar nicht.«

Also brachen wir am nächsten Morgen auf, gleich nach dem Frühstück auf einem Grashügel mit einem herrlichen Blick auf den Fluss, der sich 300 Meter unter uns unhörbar dahinzog. Hier oben

* Die Yi, von denen es ungefähr sechs Millionen gibt, sind ein Volk von Bauern und Jägern; sie haben hohe Nasenrücken, sprechen eine tibetobirmanische Sprache und bedienen sich einer primitiven phonetischen Schrift. Sie tragen bunte Gewänder und verwenden für ihre Bekleidung und Behausung sehr oft Filz – ein Material, bei dem die Fasern nicht gewoben, sondern gepresst werden. Gejagt wird mit Giftpfeilen. Im Gegensatz zu anderen Minderheitenvölkern war es bei ihnen nie üblich, die Füße zu binden. Sie sind auch unter dem Namen Lolo bekannt und in zwei Kasten unterteilt – die Weißknochen und die Schwarzknochen. Letztere, eine Subminderheit, bildeten einst die herrschende Aristokratie der Yi.

wuchsen äußerst süße, kleine wilde Erdbeeren. In der Ferne schnatterten Enten, und große braune Bussarde kreisten hoch am Himmel. Der Ort wirkte vollkommen friedlich. Hier oben hatten die Zwistigkeiten zwischen Han und Yi keinerlei Bedeutung. Es zählte nur der Fluss, der alles bestimmte. Er wirkte wie ein wild daherkommendes Tier, oder auch wie eine dicke Sirupspur mit weißen Streifen, eingeklemmt zwischen Felsen, die nicht minder steil und gefährlich waren wie die in den Schluchten – ein unerbittlicher Fleck für jeden Schiffsführer.

Flussabwärts beeindruckte der Jangtse durch seine Breite und seine majestätische Gewalt; hier oben bedrohte er durch seine Schnelligkeit, Schroffheit und Unberechenbarkeit. Von hier oben sah der Fluss genau so aus, wie jeder gesagt hatte: Dies war der beschwerlichste und gefährlichste Strom der Welt, bei dem alle paar 100 Meter Stromschnellen aufschäumten. Ich sah fasziniert zu, wie die endlose Prozession von Baumstämmen, die von den fernen Wäldern des nördlichen Sichuan stromabwärts trieben, über die Stromschnellen tanzte: Im Kampf gegen die Wellen bäumte sich ein Ende himmelwärts auf und tauchte gleich darauf wieder tief in den schäumenden Wirbel ein, und der Stamm taumelte von Ufer zu Ufer. Kein Schiff würde das überleben. An ein paar Stellen schossen kleine Sampans über den Fluss, mit denen Bauern zu ihren Wiesen am anderen Ufer übersetzten, doch ich beobachtete, dass sie sich nie weiter stromauf- oder stromabwärts vorwagten, zweifellos aus Angst, in den wilden Strom zu geraten und an den Felsen weiter unten zu zerschellen.

Den Fluss hier zu befahren, war ein Ding der Unmöglichkeit. Nicht gänzlich unmöglich war es dagegen, den Fluss zu überqueren, wie die Sampans unter uns anschaulich demonstrierten. Mein nächstes Ziel, ein paar 100 Kilometer weiter stromaufwärts, war nämlich der berühmteste Überquerungspunkt überhaupt – die Stelle, an der es Mao Zedong und seiner Roten Armee gelungen war, im Frühsommer des Jahres 1935 vom südlichen ans nördliche Ufer überzusetzen: Mao schaffte den entscheidenden Schritt bei jener Operation, die inzwischen als der »Lange Marsch« in die Geschichte eingegangen ist.

Solch einen geweihten Ort auf der politischen Landkarte Chinas zu erreichen, ist auch heute noch nicht ganz einfach, wenn auch kaum so mühsam, wie es damals für Maos erschöpfte und unterernährte junge Soldaten gewesen sein muss. Als Erstes bestiegen wir den Bus nach Xichang, einer Stadt weit im Norden des Jangtse, an einem großen Nebenfluss, dem Yalong. Unter normalen Umständen dürfte die Fahrt lediglich furchteinflößend gewesen sein. Die ersten paar Kilometer bretterte der Bus über schmale, staubige Pisten, die sich Hunderte von Metern über dem Fluss die Felsen entlang schlängelten. Mehr als einmal durchbrach ein Reifen den Schutzwall aus losem Erdreich und hing frei über dem Abgrund, sodass jene, die über diesem Rad saßen, in schwindelnder Tiefe direkt unter sich den schäumenden Fluss sehen konnten. In solchen Augenblicken wurden sämtliche Fahrgäste gebeten, langsam und vorsichtig auszusteigen; dann zerrten der Fahrer und seine Helfer das leere Gefährt wieder auf die Fahrbahn.

Und auch die Bremsvorrichtung trug kaum dazu bei, meine Hoffnung auf ein Überleben zu stärken. Hinter dem Fahrersitz hing eine komische Apparatur mit kleinen Gummischläuchen; sie wurde aus einem Kanister auf dem Dach* gespeist und lieferte Kühlwasser für die Bremsbacken. Immer wenn der Bus bergab rollte, in der Regel vor einer scharfen Kurve am Rande eines steilen Abhangs, griff der

* Auf anderen Bussen befanden sich riesige schwarze Gummibehälter, die das gesamte Dach abdeckten und mit Erdgas gefüllt waren, dem billigsten Kraftstoff in jener Region.

Fahrer hinter sich und drehte einen kleinen Messinghahn an dem Schlauch auf, sodass das Wasser durchfloss; doch meistens riß er dabei den Schlauch los und setzte den Boden des Busses unter Wasser; und wenn er merkte, dass die Bremsen anfingen zu qualmen und unsere Talfahrt sich kein bisschen verlangsamte, bat er einen Fahrgast – meist mich, weil ich direkt hinter ihm saß –, den Schlauch zu suchen und wieder anzustecken, und zwar schnell! Es funktionierte immer. Nach etwa 15 Kilometern war dieses Prozedere patentreif, doch es machte die Fahrt weit interessanter als vielleicht nötig gewesen wäre.

Wäre unsere Buslinie eine reguläre Linie gewesen, hätte sich das Maß des Schreckens an Bord wahrscheinlich auf diese Episoden beschränkt. Es war jedoch so, dass unser Bus – kaum dass wir den rotweißgestreiften Schlagbaum des eigentlichen chinesischen Reiches passiert hatten – durch das Gebiet der Yi fuhr. Und aufgrund dieses simplen anthropologischen Umstands wurde die Reise, die ansonsten lediglich furchteinflößend war, zu einem regelrechten Alptraum. Die Yi – die Männer sind groß und stattlich, schokoladenbraun und mit Turbanen geschmückt (wobei ihr Haar durch ein Loch im Turban heraushängt) und dem Vernehmen nach wild; die Frauen sind nicht minder attraktiv in ihren blauweißgestreiften Trachten, die man unter anderen Umständen als reizvoll zu empfinden geneigt wäre – gingen davon aus, ein verbürgtes Recht zu haben, in diesem einmal wöchentlich verkehrenden Bus mitzufahren, egal wie viele Fahrgäste sich bereits an Bord befanden und ohne Rücksicht auf solch lästige Bagatellen wie das Lösen von Fahrscheinen und ohne jeden Respekt gegenüber dem Han-Chinesen, der versuchte, beim Betrieb dieser Buslinie wenigstens gewisse Regeln einzuhalten.

Der Bus war für etwa 50 Fahrgäste gebaut. Unterwegs, auf halber Strecke nach Xichang, zählte ich 140 Menschen an Bord sowie mehrere Dutzend Hühner und ein Schwein, das immer wieder in der automatischen Tür eingeklemmt wurde und nach dem Ende der Reise wahrscheinlich knochenlos und reif für den Dienst als Matratze war. Menschen quetschten sich in den überfüllten Bus, doch hinter den nächsten Kurven warteten weitere Häuflein Yi, die den Bus anhielten und darauf bestanden, sich ebenfalls noch hineinzuzwängen. Und wehe dem Fahrer, der sich weigerte anzuhalten. »Ich kannte einmal einen, der einfach weiterfuhr«, erzählte mir der Fahrer unter vier Augen. »Er durfte diese Strecke nie wieder fahren. Sie bedrohten ihn und seine Familie. Er wurde regelrecht terrorisiert.«

Als die 140 Personen im Inneren des Busses verstaut waren, war das Fahrzeug so vollgepackt mit Mensch und Tier, wie es die Gesetze der Physik überhaupt nur zuließen. Ab diesem Zeitpunkt kletterten weitere Angehörige des Yi-Volkes außen an dem Bus hoch und ließen sich auf dem Dachgepäckträger nieder. Als das dem Fahrer zu viel wurde, forderte er die Leute auf, vom Dach herunterzusteigen, und ging schließlich sogar so weit, mit Steinen zu werfen, um sie zu verjagen. Die Männer fingen die Steine einfach auf und schleuderten sie zurück, woraufhin sich der Fahrer hinter sein Lenkrad flüchtete und versuchte weiterzufahren. Wir plagten uns langsam eine Hügelkette hinauf zu einem Plateau, auf dem eine Wetterstation im Winter die Schneeverwehungen registrierte. Wir schafften es auch noch, auf der anderen Seite bis in ein winziges Dorf mit einer staubigen Hauptstraße hinunterzurollen, doch da erklang plötzlich ein metallenes Kreischen und ein wütendes Schnauben: Der Motor hatte aufgegeben, mit der massiven Überbelastung fertig zu werden. Der Bus blieb mitten auf der Strecke liegen. Die riesige Menschenmenge stürzte sofort heraus, scharte sich um den Bus und starrte lachend auf den Fahrer, der sich eifrig bemühte herauszufinden, wo der Fehler lag und wie er zu beheben war.

Doch als ihm der Ernst der Lage klar geworden war, hatten Lily und ich bereits einen Ersatz gefunden – eine freundliche Polizistin, selbst eine Yi, eine stattliche, attraktive Frau mit »sensationell großen Brüsten«, wie Lily später voller Neid bemerkte. Für ein paar Scheine erklärte sie sich bereit, uns die restliche Strecke über die letzten Bergketten nach Xichang zu fahren. Wir kamen vor Einbruch der Dunkelheit an. Ich dachte mir noch, dass all die Yi wahrscheinlich immer noch vor dem Bus standen, denn höchstwahrscheinlich war ein Dichtungsring geplatzt und gleichzeitig eine Halbachse gebrochen – ein Schaden, den selbst ein durchschnittlich begabter chinesischer Fahrer wohl nur schwer zu beheben vermochte.

Xichang, das mit einer so reinen Atmosphäre gesegnet ist, dass die Einheimischen es »Mondstadt« nennen, ist Chinas Cape Canaveral – das wichtigste Zentrum des (derzeit unbemannten) Raumfahrtprogramms des Landes. Von hier aus werden mit eindrucksvoller Regelmäßigkeit Satelliten auf ihre Umlaufbahn geschickt, und zwar mit Hilfe einer Rakete, die den treffenden Namen »Langer Marsch« trägt.

Als ich einmal die gigantische Hughes-Luftfahrtzentrale im südlichen Kalifornien besichtigte, konnte ich auch einen Satelliten sehen, der von Xichang aus in den Weltraum ausgebracht werden sollte. Es war ein riesiger, trommelförmiger Nachrichtensatellit, der nach seinem ersten Start von seiner Bahn abgekommen war, von der amerikanischen Space Shuttle wieder eingefangen und zur Reparatur auf die Erde zurückgebracht worden war. Als ich ihn sah, war er gerade von einem Konsortium von Geschäftsleuten in Hongkong gekauft worden; ein paar Monate später wurde er nach Xichang geschafft und im April 1990 schließlich mit einer chinesischen Rakete wieder in den Weltraum geschossen.

Der Start dieses Satelliten löste übrigens eine der tief greifendsten kulturellen Umwälzungen aus, die das moderne Asien je erlebte. Der Satellit strahlte nämlich bald schon die diversen Programme von »Star TV« aus, einem Satellitenfernsehen, das jenes Hongkonger Konsortium gegründet hatte und das ganz Asien abdecken sollte. Innerhalb des riesigen Ausstrahlungsgebiets des Satelliten hatte jeder, der über eine Satellitenschüssel verfügte, sofort Zugriff auf ein unendliches Menü aus populärer Musik, Sport, Nachrichten und Filmklassikern – das heißt, Chinesen in Schanghai konnten taiwanesische Filme sehen, Inder in Bombay konnten zu Musik aus Seoul tanzen, und Iraner und Koreaner konnten Fußball aus Hokkaido und Singapur sehen.

Diese Neuerung zeigte bereits faszinierende Auswirkungen – die Befruchtung mit fremden Ideen innerhalb der Jugend der verschiedenen Regionen, eine allmähliche Homogenisierung der kulturellen Ikonen und die Entstehung einer neuen, pan-asiatischen Identität unter den Millionen Zuschauern – Folgen, die die Eigentümer des Satelliten jedoch kaum vorausgeahnt hatten.* In Xichang selbst wurde das Potenzial dieser Innovation allerdings noch längst nicht erkannt; es war eine der wenigen Städte, in denen man kaum Satellitenschüsseln sah, und als ich eine Taxifahrerin fragte, wovon die Stadt hauptsächlich lebte, antwortete sie lediglich: »Holz.«

An dem Tag, an dem wir aus Xichang abreisen sollten, gerieten Lily und ich heftig aneinander. Wir waren seit mehreren Wochen zusammen unterwegs, die Reise war oft anstrengend gewesen, und wir waren beide etwas erschöpft. Der Zwischenfall, der sich ereig-

---

* Sehr schnell erkannt wurde die Bedeutung des Satelliten indes von dem Medienmagnaten Rupert Murdoch, der kurz nach dem Start eine maßgebliche Beteiligung bei »Star TV« erwarb und inzwischen ehrgeizige Pläne verfolgt, die Sendereichweite für seine diversen Nachrichten- und Unterhaltungsprogramme auf diesen gewaltigen potenziellen Absatzmarkt auszuweiten. Eine seiner ersten Entscheidungen, die für einigen Ärger sorgte, bestand darin, BBC World Service News abzustoßen; die Chinesen, deren Gunst er suchte, fanden an dem Nachrichtenprogramm keinen Gefallen und wollten sich lieber auf Musik und alte Filme beschränken – ein Wunsch, den ihnen Murdochs Leute liebend gern erfüllten.

nete, wurde jedoch fast ausschließlich durch mich hervorgerufen. Die Art, wie er sich abspielte, liefert vielleicht ein anschauliches Beispiel für jene oft missverstandene Sensibilität, die fast allen asiatischen Völkern gemein ist und die mit dem Bestreben zu tun hat, das »Gesicht zu wahren«.

Der Zusammenhang war ganz einfach. Ich hatte erfahren, dass auf dem Campus eines kleinen College in einem Vorort von Xichang eine junge Schottin wohnte; sie war nicht da, als ich mich bei ihr melden wollte, und so fasste ich den Entschluss, später, auf dem Weg zum Bahnhof, kurz vorbeizufahren. Lily und ich wollten den Eilzug nehmen, der um 21 Uhr nach Panzhihua abfuhr. Ich dachte, wenn wir um acht Uhr vom Hotel aufbrächen, könnten wir beim College vorbeifahren, die Grüße ausrichten und das kleine Geschenk, ein Fläschchen Johnnie Walker, abliefern und dann zum Bahnhof weiterfahren. So stiegen wir vor dem Hotel in ein Taxi, und ich lehnte mich zurück, um die Fahrt zu genießen.

Zehn Minuten später bemerkte ich jedoch, dass wir in die falsche Richtung fuhren; wir machten nicht den geplanten Umweg, sondern fuhren direkt Richtung Bahnhof. Ich fragte Lily nach dem Grund, doch sie schien irgendwie peinlich berührt und blieb stumm. Daraufhin – und das war mein großer Fehler – schrie ich sie an und verlangte, das Taxi sofort umkehren und zu dem College fahren zu lassen. Der Fahrer reagierte sofort, meinte jedoch, dass die Zeit inzwischen zu knapp sei – falls wir die Studentin noch besuchen wollten, würden wir den Zug verpassen. Ich explodierte, schrie Lily an und befahl dem Fahrer wütend, abermals umzudrehen und zum Bahnhof zu fahren. Ich konnte der Frau ja schreiben und ihr alles erklären. Ich wusste, dass sie wartete und enttäuscht sein würde. Auch ich war enttäuscht. Dabei wäre all das Theater leicht zu vermeiden gewesen.

Lily weigerte sich, mit mir zu reden. Sie stieg schluchzend in den Zug. Sie fragte den Schaffner, ob sie bis Kunming durchfahren könne, was dieser bejahte, worauf sie einen Mitreisenden bat, mir auszurichten, ich könne allein in Panzhihua aussteigen. Sie würde nicht mit mir weiterreisen, sondern nach Schanghai zurückfliegen. Ich könne den Rest der Strecke allein zurücklegen. Sie sei noch nie so schlecht behandelt worden. Alle Menschen aus dem Westen, sagte sie, seien ungehobelte und übellaunige Despoten, und ich sei der schlimmste, der ihr je untergekommen sei, und ich hätte kein Gespür dafür, in was für eine peinliche Lage ich sie gebracht hätte.

Doch zum Glück dauerte die Fahrt nach Panzhihua gut fünf Stunden, selbst mit dem Eilzug. Das gab mir genügend Zeit, mich mit dem nötigen Nachdruck zu entschuldigen und zu erklären und einzuschmeicheln, sodass sie sich bei der Ankunft des Zuges in Panzhihua bereit erklärte, zumindest auszusteigen und mit mir in die Stadt zu kommen und sich die Sache noch einmal zu überlegen. Wir unterhielten uns bis tief in die Nacht, und bei etlichen Flaschen Tsingtao-Bier erklärte sie mir das Problem.

Das Schlimme sei nicht gewesen, dass ich wütend geworden war, erklärte sie – das hätte sie ja verstehen können. Sie hätte mich missverstanden, und es sei ihre Schuld gewesen, dem Taxifahrer nicht gesagt zu haben, er solle den Umweg fahren. Das mit der Schottin bedauere sie, und es sei ihr klar, wie enttäuscht sowohl sie als auch ich gewesen sein müssen. Doch das rechtfertigte nicht den Frevel, den ich begangen hätte, der ihrer Meinung nach darin bestand, dass ich sie *vor dem Taxifahrer* anfuhr. Das bedeutete nämlich, dass sie vor einem Fremden ihre Würde, ihr Ansehen, *ihr Gesicht* verlor. Ich hätte dafür gesorgt, dass sie ihr Gesicht verlor, und das sei ein unverzeihliches Vergehen.

Aber – was kümmert uns der Taxifahrer, stotterte ich. Sie habe ihn ja gar nicht gekannt, und auch er habe sie weder gekannt noch sich groß für sie interessiert. Er war ein Fremder, und seine Meinung über sie, über uns, sei weder von Bedeutung noch von Interesse.

»Darum geht es nicht«, gab sie zurück. »Es spielt keine Rolle, wie wenig ich ihn kannte. Entscheidend ist, dass ich das Gefühl hatte, ihm nicht fremd zu sein. Ich hatte mich mit ihm unterhalten. Wir waren nett zueinander gewesen. Wir hatten Kontakt zueinander aufgebaut, und es ist ganz egal, wie kurz oder wie oberflächlich dieser Kontakt war. Doch dann mussten Sie, Sie rüder westlicher Riesenidiot, mich vor ihm bloßstellen. Ihretwegen stand ich wie ein Trottel vor ihm da, und das veränderte seine Beziehung zu mir. Ihr aus dem Westen bringt das immer wieder fertig. Ihr seid so verdammt unsensibel, so völlig gleichgültig gegenüber dem, was wir empfinden.«

Am Ende dieser Lektion standen ihr die Tränen in den Augen, doch ich konnte sehen, dass ihr Zorn sich gelegt hatte. Ich entschuldigte mich erneut, gab zu, ein unsensibles Scheusal von einem *lao wai* gewesen zu sein, und versprach, mich in Zukunft zu bemühen, mehr Rücksicht auf ihre Gefühle und die aller Chinesen, mit denen ich zu tun hatte, zu nehmen. Sie schniefte, tupfte sich die Wangen ab, lächelte und bestellte sich noch ein Bier.

»Okay – alles vergessen«, sagte sie lächelnd. »Problem gelöst. Dann wollen wir mal sehen, wo der Lange Marsch langging.«

Ein Fahrer namens Wang und seine Freundin, Pu Ping, erklärten sich bereit, uns zu der Stelle zu bringen, an der Mao den Jangtse überquert hatte. Sie meinten, wir würden zwei Stunden brauchen, um dorthin zu kommen. Es dauerte 15 Stunden. Die Hauptausfallstraßen der Stadt waren schnurgerade und von Eukalyptusbäumen gesäumt, welche die Engländer aus Australien eingeführt hatten; doch nach knapp 15 Kilometern mussten wir von der Hauptstraße abbiegen, um zum Flusstal zu gelangen, und ab da waren die meisten Straßen kaum besser als Feldwege. Wir schleppten uns langsam und qualvoll die Talschluchten entlang und über die gewaltigen Bergketten hinweg. »O je!«, stöhnte Wang immer wieder, »ich dachte, Maos Mahnmal sei leichter zu erreichen.«

Mao hatte seine 45 000 Anhänger bereits fünf Monate lang durch das Land geführt. Allmählich war klar geworden, dass ihm nichts anderes übrig blieb, als den Jangtse zu überqueren und aus dem Bergland von Yunnan nach Norden in die lebenswichtige Provinz Sichuan überzusetzen. Mit seinen Führungsstrategen hatte er drei Stellen ausgekundschaftet, an denen eine Überquerung möglich war – alle drei lagen oberhalb von Yibin. Die mittlere Stelle, an der Mao und Tschou En-lai ihr Hauptquartier aufschlugen und an der die meisten übersetzten, lag in der Nähe von Jiaopingdu, einem wichtigen Knotenpunkt der alten Karawanenstraße. Hierher brachten die Händler aus Yunnan früher Opium, Waschgold und exotische Gewänder aus dem Süden, aus Birma und Annam; und in der Karawanserei am nördlichen Flussufer warteten die Kaufleute aus Sichuan, die Salz und Silber, Felle und tibetische Kräuter und Arzneimittel feilboten.

Heute – zumal mit dem Auto – mag es schwierig sein, Jiaopingdu zu erreichen, doch früher zogen regelmäßig Maultiertrecks dorthin. Und die Stelle, an der die Händler ihre Waren über den Fluss schafften, ist so alt und ehrwürdig wie die großen Pässe und Stationen entlang der Seidenstraße 800 Kilometer weiter nördlich. Möglicherweise ist dies auch die Stelle, an der die uralte Birma-Straße den Fluss überquerte, an der die Händler aus Prome, Pagan und Mandalay auf dem Weg in die damalige chinesische Hauptstadt, das einstige Chang'an und heutige Xi'an, auf diese höchst abschreckende Grenze, den reißenden Strom, stießen.

Zahlreiche Händler warteten in der Karawanserei auch an jenem Tag Ende April 1935, an dem Maos Kundschafter von Süden her auf den Fluss stießen. Der Spähtrupp sollte eine Stelle für eine sichere Flussüberquerung suchen, insbesondere für das so genannte Kaderregiment, in dem die kommunistische Führungsspitze marschierte, sowie dessen Infanteriegarden aus der berühmten Ersten und Dritten Heeresgruppe.

Die Späher verlangten Boote – gleichgültig in welchem Zustand. »Wir sind Rotgardisten«, versicherten sie den Händlern. »Wir werden die Feudalherren und die gottlosen Grundbesitzer ausmerzen. In zehn Jahren kommen wir wieder und geben euch Land.« Vertrauen oder blinder Glaube – oder vielleicht auch Nötigung – veranlasste die Kaufleute, fünf klapperige Boote aufzutreiben, zwei am nördlichen Ufer (in Sichuan) und drei am südlichen (in Yunnan). Ein nationalistischer Wachtrupp wurde beim Mah-Jongg-Spiel überrumpelt; die Männer wurden erschossen, ihre Waffen eingesammelt. Ein paar Tage später konnten die Kundschafter zwei weitere Boote auftreiben. Anfang Mai hatte sich der größte Teil des Spähkommandos sicher am Ufer von Sichuan niedergelassen. Die Verbände der Nationalisten waren vertrieben worden; sie versteckten sich wahrscheinlich in den Bergen, die Lily und ich, Mr. Wang und Pu Ping auf unserer Holperpartie gerade überquerten.

Mao und sein Führungsstab passierten den Fluss am 1. Mai noch vor Tagesanbruch. In den Sandsteinfelsen am Ufer von Sichuan entdeckten sie elf Höhlen, in denen sie ihr Hauptquartier aufschlugen. Mao hatte eine eigene Höhle, ebenso Tschou En-lai; die übrigen Höhlen dienten weiteren hohen Parteifunktionären, den Funkern und der Leibwache.

Von hier aus sahen Mao und seine Leute zu, wie die sieben Boote über den Fluss pendelten. Die reine Überquerung dauerte drei Minuten. Ein Boot nach dem anderen wurde bis auf den letzten Platz mit Soldaten besetzt. Die Pferde scheuten und mussten gezwungen werden, neben den Booten herzuschwimmen. Bei Tag gestaltete sich die Operation recht einfach, solange die Nationalisten keine Luftangriffe flogen. Die gewaltigen Steilufer gewährten einen gewissen Schutz, denn nur wenige Bomber wagten den Tiefflug in diese enge Spalte. In der Nacht wurden an beiden Ufern riesige Feuer entfacht, an denen sich die Bootsführer orientieren konnten.

Die 36 Einheimischen, welche die 30000 Soldaten von Süden nach Norden übersetzten, wurden entweder mit einem mexikanischen Silberdollar oder mit fünf Unzen Opium entlohnt. Die Organisatoren des Langen Marsches bemühten sich, grundsätzlich alle potenziellen Sympathisanten, auf die man unterwegs stieß, fair zu behandeln. Dieser Grundsatz war ganz wichtig für das Bild in der Öffentlichkeit. Es wurden niemals Lebensmittel geplündert. Kein Haus wurde ausgeräubert (außer es gehörte einem Grundbesitzer, der somit als Freiwild galt). Keine Frau wurde belästigt. Kein Bauer wurde beleidigt. Und die Fährmänner wurden anständig entlohnt.

Den überlieferten Berichten zufolge dauerte die Operation neun Tage. Dabei kam kein einziger Soldat, kein Mann und keine Frau* ums Leben. Als man die Boote nicht mehr brauchte, überließ man sie dem wütenden Strom und sah zu, wie sie 100 Meter weiter unten an den Klippen zerschellten. Die Soldaten der Guomindang beschossen die Marschierenden wie erwartet von den Bergen, doch Maos Leute hatten die größte Barriere auf ihrem langen Weg nach Norden überwunden, was ihre Moral ungeheuer hob. Das Geschützfeuer der Nationalisten war nichts, verglichen mit der gefährlichen Überquerung des größten Stroms in ganz China.

Inzwischen überspannt eine Hängebrücke den Jangtse an der betreffenden Stelle. Eine Karawanserei ist heute überflüssig, denn wenn hier tatsächlich einmal ein Händler durchkommt, hat er den Fluss auf der stählernen Fahrbahn in etwa einer halben Minute überquert. Die Höhlen am Nordufer sind noch erhalten. Im größten dieser dunklen, dumpfigen Löcher findet sich die von Hand ge-

* Mit von der Partie waren auch 35 Frauen, eine davon mit gebundenen Füßen.

kritzelte Propagandainschrift »Lang lebe der Vorsitzende Mao«. Die offiziellen Mahnmale befinden sich am südlichen Ufer – die Statue eines Marschierenden mit einem riesigen Paddel, das er wie ein Banner hochhält, eine Tafel mit einem Gedicht in Maos unvergesslich wilder Kalligrafie und ein Museum, das ein freundlicher alter Mann für mich aufschloss. Ich sei der erste Ausländer, den er hier sehe, sagte er. Ich glaubte ihm zwar nicht, konnte aber beim flüchtigen Durchblättern des Gästebuches tatsächlich keinen ausländischen Namen entdecken.

Das Museum bot mehr Exponate an den Wänden als in den Schaukästen. Überall hingen Landkarten, grafische Darstellungen mit Pfeilen, unscharfe Sepiafotografien, Zeichnungen der marschierenden Helden und knallbunte Plakate. In den Glasvitrinen befanden sich lediglich ein paar zerbrochene Paddel und Laternen, einige Strohsandalen sowie ein Segelmacherwerkzeug, das einer der Marschteilnehmer offensichtlich benutzt hatte, um ein Zelt zu flicken. Das meiste, was die Marschierenden besaßen, hatten sie mitgenommen – Karteikästen, Gewehre, Lebensmittel, Papiere, Schwerter, Stühle, Munition und Bücher –, und außer einigen Spuren, Erinnerungen und Legenden war kaum etwas geblieben.

Plötzlich ließ eine donnernde Explosion das Gebäude erbeben. Lily und ich eilten hinaus. Am Ufer des Flusses stieg eine graue Staubwolke auf – eine Sprengung in den Eisenminen, erklärte der Museumswärter. Die neue Brücke benutzten im Grunde nur die Laster, die das Erz zu den Schmelzöfen bei Panzhihua transportierten, und gelegentlich auch einmal ein Schulbus aus Kunming oder Chongqing, mit dem Jugendliche herangekarrt wurden, damit sie sich die Heldentaten des Langen Marsches anschaulich einprägten.

Auf der Fahrt zurück nach Panzhihua spät am Abend ließ Herr Wang zufällig eine Bemerkung fallen, die eine lange Kette glücklicher Zufälle nach sich zog. »In der Nähe der Stadt leben sehr viele Ausländer«, sagte er. »Sie bauen einen Staudamm. Den größten in China. Ich meine nicht den Jangtse-Staudamm. Nein, sie arbeiten an einem ganz anderen Damm. Vielleicht sollten Sie sie besuchen.«

Am nächsten Vormittag tat ich dies. Wie sich herausstellte, entstand der Staudamm am Yalong. Quer durch eine enge Schlucht dieses Flusses, der auf seine Weise genauso beeindruckend war wie der obere Jangtse, baute man eine riesige, doppelt gebogene Betonstaumauer. Die Holzstämme, die wir unten bei Leibo gesehen hatten, stammten alle vom Yalong. Die Holzfäller in den Wäldern der nördlich von Sichuan gelegenen Provinz Qinghai transportieren jedes Jahr Hunderttausende von Baumstämmen auf dem Fluss. Dieser Wirtschaftszweig ist so bedeutend, dass die Architekten des Staudamms allein für die Stämme einen Tunnelkanal bauen mussten, durch den das Holz in einem großen Bogen am Staudamm und den Turbinenflügeln vorbeigeleitet werden kann.

Die Ausländer, die auf der Baustelle arbeiteten – Italiener und Deutsche, hatte Wang gesagt –, lebten in einer eingezäunten Bungalowsiedlung ein paar Kilometer von der Baustelle entfernt. Ich sprach den ersten offensichtlichen Nichtchinesen an, den ich an dem Absperrzaun erspähte, einen eher kleinen Mann mit einem buschigen braunen Bart, und fragte ihn, ob er zufällig Englisch spreche.

»Worauf Sie Gift nehmen können«, erwiderte er mit einem starken schottischen Zungenschlag. »Heiße Walker, Frank Walker. Bin aus Lochcarron. Das ist in Schottland, falls Sie nicht schon selbst darauf gekommen sind. Wollen Sie nicht reinkommen und einen Happen mitessen?«

In Bruchteilen von Sekunden wurde ich aus der fremden, heißen, staubigen Mitte Chinas herausgerissen, wo ich nur an den Langen Marsch, an Strohsandalen und an Pfefferkörner aus Sichuan gedacht und mich gefragt hatte, ob das örtliche Sicherheitsbüro wohl auch heute unsere Übernachtungspläne durchkreuzen würde, und fand mich auf einmal in einem eiskalten Raum mit Klimaanlage und mit Bildern schottischer Landschaften und Fußballstars an den Wänden wieder, saß an einem Tisch mit rotgemusterter Baumwolltischdecke und trank ein Glas Newcastle Brown Ale und unterhielt mich mit Leuten, die Irene, Jonathan und Gemma hießen, die für den Nachmittag ein Tennismatch, für den Abend eine Partie Bridge und für Samstagabend einen Kostümball planten, und vergaß in Windeseile, dass außerhalb des Metallzauns, den wir kurz zuvor passiert hatten, eine ganz andere Welt herrschte.

Frank Walker lebte von Berufs wegen ständig im Ausland. Was im Augenblick China war, war drei Jahre zuvor der Irak* gewesen und im nächsten Jahr würde es irgendein gottverlassenes Kaff in Afrika oder Zentralasien oder sonst wo sein. Er und seine Familie schienen die ständigen Versetzungen alle zwei bis drei Jahre spielerisch zu bewältigen; ihre Welt bestand aus Auslandsschulen, Brieffreunden, Leihvideos, Buchclubs, Anzeigen für Steuerparadiese, Diskussionen über Wechselkurse und Impfungen; sie versuchten ständig, neue Sprachen zu lernen und mit dem Wachpersonal klarzukommen, freuten sich auf die wöchentliche Post aus der Heimat und zahlten Unsummen für Überseegespräche; sie mussten monatelang ohne Butter und Frischmilch auskommen, die exotischsten Insektenstiche durchleiden, sich von fremden Menschen anstarren lassen, mit fremden Münzen rechnen, die fast nichts wert waren, im Radio kuriose Klänge hören, mit komischen Kisten fahren und ein halbes Jahr auf den Langstreckenflug in die Heimat warten.

Seine Aufgabe war es, den Fuhrpark von 30 Großlastern zu beaufsichtigen, die das ausgehobene Gestein und Erdreich wegschaff-

---

* Im Irak wurde er Opfer der instabilen Nahostpolitik und befand sich monatelang in Geiselhaft.

ten. Die Lkw der General-Motors-Tochter Terex stammten aus einem Werk in Glasgow. Die riesigen Ungetüme aus Wolframstahl waren zehn Meter hoch und hatten Reifen, die größer waren als ein Mensch. Sie waren von Kanton die ganze Strecke bis hierher über Land gefahren; kein Zug war groß genug, um sie zu transportieren. Frank hatte den Konvoi mit seinem Peugeot 2000 Kilometer weit im Schleichtempo geleitet – sie fuhren nicht schneller als 20 Stundenkilometer, auf ausgefahrenen Straßen, auf denen seit Jahren kein Fremder gesichtet worden war. Die Blicke der Kinder, die diese gewaltige Armada aus westlichem Stahl durch ihre Dörfer rumpeln sahen – »die werde ich nie vergessen«, so Frank. Die Fahrt von Kanton zu der Staudammbaustelle in Ertan hatte drei Wochen gedauert – eine denkwürdige Fahrt, gestand Frank mit einem Grinsen.

Frank bot mir an, bei einer Einsatzfahrt mitten in den Berg mit einem Terex mitzufahren – wie sich herausstellte, eine beängstigende halbe Stunde in Hitze, Staub und unerträglichem Lärm. Der chinesische Fahrer war ein unbeirrbar gut gelaunter kleiner Wicht, kaum mehr als einsfünfzig groß und – wie mir schien – wenig geeignet, die 40 Tonnen Metall zu lenken, aus denen ein Erdbewegungsfahrzeug von Terex bestand. Er erzählte mir, er sei Bauer gewesen, bis ihn die Staudammbauer im Jahr zuvor angeheuert hätten, und nun habe er einen Riesenspaß. Mit der Servolenkung und den elektronischen Bremsen könne er sein gigantisches Spielzeug herumschleudern, als wäre es aus Stroh und Seidenpapier.

Wir donnerten durch den Eingang eines riesigen Tunnels und schossen unter einem nassglänzenden Granitgewölbe und einer pechschwarzen Abgaswolke aus unserem Auspuff ins Innere des Bergs hinab. Eine Kette schwacher Lampen markierte den Weg. Hin und wieder tauchte eine offene Höhle auf, in der eine Schar palavernder Männer mit seltsamen Maschinen bohrte, baggerte und grub. Ab und zu heulten Sirenen und blitzten rote Leuchten auf;

dann hallten in der Ferne dumpfe Explosionen, und die Wände bebten. In solchen Momenten wartete der Fahrer einfach grinsend ab; dann gab er wieder Gas und raste weiter in den Abgrund hinab.

Nach zehn Minuten erreichten wir die Stelle, an der der Fahrer 50 Tonnen frisch abgetragenen Gesteins abholen sollte. Der Fahrer wendete das Fahrzeug wie ein Londoner Taxi und rollte dann langsam und behutsam rückwärts in den frisch ausgehauenen Tunnel. Die Räder schlitterten und suchten scharrend Halt auf dem groben Kies, der den Boden übersäte. Der Koloss rutschte zunächst in alle möglichen Richtungen. Das Führerhaus schabte kratzend an den tropfenden Wänden, und die Scheinwerfer strahlten sinnlos das Felsgewölbe an. Es gab keine weitere Beleuchtung in dem Tunnel. Von der Sprengstelle quoll noch immer Rauch herauf. Dann vernahmen wir die geisterhaften Rufe und Schreie einiger Erdarbeiter, die uns eifrig zu der Stelle dirigierten, wo sie das Gestein auf den Laster kippen konnten.

Plötzlich erschallte das Kommando »Stopp!« Der Fahrer zog die Bremsen, und wir hielten den Atem an, während unter ohrenbetäubendem Getöse und schrecklichem Geschaukel und dem Kreischen der geschundenen Spiralfedern tonnenweise Gestein von hoch oben auf uns herabgeworfen wurde. Zuletzt zischte eine Ladung Kies und Splitt herab, dann kehrte eine selige Stille ein. Der Fahrer zündete sich eine Zigarette an, doch im selben Augenblick wurde er lautstark aufgefordert, sofort loszufahren und Platz für den nächsten Laster zu machen. Er legte den ersten Gang ein und trat mit dem Fuß kräftig auf das Gaspedal, und so rollten wir knirschend vorwärts, zunächst ganz langsam und dann immer schneller, hinein in den unbeleuchteten Tunnel. Nach weiteren zehn Minuten gelangten wir zu meiner unendlichen Erleichterung wieder ans Tageslicht.

Ein Vorarbeiter hakte die Ladung ab. Damit hatte der Fahrer bereits wieder 40 Renminbi verdient. Ich sprang ab und dankte ihm überschwenglich und schlug sein freundlich gemeintes Angebot aus, ein weiteres Mal mitzufahren.

»Es bringen sich immer wieder welche um«, erklärte mir Frank fast freudestrahlend. »Sie haben keine Ahnung, wie man mit diesen Ungetümen umgeht. Erst letzte Woche haben drei Burschen einen Laster vom Parkplatz gestohlen und schossen damit direkt über den Abhang in den Fluss. Man hat sie nicht mehr gefunden. Und auch von dem Terex weit und breit keine Spur. Der Fluss ist wahnsinnig tief. Und wissen Sie was? Einer der Jungs war frisch verheiratet; seine Witwe ging zu der Stelle, wo der Terex abgestürzt war, und sprang ebenfalls in den Fluss – das heißt, in den Tod. Ein hübsches Ding, aber irgendwie bescheuert, wie ich finde.

Ich werde diese Leute nie verstehen. Wenn sie nicht arbeiten, dann schlafen sie. Wenn sie nicht schlafen, dann essen sie. Und wenn sie nichts von alledem tun, dann bringen sie sich um. Komisches Volk, diese Chinesen, wenn Sie mich fragen.«*

Einige der unverheirateten Männer sahen das Ganze etwas lockerer. Eines Nachmittags saßen Lily und ich mit zwei Briten in einer Bar, zusammen mit den sechs jungen chinesischen Nutten, die die beiden aufgerissen hatten und die wie Kletten an ihnen hingen und sich mit riesigen Gläsern Bailey's voll laufen ließen.

»Was uns an diesen Mädchen interessiert?«, fragte einer der beiden. Er zwickte die eine junge Dame, die er uns als »Stundenglas« vorgestellt hatte, worauf diese herzhaft kicherte, und meinte: »Rein sexuelles Interesse. Na ja, sie sagen, sie wollen uns heiraten und mit uns zurück in den Westen gehen, aber ganz ehrlich gesagt – und ich

---

* Selbstmord war keinesfalls ein Monopol der Chinesen, wie sich herausstellte. Einsamkeit und Stress hatten bereits etliche ausländische Junggesellen in den Wahnsinn getrieben. Erst in der Woche zuvor hatte sich ein Ingenieur im Nan Shan Hotel in Panzhihua ein Zimmer genommen, Hotelangestellte mit einem Tranchiermesser attackiert und sich dann aus einem Fenster im zehnten Stock zu Tode gestürzt.

kann es ganz laut sagen, weil die nicht den blassesten Dunst haben und keine Silbe von dem verstehen, was ich sage –, wir sind nur daran interessiert, sie zu vögeln. Und darin sind sie wirklich Spitzenklasse. Und wissen Sie, was das Beste ist? Die sind hier so verdammt rückständig, die machen es sogar umsonst. Sie meinen, sie seien in uns verliebt! Können Sie sich so einen Schwachsinn vorstellen?« Und er gab seinem Stundenglas wieder einen Klaps auf den Hintern, worauf ein entzücktes Glucksen ertönte.

Lily war entsetzt und wollte schon etwas sagen, doch plötzlich veränderte sich der Gesichtsausdruck des Mannes.

»Sie halten den Mund, junge Frau«, sagte er mit drohend erhobenem Finger. »Das geht nur mich was an – die Kleine und mich. Stecken Sie Ihre Nase nicht in Sachen, die Sie nichts angehen.«

An jenem Abend fand ich einen toten Mann auf der Straße. Ich sah ihn aus dem Augenwinkel neben der Straße liegen, als wir zum Hotel zurückfuhren. Ich bat den Fahrer, umzukehren und nachzusehen.

Der Mann lag mit weit geöffneten Augen auf dem Rücken.

Er war splitternackt und schien eine Kopfverletzung zu haben. Vielleicht, dachte ich, war er von einem Auto überfahren worden.

Auf der anderen Straßenseite hockten ein paar Männer um ein kleines Feuer herum und verputzten aus blauweißen Schüsseln Reis. Sie saßen nicht weiter als zehn Meter von der Leiche entfernt. Ich fragte sie, ob sie wüssten, was passiert sei.

»Ach der!«, sagte einer der Männer lachend und stopfte sich einen großen Klumpen Reis in den Mund. »Das war irgendein Verrückter. Der hing hier immer rum und bellte die Autos an. Hat nie was angehabt. Gehörte wohl irgendeiner Minderheit an. Ich habe nie verstanden, was er gesagt hat. Er wurde vor ein paar Stunden von einem Wagen umgenietet.«

Die Männer schienen sich nicht im Geringsten daran zu stören, dass sie ihr Abendessen neben einer Leiche einnahmen, und keiner von ihnen hatte sich die Mühe gemacht, nach dem Unfall nachzusehen, ob der Mann auch wirklich tot war. Ich meinte, wir könnten den Leichnam wenigstens abdecken.

»Wie Sie wollen«, meinte derselbe Mann. Er hielt kurz bei seinem Schaufeln inne und deutete mit seinen Stäbchen auf eine zusammengerollte Matte, die an einer Wand lehnte. »Die können Sie nehmen.«

Ich nahm die Matte, trug sie zu dem Toten, kniete nieder und drückte ihm die Augen zu. Dann rollte ich die Matte aus und legte sie über ihn, sodass der Kopf und der Körper weitgehend abgedeckt waren. Seine Füße ragten noch heraus; sie waren schmutzig und schwielig vom jahrelangen Barfußgehen. Vielleicht war er verrückt; jedenfalls hatte er einen knorrigen Stock bei sich gehabt, den ich in der Nähe fand und neben ihn unter die Matte legte. Er sah wie ein Bettelmönch oder Pilger aus. Wir befanden uns nicht weit von der Grenze zu Tibet, und in dieser Gegend waren zahlreiche Pilger unterwegs.

Auf der Fahrt ins Hotel hielt ich kurz bei der Polizei an, die sich für meinen Hinweis bedankte. Als ich später wieder an der Stelle vorbeifuhr, hatte man den Toten weggeschafft. Die Männer saßen immer noch um ihr Feuer und winkten mir zu und hielten mich zweifellos für genauso verrückt wie den Mann, der neben ihrer reich gedeckten Tafel von hinnen geschieden war.

Die Bemerkung unseres Taxifahrers über die Staudammbaustelle und die Ausländer, die dort arbeiteten, zog, wie gesagt, eine ganze Kette von Zufallsereignissen nach sich. Frank Walker war das erste Glied dieser Kette; seine Dolmetscherin, eine ziemlich launische Lady namens Ena, das zweite.

Ena war eine hübsche und aufgeschlossene junge Frau, die trotz oder gerade wegen ihres Schmollmundes so etwas wie eine Gefolgschaft unter den jungen Männern von Panzhihua hatte. Einer ihrer Freunde, ein Versicherungskaufmann, der von größeren Dingen träumte, interessierte sich leidenschaftlich für die Quellflüsse des Jangtse. Ena wusste, dass Lily und ich dorthin unterwegs waren, und so stellte sie uns ihrem Bekannten vor, der auf den Namen Wu Wei hörte. Er stürzte sich begeistert auf uns. Sein Leben als Versicherungsagent sei ziemlich langweilig, aber vor neun Jahren, erzählte er mit sichtlichem Stolz, habe er an einer der Floßexpeditionen teilgenommen, die den gesamten Jangtse befahren hatten. Er selbst sei nur am Oberlauf dabei gewesen, besonders auf den Nebenflüssen Dam Qu und Tuotuo. Wenn er uns irgendwie helfen könne, sollten wir es nur sagen. Vielleicht wollten wir ein paar Videos anschauen?

Und so schauten wir uns an den beiden folgenden Tagen von morgens bis abends mitten im Getöse der Stahlwerke und dem Lärm der Autohupen ein Video nach dem anderen vom Verlauf der Expedition am oberen Jangtse an. Wu interessierte sich ganz besonders für Tibet, und obwohl er Han-Chinese und in Yunnan geboren und aufgewachsen war, hatte er in eine der Schranktüren in seinem Wohnzimmer ein Foto des Dalai Lama geklebt und kritisierte ständig Chinas repressive Politik gegenüber der »Autonomen Provinz Xizang«, wie Tibet im offiziellen China hieß; er dagegen bestand darauf, es »Tibet« zu nennen.

»Unser Verhalten gegenüber Tibet ist brutal und unmenschlich, daran besteht kein Zweifel«, gestand er. »Ich liebe das tibetische Volk. Ich habe immer gesagt, wir sollten die Tibeter schätzen, sie als Brüder, als Unseresgleichen betrachten. Wir sollten nicht danach trachten, sie zu beherrschen. Natürlich sind sie anders. Ihre Lebensweise, ihre Religion sind ganz anders. Aber wer gibt uns Chinesen das Recht, ihnen vorzuschreiben, wie sie leben sollen?«

Lily erbleichte, als sie dies hörte. Wir hatten uns bisher nicht eingehend über Tibet unterhalten, doch wann immer wir auf Tibet zu sprechen kamen und ich zu verstehen gab, wie beschämend brutal Chinas Politik gegenüber Tibet sei, hatte sie defensiv reagiert. Ich wusste, dass sie insgeheim stolz auf die Außenpolitik ihres Landes war oder sie zumindest billigte und die Tibeter als primitive Einfaltspinsel betrachtete, die ständig von religiösen Eiferern irregeführt und von westlichen Romantikern aufgestachelt wurden. Doch nun vertrat Wu, ein Chinese wie sie selbst, denselben Standpunkt wie ich. Sie wurde ganz still, doch ich wusste, es würde nicht lange dauern, bis wir uns dem Problem stellen mussten. Mir war auch bewusst, dass ich dieses strittige Thema höchst taktvoll und behutsam angehen musste, wenn ich eine Szene wie die im Zug nach Panzhihua vermeiden wollte.

Dann machte Wu einen Vorschlag. Er wollte Verbindung zu einem Freund aufnehmen, der ebenfalls an der Expedition teilgenommen hatte – einem Mann, der in Chengdu lebte und bei einer Organisation arbeitete, die über Fahrzeuge mit Vierradantrieb verfügte, was wir sicherlich brauchen würden, wenn wir den Fluss bis ganz oben abfahren wollten. Er hatte das Gefühl, die Organisation würde uns bestimmt gerne helfen. Aber das sollte erst in den kommenden Wochen aktuell werden. Einstweilen, sagte er, könne er uns seinen eigenen Wagen leihen, damit wir den Flussabschnitt in der Gegend von Panzhihua erkunden konnten. »Wenn Sie wollen«, fügte er hoffnungsvoll hinzu, »kann ich auch mitkommen und Sie führen.«

In all den Jahren, auf all den Reisen, die ich nun schon durch China unternommen hatte, hatte mir noch nie ein Privatmensch angeboten, mir sein Fahrzeug und seine Zeit zur Verfügung zu stellen, um mir einen Winkel seines Heimatlandes zu zeigen. Es gab überall offizielle Fremdenführer, eine Elitetruppe mehr oder weniger englisch sprechender und allzu oft schrecklich unwissender junger Männer und Frauen, die als treue Anhänger der Partei ausgesiebt und zugelassen wurden und den Besucher für eine beträchtliche Summe auf einer festgelegten Route führten und das Land von seiner besten Seite zeigten. Es gab auch begeisterte Amateure wie Lily, die jede sich bietende Gelegenheit ergriffen, sich einem Ausländer als Reisebegleiter anzuschließen und im Gegenzug etwas über die kulturellen Eigenheiten von Ausländern zu erfahren. Nie zuvor war ich jedoch einem gesetzten, berufstätigen und politisch unabhängig gesinnten Chinesen begegnet, der bereit und in der Lage war, alles stehen und liegen zu lassen und sich mit mir auf den Weg zu machen, allein um mir ein Stück seines Landes zu zeigen, das ihn mit Stolz erfüllte. Ich konnte mir nur eine Art von Mensch vorstellen, der so etwas tun würde.

»Vermutlich denken Sie, ich sei in Wahrheit Polizist«, sagte Wu halb lachend, als könne er Gedanken lesen. »Und vermutlich denken Sie, dass ich denke, Sie seien Spion. Das wäre der einzige logische Grund, weshalb wir zusammen herumfahren sollten: Ich zeige Ihnen, was die Partei vorzeigen will, und behalte Sie dabei immer schön im Auge.

Dabei ist das Ganze viel einfacher. Ich bin eigentlich bloß wahnsinnig fasziniert vom Jangtse. Und wenn ich jemandem begegne, der genauso viel für den Fluss übrig hat – tja, dann möchte ich eben so weit behilflich sein, wie ich nur kann. Sie können es glauben oder auch nicht, ganz wie Sie wollen. Ich denke, Ihre Landsleute würden dasselbe für mich tun, wenn ich einmal in Ihr Land komme.«

(Höchst beschämt musste ich mir eingestehen, dass die Vorstellung, dass ein einsamer chinesischer Tourist in Arkansas auftaucht, seine Begeisterung für den Mississippi bekundet und prompt einen einheimischen Versicherungsagenten findet, der sich sofort eine Woche frei nimmt und ihn von Osceola nach Eudora fährt, höchst unwahrscheinlich, ja grotesk ist. Die Chinesen zeigen oft eine strenge und abweisende Fassade, doch dahinter verbergen sich genauso oft eine Gastlichkeit und Aufgeschlossenheit, die sich andere Völker kaum vorstellen können.)

Wu besaß zwei Autos, einen etwas verlotterten roten Beijing Jeep und einen sportlich schicken Toyota LandCruiser, was darauf hinwies, dass das Versicherungsgeschäft hier genauso viel abwarf wie in Amerika oder Europa. Zu unserem Verdruss entschied er sich für den Jeep, und so brachen wir an einem sonnigen Sommermorgen um fünf Uhr nach Westen auf und ließen die verpestete Industrielandschaft um Panzhihua hinter uns. Das Letzte, was wir von dem Stahlindustriestandort sahen, der von Maos Planungsstrategen willkürlich aus dem Boden gestampft worden war und in dem der Große Steuermann in den fünfziger und sechziger Jahren zwangsweise Arbeiter angesiedelt hatte, war eine Kolonne von Dampfzügen, die ganze Ströme von Schmelzschlacke einen Hang hinunterkippten, der direkt in den Jangtse abfiel. Es war ein passendes Mahnmal für den Wahn des Großen Sprungs nach vorn. Man hatte eine riesige Eisenklippe aufgeschüttet und betrieb eine Umweltverschmutzung von gigantischem Ausmaß und mit einer brutalen Gleichgültigkeit gegenüber der größten Wasserstraße des Landes. Wang Hui, Li Bai, Da Fu und Meng Jiao und all die anderen Maler und Dichter, die diesen Fluss einst so liebevoll besangen, würden sich im Grabe umdrehen!

Eine Entschädigung für den schrecklichen Anblick, der sich uns im Rückspiegel bot, war jedoch die Schönheit dessen, was vor uns lag. Einen ersten Eindruck davon bekam ich an jenem Morgen, als wir einige flache Hügel überquerten, die Zollstation von Yunnan passierten und durch das steile Tal eines Nebenflusses wieder auf den Jangtse stießen. Hier befanden wir uns auf der so genannten »Goldenen Straße«, der Hauptverkehrsader, auf der Heroin sowie Rubine und andere, prosaischere Produkte aus dem drei anstrengende

Tagesfahrten entfernten Goldenen Dreieck von Birma nach China gelangten. Die Chinesen nahmen die Lastwagen, die hier durchkamen, genau unter die Lupe. Ein paar Polizisten mit Maschinengewehren sonnten sich am Straßenrand; sie hielten uns kurz an und fragten uns scherzhaft, ob wir Drogenkuriere auf der Rückfahrt seien und winkten uns durch. Wir machten an einer Tankstelle Rast und tranken mit einigen tibetischen Lastwagenfahrern Tee. Als ich ihnen das Bild des Dalai Lama zeigte, legten sie die Hände an die Stirn und beteten und bestanden darauf, unseren Tee zu bezahlen.

Den Hauptstrom erreichten wir an einem sonnigen und warmen frühen Nachmittag. Der Himmel war strahlend blau und voller Vogelgesang. In dem kurzen ruhigen Abschnitt vor der Mündung des Nebenflusses in den reißenden Jangtse schwammen zwei größere Mädchen, wahrscheinlich Yi, vielleicht auch Bai, deren Stammesgebiet ein wenig weiter südlich lag. Sie waren erstaunlich hübsch, hatten kurzgeschorenes Haar, wirkten sportlich und waren sonnengebräunt. Sie trugen nur Büstenhalter und Slips, schienen jedoch völlig unbekümmert, als Lily, Wu und ich anrückten. Sie standen im seichten Wasser und winkten uns zu, ebenfalls zum Schwimmen herunterzukommen, und schienen enttäuscht zu sein, als wir hinunterriefen, dass wir vor Einbruch der Dunkelheit in Lijiang sein mussten.

In einem kleinen Café neben der alten Steinbrücke legten wir eine Mittagspause ein und verzehrten schwarze Hühnersuppe (aus einem einheimischen Vogel mit ungewöhnlich dunklem, würzigem Fleisch) und Nudelgerichte. An der Wand hing eine Reproduktion einer italienischen Madonna aus dem 15. Jahrhundert, wahrscheinlich ein Blatt aus einem Alitalia-Kalender. Vor der Wand hatte eine große rote Henne ihr Nest gebaut, und die Kombination aus altem Holz, Renaissance-Malerei, schlafender Henne und Hängekörben mit chinesischen Gewürzen gab ein faszinierendes Genrebild ab.

Wu rauchte ein paar Zigaretten und warf mir dann die Autoschlüssel zu. Er sei müde, sagte er, und es könne nicht schaden, wenn ich mich an das Fahren gewöhnte, auch wenn es verboten sei, mich ans Steuer zu lassen – aber er würde jeden Polizisten bestechen, der uns über den Weg laufen sollte.

Und so schlichen wir langsam und gemächlich die Westseite des Tals hinauf – Beijing Jeeps haben unter anderem die Angewohnheit, auf langen Steigungen heißzulaufen. Wir passierten kleine Bananenhaine und frisch gepflügte Felder, auf denen junge Burschen Sojabohnen oder Raps anpflanzten. Kleine Felder mit Lavendel, Tupfen von rotem Klatschmohn und gelben Butterblumen boten ein unglaublich buntes Bild. Dahinter ragten die gezackten blauen Bergketten von Yunnan auf, um deren Füße sich der braune Strom langsam und zäh herumschlängelte.

Nachdem wir eine halbe Stunde lang steil bergauf gefahren waren, wurde die Straße plötzlich flacher und führte auf ein Plateau mit Kiefernwäldern. Hier war es auf einmal viel grüner, feuchter und kühler. Überall funkelten kleine Sturzbäche. Eisvögel schossen durch die Regenbögen. Und plötzlich, ohne jede Vorwarnung, ragte Richtung Norden in der Ferne ein riesiger, wild zerklüfteter und völlig schneebedeckter Berg auf. Lily jauchzte bei dem Anblick erstaunt auf, worauf Wu, der inzwischen eingedöst war, erschreckt auffuhr.

»Das gibt's doch nicht!«, rief er und rieb sich die Augen. »Das ist ja der Yuelong Xueshan, der Jadedrachenberg! Es ist ganz selten, dass man ihn so wolkenfrei sieht! Das bringt Glück, heißt es. Wir werden mit Glück gesegnet sein!« Auf meiner amerikanischen Karte war der Gipfel mit einer Höhe von 5596 Metern eingezeichnet; es war der höchste Punkt im Umkreis von Kilometern. Er erhob sich über der Ebene von Lijiang, auf der Getreide- und Reisfelder in der Sonne schimmerten. Das Terrain an der sonnigen Südseite, das ich von diesem Blickwinkel aus sehen konnte, war sehr flach. Dort hatten die Amerikaner Ende der dreißiger Jahre ein Rollfeld angelegt, auf dem die Bomber starteten, die das Freie China vor den Japanern beschützten und Einsätze über General Stilwells Burma Road flogen.

Hinter dem Jadedrachenberg, an der Nordseite, die ich nicht sehen konnte, passierte der Jangtse die angeblich tiefste und wildeste Schlucht überhaupt. Diese so genannte »Tigersprung-Schlucht« war der Außenwelt lange Zeit weitgehend unbekannt. Mitte der achtziger Jahre des 20. Jahrhunderts berichtete eine Expedition, erst drei Menschen aus dem Westen hätten sie gesichtet. Dabei übertrifft sie die Drei Schluchten sowohl an Tiefe als auch an Pracht. Heutzutage ist sie recht leicht zu erreichen, und ich hatte mir vorgenommen, sie in den folgenden Tagen aufzusuchen. Was für ein wechselhafter Fluss, dachte ich. An der Stelle, wo sich die beiden Mädchen im Wasser getummelt hatten, unweit der Brücke knapp eine halbe Stunde weiter unten, war der Jangtse lediglich ein nett dahinströmender Fluss, zwar mächtig, aber nicht mörderisch. Ein kleines Stück weiter oben, hinter den Bergen, verwandelte er sich anscheinend in ein wütendes Ungeheuer.

Die Stadt Lijiang ist eines der wahren Schmuckstücke Westchinas – und eine der ganz wenigen chinesischen Zwischenstationen auf der Route, die ein bisschen antiquiert noch immer als Hippie Trail bezeichnet wird. Jugendliche aus der ganzen Welt kommen nach Lijiang, meist auf der Strecke zwischen den gleichermaßen reizenden Städten Dali und Xishuangbanna in Yunnan und Yangshuo in der Provinz Guangxi. Die meisten reisen dieselbe Strecke. Dieselben Leute, die sich nach Chiang Mai, Kathmandu und Lhasa oder nach Panajachel, Goa und Trivandrum begeben, landen mit derselben Begeisterung, Neugier und Kameraderie in Städten wie Lijiang. Diese unbeschwerten Orte mit ihren farbenfrohen Menschen und ihrer gesunden, preiswerten Küche besitzen eine ganz universelle Anziehungskraft, ganz unabhängig davon, welches Regime an der

Macht ist und welche Gesetze herrschen. Die normale, traurige Reihenfolge sieht so aus: An solchen Orten tauchen zuerst die jugendlichen Rucksacktouristen als Pioniere und Entdecker auf, dann kommen die Reisebusse, und schließlich schießen Flughäfen und Hotelkästen aus dem Boden.

Lijiang schwebt derzeit noch zwischen den ersten beiden Stufen dieser Entwicklung: Noch immer kommen hauptsächlich Jugendliche hierher, sowohl per Bus als auch per Anhalter – typisch für diese Sorte von Reisenden (ich nahm zwei junge Israelis mit, die sich sechs Monate von ihrem Kibbuz freigenommen hatten). Und in den Foyers der Hotels hingen Zettel mit den jeweiligen Tagesprogrammen der Reisegruppen aus Holland und Belgien, die die Reize der Gegend bereits entdeckt haben. Gruppen von Amerikanern oder Japanern oder chinesischen »Landsleuten« aus Taiwan und Hongkong begegnete man nicht – noch nicht. Es gab auch noch keinen Flughafen; allerdings sollte in Kürze einer in Betrieb genommen werden. Vergeblich suchte man auch nach Holiday Inns oder anderen Hotelketten; ich lernte jedoch eine unfreundliche Französin kennen, die ein Sofitel aufmachen wollte, sobald der Flughafen in Betrieb war. Die Planer und Entwickler werfen gleichzeitig ein gieriges und ein wachsames Auge auf Lijiang. Dass alle Lijiang so verlockend finden, hat mehrere Gründe: die Landschaft, das Wetter und vor allem die Tatsache, dass die Einwohner keine Chinesen sind. Die Bevölkerung von Lijiang besteht zum großen Teil aus Angehörigen des Naxi-Volkes, die sich ein ungewöhnliches kleines Paradies geschaffen haben. Gewiss, auch in Lijiang gibt es einen Mao-Platz, und etliche staubige Straßen sind von hässlichen Betonblocks gesäumt, wie man sie überall im nachrevolutionären China sieht. Lijiang steht unter chinesischer Verwaltung; die Polizisten und die Beamten in den diversen Behörden sind allesamt Chinesen. Doch dies ist, wie im größten Teil Westchinas, eine Art Kolonialverwaltung.

Im Zentrum der Stadt erhebt sich ein kleiner Hügel, auf dessen Gipfel ein Fernsehturm thront; der Hügel markiert die Grenze zwischen dem Hässlichen und dem Schönen. Westlich davon ist alles modern, trostlos und chinesisch. Im Osten dagegen ist alles wunderbar gepflegt und altehrwürdig; hier sieht man einige reizende alte Holzhäuser, Straßen mit Kopfsteinpflaster und kleine Kanäle, hohe Mauern, hinter denen sich verschwiegene Innenhöfe verbergen, und überall riecht es nach Kiefernharz und Holzfeuer. Hier begegnen einem hoch gewachsene Männer mit Jagdfalken auf dem Arm. Vor den kleinen Häusern stehen imposante Frauen und sehen nach ihren Kindern und ihren beliebtesten Haustieren – Papageien. Die Frauen haben blaue, miederähnliche Oberteile und Hosen an, binden sich steife weiße Schürzen um und tragen auf dem Rücken T-förmige, mit Sternen bestickte Baumwollpolster. Die Naxi werden von den Chinesen seit Jahrhunderten diskriminiert und von westlichen Ethnologen seit Jahrzehnten mit Faszination studiert.

Es gibt etwa eine Viertelmillion Naxi; die meisten leben auf der Ebene von Lijiang. Sie stammen angeblich von den Tibetern ab und galten bei den Chinesen lange Zeit als absolute Barbaren. Sie hören auf ihre Zauberer, halten am Schamanismus und einer tibetischen Religion namens *Bon* fest (die viel älter sein soll als der lamaistische Buddhismus, mit dem man die Tibeter normalerweise verbindet), verwenden eine Hieroglyphenschrift, die mit keiner anderen Schrift der Welt verwandt ist und aus absolut verständlichen Bildzeichen besteht. Auf den ersten Blick ist das gesellschaftliche Leben von einem konventionellen patriarchalen Muster geprägt, doch bei näherem Hinsehen sind noch etliche matriarchale Strukturen zu erkennen, die selbst die gesprochene Sprache stark beeinflussen: Durch das Anfügen der weiblichen Nachsilbe wird beispielsweise ein Substantiv von der Bedeutung her größer und gewichtiger; das Anhängen der maskulinen Nachsilbe deutet dagegen Schwäche,

Zartheit und Unterwürfigkeit an. Ein »weiblicher« Stein ist ein Felsblock oder ein Pflasterstein, ein »männlicher« hingegen ein Kiesel oder auch nur ein Sandkorn.

Ein Vertreter der konventionellen patriarchalen Tradition der Naxi war der bekannte, exzentrische Musikethnologe Xuan Ke, der in Lijiang lebte. Er hatte nicht besonders viel für die Han-Chinesen übrig; während der Kulturrevolution saß er jahrelang im Gefängnis und im Arbeitslager, oft mit Draht gefesselt, weil er einmal als ironische Begrüßungsmusik für eine Gruppe von Revolutionsgarden Schuberts *Militärmarsch* gespielt und ein andermal behauptet hatte, Maos Ruhm und Größe würden nie an die von Jesus Christus heranreichen. Xuan Ke erklärte, er sei inzwischen offiziell rehabilitiert, und zeigte seinen Pass als Beweis dafür, dass er das Land jederzeit verlassen könne. Doch die Leute vom Sicherheitsbüro überwachten ihn nach wie vor, sagte er, und sie waren tatsächlich zur Stelle und nahmen ostentativ Notiz von unserem Besuch bei ihm zu Hause.

Xuan Ke unterhielt in den oberen Stockwerken seines alten Familienwohnsitzes ein kleines Naxi-Museum mit Trachten, Gemälden und alten Musikinstrumenten. In den letzten zehn Jahren leitete er auch ein kleines Seniorenorchester, das taoistische Tempelmusik der Tang-Dynastie spielte. An unserem ersten Abend in Lijiang ergriffen wir die Gelegenheit, uns diese Musik anzuhören. Veranstaltet wurde das Konzert anscheinend für einen pomadisierten Salonlöwen aus Kuala Lumpur, der sich als Taomeister ausgab. Er filmte alles mit einer jener Videokameras, die statt eines Suchers einen großen Monitor haben; er hielt die Kamera vor sich hin, und alle, die hinten saßen, konnten das Orchester zweimal sehen – einmal echt und in voller Lebensgröße und einmal auf dem Vier-Zoll-Monitor.

Zugegen war auch ein Team von Geologen aus Kunming. Sie führten in der Nähe der Tigersprung-Schlucht Probebohrungen durch, erklärten sie. Es bestehe die Möglichkeit, dass irgendwann einmal unterhalb der Schlucht ein Staudamm gebaut werde. »Es ist unsere Pflicht, die Wasserressourcen unserer Flüsse zu nutzen«, sagte der Leiter der Gruppe, während die Musiker ihre Instrumente stimmten. Ich fragte ihn, ob die Schlucht nicht vielleicht heilig sei und viel zu schön für derartige Eingriffe. »Es gibt viel zu viel Schönes in dieser Region. Ein bisschen weniger ist sicher kein großer Verlust.«

Doch nun waren die Musiker so weit, und wir mussten diese viel versprechende Unterhaltung abbrechen. Alle Mitglieder des Orchesters, erklärte Xuan Ke, seien Naxi. Die meisten waren steinalt – fünf waren über 80, drei über 70. Die fünf, die »erst« Mitte 60 waren, bezeichnete Xuan Ke als seine »Knabenkapelle«.

Der älteste der Musiker, Sun Ziming, war 83; er trug einen langen weißen Bart, der nach Minze und Tabak roch. Sein sanfter Gesichtsausdruck täuschte über das Martialische seiner musikalischen Aufgabe hinweg: Er schlug auf einen großen Messinggong, und zwar in jenen unregelmäßigen Abständen, die angeblich typisch für die Tempelmusik der Tang sind.

Herr Sun erzählte mir später stolz, er sei während des Krieges Karawanentreiber auf der Birma-Straße gewesen und zu Fuß bis nach Kalkutta gegangen, wofür er vier Monate gebraucht habe. Gelegentlich sei er auch nach Lhasa marschiert, doch alle anderen Straßen, die aus China hinausführten, seien damals von den Japanern abgeschnitten gewesen.

Einer der anderen Veteranen spielte auf einer persischen Laute, angeblich aus dem 14. Jahrhundert und ein Relikt des einstigen Königshofes der Naxi. Weitere Verwendung fanden zehn ovale Gongs auf einem großen Gestell, eine Bambusflöte so klein wie ein Essstäbchen sowie ein fischförmiger Klotz, der mit einem Schlegel zum Klingen gebracht wurde. In der örtlichen Musikszene wurden auch Maultrommeln eingesetzt. Ein Mann, der vorn im Orchester saß, spielte eine, allerdings kam er nicht so groß heraus wie die *Er-hu-* und *Pi-pa*-Spieler, denn das Ensemble war an jenem Abend darauf eingestellt, chinesische Musik darzubieten, und befasste sich nicht mit den zweifellos kuriosen Klängen der Naxi selbst. Sie planten, Ende des Jahres mit Naxi-Musik in London zu gastieren, erklärten sie. Das sei ihre erste Auslandsreise und wahrscheinlich auch das erste Mal, dass die Londoner diese Klänge vernehmen konnten, die als »Musik aus dem Land hinter den Wolken« angekündigt wurde.

»Ich glaube, wir sind das einzige Orchester in China, das klassische Musik des 7. Jahrhunderts spielt«, sagte der Leiter nach einer zweistündigen Darbietung mit ätherischen und seltsam wonniglichen Klängen. Er grinste. »Die Chinesen müssen es für ziemlich paradox halten, dass nicht sie selbst, sondern ein Minderheitenvolk diese Musik lebendig bewahrt hat.«

Nachdem das Konzert beendet war und wir den aufdringlichen Malaien abgeschüttelt hatten, gingen Xuan Ke und ich in das nahegelegene Din-Din-Café, eines der zahlreichen kleinen Lokale, die von den jungen Rucksacktouristen frequentiert wurden. Wir ergötzten uns an Bananenpfannkuchen und hausgemachtem Müsli, frischem Orangensaft und so genanntem italienischem Kaffee. Die einzige angeblich einheimische Speise war in Zucker gebratener Naxi-Käse, der allerdings nicht gerade der Hit war. Auf einer von Hand beschriebenen Tafel stand: »Wir bedauern sehr, falls wir Ihre Wünsche nicht erfüllen können, weil andere Passagiere bereits dieselbe Wahl getroffen haben.« Ich fragte die Besitzerin, ob sie schon einmal mit dem Flugzeug gereist sei. »Ja«, erwiderte sie. »Wie kommen Sie darauf? Ein einziges Mal. Nach Bangkok.« Sie hatte 20000 Renminbi in die Ausstattung des Restaurants investiert und machte inzwischen jeden Monat 4000 Renminbi Reingewinn. »Bald habe ich eine ganze Kette«, sagte sie. »Wie Ihr Kentucky Fried.«

Ich befragte Xuan Ke zu dem Gerücht, wonach Lijiang die Selbstmordhochburg Chinas sei. Er wurde auf einmal ganz munter und beredt.

»Ja, genau!«, sagte er. »Diesen Ruf nehmen wir in Anspruch. Es hat was mit der Liebe zu tun. Ich betrachte Lijiang eigentlich eher als Hochburg der Liebe. Die Jungen und Mädchen hier verlieben sich immer auf höchst verhängnisvolle Weise. Um die Moral der Naxi stand es nie besonders gut. Viel Promiskuität, würden Sie wahrscheinlich sagen. Und das führt sehr oft zu Liebeskummer, und viele Paare bringen sich um, um ihre Affäre zu beenden. Es hat eine lange, lange Tradition.

Es gibt spezielle Orte, an denen die Tat verübt wird – ein See, ein Gebirgspass, ein Flussufer, eine Wiese neben der Straße unterhalb des Jadedrachenbergs, beim amerikanischen Rollfeld. Es gibt auch ein Ritual. Die jungen Leute schreiben kurze Briefe, ziehen einen Zauberer zu Rate, der das Vorhaben absegnen soll, und trinken dann eine Tinktur aus schwarzem Eisenhut, in Öl abgekocht. Ich finde, das klingt widerlich. Aber es hat den Vorteil, dass es den Kehlkopf lähmt. Wenn man das Zeug getrunken hat, kann man nicht mehr schreien. Man stirbt sehr schnell und ganz friedlich – in völliger Stille. Niemand kann kommen und einem helfen. Wenn man weit weg ist und nicht gesehen wird, ist es im Nu vorbei. Die Leute trinken die Mischung und werden am nächsten Tag tot aufgefunden. Die Zauberer vollführen ein weiteres Ritual, dann ist alles gelaufen. Joseph Rock war ein großer Experte auf diesem Gebiet. Er wusste, wie und wo und warum sich die Leute umbrachten. Er kannte auch die Zauberer. Er hat viel darüber geschrieben. Ich habe seine Bücher.«

Xuan Ke und sein Vater hatten Joseph Rock gut gekannt. In dem kleinen Museum befanden sich einige Zeugnisse des großen Mannes – sein Schreibtisch, seine Bücherregale und einige seiner Bücher sowie der ungeheuer breite Stuhl, der den falschen Eindruck erweckte, Rock sei ein ungewöhnlich beleibter Mensch gewesen. Seine Goldteller und sein faltbares leinenes Duschbad von Abercrombie & Fitch waren nicht mehr erhalten; doch der Garten, den er angelegt hatte, und sein Landhaus ein paar Kilometer weiter nördlich, unweit des amerikanischen Flugplatzes, existierten noch und erinnerten an den denkwürdigen Menschen.

Joseph Rock war in Wien zur Welt gekommen. Sein Vater, Haushofmeister eines polnischen Grafen, wollte, dass sein Sohn einmal Priester wird. Doch Joseph, der bizarren Phantasien nachhing und bereits in jungen Jahren Tausende chinesischer Schriftzeichen lernte, hatte andere Pläne: Er setzte sich aus Wien ab, heuerte als Steward auf einem Transatlantikdampfer an, kam 1905 nach New York, wo er seine Kleider verpfändete, als Tellerwäscher und Kellner arbeitete und andere niedere Tätigkeiten verrichtete, bevor er hungrig und abgebrannt auf Hawaii landete. Inzwischen beherrschte er allerdings nicht weniger als zehn Sprachen, darunter Arabisch und Chinesisch.

Er zeichnete sich durch eine ungeheure Chuzpe und eine unstillbare Wanderlust aus. Eine Zeit lang unterrichtete er, doch weil er auf Hawaii von der herrlichsten Vegetation umgeben war, wandte er sich der Botanik zu, die zunächst ein faszinierender Zeitvertreib war und schließlich zur regelrechten Passion wurde. Ohne jeglichen Studienabschluss, ja sogar ohne jegliche Ausbildung in Botanik spazierte er im Jahre 1910 in die Niederlassung des amerikanischen Landwirtschaftsministeriums in Honolulu und überzeugte die Beamten, sie bräuchten ein Herbarium. Es dauerte kein Jahr und er lehrte am College of Hawaii Botanik und veröffentlichte Artikel, die auch heute noch als Klassiker gelten.

Bald darauf ging er nach Washington und überredete das dortige Landwirtschaftsministerium, ihn als offiziellen, bezahlten Pflanzenforscher einzustellen und ihm als Einsatzgebiet jenen Teil Westchinas zuzuteilen, in dem die Rhododendren, Kamelien und Teesorten in besonders großer Fülle anzutreffen waren. Er kam 1922 nach China und blieb dort 27 Jahre, bis ihn die chinesischen Kommunisten zusammen mit den meisten anderen Ausländern hinauswarfen. In jenen Jahren erforschte er mit unermüdlicher Tatkraft und Einsatzfreude die riesigen Gebirgszüge zwischen Dali im Süden und den kühlen Wüstenregionen des einstigen Amdo und heutigen Qinghai im Norden.

Zunächst arbeitete er für die Regierung und suchte nach den Quellen einer Substanz namens Chaulmoograöl, die damals als Mittel zur Behandlung von Lepra galt und in den großen, tristen Lazaretten in Hawaii und Louisiana in riesigen Mengen verwendet wurde. Schon bald ärgerte er sich jedoch über die Beschränkungen seiner Arbeitsbedingungen durch die Regierung und wechselte zu der etwas aufgeschlosseneren National Geographic Society.

Er verfasste dutzendweise wissenschaftliche und populäre Artikel, wobei sich sein Interesse immer mehr von den Pflanzen auf die Menschen der Region verlagerte. Er schickte Tausende Pflanzenexemplare in die Heimat, schrieb jedoch kein einziges bedeutendes Werk über die Botanik Chinas. Bereits wenige Jahre nach seiner Ankunft im Osten hatte er sich zum weltweit führenden Kenner des Naxi-Volkes entwickelt und deren schrecklich komplizierte Bilderschrift übersetzt. Er befreundete sich mit einer schillernden Figur, dem so genannten »König von Muli«, und knüpfte ähnlich kameradschaftliche Bande in den Fürstentümern Choni und Yungning. Er schrieb riesige Wälzer über die Moso, ein mit den Naxi verwandtes Volk, das am Nordufer des Jangtse lebte und eine noch stärker matriarchalisch geprägte Gesellschaftsstruktur aufwies als ihre Stammesverwandten (zum Beispiel wurden die Familiennamen von der Mutter an die Tochter weitergegeben). Und eben dieses Volk kannte einst das Knochenlose Schwein als Schlafgelegenheit und Nahrungsmittel – als Matratze, die in Streifen geschnitten und mit selbst geschlagener Jakbutter und heimischem Käse verzehrt wurde.

Das Volk der Moso ist in ganz China auch für seine starke Libido bekannt; es heißt, ihre sexuelle Begierde nehme es sogar mit der des Inselvolkes der Trobriander im fernen Westpazifik auf. Die Moso-Frauen genießen hier eindeutige Privilegien: Sie können sich so viele Liebhaber nehmen, wie sie wollen. Ein Mann, der solch eine kurzfristige Beziehung eingeht, wird als *azhu*, als »guter Freund«, bezeichnet. Aus einer Umfrage im Jahre 1983 ging hervor, dass von 1878 geschlechtsreifen Moso-Frauen nicht weniger als 393 Beziehungen zu *azhu* unterhielten. Dabei ist es üblich, dass der Mann nur die Nacht bei der Frau verbringt und am Morgen wieder in seinen eigenen Haushalt zurückkehrt. Wenn aus der Verbindung Kinder hervorgehen, darf die Frau, die ihr Geschlechtsleben bereits als junges Mädchen voll auskosten darf, diese bei sich behalten.

Es überrascht nicht, dass bei den Moso eine massive Häufung von Geschlechtskrankheiten auftritt. Peter Goullart, ein in Russland geborener Franzose, der mit dieser Region bestens vertraut war und eine Biografie über Joseph Rock schrieb, erinnerte sich an eine Unterhaltung mit einem tibetischen Händler, der gerade aus dem Moso-Gebiet kam. Goullart, den manche Leute bisweilen auch um ärztlichen Rat fragten, untersuchte den Mann und stellte fest, dass jener sich tatsächlich eine »Moso-Rose«, wie man es nennen könnte, zugezogen hatte.

»Nein! Nein!«, protestierte der Mann. »Es ist nur eine Erkältung.«

»Und wie haben Sie sich die zugezogen?«, fragte Goullart.

»Ich habe sie bekommen, als ich auf einem Pferd ritt«, entgegnete der Händler.

»Tja«, sagte Goullart, »da haben Sie wohl das falsche Pferd erwischt.«

Joseph Rock zeichnete sich nicht durch einen Hang zu derlei Ausschweifungen aus; stattdessen zeichnete er Landkarten – wohl fasziniert, aber nicht sehr versiert. Er versuchte sich auch mit dem Vermessen von Bergen – und schaffte es in einem Fall, sich absolut zu blamieren, indem er in einem Telegramm nach Washington behauptete, dass eine Bergspitze namens Minya Konka mit 9220 Metern der höchste Berg der Welt sei. Später wurde bekannt, dass er sich bei seiner amateurhaften Verwendung des Theodolits fast um eine Meile vertan hatte. Doch egal wohin er unterwegs war, er reiste stets in hochherrschaftlichem Stil. Träger schleppten ihn in einer Sänfte und erzitterten oft unter seiner Übellaunigkeit. Wenn Rast gemacht wurde, standen stets ein Koch, ein Hilfskoch, ein Klapptisch mit gestärktem Tischleinen und Tafelsilber sowie ein mit Leopardenfell bezogener Hocker bereit, sodass er sich gemütlich niederlassen und die Ausblicke genießen konnte, die er sich von seinen Trägern auskundschaften ließ. Im Gepäck befanden sich Flaschen erlesener Weine, egal wie weit er in die Wildnis vorgedrungen war; seinem Personal hatte er beigebracht, Wiener Spezialitäten zuzubereiten; und nach dem Essen ließ er sich Tee und diverse Liköre kredenzen.

Nach ausgiebiger Rast brach er wieder zu neuen Entdeckungen und Vergnügungen auf. In seinen Tagebüchern hielt er fest, dass sich die Kolonne seiner Lohnträger fast einen Kilometer lang hinzog und jeder Dorfhäuptling ihn als Regenten eines sagenhaften Königreiches betrachtete und entsprechend behandelte. Neben seinem faltbaren Duschbad und seinem Goldgeschirr, das jeden beeindruckte, hatte er auch ein aufziehbares Grammofon dabei, auf dem er den Dorfbewohnern in voller Lautstärke kratzende Platten mit Arien von Caruso vorspielte.

Während des Krieges gegen die Japaner weilte er die meiste Zeit in Lijiang, sehr zum Ärger der Behörden in Chongqing: Der Gemüsezüchter hörte nicht nur den Rat der mit ihm befreundeten Zauberer, sondern auch die Nachrichtensendungen auf seinem Kurzwellenradio. Als er gegen Ende des Krieges einmal nach Amerika reiste, verlor er fast den Verstand, als er erfuhr, dass seine Sammlungen, die er auf einem anderen Schiff in die Heimat bringen lassen wollte, im Arabischen Meer nach einem Torpedoangriff zerstört worden waren.

»In die Heimat« ist vielleicht nicht der richtige Ausdruck. Joseph Rock kannte im Grunde nie eine Heimat, und er ging auch nie eine engere Verbindung mit einem Lebenspartner ein. Erst in Lijiang war er zufrieden, und er äußerte den Wunsch, dort, unter dem gewaltigen Gipfel des Jadedrachenberges, begraben zu werden. Wir besuchten sein ehemaliges Haus und den Garten, in dem er zur letzten Ruhe gebettet werden wollte. Das Anwesen befand sich in einem Dorf etwa eine Stunde nördlich der Stadt, umgeben von Kiefernwäldern, grünen Wiesen und kühlen Bergbächen. Inzwischen lebte eine Naxi-Familie in seinem Haus; sein einstiges Arbeitszimmer diente als Kuhstall. In dem Raum, in dem Rock seine Bibliothek untergebracht hatte, stillte eine hübsche junge Frau ihr Baby. Vielleicht hätte es der alte Naturforscher als Trost empfunden, dass sein Haus wenigstens von seinen geliebten Naxi bewohnt wurde und nicht von Chinesen.

Die Chinesen hatten ihn schließlich des Landes verwiesen. Die Kommunisten misstrauten all jenen, die sie als Zauberer und Magier der Barbaren betrachteten, und brachten viele um oder steckten sie in Umerziehungslager. Rock verließ China im August 1949, zwei Monate bevor Mao Zedong die Gründung der Volksrepublik proklamierte. Rock schrieb an einen Freund: »Wenn alles klappt, kehre ich wieder zurück – ich will am Fuße jener herrlichen Berge sterben, und nicht einsam und verlassen in einem trostlosen Krankenhausbett.«

Die Chinesen ließen ihn jedoch nie wieder einreisen. Und so blieb er in Amerika, arbeitete freudlos vor sich hin und starb 1962 in einem Krankenhaus in Honolulu. Als Vermächtnis hinterließ er seine Bücher; ein italienischer Verlag brachte seine maßgebliche Abhandlung über die Schriftzeichen der Naxi im Jahre 1972 vollständig heraus. Bleibende Zeugnisse sind nicht nur die Bücher und die bemerkenswerten Fotografien, sondern auch die Namen dreier Blumenarten: *Rhododendron rockii*, *Primula rockii* und *Omphalogramma rockii*. Wenn man bedenkt, dass dieser Sohn eines trübseligen Wiener Kammerdieners nie Botanik oder irgendetwas anderes studierte und all seine Leistungen allein seiner blühenden Phantasie, seiner unbeugsamen Zähigkeit und seiner kühlen Unverfrorenheit verdankte, setzen ihm diese Blumen ein Denkmal, das auf berührende Weise passend erscheint.

Joseph Rocks Verdienste um die Botanik werden durch die nach ihm benannten Blumen gebührend gewürdigt, doch er war nicht der einzige, der sich auf diesem Gebiet auszeichnete. Es gab auch andere, die dieselben Berge durchwanderten und sogar noch mehr mit der ungewöhnlichen Botanik dieser Region anzufangen wussten als Rock. Da gab es zum Beispiel Augustine Henry, Stabsarzt beim Imperial Maritime Customs Service und somit Kollege von Cornell Plant. Henry fand das Leben im Ausland langweilig und lenkte sich damit ab, dass er die unzähligen Vegetationszonen, die sich in den steilen Bergregionen von Yunnan übereinanderschichten, in allen Einzelheiten erforschte. Wie so mancher Pflanzenjäger »reiste« auch er auf höchst unbequeme Weise in einem *huagan*, einem Stuhl, den die einheimischen Träger mit Schlingen um die Schultern trugen. Die Forschertätigkeit war gefährlich und schwierig, jedoch reich an Lohn: Zahlreiche Pflanzen, unter anderem eine Rhododendron- und eine Viburnum-Art, wurden nach ihm benannt, und er war einer der ersten Menschen aus dem Westen, die den für seine Schönheit berühmten Taubenbaum zu sehen bekamen, der ausschließlich in Westchina wild wächst.

Zu noch größerem Ansehen gelangten die französischen Missionare Père David und Jean André Soulié, deren jahrzehntelanger Aufenthalt in der abgeschiedenen Bergwelt Westchinas mit der Entdeckung zahlreicher herrlicher Pflanzenarten belohnt wurde. Père David fiel es zu, als erster einen Taubenbaum zu sehen; das Besondere an diesem Baum besteht darin, dass er durch paarweise angeordnete weiße Deckblätter unterhalb jeder Blüte die Illusion erzeugt, auf den Zweigen säßen zahllose Tauben mit ausgebreiteten Flügeln. Die Linnésche Gesellschaft gab dem Baum den Namen *Davidia involucrata*. Ein paar Jahre später brachte ein anderer Pflanzenjäger, der berühmte Ernest Wilson von der Royal Horticultural Society, Samen des Baums nach London.

Dass heutzutage die Gärten und Parks im Abendland von Teerosen und Pfingstrosen, Azaleen und Kamelien, Chrysanthemen und Rhododendren geziert werden, verdanken wir fast ausschließlich diesen Abenteurern.

Vor der Abreise aus Lijiang hatte ich noch etwas Wichtiges zu erledigen. Hintergrund war ein Zeitungsartikel, den Bruce Chatwin über eine Reise im Jahre 1986 geschrieben hatte – drei Jahre vor seinem allzu frühen Tod. Diejenigen, die ihm nahestanden, meinten, er sei an einer Krankheit gestorben, die er sich in China und möglicherweise sogar auf dieser Reise zugezogen hatte. Ironischerweise war der Mann, über den Chatwin damals geschrieben hatte und den ich jetzt, ein Jahrzehnt später, besuchen wollte, ein Kräuterkenner und Heiler.

Der Mann, der durch Chatwin fast berühmt geworden war, hieß Ho Shi-xiu. Er lebte noch immer in einem kleinen Naxi-Dorf namens Baisha, zwischen Lijiang und dem Weiler, in dem Joseph Rocks Landhaus stand. Lily und ich fuhren die zehn Kilometer bis zu dem Dorf, stellten den Jeep auf einem Schulhof ab und gingen die Hauptstraße hinunter, Richtung Süden. Überall sahen wir Bauern beim Dreschen, Hausfrauen beim Waschen und Kinder beim Herumtollen. Und wo finden wir Dr. Ho?, fragte Lily. Wir können ganz unbesorgt sein, meinte ich. Dr. Ho sei ein solches Selbstvermarktungsgenie, dass es nicht lange dauern würde, bis *er uns* gefunden habe.

Nach Süden zu gehen, war jedoch ein Fehler. Wir gingen fast zwei Kilometer weit, genossen die frische Bergluft, schauten in kleine Nebenstraßen und fragten herum. Der Spaziergang war zwar erquicklich, aber erfolglos. Die Straße war von Weiden gesäumt, und zwischen den Steinplatten plätscherte munter ein Bach dahin. Ein Lehrerin bat mich, kurz in ihre Klasse zu kommen und den Zehnjährigen zu erklären, wo ich herstammte. Eine alte Naxi-Frau bat mich, ihr zu helfen, das Zaumzeug ihres Esels zu lösen, das sich an einem Baum verheddert hatte. Und ihre Tochter zeigte mir, wie man Knoblauch so dünn wie Blattgold schabt.

Der Reiseführer, den ich dabeihatte, enthielt ein paar recht spitze Bemerkungen über Dr. Ho und Bruce Chatwins etwas überzogenes Porträt des »taoistischen Arztes in den Jadedrachenbergen«. Die Publicity sei ihm zu Kopf gestiegen, hieß es in dem Buch. Inzwischen schreibe jeder über ihn, jeder wolle ihn besuchen, er sei ungeheuer reich, verglichen mit seinen Dorfnachbarn, und er lasse keine Gelegenheit aus, Besucher mit seinem Ruhm zu beeindrucken. Doch wo war er zu finden? Niemand in dem Dorf schien ihn zu kennen. Falls es ihn tatsächlich gab, war er offensichtlich untergetaucht.

Wir kehrten um und gingen enttäuscht zurück. Nach 20 Minuten erreichten wir wieder den gepflasterten Platz in der Mitte des Ortes und gingen von dort aus Richtung Norden. Nach etwa 200 Metern ragte mitten in der Straße ein Mandelbaum auf, hinter dem – wie auf das Zeichen eines Bühneninspizienten – ein schmächtiger Mann in einem langen weißen Arztkittel und mit blauer Wollmütze hervortrat.

»Meine Freunde, willkommen!«, tönte er in der aalglatten Art eines Händlers, der einem etwas andrehen will, was man gar nicht braucht. »Wie schön, dass Sie sich Zeit nehmen, mein bescheidenes Dorf zu besuchen. Haben Sie Zeit, in mein kleines Haus zu treten?«

Dr. Ho hatte uns gefunden. Nun konnten wir ihm nicht mehr entkommen. Er blickte sich kurz um und vergewisserte sich, dass sich keine weitere potenzielle Kundschaft näherte, und schob uns dann durch die Tür seines Häuschens, über der ein Schild mit der Inschrift »Jadedrachenberg-Kräutermedizin-Klinik« hing. Es war keineswegs ein außergewöhnliches Haus; die Wände waren aus Holz und dunkelrotem Lehm, aus dem klein gehäckselte Strohhalme heraussteckten. Im vorderen Raum befanden sich Regale voller Papiere und ein Tisch, der mit kleinen Fläschchen und Samentütchen übersät war. Es herrschte ein angenehm frischer Geruch.

Dr. Ho sprach Englisch, allerdings so leise, dass er gerade noch zu hören war. Er erzählte uns seine Lebensgeschichte in einer höchst komprimierten Fassung, wie ein Telefonmarketingmensch, der genau weiß, dass sein Zuhörer jeden Augenblick auflegen könnte. Sobald ich auch nur eine Spur der Ermüdung oder Langeweile zu erkennen gab, legte er sanft seine Hand auf mein Knie. »Warten Sie einen Augenblick, werter Herr – Sie sind von so weit her gekommen, um meine Geschichte zu hören.« Sein Englisch, sagte er, habe er auf dem nahegelegenen amerikanischen Flugplatz gelernt, doch es klang eher wie bei Dickens und überhaupt nicht so, als sei er bei den *Flying Tigers* in die Schule gegangen.

Für Dr. Ho, der nach einer Erkrankung Anfang der sechziger Jahre von Nanjing wieder nach Lijiang zurückkehrte, war die Kulturrevolution ein zweifelhafter Segen. Die Rotgardisten, die in diesem Teil Yunnans stationiert waren, machten den Arzt sofort zu einem Kandidaten für ihre Besserungsmaßnahmen, denn er hatte sich auf Anhieb verdächtig gemacht, und zwar aus keinem anderen Grund, als dass er nicht nur ein reines Dickens-Englisch sprach, sondern eine beunruhigende Zahl weiterer Fremdsprachen beherrschte, was seine Loyalität gegenüber der Han-Herrschaft und dem Maoismus nach Meinung der Rotgardisten alles andere als gesichert erscheinen ließ. Und so durchwühlten sie sein Haus und beschlagnahmten verdächtige Schriften und Gegenstände; er wurde zur Zwangsarbeit verpflichtet und musste steile Berghänge bewirtschaften und aus der Wildnis Yunnans fruchtbares Ackerland machen.

Die Rotgardisten konnten jedoch nicht wissen, dass die Arbeit, die sie Dr. Ho als Strafe auferlegt hatten, die Grundlage für eine neue und äußerst einträgliche Tätigkeit bilden sollte. Bei der Feldarbeit hoch oben an den Hängen des Jadedrachenbergs stieß er auf Exemplare jener höchst seltenen und ungewöhnlichen Pflanzen, die Joseph Rock 40 Jahre zuvor so emsig studiert hatte, und erkannte sofort die mögliche Bedeutung der Blumen und Sträucher, die an diesen Hängen in solcher Fülle anzutreffen waren.

Er fing an, sie zu sammeln, verbarg sie aber vor den neugierigen Blicken seiner Aufseher und nahm sie im Schutz der Dunkelheit mit nach Hause. Auf der kleinen Parzelle hinter seinem Haus zog er die Pflanzen dann in Töpfen und unter Glas. So entstand ein winziger, höchst exotischer Heilkräutergarten mit seltenen und seltsamen Exemplaren, der bis zum heutigen Tag existiert. Als Ergänzung zu seinem Vortrag zeigte Dr. Ho seinen Besuchern auch diesen Garten und erklärte ihnen die Pflanzen: Eine Flechte heile garantiert geschrumpfte Eierstöcke (beziehungsweise Bronchitis, wenn sie mit dem Fett eines gekochten Bären eingenommen wird), die Wurzel einer Orchidee sei gut gegen Migräne, ein zartgrünes Gras mit dem Namen »Himmelshanf« beseitige besonders wirkungsvoll Blasenprobleme, und ein Gewächs namens *Meconopsis horridula* wirke, wie der Name bereits andeutete, wahre Wunder bei akuter Ruhr.

Dr. Ho zermahlte die Pflanzen zu Pulver und ließ dieses in heißem Quellwasser ziehen. Diese Absude probierte er an den Dorfbewohnern aus. Die Mischungen und Mengenverhältnisse variierte er je nach Krankheit, Alter und Geschlecht des Patienten. Innerhalb kürzester Zeit hatte er eine kleine Schar von Anhängern: die Substanzen nämlich, die Dr. Ho an den Berghängen entdeckte, schienen Wunder zu wirken, entweder aufgrund ihrer chemischen Zusammensetzung oder aufgrund eines Placeboeffekts.

Als Nächstes kombinierte er seine neu entdeckte Heilkräuterkunst mit seinem seit langem schon praktizierten Bekenntnis zum Taoismus, einer Lebensphilosophie, die großen Wert auf innere Gesundheit, seelische Heilung und das Streben nach Unsterblichkeit legt. Im Jahre 1985 ließ er sich in einer Zeremonie in Anwesenheit von Tao-Priestern offiziell zum taoistischen Kräuterheiler ernennen. Dann lehnte er sich zurück und stellte sich darauf ein, sein Alter in wohliger Zurückgezogenheit zu verbringen. Es sollte jedoch ganz anders kommen: Ein paar Monate, nachdem er seinen Laden eröffnet hatte, kam rein zufällig der Adonis Bruce Chatwin bei ihm vorbei – mit seinem handgearbeiteten Lederrucksack, seinem Notizbuch und dem Auftrag, etwas für eine amerikanische Zeitung zu schreiben. Chatwin holte Dr. Ho auf einen Schlag aus der Anonymität und rückte ihn ins blendende Rampenlicht der Öffentlichkeit und des Ruhms.

Ob auch nur ein einziges der Produkte in Ho Shi-xius scheinbar unbegrenztem Angebot an Tees, Absuden, Aufgüssen und Heiltränken irgendeinen therapeutischen Wert besaß, lässt sich nicht sagen; bisher wurde keines der Mittel in einem Labor getestet. Doch es genügte bereits, dass Bruce Chatwin davon sprach, denn sein Wort galt etwas, und so strömte bald eine ganze Karawane prominenter wie ignoranter Leute nach Baisha, um in Dr. Hos kleiner »Klinik« Trost, Linderung und Heilung zu suchen.

Der Doktor war keineswegs zurückhaltend, wenn es darum ging, sich ins rechte Licht zu rücken, und zeigte jedem, der sich dafür interessierte – und fast jedem, der sich nicht dafür interessierte – einen dicken Stapel Notizen und Gästebücher, die keinen Zweifel daran ließen, dass unglaublich viele berühmte Menschen aus aller Welt und genauso viele deutsche Touristen und japanische Reisegruppen bei ihm vorgesprochen hatten.

In den Büchern fanden sich die Unterschriften von zahllosen britischen Botschaftern, von Film- und Fernsehstars wie Michael Palin und John Cleese (»interessante Type – Scheißtee« hatte er geschrieben), von Schriftstellern wie Patrick Booz, von Society-Schnepfen aus New York und von ganzen Heeren von Gesundheitsaposteln aus Oregon und Oberbayern. In Klarsichtfolien abgeheftet waren Zeitungsartikel in allen bekannten Sprachen; Dr. Ho nahm die Ordner ehrfurchtsvoll aus den Regalen und bot sie dem Besucher zur Besichtigung dar, als handele es sich um Teile des wahren Kreuzes Christi.

Schließlich schaute er mich an, kam mit seinem dünnen Bart ganz nah an mein Gesicht und untersuchte meine Haut und meine Augen. Dann lehnte er sich zurück.

»Bluthochdruck, Nervosität, Durchfall«, konstatierte er. Und obwohl ich laut protestierte und beteuerte, unter keinem dieser Symptome zu leiden – wobei ich bei meiner täglichen Begutachtung des Inhalts Dutzender Plumpsklos in Yunnan den deutlichen Eindruck gewonnen hatte, dass das letztgenannte Problem im ländlichen China recht verbreitet war –, drückte er mir eine Tüte mit einem Pülverchen in die Hand und legte ein paar Blätter und einen Zweig zwischen die Seiten des Buches, das ich dabei hatte, und blickte mich keck von der Seite an.

»Ich bin überzeugt, das wird all Ihre Probleme beheben«, sagte er und musterte mich mit erwartungsvoller Miene. Ich kapierte schon – er wollte Bares sehen. Und so blätterte ihm Lily ein paar Zehn-Yuan-Scheine in die Hand, erst einen, dann zwei, dann fünf, bis er schließlich lächelte, das Geld in der Faust verschwinden ließ und aufstand.

»Sehr gütig von Ihnen, mir Ihre wertvolle Zeit zu opfern«, sagte er in der salbungsvollsten Weise, die man sich nur vorstellen kann. »Ich hoffe, Sie werden mich Ihren Freunden weiterempfehlen.« Er sagte nicht: *Ich hoffe, Sie werden wiederkommen*, sondern: *Ich hoffe, Ihre Freunde werden kommen* ... und sich mein Gequassel anhören, sich von meinem Ruhm beeindruckt zeigen, sich Diarrhö und Dyspepsie andichten lassen, Proben meiner Arzneimittel kaufen, mich noch reicher machen und weiter Werbung für mich machen.

Ein Gauner, dachte ich mir, ein liebenswürdiger alter Ganove, ein aalglatter Geschäftemacher, ein charmanter Akteur in einem Zirkus von großer Tradition. Mich hatte seine taoistische Hexerei 50 durchaus erschwingliche Yuan gekostet. Den verstorbenen und viel vermissten Bruce Chatwin, dachte ich, hat dieser Zauber sehr viel mehr gekostet.

Wildwasser

Auf den mehr als 6300 Kilometern, die der Jangtse von den Gletschersäumen am Fuße des Gelandandong in der Provinz Qinghai bis zu der Markierungsboje im Ostchinesischen Meer zurücklegt, fällt er um nicht weniger als 5380 Meter. Der weitaus größte Teil dieses Falls erfolgt, wie bei fast allen Flüssen, auf der ersten Hälfte seines Laufs. Von den Gletscherhöhen bis zu der Spirituosenstadt

Yibin, auf einer Strecke von 3150 Kilometern – fast genau der Hälfte der Gesamtlänge zwischen Quelle und Mündung –, fällt der Jangtse beinahe 5180 Meter, mit anderen Worten, fast seine gesamte Fallhöhe. Unterhalb von Yibin ist der Strom breit und meist sanft – »Flachwasser«, wie die Bootsleute in den Bergen sagen.

Doch die erste Hälfte des Stromes ist alles andere als flach. Oberhalb von Yibin fällt das Wasser des Jangtse auf jedem Kilometer um durchschnittlich 1,6 Meter. Verglichen mit anderen großen Flüssen ist dies ein immenses Gefälle. Der Colorado River etwa weist im Grand Canyon ein ähnliches Gefälle auf, allerdings nur über eine Länge von etwa 300 Kilometern. Der Jangtse dagegen hält dieses durchschnittliche Gefälle über ganze 3000 Kilometer bei.

An seinem Oberlauf fließt der Jangtse fast durchweg äußerst schnell, steil und ungestüm. Dort wo sich die zahlreichen kleineren Quellflüsse, die dem tibetischen Hochland selbst den letzten Tropfen Wasser entziehen, zu einem richtig großen Fluss verbunden haben, strömen jede Sekunde Zehntausende Kubikmeter Wasser dem Meer entgegen. Es stimmt zwar, dass diese gigantischen Wassermassen um durchschnittlich 1,6 Meter pro Kilometer fallen, doch muss betont werden, dass dies ein Durchschnittswert ist.

An manchen Stellen schlängelt sich das Wasser sacht zwischen flachen Buchten und sandigen Ufern dahin. Es strömt still dahin und bietet sich Watvögeln, Antilopen, Bären und anderen Tieren der kalten Hochebenen als Tränke an. Wenn man von einem Boot aus in das eiskalte, kristallklare, seichte Wasser blickt, sieht man zwischen den flachen Sandbänken riesige Fische langsam gegen die Strömung schwimmen. Solche Stellen sind indes sehr selten, und die Schönheit hat etwas Bedrohliches, denn hinter der nächsten Biegung sieht alles garantiert ganz anders aus: Wo eben noch idyllischer Friede herrschte, tobt auf einmal die schäumende Gischt, gegen die der Mensch absolut machtlos ist.

Sowohl am »Fluss des Goldenen Sandes« als auch an dem weiter oben gelegenen Abschnitt, den die Tibeter Tongtian He, »Fluss zum Himmel«, nennen, sind diese gefährlichen Stellen weitaus zahlreicher. Sobald die Quellflüsse die Saumhügel des Tibetischen Hochlandes durchbrochen haben, stürzen die gigantischen Wassermassen unaufhaltsam bergab und verwandeln sich in einen Strom von beinahe unvorstellbarer Wucht und Macht. Diese Millionen Tonnen tosendes Wasser müssen sich plötzlich durch steile Felsspalten zwängen und um massives Geröll und spitzes Gestein schlängeln und stürzen und schießen dann über Stromschnellen, die so steil sind, dass die Fluten auf wenigen hundert Metern fünf, zehn, ja bis zu 15 Meter tief hinabfallen.

An solchen Stellen ist das Wasser eher ein wütender weißer Schaum. Hier gleicht der Fluss einem siedenden Kessel, in dem sich Luft und Schaum und Stein zu einer einzigen geballten Masse zusammenzuschweißen scheinen. Hier tun sich riesige schwarzgrüne Schlünde auf. Das Ganze ist ein brodelnder, brüllender Mahlstrom, eine dröhnende Dauerkanonade. Der Lärm ist beinahe erschreckender als der Anblick. Der Donner schallt aus der Tiefe empor, hallt von den feuchten Felswänden wider und ist kilometerweit zu hören. Es klingt wie ein Drache, der sich unter Qualen windend brüllt.

Diese Wildwasserströme lassen sich nicht mit den Stromschnellen, Untiefen und Strudeln der Drei Schluchten vergleichen, über die immerhin noch die großen Handelsdschunken gezogen werden können und die Cornell Plant und Archibald Little schließlich sogar mit ihren Eisenschiffen bezwangen. In den Stromschnellen hier oben wäre kein Überleben möglich. Ein Schiff, das von diesen Strudeln verschlungen würde, käme als Kleinholz wieder an die Oberfläche. Fracht und Passagiere würden hier von der Gewalt der tobenden Fluten zermalmt. Die Stromschnellen des Oberen Jangtse sind schlimmer als alle anderen auf der Welt.

Es gibt nicht wenige dieser unbeschreiblich gefährlichen Stromschnellen, doch keine ist so gefährlich, so spektakulär und so unvergesslich wie jene in der Schlucht bei Lijiang, wo sich der Fluss durch eine knapp 20 Kilometer lange Spalte zwängt, die stellenweise nicht einmal 15 Meter breit ist – schmal genug, heißt es, dass einst ein Tiger auf der Flucht vor einem Jäger darüber hinwegspringen konnte. Diese Vorstellung ist fast mit Sicherheit reine Phantasie; der Name hat sich dennoch durchgesetzt. Die Tigersprung-Schlucht, *Hutiao Xia*, ist zweifellos die dramatischste Stelle des gesamten Flusses.

Auf diesen 20 Kilometern fällt der Fluss um mindestens 200, manchen Angaben zufolge sogar um 300 Meter. Das heißt, er weist ein Gefälle von zehn bis 15 Metern pro Kilometer auf, was eher einem Wasserfall als einer Stromschnelle gleicht. Die Chinesen unterscheiden in dieser Schlucht drei Hauptkaskaden und 21 weitere Stromschnellen. Gefährlich sind alle, aber zwei – die eine am Anfang, die andere etwa in der Mitte der Schlucht – sind wahrlich unheimlich.

Der Fluss folgt hier einer natürlichen Verwerfung und frisst sich durch Felsgestein, das durch die tektonischen Kräfte, die diesen geologisch so chaotischen Winkel der Erde geschaffen haben, bereits zermürbt wurde. Zu beiden Seiten des Flusses ragen Felsen aus Kalkstein, Granit, Porphyr und Schiefer volle 2000 Meter fast senkrecht empor. Das Bergmassiv, zu dem sie gehören, türmt sich bis zu einer Höhe von 3600 Metern auf. Wenn man aus den schattigen Tiefen der Schlucht in den schmalen hellblauen Himmelsstreifen hinaufblickt, sieht man auf den oberen Bergregionen Schnee und Eis glitzern.

Ans linke Ufer schmiegt sich ein Pfad, den Lily und ich begehen wollten. Wir starteten am oberen Ende der Schlucht, bei der Brücke unweit des Dorfes Qiatou, wo der Fluss noch still und ruhig unter Trauerweiden dahinzieht. Hier ließ kaum etwas darauf schließen, dass es bald ganz anders kommen sollte, außer vielleicht der Tatsache, dass der Lauf des Flusses ein paar hundert Meter weiter unten von der riesigen Wand, die nördlich des schmuddeligen Dörfchens senkrecht aufragte, plötzlich abgeriegelt zu werden schien.

Bald ließ jedoch ein weiterer Hinweis darauf schließen, dass hier eine Sensation lauerte. Während bis vor kurzem kaum ein Abendländer die Tigersprung-Schlucht zu Gesicht bekam,* haben die örtlichen Behörden inzwischen erkannt, welchen Profit jene Ausländer für sie bedeuten, die gerne solche Gewalttouren unternehmen, und so haben sie eine Art Drehkreuz an dem Pfad installiert, an dem ein alter Mann den Wanderern Eintrittskarten verkauft. Das Plastikticket, das er uns gab, zierte die Aufschrift »Hutiaoxia Touristen-Aussichtspfad-Verwaltungsbüro, Bezirk Zhongdian« und das Abbild eines unglaubwürdig langen Tigers, der über eine unglaubwürdig schmale Felsspalte springt. Die Berechtigung zur Begehung des Uferpfades kostete ungefähr einen Dollar, und der Mann erzählte mir, er verkaufe im Sommer etwa 20 Tickets am Tag.

»Seien Sie ja vorsichtig«, sagte er mürrisch. »Diese Woche sind schon zwei umgekommen.«

Der Weg war ein alter Saumpfad, den Bergarbeiter in den beinahe lotrechten Fels gehauen hatten. Zu unserer Linken stieg die feuchte, bemooste Wand auf, zu unserer Rechten fiel der Steilhang senkrecht in den Fluss hinab. Während der Pfad mehr oder weniger auf derselben Höhenlinie verlief, stürzte der Fluss über 21 riesige Stufen 300 Meter tief hinab. Dies bedeutete, dass der Abgrund zwischen Pfad und Fluss immer tiefer wurde. Wir hielten uns dicht an der Felswand und stellten uns schaudernd vor, was wohl passieren würde, falls wir uns zu nah an den Schlund wagten, auf einem

* Am unteren Ende der Schlucht steht noch immer ein Schild mit der Aufschrift »Für Ausländer gesperrt«.

schlüpfrigen Stein ausrutschten oder von einer Windböe erfasst würden ...

Nach ungefähr zwei Kilometern rückten die Wände der Schlucht immer enger zusammen, sodass kaum noch ein Lichtstrahl in die Tiefe fiel. An einer Stelle mussten wir über einen Haufen blendend weißer Gesteinstrümmer steigen, die wie die Abfälle eines Marmorbruchs aussahen. Aber wo war der Marmorbruch?, fragte ich mich. Und während ich mich noch verwundert umsah, sauste ein lastwagengroßer Felsblock von oben herab, krachte auf den Abfallhaufen, zersprang und purzelte über den Abgrund. Unten war ein lautes Aufklatschen zu hören. Der Steinbruch, stellte ich fest, befand sich knapp 200 Meter direkt über unseren Köpfen in der Bergwand.

Dies war die Stelle, an der die beiden Wanderer – beides Amerikaner, wie ich später erfuhr – drei Tage zuvor ums Leben gekommen waren. Sie hatten genau dasselbe getan wie wir: Sie waren langsam und vorsichtig dem winzigen Pfad gefolgt und hatten sich nirgendwo zu nahe an den Abgrund gewagt. Plötzlich und ohne jede Vorwarnung war ein riesiger Marmorblock, den ein unvorsichtiger Steinbrecher oben losgestemmt hatte, herabgefallen und hatte sie mit in die Tiefe gerissen. Vielleicht hatte der herabstürzende Fels sie zermalmt; vielleicht hatte sie der Absturz das Leben gekostet; vielleicht waren sie auch erst im Fluss ertrunken. Die bis zur Unkenntlichkeit zerfetzten Leichen wurden jedenfalls am Abend am unteren Ende der Schlucht geborgen.

Wir gingen nervös und angespannt weiter und hielten einen Abstand von 30 Metern zueinander, damit für den Fall, dass einem von uns etwas zustoßen würde, wenigstens der andere davonkam. Von Zeit zu Zeit verlor sich der Pfad, und wir mussten über loses Geröll klettern, das unter unseren Füßen wegrutschte und uns mit in die Tiefe zu reißen drohte. Ab und zu kamen uns Wanderer entgegen;

auch sie waren bleich und nervös und begrüßten uns mit Fragen, die wir durch Gegenfragen beantworteten: »Und wie sieht es weiter vorn aus?«

Nach einer Weile wurde der Weg breiter und führte zu einer kleinen steinernen Bude, an der ein junger Moso Getränke verkaufte. Von dort führte ein steiler Pfad fast senkrecht zu der schlimmsten aller Stromschnellen hinab. Neben dem Pfad war ein Seil angebracht, damit die Kletterer wenigstens ein bisschen Halt hatten. Unten im Kessel herrschte ein ohrenbetäubendes Getöse; alles wurde von der spritzenden Gischt durchnässt. Hier musste sich der Fluss durch die winzigste Spalte zwängen. Und ausgerechnet hier thronte inmitten des Flussbetts eine haushohe Pyramide aus schwarzem Kalkstein, die den zischenden weißen Sturzbach in zwei teilte.

Wir gingen hinunter und standen eine Weile sprachlos, um uns ein gewaltiges Donnern. Von den 21 Stromschnellen, die man an der Tigersprung-Schlucht zählte, war dies die tückischste. Der riesige, grünweiße Schwall, der auf uns zu krachte, riss Felsbrocken und Baumstämme mit, als wären es Federn und Balsaholz. An dieser Stelle zeigte sich der Fluss als unvorstellbar rohe, unbezwingbare Gewalt. An dieser Stelle konnte kein Mensch den Fluss überqueren. Das hatte ich jedenfalls gedacht.

Dennoch hatte es ein Mensch geschafft, wenigstens auf den Fels in der Mitte des Flusses zu gelangen. Dort hatte der Verwegene auf der sichtbarsten Seite des Felsen mit zinnoberroter Farbe die Schriftzeichen für *hu* und *tiao* – »Tiger« und »Sprung« – geschrieben. Wie es diesem unbekannten Maler oder Graffitikünstler oder Vandalen – je nachdem wie man es sehen mochte – gelungen war, dort hinüberzukommen, seine Farbe zu verschmieren und wieder zurückzugelangen, ohne weggespült zu werden, ist und bleibt ein Rätsel.

Der Mensch hat nun einmal ein unstillbares Verlangen danach, solch schwierige Lokalitäten zu »erobern«, wie er es nennt. Mao Zedong hatte unten in Wuhan den Jangtse durchschwommen und ihn damit in gewissem Sinne bezwungen. Andere hatten später versucht, die gesamte Länge des Flusses mit speziell verstärkten Ruderbooten zu befahren. Jeder »bezwang« den Strom auf seine Art. Die Versuche, es mit der Schwachheit des Menschen gegen die Macht und die Unberechenbarkeit des Stroms aufzunehmen, waren manchmal von Erfolg gekrönt und manchmal zum Scheitern verurteilt. Nirgendwo aber war man kläglicher gescheitert als bei der Tigersprung-Schlucht, genauer gesagt bei der gewaltigen Stromschnelle am Beginn der Klamm, die offiziell als Obere Hutiao-Bank bezeichnet wurde und bei der die Fluten in zwei mörderischen Kaskaden 20 Meter tief hinabstürzten.

Um einen Fluss *vollständig* zu »bezwingen«, muss man natürlich wissen, wo dieser Fluss beginnt und endet, was bei manchen großen Strömen der Welt bekanntermaßen gar nicht so einfach zu bestimmen ist. Große Flüsse haben die Angewohnheit, sich in ihrem Quellgebiet aus unzähligen feinen Äderchen zu speisen, von denen mitunter mehrere den Anspruch erheben, der wahre Quell und Ursprung zu sein. Welches aber ist tatsächlich der wahre *fons et origo*? Ist es der Quellfluss, der am weitesten von der Mündung entfernt liegt? Ist es der Fluss, der in der größten Höhe entspringt? Ist es der Fluss, der das meiste Wasser führt? Oft sind sich weder die Hydrologen noch die Kartografen in dieser Frage einig, und so können sich Forscher auch heute noch einen Namen machen, indem sie vermeintlich neue Quellen längst bekannter Flüsse entdecken oder entdeckt zu haben behaupten. Der Ursprung des Mekong, beispielsweise, wurde angeblich 1995 von einem Franzosen entdeckt. Doch es kann durchaus sein, dass ein anderer Forscher in zehn oder 50 Jahren auf eine andere Quelle stößt, bei der sich genauso leicht behaupten und genauso schwer beweisen lässt, dass dies der eigentliche Ausgangspunkt des Flusses sei. Genauso verhielt es sich mit dem Jangtse.

Bis zum Ende der Ming-Dynastie um 1640 vermutete man die Quelle des Jangtse am Beginn des Minjiang, jenes großen und (zumindest damals noch) unglaublich klaren Flusses, der sich in Yibin mit dem schmutzigen Jinsha Jiang, dem »Fluss des Goldenen Sandes«, verbindet. Der Grund war einfach: Der breite und gleichmäßig fließende Minjiang war bis zu 300 Kilometer oberhalb von Yibin befahrbar; dem Schiffsverkehr auf dem schmalen und wirbelnden Jinsha Jiang dagegen setzte knapp 100 Kilometer oberhalb der Stadt ein steiler Gebirgszug ein jähes Ende. Der Minjiang spielte für den Handel eine weitaus größere Rolle; somit schien es logisch, ihn als Quellfluss zu betrachten.

Dieser Theorie setzte jedoch der Forschergeist bald ein Ende. Ein Ming-Geograf namens Xu Xiake sah sich den Minjiang genauer an und stellte fest, dass seine diversen Äderchen nur ungefähr 800 Kilometer oberhalb von Yibin endeten. Selbst der ehrgeizigste Quellensucher konnte keinen Quellfluss, keinen Gletscher finden, der mehr als 800 weitere Kilometer flussaufwärts lag. Der Jinsha Jiang, so entdeckte Xu des Weiteren, grub sich dagegen mehr als 3000 Kilometer weit in das Gebirge, auch wenn er ab Yushu einen anderen Namen trug – Tongtian He, »Fluss zum Himmel«. Dies, so folgerte Xu, musste der Quellfluss des Jangtse sein.

Spätere Entdeckungsreisen zeigten, dass diese Annahme richtig sein musste – und sei es auch nur, weil der Jinsha und seine Nebenflüsse so lang waren. Der Tongtian He, so entdeckte man zwei Jahrhunderte später, speiste sich wiederum aus drei größeren Quellflüssen – dem Qumar von Norden her; dem Dam Qu von Südost; und vor allem dem mächtigen Tuotuo, der von den hohen Schneegipfeln im Westen herabströmte. Die Frage, welcher dieser drei

Flüsse nun der eigentliche Ursprung des Jangtse war, bot selbst in der zweiten Hälfte des letzten Jahrhunderts immer wieder Anlass zu Debatte und Spekulation.

Der Qumar schied gleich am Anfang aus; weder von der Wassermenge, noch von der Länge, noch von der Höhe her kam er als ernsthafter Kandidat in Frage. Interessant an ihm war lediglich die Tatsache, dass er sich – wenn man ihm zu seinem Ursprung folgte – einfach verlor, und zwar auf einer der wildesten und unwirtlichsten Hochebenen der Erde. Auf der Tibetischen Hochebene kommt auf 100 Quadratkilometer gerade einmal ein Mensch; man begegnet dort vielen schwarzen Jaks, vereinzelten Nomadenzelten, endlosen Grasflächen, jähen Fels- und Eisformationen und einem wahrlich endlosen Himmel.

Der Tuotuo und der Dam Qu dagegen kamen ernsthaft in Frage, und so machte sich 1976 ein Expeditionsteam des Chinesischen Geografischen Forschungsinstituts von Peking auf den Weg, um mittels systematischer Methoden festzustellen, welches nun wirklich der eigentliche Quellpunkt war. Nach einem Sommer vor Ort kamen die chinesischen Forscher zu der Überzeugung, dass es der Tuotuo war und dass die über 6300 Kilometer lange Reise des Jangtse in einem kleinen See namens Qemo Ho begann, der am Fuß des Jianggudiru-Gletschers am Fuße des 6620 Meter hohen Berges Gelandandong lag. Neun Jahre lang galt diese Stelle offiziell als Ausgangspunkt, und für viele ist sie es auch heute noch.

Im Jahre 1985 finanzierte die American National Geographic Society jedoch eine eigene Expedition. Ein Forscherteam unter der Leitung des Hongkonger Chinesen Wong How Man begab sich zunächst zu der Flussquelle am Qemo He, dann zu der Stelle, an der sich der Tuotuo und der Dam Qu vereinigen und schließlich zum Quellpunkt des Dam Qu. Sie vertraten die Ansicht, dass der Dam Qu dem Tongtian He anscheinend mehr Wasser zuführte als der Tuotuo. Wenn der Dam Qu wasserreicher *und* länger war, dann sollte *sein* Ausgangspunkt offiziell als Quelle des Jangtse gelten.

Und wie sich herausstellte, war der Dam Qu tatsächlich länger, wenn auch nur um wenig mehr als eineinhalb Kilometer. Die Forscher folgten dem lang gebogenen Lauf des Dam Qu flussaufwärts nach Südosten, bis zu der Stelle, an der er sich in zwei kleine Bäche verzweigte – den Shaja, der aus südlicher Richtung kam, und den Guangzhuguo, der sich von Norden heranschlängelte. Der Shaja war relativ kurz. Der Guangzhuguo war sogar nur halb so lang; er begann in einem kleinen, klaren See am Fuße eines Berges, den die einheimischen Tibeter Jari nennen.*

Nach Wongs These, die 1986 von einem offiziellen chinesischen Bericht bestätigt wurde, war dies so gut wie sicher die wahre und eigentliche Quelle des Jangtse. Sie lag zwar über 1000 Meter tiefer als der Austritt des Tuotuo aus dem Gletschersee, dafür war sie mehr als zwei Flusskilometer weiter von der Mündung entfernt und lieferte weit mehr Wasser. Diese Quelle liegt bei 32° 7′ Nord, 94° 6′ Ost auf einer Höhe von 5715 Metern über dem Meer und 6378 Kilometer von der Mündung entfernt.

Daher bot sich jedem, der die gesamte Länge des Flusses befahren wollte, folgende Alternative: Er konnte entweder den kleinen, namenlosen Bergsee am Fuß des Jari als Quelle ansehen und von dort aus dem Guangzhuguo, dem Dam Qu und dem Tongtian He zum Jinsha Jiang und schließlich zum eigentlichen Chang Jiang folgen; oder aber er konnte am eisigen Qemo Ho (Qemo-See) beginnen und dem Tuotuo folgen, bis dieser sich mit dem Dam Qu vereinigte.

Die entsprechende Wahl wurde immer auch von einem gewissen Sinn für das Dramatische bestimmt. All jene, die den Fluss er-

* Auf der anderen Seite des Jari entspringt ein weiterer kleiner Bach, der offizielle Quellfluss des Mekong.

kundeten, schienen immer genau von derselben Vorstellung auszugehen: Beginnen sollte die Reise am Fuße einer Bergkette in einem See, der von einem Band blauweißer Gletscher gesäumt war. Diese Szenerie war die bei weitem dramatischere. Genau so stellte man sich die Quelle eines großen Flusses vor. Dieser Vorstellung zufolge war der Quellfluss des Jangtse nicht bloß ein schlammiges Rinnsal auf einer trostlosen, halb gefrorenen Hochebene. Der Berg Gelandandong war somit ein Teil der Legende des großen Flusses. So hatte Wang Hui den Fluss im Geiste des 17. Jahrhunderts festgehalten: Der Fluss entsprang in den Wolken; er fiel anmutig vom Himmel und ergoss sich über Fels, Eis und Schnee. Der Ursprung am Gelandandong war also genau das Richtige, jedenfalls auf spiritueller Ebene.

Als ein 32-jähriger Fotograf namens Yao Mao-shu im Jahre 1985 beschloss, den Versuch zu wagen, als Erster die gesamte Länge des größten Flusses seines Heimatlandes hinunterzutreiben, begann er sein Abenteuer am Fuß des hohen Berges und setzte sein Floß auf dem kristallklaren, eiskalten Qemo He aus. Er war unglaublich motiviert. Im Jahr zuvor hatte er gehört, dass ein amerikanisches Team den Fluss befahren wolle, und hatte sich darum bemüht, mitfahren zu dürfen, war jedoch abgewiesen worden. Das hatte ihn richtig wild gemacht. Wieso sollten die Barbaren den Ruhm für solch eine Heldentat einstreichen? Der Fluss war ein Teil der Seele Chinas. Nur einem Chinesen sollte solch ein Triumph gebühren.

Er war ein findiger und hartnäckiger junger Mann. Mit Mut und Würde ging er in seinem vier Meter langen Floß ganz allein durch die Hölle des Quellflusses. Nach knapp 1000 Kilometern kam er in Yushu an und prahlte von seinen Abenteuern – wie er einen Luchs gefangen und versucht habe, ihn zu zähmen, wie er von Wölfen angefallen worden sei, wie er an einer Insel mit Tausenden von Schwaneneiern vorbeigefahren sei, wie er auf der Tibetischen Hochebene tagelang gehungert, gefroren und sich so schrecklich einsam gefühlt habe, dass er fürchtete, er würde den Verstand verlieren. Die Leute in Yushu fanden ihn sympathisch und gaben ihm frischen Proviant mit. Die ganze Stadt wünschte ihm Glück, als er wieder aufbrach und weiterfuhr.

Er kam jedoch nicht ans Ziel. Irgendwo in den Schluchten, in denen der »Fluss zum Himmel« in den »Fluss des Goldenen Sandes« übergeht, kenterte sein Boot, das den Namen »Abkömmling des Drachen« führte. Hirten fanden seine Leiche, die ein Stück weiter stromabwärts in einem Strudel trieb. Er hinterließ eine Witwe, die in Chengdu lebte. Und er hinterließ ein Land, das nach dem Bekanntwerden seiner tragischen Geschichte plötzlich fest entschlossen war, seinen Tod zu rächen und den Fluss im folgenden Jahr durch das gemeinsame Bemühen des ganzen Landes ein für allemal zu bezwingen.

Die Expedition, der sich der glücklose junge Yao Mao-shu hatte anschließen wollen, wurde von einem Mann geleitet, der seit 1976 – als er einen der Quellflüsse des Ganges jenseits des Himalaja hinuntergepaddelt war – die Absicht hegte, den Jangtse zu befahren. Dieser Mann hieß Ken Warren. Die Tatsache, dass er seine weiße Mähne mit einer weißen Mousse fixierte und dass sich unter den zehn Tonnen Material, mit denen er 1986 den Jangtse bezwingen wollte, eine Kiste mit besagter weißer Mousse befand, hätte als Warnung genügen müssen, dass auch er es niemals schaffen würde.

Dieser ehemalige Vitaminverkäufer führte eine Expedition an, die nicht nur einfach scheiterte, sondern in einer wahren Tragödie endete. Er begann seine Attacke auf den Fluss, indem er sich an der Quelle vor laufenden Kameras zum Gebet niederkniete, Tränen erkünstelte und mit erstickter Stimme flehte: »O wunderbarer Jangtse, ... wir bitten dich, behüte uns, und wir geloben, dir kein Leid anzutun.«

Ein Mann, ein junger Fotograf aus Idaho namens David Shippee, starb unterwegs an Höhenkrankheit. Vier weitere Teilnehmer stiegen wegen Warrens fragwürdiger Führungsqualitäten aus. Und als die Stromschnellen des Tongtian He zu gefährlich, ja unbezwingbar wurden, ließ Warren die restliche Mannschaft selbst im Stich. Die Genehmigung, mit Flößen den Strom zu befahren, verlor ihre Gültigkeit, als die Amerikaner noch 4800 Kilometer von ihrem geplanten Ziel entfernt waren – und 480 Kilometer vor der Tigersprung-Schlucht, die allgemein als gefährlichster Flussabschnitt galt. Dies hielt Warren jedoch nicht davon ab, vor den Fernsehkameras zu erklären, sein Unternehmen sei erfolgreich gewesen und er werde weitermachen und mit einer »Geheimwaffe« wiederkommen und die Stromschnellen bezwingen, die bislang ihn bezwungen hätten.

Ken Warren war ein ziemlich widerlicher Typ, aber er war attraktiv und außergewöhnlich telegen. Der Film, den der amerikanische Sender ABC über die Expedition drehen ließ, vermittelte den Eindruck, die Expedition sei ehrenhaft, ja sogar heroisch geführt worden. Doch als das Ganze vorbei war und die übertriebene Schmeichelei, der man beim Fernsehen leicht zum Opfer fallen kann, der nüchternen Analyse wich, kam die Wahrheit über die jämmerliche Leitung der Expedition ans Licht.

Margit Shippee, die Witwe des verstorbenen Fotografen, reichte Klage wegen des fahrlässig verursachten Todes ihres Mannes ein. Warren wiederum verklagte die vier Männer, die ihm den Rücken gekehrt hatten. Das ganze Fiasko endete in einem Strudel kostspieliger Prozesse und übler Machenschaften. Warren selbst starb Anfang der neunziger Jahre. Heute stößt sein Name am Jangtse auf ein ausgesprochen negatives Echo. Ein chinesischer Bootsführer, in dessen Gegenwart ich den Namen erwähnte, schüttelte sich schaudernd und bemerkte beißend: »Diesen Amerikaner hätte man auf keinen Fall auf den Fluss lassen sollen.«

Es war also unvermeidlich und vielleicht auch ganz richtig, dass die Chinesen als Sieger aus dem gefährlichen und nicht selten tödlichen Wettstreit hervorgingen und als Erste den Jangtse »bezwangen«. Der Wettkampf war im Sommer 1986 bereits in vollem Gange. Als Warren weithin hörbar seine Gebete geflüstert und das Startsignal gegeben hatte, waren bei der Quelle am Gletschersee unterhalb des Gelandandong bereits nicht weniger als sechs chinesische Expeditionen gestartet (einer davon hatte unser Freund aus Panzhihua, Wu Wei, angehört). Die Chinesen lagen weit vorn. Als die Amerikaner im Frühsommer ablegten, hatten die chinesischen Expeditionsteams bereits 1600 Kilometer zurückgelegt – und auf tragische Weise bereits drei Mitglieder verloren. (Zuerst hatte man gedacht, acht seien ums Leben gekommen, doch fünf Mitglieder zweier konkurrierender Gruppen wurden heil und lebend gefunden. Nachdem ihr Boot an einem Fels zerschellt war, waren sie die Wände der Schlucht hinaufgeklettert und hatten überlebt, indem sie sich tagelang von Blättern, Wurzeln und Schnecken ernährten.)

Als sich die Lage auf dem Fluss dermaßen dramatisch zugespitzt hatte, begann auch das offizielle China unerwartet Interesse zu zeigen. Bislang hatte die politische Führung in Peking diese chinesischen Expeditionen lediglich als Versuch gesehen, den tragischen Tod von Yao Mao-shu zu »rächen«, der aufgrund seiner attraktiven Erscheinung und seines visionären Idealismus so etwas wie ein kleiner Volksheld geworden war. Als nun drei der Jugendlichen, die den Strom endgültig hatten bezwingen wollen, ebenfalls ihr Leben einbüßten, haftete dem Unternehmen die bekannte, starke Symbolik vom »Kampf des Menschen gegen den Strom« an, die bereits bei Maos Schwimmaktion 30 Jahre zuvor im Vordergrund gestanden hatte. Das Wagnis draußen auf dem Jangtse, erklärte die politische Führung in Peking, sei nichts weniger als eine Prüfung für die Ehre des Volkes, eine Bewährungsprobe für die Modernisierung, welche die Segnungen des Sozialismus und der Planwirtschaft mit sich gebracht hätten. Die Bemühungen sollten in jeder Hinsicht unterstützt werden, hieß es; die Jugend Chinas solle bei ihrem edlen Vorhaben gefördert und angefeuert werden.

Und so richtete im Hochsommer ganz China die Augen auf den großen Strom und die Mannschaften, die den Versuch wagten, den Jangtse zu bezwingen. Die Floßfahrer, so viel war klar, fürchteten inzwischen das Schlimmste, denn der Fluss erwies sich als weitaus gefährlicher, als man angenommen hatte. Die meisten Teilnehmer von ursprünglich vier Gruppen sprangen in kurzer Zeit wieder ab, und die Übrigen schlossen sich im Laufe des Sommers zu zwei konkurrierenden Teams zusammen, die tapfer weiterkämpften. Diese beiden Mannschaften schafften es von der Stadt Yushu auf der Tibetischen Hochebene bis nach Dêgê und Batang, zwei Orten an der langen Südschleife des Flusses, die die Grenze zwischen Tibet und dem eigentlichen China markiert. In Qiatou, bei den Weiden, an denen Lily und ich vorbeispaziert waren und wo der Fluss noch ganz friedlich und unschuldig aussah, machten sie Halt, um sich auszuruhen und vor allem um die Lage zu erkunden. Dann wanderten sie, genau wie wir, auf dem gefährlich engen Pfad durch die Schlucht und schlichen sich ängstlich unter dem Marmorbruch hindurch, bei dem die Häftlinge bereits damals die Felsblöcke losstämmten. Schließlich kamen sie zu der ersten großen Stromschnelle. Mit wachsender Sorge studierten sie jenes 30 Meter hohe Ungeheuer, das als Obere Hutiao-Bank bezeichnet wurde.

Von dort, wo sie standen, sah die Stelle zunächst völlig unpassierbar aus, doch dann kam eines der Teams auf eine Idee. Man baute eine geschlossene Kapsel aus Gummischläuchen, brachte an einer Seite eine wasserdichte Drucklufttür an und zurrte das Ganze so zusammen, dass es aussah wie ein kauernder Michelin-Mann.

Das Team brachte dieses Gefährt oberhalb der Oberen Hutiao-Stromschnelle zum Fluss hinab, suchte sich einen streunenden Hund, den man mit einer Atemmaske ausstaffierte und in die Schwimmkapsel steckte, verriegelte die Tür und stieß die Gondel in den Strom. Das leicht schwimmende und stark gepolsterte Gefährt torkelte in den schäumenden Kessel hinaus, drehte und überschlug sich Dutzende Male, versank für kurze Zeit in der meterhohen Gischt, flog dann wieder hoch in die Luft, krachte gegen scharfe Felsen und prallte von den steilen Uferwänden ab, tänzelte schließlich in die ruhigeren Gewässer unterhalb der Stromschnelle – und hielt sich immer noch über Wasser. Die Tür war allerdings abgerissen worden. Von dem Hund fehlte jede Spur, und er wurde auch nicht mehr gefunden.

Mit einer Logik, die sich nur einem Chinesen erschließt, wurde dieser erste Testlauf als voller Erfolg gewertet – nach dem Motto: Operation gelungen, Patient tot. Und so baute man ein zweites Exemplar dieser scheinbar unsinkbaren Gummikapsel, diesmal etwas größer – nicht für Hunde, sondern für Menschen. Am Morgen des 10. September 1986 stiegen zwei erfahrene Teilnehmer der Expedition, ein 34-jähriger Geschichtslehrer namens Lei Jiansheng und ein 32-jähriger Eisenbahnheizer namens Li Qingjian, in die Kapsel, nachdem Lei der wartenden Menge ein kurzes Statement vorgelesen hatte:

> Ich denke, China ist eine der größten Nationen, doch seine Entwicklung wird durch einige rückständige Denkweisen behindert. Wir wollen Mut machen zur Aufgeschlossenheit und zum Abenteuergeist. Eine Floßfahrt auf dem Jangtse ist eine sehr kleine Welle im langen Fluss der Geschichte, doch sie lohnt sich, wenn sie dazu beiträgt, die Entwicklung unseres Landes voranzutreiben.

Daraufhin wurde die Gummitür verschlossen und die Kapsel in die Mitte des Flusses geschoben. Einen quälend langen Augenblick sah es so aus, als fürchte sich die Gummikapsel selbst und wage es nicht, sich vom Fleck zu bewegen. Doch als man mit Stangen stocherte und anstieß und ein Mann, der am Ufer mit einem Seil festgebunden wurde, in den Fluss hinausschwamm und nachhalf, wurde sie in den Mahlstrom gerissen. Der Filmmitschnitt dieses Ereignisses, den ich mir inzwischen Dutzende Male mit Faszination und Entsetzen angesehen habe, lässt erkennen, wie das zerbrechliche Gefährt wirbelnd in den weißen Strudel gezogen wird, verschwindet, wieder auftaucht, ein weiteres Mal untergeht und wenige Augenblicke später auf den glatteren Wogen weiter unten wippt. Dann wird die Tür geöffnet, und zwei nasse, lachende Gesichter gucken in das gleißende Sonnenlicht hinaus. Die Freunde heben sie heraus, untersuchen ihre Arme und Beine und stellen fest, dass alles in bester Ordnung ist. Die beiden sind arg mitgenommen, doch sie haben es überlebt.

Es gibt zahlreiche weitere Stromschnellen in der Tigersprung-Schlucht, von denen einige, wie etwa die »Meteorbesetzte Stromschnelle« acht Kilometer weiter unten, weitaus schlimmer sind als die Erste. Doch mit der Bezwingung der Oberen Hutiao-Stromschnelle war die große Tat vollbracht. Auch das zweite chinesische Team befuhr die komplette Schlucht ohne Zwischenfall, etwa zu jener Zeit, als bekannt wurde, dass Ken Warrens Unternehmen gescheitert war und die Amerikaner nach Hause gingen. Die beiden chinesischen Mannschaften, die jetzt ohne Konkurrenz waren, genossen den Rest der Reise regelrecht. Sie trieben den unteren Abschnitt des Jinsha Jiang hinunter bis nach Yibin, vorbei am Zusammenfluss mit dem Minjiang, und dann die weitaus ruhigeren, endlosen Windungen des eigentlichen Jangtse. Es war jedoch kein reines Kinderspiel. Ein weiterer Flößer starb unterwegs. Und ein

Reporter kam ums Leben, als er von einem herabfallenden Stein getroffen wurde. Insgesamt fünf Menschen hatten ihr Leben verloren, bevor die Teams endlich das »Flachwasser« erreichten, wo sie nur noch vom Tidenstrom geschaukelt wurden.

Die beiden Mannschaften erreichten die Boje im Ostchinesischen Meer im November. Als Erstes am Ziel war das Team, das sich den Namen »Luoyang-Expedition zur Befahrung und Erkundung des Jangtse« gegeben hatte. Zwei Wochen später lief die »Chinesische Jangtse-Flusserkundungs-Expedition« am Ziel ein. Als man die Todesfälle des Amerikaners David Shippee und des Chinesen Yao Maoshu zu den Opfern dieser beiden chinesischen Expeditionen hinzurechnete und zudem herausfand, dass eine weitere Gruppe bei dem bedeutungslosen Versuch, andere Abschnitte dieses schrecklichen Flusses zu bezwingen, ebenfalls ums Leben gekommen war, wurde klar, dass man in jenem spektakulären Jangtse-Jahr große Opfer gebracht hatte. Und wofür, außer für die Bekräftigung des chinesischen Nationalstolzes? Im Rückblick wirkte die ganze Angelegenheit, zumindest ab dem Zeitpunkt, an dem sich die Regierung einschaltete, fast wie ein Gladiatorenkampf, bei dem junge Männer dem großen Strom geopfert wurden, teils um das Volk zu unterhalten, teils um die Nation auf die politische Stimmung jener Zeit einzuschwören.

Oberhalb der Schlucht wurde der Fluss wieder klar und breit und ruhig. Ein paar Kilometer weiter oben stand am linken Ufer eine Papierfabrik, die einen scheußlichen grauen Schleim ins Wasser leitete. In Shigu, das nach einer steinernen Trommel benannt ist, die noch immer dort steht und an eine historische Schlacht erinnern soll, vollzog der Fluss schließlich seine auffallendste und extremste Formveränderung. Innerhalb weniger hundert Meter drehte er sich quasi um die eigene Achse und änderte seine Flussrichtung von Süd nach Nord. Angesichts dieser abrupten Richtungsänderung kann man durchaus sagen, dass an der Stelle, an der heute die Stadt liegt, einst das Schicksal ganz Chinas von den Grillen der Geotektonik bestimmt wurde – genauer gesagt von einem Berg im Süden der Stadt, dem so genannten Yun Ling, dem »Wolkenberg«. Vom Studium der Karten war ich bestens mit dem Berg vertraut, und nun hatte ich endlich die Gelegenheit, ihn zu sehen, ihn zu besteigen und mich selbst davon zu überzeugen, warum er für die Geschichte Chinas eine so entscheidende Rolle spielte.

Lily und ich trafen am späten Nachmittag in der kleinen Stadt ein. Es herrschte eine Hitze wie in einem Hochofen. Aufgrund des unverkennbaren und seltsam seifigen Geruchs des Sichuan-Pfeffers kam es einem sogar noch heißer vor. Von Zeit zu Zeit wehte ein angenehm kühler Luftzug von Norden den satten Duft von frisch gemähtem Heu heran. Das Tal lag still und friedvoll unter einem schimmernden Schleier. Das Vieh döste in den immer länger werdenden Schatten der gezackten Berge im Westen, der Heng Duan Shan, der »Horizontspaltenden Kette«. Ganz Shigu schien zu schlafen. An den Berghängen zogen sich endlose Reihen von Lehmziegelhäusern hin, allesamt unter ihren gewölbten Ziegeldächern friedlich zur Siesta gebettet.

Unten bei dem Denkmal mit der alten Steintrommel – einem mühlsteinförmigen Stein mit vielen eingravierten Versen über die historische Schlacht – sprangen Kinder von einer alten Holzbrücke krakeelend in ein Strudelbecken. Die Brücke war mindestens 300 Jahre alt und wunderschön; wie zahlreiche andere Brücken in dieser Gegend war sie an zwei schweren Eisenketten aufgehängt. An den Brückenköpfen standen noch immer Tore aus der Frühzeit der Qing-Dynastie mit abblätternder Gold- und Zinnoberfarbe und kunstvollen Bronzeschlössern, die die Dorfältesten jeden Abend bei Sonnenuntergang abschlossen.

Eine Frau schleppte sich langsam eine gepflasterte Gasse hinunter. Ihre alten Knochen knirschten förmlich unter dem Gewicht ihrer hölzernen Rückentrage, auf der sie die Getreideernte eines ganzen Nachmittags trug. Sie war offenkundig die Mutter eines der Jungen unten am Wasser.

»Komm nach Hause und hilf mir beim Dreschen!«, rief sie hinunter.

»Nur noch ein bisschen. Es ist viel zu heiß zum Arbeiten!«, rief der Junge zurück. Die Frau nickte und trottete weiter und zog eine Spur gelber Spreu hinter sich her.

Um den Gipfel des Wolkenberges zu erklimmen, musste man die lange steinerne Treppe hinaufsteigen, die sich durch den alten Teil der Stadt schlängelte, durch eine normalerweise geschäftige Gasse, die zu beiden Seiten von offenen Läden gesäumt war. In einem dieser Läden lag ein Mann schnarchend unter einem Billardtisch; neben ihm stand ein halb volles Schraubdeckelglas mit grünem Tee. Nirgendwo rührte sich jemand, niemand schien mich zu bemerken. Die Regale in den kleinen Läden waren bis oben voll mit Waren, die am Abend verkauft werden sollten: In altes Zeitungspapier eingerollte Trockennudeln, Plastiktüten voller Pfefferschoten, Schweinsköpfe, Coca-Cola-Dosen, ganze Türme von Weißkohl, große Flaschen *Pabst-Blue-Ribbon*-Bier mit schief aufgeklebten Etiketten, Berge von Ziegeltee, Wassermelonen, Thermosflaschen und blassgelbe Tütchen »Pantene Haarspülmittel« (das in Shanghai in Lizenz hergestellt wurde). Auf jeder Ladentheke standen ein Rechengestell und eine Balkenwaage. Und fast unter jedem Ladentisch schlief ein Hund.

Nach kurzer Zeit kam ich an ein großes Zementdenkmal mit einer Gedenktafel und einem roten Stern. Drei Kinder, die alle das rote Halstuch der Jungen Pioniere trugen, lagen schlafend auf dem Sockel. Ich trat so leise auf, wie ich nur konnte. Auf der Tafel prangte eine lange revolutionäre Botschaft und ein kurzes Gedicht in der vertrauten, ausladend verschnörkelten Kalligrafie des Vorsitzenden Mao. Ein paar Schriftzeichen konnte ich entziffern; es war eine seiner zahlreichen Hymnen auf den Langen Fluss, der hier allmählich sichtbar wurde.

Dem Stand der Sonne nach zu urteilen, erstreckten sich die unteren Hänge des Wolkenberges, die direkt vor uns lagen, Richtung Süden. Es waren wiesenartige Almen mit kurzem Gras und einem Flaum weißer Kamelien. Der obere Teil des Bergs sah ganz anders aus; er war leicht bewaldet und mit Kampferbäumen und Rhododendron bewachsen. Darüber schien sich ein abgerundeter, steiniger Gipfel zu erheben. Der Gipfel, der sich in Ost-West-Richtung erstreckte, hatte die Form eines kleinen Kilimandscharo.

Auf den ersten Blick sah der Berg völlig unbedeutend aus. Er wirkte fast wie ein Zwerg. Eher unscheinbar, fast schüchtern, stand er vor der gewaltigen Kulisse der östlichen Himalaja-Ausläufer, in der weit höhere Berge, wie etwa die Horizontspaltende Kette, jäh in den Himmel aufragten. Es war nicht unbedingt ein heiliger Berg, wie etwa die berühmten chinesischen und tibetischen Gipfel Emeishan, Taishan oder Kailash; der Wolkenberg hat nie Pilger oder Bettelmönche angezogen. Er liegt viel zu weit ab vom Schuss, um für Touristen interessant zu sein. Vor 100 Jahren kamen die Pflanzensammler von Harvard und Kew hier vorbei, um nach Primeln und Enzian und vielleicht auch (allerdings vergeblich) nach Exemplaren jenes botanischen Wunders zu suchen, das wegen seiner großen weißen Blüten als Taubenbaum und bisweilen auch als »Taschentuchbaum« bezeichnet wurde.

Der Berg hat dennoch eine gewisse Bedeutung und sichert der ansonsten recht gewöhnlichen – hübschen, aber gewöhnlichen – Stadt Shigu eine Art von Ruhm, den ihr keine neunstöckige Pagode, kein verfallenes Lamakloster und kein Lagerplatz der Maoisten eingebracht hätte. Der Wolkenberg, das kann man durchaus behaupten, hat nach der chinesischen Mythologie China in seinem ganzen Sein geprägt und bestimmt.

Um seinen Stellenwert in der Legende zu verstehen, muss man berücksichtigen, dass die Chinesen glauben, ihre Ursprünge als Volk spiegelten die Ursprünge des Planeten selbst. Die Geschichte der Welt und die Geschichte Chinas sind ihrer Auffassung nach untrennbare Bestandteile ein und desselben göttlichen Plans – und das ist auch einer der Gründe dafür, weshalb sie das »Volk des Himmels« und alle anderen Völker »Barbaren« sind. Die Chinesen sind ihrem eigenen Glauben nach nie von irgendwoher gekommen; ihrer Meinung nach waren sie immer schon da. Die Welt, China und die Chinesen – alles wurde gleichzeitig, nahtlos und zu einem höheren Zweck erschaffen. Innerhalb dieser Geschichte gibt es einen riesigen Zeitraum von Jahren, in denen Legende und belegte Geschichte unauflöslich miteinander verflochten sind.

Die meisten dieser Protohistoriker glauben, die Welt – und somit auch China – sei entstanden, nachdem das Ei des Chaos eine Gottheit namens P'an-ku hervorgebracht hatte. Diese bemerkenswerte Urgottheit soll täglich drei Meter gewachsen und 10000 Jahre lang gelebt haben; ihre wohl größte Bedeutung erlangte diese Gottheit dadurch, dass sie den mächtigen Stein des Universums in zwei Teile spaltete und somit Himmel und Erde ein für allemal trennte. Unmittelbar danach wurde China erschaffen und zunächst von zwölf Himmlischen und elf Irdischen Kaisern regiert (die das neue Land jeweils 18000 Jahre lang beherrschten), denen schließlich neun Menschliche Kaiser folgten (die insgesamt 45600 Jahre regierten).

Als Nächstes kamen 16 nicht näher benannte Könige, über die auch so gut wie nichts bekannt ist, und dann drei Herrscher, von denen zumindest zwei den Kopf eines Menschen, aber den Körper einer Schlange besessen haben sollen. Einer dieser drei (vielleicht gehörte er aber auch zu einer Gruppe von fünf späteren Herrschern) war Huangdi, der so genannte »Gelbe Kaiser«, der als Vaterfigur der Nation und Gründer der chinesischen Zivilisation verehrt wird.

Huangdi markiert das Ende der primitiven und wilden Zeit; ab seiner Ära – möglicherweise um das Jahr 2697 v. Chr. – entwickelte China ein zivilisiertes und gut organisiertes Gesellschafts- und Regierungssystem. In seiner Amtszeit fingen die Chinesen an, in Holzhäusern zu wohnen, Seidengewänder zu tragen, auf Karren zu fahren, auf Dschunken zu segeln, Keramik zu brennen, mit Langbogen zu jagen und vor allem zu schreiben. Die viel gerühmte »5000-jährige Geschichte« beginnt mit der Herrschaft des Gelben Kaisers. Alle Chinesen betrachten sich als Kinder dieses großen Mannes.

Die imposanten Figuren, die unmittelbar nach dem Gründungskaiser lebten, sollen dann all die Grundpfeiler der frühen chinesischen Kultur errichtet haben. Fuxi, der »Ochsenbändiger«, zähmte die Tiere. Shennong, der »göttliche Landmann«, erfand den Pflug und die Hacke und führte die Märkte ein. Yao, der Vierte Kaiser, entwickelte den Kalender und eine Art Zentralregierung. Auf den Wolkenberg sollten sich indes vor allem die Entscheidungen Shuns, des Fünften Kaisers, auswirken. Etwa um das Jahr 2200 v. Chr. wurde jenes Werk geschaffen, das dem Wolkenberg einen so großen Stellenwert in der Entwicklung des heutigen China verlieh.

Der Hintergrund war der, dass China während der Regierungszeit dieser beiden Herrscher, Yao und Shun, von schrecklichen Überschwemmungen heimgesucht wurde. Einer dieser beiden Kaiser beauftragte einen jungen und technisch hoch begabten Bürokraten namens Yu, die Flüsse zu bändigen, neue Flussbetten zu graben, gefährliche Ströme zu stauen, Seen anzulegen und dabei sicherzustellen, dass all diese gezähmten Gewässer in der Einflusssphäre Chinas verblieben. Chinas Flüsse seien ein großer Schatz für das Volk, erklärten beide Kaiser während ihrer Regierungszeit. Es war wichtig, dass man sie bezwang, aber ebenso wichtig, dass sie *in China blieben.*

Yu, der im Auftrag des einen oder des anderen Kaisers oder auch beider arbeitete, machte sich mannhaft ans Werk. In den folgenden 50 Jahren durchstreifte er ganz China und gestaltete mit Hilfe eines kleinen Heers von Drachen die Berge und Täler so um, dass das Land – zumindest theoretisch – vor den jahreszeitlich bedingten Überflutungen sicher war. Yu meisterte seine Aufgabe so genial, dass er selbst Kaiser wurde – Da Yu, »Yu der Große«; und noch heute bezeichnen ihn Chinesen, die mit dem Christentum vertraut sind, als »Chinas Noah«. Er soll sich seiner Aufgabe mit der größten Hingabe verschrieben haben. Ein Beispiel seines Einsatzes wird auch heute noch in den Schulen gelehrt: Während er das Reich durchwanderte, soll er dreimal an seinem Elternhaus vorbeigekommen sein, und jedesmal soll seine Familie geweint und ihn angefleht haben, wieder nach Hause zu kommen. Doch niemals, sagen die Chinesen stolz, ließ er sich erweichen. Er marschierte unbeirrt weiter, staute weitere Flüsse, ließ weitere Kanäle graben und rettete China und Chinas Flüsse für alle Zeiten. Die Familie, erklärte er, müsse warten.

Seine Leistungen im Bereich des Hochwasserschutzes sind Legion. Noch heute soll es in ganz China entlang der Flussufer zahllose moosbewachsene Zeugnisse seines Wirkens geben. Als der sensationellste Erfolg, der größte Triumph seiner 50-jährigen Erdbewegungen und Verformungen, gilt aber nach wie vor die Errichtung des Wolkenberges. Der Grund dafür wird einem völlig klar, wenn man den Berg erklimmt – oder auch schon, wenn man einen Blick auf eine Karte Chinas oder sogar der Welt wirft. Indem Yu den Berg genau an diese Stelle platzierte, änderte er den Lauf des Jangtse, und zwar so, dass er den Chinesen erhalten blieb, die andernfalls ohnmächtig hätten zusehen müssen, wie ihr möglicherweise wichtigster Strom einfach wegfloss.

Die strategische Lage des Wolkenberges wird anhand einer guten Landkarte mehr als deutlich. In diesem Teil Westchinas verlaufen sämtliche Berge als Ausläufer der labyrinthischen Bergketten Sichuans ganz klar in Nord-Süd-Richtung. Das konnte ich von dort, wo ich stand, mehr oder weniger deutlich sehen; die Ketten marschierten, gleichsam wie Soldaten, in dichten, regelmäßigen Reihen in den blauen Dunst nach Norden. Und die Flüsse, die durch die dazwischen liegenden Täler fließen – wie beispielsweise der Jangtse, den ich sehen konnte, und auch der Mekong und der Salwin, die ein paar Dutzend Kilometer weiter westlich liegen und vom Wolkenberg aus nicht zu sehen waren –, verlaufen ebenfalls alle in nordsüdlicher Richtung. Dieses Muster setzt sich auch südlich von Shigu fort; ungefähr 100 Kilometer weiter im Süden liegt ein lang gezogener See namens Erhai Hu, der sich ebenfalls von Norden nach Süden erstreckt. Im Grunde gleicht die gesamte Geografie dieser Region dem Balg einer Ziehharmonika – endlose Falten, enge Täler und schmale Rücken, die sich alle von Norden nach Süden ziehen.

Das heißt, alle außer dem Wolkenberg, auf dem Lily und ich standen. Er ist zwar kleiner, bescheidener und weniger spektakulär als seine Rivalen, doch er steht quer zu den geologischen Faltungen. In einer Gegend mit einer so starren Nord-Süd-Ausrichtung ist er ein richtiger Sonderling. Der größte Teil des Berges – und darin besteht Da Yus Triumph – liegt genau auf dem Kurs des heranströmenden Jangtse. Von der Quelle bis hierher, auf einer Strecke von 1600 Kilometern, fließt der Jangtse mehr oder weniger direkt südost- und südwärts. Doch hier in Shigu prallt er – der chinesischen Legende nach aufgrund der besonderen Anordnung des in kaiserlichem Auftrag handelnden Yu – plötzlich gegen diese massive Wand, schnellt dann in einer dramatisch engen Haarnadelkurve zurück und prescht mit derselben Wucht und Entschiedenheit nach Norden, mit der er zuvor nach Süden gebraust war.

Der Fluss lag im Schatten des Nachmittags direkt unter uns. Am linken Rand meines Blickfeldes schoss der Fluss wie ein Zug auf mich zu, rasant, unerschrocken, unaufhaltsam. Doch im Nu kam er zum Stillstand, stockte in einer wogenden Wallung, machte auf der Stelle kehrt und schoss von mir weg. Wenn man je von einem Fluss sagen kann, er mache auf dem Absatz kehrt, dann vom Langen Fluss, hier im tiefsten Yunnan, inmitten der Rapsfelder und Ochsenweiden der Naxi. Die Folgen dieser urplötzlichen, schlagartigen Kehre sind immens. Am deutlichsten zeigen sie sich bei einem Blick auf die Landkarte, der einem klarmacht, wie die Geografie dieser Region aussehen würde, wenn Da Yu den Berg *nicht* genau an dieser Stelle platziert hätte. Ohne diese Barriere würde der Jangtse seinen bis dahin eingeschlagenen Kurs beibehalten und weiter nach Süden fließen und knapp 1000 Kilometer weiter unten in einer öden Wildnis von Mangrovensümpfen China endgültig verlassen.

Das Tal, durch das er sich auf diese Weise davonstehlen könnte, existiert übrigens. Die Rinne, durch die der Jangtse bis Shigu fließt, setzt sich in der Senke des Erhai-Sees und im Bett eines kleinen, ebenfalls nach Süden strömenden Flusses namens Lishe Jiang fort. Dieser Fluss wird bald von einer flachen Bergkette mit Namen Ailao Shan – »Kette der nebeligen Vorberge« – etwas nach Südosten gelenkt, und wird allmählich immer langsamer und breiter, je mehr er an Gefälle verliert. Bald lässt er das Bergland hinter sich und murmelt meilenweit durch Reisfelder, Bambushaine und Urwaldflecken, bis er die Grenzstadt Lao Cai erreicht. Von dort aus rauscht er in stattlicher Manier zu den dunstigen Ebenen des einstigen Nord-Annam, wo er schließlich sang- und klanglos aus China entschwindet. Dann zieht er sich durch Vietnam, vorbei an Städten wie Yen Bai, Phu Tho und Vinh Yen; schließlich passiert er die große Metropole Hanoi und deren Hafenstadt Haiphong und mündet im Golf von Tonkin ins Meer.

Was als »Fluss zum Himmel« und als »Fluss des Goldenen Sandes« beginnt, könnte somit durchaus als »Roter Fluss« seine Fortsetzung nehmen. Das Wasser, das aus Chinas eisigen Gletschern tröpfelt, könnte sich schließlich in einem Delta verlaufen, das nicht der Volksrepublik, sondern einem der Nachbarn gehört.

Doch dank Da Yu gelingt es keinem einzigen Tropfen Jangtse-Wasser, China zu »entrinnen«. Vom Rücken des Wolkenberges – der allmählich im Schatten versank und von einem heißen Abendwind, der im Westen aufkam, umstrichen wurde – konnte ich die Richtung sehen, in die er umgeleitet wird: Er setzt seinen Lauf nach Nordosten fort und dringt somit tief in das Reich der Mitte ein. Er windet und krümmt sich noch eine Weile, bevor er sich durch die Tigersprung-Schlucht stürzt. Dort dreht er sich noch einmal kurz nach Süden, so als versuche er noch immer zu entkommen, doch die Berge sind dort inzwischen viel zu hoch, und von der Nord-Süd-Ausfurchung ist überhaupt nichts mehr zu sehen, und es besteht keinerlei klares Muster, das einen bequemen Ausweg zuließe. Der Fluss ist nunmehr unentrinnbar an China gefesselt. Der einzige Ausweg, der Weg des geringsten Widerstandes, führt nicht mehr nach Süden, sondern nach Osten. Und so findet der Strom seinen Weg nach Panzhihua und Chongqing, durch die Drei Schluchten nach Wuhan und von dort nach Nanjing, Schanghai und schließlich zum Meer. Ohne den Wolkenberg würde er diesen Weg nicht nehmen, würde der drittgrößte Strom der Erde nicht existieren. Es gäbe auch nicht das Tal, in dem heute ein Zwölftel der Menschheit lebt und arbeitet. China hätte eine ganz andere Geografie und eine ganz andere Geschichte als die, mit der es heute gesegnet beziehungsweise gestraft ist. Der Wolkenberg ist, kurz gesagt, der Angelpunkt, der China in seinem ganzen Sein bestimmt.

Die Geologie bietet natürlich eine prosaischere Erklärung als die Mythologie. Als sich Indien von der afrikanischen Landmasse löste, mit der es einst verbunden war, sich – zwischen Eozän und Miozän – nach Norden schob und mit Asien zusammenprallte, wurde durch die gewaltige Wucht dieser Kollision der Himalaja aufgeworfen. Am östlichen Rand dieser Kollisionszone herrschte ein gewaltiger Druck und Schub, und riesige Blöcke der Erdkruste, die dem langsamen und unaufhörlichen Druck von Westen her nachgeben mussten, wurden langsam im Uhrzeigersinn gedreht.*

In urgeschichtlicher Zeit floss der Jangtse nach Süden, in das Tal des heutigen Roten Flusses. Die gewaltige Verschiebung nach dem Zusammenprall Indiens und Asiens brachte diesen sauberen Plan jedoch völlig durcheinander. Bald wurde ein Teil des Jangtse-Wassers von dem gekippten Hochland durch das Bett eines Nebenflusses nach Osten abgeführt. Und irgendwann wurde die Neigung so stark und das neu entstandene Tal so tief, dass das gesamte Jangtse-Wasser nach Osten, statt nach Süden floss. Der Rote Fluss verlor seinen größten Nebenfluss, und China gewann seinen größten Strom.

Wie weit Da Yu etwas mit diesem großen Plan zu tun hatte, lässt sich nicht sagen. Die Chinesen glauben, dass er eine Rolle dabei spielte – zumindest jene Chinesen, die ihn für eine historische Gestalt halten. Objektiver eingestellte Forscher, die in ihren Labors über Polarisationsmikroskopen und Karten von Verwerfungszonen brüten, ziehen eine unpersönlichere Erklärung vor. Viele Chinesen behaupten, die Geologen hätten keinen Sinn für Poesie. Hier oben auf dem Rücken des Wolkenberges, wo sich der Himmel im Westen inzwischen indigoblau färbte und die große Biegung des Jangtse wie Rotguss schimmerte, schien eine poetische Erklärung für die Geschichte dieses großen Stroms – wie oben am Gelandandong – aus spiritueller Sicht jedoch angemessener.

* Seit dem Eozän hat sich Indien über 1500 Kilometer nach Norden geschoben. Es bewegt sich immer noch in diese Richtung, in einem Tempo von fünf Zentimetern pro Jahr – neunmal so schnell wie das Wachstum eines Fingernagels. Dieses Tempo reicht, um enormen Druck auszuüben und die verheerenden Erdbeben auszulösen, die Yunnan und das Grenzgebiet zu Birma immer wieder heimsuchen.

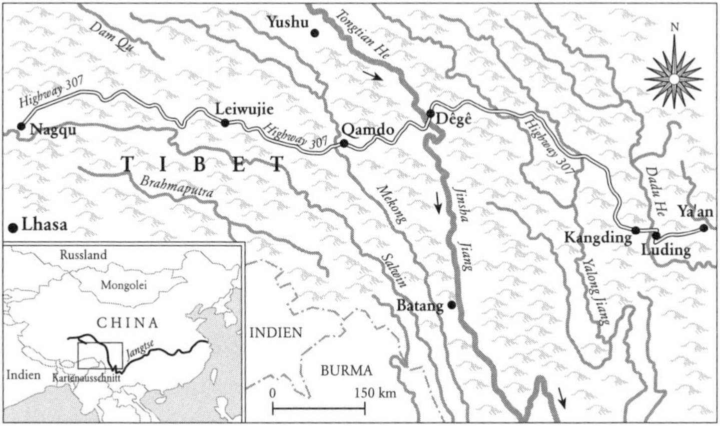

Schwerer als der Weg in den Himmel

Wir hatten unser Zelt an den Hängen eines tibetischen Berges aufgeschlagen, oberhalb einer leuchtend grünen Wiese, auf der zahlreiche riesige Jaks weideten. Wir hatten nicht geplant zu kampieren, doch unser Wagen war liegen geblieben, und es sah nicht so aus, als würde sich die Panne so leicht beheben lassen. Die Diagnose war ganz einfach: Die zwei Metallschrauben, mit denen der Kühler befestigt war, hatten das brutale Holpern auf der endlosen Strecke, die groteskerweise als »National Highway 307« bezeichnet wird, nicht mehr ausgehalten und waren gleichzeitig gebrochen. Daraufhin war der Kühlergrill direkt auf den Lüfter gefallen, der mit seinen rotierenden Metallflügeln sofort eine Reihe konzentrischer Kreise in die Kupferrohre gefräst hatte, woraufhin das gesamte Kühlwasser ausgelaufen und in dem trockenen, steinigen Boden versickert war.

In London oder New York wäre solch eine Panne ernst, aber nicht lebensbedrohend gewesen. Selbst wenn sich keine Werkstatt in der

Nähe befand, konnte man jemanden herbeirufen, der den Kühler notdürftig flickte und die lecken Rohre genügend abdichtete, dass man sich zumindest so weit weiterschleppen konnte, bis eine dauerhafte Reparatur möglich war. Doch in Tibet, wo Hunderte von Kilometern weit rein gar nichts kommt, gleicht solch ein Zwischenfall einer größeren Katastrophe. Also packten wir das Zelt aus und stellten uns auf einen längeren, hungrigen Aufenthalt inmitten dieser zerklüfteten Wildnis ein.

Das Zelt war ein chinesisches Fabrikat und von jahrelangem Einsatz schon ziemlich mitgenommen. Die Reißverschlüsse, die den Eingang verschließen und das Überdach zusammenhalten sollten, waren kaputt. Das war an sich kein größeres Problem, vorausgesetzt das Wetter hielt. Das Wetter in Tibet ist jedoch bekannt für seine Unbeständigkeit. Kaum hatte ich das Zelt aufgeschlagen und Lily, die noch nie in ihrem Leben gezeltet hatte, gezeigt, wo sie ihre Sachen verstauen konnte, kam ein starker Wind auf. Sekunden später prasselten haselnussgroße Hagelkörner herab.

Der Niederschlag begann zunächst ganz langsam und verdichtete sich bald zu einem wahren Geschosshagel, wie in einer wilden Schlacht. Die Eisbrocken wurden immer größer und härter und spitzer und krachten immer wuchtiger herab.

Ich hielt den undichten Eingang mit den Händen geschlossen. Die Eissplitter trommelten auf meine Haut und ritzten sie ein, bis das Blut auf den Zeltboden und das eisbedeckte Gras tropfte. Lily war starr vor Schreck und flüchtete sich wie ein verletztes Tier in eine Ecke des Zeltes, bis der Hagelsturz gegen das Überdach donnerte und sie mit heftigen Schlägen bombardierte, woraufhin sie sich von der Zeltwand weg in das Innere des Raums zurückzog. Sie kauerte wimmernd am Boden, doch ihr Schluchzen wurde vom Hagel völlig übertönt. Der Sturm hörte und hörte nicht auf und wurde immer lauter und begrub das Zelt schließlich unter einem ganzen

Berg von Eiswürfeln. Bei dem Eisregen, Lilys Wehklagen, meinen blutenden Händen und dem defekten Wagen, der unter einer weißen Schicht begraben war, konnte man durchaus von einem Unglückstag sprechen.

Wir waren auf dem Weg zu den Quellflüssen des Jangtse, doch wie sich herausstellte, war es alles andere als leicht, dorthin zu gelangen. Ein paar Wochen zuvor hatte es noch ganz anders ausgesehen. Damals hatte uns eine Kette von Zufällen, die mit dem Taxifahrer Wang begann, die Bekanntschaft mit zwei Autobesitzern beschert – zunächst mit Herrn Wu in Panzhihua und später mit Herrn Xu Xiaoyang, der in Chengdu, der Hauptstadt von Sichuan, lebte und arbeitete. Xu war ein passionierter Fan des Oberen Jangtse und hatte kategorisch behauptet, jedem zu helfen, der dorthin wolle. Als er in seinem Büro von seinen Abenteuern am Oberen Jangtse erzählte, klang es fast wie ein Kinderspiel, dorthin zu gelangen.

Herr Wu in Panzhihua hatte uns Herrn Xus Adresse und ein Empfehlungsschreiben gegeben, und so erwartete Herr Xu uns im Bahnhof von Chengdu, wo wir nach einer ganztägigen Fahrt aus dem Süden eintrafen. Die Fahrt war unglaublich schön gewesen: Neben der Schönheit der Landschaft faszinierte auch die imposante Konstruktion der Eisenbahnlinie, die zum Teil hoch über dem Anning-Fluss verlief und in einer endlosen Reihe von Tunnels die östlichen Flanken der Daxue-Berge durchdrang.

Die Eisenbahn war in den siebziger Jahren von Häftlingen und Soldaten gebaut worden. Es muss eines der technisch schwierigsten Bahnbauprojekte der Welt gewesen sein. Der Reisende wird indes grandios belohnt. Er kommt aus dem Staunen gar nicht mehr heraus. Immer wieder wird er aus dem Schwarz eines Tunnels in das grelle Licht hinausgeworfen, wo über ihm der Himmel strahlt und unter ihm der Fluss funkelt. Und schon schluckt ihn wieder das Dunkel, bis er abermals – insgesamt 200-mal – ins Sonnenlicht geschleudert wird, immer höher und höher. Neben dem Bahngleis arbeiteten die Reisbauern auf ihren Feldern, und tief unten stakten die Fischer mit ihren Sampans auf dem Fluss. Als wir die Ebene von Chengdu erreichten, waren wir vollkommen erschöpft und erschlagen von dem stundenlangen, ununterbrochenen Staunen und von der emotionalen Überfütterung mit so vielen unvergesslichen Eindrücken.

Xu Xiaoyang war ein eulenhafter Mensch, etwa Anfang 30, mit dicken Brillengläsern. Er kam in Begleitung eines Freundes, den er uns als Mr. Tang vorstellte, der schulterlanges Haar und leicht tibetische Gesichtszüge hatte. Tang war zehn Jahre zuvor an den Quellflüssen des Jangtse gewesen und bot sich als Führer an. Xu wollte alles organisieren; es sei ihm eine Freude, sagte er, und eine Ehre.

Seine Organisation, die in zwei großen, spartanisch eingerichteten Räumen über einem Ladengeschäft untergebracht war, nannte sich »Gesellschaft für internationale kulturelle Entwicklung in Sichuan«. Wie diese Organisation an die Mittel kam, mit denen Xu und seine hübsche Sekretärin die Miete und die Bürogeräte bezahlt werden konnten, blieb uns ein Rätsel, zumindest während der ersten paar Tage, die wir in Chengdu warteten, bis meine Ausländer-Reiseerlaubnis ausgestellt war und der Wagen – zufälligerweise wieder ein Beijing Jeep – bereitstand. Über Geld schien die Gesellschaft jedoch in Hülle und Fülle zu verfügen; man hatte Klimaanlagen und Handys, lud uns jeden Abend exquisit zum Essen ein, empfing hohe Tiere aus Schanghai und Hongkong, redete viel über zukünftige Kooperationsprojekte und über Pläne, Sichuan weltweit bekannt zu machen und Filme über den Drei-Schluchten-Damm zu drehen, und auch über den Oberlauf des Jangtse.

Dann erhielten wir einen Anhaltspunkt, woher das Vermögen des Unternehmens stammte. Eines Tages brachte man uns eine Hochglanzbroschüre ins Hotel, aus der die weltweiten Geschäftsverbindungen der Organisation hervorgingen. Die meisten Verbindungen bestanden anscheinend zu Ländern in Afrika – Tansania, Kenia, Niger. Der Prospekt enthielt Fotos von Banken, Bürogebäuden, Villen, Fabriken und Kraftwerken, allesamt aus strahlend weißem Beton und von strahlend lächelnden Afrikanern gemanagt. Erbaut worden waren diese Einrichtungen jedoch von Leuten aus Sichuan, die von Xu und seinen Vorgängern nach Afrika geschickt worden waren, wo sie in Lagern lebten und im Rahmen der so genannten bilateralen Zusammenarbeit tätig waren.

Ich hatte solche Lager gesehen; es handelte sich in der Regel um streng bewachte Kasernen, deren Bewohner weder das Lager verlassen noch Besuch empfangen durften. Die Personalkosten für die Arbeiter trug die Provinzregierung von Sichuan, die wiederum Subventionen vom Ministerium für Auslandshilfe in Peking erhielt. Die Organisation, die sich um die praktische Abwicklung kümmerte – in Sichuan war es die, die Xu leitete; andere Provinzen verfügten über ähnliche Einrichtungen –, kassierte zu Hause regionale und nationale Fördergelder und vielleicht auch Beihilfen von Seiten des Landes, das unterstützt wurde. Das Ganze schien sich zu lohnen. Der Organisation in Chengdu ging es so gut, dass Geschäftsführer Xu es sich leisten konnte, einen großen japanischen Wagen zu fahren, ganz allein in einem geräumigen Haus in der Nähe des amerikanischen Konsulats zu wohnen (er war geschieden, und seine derzeitige Freundin lebte in Tokio) und jeden Tag ausgezeichnet zu speisen.

Diese Umstände erlaubten es ihm auch, ungewöhnlich großzügig gegenüber Freunden und Freunden von Freunden zu sein, die mit Wünschen ankamen, die unter anderen Vorzeichen vermessen gewesen wären. Ich hatte Wu gegenüber erwähnt, dass Lily und ich den Oberen Jangtse an einer Stelle sehen wollten, wo er so schmal war, dass man hinüberspringen konnte – was normalerweise monatelanges Planen und die Erteilung behördlicher Genehmigungen erforderte. Diese Information hatte er rechtzeitig an Xu weitergeleitet.

»Das ist gar kein Problem«, sagte Xu begeistert. »Ich habe hier die allerbesten *guanxi*. Wir kriegen alles, was wir wollen. Ihre Wünsche werden wir erfüllen.«

Mit *guanxi* meinte er »Beziehungen«, jenes komplexe Gefüge aus Gefälligkeiten, Begünstigungen, gegenseitiger Unterstützung und dem Einfordern alter Schulden – ein Gefüge, das auf einem byzantinisch anmutenden Netz von Verbindungen im Umkreis von Familie, Schule, Geschäft und Militär beruht, welches Chinas neues Klassensystem bildet und jenes wichtige Schmiermittel abgibt, mit dem China – zwar unfair, aber effizient – funktioniert. Ein verarmter Bauer ohne *guanxi* bekommt vielleicht nicht immer all den Reis, den er verdient oder der ihm zusteht. Und ein verärgerter Bürger ohne Beziehungen erfährt selten wahre Gerechtigkeit seitens des Systems. Doch ich wusste, dass ich einen Wagen und einen Fahrer bekommen würde, weil – *und nur weil* – ich als jemand galt, der sich eines Tages mit einer Gefälligkeit revanchieren könne, die früher oder später so gut wie sicher eingefordert werden würde. Das war die Quintessenz des *guanxi*: Ich bekomme alles, was ich brauche, weil ich einem anderen besorgen kann, was er benötigt. Eines allerdings hätte ich beinahe nicht bekommen, nämlich meine Ausländer-Reiseerlaubnis. »Dieser Mann kommt mir äußerst suspekt vor«, klagte der Leiter des Sicherheitsbüros in Chengdu, als man ihn bat, mir die Erlaubnis zu erteilen, die Straße 307, die alte Ziegelteestraße von und nach Lhasa, zu befahren. Er sagte nicht, weshalb er misstrauisch war. Ich hatte mich arglos als Lehrer ausgegeben, der aus reiner Neugier und zu Bildungszwecken nach West-Sichuan reisen wolle. Doch mein Pass war vielleicht zu sehr übersät mit Stempeln von früheren Chinareisen, und das hatte ihn vielleicht argwöhnisch gemacht. Jedenfalls verweigerte er mir die Genehmigung.

Also begaben wir uns zu einem anderen Büro, von dem Xu wusste, dass es die entsprechenden Scheine ausstellen konnte. Unter dem triumphierenden Kriegsgeheul von Xu, der Gefahr gelaufen war, aufgrund der Verstocktheit des Bürokraten das Gesicht zu verlieren, erhielt ich schließlich doch noch den gefalteten grauen Schein, der mich dazu berechtigte, die Städte Kangding, Luding und Dêgê zu besuchen.

Es war mir jedoch nicht gestattet, den Jangtse zu überqueren. Der Fluss bildet hier eine definitive Grenze. Westlich des Flusses liegt die Provinz, die die Chinesen heute als Xizang bezeichnen und die die übrige Welt als Tibet kennt. Die Funktionäre rieten mir stark davon ab, so weit zu fahren, besonders in dieser »unangenehmen Zeit«, wie es hieß. Ich war ebenso stark entschlossen hinzufahren. Lhasa mochte zwar weitab vom Jangtse liegen, doch auf der Route, die Xu und ich uns ausgedacht hatten, bildete die Hauptstadt Tibets eine wichtige Station.

In Shigu, wo der Jangtse seine erste große Biegung nach Nordosten macht, hatte ich mir die Karte ganz genau angeschaut. Die Straße nach Norden zu der alten Regionalhauptstadt Batang war bestenfalls unerheblich. Sie war nichts weiter als eine schmale, unbefestigte Piste, die nur von Holztransportern befahren wurde und über Hunderte von Kilometern durch eine beschwerliche und offen gesagt uninteressante Wildnis führte. Weitaus spannender, dachte ich, müsste es sein, in einem großen Bogen zu fahren und auch den Fluss zu überqueren und dabei einen breiteren Querschnitt an Lebens- und Landschaftsformen mitzukriegen.

Diesem Plan zufolge wollte ich von Chengdu aus entlang der alten Teestraße Richtung Westen bis zum Jangtse fahren, diesen passieren und (unerlaubterweise) tief ins Innere von Tibet vordringen und die Flusstäler des Salwin und des Mekong überqueren, bis ich auf die einzige richtig beschotterte Straße in der gesamten Provinz stieß – den großen, von Süden nach Norden führenden Highway von Lhasa nach Golmud, einem tristen Kalibergwerksort im Zentrum der gulagartigen Provinz Qinghai im Norden. Wenn ich von Lhasa auf dieser Straße nach Norden fuhr, gelangte ich abermals an den Jangtse, genauer gesagt an einen der ausgegebenen Quellflüsse des großen Stromes, den Tuotuo, der in dem kleinen See, Qemo Ho, am Fuße des Gelandandong entspringt. Bei einem kurzen Ausflug in die dortigen Moore hoffte ich auf einen Jangtse zu stoßen, der so schmal und jungfräulich war, wie ich ihn mir vorstellte.

Im Rahmen dieses Plans war es wichtig, nach Tibet und bis Lhasa zu fahren. In Chengdu musste ich jedoch erfahren, dass der größte Teil der Strecke, die ich fahren wollte, gesperrt war. Nicht dass ich etwas anderes erwartet hätte. Jeder sagte damals, es sei höchst schwierig, nach Tibet zu reisen. Laut der Bescheinigung, die es mir gestattete, den Jangtse entlang bis nach Dêgê zu fahren, war die Weiterfahrt ausdrücklich untersagt. Außerdem, so hieß es in meinem australischen Reiseführer, waren die Straßen von Sichuan nach Lhasa (es gab sogar zwei) »mit die höchstgelegenen, abenteuerlichsten, ja gefährlichsten Routen der Welt. Sie sind für Ausländer gesperrt. Wer sie dennoch befährt, sollte die Risiken bedenken und Lebensmittel und warme Kleidung mitnehmen. Die Reise entlang dieser Straßen per Anhalter auf Lastwagen dauert in der Regel mehrere Wochen …« Das klang nicht besonders ermutigend.

Herr Tang tauchte am Morgen unserer Abfahrt mit einem leuchtend roten Beijing Jeep auf – unserem zweiten. In China gab es viele Autos dieses Typs, die in einem angeblich katastrophal geführten Jointventure-Werk, das Chrysler Mitte der achtziger Jahre in der chinesischen Hauptstadt errichtet hatte, in Lizenz produziert wurden. Tang saß vorn auf dem Beifahrersitz; der Fahrer war ein nervös wirkender Wicht namens Miao. Normalerweise arbeitete Herr Miao für die Organisation, der das Auto gehörte – das Propagandabüro der Stadtverwaltung von Chengdu, zu dem der eulenhafte Xu solch ausgezeichnete Connections besaß. Der Chauffeur wusste genau, wohin wir fahren wollten, und seiner Meinung nach bestanden gute Chancen, tatsächlich dorthin zu kommen. »Vielleicht kriegen Sie Probleme mit der Polizei«, sagte er mit einem zuckenden Grinsen, »aber Sie haben wahrscheinlich viele Dollars dabei, stimmt's? Da drüben interessieren sie sich viel mehr für Dollarscheine als für Passierscheine.«

Xu war ebenfalls früh aufgestanden, um uns zu verabschieden. Er sprach – im kehligen Sichuaner Dialekt – ein paar kurze Gebete, die uns Glück bringen sollten. Dann legte Miao den ersten Gang ein, mit einem lauten Knirschen, das nichts Gutes über die technische Qualität unseres Transportmittels ahnen ließ. Miao tätschelte seinen Ganghebel mit einer zärtlichen Geste, die, wie sich bald zeigte, der offensichtlichste Ausdruck seiner Nervosität war (je nervöser, desto schneller der Rhythmus seines Tätschelns) und rollte stotternd und qualmend in den Verkehr hinaus und auf die fernen Berge zu.

Mehrere Stunden lang fuhren wir in südwestliche Richtung. Zu unserer Rechten ragten schroffe Berge auf. Dies war immer noch China, der äußerste Winkel des Roten Beckens von Sichuan. Die Straßen waren gut. Wir sahen Fabriken und Rollfelder und eine erschreckend große Zahl von Armeestützpunkten, vor deren Toren schwer bewaffnete Wachsoldaten auf- und abmarschierten. Chengdu ist ein wichtiger Bereitstellungsort für Truppenverbände, die zu Einsätzen in das tibetische Hochland abkommandiert werden. Immer wenn ein Aufstand niedergeschlagen, Mönche in Arrest genommen oder Grenzen dichtgemacht werden sollen, werden Soldaten von Chengdu aus eingeflogen oder im Konvoi die Schotterstraße von Golmud aus hinuntergeschickt. Die Garnisonen und Flugplätze bei Chengdu bieten dabei die weitaus bessere Möglichkeit, Truppen rasch nach Lhasa zu verlegen.

Dann passierten wir eine Brücke und bogen scharf nach Westen. Das Gelände begann sachte anzusteigen. Dies war der Rand der Berge, über die Li Bai sein berühmtestes Reimpaar geschrieben hatte: »O wie gefährlich, wie hoch! Wie beschwerlich ist die Straße nach Shu! Sie ist so schwer wie der Weg in den Himmel.« Hier verließen wir das eigentliche China und passierten die Grenze zum eigentlichen Tibet von einst, das aber in den letzten 300 Jahren eine Art Halbwelt gewesen war, in der die beiden so unterschiedlichen Kulturen sich begegneten und, je nach der momentanen Stimmung, verschmolzen oder aufeinander prallten. Zwischen dem Saum dieses Gebirges und dem Ufer des Jangtse – Luftlinie 400 Kilometer, aber fünfmal so weit, wenn man die Gebirgspässe überwinden musste – lag eine chaotische Wildnis mit felsigen Bergen und tiefen Schluchten, die von den Bürokraten der Qing-Dynastie kurze Zeit als Provinz Sikang bezeichnet wurde und von den heutigen chinesischen Historikern als Xikang bezeichnet wird. Dass hier überhaupt so etwas wie ein eigener Staat existierte, hatte einiges mit dem ausgesprochen exzentrischen Engländer Sir Francis Younghusband zu tun, der 1904 im Namen Englands in Tibet einmarschierte.

Dieses Gebiet zwischen dem Fluss und dem östlichen Rand des Gebirges war schon immer ein wildes, gesetzloses Land, in dem Horden unberechenbarer Halunken lebten, die verschiedenen Stammesführern unterstanden. Die Moso, die erst auf dem Knochenlosen Schwein herumlagen und es dann verschlangen, waren einer dieser Stämme. Es gab mehr als 30 solcher Stammesgebiete mit Namen wie Chala (auf deren Territorium gelangten wir nach der abrupten Rechtskurve jenseits der Brücke), Lithang und Gyemorong. Zusammengefasst wurden sie unter dem Namen Cham, und ihr Gebiet wurde kollektiv als Champa bezeichnet. Sie galten weithin als kriegerisch, aufsässig und tief religiös. Sie wurden von den

Tibetern und den Han-Chinesen gleichermaßen gefürchtet. Die heutigen Tibeter sagen voller Bewunderung, sie sollen die besten Killer und die größten Heiligen der Region gewesen sein.

Sir Francis Younghusband war 1904 von Indien über Sikkim nach Tibet gekommen. Seine Mission wird oft als letztes koloniales Abenteuer des Britischen Empire bezeichnet. Der Vorwand für seine Invasion, den der damalige indische Vizekönig lieferte, war absolut fadenscheinig: Die Tibeter, behauptete er, stahlen nepalesische Jaks und sollten einen Denkzettel verpasst bekommen. Die tatsächliche Absicht war offensichtlich: Tibet sollte der Einflusssphäre der immer gieriger werdenden Russen entzogen werden.

Als Younghusbands Soldaten fest unter dem Potala in Lhasa stationiert waren – den Weg dorthin hatten sie sich mit Waffengewalt erzwungen –, zwangen die Briten die Tibeter, ein Abkommen zu unterzeichnen, das die Russen in Schach halten sollte. Dies hatte unter anderem zur Folge – was man damals jedoch nicht absah –, dass China langsam aber sicher seinen Einfluss geltend machte und schließlich sogar die Macht über Tibet an sich riss. »China ist auf Francis Younghusbands Schultern nach Lhasa emporgestiegen«, schrieb ein Kritiker der englischen Politik.

Der erste Schritt der Qing-Herrscher, der Mandschus, bestand darin, die Region Champa zu annektieren und somit eine Pufferzone zwischen dem Chinesischen Reich und Tibet zu schaffen, das man damals angeblich als Vorposten des Britischen Empire betrachtete. Und so schickten die Chinesen General Zhao Erfang, einen gnadenlosen Killer, nach Westen; er hatte den Auftrag, Champa für die Chinesen einzunehmen und in den Städten, durch die wir in den kommenden Tagen fahren sollten, jeden Widerstand im Keim zu ersticken. Der General wurde als »Metzger der Mönche« bekannt; von Yushu und Dêgê bis hinunter nach Batang und an die Grenze von Yunnan überfiel er Lamaklöster und richtete buddhistische Führer hin. Er überquerte den Jangtse, marschierte nach Lhasa und sah sich nach dem damaligen Dalai Lama um, der jedoch nach Indien geflohen war – so wie es sein Nachfolger tat, als die Chinesen 50 Jahre später ihm nachstellten.

Aus der eroberten Region Champa machten die Chinesen eine neue Provinz, der sie den Namen Xikang gaben. Diese imperialistische Fremdverwaltung nahm 1911, weniger als ein halbes Jahrzehnt später, ein jähes Ende, als die Mandschus von den Republikanern selbst entmachtet wurden. Von großer Bedeutung blieb jedoch die Vorstellung, zwischen China und Tibet einen Pufferstaat zu schieben (und somit gleichzeitig über ein Sprungbrett zu verfügen, von dem die Chinesen schließlich den Sprung nach Lhasa schafften). Im Jahre 1928 erfolgten neuerliche Vorstöße mit weiteren erbitterten Kämpfen in den Bergen, denn die Chinesen versuchten, sich die Verwaltungshoheit über Xikang endgültig zu sichern.

Doch dies sollte ihnen nie so richtig gelingen. Gouverneure kamen und gingen. Bürokratische Apparate wurden geschaffen und wieder aufgelöst. Die Hauptstadt wurde von Batang an den Ufern des Jangtse in einen Ort verlegt, der damals Dardo hieß und heute Kangding heißt. Doch selbst diese Hauptstadt blieb letztlich ein reiner Wunschgedanke, und so wurde Xikang 1955, nach jahrelangen stockenden Versuchen, offiziell abgeschafft. Das Territorium wurde von der Provinz Sichuan geschluckt; die Bevölkerung wurde als ethnisch eigenständig anerkannt und erhielt den Status der Halbautonomie. (In Taiwan gilt die Provinz auch heute noch als existent; in der Nationalversammlung in Taipeh sitzt ein Vertreter, der Xikang nominell repräsentiert.)

Die Vorstellung, dass Sir Francis Younghusband gewissermaßen mitverantwortlich war für den einzigartigen Status des Territoriums, durch das wir jetzt fuhren, schien die Einheimischen nicht übermäßig zu belasten. Dafür gab es genügend Ablenkung. In der

Grenzstadt Ya'an, in der wir übernachteten, befand sich ein quirliger Markt, und gegenüber dem Gasthof hatte ein gerissener Geschäftsmann hinter hastig aufgehängten Matten einen kleinen Zoo mit einer dürftigen Kollektion exotischer Tiere eingerichtet, für deren Besichtigung er einen Yuan verlangte.

Ich hoffte, einen der großen blau gehörnten Fasane anzutreffen, die in dieser Region heimisch sind und unter dem herrlichen Namen Temmincks Tragopan bekannt sind; stattdessen gab es nur ein fliegenumschwärmtes Stachelschwein und ein paar scheußliche alte Schlangen zu sehen. Irgendwo hingen einige Seiten, die aus uralten *National-Geographic*-Heften herausgerissen worden waren und afrikanische Mädchen mit nackten Brüsten zeigten. Lily war überzeugt, dass dies die wahre Attraktion war, die der durchtriebene Zoobesitzer zu bieten hatte. Er wollte eigentlich gar keine Tiere ausstellen, sondern sexhungrigen Chinesen die Gelegenheit geben, ihre Augen an bloßen Brüsten zu weiden.

Am nächsten Morgen ging die Fahrt steil bergan. Die Straße führte über messerscharfe Kämme, die geologisch noch so jung waren, dass sie noch immer abbröckelten und in riesigen Erdrutschen zu Tal gingen. Ich konnte mir gut vorstellen, dass die indische Platte noch immer mit der asiatischen kollidierte. Hier schien die Erde fast zu leben. Nebel wallten durch die Rhododendren, und in jeder Klamm rauschte ein Bach, doch die Gegend hatte so gar nichts Friedliches, gar nichts Idyllisches. Es war einer jener seltenen Orte – wie man sie wohl auch in Neuseeland antrifft –, wo die Erde mit viel mehr Energie aufgeladen zu sein scheint als der Mensch.

Die Straßen waren schmal und gefährlich und klebten förmlich an den steilen schwarzen Felsenklippen. Endlose Umleitungen, von denen eine mindestens 150 Kilometer lang war, führten um die gefährlichsten Erdrutsche herum. Eine Straße über einen hohen Pass war in Richtung Westen – die Richtung, in die wir unterwegs waren – nur bis zwei Uhr nachmittags geöffnet; Polizisten vor einem heruntergelassenen Schlagbaum sagten uns, wir sollten es am nächsten Tag wieder versuchen oder eine andere, längere Route nehmen, was wir auch taten.

Diese Straße führte zufällig an dem irrsinnig reißenden Dadu-Fluss entlang in die Kleinstadt Luding, die am linken Ufer lag. Dort stand noch immer eine schwarze Eisenkettenbrücke, die zu Beginn der Qing-Ära, vor fast 300 Jahren, über den Fluss gespannt worden war. Historischen Ruhm erwarb sie im Mai 1935, als sich Mao und seine Anhänger auf dem Langen Marsch unter den vernichtenden Maschinengewehrsalven der Nationalisten den Weg über die Brücke freikämpften. Diese Tat war sicherlich genauso heroisch wie die Überquerung des Jangtse bei Jiaopingdu, ist aber viel stärker ausgeschlachtet worden: In den meisten patriotischen Gedenkstätten des heutigen China sieht man leuchtend bunte Bilder der grimmig dreinblickenden Soldaten, die sich an die dicken Eisenketten der Brücke klammern und sich durch das feindliche Feuer schlagen. Diese Bilder haben im kollektiven Gedächtnis der Chinesen eine ebenso große Bedeutung wie die von Mao, wie er auf dem Tiananmen-Platz vor den Mikrofonen steht und die Volksrepublik ausruft oder stolz mit erhobenem Arm in die Ferne deutet, wie auf ein verheißungsvolles Ziel in der fernen Zukunft Chinas.

Die Überquerung des Jangtse war jedoch von keinem Künstler festgehalten worden, und deshalb scheinen die meisten Chinesen heute zu glauben, dass die Brücke von Luding den Jangtse überspannt und nicht einen kleineren, aber kaum weniger imposanten Nebenfluss.

Nachdem ich einen Yuan Brückenzoll entrichtet hatte, schlenderte ich über die schwankenden Bretter. Lily kam mit (als Chinesin musste sie weniger zahlen), doch beim Anblick des reißenden Stroms direkt unter uns bekam sie Angst und bestand darauf, dass ich sie fest bei der Hand hielt. Am anderen Ufer versuchte sie, allerdings vergeblich, ein Boot aufzutreiben, um zurückzufahren.

Als wir endlich in Kangding eintrafen, das nicht nur die Hauptstadt von Xikang, sondern auch der Regierungssitz des Königs von Chala gewesen war, waren wir alle erschöpft. Dasselbe galt auch für den Wagen; er zeigte bereits akute Anzeichen des Verfalls, nicht zuletzt weil nach der Begegnung mit einem besonders tiefen Schlagloch die Motorhaube aus ihren gußeisernen Halterungen gebrochen und abgefallen und scheppernd in den Straßengraben geflogen war.

Diese Stadt hatte endlich etwas Tibetisches. Sie lag in einer engen Falte zwischen den Bergen. Mitten durch den Ort floss unter einer Reihe von Brücken ein kleiner Bach, dessen unentwegtes Rauschen von den Talwänden widerhallte. Ich stieg einen Hang hinauf, um die Aussicht zu genießen. In der Abendsonne leuchtete das Rot der Dächer, das Grün der bewaldeten Hügel und das Weiß des kleines Baches zwischen den Häusern. Dies war wahrlich ein hübscher Ort, und ich spürte eine gewisse Erleichterung, die wahrscheinlich daher rührte, dass man hier einen wohltuenden Abstand zu China und den Chinesen gewann.

Unser Hotel lag neben einem kleinen lamaistischen Kloster, dem Anjue Si, das gerade restauriert wurde. Alte Frauen drehten schweigend Gebetsmühlen, und junge Mönche in dunkelroten Gewändern hängten Fahnen an den Gerüsten auf. Die Stadt ist seit jeher ein religiöses Zentrum. Auf dem Hügel südlich der Stadt entdeckte ich einen kleinen weißen Stupa, den ersten von zahlreichen Kultbauten. Bis in die erste Hälfte des 20. Jahrhunderts hatten die Franzosen hier als Leiter ihrer *Mission étrangères* Kleriker stationiert, von denen der Pflanzensucher Père David einer der bekanntesten war. Bischof von Kangding war einst der respekteinflößende Abbé Huc, der sich mit den Tibetern anfreundete und deswegen von den Chinesen ausgewiesen wurde. Huc schrieb Mitte des 19. Jahrhunderts über das damals noch wenig bekannte China einen der besten Reiseberichte aller Zeiten, der sogar zu so etwas wie einem internationalen Bestseller wurde.

Kangding ist ein bedeutender Knotenpunkt. Einst war es ein Zielpunkt für den Handel mit Ziegeltee; heute ist es eine wichtige Station für alle Reisenden nach und von Tibet. Hier verläuft die Grenze zwischen dem eigentlichen Tibet und dem eigentlichen China. In den kleinen Cafés wird tibetischer Tee ausgeschenkt – ein kräftiger Absud, der mit Teepulver und Zweigen gebrüht, des zusätzlichen Aromas wegen mit riesigen Mengen Salz abgeschmeckt und mit großen Klumpen ranziger Jakbutter garniert wird. Das Getränk ist äußerst gewöhnungsbedürftig. Mir gelang es nicht, mich damit anzufreunden; ich fand es sogar noch weniger genießbar als *tsampa*, das Hauptnahrungsmittel der tibetischen Bauern, das lediglich aus Mehl vermengt mit Wasser und Jakbutter besteht und roh verzehrt wird und wie fauler Teig schmeckt.

Der Ziegeltee, mit dem das scheußliche Gebräu hergestellt wird, begründete einst Kandings Rolle als Handelszentrum. Von hier aus wurde der Tee mit Jak- oder Maultiertrecks bis tief ins Innere Tibets befördert. Die Teeziegel wurden in buntes Papier gewickelt, in Röhren aus Bambussprossen gesteckt und dann in wasserdichten Säcken aus Jakhaut versiegelt. Die unförmigen Bündel, die Unmengen wertvollen chinesischen Tees enthielten und hart wie Eisen und schwer wie Blei waren, wurden von Packtieren oder von Trägern über die exponiertesten und gefährlichsten Straßen der Welt transportiert – über Straßen, die auf Höhen von mehr als 4500 Metern, über Schneefelder, Gletscher und zugige Pässe führten. Heute sind die Pilger, die sich auf Händen und Knien nach Lhasa schleppen, die einzigen Menschen, die auf dieser Straße unterwegs sind. Und obwohl inzwischen Lastwagen die Maultiertrecks verdrängt haben, ist die Straße heute kaum besser als damals.

Dass Kangding ein Knotenpunkt ist, wurde mir lebhaft bewusst, als ich mich zum Abendessen in ein kleines chinesisches Restaurant neben einer der Brücken setzte. Gerade als ich mich über den gedünsteten Fisch und den gewürzten Tofu hermachen wollte, spazierte eine junge Frau in das Lokal, die ich sehr gut kannte. Sie hieß Pam Logan, war Archäologin, stammte aus Kalifornien und war ein halbes Jahr zuvor auf einer Reise nach Paris in meiner New Yorker Wohnung abgestiegen. Wir konnten es beide nicht glauben. Dass wir einander überhaupt begegneten, war relativ unwahrscheinlich, aber dass wir uns in einem kleinen Gebirgskaff im östlichen Tibet über den Weg liefen, war noch unwahrscheinlicher. Sie war mit dieser Gegend bestens vertraut und fasste sich rasch wieder.

»Vielleicht ist es gar nicht so absonderlich«, sagte sie. »Wir sind hier schließlich in Kangding. Im Grunde ist es viel wahrscheinlicher, dass wir uns hier begegnen als irgendwo anders. Die Stadt ist seit Jahrhunderten eine Drehscheibe.«

Sie kam gerade von Dêgê, wo sie Pläne für die Restauration einiger Klöster ausgearbeitet hatte, die während der Kulturrevolution verwüstet worden waren. Sie war unterwegs nach Chengdu und wollte dann nach Irkutsk und in den einst unabhängigen Kleinstaat Tannu-Tuwa, der in einer Tallandschaft westlich der Mongolei liegt. Ich kannte Tuwa recht gut, weil ich einmal dort gewesen war, um ein Monument zu besichtigen, das ein Engländer dort vor 100 Jahren irrtümlich am vermeintlichen geografischen Mittelpunkt Asiens errichtet hatte. Ich gab ihr die Telefonnummern einiger Leute, mit denen sie in der Hauptstadt Kyzyl Kontakt aufnehmen konnte. Sie gab mir dafür einen Brief an den Polizeichef von Dêgê, einen Herrn Sha, dem sie noch 50 Yuan schuldete, die sie ebenfalls in den Umschlag steckte. Dann umarmten und verabschiedeten wir uns. Sie wollte in einer Woche in Tuwa sein, und ich plante, in ein paar Tagen in Dêgê, an den Ufern des Jangtse, zu sein – falls der Wagen mitmachte.

Am nächsten Morgen stieg die Straße zunächst steil zum Sockel des Tibetischen Hochlands an. Wir mussten noch zahllose weitere Gebirgszüge und Ebenen überwinden, bevor wir das eigentliche Plateau erreichten, doch diese Berge wirkten viel übersichtlicher und systematischer. Das Chaos der Kollisionszone schienen wir hinter uns zu haben. Vor uns lagen nun die hohen Horstbildungen der asiatischen Platte. Wir kamen durch Dörfer mit den sonderbar schachtelförmigen Steinhäusern der sesshaften Tibeter. Und auf den Wiesen standen die großen schwarzen Zelte der Nomaden. Die Szenerie war atemberaubend – taufrisches Gras, hoch aufragende Gipfel, ein strahlend blauer Himmel und Hunderte zottiger Jaks. Sie verhielten sich wie Schafe in Schottland, zugleich unbändig und scheu, wenn wir ihnen näherkamen; sie richteten sich auf und rannten davon, sodass die Erde hinter ihnen aufflog und der Boden unter ihren schweren Hufen bebte.

Es gab auch anderes Getier: Kleine Nager, wie zum Beispiel Murmeltiere, große watschelnde Nagetiere, wie etwa das tibetische Wasserschwein, eine Art Schrumpfform der Capybara. Auch Vögel schwirrten durch die Luft – Eulen bei Nacht, und kleine blaue, rote und orange Sitzfüßer bei Tag. Die Trostlosigkeit Chinas lag nun weit hinter uns. Wir hatten ganz neue Höhen erklommen, in der uns eine ganz neue und faszinierende Welt begegnete.

Die Straße war jedoch nach wie vor schrecklich, und der Wagen gab immer mehr den Geist auf. Der arme Miao, der den Ganghebel inzwischen in einem fast manischen Rhythmus tätschelte, musste immer wieder und immer öfter anhalten, um eine Dichtung zu erneuern, eine Stelle neu zu löten oder diverse Teile, die abgefallen waren, von einheimischen Mechanikern – die in dieser Gegend immer seltener wurden – wieder anschweißen zu lassen. Der Jeep sah wirklich übel aus. Auf der Fahrt schluckten wir ständig Staub, und unsere Habe war völlig verschmutzt und aufgrund des ewigen Holperns teilweise sogar zerbrochen. Lily hatte bisher selten länger als zwei Stunden in einem Auto gesessen. Nun hatten wir vier Tage einer Fahrt hinter uns, die unter Umständen mindestens zwei Wochen dauerte. Sie war nicht gerade in guter Verfassung.

Tankstellen tauchten auch nur noch selten auf, und wer einmal eine entdeckt hatte, pflegte längere Zeit dort zu verweilen, wie jemand, der sich nicht wieder in die Wildnis wagt, nachdem er eine Oase relativer Zivilisation aufgespürt hat. An einer völlig abgelegenen Tankstelle lernte ich eine hübsche junge Frau kennen, die ein makelloses Englisch sprach. Sie stammte aus Sikkim und hatte 150 Kilometer weiter in den Bergen mitgeholfen, in einem Dorf ein neues Kloster aufzubauen, in dem die Rotgardisten 1968 ein altes Kloster abgerissen hatten.

Sie hieß Changchup Dolma, und wir einigten uns darauf, an jenem Abend zusammen zu essen. Lily weigerte sich mitzukommen. Tibeter und deren Sympathisanten zählten nicht zu ihren engsten Freunden.

Die junge Frau war erst 27. Ihre Familie stammte zwar aus Sikkim, doch sie hatte in der südostindischen Stadt Vizakapatnam Kunstgeschichte studiert. Ihr Onkel, unter dessen Aufsicht das neue Kloster gebaut wurde, war ein ungewöhnlich frommer Mensch. Er galt als Inkarnation des großen Lama von Dêgê, sagte sie. Er war im Alter von neun Jahren als solcher anerkannt worden, war in den fünfziger Jahren auf höhere Anordnung zum Studium nach Lhasa gegangen und dann in Kangding in ein Kloster unter der Leitung des Lama von Chala eingetreten. Während der Kulturrevolution saß er 20 Jahre lang in Haft, nur weil er (wie seine Anhänger) behauptet hatte, ein *trulku*, eine reinkarnierte Gottheit, zu sein.

Die junge Frau weinte fast, als sie mir diese Geschichte erzählte – allerdings nicht aus Betrübnis, wie sie beteuerte. Sie sei vielmehr unglaublich glücklich, mich kennen gelernt zu haben – einen Ausländer, der ihr zuhörte. Sie hasste die Chinesen und hatte nie Anstalten gemacht, deren Sprache zu lernen. Sie sprach Hindi, Tibetisch, den Dialekt von Sikkim und ein brillantes Englisch. »Chinesisch ist die Sprache unserer Unterdrücker«, erklärte sie. »Es käme mir vor wie Verrat, wenn ich sie lernen würde.« Da fast 90 Prozent der Einheimischen, von denen die meisten ohnehin als Nomaden lebten, Tibeter waren, hatte sie kaum Grund, Chinesisch zu lernen.

Sie war groß und anmutig, und als sie mich bat, ein paar Monate zu bleiben, um etwas über »das schwere Los« der Tibeter, wie sie es nannte, zu erfahren, fühlte ich mich mehr als nur ein wenig versucht. Bereits während des Essens versuchte sie, mir die tibetische Schrift beizubringen, nachdem ich ihr gestanden hatte, dass ich diese Schrift schon seit langem für eine der schönsten überhaupt hielt. Es gelang mir jedoch nur, *om mane padme hum* zu Papier zu bringen, und auch nur deswegen, weil ich diesen Schriftzug schon so oft auf den unzähligen Randsteinen entlang der Straßen gesehen hatte, von geduldigen Steinmetzen eingraviert, damit das Mantra von vorbeiziehenden Winden weitergetragen wurde. Sie war eine langmütige Lehrerin und lächelte glückselig über all meine plumpen Fehler.

Einige Zeit später erhielt ich einen Brief von ihr, den sie in dem Ort abgeschickt hatte, der ihrem Kloster am nächsten lag; sie schrieb, sie habe zwei Tage fahren müssen, um den Brief aufzugeben.

> Ich hoffe, Sie erinnern sich noch an mich [als ob ich sie je vergessen könnte],
> ich bin die junge Frau, die Sie in Luhou in Tibet kennen gelernt haben. Wenn Sie nach Hause zurückkehren, werden Sie Ihren Freunden sicher viele Abenteuer zu erzählen haben ... Da ich mich nicht so gut ausdrücken kann, konnte ich Ihnen nicht so viel über Tibet erzählen. In China gibt es keine Redefreiheit, müssen Sie wissen, und man kann kaum über das sprechen,

was man wirklich empfindet. Obwohl ich nun schon seit fast drei Jahren in Tibet lebe, weiß ich im Grunde nicht, was die Leute denken und fühlen. Keiner scheint dem anderen zu trauen. Die Chinesen denken wohl immer gleich an einen Spion, oder vielleicht wurden sie während der Revolution schlimm gefoltert. Die Vergangenheit wirkt sich immer noch auf sie aus – die Älteren ermahnen die jüngere Generation, zu schweigen und dem anderen nichts zu glauben. Selbst die kleinen Kinder befolgen dieses Gebot.

Wahrscheinlich wird es eine Weile dauern, bis ich Ihnen wieder schreiben kann. Ich denke, ich werde nicht allzu oft dazu kommen, Ihnen zu schreiben. Ich hoffe, das macht Ihnen nichts aus. Aber wir haben hier keine Post, und man kommt nur sehr schwer in die Stadt, weil keine Busse und Autos verkehren. Ich muss nach einem Lastwagen Ausschau halten, doch die nehmen einen fast nie mit. Aber ich werde unbedingt versuchen, Ihnen so oft wie möglich zu schreiben.

Das war der einzige Brief, der kam. Sie hatte ein Foto von Domand Gunpa beigelegt, dem Kloster, das man für ihren Onkel baute. Es bot 40 jungen Mönchen Platz, schrieb sie, und in der Nähe solle ein großer Tschorten gebaut werden. Bislang war ein farbenprächtiger, zweistöckiger Bau aus Holz errichtet worden, und auf dem Foto war ein großer Auflauf von Mönchen und Priestern und im Vordergrund eine Gruppe strahlender tibetischer Mädchen zu sehen.

Auf den ersten Blick mochte es vielleicht so scheinen, als duldeten die Chinesen ein gewisses Wiederaufleben der religiösen Traditionen Tibets, und sei es auch nur sehr vorsichtig. Die Tatsache, dass Menschen aus dem Westen Klöster wieder aufbauten und dass Glaubensanhänger aus Sikkim die einst streng bewachte Landesgrenze überqueren durften, zeugte von einer zunehmenden Liberalisierung – zumindest nach Meinung Lilys, die ständig argumentierte, Chinas Haltung gegenüber Tibet sei insgesamt wohlwollend gewesen und zeichne sich derzeit sogar durch ein Übermaß an Toleranz aus. Der Brief der jungen Frau aber, der zu Hause auf mich wartete und mit chinesischen und tibetischen Schriftzeichen abgestempelt war, zeugte von einer weniger positiven Haltung – und da ich die Chinesen und ihre Verachtung gegenüber ihren »barbarischen« Nachbarn kannte, bezweifelte ich, dass sich die Beziehungen wirklich verbessert hatten.

Die Straße wurde immer trister und verlassener und erweckte immer mehr den Eindruck, dass wir uns fernab von jeder Form von Recht und Ordnung befanden – eine Vorstellung, die einerseits erfrischend, andererseits erschreckend war. Ein Beispiel erlebten wir etwa 150 Kilometer hinter Luhou, bei einer der vielen offenen Goldminen, die diesen vage verwalteten Teil von Tibet-Sichuan übersäten. Im Vorbeifahren sah ich zwei Lastwagenfahrer – es waren die einzigen Laster, die wir seit langem gesehen hatten –, die in einen heftigen Streit verwickelt waren. Der eine Fahrer war ausgestiegen und stand wild gestikulierend auf dem Trittbrett des anderen, der in seinem Fahrzeug saß. Als wir vorbeifuhren, zog dieser Mann plötzlich eine automatische Pistole aus der Jacke, und hielt sie seinem Gegenüber an den Kopf. Was letztlich geschah, kann ich nicht sagen, doch das Ganze sah sehr gewalttätig aus. In diesem Moment erschien es mir nur allzu passend, dass die Einheimischen diesen Erdenwinkel als »Wilden Westen« bezeichnen.

Auch die Goldminen befinden sich in der Hand von Gangstern. Wird irgendwo Gold entdeckt, werden die Claims abgesteckt; dann werden Einheimische herangekarrt, die für einen Hungerlohn in der Eiseskälte schuften; und das Gold wird schließlich zwischen einem Regierungsbeamten und dem, der die Ader entdeckte, aufgeteilt. Offiziell gehört das gesamte Gold dem chinesischen Staat. Inoffiziell werden dadurch viele einheimische Bauern reich; und vor allem werden zahllose korrupte Beamte – die Formulierung »korrupte Beamte« klingt heute in China fast schon wie eine Tautologie – immer reicher.

Wir befanden uns auf dem nördlichen Abschnitt der so genannten Ziegelteestraße. Auf dieser Route war die Strecke nach Lhasa weiter als über Batang, deshalb war hier nur sehr wenig Verkehr – kaum mehr als zwei oder drei Lastwagen am Tag. Hin und wieder sahen wir liegen gebliebene Fahrzeuge, einmal sogar einen Bus, der fast bis zur Unkenntlichkeit zertrümmert auf dem Grund einer Schlucht lag; das Wrack schwelte noch, doch von den Fahrgästen war keiner zu sehen, falls überhaupt einer überlebt hatte.

Jeden Tag, jede Stunde stiegen wir höher und immer höher zu dem großen Plateau auf. An unserem fünften Tag begann nach der Mittagspause in einem warmen, trockenen Kaff, das wie ein Provinznest im östlichen Montana oder in Wyoming aussah, der mühevolle Aufstieg auf einer langen, steilen Serpentinenstraße, die den Karten zufolge zum Gipfel des Chola-shan führte, des letzten Bergmassivs vor dem Tal des Jangtse.

Die Szenerie war unvergesslich dramatisch. Im Hintergrund ragte das mächtige Massiv auf; drei gewaltige Gletscher hatten das Gestein ausgehobelt und messerscharfe Spitzen hinterlassen, die die vorbeifliegenden Wolken aufritzten. Im Vordergrund lief ein milchiger Eisbach durch einen Grashang, der von Kiefern und Wacholder gesäumt war und an den flacheren Stellen, zur Straße hin, in eine breite, saftige, feuchte Wiese überging. Ein paar Jaks grasten zufrieden vor sich hin, und vor einem großen schwarzen Zelt saß eine junge Tibeterin und stillte ihr Kind. In der rechten Hand hielt sie eine Gebetsmühle, die sie wie einen Kreisel drehte und mit der sie Segenswünsche verschickte. Mit der Linken drückte sie ihr Kind fest an ihre Brust.

Die Frau trug lange geflochtene Zöpfe. Ihr Haar war mit Amuletten aus gelbem Bernstein geschmückt, und um die Handgelenke trug sie Armreifen aus geflochtenem Silber. Ich dachte mir, so etwas Schönes noch nie gesehen zu haben. In der Ferne sangen Vögel. Einige der Jaks trugen Glocken, die leise läuteten, wenn die Tiere ihre Hufe hoben und sich nach einem weiteren Maulvoll Gras umdrehten. Der eisige Bach murmelte munter durch die Wiese. Blauer Rauch stieg von einem erlöschenden Feuer auf, und ein schwarzer Topf zischte auf der Glut. Die junge Frau sah freundlich lächelnd zu mir auf und fuhr unbekümmert fort, still und andächtig ihre Gebetsmühle zu drehen.

Im Hintergrund spannen sich Nebelschwaden wie feine Gazestreifen um die Berggipfel, und wenn die kleinen Wattewölkchen vor der Sonne verweilten, verdunkelte sich das leuchtende Grün für kurze Zeit. Hier, in diesem Bergparadies, dachte ich, könnte ich für immer bleiben. Doch wir mussten weiter, über die Chola-Berge, und so verabschiedete ich mich von dem Idyll – ohne von der jungen Frau weiter beachtet zu werden. Wir versuchten, den klapperigen Jeep wieder zum Laufen zu bringen, und setzten die Fahrt fort. Die Straße verlief in Serpentinen – »25 Kehren bis zum Gipfel!«, sagte Tang, der schon einmal hier gewesen war. Bald lag der Wiesenteppich in weiter Ferne, und die scharfen Felsspitzen ragten rings um uns auf. Das Schmelzwasser der Schneeflächen versickerte im Schotter. In einer offenen Hütte stand ein halb ramponierter Schneepflug bereit, dessen blechernes Führerhaus im rauen Wind ratterte.

Auf dem Gipfel stand ein Schild mit der nicht ganz präzisen Angabe »4916 Meter, 16100 Fuß«. Gebetsflaggen mit frommen Versen flatterten wie wild im Wind. Es war bitter kalt. Lily fühlte sich aufgrund der dünnen Luft ganz schwach. In der Ferne sah ich eine schwarze Spalte – das Tal des Jangtse, jenseits dessen Tibet lag. Ich erspähte auch eine weitere Straßenmeisterhütte, die wir ansteuerten, um Schutz zu suchen und Rast zu machen.

Die Straßenwärterstation betrieben ausschließlich Frauen, zähe alte Biester, die bis zum Kinn in Wollgewänder und wattierte Armeekittel gehüllt waren. Sie hatten sich freiwillig für diesen Dienst gemeldet, sagten sie, und erhielten dafür 60 Yuan – etwa 14 Mark – im Monat. Sie hätten sich vertraglich verpflichtet, fünf Jahre dort oben auszuharren; einen Bonus bekamen all jene, die durchhielten und nicht nach Dêgê oder Luhou zurückgingen und um eine leichtere Aufgabe baten.

»Aber wissen Sie, was mich ärgert?«, fragte eine Frau, die dachte, ich könne ihr Los vielleicht verbessern, weil ich Ausländer war und sicherlich über jede Menge *guanxi* verfügte. »Die Bosse sagen, dieser Pass liegt auf 4916 Metern. Das Schild haben Sie doch gesehen? Tja, es steht zwar da, aber es stimmt nicht. In Wahrheit befinden wir uns auf 5500 Metern. Aber sie haben es gefälscht, nur damit sie uns nicht die Zulage bezahlen müssen, die jeder bekommt, der in einer Höhe von über 5000 Metern arbeitet. Sie betrügen uns, die verdammten Halsabschneider!« Sie trat mit dem Fuß wütend gegen eines der Schrottautos und fügte hinzu: »Schreiben Sie ruhig darüber. Vielleicht korrigieren sie es dann.« Ich versicherte ihr, ihrem Wunsch zu entsprechen.

Die Wiesen auf der Wetterseite der Berge leuchteten wie bunte Paletten in prächtigen Primärfarben: Unterhalb der Gipfel blühten gelbe, tulpenähnliche Blumen und riesige Polster blauen Heidekrauts; weiter unten funkelten Mohnblumen und Rapsfelder. Doch während ich diese ganze Schönheit bewunderte, zog wie aus dem Nichts eine dicke schwarze Wolke heran, aus der ein heftiger Hagelsturm niederging. Die Eiskörner knallten klingelnd auf die ausrangierten Autos und Lastwagen, die bei der Straßenwärterstation gelandet waren. Wir krochen wieder in unseren Jeep und eilten den Berg hinab, bis der Hagel in Regen überging und endlich ganz aufhörte. Ein Haufen schäbiger Hütten deutete schließlich darauf hin, dass wir uns Dêgê näherten.

60 000 Menschen lebten in dieser hässlichen kleinen Siedlung, die sich in das enge Tal eines laut tosenden Jangtse-Nebenflusses zwängte. Keines der Gebäude sah komplett aus; die Häuser befanden sich entweder im Bau oder aber im Verfall. Unser Hotel war so schmuddelig, wie ich befürchtet hatte. Es gab keinerlei Wasser. Waschen musste ich mich im Freien unter einem Schlauch, den Bauarbeiter benutzten, um Zement anzurühren. Ich zog eine ziemlich große Menge braunhäutiger Beobachter an, besonders bei den intimeren Momenten der Waschung.

Dêgê war eine überwiegend tibetische Stadt (wie Muli und Chala hatte sie einst einen eigenen König), beherbergte inzwischen jedoch eine große Zahl han-chinesischer Zuwanderer. »Die Solidarität zwischen den Han und den Zang* wird China stärken!«, propagierte ein Plakat über der Polizeiwache. Der Polizeichef, Ma Lu – er war Tibeter, jedoch kein Glaubensanhänger des Dalai Lama und in den Augen der Chinesen somit vertrauenswürdig – strahlte bei unserer Ankunft vor Freude.

»Ich habe schon von Ihrer Freundin Miss Pam gehört, dass Sie vielleicht hier durchkommen«, sagte er. Daraufhin übergab ich ihm ihren Brief mit den 50 Yuan. »Noch ein Brief von ihr?« Er öffnete ihn und rief: »Wie nett von ihr!« Er war ein freundlicher und hilfsberei-

---

* Das Schriftzeichen für *Zang*, mit dem heutzutage das tibetische Volk bezeichnet wird, bedeutet außerdem »Depot für wertvolle Dinge« beziehungsweise »die heiligen buddhistischen Schriften«. Da *Xi* »Westen« bedeutet, heißt Tibet – Xizang in der chinesischen Silbenschrift – so viel wie »Westliches Depot« oder »Westlicher Buddhismus«.

ter Mensch. Er wusste genau, wohin ich reisen wollte, und erklärte sich auf der Stelle bereit, einen Empfehlungsbrief an seinen Kollegen jenseits der Grenze in Qamdo, der ersten größeren, wirklich tibetischen Stadt auf der anderen Seite des Flusses, für mich zu schreiben. Genau das hatte Pam Logan gehofft. Er versiegelte seinen Brief mit einem großen roten Stempel und setzte, zur weiteren Beglaubigung, seine Unterschrift darauf.

»Damit können Sie sicher sein, dass Sie keine Schwierigkeiten bekommen«, sagte er und fügte mit einem etwas skeptischen Blick hinzu, »hoffe ich jedenfalls.«

Am nächsten Morgen zeigte uns Wachtmeister Ma jene Einrichtung, für die Dêgê weit bekannt ist – die Bakong-Druckerei für Heilige Schriften, in der tibetische Mönche seit 250 Jahren religiöse Texte drucken, die in Tibet, China und der gesamten lamaistischen Welt vertrieben werden.

Das Gebäude war ein flaggengeschmückter Holzbau mit einem Innenhof. Auf dem Flachdach glänzten vergoldete Figuren heiliger Vögel und ein goldener Tschorten, in dem die sterblichen Reste des Gründers ruhten. In dem Labyrinth von Räumen, steilen Treppenaufgängen, verborgenen Falltüren und geheimen Gängen waren zahllose junge Männer mit erstaunlicher Tatkraft und ungeheurer Hast damit beschäftigt, Tausende von Bögen mit religiösen Texten zu drucken.

Sie druckten im Siebdruckverfahren und verwendeten dabei geschnitzte Blöcke aus Pfefferstrauchholz, einem besonders haltbaren heimischen Holz, das jahrzehntelang gelagert und gehärtet wird, damit es nicht bricht. Das Drucken lief absolut mechanisch, fast maschinell – die »Maschinen« waren allerdings junge tibetische Burschen. Sie saßen sich paarweise gegenüber. Der eine hielt den Druckblock senkrecht zwischen den Knien; der andere rollte flink eine Walze mit roter oder schwarzer Druckfarbe über den Block.

Dann nahm der Erste genauso eilig von einem Stapel zu seiner Rechten ein etwa 75 mal 15 Zentimeter großes Blatt feines Maulbeerpapier und legte es auf das feucht glänzende Holz. Darauf rollte der andere eine trockene Walze über den Bogen, presste die Farbe fest gegen das Papier und druckte so die tibetischen Symbole – beziehungsweise die Hindi-Symbole, denn Sanskrit-Versionen der heiligen Schriften wurden auch nach Sikkim und Nepal sowie in das eigentliche Indien exportiert.

Der erste Junge nahm dann das Blatt von dem Block und legte es mit der bedruckten Seite nach oben auf einen Stapel zu seiner Linken, während der zweite den Block bereits wieder mit Farbe bestrich und darauf wartete, dass sein Kollege ein frisches Blatt auflegte.

Ich zählte mit: Jedes Paar schaffte ein Blatt pro Sekunde. Eine Ausgabe der heiligen Schriften der Tibeter umfasst 1800 Seiten. An dem Tag, an dem wir die Druckerei besuchten, arbeiteten dort 100 Jungen. Die Produktionszahlen waren schier schwindelerregend.

»Es mag ziemlich hektisch aussehen«, sagte der steinalte Lama, der die Aufsicht zu haben schien und mit einem lahmen Bein forsch an seinen Schützlingen entlanghumpelte, damit sie auch ja ordentlich arbeiteten. »Aber wir müssen die verlorene Zeit aufholen. Während der Kulturrevolution konnten wir keine einzige Seite drucken. Und es gibt noch viel mehr, nicht nur Bücher.«

Er führte mich keuchend und ächzend die Treppe zum Dachboden hinauf. Unter dem Dach arbeiteten ältere Männer, die Gebetsflaggen und mit Mantras bedruckte Seidenpapierbänder herstellten. Ein besonders alter Bursche, der so dünn war, dass es einen Augenblick lang so aussah, als hinge nur eine dunkelrote Kutte über dem Holzblock, schnitzte flache Tafeln aus *hujiao-mu*, Pfefferstrauchholz, mit denen Gebete auf Wasser »gedruckt« wurden. Das müsse man sich so vorstellen, erklärte er mir mit der krächzenden Stimme eines Greises, der das Schweigen gewohnt ist, dass ein

Geistlicher am Ufer eines Flusses kauere und alle paar Sekunden die Seite der Tafel, auf der die Gebete standen, kurz auf die Oberfläche des Wassers drückte, um so das Gebet auf den Fluss zu »drucken«, damit dieser die göttlichen Worte bis zu seiner Mündung mitführte.

Ich erzählte ihm, dass ich zu den Quellflüssen des Jangtse fahren wolle. Er lebte förmlich auf, und ein Lächeln huschte über sein Gesicht. Er suchte in seinen Regalen herum und kramte einen winzigen Holzblock hervor, den er mir in die Hand drückte. »Nimm das mit, mein Sohn«, sagte er, »und schicke Gebete den Fluss hinab. Dann wirst du heiligmäßig. Dann wirst du großen Lohn verdienen. Damit machst du mir eine große Freude. Und du wirst Gott gefallen.«

Knapp einen Kilometer oberhalb der Druckerei, am Ende einer von Mandelbäumen gesäumten Talstraße, befand sich ein kleines Kloster. Vier ältere Männer saßen in der Sonne und beobachteten argwöhnisch eine Horde wilder Hunde, die auf der anderen Seite der Straße herumstreunten. Die Alten strahlten vor Freude bei der Aussicht auf Besuch und nahmen sich unendlich viel Zeit, vor mir herzuschlurfen und mir die Altarräume, die riesigen Gebetsmühlen und die Heiligenbilder zu zeigen – alles uralte Schätze, die zum Glück die Wirren der Kulturrevolution überstanden hatten. Dutzende von Tempeln seien zerstört, Tausende von Heiligenbildern zertrümmert worden; und heilige Schriften seien von chinesischen Plünderern als Toilettenpapier benutzt worden, heißt es in zahllosen Büchern über das tragische Los Tibets. Doch zumindest dieses eine Kloster hier in Dêgê hatte alles mehr oder weniger unversehrt überstanden, und ich vermute, dass noch viele weitere erhalten geblieben sind. Die Zerstörung der tibetischen Kultur war sicherlich brutal, aber keineswegs total.

Am folgenden Morgen überquerten wir den Jangtse. Hier oben war der Fluss recht schmal, was kaum überraschte, zumal Dêgê knapp

5000 Kilometer von der Boje im Ostchinesischen Meer entfernt lag. Diese Stelle, weniger als 1400 Kilometer unterhalb der Quellen, war so weit von der Mündung entfernt und so gänzlich anders als der Unterlauf, dass man sich vorkam wie in einer anderen Welt.

Unten am Ufer standen Fährmänner mit Booten aus Weidengeflecht, die mit Jakhäuten bespannt waren. Einige der Männer hatten selbst gemachte Kajakpaddel, die sie in der entsprechenden Weise einsetzten. Ich hatte einmal einen Film gesehen, in dem gezeigt wurde, wie ein Amerikaner, der 1986 im Rahmen der unseligen Warren-Expedition hierher gekommen war, ihnen diese Technik beibrachte. Zuvor hatten sie Ruder mit nur einem Blatt verwendet, mit denen sie nur langsam und ungleichmäßig rudern konnten. Es schien so, als wendeten sie inzwischen tatsächlich die amerikanische Technik an – genauer gesagt, die Eskimotechnik. Wenn ja, so war dies eines der ganz wenigen Beispiele dafür, dass der Kontakt mit der vermutlich fortschrittlicheren Außenwelt den Menschen in diesem Winkel der Erde Vorteile gebracht hatte.

Auf der Sichuaner Seite der schmalen Steinbrücke schob eine mürrisch dreinblickende chinesische Polizistin Wache, doch sie sah nicht einmal von ihren Frühstücksnudeln auf, als unser Jeep vorbeistotterte. Auf der anderen Seite, in Xizang, dem eigentlichen Tibet, war die Straße mit einem Schlagbaum gesperrt, und ich stellte mich bereits darauf ein, verhört und prompt nach China zurückgeschickt zu werden. Doch der alte Mann, der den Posten besetzte, war ganz freundlich und öffnete den Schlagbaum. Bevor er es sich anders überlegen konnte, drückte Miao den Fuß auf das Gaspedal, und der Wagen raste mit einer Rauchwolke, die selbst einem Panzerkommandanten Angst gemacht hätte, den gegenüberliegenden Talhang hinauf. Vorläufig ließen wir das Jangtse-Tal hinter uns und mussten erst einmal mehrere hundert Kilometer durch verbotenes Territorium fahren, bevor wir wieder auf den Langen Fluss stoßen sollten.

Die Topografie dieser Region spiegelte so deutlich wie nirgendwo sonst die Kollision der beiden großen tektonischen Platten in diesem Erdteil. Es handelte sich hier nicht um ein seitliches Aufeinanderschieben, um jene Art von Reibung, die die chaotischen geologischen Verhältnisse hervorrief, wie wir sie im nördlichen Yunnan gesehen hatten. Hier waren die Platten fast frontal aufeinander geprallt. Die Erdoberfläche war hier zerknittert und zerklüftet, und zwar extrem, allerdings in einer fast wohl geordneten Form, denn die Berge verliefen alle in gleich steilen und gleich hohen Ketten, und die Flüsse strömten durch gleich tiefe und gleich schmale Täler, die alle exakt ausgerichtet waren, wie mit dem Lineal gezogen.

Die Berge verlaufen fast genau in Nord-Süd-Richtung, und auch die drei großen Ströme, die ihr Wasser aus diesem Winkel Asiens beziehen, fließen parallel zueinander, ebenfalls von Norden nach Süden. Verstärkt wird das Bizarre dieser Topografie dadurch, dass die drei Ströme äußerst nahe nebeneinander verlaufen. Fast nirgendwo auf der Welt wird das Wasser so gut abgezogen wie in dieser Region, die von Flüssen durchzogen wird wie ein Rangierbahnhof von Gleisen.

Als Erstes kommt der Jangtse, der bis Shigu nach Süden strömt – und weiter bis zum Golf von Tonkin fließen würde, wenn nicht der Wolkenberg dazwischenträte. Ganze 80 Kilometer weiter westlich folgt der Oberlauf des Mekong, der durch Laos und Kambodscha fließt, bevor er sich in der Nähe von Saigon in das Südchinesische Meer ergießt. Und wiederum 50 Kilometer weiter westlich kommt der Salwin, ein weniger bekannter Strom, der die Shan-Gebiete des oberen Birma durchzieht und in der Nähe der Stadt Moulmein, die allein durch ein Gedicht von Kipling bekannt ist, in die Andamanensee mündet.

Die erste problematische Situation mit der chinesischen Polizei erlebten wir bei der Ankunft in Qamdo, einer großen Stadt am oberen Mekong. Wir hatten ein armseliges Hotel gefunden und gerade ein ebenso armseliges Abendessen beendet, als sich plötzlich ein junger Mann an mich heranmachte.

»Sie haben Erlaubnis?«, fragte er in stockendem Englisch.

Er war gewöhnlicher Zivilist, das dachte ich jedenfalls. In Wahrheit war er einer der vielen Polizeispitzel, von denen es in Qamdo nur so wimmelte. Ich ignorierte den Kerl, aber innerhalb weniger Minuten näherte sich ein anderer, der um einiges größer und aufdringlicher war, und stellte mir dieselbe Frage: Ob ich vielleicht auf die Polizeiwache mitkommen wolle?

Lily antwortete ihm. Sie redete schnell und gut. Ich sei ein bekannter ausländischer Geograf, erklärte sie, der sich sein Leben lang für den Jangtse interessiere. Ich reiste auf dieser Route nur, um zu den Quellflüssen in Qinghai zu gelangen. Ich würde nirgendwo anhalten, außer um Rast zu machen. Es sei eine reine Frage der Höflichkeit, beteuerte sie, mich passieren zu lassen. Die Zukunft der anglo-chinesischen Zusammenarbeit auf dem Gebiet der Geografie sei ernstlich gefährdet, würde man mich zurückschicken ...

Zurückschicken! Allein der Gedanke war beklemmend. Um diese Stadt zu erreichen, hatten wir schon diesen unglaublich hohen Pass des Ningjing-Gebirges überwinden müssen, das zwischen dem Jangtse-Tal und dem Mekong lag. Die Vorstellung, den ganzen Weg wieder zurückfahren zu müssen, erschien mir unglaublich bitter. Außerdem fiel der Wagen immer mehr auseinander, und ein Mechaniker fand sich wahrscheinlich nur in Lhasa, fünf Tagesreisen *vor* uns und inzwischen näher als Chengdu, das bereits sechs Tage *hinter* uns lag.

Der Beamte war ein kleiner, bissiger Wicht. Er holte seinen zehnjährigen Sohn zu der Vernehmung. Der Junge nahm meinen Pass und gab sich die größte Mühe, ihn zu entziffern, doch er stolperte bereits über den ausschweifenden Abschnitt ganz vorn, in dem es hieß, der Außenminister seiner Majestät bitte und ersuche die betreffenden Behörden – wie die seines Vaters –, den Inhaber dieses Dokuments völlig unbehindert reisen zu lassen. Der Junge übersetzte den Abschnitt, ziemlich schlecht. Sein Vater brütete eine Weile; dann nahm er ein Blatt Papier heraus und fing an, wütend herumzukritzeln.

»Ich werde Sie mit einem hohen Bußgeld belegen – sagen wir, 5000 Yuan – und Ihnen ein Schreiben mitgeben, das Ihnen eine sichere Fahrt nach Lhasa garantiert. Sind Sie damit einverstanden?«

Ich wollte schon zustimmen, doch Lily bedeutete mir zu schweigen. Nein, sagte sie, damit sei ich überhaupt nicht einverstanden. Die Summe, die ihm vorschwebe, sei unerhört hoch. 500 Yuan, Maximum. Er starrte sie an. Sie starrte zurück. Das Kind dolmetschte ein paar weitere Sätze und versuchte, den Unterschied zwischen »bitten« und »ersuchen« zu ergründen.

Schließlich gab der Mann nach.

»In Ordnung – 500. Ich gebe Ihnen ein Schreiben mit. Das sollte für weitere 400 Kilometer genügen. Damit haben Sie in der übrigen Polizeizone keinerlei Probleme.«

Dem war jedoch nicht so. Bereits am nächsten Tag, in einem grässlichen Bergdorf namens Leiwujie, wurden wir erneut festgehalten. Diesmal wurde Lily allein weggeführt, und ich musste auf der Straße draußen warten und ungeduldig mit anhören, wie sie drinnen schrie und hysterisch gegen die »Tyrannei der Polizei«, wie sie es nannte, wetterte. Sie war – das wurde mir wieder einmal klar – eine ungewöhnlich mutige junge Frau.

Nach einer Stunde kam sie kreidebleich und in Tränen zurück. Doch wie sich herausstellte, hatte sie obsiegt. Zitternd erzählte sie mir, was drinnen vorgefallen war.

»Ich habe mit dem Polizeichef in Qamdo telefoniert. Ich habe mich mit ihm gestritten. Ich habe ihn angeschrien. Ich habe ihm sogar gesagt, er solle gefälligst den Mund halten, viele Male! Er hatte ziemlich Schiss. Ich habe ihm richtig die Hölle heiß gemacht.

Der Polizist hier sagte, er habe gelegentlich schon Ausländer vor sich gehabt, die ihn auf Knien angefleht hätten, weiterfahren zu dürfen, doch er habe sie immer wieder zurückgeschickt. Letztes Jahr habe er einen Mann hier gehabt, der sich weinend zu Boden geworfen und ihm Geld angeboten habe. Doch er habe Nein gesagt. Er sagte, er habe noch nie einen Ausländer, den er hier aufgegriffen habe, weiterfahren lassen. Und er sei stolz darauf. ›Wenn ich einen Ausländer hier sehe, muss er umkehren.‹ Das hat er mir erzählt. Doch aus irgendeinem Grund war er bereit, in diesem einen Fall ein Auge zuzudrücken. Er hörte mir zu und zeigte Verständnis für unser leidenschaftliches Interesse an dem Fluss. Es imponierte ihm, dass wir die ganze Strecke vom Meer bis hierher zurückgelegt hatten. Er wusste, dass die gesamte Reise gefährdet wäre, wenn er Nein sagen würde, und dass Sie darüber schreiben und ihn anprangern und verspotten würden. Deshalb ließ er sich erweichen. Wir können fahren. Kein Bußgeld. Nichts. Einfach weiterfahren. Sofort. Also los, zurück zum Jeep!«

Ohne danach zu fragen, ob Ort und Zeitpunkt günstig waren, gab der Jeep zwei Tage später den Geist auf. Früh am Morgen, tief in den Bergen und meilenweit von einem bewohnten Fleck entfernt, blieb der Wagen stotternd stehen. Ich musste 150 Meter tief zu einem Bach hinabsteigen und Wasser holen. Doch wir waren kaum zwei Kilometer gefahren, da hatte der defekte Kühler das gesamte Kühlwasser wieder ausgespuckt. Also wieder hinunter zu dem Bach, wieder einen Eimer Wasser heraufschleppen, wieder zwei Kilometer fahren und so weiter – immer wieder dasselbe, bis wir nach 15 Kilometern ein Lager von Straßenarbeitern erreichten, wo Lily und ich unser Zelt aufschlugen.

In dem Lager waren nur tibetische Frauen zu sehen; die Männer, hieß es, würden bei Einbruch der Dunkelheit zurückkommen, und einer habe die nötige Ausrüstung, um den Kühler zu flicken – ein Schweißgerät, dachte ich. Die Frauen baten uns herein, ließen uns im Warmen Platz nehmen und boten uns Suppe an. Am Eingang surrte eine batteriebetriebene Gebetsmühle und summte ihre Mantras in den heulenden Wind. Bald legte sich der Sturm, und die Männer kehrten heim.

Die »Ausrüstung«, so stellte sich heraus, bestand aus einer fünf Zentimeter langen Stange Lötmetall, einem Tiegel Schmelzmittel und einem spitzen Hammer, den man als Lötkolben verwenden konnte. Miao fiel frohlockend über diese Gegenstände her. Als es dunkel wurde und die Sterne zu funkeln begannen, sahen wir alle zu, wie dieser bemerkenswerte Mensch in klassisch chinesischer Manier ein Wunder der Improvisation vollbrachte. Wir sahen zu, wie er in der Flamme eines Benzinbrenners den Hammer bis zur Rotglut erhitzte und dann silberne Metallkügelchen auf jedes einzelne der 83 Löcher und Lecks lötete, die wir an dem Kühler gezählt hatten. Es war eine mühselige Arbeit. Jeder Riss musste gefalzt, jedes Loch zugelötet und jede Flickstelle unter dem Hochdruck des Kühlersystems getestet werden.

Als der Morgen dämmerte, war er fertig. Auch der letzte Test funktionierte; es lief kaum Wasser auf die Straße. Der Kühler wurde mit zwei neuen Schrauben anmontiert und zusätzlich mit Draht gesichert. Zum Frühstück gab es *tsampa* aus Gerstenmehl; Miao und Tang kippten ein paar Becher Buttertee hinunter. Dann machten wir uns wieder auf den Weg und fuhren weiter in das Hochland hinauf – wobei Lily und ich jedesmal ganz tief in den Sitzen versanken, wenn wir Polizei oder Soldatenkonvois sichteten.

Am neunten Tag hatten wir das Plateau erreicht. Das Bergland ging in eine endlose, kalte und zugige Hochebene über. Wir schlugen jeden Abend das Zelt auf; zum Glück war es mir gelungen, die Reißverschlüsse am Zelteingang zu reparieren. Wir kampierten an stillen, abgelegenen Stellen. Hier gab es keine Dörfer, keine Siedlungen, und nur sehr selten sahen wir ein paar Nomaden am Horizont. Auch die Tierwelt war sehr spärlich. Noch vor zehn Jahren hatten sich hier riesige Antilopenherden getummelt, doch sie wurden durch systematisches Wildern und das Vordringen der Jakherden brutal dezimiert. Der Einfluss des Menschen macht sich in diesem Teil von Tibet erst in jüngster Zeit bemerkbar – die ständig wachsende Bevölkerung Chinas und die staatlich verordnete Umsiedelung sind die beiden gravierendsten Gründe; auf die heimische Flora und Fauna wirkt sich dieser Einfluss nur negativ aus.

Die wenigen Menschen, die wir an der Straße arbeiten sahen, waren Häftlinge, die von Soldaten bewacht wurden. Ich bat unseren Chauffeur, so schnell wie möglich an diesen Trupps vorbeizufahren, denn es handelte sich um Männer aus den *laogai*, den Arbeitslagern, die kein Ausländer sehen durfte. Wenn mich einer der Wachsoldaten angehalten hätte, wäre unsere Expedition zweifellos sofort zu Ende gewesen. Die chinesischen Behörden reagieren empfindlich, wenn es um ihre politischen Gefangenen geht. Diese Kolonnen grauhäutiger Menschen, die, mit Ketten aneinander gefesselt, und wegen der Kälte dick vermummt, müde und überdrüssig mit Spitzhacke und Schaufel hantierten – diese Kolonnen auch nur zu sehen, hätte bereits genügt, um mich zu deportieren.

Es war kalt, und die Luft war dünn. Lily fühlte sich miserabel; sie hatte Kopfschmerzen und Atemnot und warf sich nachts im Zelt ständig unter Alpträumen hin und her. Ich hatte mich darüber informiert, durch welche körperlichen Symptome sich eine massive Höhenkrankheit in der Regel ankündigt, und achtete darauf, ob ich bei Lily irgendeines dieser Anzeichen feststellen konnte. Aber nein, sie war im Grunde stark wie ein Ochse; ihre Beschwerden waren sicherlich darauf zurückzuführen, dass sie diese seltsame Situation nicht kannte und nicht wusste, welch sonderbare Auswirkungen ein Aufenthalt in solch großen Höhen haben konnte.

Am elften Tag ragten schließlich in einer flachen Senke in der Ebene vor uns die Sendetürme und Wohnblocks einer trostlosen Stadt auf, bei der es sich meinen Karten zufolge um Nagqu handeln musste. Die Stadt ist, genau wie Qamdo, das wir fünf Tage zuvor passiert hatten, Verwaltungszentrum einer der fünf Regionen Tibets. Ansonsten lässt sich nicht viel mehr über den Ort sagen, außer dass er ein Knotenpunkt an der Ziegelteestraße beziehungsweise an der Fernstraße von Chengdu nach Lhasa und am Highway von Lhasa nach Norden ist. An diesem Kreuzungspunkt war die Straße, im Gegensatz zu der Strecke, die wir die letzten elf Tage durchgemacht hatten, asphaltiert und stellenweise – welch ein Luxus – sogar zweispurig. Wir fuhren auf den Kreisverkehr zu, an dem die eine Straße die andere kreuzte.

Nun stand ich vor einem kleinen Problem – in welche Richtung sollten wir fahren? Bogen wir nach rechts ab, waren wir in wenig mehr als einem Tag an den Quellflüssen des Jangtse. Bogen wir nach links ab, waren wir in ungefähr vier Stunden in Lhasa.

Ich sah Lily an, die bleich und erschöpft auf ihrem Sitz hing. Ich sah den unentwegt stoischen Tang an, der sonst immer nur lächelte; er sah finster drein und hatte Mühe, nicht einzunicken. Ich sah Miao an; er kaute verbissen auf irgendetwas herum, hatte die Stirn in tiefe Falten gelegt und tätschelte in schier beklemmender Nervosität den Ganghebel.

Ich sagte dem Fahrer, er solle nach links abbiegen. An jenem Abend logierten wir zu unserer allgemeinen Freude und Erleichterung im Holiday Inn von Lhasa, aßen Jak-Burger und schliefen in sauberen Betten. Den Geschäftsführer des Hotels – er war Franzose – kannte ich zufällig, und so gab er uns kostenlos drei Zimmer.

Wir verbrachten drei unvergesslich angenehme Tage in Lhasa. Ich weilte stundenlang in dem uralten Jokhang-Tempel und im Potala-Palast, dem ehemaligen Sitz der tibetischen Regierung und gigantischen Winterpalast des Dalai Lama. Ich spazierte auch durch die Sommerresidenz der Dalai Lamas, den Norbulingkha. Ich nahm ein Taxi zum Drepung-Kloster, das einst als größtes Kloster der Welt galt und heute, unter den Chinesen, ein trauriges Schattendasein fristet. Und ich ruhte mich aus. Ich war froh, hier zu sein – so nahe bei Indien, das ich seit einem früheren längeren Aufenthalt liebte. Ich lernte einen Mann aus San Francisco kennen, der mir ein Medikament gegen Lilys Höhenkrankheit gab. Und wir fanden einen Mechaniker, der den Wagen reparierte.

Nachdem wir uns gründlich ausgeruht und regeneriert, den Wagen gewaschen und die Reifen aufgepumpt hatten, machten wir uns wieder auf den Weg. Lily fühlte sich wieder blendend, und Miao tätschelte seinen Ganghebel nur etwa einmal in der Stunde. Nach fünf Stunden kamen wir wieder durch Nagqu und kreuzten noch einmal die Ziegelteestraße, die wir damals aufrichtig hassten, an die wir uns später aber gerne zurückerinnerten. Dann stieg das Gelände wieder an. Wir näherten uns den südlichen Ausläufern der Tanggula-Kette, den Bergen, in denen der Jangtse entspringt.

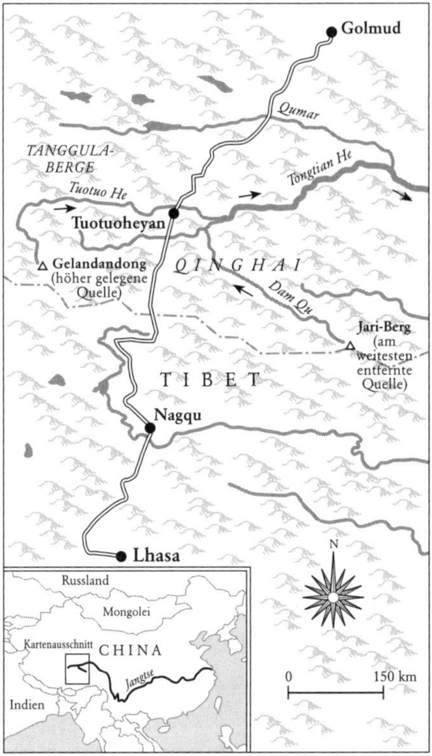

Das Quellgebiet

Die Straße von Lhasa nach Norden ist fast auf der gesamten Strecke gut, außer – so werden die Reisenden ständig gewarnt – auf den etwa 150 Kilometern, auf denen sie sich über die Tanggula-Berge windet. Dort ist selbst im Hochsommer das Wetter schrecklich und die Straße gewöhnlich bis auf das Kiesbett ausgehöhlt. In der übrigen nördlichen Hemisphäre herrschte Hochsommer, doch an dem Tag, an dem wir die Mauer dieses gewaltigen Massivs bestürmten, kam ein peitschender Wind auf und klatschte nassen Schnee herab. Bald schlichen wir mitten in einem Schneesturm die endlose Steigung hinauf. Der Wagen fing wieder an zu spinnen – schlechtes Benzin, erklärte Miao, wenig überzeugend. Wir brauchten mehrere Stunden, um den Gipfel zu erklimmen, und als wir endlich oben ankamen, war es stockdunkel, und der Wind heulte über die Hochmoore.

Wir passierten einen weiteren Sträflingstrupp, der Hunderte von Männern und Frauen umfasste, die in kleinen Gruppen aneinander gekettet waren und einen über 30 Kilometer langen Straßenabschnitt ausbesserten. Obwohl nur sehr wenig Verkehr herrschte, hielten Soldaten mit Flaggen alle nach Norden fahrenden Lastwagen an, um einen Armeekonvoi passieren zu lassen, der nach Süden unterwegs war.

»Ärger in einem der Klöster«, spekulierte Tang und winkte einem der Armeelaster drohend mit der Faust nach. Er hatte zehn Jahre zuvor einige der Unruhen in Lhasa miterlebt und sich mächtig darüber erzürnt, als chinesische Soldaten tibetische Mönche zusammenschlugen. Er verlor nur wenige Worte darüber – schließlich wusste er, dass Lily sehr prochinesisch eingestellt war, und Miao konnte aufgrund seiner Anstellung beim Propagandabüro von Chengdu wahrscheinlich auch nicht gerade als Sympathisant der Tibeter gelten. Als wir jedoch ungestört waren, äußerte sich Tang offen über seine Antipathie gegenüber dem Vorgehen der Chinesen.

»Heutzutage geht man viel hinterlistiger vor, müssen Sie wissen. Man wirbt dafür, dass die Leute – das heißt, Chinesen – hierher ziehen. Über kurz oder lang gibt es hier genauso viele Chinesen wie Tibeter – und weil die Han, die sich hier ansiedeln, so viele Kinder haben dürfen, wie sie wollen, werden sie die Tibeter bald zahlenmäßig übertreffen. Dann wird dies hier nicht mehr Tibet sein. Die

Tibeter werden bloß noch eine von vielen Minderheiten sein, wie die Yi oder die Naxi. Sie werden alles verlieren.

Ich kenne die Argumente – dass die Tibeter, bevor die Chinesen kamen, von Despoten beherrscht wurden, von grausamen alten Priestern. Mag sein. Aber es war ihr eigenes Land, und sie hätten selber bestimmen müssen, was damit geschehen soll. Das ist nicht unsere Aufgabe. Das geht uns überhaupt nichts an. Wir kommen hierher und bescheren ihnen gute Straßen und Wasser und Krankenhäuser und all die Dinge, die sie nicht kannten. Und wir meinen, das gibt uns das Recht, ihnen vorzuschreiben, wie sie leben sollen.

Und wenn sie nicht so leben, wie wir es ihnen vorschreiben, dann« – und er hob die Faust gegen einen weiteren Konvoi, den fünften, in dem weitere 100 Laster auf die Hauptstadt zurollten – »dann schicken wir das Militär hin und schlagen sie nieder.«

Wie verlautete, waren die Tibeter in Aufruhr, weil Peking den Jungen, der kurz zuvor als Reinkarnation und Nachfolger des Pantschen Lama, des rechtlich ranghöchsten tibetischen Lama, ausersehen worden war, nicht anerkennen wollte. Ein Rat von Weisen, der von Peking eingesetzt worden war, hatte sich ein paar Wochen zuvor auf einen Kandidaten geeinigt, einen neunjährigen Jungen, der in einem abgelegenen Winkel Westtibets in der Nähe von Shigatse lebte, und die kommunistische Führung hatte die Entscheidung gebilligt. Dann hatten die Weisen jedoch den Fehler begangen, den Dalai Lama, der im indischen Dharmsala im Exil lebt, zu unterrichten, und dieser hatte der Wahl zugestimmt.

Die Zustimmung des Dalai Lama, mit der die Kandidatur des Jungen für die zahlreichen Anhänger des *höchstverehrten* (im Gegensatz zum rechtlich *ranghöchsten*) unter den tibetischen Lamas rechtsgültig wurde, veranlasste die Führung in Peking prompt, sich anders zu besinnen. Die nationale Führung verurteilte die Wahl und warf dem Kind alle möglichen Versündigungen und seinen Eltern –

durch und durch untadeligen Menschen – Korruption und das Ausschlachten der Publicity vor. Ein neues Kind wurde ausgewählt und sollte noch im selben Jahr offiziell als künftiger Pantschen Lama eingesetzt werden. Der Dalai Lama wurde ausdrücklich nicht konsultiert; er habe seine Wahl bereits getroffen, hieß es in Peking, doch die Wahl sei leider falsch gewesen.

Dieser Streit sollte noch das ganze Jahr über toben und führte sicher zu einigen Tumulten in ganz Tibet, besonders in den Klöstern in Westtibet, in denen der Dalai Lama am eifrigsten verehrt wird. Es bestand kaum ein Zweifel, dass die Soldaten, die offiziell zur »routinemäßigen Versorgung« nach Süden fuhren, den Auftrag hatten, wieder einmal einen drohenden Aufstand niederzuschlagen.

Aus diesem Grund erschien es mir eher unwahrscheinlich, dass wir groß mit Gastfreundlichkeit rechnen konnten, als wir spät in jener Nacht mitten in einem heulenden Schneesturm an das Eisentor des Militärstützpunkts von Tanggula hämmerten und fragten, ob wir vielleicht für diese eine Nacht dort unser Lager aufschlagen durften.

Auf den ersten Blick war unser Ansinnen durchaus begründet. Lily ging es wieder schlecht. Der Wagen hatte wieder seine Macken. Wir waren müde und hungrig. Es gab keine andere Unterkunft. Und das Wetter war schlecht und wurde immer schlimmer. Diese Garnison auf 4602 Metern Höhe war angeblich die höchstgelegene ständig von Menschen bewohnte Siedlung auf der ganzen Welt. Man würde uns zumindest erlauben, dachte ich, auf dem Hof zu parken und wenigstens einigermaßen vor dem eisigen Sturm geschützt in unserem Wagen zu schlafen.

Ein Wachsoldat öffnete das Eisentor einen Spalt breit und verzog das Gesicht aus Missmut über das Schneetreiben, das draußen herrschte. Ich bat ihn, einen Offizier zu holen, und einige Augenblicke später tauchte ein junger Mann auf, der den Schulterklappen zufolge den Rang eines Hauptmanns innehatte. Ich erklärte ihm unsere missliche Lage und fragte, ob wir nicht in der Garnison übernachten könnten.

»Nein«, erwiderte er. »Auf gar keinen Fall.«

Ich zeigte die unschuldigste Miene, zu der ich fähig war.

»Bitte – wieso nicht?«, fragte ich.

Er überlegte kurz.

»Drei Gründe«, erklärte er dann. »Erstens sind Sie ein *lao wai*, und wir lassen keine *lao wai* in chinesischen Armeestützpunkten übernachten. Sicher würde Ihre Armee auch keinen chinesischen Touristen willkommen heißen, oder? Zweitens sind Sie alle Zivilisten, und wir beherbergen keine Zivilisten in unseren Kasernen. Und drittens« – er schien erst nach einem weiteren Grund suchen zu müssen, doch plötzlich fiel ihm einer ein – »und drittens sind letzte Nacht aus bisher unerklärlichen Gründen 37 unserer Männer hier an einer mysteriösen Krankheit gestorben.«

Er starrte uns alle vier an, die wir bestürzt und erschüttert dastanden. Er strahlte plötzlich triumphierend, wie wenn er uns jeden Ausweg versperrt hätte. Ich dachte eine Sekunde lang angestrengt nach.

Nicht so schnell, dachte ich und hob die Hand.

»Aber in dem Fall heißt das doch, Sie haben 37 Betten frei, oder nicht?«

Die Frage nach verfügbaren Betten war eine Fangfrage, die einzige, die mir einfiel. Es war mir relativ egal, woran die Männer gestorben waren (später hörte ich, ein verstopfter Ofenabzug habe zu einer Kohlenmonoxidvergiftung geführt), denn wir drohten höchstwahrscheinlich zu erfrieren, falls wir im Freien draußen blieben.

Über das Gesicht des Hauptmanns strahlte ein Lachen. Er fluchte und benutze ein Schimpfwort, das ich nicht verstand, das aber sicher einen rassistischen Unterton hatte, und öffnete die Tür. Ja, meinte er, wir könnten wohl vier Zimmer bekommen – und ob wir vielleicht etwas zu essen wollten? Die Armeeverpflegung hier oben in Tibet sei nicht besonders gut, sagte er, aber es ließe sich sicher noch Reis und irgendwas an Fleisch auftreiben.

Nun kamen mir Zweifel an meiner These, dass die Truppenkonvois unterwegs waren, um einheimische Mönche zu vermöbeln. Die Soldaten hier wirkten völlig entspannt und verrichteten ihren langweiligen Kasernendienst mit einer Routine, als ob in diesem Teil Tibets seit Jahren nichts vorgefallen und auch für den Rest ihrer Dienstzeit nicht mit Zwischenfällen zu rechnen sei. Und so verbrachten wir eine ruhige Nacht im Warmen. Erst als wir um fünf Uhr früh zu unserer letzten Offensive erwachten, war der Zauberbann gebrochen. Der graue Tag brach an. Es schneite nach wie vor, und es war immer noch bitter kalt.

Die ersten 30 Kilometer nach dem Militärstützpunkt fiel die Straße leicht ab und führte an einem einsamen Straßenarbeiterlager und einer kleinen Siedlung namens Yanshiping vorbei. Durch den treibenden Schnee sah ich hin und wieder die Umrisse schwarzer Nomadenzelte, deren Wände dick mit Eis verkrustet waren. Die Jaks kauerten in Mulden auf den Hochmooren und warteten das Ende des Schneesturms ab.

Wir fuhren und fuhren, Kilometer für Kilometer, und hielten immer wieder an, um das Eis von der Windschutzscheibe zu kratzen. Am späten Vormittag erreichten wir schließlich eine triste kleine Siedlung namens Tuotuoheyan, die sich zu beiden Seiten der Straße ausdehnte. Wir befanden uns auf einer Höhe von 4420 Metern. In dem Ort gab es eine Wetterstation und eine hydrometrische Station, in der die Strömung des Flusses gemessen wurde. Hinter Lehmmauern standen Barackenblocks, in denen die Fernfahrer etwa auf halber Strecke zwischen Lhasa und Golmud Rast machen konnten.

Hier war der Jangtse wirklich schmal. Und hier stand die erste der vielen Brücken, die den Fluss überspannten. Bei dem schlechten Wetter war es wahrscheinlich nicht geraten, viel weiter zu fahren. Deshalb stiegen wir alle aus und sahen uns um.

Die Brücke bestand aus Beton, war knapp 300 Meter lang und ruhte auf einem Dutzend Pfeiler. Der Fluss, der unter uns dahinströmte, sah trüb und grau aus und machte ein widerlich saugendes Geräusch. Er war in eine Reihe von Rinnen unterteilt, die durch braune Kiesbänke voneinander getrennt waren. Bei Hochwasser waren diese Bänke überspült, doch an jenem Hochsommertag war der Fluss recht niedrig. Insgesamt war er vielleicht 100 Meter breit, und verglichen mit den wilderen Abschnitten ein paar Kilometer weiter unten wälzte er sich ausgesprochen friedlich dahin.

Es herrschte ein heftiger Schneesturm. Die anderen eilten bald zum Wagen zurück, doch für mich stand fest, dass dies noch nicht das Ende war. Noch nicht. Also schloss ich den Reißverschluss meiner Thermojacke, zog die Handschuhe an und sprang am linken Ufer von der Brücke die verschneite Grasböschung hinab.

Ich ging einfach los. Mein Kompass zeigte an, dass ich genau nach Westen ging. Würde ich ungefähr eine Woche lang weitermarschieren und weitere 1000 Höhenmeter erklimmen, könnte ich vielleicht die Quelle erreichen – die »spirituell angemessene«, sehr fotogene, gletschergespeiste, aber trotzdem nicht ganz korrekte Quelle am Gelandandong. Andererseits – und da lag der Haken – konnte ich genau in die entgegengesetzte Richtung gehen, etwa zwei Wochen lang marschieren und etwas weniger hoch aufsteigen und dann vielleicht zu dem anderen korrekten, aber unansehnlichen Ausgangspunkt gelangen – der trüben Pfütze, in welcher der Dam Qu entsprang. Und welche Quelle ich auch erreichen mochte – es würde immer jemanden geben, der behaupten könnte, es sei genau die falsche.

Also fasste ich einen etwas bescheideneren Plan. Ich spazierte etwa eine Stunde lang durch das feuchte Gras und folgte den trägen Windungen des Flusses. Der Wind ließ nach, und schließlich hörte der Schneesturm, wie ich gehofft hatte, ganz auf. Die Wolken rissen auf, und plötzlich stand ich unter einem blauen, frostklaren Himmel ganz allein inmitten einer riesigen, weißen Ebene.

Hinter mir sah ich als fahlen Fleck die graubraunen Bauten von Tuotuoheyan. Zu meiner Rechten befand sich ein kleines Nomadenlager, von dem ein Mann auf einem Pony wegritt. Ich winkte ihm zu; er winkte zurück und rief etwas, das ich nicht verstand, das aber eindeutig freundlich klang.

Ich drehte mich um und blickte nach Westen. Hinter dem hohen Plateau der Tanggula-Kette ragten schroff die hohen, schneebedeckten Gipfel des Gelandandong-Massivs auf. Durch mein Fernglas entdeckte ich Felsgrate und Randspalten und Bergschluchten und all die anderen Merkmale alpiner Geografie. Inmitten dieses herrlichen Getümmels junger Berge lagen der Gletscher und der kleine runde See, an dem dieser große Strom seine lange Reise begann – jedenfalls nach Meinung der meisten Experten und auch laut Wang Hui, dessen Zeichnung ich im fernen New Hampshire studiert hatte.

Hier war der große Strom alles andere als groß. Der seichte und relativ klare Bach neben mir plätscherte durch ein Kiesbett, das etwa drei Meter breit war. Ich zählte mindestens ein Dutzend solcher Rinnen, die grell in der Sonne glitzerten. Die verschiedenen Adern des Flusses schlängelten sich durch die sumpfige Hochebene, ohne genau zu wissen, welches der Weg des geringsten Widerstands war. Auch ich legte es nicht darauf an, es zu wissen. Ich interessierte mich allein für das kleine Bächlein, das Rinnsal aus eiskaltem und klarem Wasser direkt neben mir. Dies war der Jangtse auf seinem Weg zum Meer.

Ich fasste in meine Tasche und suchte den kleinen Gebetsblock, den der Mönch in Dêgê mir mitgegeben hatte. Ich hatte gehofft, ein paar gute Gedanken auf das Wasser »drucken« und zum Meer hinabschicken zu können. Aber ich fand ihn nicht; ich hatte ihn unachtsamerweise vergessen, wahrscheinlich in der Kaserne. Und so tröstete ich mich damit, dass es ohnehin gar nicht so richtig zu mir passte, solch ein Ritual zu vollführen. Ich war kein Buddhist, ich hatte keine rechte Vorstellung davon, welche Botschaft überhaupt auf dem Block eingeritzt war, und ich hätte ein ungutes Gefühl gehabt, wenn ich das Ritual völlig unaufrichtig, allein um seiner symbolischen Bedeutung willen durchgeführt hätte.

Und so nahm ich stattdessen eine Zigarre aus der Tasche. Ein Freund hatte sie mir in Hongkong mitgegeben. Das Mandarin Hotel hatte einen kubanischen Meister aus Havanna importiert, der nichts anderes zu tun hatte, als in einer Ecke des Hotelfoyers von Hand Zigarren zu rollen. Mein Bekannter hatte – für eine astronomische Summe – zwei für mich gekauft. Eine, sagte er, solle ich am Beginn der Jangtse-Reise rauchen. Und die zweite sollte ich in Siegesstimmung genießen, wenn – und nur wenn – ich die Quellflüsse erreichte. Das alte und etwas ramponierte Objekt, das ich aus meiner Jackentasche zog, war eben jene zweite Zigarre.

Ich glättete sie so gut es ging und hielt sie an mein Ohr, während ich sie zwischen den Fingern rollte; ein paar alte Blätter knisterten ein bisschen, aber nur ein klein wenig. Die Zigarre schien noch geschmeidig genug zu sein und schmeckte sicherlich nicht schlecht. Also drehte ich mich mit dem Rücken zum Wind und zündete sie langsam und sorgfältig an und blies eine Wolke blauen Rauchs in die frostige Luft.

Noch vor ein paar Wochen war dies eine erstklassige Zigarre gewesen; nun war sie alt und mitgenommen von der Reise und ließ ihre einstige Erlesenheit nur noch erahnen. In einem Restaurant hätte man sie sofort zurückgehen lassen, doch hier draußen war sie der beste Glimmstengel, den ich mir je hätte vorstellen können. Und so hockte ich mit einem Gefühl vollkommener Zufriedenheit da, hörte zu, wie der Bach murmelte, wie der einsame Tibeter hinter mir seine Jakherde, die in dem Schneegestöber versprengt worden war, mit lauten Rufen wieder zusammentrieb, und wie der Wind rauschte. Allmählich wurden die Böen wieder stärker; sie zerzausten die Grasbüschel und kräuselten die eben noch glatte Oberfläche des Wassers.

Hier erlebte ich die wilden Launen des Tibetischen Hochlands – vier Jahreszeiten innerhalb einer Stunde, wie so oft gesagt wird. Eben war zehn Minuten lang Hochsommer gewesen, und nun brach der Winter wieder herein, und es wurde wieder bitter kalt. Also stand ich auf und kehrte um und ging zu den Freunden zurück, die bei der Brücke in Tuotuoheyan im Wagen warteten. Dabei fiel mir auf, dass ich mich auf dieser 6000 Kilometer langen Reise zum ersten Mal in derselben Richtung bewegte wie der Fluss.

Alle Autos, Züge, Schiffe und Flugzeuge, mit denen ich während der kommenden Tage reiste, nahmen dieselbe Richtung wie der Fluss und brachten mich schließlich wieder nach Schanghai zurück. Dann passierte ich, genau wie das Wasser des Jangtse, die Wusong-Barre und die rote Kanisterboje, die blinkenden Leuchttürme und die riesige Markierungsboje vor dem einstigen Cape Nelson und war bald wieder draußen auf offener See und nahm Kurs auf die restliche Welt.

Nun war ich wieder auf dem Weg in die so genannte »Außenwelt«, kehrte zurück vom Mittelpunkt der Welt und von meiner Reise entlang des Stroms, der genau durch diese Mitte fließt.

Dank

Mein Dank gilt zunächst zwei Menschen, die ich nie persönlich kennen gelernt habe, nämlich Andrea und Harry Crane aus Chicago. Allein aufgrund ihrer unerwarteten Freundlichkeit begegnete ich dem außergewöhnlichen und enthusiastischen Wan-go Weng in seinem Haus im hintersten Winkel von New Hampshire, und er wiederum zeigte mir das Bild von Wang Hui mit dem Titel »Zehntausend Li Jangtse« – jenes Bild, das überhaupt erst den Anstoß zu dieser Unternehmung gab. Allen dreien, die nur auf den flimmernden Pfaden digitaler Elektronik miteinander in Verbindung stehen, verdanke ich unendlich viel.

Für eine Reise dieser Größenordnung braucht man die allerbesten Landkarten, und ich bin froh, Francis Herbert, den Kurator der Kartensammlung der Royal Geographical Society in London, zu meinen Freunden zählen zu dürfen; er besorgte mir einige der besten alten französischen Karten vom Oberlauf des Jangtse und erschloss mir weitere Quellen für brauchbare moderne Landkarten – die Firma Brupacher in der Schweiz, die mir die beunruhigend präzisen russischen Generalstabskarten von Westchina beschaffte, sowie die junge Juristin Julie Jones von der Defense Mapping Agency in Washington, D.C. Diese Agentur rückte nach einem zähen Kampf mit der Bürokratie, den Ms. Jones tapfer für mich durchfocht, sämtliche zweckdienlichen Blätter der normalerweise geheimen Karten der so genannten Joint Operations Graphics heraus.

Dann ermöglichte mir David Yiu, der überschwengliche und unvergesslich großzügige Chef von Regal China Cruises, einige Erkundungsfahrten auf den schiffbaren Abschnitten des Stromes. Seine drei Schiffe erwiesen sich als komfortable Basisstationen, an denen ich Fahrten mit einfacheren Transportmitteln planen konnte; eines dieser Schiffe diente mir während meiner häufigen Besuche in Schanghai als schwimmendes Hotel. Wenn es Augenblicke gab, in denen ich die Lust an der Fortsetzung der Reise zu verlieren drohte, haben Davids Eifer und Frohsinn meine Begeisterung stets aufs Neue geweckt.

Gar nicht genug danken kann ich der jungen Frau, die ich aufgrund der derzeitigen Verhältnisse in China mit dem westlichen Namen »Lily« tarnen muss. Ohne diese beherzte und unerschütterliche Frau aus der Mandschurei, die mit Recht lange zögerte, bevor sie sich entschloss, mich zu begleiten, wäre der Erfolg meiner Reise äußerst fraglich gewesen. Wie sehr ich ihr zu Dank verpflichtet bin, lässt sich vielleicht daran messen, dass die Reise entlang des großen Stromes für sie als Chinesin ebenso abenteuerlich war wie für mich als neugierigen Ausländer. Wie ich an anderer Stelle vermerkte, ist es – leider eine traurige Realität – viel zu gefährlich, ihre Identität preiszugeben, doch sie weiß, von wem ich spreche, und wenn sie diese Zeilen liest, wird sie vielleicht ein bisschen besser nachempfinden können, wie tief und dauerhaft meine Bewunderung für sie ist.

Mein Dank gilt – neben zahlreichen weiteren Ungenannten, für die eine namentliche Würdigung eine ähnlich große Gefahr bedeuten würde – jenen Personen, die ich im Folgenden nennen kann und möchte. Unterstützt haben mich: Richard Bangs von Mountain Travel-Sobek in Kalifornien; Betty Barr von der Fudan-Universität in Schanghai; David Brown von der Royal Navy Historical Branch in London; Jeremy Brown von Jardine; der Pearl-S.-Buck-Spezialist Peter Cann von der University of Pennsylvania; Daniel Desmond, der Geschäftsführer des Holiday Inn in Lhasa; Dave Fairty und Anne McAndrew von Backcountry Outfitters in Kent, Connecticut, die mich für die Reise ordentlich einkleideten; Simon Featherstone, britischer Generalkonsul in Schanghai; William Goodman vom Ertan-Staudamm-Projekt am Yalong; mein alter Freund Richard Graham, der mir wertvolle Zeit widmete, während er als Leiter der Barings-Filiale in Schanghai nach dem traumatischen Zusammenbruch selbst spannende Augenblicke erlebte; Charlotte Havilland von Swire; Huang Guo Guang, der mich in der Wuliangye-Brennerei in Yibin mit scharfen Sachen bedrängte; Michael Ingram von Monenco Agra in Ottawa, der mir bei unserer Begegnung in Yichang und später auch in Kanada viel Interessantes über den neuen Staudamm zu erzählen wusste; Penny King vom Asian Music Centre in London, die die erfolgreiche Englandtournee des Naxi-Orchesters organisierte; Ki Shou Kun und Helen Jin von der Yun Ying Kunstgalerie in Wuhan; die wunderbare Julia Liu vom Ramada Hotel in Wuhan; die Autorin Madeleine Lynn in Hongkong, die die obskursten Daten und Fakten über den Jangtse zusammenträgt und mir Einblick in ihre Sammlung gewährte; Rick Jacobs von Northwest Airlines in Minneapolis; Patrick McCully und Owen Lammers vom International Rivers Network in Berkeley, Kalifornien; der großartige Mediziner Dr. Jake O'Donovan in Hongkong, der dafür sorgte, dass ich selbst in den hintersten Winkeln Tibets gesund und fit blieb; Pam Logan und ihre Kollegen von der China Exploration and Research Society; Ma Jishen, Professor der Archäologie an der Universität von Sichuan, eine unerschöpfliche Wissensquelle bezüglich der Verluste, die durch die Flutung der Drei Schluchten drohen; der stets gut gelaunte Autor Rudy Maxa aus Washington, der mich bei einer der ersten Erkundungsfahrten begleitete und darauf bestand, dass ich dieses Buch schreibe; einige Teilnehmer von Ken Warrens gescheiterter Floßexpedition, die mir anonym von jenem Abenteuer erzählten; die Professoren und Staudammbauer Suo Lisheng und Yu Kehua sowie ihre Mitarbeiter an der Hohai Universität in Nanjing; mein guter alter Freund Iain Orr vom British Foreign

Office, der sich mit Flüssen, Inseln und auch mit China bestens auskennt; Cynthia Shiu von Grid Media in Hongkong, die dem Jangtse erstmals den Zugang zur Welt der interaktiven Elektronik eröffnete, indem sie eine CD-ROM über den Fluss herausbrachte; Professor Lyman van Slyke von der Stanford University, der mir großzügigerweise Material über Cornell Plant zugänglich machte und mich von seiner eigenen langjährigen Erfahrung als Chronist des Stromes profitieren ließ; der amüsante und schillernde Tao Chang An in Wuhan; Frank und Irene Walker, die – als wir uns kennen lernten – gerade von ihrem Haus im schottischen Lochcarron nach Panzhihua an den Ufern des Yalong verpflanzt worden waren; Tom Wallace, der Chefredakteur des *Condé Nast Traveler*, und der Redaktionsleiter des Magazins, Gully Wells, die mir bei vielen Reisen in diese Region unter die Arme griffen; meine ehemalige Agentin Lois Wallace, die diesem Buch sehr geschickt den Weg bereitete, und mein derzeitiger Agent Peter Matson sowie seine Kollegin Jennifer Hengen von Sterling Lord Literistic in New York; Wang Naili vom Fremdenverkehrsbüro in Schanghai; Wen Zi Jian in Jiujiang; mein Sohn Rupert Winchester in Hongkong; Wu Wei von der Chinesischen Volksversicherung in Panzhihua, der sein Auto und seine Fahrkünste zur Verfügung stellte und Lily und mich nach Lijiang fuhr; Terry Xu von Malone's Café in Schanghai; Xu Xiaoyang in Chengdu, der in vielerlei Hinsicht unglaublich hilfsbereit war und uns ein zweites Auto lieh, mit dem wir von Chengdu nach Lhasa und an den Oberlauf des Tuotuo fahren konnten; der bedeutende Musikwissenschaftler Xuan Ke in Lijiang; Mirra Ye und Lulu Uy sowie die übrigen Mitarbeiter in der Public-Relations-Abteilung des großartigen Portman Shangri-La Hotels in Schanghai. Als Letzten in dieser Reihe möchte ich jenen Mann nennen, den ich beim Beginn meiner Reise in China als Ersten offiziell kennen lernte – Zhang Zu Long von der Wusong-Observationsstation. Diesem Herrn obliegt unter anderem die Aufgabe, der die Wasserbauer bereits seit mehr als 150 Jahren nachkommen, nämlich über jenes höchst umstrittene und historisch denkwürdige Phänomen, den so genannten »Stand der Wusong-Barre«, zu wachen.

All die Genannten lieferten mir Informationen und Hinweise oder boten mir Unterstützung und Rat. Das Buch, so wie ich es geschrieben habe, beruht indes auf meiner Auslegung dieser Informationen, und sollten die folgenden Seiten Irrtümer, Missverständnisse oder Unstimmigkeiten enthalten, so liegt die Verantwortung dafür ganz allein bei mir.

Die Idee zu diesem Buch entstand während eines Gesprächs mit meinem Londoner Agenten und langjährigen Freund, Bill Hamilton. Ich schulde ihm unendlichen Dank dafür, dass er mich auf die Spur gesetzt hat, die mich von der hohen See im Chinesischen Meer bis ins Hochland von Tibet führte. Ebenso groß ist meine Freude darüber, Marian Wood als Lektorin bei Henry Holt gewonnen zu haben; sie und ihre Kollegen haben in allen Stadien der Entstehung dieses Buches die größte Sorgfalt walten lassen, und ich bin stolz auf diese Zusammenarbeit.

Es versteht sich fast von selbst, dass eine friedliche und behagliche Umgebung die beste Voraussetzung ist, um ein Buch über ein so komplexes und fernes Land wie China zu schreiben. Dass meine Frau Catherine trotz ihres eigenen erfüllten Lebens zu Hause stets eine behagliche Atmosphäre schuf und meine gelegentlichen Anflüge von Niedergeschlagenheit und Übellaunigkeit ertrug, beweist umso mehr, was für eine bemerkenswerte Frau sie ist. Für sie war meine Arbeit an diesem Buch eine Geduldsprobe, die sie mit Bravour bestand.

Wassaic, New York
Sommer 1996

MONGOLEI
XINJIANG
NINGXIA
Golmud
QINGHAI
Lanzhou
Qumar
GANSU
Tuotuo He
Tuotuoheyan
Tongtian He
Dam Qu
Yushu
C H I
Jialing Jiang
Nagqu
Dêgê
Qamdo
Mianyang
SICHUAN
Chengdu
TIBET
Mekong
Lhasa
Ya'an
Luding
Dadu He
Min Jiang
Chongqi
Salwin
Luzhou
Pingshan
Yibin
Jinsha Jiang
Yalong Jiang
Leibo
Jinsha Jiang
Xichang
BHUTAN
Weixu
Lijiang
Shigu
Panzhihua
Brahmaputra
INDIEN
Jiaopingdu
Er Hai
Dali
Irrawaddy
Kunming
BANGLADESCH
YUNNAN
Roter Fluss
Dhaka
VIETNAM
Mandalay
Golf von Bengalen
BURMA (MYANMAR)
LAOS
Indischer Ozean
THAILAND
Vientiane
Rangun

INNERE MONGOLEI
LIAONING
Peking
Tianjin
Golf von Chihli
HEBEI
SHANXI
(Gelber Fluss)
Huang He
Handan
Huang He
(Gelber Fluss)
Qingdao
Großer Kanal
Gelbes Meer
Zhengzhou
Xian
Xuzhou
HANGSU
SHAANXI
HENAN
N
A
ANHUI
Yangzhou
Nanjing
Nantong
Ma'an Shan
Zhen-
jiang
Suzhou
Wusong
Schanghai
Fengjie
Zigui
Jiang
WUSHAN
Yichang
Han Jiang
HUBEI
Wuhan
Chang Jiang
Anqing
Jangtse
Wuhu
Sand-
ouping
Shashi
Po Hu
Guichi
Hangzhou
Chang
Yueyang
Jiujiang
Poyang Hu
Wu Jiang
Nanchang
ZHEJIANG
Changsha
HUNAN
JIANGXI
Wenzhou
GUIZHOU
Fuzhou
FUJIAN
Taipeh
GUANGXI
Xiamen
TAIWAN
GUANGDONG
Guangzhou
(Kanton)
Shantou
Nanning
Hongkong
(Xianggang)
Macau
Zhanjiang
Golf von
Tonkin
N
Südchinesisches Meer
HAINAN
0
500 km

Literaturempfehlungen

Der Strom im Allgemeinen

In den letzten Jahren ist der Jangtse trotz seiner immensen Länge und offenkundigen Bedeutung meist nur Thema kürzerer journalistischer Betrachtungen gewesen. Von den zahlreichen Essays hat nur einer, den Paul Theroux vom Londoner *Observer* schrieb, die Zeiten überdauert. Vernünftigerweise brachte der Autor diesen Text in Form eines kleinen Buches mit bezaubernden Holzschnitten heraus. Das Buch trägt den Titel *Sailing Through China* (London und Boston, 1984) und ist jedem zu empfehlen, der ganz knapp und allgemein in die Geheimnisse des Flusses eingeführt werden will.

Ebenfalls recht kurz, aber nach wie vor von einem majestätischen Horizont und Ton geprägt ist John Herseys *A Single Pebble* (New York, 1956; deutsch: *Der Kieselstein und ein Jahrtausend*, Stuttgart, 1958), der Roman, den Hersey genau ein Jahrzehnt nach seinem weit bekannteren Werk über die zerbombte Stadt Hiroshima schrieb. Der Erzähler ist ein junger amerikanischer Ingenieur, der unbedingt einen Staudamm am Jangtse bauen will. Ein Held des Romans ist der Anführer der chinesischen Treidler, die die Dschunke, auf der der Amerikaner reist, den Strom hinaufziehen. Die Themen dieses Buches sind heute noch genauso aktuell und fesselnd wie in der Mitte des 20. Jahrhunderts, als es erschien und mit Beifall aufgenommen wurde. Wer den Fluss in seinem »Todeskampf« erleben möchte, wie es die dramatisch Gestimmten nennen, sollte diesen Klassiker unbedingt einstecken.

Lyman von Slykes ausgezeichnetes Werk *Yangtze – Nature, History and the River*, das 1988 bei der Stanford University Press als Taschenbuch erschien, bietet ein Sammelsurium faszinierender

Fakten über den Fluss und klingt zugleich exzentrisch, gelehrt und amüsant. Es enthält zahllose Karten, Grafiken und Fotos und eine brauchbare Liste empfehlenswerter Literatur.

Zu erwähnen ist schließlich Judy Bonavias ausgezeichneter Führer *The Yangzi River*, der mit ergänzenden Kommentaren der kompetenten Madeleine Lynn in einer Neuauflage erschienen ist (Hongkong, 1995). Das Buch enthält so gut wie keinerlei Informationen über den Flussabschnitt oberhalb von Yibin; unerreicht sind und bleiben jedoch die Ausführungen über Chongqing und die Schluchten und die idyllischen und historisch interessanteren Orte unterhalb von Yichang und stromab bis Schanghai. Um die Lücken in jenen Teilen von Sichuan, Yunnan und Tibet zu füllen, die dieser Führer offen lässt, mag es von Nutzen sein, eine neuere Ausgabe des *Travel Survival Guide to China* von Lonely Planet (Melbourne, 1994) oder den *Odyssey Guide to Sichuan* (Hongkong, 1993) zu Rate zu ziehen.

Es gibt zwei brauchbare Admiralitäskarten für den Fluss: Nummer 2916 für das Gebiet von Schanghai bis Datong und Nummer 2947 für Schiffspassagiere, die nach Yichang und zum Gezhouba-Damm reisen wollen.

Die besten, leicht erhältlichen topografischen Karten der Region sind die amerikanischen *Tactical Pilotage Charts* im Maßstab 1:500 000. Die Nummern der zehn Kartenblätter, die man braucht, um das gesamte Flussgebiet abzudecken, lauten (in der Richtung, in der ich reiste) wie folgt: H-12B, G-10D, H-12A, H-11B, H-11A, H-11D, H-10C, H-10B, G-8C und G-8D. Die weniger leicht erhältlichen Karten von *Joint Operations Graphics*, die in dem äußerst praktischen Maßstab von 1:250 000 angelegt sind (1 Zentimeter entspricht 2,5 Kilometer), weisen ein völlig anderes Codierungssystem auf; die große Biegung bei Shigu beispielsweise befindet sich auf der JOG-Karte mit der Nummer NG 47-7 und die Tigersprung-Schlucht auf der Karte NC 47-3.

Schiffe und Schifffahrt

Wenige Bücher zeugen von einer so großen und dauerhaften Leidenschaft wie G. R. G. Worcesters *The Junks and Sampans of the Yangtze*, das bei Naval Institute Press in Annapolis 1971 in einer überarbeiteten Fassung in einem einzelnen Band erschien (die früheren Ausgaben waren vierbändig). Es liest sich leicht und ist mit Worcesters eigenen Zeichnungen reich illustriert; jedes nur denkbare Detail über den Strom, seine Schiffe und Bootsleute und deren Wissen und Legenden ist in diesem Schatzkästlein der Geschichte verborgen.

Doch selbst Worcesters Glanzleistung verblasst im Vergleich zu Joseph Needhams *Science and Civilisation in China*, mit dem ein Team von Herausgebern an der Cambridge University Press noch immer ringt, seitdem der Urheber nicht mehr lebt. Interessant für Flussreisende ist Band 4, Teil III, *Civil Engineering and Nautics*, der 1971 erschien. Es lohnt sich, Buchantiquariate nach einem Exemplar zu durchstöbern.

Der *Yangtze Pilot* – und spätere *Ch'ang Chiang Pilot* – der Royal Navy ist eine für die nüchterne Sicht des Schiffsführers typische ernste und blutleere Beschreibung des Flusses von Cape Nelson bis zum Ende der schiffbaren Strecke, eignet sich jedoch nicht nur als Lotsenbuch auf der Kommandobrücke, sondern auch als Anregung für jene, die an kalten Winterabenden in der Badewanne Vergnügen daran finden, Phantasiereisen in ferne, exotische Häfen zu unternehmen. Leider wurde der *Pilot* nach der Londoner Ausgabe von 1954 nicht mehr neu aufgelegt, vor allem weil die Kommunisten den Zugang zum Fluss für Ausländer streng beschränkten. Eine verkürzte Darstellung des Materials findet sich jedoch im neunten Kapitel des *China Sea Pilot,* Band 3, der 1982 von der britischen Admiralität in London verlegt wurde und über Kartenhandlungen noch immer zu beziehen ist.

Nachdrücklich empfehlen würde ich auch die Lektüre von Richard McKennas *The Sand Pebbles* (New York, 1962; deutsch: *Die Sandjacken*, München, 1964), einen mit Recht zum Klassiker avancierten Roman, der von den Patrouillenbooten auf dem Jangtse handelt, die in den turbulenten Zeiten der Warlords die Missionare beschützten. (Es besteht keine Verbindung zwischen McKennas *Sand Pebbles* und Herseys *Single Pebble*; das Kanonenboot in McKennas Roman trägt den Namen *USS San Pablo* und den Spitznamen *Sand Pebble*.) Man sollte sich auch die Verfilmung des Romans, *Kanonenboot am Jangtse-Kiang*, ansehen. Die Hauptrollen spielen eine äußerst einnehmende Candice Bergen und Steve McQueen; und obwohl der Film hauptsächlich in Hongkong gedreht wurde, fängt er eine Atmosphäre ein, die ungewöhnlich authentisch wirkt, wie jeder Chinareisende erkennen und bestätigen wird.

Die ausländische Schifffahrt auf dem großen Strom wird in David Grovers *American Merchant Ships on the Yangtze 1920–1941* (Westport, 1992) und in Admiral Kemp Tolleys *Yangtze Patrol* (Annapolis, 1971) sachkundig behandelt. Kapitän Graham Torrible, der von 1925 bis zum Ausbruch des Zweiten Weltkriegs auf einer Reihe von C.N.Co.-Schiffen tätig war, verfasste seine amüsanten und informativen Erinnerungen, die *Yangtze Reminiscences*, die 1975 von Swire in London als Privatdruck herausgegeben wurden.

Die Drei Schluchten und der neue Staudamm

Als Dai Qings *Yangtze, Yangtze* in China erschien, wurde die Autorin für ihren Mut gelobt. Inzwischen liegt das Werk auf Englisch vor (Toronto, Earthscan, 1994), doch die umfangreiche Sammlung von Gutachten und Polemiken wird viele Leser viel zu technisch anmuten. Ich bevorzuge den etwas leichteren, aber ebenso engagierten Ton, den Caroline Walker in dem Buch *On Leaving Bai Di Cheng* anstimmt, das 1993 bei NC Press in Toronto erschien (der Titel ist einem der bekanntesten Gedichte entlehnt, die Li Bai über den Fluss schrieb). Es ist ein etwas chaotisch geordnetes Buch, doch die vier Autoren äußern überzeugend ihre tiefe Besorgnis über den Verlust zahlloser archäologischer Schätze Chinas, die dem Stausee zum Opfer fallen werden.

Da Cornell Plant ein großer Held für mich ist, finde ich wenig an seinem schmalen Bändchen mit dem Titel *Glimpses of the Yangtze Gorges* (Schanghai, 1936) auszusetzen; vielleicht findet sich einmal ein mutiger Verleger, der es neu herausbringt, zumal die Geschichte der Schluchten heute eine ganz neue Aktualität gewinnt. Um einiges ausdrucksvoller werden Plants eher nüchterne Schriften durch die bezaubernden Tuschzeichnungen von Ivon Donnelly, die das Buch zu einem Sammlerstück machen.

Archibald Littles *Through the Yangtze Gorges or, Trade and Travel in Western China* (London, 1888) zeichnet sich durch den schwerfälligen literarischen Stil aus, der den meisten viktorianischen Reiseberichten zu Eigen ist, doch seine Leistungen waren so beeindruckend und seine Reisen so weitreichend, dass sich die Lektüre des Buches auch heute, nach über 100 Jahren, noch lohnt. Auch Isabella Birds *The Yangtze Valley and Beyond*, das 1899 in London erschien und 1985 in London und Boston neu veröffentlicht wurde, ist ein Dokument einer erstaunlichen persönlichen Leistung und sollte durchaus zu Rate gezogen werden, auch wenn es heute etwas anstrengend zu lesen sein mag.

Weitere Themen

Über die Stadt Schanghai gibt es zahllose Bücher; ich schätze besonders Noel Barbers *The Fall of Shanghai* (New York, 1979), das wie wenige andere das amoralische Ambiente nachzeichnet, das jene

Stadt zu solch einem Bordell gemacht hat. Einen ähnlichen, wenn auch etwas gemäßigteren Eindruck vermittelt *The Standard Guide Book to Shanghai* von 1934 in einem Hongkonger Reprint von 1983.

Ein eindrucksvolles Bild der chinesischen Teeindustrie zeichnet Henry Hobhouse in seinem faszinierenden Buch *Seeds of Change* (New York, 1986). Joseph Rocks monumentales Werk *Ancient Nakhi Kingdom of Southwest China* (Cambridge, 1948) wird inzwischen durch ein Buch mit Rocks Bildern ergänzt, das Michael Aris unter dem Titel *Lamas, Princes and Brigands* herausgab (New York, 1992). Dieser elegante Bildband skizziert Rocks faszinierende Lebensgeschichte und enthält eine vollständige Bibliografie seiner Schriften, einschließlich aller neun seiner *National-Geographic*-Artikel, die jeder lesen sollte, der in jenen sagenhaften Winkel der Erde zu reisen gedenkt.

In *The Thistle and the Jade* (London, 1982) erzählt Maggie Keswick die Geschichte der Firma Jardine und ihrer Unternehmungen im asiatischen Raum. Zehn Jahre später veröffentlichte Swire eine eigene *Pictorial History of China Navigation Company Limited*. Beide Bände dienen zwar primär der eitlen Selbstdarstellung, bieten jedoch eine Fülle an Details und Informationen über die Unternehmungen im Jangtse-Tal auf dem Höhepunkt der europäischen Einflussnahme.

Richard Bangs und Christian Kallen, beides erprobte Naturpioniere, lieferten einen großartigen Bericht über den kuriosen Wettstreit zwischen den amerikanischen und chinesischen Teams, die Ende der achtziger Jahre darum rangen, als Erstes die gesamte Länge des Stroms mit dem Floß zu bewältigen. *Riding the Dragon's Back* (New York, 1989) ist wahrlich ein großartiges Buch – über China, den Fluss, die Geschichte beider und fast nur beiläufig über den fatalen Wahn, der Männer und Frauen aus ganz China und der halben Welt dazu trieb, mörderische Wildwasserstrecken wie die Tigersprung-Schlucht in Yunnan bezwingen zu wollen. Müsste ich mich für ein einziges Buch über den Fluss entscheiden, dann wäre es dieses. Die Autoren waren von ihrem Thema offenbar so gefesselt, dass es ihnen gelang, ein Buch von allgemeinem und weitreichendem Interesse über den Jangtse zu schreiben, in dem der Wettkampf und die damit verbundenen Tragödien lediglich Metaphern für die Gewalt des bedeutendsten Stroms der Erde sind.

REISEN · MENSCHEN · ABENTEUER

NATIONAL GEOGRAPHIC TASCHENBÜCHER
VON FREDERKING & THALER

AUF ALTEN PFADEN

Karin Muller
Entlang der Inka-Straße
Eine Frau bereist ein ehemaliges Weltreich
ISBN 978-3-89405-164-8

Das Straßennetz der Inka, mit dessen Hilfe sie ihr Riesenreich kontrollierten, ist legendär – und wenig bekannt. Zu Fuß erkundet Karin Muller die alten Routen von Ecuador bis nach Chile. Ein Forschungs- und Reisebericht zugleich, packend und humorvoll geschrieben.

Eberhard Neubronner
Das Schwarze Tal
Unterwegs in den Bergen des Piemont
Mit einem Vorwort von Reinhold Messner
ISBN 978-3-89405-178-5

Nur eine Autostunde von Turin scheint die Welt eine andere zu sein: aufgegebene Dörfer, verlassene Täler in den piemontesischen Alpen. Unsentimental und doch poetisch schildert Neubronner die wildromantische Landschaft und die Menschen, die in ihr leben.

Jean Lescuyer
Pilgern ins Gelobte Land
Zu Fuß und ohne Geld von Frankreich nach Jerusalem
ISBN 978-3-89405-167-9

Eine Pilgerreise, die kaum zu überbieten ist: Zu Fuß von Lourdes nach Jerusalem, ohne Geld und mit viel Gottvertrauen.
Acht Monate Zweifel und Gefahren, aber auch beglückende Erfahrungen und berührende Begegnungen.

So spannend wie die Welt.

NATIONAL GEOGRAPHIC
FREDERKING & THALER
www.frederking-thaler.de